作者简介

涂纪亮 生于1926年，中国社会科学院文学、史学、哲学学部荣誉学部委员，哲学研究所研究员，博士生导师，中国现代外国哲学学会名誉理事长，中国翻译协会名誉理事。除《涂纪亮哲学论著选》（6卷）收入的论著外，还主编了《当代著名哲学家评传》（10卷）、《维特根斯坦全集》（12卷）、《奎因著作集》（6卷）、《美国实用主义文库》（9卷）、《当代美国哲学论著选译》（4卷）、《费尔巴哈哲学史选》（3卷）等论著或译著。

涂纪亮哲学论著选 第一卷

分析哲学及其在美国的发展

涂纪亮 著

名家学术

WUHAN UNIVERSITY PRESS
武汉大学出版社

图书在版编目(CIP)数据

分析哲学及其在美国的发展/涂纪亮著.—武汉:武汉大学出版社,2007.10
名家学术
涂纪亮哲学论著选 第一卷
ISBN 978-7-307-05587-2

Ⅰ.分… Ⅱ.涂… Ⅲ.分析哲学—研究—美国 Ⅳ.B089

中国版本图书馆 CIP 数据核字(2007)第 065541 号

责任编辑:王军风　　责任校对:程小宜　　版式设计:支　笛

出版发行:**武汉大学出版社** (430072 武昌 珞珈山)
(电子邮件:wdp4@whu.edu.cn 网址:www.wdp.com.cn)
印刷:武汉中远印务有限公司
开本:720×1000 1/16 印张:50.25 字数:721 千字 插页:4
版次:2007 年 10 月第 1 版 2007 年 10 月第 1 次印刷
ISBN 978-7-307-05587-2/B·174 定价:76.00 元

学术思想自述（代序）

自1956年调入哲学研究所工作，迄今整整50年。这50年我的工作大致可分为两个阶段：20世纪50～70年代主要从事哲学翻译，80年代以后主要从事哲学研究。哲学翻译与哲学研究是两种性质不同的工作，但又紧密相连，相辅相成。因为，从事任何学术翻译都必须具备一定的专业知识，从事哲学翻译尤其如此。否则，就无法理解那些晦涩难解的哲学概念，就无法正确表达原著的哲学思想，从而也就无法作出忠实于原著的翻译。另一方面，翻译工作又能为从事外国哲学研究创造一些十分重要的，甚至必要的条件，翻译工作有利于迅速提高外语水平，有助于培养研究者获得准确理解和表达外国哲学原著思想的能力，同时也能为研究工作广泛收集资料，扩大知识面，丰富哲学知识，为研究工作打下扎实的基础。这两者之间的相辅相成的关系，在我这一生的工作中留下深刻的烙印。

一、通过哲学翻译进入哲学殿堂

1948年我毕业于浙江大学外国语文学系，主要学习英语和法语。解放初期被分配在军委民航总局政治部主要从事宣教工作，但我的志趣仍倾向于外语翻译。当时英语应用范围较窄，俄语成为社会上广泛需要的第一外语，这激发起我学习俄语的念头。由于条件限制，我只能利用业余时间收听广播电台的俄语讲座，后来又参加中苏友协主办的讲习班。1952年秋，北京市俄语广播讲座和中苏友协举办国庆俄语征文比赛，我写了一篇俄语短文应征，不料被取为第二名，应邀到北京广播电台介绍自己学习俄语的经验。当时我采取一种自以为颇有成效的自学俄语的方法，这就是选出几本有优秀中译本的俄文原著，逐段精读，译出初稿，然后与中译本对照，检查自己对原著的理解有哪些错误，译文表达有哪些不如中译本，从而提高自己的俄语理解能力与翻译水平。

1956 年，周总理作过一次关于知识分子的报告，提出专业不对口的知识分子可以申请归队。当时中国科学院招聘翻译人员，我提交一篇俄文译稿和一篇英文译稿应聘，结果中选，被录取到哲学研究所担任《哲学译丛》的翻译。《哲学译丛》这个刊物主要发表苏联、东欧国家以及西方世界新近发表的哲学论文的译文，文种以俄、英、德为主。为完成这项任务，不仅需要译者熟练地掌握有关的外语，而且需要译者具有较扎实的哲学基础。我当时无论就其中哪个方面来说都有很大差距。为了迅速提高自己的翻译能力，我除了认真阅读几本著名的西方哲学史教材外，还到北京大学哲学系旁听郑昕、洪谦、任华等老教授开设的哲学课程，任华教授和王太庆教授还校改过我的好几篇俄文和英文译稿。经过一年多的专业学习和翻译实践，我的翻译能力有了较大提高，基本上达到独立翻译的水平，并开始为其他同志校稿。

1956~1958 年间，我除了在《哲学译丛》上发表译文数十篇外，还利用业余时间从事西欧哲学史论著的翻译，如参与翻译奥则尔曼的《马克思主义以前哲学发展的主要阶段》等，特别着重参与与费尔巴哈哲学有关的论著，如加巴拉耶夫的《费尔巴哈的唯物主义》、巴斯金的《费尔巴哈的哲学》以及敦尼克等人主编的《哲学史》中的《费尔巴哈》一章等等，并在此基础上写出《费尔巴哈的认识论》一文，这是我写的头一篇哲学论文。

1959 年，《哲学译丛》奉命停刊，我被调到《哲学研究》编辑部负责处理西方哲学史方面的稿件。为组稿、审稿等工作，我经常与我所、北大、人大等校的金岳霖、贺麟、郑昕等老教授接触，聆听他们对审稿的意见，这对提高自己的西方哲学史水平起了重大作用。当时，为推动国内西方哲学史的研究，我从苏联书刊中选出数十篇论文，编成《论黑格尔哲学》、《论 16 世纪末至 18 世纪初的西欧哲学》、《论 18~19 世纪德国古典哲学》等译文集，以《哲学研究》编辑部名义出版。

1961 年，为筹备《哲学译丛》复刊，我又被调回负责编辑这个刊物，同时利用业余时间翻译了蒙让的《爱尔维修的哲学》一书。1963 年，哲学所成立现代外国哲学研究室，我在该室除继续编辑《哲学译丛》这个刊物以及编辑《苏联哲学问题论文集》、《伦理学问题译丛》、《美学问题译丛》几本译文集外，开始从事“康德主义和新康德主义”这个专题的研究。为此，除阅读康德的著作外，还翻译了波波夫的《康德和康德主义》、沙什凯维奇的《康德的认识论》以及巴克拉捷的《近代德国资产阶级哲学史纲要》等著作，写了《新康德主义与第二国际修正主义》一文（未发表）。

1965 年，我被派往江西参加“四清”，1966 年调回北京参加“文化大革命”，1970 年调到河南“五七”干校，1972 年调回北京参加“斗、批、改”，直到 1976 年秋才恢复业务活动。在这整整十年间业务完全停顿，我利用这段时间学习法语和德语。在浙大外文系期间，我学过三年法语，此时从头拾起还不太生疏。1973 年，我试译孔德的《实证哲学教程》第一、二讲，还不太困难。不过，我的大部分业余时间用于学习德语。60 年代初，为配合康德哲学的研究，我已开始学习德语。当时采用过去自学俄语的方法学习德语，进展颇快。1974 年开始以德语原著为依据，参考俄语译本，翻译三卷本的《费尔巴哈哲学史著作选》，还为其中《对莱布尼茨哲学的叙述，分析和批判》一书写了较长的译者引言。其后又翻译了李凯尔特的《文化科学和自然科学》一书，也为该书写了较长的译者前言。对于翻译哲学名著，参照不同语种的文本，这不仅有助于更准确地理解原著，而且也可借鉴不同的表达方式，对提高译文质量大有好处。

80 ~ 90 年代，我主要从事哲学研究，但最近十年也花了不少时间从事哲学翻译。90 年代下半叶，应出版社之约，我主编了 12 卷的《维特根斯坦全集》，并翻译了其中《蓝皮书》、《一种哲学考察》、《哲学研究》、《心理学哲学评论》、《关于心理学哲学的最后著作》、《杂评》以及《论数学的基础》等后期著作。这是目前国内外首次编辑出版如此系统全面的全集，几乎收入维氏的全部著作（未收入维氏的书信，因其中有许多书信与哲学关系不大)，比1989年出版的八卷本德文版《维特根斯坦著作集》补充了许多材料，并重新作了编排。其后，与陈波合作，主编了九卷本的《美国实用主义文库》(其中我翻译了《皮尔斯文选》、《杜威文选》和《莫里斯文选》三卷中的大部分论著)，和六卷本的《蒯因著作集》(其中我翻译了《自传》、《理论和事物》和《一些离奇的想法》三册)。最近又应出版社之约，重新校订李凯尔特的《文化科学和自然科学》一书，并补充以《自然科学概念形成的界限》一书最后一章“自然哲学和历史哲学”，较完整地表达了李凯尔特的历史哲学思想。

由于我在翻译近代、现代和当代西方哲学论著方面作了不少工作，在俄译汉、德译汉、英译汉等方面有一定造诣，因此在1983年被选为中国翻译工作者协会第一届理事，1986、1992、1999年相继被选为第二、三、四届理事，兼任社会科学翻译委员会委员、顾问，2002年被中国译协授予“资深翻译家”荣誉称号，2004年被选为名誉理事。

二、分析哲学研究

1978年，我被调到哲学研究所现代外国哲学研究室，从此正式转入科研工作，着重研究现代英美哲学。这次转行既出于工作需要，也出于个人兴趣。自中美建交后，美国哲学日益引起国内哲学界的关注。1973年，我参与翻译苏联哲学研究所主编的《哲学史》第五、六卷，已引起我研究现代英美哲学的兴趣。1975年，我在广泛阅读当代美国哲学论著的基础上，在杜任之、洪谦、江天骥等老一辈专家的协助下，着手编辑四卷本的《当代美国资产阶级哲学资料》，于1978~1980年间出版，1991年出版修订本，改名为《当代美国哲学论著选译》。

1979年，我被任命为现代外国哲学研究室副主任，副研究员，硕士研究生导师，开始招收硕士研究生。同年，参与筹建中国现代外国哲学学会，并被选为第一届秘书长。

1980年，哲学所派我以访问学者身份，到美国纽约州立大学从事美国哲学研究，为期两年。我主要住在该校奥本尼总部，还先后到哥伦比亚大学、哈佛大学、芝加哥大学、普林斯顿大学作为期一周至两月的短期访问。在美期间，我主要研究现代美国哲学，特别是分析哲学，其方式以个人阅读有关著作为主，以与美国哲学家交谈和讨论为辅。在美国研究美国哲学，在图书资料方面自然具有十分优越的条件，这为我从事美国哲学研究打下了扎实的基础。

1982 年回国后，被任命为哲学所现代外国哲学研究室主任，被评为研究员、博士生导师，主编了《当代美国哲学》、《当代英美哲学》和《分析哲学》等书。同时兼任《中国大百科全书》哲学卷现代西方哲学编写组常务副主编，为该卷撰写数十个词条。1983 年，作为中国哲学代表团成员，赴加拿大蒙特利尔市出席第 17 届世界哲学大会。

80 年代上半叶，主要精力用于撰写《分析哲学及其在美国的发展》一书（共两卷），此书作为一部专著列入国家“六五”科研规划“现代西方主要哲学流派研究”这个项目之中。半个多世纪以来，分析哲学一直在英美哲学中占据主导地位，在西方其他国家中也有程度不同的影响。我国哲学界过去对这个流派研究较少，这本书可以说是我国出版的头一部比较系统全面地阐述分析哲学的形成和发展的专著。此书首先阐述分析哲学产生的时代背景和思想渊源，阐述它的创始人弗雷格、罗素、摩尔、维特根斯坦的一些对分析哲学的形成和发展发生过重大影响的观点；其次介绍分析哲学的头一个大支派逻辑实证主义的兴起及其在美国的发展，以及与实用主义结合后形成的各个支派，再次介绍它的另一个大支派日常语言学派的形成及其在美国的传播，接着介绍 60 年代后分析哲学在科学哲学和语言哲学这两大领域内形成的一些学派或学说；最后从马克思主义观点对分析哲学的基本思想进行分析和评论。我认为分析哲学家在逻辑哲学，语言哲学、科学哲学等领域内，采用了一些新方法，提出了一些新问题，开拓了一些新领域，并且摸索出一些解决问题的新途径。对于这些成就，我们应当重视，进行具体分析，吸取其合理成分。另一方面，对于他们的许多片面的或错误的观点，也需要严肃地给予科学的剖析和批驳。

此书出版后，受到国内哲学界的重视和好评，被哲学研究所评为优秀科研成果，被国家教委确定为“分析哲学”课程教材，在《二十世纪中国哲学名著述评》一书中也对它作了评介。

三、语言哲学研究

20世纪80年代下半叶，我从分析哲学研究转入语言哲学研究。语言哲学与分析哲学紧密相联，在国内外一些论著中有的把这两个概念交替使用，仿佛分析哲学就是语言哲学。我则主张把这两个概念严格区别开，认为它们虽然紧密相联，但所指的是两种不同的事物。分析哲学指一个哲学流派或一种哲学思潮，与现象学运动、存在主义、结构主义等属于同一范畴。语言哲学则指一个研究领域，与科学哲学、逻辑哲学等属于同一范畴。尽管语言哲学是分析哲学家的一个普遍重视的领域，但不是他们的唯一研究领域，他们在科学哲学、逻辑哲学、心智哲学等领域内也作了大量研究。尽管有些语言哲学家也是分析哲学家，但有些语言哲学家却是现象学家、存在主义者或结构主义者。

我国哲学界过去对英美语言哲学作过一些研究，对欧洲大陆语言哲学则较少涉及。我在国家“七五”科研规划中承担了“现代西方语言哲学比较研究”这个课题，力求在分别考察英美语言哲学和欧洲大陆语言哲学的基础上，对这两大哲学传统的语言哲学观点进行综合性的比较研究。

为此，我首先写出《英美语言哲学概论》这本专著，相当全面系统地阐述英美各派哲学家（主要是分析哲学家）的语言哲学观点。目前在现代西方语言哲学家中间，对这门学科的研究对象和研究范围缺乏一致认识，因此对这门学科的研究课题也缺乏一致认识。我从自己的观点出发在本书中探讨以下九个问题：（一）词、语句以及语言分析，这涉及语言哲学的研究对象和研究方法；（二）指称理论，这涉及名称、摹状词以及语句的指称对象；（三）意义理论，这涉及语词和语句的意义，着重研究“什么是意义”这个问题；（四）意义检验理论，这涉及语词和语句在什么条件下才具有意义，或者说，什么是意义的标准；（五）真理问题，这涉及什么是真理和什么是真理的标准；（六）必然性问题，包括自然必然性和逻辑必然性，事实真理和逻辑真理的区分，必然命题、先验命题和分析命题的区分和联系，以及必然性与可能世界等问题；（七）言语行为与意义的关系等问题；（八）意向性问题，这涉及意识、意向性与意义等问题；（九）语言与事实，这涉及对"存在"一词的理解，抽象实体的本体论地位、语言构架或理论体系的本体论意义等问题。当时这是国内出版的头一本以语言哲学的基本问题为纲、按历史顺序阐述和评论英美哲学家的语言哲学观点的专著，出版后引起国内哲学界和语言学界的注意。

接着，我转向欧洲大陆语言哲学的研究，与某些学者合作写出《现代欧洲大陆语言哲学》这本专著。对欧洲大陆语言哲学的研究，目前在国内外都是一个新课题。有些英美哲学家否认欧洲大陆语言哲学的存在，仿佛研究语言哲学的人只限于英美分析哲学家。我不赞同这种观点，认为语言哲学作为一个研究领域，欧洲大陆哲学家当然可以从他们各自的哲学观点出发，从事这个领域的研究，只是他们在这个领域内的研究成果有待于发掘和整理。目前在国外只出版了为数很少的著作探讨个别欧洲大陆哲学家的语言哲学思想，还很少有著作概括阐述和评论任何一个欧洲大陆哲学流派的语言哲学思想。在国内，此书是头一本探讨这个问题的专著，它按历史顺序分别阐述现象学、存在主义、释义学、结构语言学、结构主义和后结构主义等流派 20 多个代表人物的语言哲学思想，为开拓这方面的研究首先迈出重要的一步。我认为欧洲大陆语言哲学的发展基本上沿着三条线索：一条是从布伦塔诺、现象学到存在主义；另一条是从古典释义学、释义学理论到哲学释义学和批判释义学；还有一条是从普通语言学、结构语言学到结构主义和后结构主义。这三条线索并不是彼此隔绝，而是同时并存，相互影响。因此既要看到这三条线索之间的区别，同时也不要忽视它们之间的联系。

在完成《英美语言哲学概论》和《现代欧洲大陆语言哲学》二书的基础上，我于 1991 年着手撰写《现代西方语言哲学比较研究》

一书，这是本课题的最终成果。此书试图以语言哲学的基本问题为纲，对英美哲学家和欧洲大陆哲学家的语言哲学观点，进行多方面、多层次的分析和比较。为此，此书在概述语言哲学在现代西方哲学中的地位及其历史发展线索之后，首先比较现代西方哲学家所采用的语言研究方法，然后依次分析和比较他们在语言的要素、结构、类型、功能等关于语言的性质方面的不同观点，再次探讨语言哲学的一些基本理论，如意义理论、指称理论、意向性理论、真理理论以及理解和解释理论，最后考察语言和社会的关系问题。对于以上每个问题，此书既从纵向的角度考察有关观点的历史演变，也从横向的角度考察不同流派对于这些问题的不同看法，还从马克思主义观点出发提出自己的简短评论。

从对英美语言哲学和欧洲大陆语言哲学的分别考察中可以看出，这两大传统的语言哲学家都普遍重视对哲学中的语言问题或者语言学中的哲学问题的研究，各派都在不同程度上并以不同的方式表现出所谓“语言转向”。不过，各派哲学家考察这种转向的出发点、侧重点以及得出的结论各不相同。粗略说来，基本上有两种不同的“语言转向”。一种是英美哲学家，特别是罗素、维特根斯坦以及逻辑实证主义者等分析哲学家心目中的“语言转向”，这就是把语言看作哲学的首要的，甚至唯一的研究对象，认为哲学不是理论，而是一种澄清语词和语句的意义的活动，全部哲学问题就是语言批判，哲学的首要任务就是通过语言分析澄清科学语言、哲学语言以及日常语言的意义，哲学是一种显示或者确定命题的意义，排除语言混乱的活动。另一种是欧洲大陆哲学家，特别是海德格尔、伽达默尔等存在主义者或哲学释义学家心目中的“语言转向”，这就是把研究语言看作研究哲学问题本身，语言并非仅仅是一种用以表达情感和交流思想的手段，而且还是存在的住所。他们强调逻各斯、语言和存在之间的密切联系，逻各斯是语言的基础，语言是一种根植于作为真理的存在之上的逻各斯。因此，在一定意义上可以说，英美哲学家，特别是分析哲学家侧重于从方法论角度探讨语言哲学，把语言哲学看作哲学中的一个分支学科或研究领域，而在欧洲大陆哲学家中间，存在主义者、哲学释义学家以及某些现象学家，则主张从本体论角度探讨语言哲学，把语言问题看作哲学问题本身，把语言问题与存在问题联系起来考察。结构主义者和后结构主义者由于受到结构语言学的影响，比较重视语言的结构、类型之类的问题，这些问题是英美语言哲学家通常不大关心的。英美语言哲学和欧洲大陆语言哲学在其出发点和侧重点等方面的这些显著分歧，是与它们分别从属于现代西方哲学中的两大传统这一事实密切相关，而这又来源于它们在历史背景、文化传统以及民族、语言、习俗等等方面的巨大差异。

由于英美哲学家和欧洲大陆哲学家在对语言哲学的性质和任务的看法上存在着严重分歧，因此，我在对语言哲学中的这两大传统进行分析比较时碰到许多困难。首先碰到的困难是需要对现代西方语言哲学构造一个统一的、具有一定逻辑性和系统性的理论框架，以便把英美哲学家和欧洲大陆哲学家提出的各种不同的语言哲学理论都包容进去。但是，目前国内外语言哲学界对语言哲学这门学科的范围和课题尚未取得基本一致的认识，而且至今在国内外尚未出版任何一本从宏观角度概括评述或者分析比较现代西方语言哲学的两大传统的论著可资借鉴。此书对各个章节的安排，只是为了便于分析比较，把有关的各种语言哲学观点归纳为若干问题或方面，还没有形成一个内容充实、结构严密的理论框架，只能说这是朝着这个方向所作的一种开拓性尝试。尽管如此，此书出版后仍受到国内哲学界的关注，1999 年获国家社科基金项目优秀成果三等奖。

在此期间，我还主编了十卷本的《当代西方著名哲学家评传》，按语言哲学、心智哲学、科学哲学、道德哲学、逻辑哲学、宗教哲学、历史哲学、艺术哲学、人文哲学和社会哲学编排，这是国内出版的头一本按哲学的各个分支学科编辑的当代西方哲学家评传。此外，还主编了《现代世界哲学》一书，分别评介东方哲学（中国、印度、日本)、苏联东欧哲学（苏联、南斯拉夫、民主德国)、西方哲学(英国、美国、法国、意大利、荷兰）以及阿拉伯哲学的概况。

1988 年我办理了退休手续，辞去哲学所现代外国哲学研究室主任职务，但继续承担研究课题的任务和指导博士研究生的工作。同时，继续担任中国现代外国哲学学会副理事长，主持学会日常工作。2004 年，因超龄辞去副理事长职务，被选为名誉理事长。2006 年，中国社会科学院成立文学、史学、哲学学部，被选为该学部荣誉学部委员。1989 ~ 1990 年间，应邀去英国牛津大学、剑桥大学、谢菲尔德大学以及法国人文科学学院访问，近一年左右，主要研究当代英国哲学和现代西欧哲学。1991 年，应邀赴香港中文大学参加“分析哲学与语言哲学研讨会”。

四、美国哲学史研究

20 世纪 90 年代上半叶，我全力投入撰写三卷本的《美国哲学史》一书。早在 70 年代，我已萌发撰写此书的念头。在开展这项研究时，我采取从研究当代美国哲学着手，再向前追溯其历史发展的办法。为此，我在 1975 ~ 1979 年间主编了四卷本的《当代美国资产阶级哲学资料》。1980 ~ 1982 年在美国进修期间，着重研究当代美国哲学，同时考察 17 ~ 19 世纪美国哲学的历史发展，收集了这方面的大量资料。由于分析哲学在当代美国哲学中长期居于主导地位，而语言哲学又是分析哲学家普遍关注的领域，因此我在 1982 ~ 1991 年间一直致力于分析哲学和语言哲学的研究，直到 1992 年才全力投入《美国哲学史》的撰写工作。

为叙述方便，本书把美国哲学近 400 年的发展历程分为六个时期：（一）从 17 世纪初至 18 世纪上半叶的殖民时期。（二）从 18 世纪中叶至 18 世纪末的独立战争和建国时期。（三）从 19 世纪初到南北战争爆发前夕的“保守时期”。（四）从南北战争到 19 世纪末自由资本主义蓬勃发展时期。（五）从 19 世纪末至第二次世界大战从自由资本主义过渡到垄断资本主义时期；这也是美国开始形成自己独立的哲学流派或哲学体系的“黄金时代”。（六）从第二次世界大战到 20 世纪末美国哲学在西方哲学舞台上跻身前列的时期。在美国哲学的整个发展历程中，第五、六这两个时期最为重要，因此本书以两卷的篇幅分别着重阐述这两个时期。

在我看来，美国哲学的历史发展基本上沿着三条线索：一是美国哲学的发展与每个时期政治经济的发展密切相联，这种联系在社会动荡或社会变革时期表现得尤其明显；二是由于宗教在美国的社会生活中始终处于重要地位，因此美国哲学的发展从殖民时期开始一直到20世纪都与宗教的演变保持密切联系；三是美国哲学的发展与自然科学的发展始终紧密相联，相互促进。就与西欧哲学的关系而言，美国哲学经历了从不同程度上依附于西欧哲学，特别是英国哲学，到形成自己独立的哲学体系，再进入现代西方哲学的前列，并在某些领域内成为现代西方哲学的中心这样三个阶段。

对于上述六个时期中的每一个时期，本书首先简述该时期的社会概况，然后简述该时期中流行的主要哲学流派或哲学领域，最后以绝大部分篇幅详细阐述有关哲学流派或哲学领域的代表人物及其基本观点，这就是采取一种从面到点、以点为主的撰写方式。对于所述及的每一个哲学家，本书首先对其生平和著作作一简单介绍，然后着重阐述其基本哲学观点，最后简略分析其思想渊源、与同时代其他哲学家在思想上的异同以及对后世的影响，而不着重评论其观点的是非优劣。我认为哲学史著作的主要任务在于探索哲学思想的发展脉络，对哲学家的思想的分析和评论适宜于由专著或论文来承担。本书篇幅有限，每个哲学家所占篇幅少到数千字，多则一万余字，不可能在这样狭小的篇幅内对有关哲学家的观点作全面、详尽的阐述，更不可能进行细致深入的分析和评论。因此，本书对这一百多位哲学家的描述，至多只是一幅幅粗线条的速写或素描，不可能是细致入微的肖像画。

哲学史是史料和评论的结合，写任何一部哲学史，既包括对史料的搜集、整理、筛选、转述和引证，也包括对史料的研究、分析和评论，叙和论这两者是缺一不可的。至于在撰写中究竟以叙为主还是以论为主，究竟采取边叙边论的方式还是采取叙论分开的方式，不同的作者可以作不同的处理。本书采取的是以客观叙述为主、个人评论为辅、叙论分开的方式。所谓“客观叙述”指的是根据哲学家的原著，扼要陈述其基本观点，作一些很必要的引证，把个人对这些观点的分析或评论明确分开，避免读者把哲学家的观点与作者的评论混淆起来。这里所说的“客观叙述”只是就其相对意义而言，不可能在叙述中不掺杂个人的主观见解。我力求把向读者如实地呈现美国哲学发展的本来面目看作自己的主要任务，而不以发表自己的哲学见解为主要目标，相信读者从所叙述的一百多位哲学家的观点中获得的启示，肯定远远超过从我对他们的评论中获得的点滴见识。

由于本书涉及面相当广泛，从时间上涉及三百多年的哲学发展历程，从流派上涉及30多个彼此观点相距悬殊的哲学流派，从人物上涉及一百多位哲学家，而每个哲学家所撰写的论著少则数部，多到数十部，这样广阔的范围和这样众多的论著显然不是个人的能力所能穷尽的，也不是这三卷的篇幅所能包容的。我只是尽其所能地探索美国哲学发展的主要线索，把握每个哲学流派哲学家的基本观点，简明扼要地作一些粗线条的刻画，为读者开展某个哲学流派或哲学家的专题研究提供一些线索，为推动这个领域的研究铺下几块奠基石。此书出版后，受到国内哲学界的好评，2002年获得中国社会科学院优秀科研成果一等奖。

五、维特根斯坦哲学研究

90年代末，我转入维特根斯坦哲学研究，在国家社科基金项目中承担了“维特根斯坦后期哲学思想研究”这个课题。我之所以萌发从事这项研究的念头，主要是因为当时应出版社之约，主编12卷的《维特根斯坦全集》，并翻译了其中大部分后期著作。在此之前，我在《分析哲学及其在美国的发展》和《现代西方语言哲学比较研究》二书中，也曾分别从分析哲学和语言哲学的角度，对维特根斯坦的语言哲学思想作过一些粗浅的研究。此时通过主编他的《全集》和翻译他的大部分后期著作，我对他的哲学思想，特别是他后期的哲学思想，有了较深的理解，发觉我过去对他的研究含有许多不足之处。这主要表现在：（一）过去的研究主要依据《逻辑哲学论》和《哲学研究》这两部代表作，而未认真研究他的其他大量著作。（二）过去的考察面太窄，基本上只限于研究他的语言哲学思想，而忽视对他在心理学哲学、数学哲学和文化哲学方面的思想进行研究。（三）过去大多侧重于研究维特根斯坦本人的思想，而没有把他的思想与他的经历、个性等联系起来考察，也没有细致深入地把他的哲学思想与他的前辈、同时代人以及后辈的哲学思想联系起来考察。（四）过去单纯从英美哲学传统的角度考察他的哲学思想，而没有同时也从欧洲大陆哲学的角度进行考察。为了弥补这些缺点，我在此书中从评述他后期的哲学观，即对哲学的性质和任务的看法着手，依次较详细地考察他的语言哲学思想、心理学哲学思想、数学哲学思想和文化哲学思想，最后在结束语中考察他在现代西方哲学中的地位以及关于他的成就和品格的评价。在评述他的哲学思想时，不仅把他的哲学思想与英美哲学家的思想相比较，还把他的哲学思想与欧洲大陆哲学家的思想相比较，以便说明在何种意义上可以说维特根斯坦是现代西方两大哲学传统的融合者。此外，我还注意把他的哲学思想的形成与他的经历、个性等联系起来考察，因为在他那里这两个方面是紧密相联的。

本书的主要目的在于论证维特根斯坦是现代西方两大哲学传统的融合者这个重要观点。由于维特根斯坦在分析哲学的创建过程中发挥了巨大作用，他的前期著作对逻辑实证主义发生了深刻影响，他的后期著作对日常语言学派发生了巨大影响，因此过去国内外许多学者都把他看作分析哲学的创建者之一，或者看作分析哲学的重要代表，我过去也持这种观点。诚然，维特根斯坦在分析哲学的创建过程中发挥了重要作用，这是一个历史事实，无可否认，因此把他看作分析哲学的创建者之一或者它的一个重要代表人物，也无不符合事实之处。不过，这种观点忽视了他的思想中也有许多观点不属于科学主义思潮而属于人本主义思潮这个事实。本书着重从他的哲学观点和个人经历、思想渊源这两个方面论证维特根斯坦是现代西方两大哲学传统的融合者。就哲学观点而言，粗略说来，他在语言哲学方面的观点，特别是早期著作中的观点，基本上属于以弗雷格、罗素等人为代表的分析主义传统，他的后期著作中的观点虽然背离了罗素等人的传统观点，但仍然属于分析主义传统。与此相对立，他在文化哲学方面的观点基本上属于人本主义传统。在心理学哲学中，他的某些观点与詹姆斯的观点相接近，另一些观点又与释义学家的看法相类似。在数学哲学中，例如在对逻辑主义、直觉主义和形式主义的看法上，他既没有对这三个流派全盘肯定，也没有全盘否定，而是分别有所取舍。总之，在这四个方面，他的部分观点属于或者倾向于科学主义传统，另一部分观点属于或者倾向于人本主义传统。就他个人的经历和思想渊源而言，他在其一生60余年中，有40年左右生活在欧洲大陆，有20年左右生活在英国，这种经历为他接受这两种文化传统的影响创造了良好的客观条件。他在一生中接受的思想影响，也是来自英美哲学传统和欧洲大陆哲学传统这两个方面。在语言哲学和数学哲学这两个领域内，主要接受弗雷格、罗素等人的影响。在文化哲学领域内，主要接受叔本华、尼采、斯宾格勒、陀思妥耶夫斯基、托尔斯泰等人的影响。这些来自不同传统的影响也有力地促使他成为现代西方两大哲学传统的融合者。

过去我侧重于从宏观角度考察某一哲学流派（如分析哲学）、某一哲学领域（如语言哲学）或某个国家的哲学（如美国哲学史）的历史发展，本书则侧重于从微观角度考察一个哲学家在某一阶段的哲学思想。尽管此书大大缩小了研究范围，但由于涉及维特根斯坦在语言哲学、心理学哲学、数学哲学和文化哲学这四个方面的观点，因此范围仍然较广，难度也较大。维特根斯坦的著作不易理解，我对他的思想的评述即使没有误解，至多只不过是一家之言。此书出版后也受到国内哲学界的好评，本课题结项时获得优秀科研成果奖。

六、实用主义研究

21世纪初，应出版社之约，与陈波合作主编了九卷本的《美国实用主义文库》，这也促使我萌发研究美国实用主义的念头，在国家社科基金项目中承担了“从古典实用主义到新实用主义——实用主义基本观念的演变”这个课题。过去国内外对实用主义的研究，大多以哲学家为纲，按历史顺序依次评述各个实用主义者的哲学观点，从而评介整个实用主义思潮的历史发展。本书采取一个新的视角，改为以基本哲学观念为纲，按历史顺序依次考察从古典实用主义者到新实用主义者对有关哲学观念的各种看法，分析这些看法之间的异同，梳理它们的发展线索，弄清楚实用主义的基本观念在其一百多年的历史发展历程中是怎样演变的，并分析它们演变的原因。这个新的研究视角可能比过去以哲学家为纲分别阐述其哲学观点的策略，更能表现整个实用主义哲学思想的历史发展。

为此，本书首先在导论中概述实用主义诞生时的社会背景、思想渊源以及实用主义各个发展阶段中代表人物的简况，为读者提供实用主义的概貌。然后以十章的篇幅，分别详细考察“实在”、“经验”、“认识”、“真理”、“意义”、“道德”、“科学”、“宗教”、“社会”和“政治”这十个基本观念。在每一章里，首先在其前言中简述某一基本观念在西方哲学史上的历史演变和在现代西方哲学中的地位，为实用主义者对该观念的看法提供一个概括的思想背景。然后按历史顺序尽可能客观地陈述有关实用主义者对该观念的看法，最后在小结中分析比较这些看法之间的异同，梳理它们的演变过程，必要时还要把他们的看法与其他哲学流派的看法相比较，了解它们是怎样相互影响的。

在以上对“实在”等十个基本观念的演变所作的分析的基础上，最后在本书的结束语中对这些考察和分析作一总的概括。我把这十个基本观念的演变分为三种类型：一是实用主义者在对“实在”、“认识”和“科学”这三个基本观念的看法上发生了巨大变化，这就是从实在论转向反实在论，从认识主体和认识对象的二元论转向认识主体和认识对象的一元论，从再现论转向反再现论，从基础论转向反基础论，从科学主义转向反科学主义。二是在对“经验”、“真理”、“意义”和“道德”这四个基本观念的看法上，他们的基本观点没有发生重大变化，但后来作了不少修正和补充。三是他们在对“宗教”，“社会”和“政治”这三个基本观念的看法上，可以说没有发生重大变化，其基本观点是前后一贯的。

至于实用主义者为何在对这些基本观念的看法上发生以上这些或大或小的变化，我认为主要有两个原因。其一是实用主义在其一百多年的发展历程中，曾经三次与其他哲学流派相结合。第一次是 20 世纪 30 ~ 40 年代，刘易斯等实用主义者吸取了分析哲学，特别是逻辑实证主义的部分观点，第二次是 50 ~ 60 年代，蒯因等分析哲学家吸取了古典实用主义的部分观点。这两次结合都有其思想基础，这就是双方都在不同程度上持经验主义和科学主义立场。这种结合对双方都带来好处，使它们彼此取长补短，扩大了双方的研究领域，既促使分析哲学实用主义化，又促使新实用主义的诞生。其二是实用主义在20世纪下半叶受到欧洲大陆的人本主义思潮，特别是后现代主义的猛烈冲击。19世纪下半叶，以叔本华、尼采、基尔凯郭尔为代表的一批非理性主义者，纷纷谴责科学技术的发展给人类社会带来的负面影响。20世纪上半叶，现象学、存在主义等人本主义流派继承和发展了他们的观点。特别是后现代主义在60～70年代的崛起和在美国的传播，罗蒂、伯恩斯坦等人把后现代主义与实用主义结合到一起，实现实用主义与其他哲学流派的第三次结合。后现代主义以反传统哲学著称，这次结合促使实用主义者在对实在、认识和科学等基本观念的看法上发生了急剧转变。

在迄今国内外出版的关于实用主义的论著中，本书是唯一的一本以基本观念为纲去考察实用主义的历史演变的著作，在这点上具有较大的开拓性、创新性。本课题于2005年结项时被评为优秀科研成果。

50年来的科研工作中，我始终只怀有一个目的，这就是力所能及地为哲学大厦的修建添上一砖一瓦，为有志于哲学研究的读者铺下几块垫脚石。我自知自己才能有限，既不能提出什么真知灼见，更不敢创立什么哲学体系，只想在翻译方面为不懂外语或不拥有外文图书的读者提供较为丰富扎实的研究资料，在科研方面为中青年读者提供较为系统的关于现代英美哲学的知识。每当中青年同行谈到曾经从我的译著或论著中获得点滴知识时，我就感到心满意足。作为一个平凡的哲学工作者，我只想踏踏实实地在翻译和科研方面作些平凡的工作。

回顾50年来从事哲学翻译和哲学研究的历程，发现自己虽然做了一些工作，但无论在自己的译著或者论著中都存在着许多错误或缺点。这些错误或缺点的产生，一方面是出于自己能力有限，另方面也是由于受到当时历史条件的限制，例如在20世纪80年代我对现代英美哲学的了解，当然不如90年代对它的了解。因此，希望专家们在评论我这50年内所写的论著时，既要不留情面地指出我在其中所犯的种种错误，更要把这方面的研究推到一个新的高度，取得新的成果。

涂纪亮

2006年8月于北京

目　录

前言

半个多世纪以来，分析哲学一直在英美哲学中居于主导地位，在奥地利、德国和北欧诸国，在加拿大、澳大利亚以及印度、日本等国也有程度不同的影响，成为当代“科学主义”思潮的主流。在我国，过去已有一些老专家对罗素和维也纳学派作过深入研究，近几年来又有一些中、青年同志在这个领域内发表了不少专著和论文，还涌现出一批有兴趣于研究分析哲学的青年教师和研究生，于是开始形成一支有一定水平的研究队伍。我作为这支研究队伍中的一个成员，也希望能够在这方面作一点有益的工作。

我写这本书的主要目的，是想遵循历史发展的线索，比较系统地向国内读者介绍分析哲学的形成和演变过程，特别是最近二三十年来它在美国的发展，希望通过这一叙述有助于读者了解分析哲学的概貌，为读者进一步研究这个思潮提供一些线索。由于分析哲学的发展已有80多年的历史，在其发展过程中形成许多支派，重要代表人物至少有好几十人，其研究领域也相当广泛，包括语言哲学、科学哲学、逻辑哲学、精神哲学、价值哲学等等，因此，要在一本书里对它进行系统、全面、详细、深入的评述，那是十分困难的。这里只能评述它的一些主要流派、最有影响的代表人物及其基本观点。为此，我首先对分析哲学的产生和发展作一个概括介绍（第一章），接着介绍分析哲学创始人对于他们之后分析哲学的发展具有重大影响的一些观点（第二章），其次介绍分析哲学的头一个大支派——逻辑实证主义的兴起及其在美国的发展（第三、四章），接着介绍分析哲学，特别是逻辑实证主义与实用主义相结合后形成的各个支派（第五、六章），再次介绍分析哲学的另一个大支派——日常语言学派的形成及其在美国的影响（第七、八章），然后介绍20世纪60年代后分析哲学在科学哲学和语言哲学这两个领域内形成的一些派别和学说（第九、十、十一章），最后还试图从马克思主义立场对分析哲学的基本观点作一些粗浅的评论（第十二章）。书后附有各章的参考书目；由于这方面的资料浩瀚，这里只能列出主要哲学家的重要代表作①。

对本书着重评述的30多位哲学家，基本上都配有照片。这些照片大部取自他们的著作，也有一些是哲学家本人寄来的。这里特别要感谢塞拉斯（W. Sellars）、古德曼（N. Goodman）、威斯顿（J. Wisdom）、库恩（T. Kuhn）、戴维森（D. Davidson）、齐硕姆（R. Chisholm）给我寄来他们的照片，热情支持本书的出版②。

在撰写本书的过程中，北京大学洪谦教授和武汉大学江天骥教授，我院汝信同志，我所邢贲思、杜任之、陈元辉、周礼全、倪鼎夫、查汝强、邱仁宗、陈筠泉、章士嵘等同志，都对本书的设想和初稿提了许多宝贵意见，特此致谢。

本书写出初稿后，作为"六五"计划期间哲学社会科学科研规划中的一本专著，于1984年秋在成都四川大学召开审稿会，出席会议的刘放桐（复旦大学）、李真（北京大学）、郑杭生（人民大学）、李步楼（湖北省社会科学院）、王善钧（厦门大学）、欧阳荣庆（四川大学）等同志，以及我们研究室的王炳文、张金言、李幼蒸、罗嘉昌、徐友渔等同志，也对初稿提了许多有启发性的意见。研究生牟博同志为初稿的校对作了大量工作。我所王正义同志也为本书的插图拍制照片。对以上这些同志的热情协助，我也在此表示谢意。

此外，对于1980～1982年我在美国研究当代美国哲学，特别是分析哲学期间，华裔美籍逻辑学家王浩教授，美国哲学家古尔德（J. B. Gould）教授、迈耶斯（R. Meyers）教授、里斯（W. L. Leese）

① 为便于读者查阅原著，本书提到的外文著作大多附有原名。凡列入参考书目中的著作，其原名在正文中省略。

② 由于原著的一些照片不很清晰，此次再版时将照片都取消了，特此说明——编者。

教授、斯特恩（K. Stern）教授等，在业务上给予我的热情协助，我也在此一并致谢。

本书内容涉及面很广，需要掌握大量资料和广泛深入的研究，我由于主客观条件的限制，未能如愿，因此本书无论在阐述和评价方面都必然存在着不少缺点和错误，敬希读者指正。

中国社会科学院哲学研究所
现代外国哲学研究室
涂纪亮
1985 年 1 月于北京

第一章 导 论

“分析哲学”（analytic philosophy 或 analytical philosophy ）这个词的含义比较模糊，但使用得相当广泛。起初，这个词主要用于指那些强调日常语言分析的哲学流派，特别指牛津学派，这是对这个词的狭义的解释。后来，这个词被推广使用于指一切主张哲学的首要任务在于从事“分析”（包括“逻辑分析”、“语言分析”、“操作分析”等等）的哲学流派，这可以说是对这个词的广义的解释。本书所论述的分析哲学是就其广义而言，它既包括逻辑原子论和常识实在论，也包括逻辑实证主义及其与实用主义相结合而形成的各个支派，还包括日常语言学派、批判理性主义和历史社会学派，最后还包括 20 世纪 60 年代后出现的不属于这些支派的分析哲学家。

半个多世纪以来，特别是第二次世界大战之后，分析哲学一直在英美哲学中居于主导地位。美国哲学家卡普兰（A. Kaplan）曾对这个流派在西方世界中的影响作了如下的评述：“我现在称之为‘分析哲学’的这种广泛的哲学思潮，是目前英语国家中影响最大的哲学思潮。几乎在美国各大学中，以及在英国各个大学中，人们所说的哲学实际上就是指这种思潮。在青年一代的哲学系学生看来，这种思潮的观点无论如何是最令人激动和最有前途的。在世界上其他地方，特别是在印度和日本（印度在很大程度上仍然接受英国的影响，至少在思想方面是如此，日本自被占领之后，美国的思想正稳步地取代德国和法国的影响），情况也日益变得与此相似。这种分析思潮在南美也有某些影响。最后，在欧洲大陆的国家中，它也并不是完全没有地位的。”①

---

① 卡普兰：《哲学的新世界》，1961 年英文版，第 53 页。

至于分析哲学在美国的影响，美国哲学家R. 罗蒂作了更加详细的描述："大概在赖欣巴赫的著作《科学哲学的兴起》出版的那段时期，也就是在五十年代初期，分析哲学开始占领美国哲学系的阵地。移民中的一些伟大人物——卡尔纳普、亨普尔、费格尔、赖欣巴赫、伯格曼、塔尔斯基——获得了应有的尊敬，他们的门徒开始被任命为各个有声望的哲学系的领导人。那些没有沿着这条路线发展的哲学系逐渐失去其声誉。到1960年，一种新的哲学体制已经坚固地树立起来，一种新的研究生教育制度亦已确定下来。在这种制度下，已不再阅读杜威和怀特海这一些在前一时期成为中心人物的著作，哲学史日益不被看重，逻辑研究则受到高度重视……在六十年代，美国念哲学博士学位的研究生增加了三倍，因此目前美国各大专院校的绝大部分教师都是在赖欣巴赫所说的那种哲学史观点下培养出来的。他们受到教育，要他们相信自己有幸处于一个新的哲学时代——分析的时代——的开端，在这个时代里，研究工作必须以精确方式进行。"①

以上两个美国哲学家对分析哲学的地位尽管有些评价过高，但他们所反映的情况基本上符合事实。对于这样一种有广泛国际影响的哲学思潮或哲学流派，我们应从马克思主义的立场、观点和方法出发，对之进行分析研究，吸取其合理成分，批判其错误思想。过去，我国已有一些老专家对罗素以及维也纳学派进行过深入研究。近几年来，又有不少中、青年同志对分析哲学的某些流派或代表人物的思想进行了专题研究②。本书试图按历史的顺序，比较系统地阐述分析哲学发展上的各个时期及其代表人物，并以马克思主义为指导对他们的基本观点作一些粗浅的评述。分析哲学家的研究领域包括语言哲学、科学哲学、逻辑哲学、精神哲学、价值哲学等方面（当然，在这些领域内从事研究的并不限于分析哲学家），本书较多地论述他们在语言哲

① 罗蒂：《美国现代哲学的状况》，载于联邦德国《分析与批判》杂志，1981年第1期。

② 参看金岳霖、洪谦、江天骥以及夏基松、舒炜光、刘放桐、邱仁宗等同志的有关著作。

学、科学哲学方面的观点，对其他领域的观点只是简略涉及。

第一节 分析哲学产生的时代背景

分析哲学产生于20世纪初的英国。诚然，德国哲学家和数学家弗雷格在19世纪末已发表了他的《概念演算》和《算术的基础》等重要著作，创立了现代数理逻辑，并在语言哲学方面提出了许多重要观点，成为分析哲学的直接思想先驱。不过，西方哲学界一般说来仍把20世纪初的英国看作分析哲学的发源地，并把罗素在1905年发表的《论指示》一文看作分析哲学形成的标志，因为这篇文章头一次比较详细地阐述了分析哲学的某些基本观点①。

在19世纪下半叶，英国的资本主义已取得重大发展，它是当时世界上最强大的工业国家和殖民主义国家。到19世纪70年代，英国在国际市场上的垄断地位，开始受到当时兴起的德国的挑战，接着又受到随之而起的美国的排挤，于是逐渐动摇。尽管如此，英国在19世纪末向殖民地和附属国输出资本的规模，仍然超过其他资本主义国家。到20世纪初，英国从自由资本主义时期过渡到垄断资本主义时期，即帝国主义时期，它的垄断组织的形成和发展比美国和德国稍晚一些。

在这段时期内，在英国政治舞台上占据统治地位的资产阶级，不断巩固和扩大自己在政治，经济和文化等方面的权力。过去的贵族残余大多数转入经营资本主义企业的道路，在政治上完全从属于工业资产阶级。英国资产阶级又利用部分超额利润来收买工人阶级的上层分子，在工人中间散布工联主义思想，使工人运动局限于纯粹的经济方

① 1983年8月在加拿大举行的第17届世界哲学大会上，组织了一个以“分析哲学的根源”为题的讨论会。会上发言人一致同意分析哲学正式形成于20世纪初的英国，但认为在欧洲大陆的一些国家里也存在着分析哲学的根源，克洛伦（H. Cloeren）、费舍（K. Fisher）、彼特默尔（W. Büttemeyer）和奥罗（S. Auroux）分别探讨了分析哲学在德国、奥地利、意大利和法国的根源。

面，满足于争取企业主在经济上的细微让步，而回避或放弃政治上的斗争。但到20世纪初，随着英国国际市场的缩小，国内经济危机的出现，失业现象的加剧，英国工人的经济状况日益恶化，阶级斗争有所发展。在这种形势下，工联主义思想受到打击，社会主义思想获得比较广泛的传播。

随着社会经济和科学文化的发展，在英国以及在欧洲大陆，人们的精神生活中也发生一个巨大变化，这就是宗教对人们的精神生活的影响愈来愈小，人们逐渐从宗教信仰转向世俗化。英国分析哲学家赖尔在其著作《哲学中的革命》一书的导言中，把19世纪下半叶和20世纪初这两段时期的精神生活加以对比，对这一变化作了如下的描述："在布拉德雷（1846～1924）念大学的那段时期和我念大学的那段时期之间，英伦三岛上的知识分子，特别是学术界人士，发生了一大变化，这就是他们原来大多与教会有关，现在却变得几乎与教会不发生关系了。在布拉德雷早年时期，大多数大学教师都担任圣职，大多数学生或者来自圣职人员的家庭，或者毕业后将去担任圣职。当时最热烈的理论争端，或者出现于不同派别的神学家之间，或者出现于神学家和反神学家之间。甚至某些纯粹的哲学分歧也是信仰和怀疑之间的分歧的一种外在表现。到20世纪20年代，所有这些情况都不存在了。现在几乎所有的大学教师都是世俗人员，几乎所有的大学生都来自世俗家庭，并且将去担任世俗工作。"① 赖尔认为社会精神生活中的这个重大变化，与"哲学中的革命"即分析哲学的出现有密切联系。尽管分析哲学的出现并不是哲学中的什么革命，可是它的出现的确与当时英国精神生活中的这一重大变化有一定联系。

（一）分析哲学的产生是对绝对唯心主义的一种反抗。在19世纪中叶以及其后一段时期，在英国哲学中居于主导地位的，是以穆勒和斯宾塞为代表的实证主义。19世纪70年代之后，绝对唯心主义（或新黑格尔主义）开始登上英国的哲学舞台，有人把斯梯宁（J. M. Stirling）在1865年发表《黑格尔的秘密》一书，看作英国绝

① 赖尔：《哲学中的革命》，1957年英文版，第2页。

对唯心主义出现的开端。但斯梯宁的影响不大，而被看作英国绝对唯心主义的创始人的，却是比他稍晚的牛津大学道德哲学教授格林（T. Green）。与他们同时代的，还有爱德华·凯尔德（E. Caird）和约翰·凯尔德（J. Caird）等，他们被称为英国绝对唯心主义的早期代表人物。促使绝对唯心主义在英国哲学界夺得主导地位的，则是稍后的布拉德雷（F. Bradley）、鲍桑葵（B. Bosanquet）以及麦克塔加特（J. McTaggart）等人。从19世纪末至20世纪初这二三十年间，他们把持了英国主要大学的哲学讲坛，影响很大。

绝对唯心主义是从右的方面继承和发展黑格尔的唯心主义哲学的，因此又被称为新黑格尔主义。他们利用黑格尔的以绝对观念为基础的唯心主义，反对唯物主义，同时反对英国传统的经验主义和以穆勒、斯宾塞为代表的实证主义。他们进一步发展了黑格尔哲学中的宗教神秘主义倾向，声称要从理论上论证宗教信仰以及与宗教有联系的伦理道德观念，宣扬理性服从信仰，科学服从宗教。他们还特别发展了黑格尔关于国家和社会学说中的反动方面，鼓吹资产阶级国家对个人具有绝对权威，宣扬英雄史观和大国沙文主义，竭力为垄断资产阶级的政治需要效劳。因此，它在当时受到英国统治阶级的赏识和支持。

但是，随着英国资本主义的发展，这种公开宣扬理性服从信仰，科学服从宗教的客观唯心主义思潮，不再能够满足英国统治阶级的需要。因为，它的赤裸裸的反科学的理论妨碍了自然科学的发展，而自然科学的发展却是资本主义的工业和经济的发展所必需的。同时，20世纪初宗教信仰在社会精神生活中的影响已大大削弱，这一变化也使绝对唯心主义这种带有浓厚宗教神秘主义色彩的哲学思想，愈来愈不受知识界的欢迎。因此，在20世纪初，英国的绝对唯心主义便逐渐被当时兴起的新实在论所取代。新实在论者强调哲学要与科学建立密切联系，要依据自然科学的理论，利用自然科学的成果，来从事哲学研究，并为科学方法作论证等等，因而得到一部分自然科学家的支持。他们自称反对唯心主义，承认外部世界的客观存在，但他们把感觉、观念也看作客观实在，否认精神、思维是物质发展的产物，因此他们的世界观和认识论仍然立足于唯心主义的经验论之上，尽管他们在承认外部世界的客观存在等方面也表现出一些唯物主义因素。

分析哲学的创始人摩尔和罗素在他们从事哲学研究的初期都深受绝对唯心主义的影响，到20世纪初才转到新实在论的立场上来。摩尔在其自传中承认，在青年时期，他和罗素两人曾追随在麦克塔加特之后成为布拉德雷的热烈赞赏者。摩尔在剑桥大学听过麦克塔加特讲授黑格尔哲学，对绝对唯心主义的观点深为赞赏。他在1897年发表的头一篇论文《从什么意义上说存在着过去和未来的时间》中，完全站在布拉德雷的立场上，断言时间是不存在的。1899年在《判断的性质》一文中，他的立场开始有所转变，逐渐向新实在论过渡，在1903年发表的《对唯心主义的批驳》一文和《伦理学原理》一书中，他才最终与绝对唯心主义决裂，完全转到新实在论的立场上。

与摩尔一样，罗素在其青年时期也深受绝对唯心主义的影响，他主要是通过听麦克塔加特的讲课和阅读布拉德雷的著作而接受这种影响的。他在1897年发表的《论几何学的基础》一文，就明显地表现出这种影响。后来，在摩尔的影响下，他逐渐改变这种立场。他说："在剑桥，我念康德和黑格尔的著作以及布拉德雷先生的逻辑，这对我发生深刻的影响。在好几年中，我是布拉德雷先生的信徒；大约在1898年，我改变了自己的观点，这主要是我与G. E. 摩尔辩论的结果。"① 1903年，罗素发表了《数学原则》一书，彻底与绝对唯心主义决裂，也转到新实在论的立场上来。

（二）分析哲学的产生与当时获得蓬勃发展的数理逻辑有密切联系。数理逻辑是一门边缘性的科学，它一方面应用数学方法去研究逻辑问题，另一方面又应用数理逻辑去研究数学的基础和方法。数理逻辑的发展已有二三百年的历史。16～19世纪，西方的生产技术有了较大发展。为了适应这种发展的需要，数学与力学也得到迅速发展，数学方法在逻辑中得到广泛的应用。德国哲学家和数学家莱布尼茨首

① 罗素：《逻辑原子论》，载于艾耶尔编辑的《逻辑实证主义》，1959年版，第32页。

先提出创立数理逻辑的设想。他试图创造两套工具，一套工具是普遍语言，可以用它来代替自然语言，其中包括一些简明的符号，以便进行逻辑上的分析和综合，另一套工具是推理演算，可以把它作为推理的工具来处理普遍语言，使逻辑演算按照明确的规则进行。他的这些设想正是数理逻辑所要达到的目标。后来，数学家布尔（G. Boole）通过1847年发表的《逻辑的数学分析》一书，使这门学科有了很大的发展。他用代数方法处理逻辑问题，建立了逻辑代数。不过，逻辑代数所能处理的问题与传统的形式逻辑还没有本质上的不同。

19世纪末至20世纪初，数理逻辑通过弗雷格、康托尔（G. Cantor）、希尔伯特（D. Hilbert）、皮亚诺（G. Peano）、罗素等人的研究，得到了蓬勃的发展。弗雷格是分析哲学的直接思想先驱，也是现代数理逻辑的主要创始人。他独自创建一套概念演算，完成了建立命题演算和狭谓词演算这两种逻辑演算的工作，它们在科学内容上比传统的形式逻辑丰富得多，这可以说在逻辑学的发展史上实现了一次质的飞跃。然而，弗雷格在19世纪末所完成的这些伟大成就，在当时并未引起数学界和逻辑学界的应有重视。分析哲学的主要创始人罗素继承并发展了弗雷格所创立的概念演算，完整地完成了命题演算和谓词演算。他和怀特海（A. N. Whitehead）合著的《数学原理》一书，对数理逻辑的发展作出了重大贡献。

逻辑实证主义的许多代表人物都对数理逻辑进行过深入研究，并作出重大贡献。哥德尔（K. Gödel）在20世纪30年代证明了谓词演算的完全性定理和形式算术系统的不完全性定理，这些成果标志着数理逻辑的发展又进入一个新的阶段。此外，丘奇（A. Church）在1936年提出关于谓词演算的不可判定性定理，塔尔斯基（A. Tarski）在1933年提出关于形式语言的语义系统理论，卡尔纳普对形式语言的句法分析，赖欣巴赫对概率逻辑的研究等等，都在不同程度上推动了数理逻辑的发展。

最近几十年来，模态逻辑也得到迅速发展。刘易斯在1914年提出“严格蕴涵”概念，构造了一个模态命题演算，这是现代用数理逻辑方法研究模态逻辑的头一个成果。1932年，他又与朗福特（C.

H. Langford) 先后提出五个模态命题演算。卡尔纳普在 1947 年对模态逻辑的语义学提出系统的理论。欣梯卡 (K. J. Hintikka)、克里普克等人在 20 世纪 50 年代进一步开展了对模态逻辑语义理论的研究。克里普克用“可能世界”来说明必然与可能，用“可能世界”的语义理论来定义模态逻辑的常真公式，从而证明模态演算的完全性定理。冯·赖特 (G. H. Von Wright) 在 1951 年又提出“义务模态逻辑”和“认知模态逻辑”这两种新的模态逻辑。

这里不想叙述数理逻辑这个学科的历史发展，而只打算简略地列举一下从分析哲学的思想先驱弗雷格到克里普克等年轻一代分析哲学家对数理逻辑的贡献，以说明分析哲学的发展与数理逻辑的发展之间的密切联系。数理逻辑借助于形式化的逻辑语言与逻辑演算来处理形式逻辑中的问题，这就便于对问题作高度精确的表述，避免日常语言的不确切和逻辑上的不严密。因此，除日常语言学派外，绝大部分分析哲学家对数理逻辑都十分重视，经常借助于数理逻辑的手段来论证分析哲学的命题。弗雷格和罗素，特别是后来的逻辑实证主义者，试图利用数理逻辑来构造一种理想的、精确的人工语言，以求对哲学命题作出精确的表述，避免产生哲学混乱。最近二三十年来，英美分析哲学家也强调要以数理逻辑为手段，从事自然语言的语义学研究。总之，分析哲学的产生和发展都与数理逻辑有密切联系。

(三) 分析哲学的产生也与当时在自然科学理论中发生的重大变革有密切联系。20 世纪初，自然科学理沦中发生了一次有深远意义的重大变革，这就是相对论和量子力学的创立，它们后来发展成为现代物理学的理论基础。相对论是爱因斯坦 (A. Einstein 1879 ~ 1955) 等人在20 世纪初创立的，爱因斯坦在 1905 年首先创立了狭义相对论，在 1916 年又创立了广义相对论。相对论的创立标志着在现代物理学中形成了一种新的时空观，首次对高速物体的运动规律获得比较深刻的认识，它对以后物理学的发展具有深远的意义。量子力学也是在 20 世纪初创立的，普朗克 (M. Planck 1858 ~ 1947) 在研究黑体辐射时，于 1900 年首先发现了微观世界中某些物理量不能连续变化而只能取某些分立值这样一种量子性质。1913 年，玻尔 (N. H.

Bohr 1885～1962）又提出氢原子理论。其后，经过德布罗意（L. de Broglie 1892～ ）、薛定谔（E. Schrodinger 1887～1961）、海森堡（W. K. Heisenberg 1901～1976）等人的发展，形成了量子力学这种研究微观粒子的运动规律的理论。

相对论和量子力学的创立，是对经典物理学的严重峻挑战，特别是对牛顿的绝对时空观念以及牛顿力学的运动定律的猛烈冲击。按照牛顿的时空观，时间和空间都是绝对的，不以任何事物为转移。它们既与运动着的物质没有联系，而且它们相互之间也没有联系。物体的质量是一个常数，它不以运动着的物体的速度为转移。相反，按照相对论，时间和空间都不是绝对的，而以有关的参考系为转移。任何两个事件先后发生或者同时发生，这在不同的参考系看来是不同的。测量物体的长度时，测出运动着的物体在运动方向上的长度要比它在静止时短一些。测量时间的进度时，也发现运动中的时钟比静止状态下的时钟走得慢些。物体的质量也随着物体的运动速度的变化而变化。总之，经典物理学由于没有考虑量子现象和相对论效应，所以一般不宜于用以说明微观粒子和接近光速运动的物体的物理现象。

物理学理论中的这次急剧变革，否定了经典物理学中的许多基本概念，自然而然引起当时许多自然科学家的震动，同时也引起那些对自然科学的发展感兴趣的哲学家的深切关注。分析哲学的诞生正处于相对论和量子力学的创立时期，许多分析哲学家，特别是逻辑实证主义者，或者本人就是自然科学家，或者是对自然科学有相当造诣或浓厚兴趣的哲学家。他们对自然科学理论中发生的重大变革极其关心，纷纷著文阐述这次变革的哲学意义，并试图吸取这些理论的新观点来指导自己的哲学研究。罗素虽然主要致力于研究数理逻辑问题和哲学问题，但他并未忽视物理学理论中的这次重大变革，他在20世纪20年代写了《相对论入门》、《原子入门》等通俗评介这次变革的著作。维也纳学派的创始人石里克在20世纪初专修物理学，与普朗克、爱因斯坦等人都有私人联系，他的博士论文就是在普朗克的指导下写出的。早在1917年他就写出《现代物理学中的空间和时间》一书，后来又写了《相对论原理的哲学意义》、《哲学中的相对论》、《量子理论和自然的可知性》等论文，阐述相对论原理及其在哲学上的意义。柏林学派的创始人赖欣巴赫在20年代前后曾跟随爱因斯坦研究相对论，并吸取这种理论的观点先后写了《相对论和先天认识》、《相对论时空原理》、《时空学说的哲学》等著作。卡尔纳普在当时也认真研究了爱因斯坦的相对论，并在20年代写了几篇有关现代物理学基础的论文。在他与纽拉特、哈恩（H. Hahn）合写的《科学的世界观：维也纳小组》这篇纲领性宣言中，明确地把爱因斯坦称为维也纳学派的思想先驱。在美国，实验物理学家布里奇曼也是在相对论和量子力学创立的形势下提出他的操作主义的，他试图采用操作分析的方法来解决在这种形势下如何给物理概念下定义的问题。总之，从分析哲学的创始人罗素开始，到维也纳学派和柏林学派的创始人或主要代表石里克、赖欣巴赫、卡尔纳普等人，以至操作主义的创始人布里奇曼等，都高度重视当时自然科学理论中的这次重大变革，他们的某些哲学思想正是在这次变革的启发下提出来的。哲学是历史的产物，它往往带上同时代的自然科学的深刻烙印。就分析哲学来说也是如此；遗憾的是，分析哲学家由于没有从辩证唯物主义观点出发，对相对论和量子力学的伟大成就作出正确的理解，反而从其中引出一些错误的哲学结论。

第二节　分析哲学的思想渊源

分析哲学主要来源于两个唯心主义哲学系统：一个是英国的唯心主义经验论传统，特别是休谟的唯心主义的经验论；另一个是第一代和第二代的实证主义传统，特别是穆勒和马赫的实证主义。当然，这两个哲学传统又是紧密相联的，穆勒和马赫等人的实证主义，也是导源于休谟等人的唯心主义经验论。

英国的经验论传统包括唯物主义经验论和唯心主义经验论这两个截然不同的部分。17世纪在英国形成的唯物主义经验论，代表英国资产阶级革命时期新兴资产阶级的世界观。培根在这次革命准备时期提出了这种经验论的基本原则，霍布斯在革命高潮时期又进一步加以系统化，洛克在革命结束时期又给予详细论证。洛克的哲学是当时资产阶级和封建贵族相妥协的产儿，因此他的经验论中已经包含若干唯心主义成分。18世纪在英国形成的唯心主义经验论，代表了取得政权后而转向保守的英国资产阶级的世界观，贝克莱和休谟是这种经验论的主要代表。按照唯物主义经验论的观点，外部世界的存在不依赖于人们对它的认识，但是人们要认识外部世界则一定要通过经验，一切认识或知识都来源于经验。唯心主义的经验论者也说一切认识或知识来源于经验，但他们否认经验之外的客观存在。贝克莱提出“存在就是被感知”，宣称外部世界的事物只是“感觉的组合”。休谟认为一切认识来源于知觉，同时又局限于知觉，避而不答在知觉之外是否有客观事物的问题，这正如列宁所指出的，从感觉经验出发，既可以走向唯物主义，也可以走向唯心主义。分析哲学家们所继承的主要是唯心主义的经验论，特别是休谟的经验论观点。

除了唯心主义经验论外，实证主义也是分析哲学的一个思想渊源。第一代的实证主义出现于19世纪上半叶，法国哲学家孔德(A. Comte)是它的创始人，英国哲学家穆勒（J. S. Mill）和斯宾塞（H. Spencer）是它后期的主要代表，其中以穆勒对分析哲学的影响最大。他们声称自己只承认“实证的”事实，实际上是只承认主观经验。他们认为科学不反映客观规律，而只是对主观经验的描写。第二代的实证主义出现于19世纪后半叶，奥地利物理学家马赫(E. Mach)是它的主要代表，因此又称为马赫主义。他们把经验看作纯粹主观的东西，把客观事物看作“感觉的复合”。这实质上是贝克莱和休谟的主观唯心主义经验论的翻版。马赫对分析哲学，特别是对它的主要支派逻辑实证主义（或逻辑经验主义）发生很大影响，以致逻辑实证主义又被称为第三代的实证主义或新实证主义。

具体说来，这两个唯心主义哲学传统对分析哲学的影响，主要表现在以下几个方面。

（一）分析哲学家继承了休谟、穆勒、马赫等人对经验所作的主观唯心主义解释。休谟等人否认经验是客观事物在主观意识中的反映，否认经验的客观源泉。休谟认为人的一切意识局限于知觉，也就是局限于感性经验。至于产生感性经验的源泉是什么，他认为那是不可知的，甚至提出这个问题也是“没有任何逻辑根据的”。按照穆勒的观点，认识的任务仅仅在于把握主体的感觉及其恒久可能的规则，物质或外部世界仅仅意味着获得感觉的恒久可能性。马赫更进一步露骨地宣称，物体只不过是色、声、味等感觉“要素”的复合，没有主体（意识、感觉），也就没有客体（世界）。他认为经验是某种纯粹主观的东西，不具有任何客观内容。对经验所作的这种主观唯心主义解释，被许多分析哲学家以不同的方式继承下来。一般说来，他们也把经验理解为某种纯粹主观的、脱离客观实在的东西，看作认识主体与客观实在之间的屏障。他们把人的认识局限于经验，拒绝研究经验之外的客观实在，拒绝研究物质和意识的关系等哲学基本问题。

（二）分析哲学家继承了实证主义者企图超越于唯物与唯心的斗争之上的中立路线。第一代和第二代的实证主义者一致认为，唯物主义和唯心主义所争论的关于世界的本源是物质还是精神的问题，不是哲学应当研究的问题，因为这些问题是人的认识能力无法解决的。哲学应当研究的是“事实”，是“实证的知识”，是这些“事实”或“实证知识”之间的关系等等。他们断言，他们的哲学只研究实在的、确定的和有用的东西，克服了唯物主义和唯心主义的片面性，因而是超乎唯物主义和唯心主义斗争之上的。例如，马赫主义者就把他们的哲学标榜为超越于唯物与唯心之上的“中立的”、“无党性的”哲学。对于实证主义者的这种荒谬论点，列宁早就指出：实证主义这“一种讨厌的烂泥，就是哲学上的可鄙的中间党派”①，现代的分析哲学家们仍然拾起实证主义者的这块破烂的“中立”招牌，声称他们的分析哲学是超乎唯物主义和唯心主义的斗争之上的。他们或者根本避而不谈唯物主义和唯心主义的斗争问题，或者错误地把这个争论归结为毫无意义的语词之争，认为这个问题没有讨论的价值。

（三）分析哲学家继承了休谟、孔德、马赫等人的“反形而上

① 列宁：《唯物主义和经验批判主义》，见《列宁全集》第 14 卷，1957 年版，第 359 页。

学”方针。这个方针在休谟那里已提了出来，他把唯心主义的经验论和不可知论结合到一起，认为人的知识只能局限在感性经验的范围之内，而不能超出感性经验范围之外去追问什么是感性经验的客观源泉，因为那是不可知的。孔德声称，他的实证哲学是一种向人们提供实在的、确定的、精确的和有用的知识的哲学，它抛弃一切虚妄的、不确定的、不精确的、无用的东西。他认为关于世界的本质、本原等问题，就是一些不确定、不精确而且无用的问题，统统属于他所否定的“形而上学”之列。马赫则进一步否定感性经验之外的任何本质的存在，认为世界的本质就是感性经验，物质与精神的区别只不过是感性经验内部的区别，物质第一性还是精神第一性的问题是一个没有研究价值的“形而上学”问题。他声明：“我的观点是排除一切形而上学问题的。不论这些问题被认为是目前不能解决的，或者是根本没有意义的。”① 休谟、孔德、马赫等人的这种反形而上学的立场，被分析哲学家，特别是逻辑实证主义者继承下来，他们根据他们的经验证实原则，认为一切形而上学命题都是没有认识意义的，并提出“通过对语言的逻辑分析以清除形而上学”的口号。日常语言学派和后期的分析哲学家对形而上学的反对态度有所缓和，但是这个立场并没有根本转变，因为他们仍然或者轻视，或者回避研究世界的本原究竟是物质还是精神等问题，甚至当他们研究本体论问题时，也往往把这个问题归结为语言问题。

当然，分析哲学并不是唯心主义经验论和实证主义的简单翻版。分析哲学家在以上几个问题上的观点虽然来源于休谟、孔德、穆勒、马赫等人，但又有所不同。以刚才谈到的反形而上学这个问题为例，休谟等人提出的反形而上学的根据，主要在于认为世界的本原等问题超出人的感性经验之外，是人的认识能力无力解决的。马赫等人则认为他们的中立要素论已克服了将物质和精神对立起来的形而上学，物质第一性或精神第一性这样的形而上学问题也就不存在了。分析哲学家，特别是逻辑实证主义者提出的反对形而上学的根据，主要在于他

① 马赫：《感觉的分析》，第 15 章，第 8 节。

们认为这类形而上学命题毫无认识意义，是一些没有研究价值的伪命题。我们在考察分析哲学的思想渊源时，既要看到这两者之间的联系，又不要忽视它们之间的区别。

此外，有些分析哲学家还接受了康德、彭加勒、杜恒、皮尔士等人的影响。例如，刘易斯、斯特劳森、塞拉斯等人接受了康德的认识论的影响，卡尔纳普、蒯因等人接受了彭加勒的约定论的影响，纽拉特、蒯因、亨普尔等人接受了杜恒的整体论的影响，刘易斯、布里奇曼、莫里斯等人接受了皮尔士的意义理论和指号理论的影响。

第三节　分析哲学的历史演变

分析哲学创始于20世纪初的英国，一般常把弗雷格看作它的直接思想先驱，把罗素、摩尔和维特根斯坦看作它的创始人。它的几个主要支派：逻辑实证主义在20世纪20 ~30年代盛行于欧洲，40 ~60年代流行于美国，并且与实用主义相结合而在美国形成许多新的支派；日常语言学派在30 ~50年代盛行于英国；批判理性主义在40 ~60年代也盛行于英国；历史社会学派在60 ~70年代盛行于英美，同时还出现了科学实在论派。60年代以后，逻辑实证主义、日常语言学派以及批判理性主义，作为独立的学派来说日益衰落，但它们的部分观点对以后的分析哲学家仍有很大影响，这些分析哲学家在此基础上又作出一些值得注意的新发展。

创始人及其影响。弗雷格是现代数理逻辑的主要创始人，也是分析哲学的直接思想先驱。他对分析哲学的贡献主要在于他所创立的数理逻辑成为大多数分析哲学家的主要研究手段，他在语言哲学方面的观点对后来分析哲学的发展也有很大影响，此外他对罗素、维特根斯坦和逻辑实证主义的主要代表卡尔纳普，还直接发生过影响。

罗素是分析哲学的主要创始人，这是因为，首先，他头一个强调要把形式分析或逻辑分析看作哲学固有的方法，并加以广泛的应用。所谓形式分析或逻辑分析，他指的是从纯粹逻辑的观点去考察语言和现实中显现出来的各种组织形式，考察语言和现实的最终结构。其次，他指出日常语言无论在词汇和句法方面都模糊不清，以致引起哲学中的种种混乱。他主张以现代数理逻辑为手段，创造理想的人工语言，以保证命题的句法形式一定与它的逻辑形式相一致。再次，他提出了对后来分析哲学的发展有重大影响的类型理论和摹状词理论。罗素的观点对逻辑实证主义的影响特别强烈。

摩尔对分析哲学的贡献，主要在于他对概念分析方法的论述和应用，以及对常识和日常语言的强调。他认为分析是一种下定义的方式，但不是对词下定义，而是对概念（或命题）下定义，列举出概念的各种特性或特质以及它们之间的相互关系。他的观点对日常语言学派发生很大影响。

维特根斯坦是罗素之后影响最大的分析哲学家。他的逻辑原子论、图像论、真值函项论等早期思想，对逻辑实证主义影响很大，而他的语言游戏论、工具论等后期思想，对日常语言学派发生很大影响。

逻辑实证主义的兴起。逻辑实证主义又名逻辑经验主义或新实证主义，形成于20世纪20年代中叶的奥地利，其核心是石里克创立的维也纳学派，主要成员有卡尔纳普、纽拉特、哈恩、费格尔等。此外，还有以赖欣巴赫为首的德国经验哲学协会，以卡塔宾斯基（T. Katarbinski）等逻辑学家组成的华沙学派，以及英国的艾耶尔、北欧的凯拉(E. Kaila)等。其中以卡尔纳普的影响最大，他的思想可以说集逻辑实证主义之大成。从20年代中期到30年代中期这十年，是逻辑实证主义在欧洲流传的全盛时期。

逻辑实证主义的基本观点可以粗略地概括如下：（一）把哲学的任务归结为对知识进行逻辑分析，特别是对科学语言进行句法分析。（二）坚持分析命题和综合命题的区分，强调形而上学命题既不是分析命题，又不是可用经验加以检验的科学命题，而是毫无意义的伪命题，由此提出“通过对语言的逻辑分析以清除形而上学”的口号。（三）强调一切综合命题都以经验为基础，提出所谓“可证实性原则”，认为综合命题只有在直接或间接地被经验所证实的情况下才具有认识意义。后来由于这一原则受到批驳，又代之以比较缓和的

"可检验性原则"或"可验证性原则"。(四)主张物理语言是科学的普遍语言，并且由此提出以物理语言为基础，把一切经验科学还原为物理科学，实现"科学的统一"。

逻辑实证主义在美国的传播和演变。20世纪30年代初，希特勒登上政治舞台后，德、奥等国的政治局势急剧恶化，逻辑实证主义者遭到迫害，卡尔纳普、赖欣巴赫、塔尔斯基、亨普尔等人在30年代后期纷纷迁居美国，于是美国成为逻辑实证主义的新的中心。40～50年代，通过卡尔纳普等人的倡导和传播，逻辑实证主义逐渐排挤实用主义，而夺得美国哲学界的主导地位。与此同时，美国一些哲学家还把分析哲学与实用主义结合到一起，于是出现了刘易斯的"概念的实用主义"、布里奇曼的"操作主义"、莫里斯的"科学经验主义"。此外，还出现了与此有一定联系的"普通语义学"，它是由波兰裔的美国哲学家柯日布斯基创立的。

50年代，又出现了以蒯因、古德曼等人为代表的"逻辑实用主义"。蒯因原来持逻辑实证主义的观点，后来他转而猛烈抨击逻辑实证主义的某些传统观念。他反对逻辑实证主义对分析命题和综合命题的区分，否认逻辑实证主义的证实理论和还原论，提出所谓"整体论"的检验理论。他还反对逻辑实证主义对形而上学所持的极端敌视态度，提出"本体论的承诺"这个概念，把约定论因素引进本体论之中。蒯因对逻辑实证主义提出的挑战，在英美分析哲学家中间引起一场持续十多年的热烈论战。这场论战成为逻辑实证主义在60年代后逐渐衰落的重要原因之一。

日常语言学派的形成。它出现于20世纪30～40年代的英国，主要接受摩尔对常识与日常语言的强调和维特根斯坦后期思想的影响。30年代，在剑桥大学形成了以威斯顿为代表的剑桥学派。40年代，日常语言学派的中心从剑桥转移到牛津，形成了以赖尔、奥斯汀、斯特劳森等人为代表的牛津学派。概括说来，他们的基本观点是：(一)他们认为日常语言本身是完善的，哲学混乱之所以产生，是由于哲学家们背离了日常语言的正确用法，通过研究日常语言的用法，就能"医治"哲学中的混乱，因此没有必要建立人工语言系统。

（二）他们认为形而上学命题虽然荒谬，但带有启发性，哲学家的任务是通过研究荒谬的形而上学命题去了解概念系统的结构。（三）他们强调对日常语言进行语言分析，主张研究语言本身及其日常用法，仔细分析与认识有关的某些具体词汇，试图通过这种研究来澄清哲学中的混乱。60 年代后，这个学派逐渐衰落，这一方面是因为它的主要代表人物有的死去，有的年迈退休，另一方面是因为它的后期代表人物斯特劳森等人的研究转向一个与它的传统研究不同的方向。尽管如此，它的某些观点对此后的一些分析哲学家仍有一定影响。

日常语言学派在美国的影响。20 世纪 50 年代后期至 60 年代后期，维特根斯坦和日常语言学派的观点在美国也有一定传播。塞拉斯、齐硕姆、塞尔等分析哲学家较多地接受它的影响。塞拉斯继承后期维特根斯坦关于词的意义在于词的用法这一重要观点，认为阐明一个词的意义就是阐明这个词在语言中的作用。从原则上说，通过阐释那些支配这个词在语言中起作用的语言规则，就可以理解这个词的意义或它在语言中的作用。齐硕姆受日常语言学派的语言分析方法的影响，非常重视对某些与认识有关的词，如“感知”、“知道”、“相信”等等，进行细致的分析。他认为许多哲学混乱之所以产生，是由于哲学家们违背了日常语言的用法；通过这种语言分析便能澄清哲学混乱。塞尔继承和发展了奥斯汀的言语行为理论，把言语行为分为命题行为、以言行事的行为和以言取效的行为，特别对以言行事的行为作了深入研究，并认为通过说出一个语句完成一种言语行为，一般说来也就是使这个语句的意义功能得到实现。

批判理性主义、历史社会学派和科学实在论。半个多世纪以来，科学哲学领域内的基本发展线索是：20 世纪 30 ~ 50 年代占主导地位的是逻辑实证主义，40 ~ 60 年代与之抗衡的有批判理性主义，60 年代出现了历史社会学派，科学实在论也得到很大发展，70 年代又出现了新历史社会学派。

逻辑经验主义把科学哲学看作经验科学的知识论，用“科学的逻辑”取代传统的认识论，并把科学的逻辑看作元科学，认为这种元科学所获得的成果可以毫无例外地适用于一切时代的科学。他们在元科学及其方法论上坚持逻辑主义，在科学理论和科学方法论上坚持基础主义和归纳主义。

批判理性主义是波普尔于20世纪30年代在奥地利提出的，40～60年代流行于英国。与逻辑实证主义相对立，批判理性主义认为科学哲学是“科学发现的逻辑”，其任务是建立一些方法论的规范，科学家们可以依据它来进行科学研究和作出发现。它在科学方法论上持反归纳主义的立场，认为归纳法不是科学发现的方法，因为从单称陈述中不能推出全称陈述。它提出证伪原则以对抗逻辑实证主义的证实原则，并把这个原则看作科学与非科学的分界标准。它认为科学开始于问题，并把问题→假说→证伪看作科学发展的程序。60年代后，在历史社会学派的冲击下，这个学派日趋衰落。

历史社会学派在60年代形成于英美，其主要代表有库恩、拉卡托斯、费耶阿本德等人。他们强调科学哲学的研究要以科学史家和社会学家所搜集的关于科学生活的观察资料为基础，阐明科学理论的历史发展。进行动态的分析，总结科学发展的规律。库恩提出他的“范式论”和科学发展的动态模式，拉卡托斯提出他的“科学研究纲领”。到70年代，在美国又出现了以夏皮尔、萨普等人为代表的新历史社会学派。他们的观点基本上相同于库恩等人的历史社会学派，可是不同意后者关于科学理论的更替不具有合理性的观点，并把科学发展的合理性问题看作科学哲学所应研究的主要问题。

科学实在论在60年代也有很大发展，其代表人物有塞拉斯、普特南、斯马特（J. J. C. Smart）等。科学实在论研究的中心问题，是科学理论实体（原子、电子、光子等等）的存在问题。逻辑实证主义者把可观察性作为实在性的标准，大多否认理论实体的存在，认为它们只不过是一些理论上的假定或者逻辑演算的工具。科学实在论者反对把可观察性作为实在性的标准，他们不仅承认理论实体的存在，而且认为它们才是真正的存在。塞拉斯认为，讨论理论实体是否存在，也就是讨论科学理论的名词是否具有指称。当我们知道某种理论是正确的时候，我们也就可以由此断定这种理论所假定的理论实体的存在。这些理论实体将被证明是世界的最终构成部分，而日常感性经验中的物理对象并不真正存在着。普特南认为，成熟科学的名词是有指称的，前后相继的科学理论具有共同指称，成熟科学的理论定律是近似于真的。

20世纪60年代后美国语言哲学的新发展。60年代后，日常语言学派、逻辑实证主义和批判理性主义都先后衰落，尽管它们的部分代表人物仍在哲学舞台上活动。以蒯因、古德曼等人为代表的逻辑实用主义，在50~60年代发生过很大影响，目前他们已年迈退休。在美国分析哲学界，现在最活跃的是一批中、青年的分析哲学家。

上面谈到，历史社会学派、新历史社会学派以及科学实在论的形成和演变，是60年代后在美国科学哲学的发展中几种引人注目的新趋向。在语言哲学的发展方面值得注意的趋向，是戴维森对真理论的意义论的发展，以乔姆斯基为代表的转换生成语法学派的形成，塞尔等人所倡导的对言语行为理论的研究，以及以克里普克为代表的模态逻辑语义学的兴起。戴维森继承和发展了塔尔斯基的真理论，并把真理论和意义论联系起来考察。他认为一个人懂得一种语言，就表明这个人了解这种语言中任何一个语句和其他语句的直接或间接的关系，同时也了解组成语句的各个部分怎样决定这一语句的意义。一个人如果有了这种知识，他就有能力说明语句在什么情况下是真的。因此，戴维森认为，真理论和意义论这两者在形式上是相似的，只要把真理论稍加改动，就变成意义论了。乔姆斯基在结构语言学的基础上，经过一定改造，提出了他的转换生成语法理论。这种理论所研究的不是语言的运用，而是语言的能力。他认为人类的心灵中先验地具有一种创造和理解语言的深层结构的能力，这种能力在无意识中支配着人的语言行为，人们才能不自觉地按照语言的深层结构，生成各种语句。目前这种理论在语言学、哲学、心理学等学科中都颇有影响。塞尔的言语行为理论是在奥斯汀的直接影响下提出的，我们在前面叙述日常语言哲学在美国的影响时已经对它作过介绍，它目前深受语言哲学界的重视，成为语用学的主要研究对象。克里普克是70年代出名的最年轻的分析哲学家，他反对弗雷格、罗素以来的关于专名是摹状词的缩写这个传统观点，提出“历史的、因果的命名理论”，认为确定一个名称所指的对象，不是根据我们对这个名称的意义的了解，而是根据我们的某些与这个名称有关的历史事件及其后果的了解。他还反对康德以来关于先验判断和必然判断相一致的观点，认为“先验的”和“必然的”这两个概念不能交替使用，有一些必然判断是后验的，有一些先验判断是偶然的。这后一个观点反映了年轻一代分析哲学家的一种倾向，这就是他们重视模态逻辑的研究，认为科学语言和日常语言都需要一种比谓词逻辑丰富得多的逻辑，要用内涵逻辑补充外延逻辑。

最后，还应看到，60 年代以来，美国分析哲学作为一种哲学思潮，正受到来自这个阵营外部和内部的种种势力的冲击。从外部来说，它受到欧洲大陆学派（存在主义、现象学、新托马斯主义等等）和美国实用主义学派的抨击。从内部来说，它受到以罗蒂为代表的一些比较年轻的分析哲学家的抨击，他们不满意分析哲学的某些传统观点和研究方法，主张把分析哲学和胡塞尔、海德格尔或杜威等人的哲学结合起来，这种趋向也值得我们注意。

第四节　分析哲学的基本特征

分析哲学是一个观点相当庞杂的思潮或流派，不仅在它的各个支派之间，甚至在一个支派内部，也有很多分歧。尽管如此，他们的观点粗略说来仍有以下一些共同特征。

（一）分析哲学家普遍重视语言在哲学中的作用，把语言分析当作哲学的首要任务，甚至当作哲学的唯一任务。他们把全部哲学问题归结为语言问题，把哲学的任务归结为或者对科学语言进行逻辑分析，或者对日常语言进行语言分析。维特根斯坦说：“全部哲学就是语言批判。”又说：“哲学的目的是对思想进行逻辑阐明。哲学不是理论，而是活动。”① 石里克也说：“我们不把哲学看作一个认识的体系，而是看作一个活动的体系；哲学是一种显示或者确定命题的意

① 维特根斯坦：《逻辑哲学论》，第 4、0031 节和第 4、112 节。

义的活动。"① 卡尔纳普也说："哲学应当被关于科学的逻辑所代替，那就是说，应当被对于各门科学的概念和语句的逻辑分析所代替，因为关于科学的逻辑不是别的，正是科学语言的逻辑句法。"② 总之，他们认为语言是哲学的唯一研究对象，哲学的任务就在于解释科学语言或日常语言的意义，一切超出这个范围的问题都是毫无认识意义的形而上学命题。

为了论证他们的观点，他们强调说，过去已有许多哲学家进行过这样的语言分析，他们认为，普通人也经常作一些比较判断（如"甲比乙好"等等），也经常使用一般性词汇（如"人"、"动物"等等），可是人们没有以一种抽象的方式思考这些比较判断的意义，思考这些一般性词汇的确切意义和作用。哲学家则对日常语言或科学语言中出现的词汇和命题进行抽象的思考，对它们的意义进行确切的和抽象的分析。哲学家自己并没有发明什么一般的命题或一般的词汇，它们早已存在于日常语言或科学语言之中，哲学家的任务是对它们进行反省的、抽象的分析，使之得到澄清。因此，哲学家的活动基本上是一种语言分析的活动。

他们认为，自古希腊以来，许多哲学家已经进行过这样的语言分析，只是他们没有自觉地意识到这一点。到近代，英国经验论哲学家十分重视语言在哲学中的作用。培根提出他的"偶像论"，认为"市场的偶像"带给认识以很大的麻烦，指出人们的理智往往受语言的支配。霍布斯提出他的名称所指理论，认为我们是依靠特征（"标志"）来记忆某种现象，同时也通过"记号"来使别人回想起某种现象。"标志"和"记号"的统一就是"词"（"名称"）。洛克提出符号理论，认为每个有意义的词所指示的不是事物，而是作为精神实体的观念。休谟也持与此类似的观点，认为每个有意义的词都与一个简单印象相联系。穆勒提出的词的内涵和外延的理论，对后来的语言哲

① 石里克：《哲学的转变》，引自艾耶尔主编的《逻辑实证主义》，第56页。

② 卡尔纳普：《语言的逻辑句法》，1937年德文版，第13页。

学有很大影响。分析哲学家认为，他们继承了英国经验论传统，但比以上这些经验论哲学家更进一步，因为这些经验论哲学家虽然承认语言在哲学中的重要作用，但他们研究哲学的方式与其他那些不重视语言在哲学中的作用的哲学家研究哲学的方式并没有什么不同，而20世纪的分析哲学家不仅反复强调语言在哲学中的重要作用，而且根据这种观点彻底改变了自己研究哲学的方式和方法，在哲学研究中实现了一次变革。

分析哲学家之所以强调语言在哲学中的作用，主要在于他们认为哲学混乱产生于滥用语言或误用语言，许多哲学争论都可以归结为关于语言问题的争论。用维特根斯坦的话来说，当“我们的语言没有正常地发挥作用”时，哲学问题便产生了。换句话说，如果我们在使用语言时违反了日常语言的规则，这就会把我们引入迷途，使我们错误地把某些模糊混乱的语句当作形而上学的疑难问题。在维特根斯坦看来，一个人在思考哲学问题时如果误解语言的逻辑，就会迷失研究方向，不管怎样努力研究，也始终达不到目的，哲学分析的目的，就在于帮助人们认识到他们是在什么地方迷路的。因此，哲学家的任务——用维特根斯坦的话来说——“不外是努力不要让我们的理智被语言所迷惑”。他们认为，哲学家的任务不是发现新的命题，而是使已有的命题变得清晰，不是像传统的哲学家那样要把握世界的最终实在，而是或者研究科学的方法、名词和规律，从而使科学的逻辑结构和经验内容得到澄清，或者研究日常语言的用法，以澄清和排除哲学中出现的种种混乱。

分析哲学家强调语言对哲学的影响，重视对语言问题的研究，强调概念的明确性和推理的严密性，这是正确的。他们在语言哲学方面进行的某些具体研究，也是有一定积极意义的。但是，他们把全部哲学问题归结为语言问题，认为哲学的任务不是探索世界的本原和本质，不是研究自然界、社会和思维的发展规律，而仅仅是对科学语言进行逻辑分析或者对日常语言进行语言分析，这实质上否定了哲学作为世界观和方法论的理论意义，从而否定了哲学本身。而且，哲学混乱的出现经常有其深刻的认识论根源和社会政治根源，即使存在着语言上的滥用或误用，但这只是次要问题，认识论原因和社会政治原因才是主要问题。仅仅依靠语言分析，并不能彻底揭露哲学混乱的实质，更不可能根除它们。

（二）分析哲学家普遍强调分析方法的重要意义，把它看作哲学研究的主要方法，甚至唯一的方法。在对分析方法的理解和使用上，罗素、前期维特根斯坦以及逻辑实证主义者强调形式分析或逻辑分析，摩尔、后期维特根斯坦以及日常语言学派则强调概念分析或语言分析。

形式分析或逻辑分析的方法是罗素首先提出来的。所谓形式分析或逻辑分析，就是从纯粹逻辑的观点去观察现实，它所关心的是语言和现实中显示出来的各种各样的组织形式，这就是说，形式分析研究语言和现实的最终结构。按照罗素的观点，分析是一种下定义的方式，这既包括实在的定义（非语言的定义）。也包括语境的定义（语言的定义）。所谓实在的定义，就是列举出独立存在的复合物的各种组成部分。所谓语境的定义，就是通过使用一组符号去取代另一组符号所下的定义。罗素在其著作中经常交替使用这两种下定义的方式。他明确表示，哲学的任务主要就是进行这样的形式分析或逻辑分析。在他看来，这种分析方法在过去之所以没有被广泛采用，主要是因为直到20世纪初传统逻辑才被现代逻辑即数理逻辑所代替。他认为培根和穆勒的归纳逻辑是不严密的，现在我们以数理逻辑作为分析手段，就能够对哲学命题作出精确的表述，使长期悬而未决的问题得到解决。

维特根斯坦在其早期也与罗素一样持逻辑原子论的观点，他认为分析的作用在于把一切复合的描述命题分解为它们的基本命题，再进一步把基本命题分解为它们的最终极的单位，即不能再加以分解的名称及其组合方式，它们代表世界上的终极的单纯之物。这就是说，分析是一种语言变换的方法，即把复合命题还原为原子命题，分解出原子命题的最基本的成分及其联系，从而揭示命题的正确的逻辑形式。他认为采用这种方法就可以把那些在文法上引起误解的语句，改变为逻辑上正确的表述。

逻辑实证主义者继承和发展了罗素和维特根斯坦关于形式分析或逻辑分析的观点，并把它广泛应用于对科学语言的分析。他们把科学研究的内容和科学语言的形式分割开来，认为前者属于对象问题，因为它涉及所研究的具体对象以及它们的性质和关系，这是自然科学的研究任务；后者属于逻辑问题，因为它涉及科学语言的语句及其相互关系，这正是哲学的研究课题。他们认为，哲学的任务就是对科学命题进行逻辑分析，也就是对科学命题的语言进行句法分析。科学语言的逻辑句法仅仅涉及语言的形式，而不涉及语言的内容。因此这是一种纯粹形式的逻辑理论，不涉及语句和词的意义，也就是说，不涉及语言和世界之间的语义关系。后来，他们的这种观点有所改变，承认哲学分析不仅包括句法问题，而且包括语义问题。在后期逻辑实证主义代表人物的著作中，对语义的分析占了重要地位。

概念分析则是摩尔首先提出来的。在摩尔看来，分析是一种对概念或命题下定义的方式。人们用一组特定的概念或命题（分析者），去给另一个概念或命题（被分析者）下定义，前一组概念或命题与后一个概念或命题在逻辑上是等值的。这种分析要求把词和概念区别开来，同时也要求把语句和命题区别开来，因为这种分析只适用于概念或命题，而不适用于词或语句。他强调在词和概念、语句和命题之间存在着巨大差别，认为对语言表达式的分析只是纯粹的句法分析。此外，与其他许多分析哲学家不同，摩尔认为分析是哲学的一项重要任务，但不是哲学的唯一任务。

维特根斯坦后期对分析的看法与前期看法有很大区别。在他的后期著作中，他不再像过去那样强调分析，而是强调“阐明”(elucidation)。他认为哲学问题产生于人们对语言的用法作了错误的理解，解决哲学问题的方法在于发现产生这种误解的原因，为此需要仔细考察语言，深入了解词和语句的作用，了解所使用的语言游戏。只要弄清楚了日常语言的用法，就能达到澄清语言的目的，从而导致哲学混乱的消除。

日常语言学派继承了摩尔和后期维特根斯坦对分析的看法，把语言分析提到首要地位，把它看作哲学的首要的、甚至唯一的任务。他们强调日常语言中概念的丰富以及概念之间的细微区别，认为概念能够完成多样的功能，可以充分满足使用者的不同需要。因此，他们把主要精力用于对日常语言进行十分细致的分析，以求通过弄清楚词或概念之间的细致区别，阐明语言的多种多样的功能，来揭示日常语言的丰富内容。与后期维特根斯坦一样，他们也主张用“阐明”一词取代“分析”一词，认为前者更能说明哲学的任务。他们认为哲学的任务就在阐明某些语词的逻辑语法，收集有关这些语词的作用的提示，描述这些语词所能完成的不同功能以及在其中完成这些功能的条件。

尽管分析哲学家对分析方法的理解不尽相同，各自强调不同的方面，但他们都一致重视这种方法的应用。分析方法作为一种研究方法能起一定的作用，而且他们已利用这种方法在语言哲学、科学哲学等方面取得某些积极成果。但是，不能像他们那样把这种方法加以绝对化，把它夸大为哲学研究所能采用的唯一方法。他们在应用这种方法时，还往往把语言的内容和语言的形式割裂开来，例如逻辑实证主义者把科学研究的内容与科学语言的形式割裂开来，这就导致形式主义的错误。又由于他们片面强调分析，忽视综合，以致他们的研究成果往往显得琐碎。在细小问题上花太多工夫，缺乏对认识对象作出全面、概括和综合的说明。

（三）分析哲学家，尤其是逻辑实证主义者，经常表白他们的理论具有科学性，并把他们的哲学称为“科学的哲学”。他们强调要以自然科学，特别是数学和物理学为模本来建立自己的理论，要使自己的论证达到自然科学那样的精确程度。他们特别利用现代数理逻辑的演算来支持自己的论证，建立了他们自己的一套技术术语。许多分析哲学家既研究哲学，又研究科学，他们或者是具有科学修养的哲学家，或者是具有哲学修养的科学家。弗雷格、罗素、石里克、卡尔纳普、赖欣巴赫、塔尔斯基、哥德尔等人，既是分析哲学的主要代表，又对数学或物理学作过深入研究，有些人还对数理逻辑的发展作过重大贡献。不过，也有一些分析哲学家，如摩尔以及日常语言学派的哲学家，并不像罗素以及逻辑实证主义者那样声称要以自然科学为模本来建立自己的哲学理论，但他们也仍然强调他们的理论具有科学性。

在大多数分析哲学家看来，目前哲学大大落后于科学的发展，科学已经取得飞速的进展，而哲学却仍在原地踏步不前，其原因主要在于：科学的理论是可以公共地检验的，而哲学的理论却不能加以公共的检验；科学的语言是可以相互交流的，而哲学的语言却不能被大家都理解；科学的方法是精确可靠的，哲学的方法却是笨拙的和混乱的。因此，他们认为哲学要取得较大进展，必须以自然科学为模本，发扬科学的这三个优点而克服哲学的这三个缺点。为此，哲学家就不应创造一些孤立于科学之外或凌驾于科学之上的体系，而应采用某种精确可靠的方法，建立一套可以相互交流的科学语言，提出一些可以公共地加以检验的科学理论。按照逻辑实证主义者的观点，他们所采用的逻辑分析方法就是一种精确可靠的方法，他们所试图建立的理想语言就是一种可以相互交流的科学语言，而他们所主张的理论都是可以检验的理论。

一般说来，分析哲学家在解决哲学问题时，都强调要从小问题着手，从小到大地逐个加以解决。他们认为，传统哲学家们喜欢构造庞大的哲学体系，企图解决哲学根本问题，得出的结果却是空空洞洞，没有科学价值。他们主张从小问题着手，逐个地进行透彻的研究，得出精确的答案。对大问题的解决方案应当是从对许多小问题的具体分析中得出来的。卡尔纳普对他们的这种研究方法作过这样的表述："从这种意义上说，科学的哲学并不导向宏伟的思辨体系，而毋宁导向一点一滴的澄清。构造庞大的体系，这甚至对于科学的哲学家来说也是一个有吸引力的目标，可是，只有当众多的思想家辛苦工作，解决了一系列细小问题之后，才能尝试构造这样的体系。"① 在他们看来，传统的哲学家们解决哲学问题时，预先作了过多的假设，然后从这些没有经过很好论证的假设中推出他们的结论。这种方法比较容易使用，可是得出的结论很不可靠。他们主张在开始研究问题时，要尽

① 卡尔纳普为赖欣巴赫的《现代的科学哲学》（1959）一书写的前言，引自该书第7页。

量少作假设，不要从假设中去推出结论，而要从对问题的彻底、仔细的分析中去作出坚实可靠的结论。因此，他们十分强调论证的精确性和逻辑性，反对在未提出精确透彻的证明之前匆促地作出草率的结论。分析哲学家一再强调哲学研究的这些要求，可是他们在实际的研究活动中并没有达到这样的要求。

为了论证他们的这个观点，他们强调说，科学就是沿着这条道路发展起来的。例如，对科学的发展作过重大贡献的伽利略，并没有致力于对宇宙的结构或存在的规律进行思辨的探讨，像他之前的传统哲学家所作的那样，而是专心致志于研究球体沿斜面下滑时的速度这样一个小问题。分析哲学家还援引笛卡儿的言论来支持他们的论点。笛卡儿在《方法论》中说过，如果我们希望取得进展，我们必须把问题分析为它的最简单的部分。分析哲学家认为这个原则无论对哲学或者对科学来说都是正确的。诚然，他们也承认这样的研究方法可能显得有些烦琐，可是，他们强调说，把这些分析研究得出的成果组合到一起，就比传统哲学家在不可靠的基础上作出的概括扎实得多，可靠得多。采用这种方法，哲学就能立足于稳固可靠的基础之上。

可以承认，哲学研究应当具有科学性，概念应当准确，推理应当严密，结论应当有充分根据，总之，应当吸取自然科学在这些方面的优点。但是，不能把哲学和自然科学混为一谈，也不能把哲学看作自然科学的侍从或模仿者，更不能由此否定哲学作为世界观和认识论的理论意义。分析哲学家片面强调哲学研究的科学性，把主要精力，甚至全部精力用于研究某些细小的问题，例如牛津学派经常花很大篇幅对几个词进行细致入微的分析，而拒绝研究物质和意识的关系以及自然界、社会和思维的一般发展规律等重大哲学问题，这就导致他们的研究背离哲学的本质，与现实的社会生活脱节，流于纯粹学院式的研究。

第二章　分析哲学的创立

前一章中已经谈到，分析哲学产生于20世纪初的英国，西方哲学界通常把罗素在1905年发表《论指示》一文看作分析哲学形成的标志。弗雷格是分析哲学的直接思想先驱，罗素、摩尔和维特根斯坦是分析哲学的创始人。弗雷格的主要著作在19世纪末已经发表，他所创立的现代数理逻辑成为后来分析哲学家的主要研究手段。他在语言哲学方面的许多观点对后来分析哲学的发展也很有影响，他的思想还对罗素、维特根斯坦等人发生了直接影响。罗素是分析哲学的主要创始人，这是众所公认的，他头一个把逻辑分析方法运用到哲学中，提出他的逻辑原子论、逻辑构造论、类型理论和摹状词理论，这对以后分析哲学，特别是逻辑实证主义的发展，产生巨大影响。摩尔的影响没有罗素那么广泛深远，可是他对概念分析方法的阐述和运用，以及他对常识和日常语言的强调，对以后分析哲学，特别是日常语言学派的影响也是很明显的。维特根斯坦出生较晚（比石里克还小几岁），其主要著作也出版较晚（20世纪20年代至50年代），但他是罗素之后影响最大的分析哲学家，其早期思想对逻辑实证主义产生巨大影响，其后期思想对日常语言学派产生巨大影响，因此也应把他列为分析哲学的创始人。至于石里克，尽管西方哲学界也有人把他称为分析哲学的创始人之一，可是他的影响局限于逻辑实证主义范围之内，把他称为逻辑实证主义的创始人则更为恰当。我们在上一章中已经谈到了分析哲学产生的时代背景和思想渊源，这一章着重叙述这四个创始人的生平、著作、基本观点及其对分析哲学的影响。

第一节 戈特洛布·弗雷格
(Gottlob Frege 1848~1925)

戈特洛布·弗雷格是德国的一位著名的数学家、逻辑学家。他是现代数理逻辑的创始人，也是分析哲学的直接思想先驱。他对数理逻辑的创立，以及他对哲学逻辑和数理哲学的研究，使他在数学史和哲学史上成为一个重要人物。波兰逻辑学家塔尔斯基（A. Tarski）认为，弗雷格无疑是19世纪最伟大的逻辑学家。波兰哲学家沙夫（A. Schaff）称他为“伟大的数学家和逻辑学家，现在人们相信他是从亚里士多德以来逻辑学中最伟大的革新者”①。以研究弗雷格著称的英国分析哲学家达米特（M. Dummett）在谈到弗雷格在哲学史上的作用时，把他与亚里士多德、康德相提并论②。

弗雷格于1848年11月8日生于德国的魏玛，其父是一所女子高等学校的校长。1869~1871年间，他在耶拿大学学习数学、物理学和哲学。其后转到格丁根大学学习，1873年在该校获得博士学位。1874年回到耶拿大学数学系任教，1879年任数学教授，直至1918年退休。他一生的教学生涯都是在耶拿度过的。

弗雷格作为分析哲学的头一个创始人，他对分析哲学的影响主要表现在下述三个方面。其一，他所创立的数理逻辑系统，成为后来的分析哲学家，特别是逻辑经验主义者用以分析哲学问题的主要工具。英国的日常语言学派对数理逻辑不太重视，20世纪60年代以后，分析哲学家广泛运用数理逻辑来从事对自然语言的研究。其二，他在语言哲学方面提出的许多观点，特别是对含义和指称的区分，对以后分析哲学的发展也产生了很大影响。弗雷格认为哲学的首要任务是对意义进行分析，不过他没有像后来分析哲学家那样把进行这种分析看作哲学的全部任务，也没有像他们那样把哲学仅仅归结为“语义分析”

① 沙夫：《语义学导论》，商务印书馆，第30页。

② 达米特：《弗雷格：语言哲学》，1981年英文版，第665页。

或“语言分析”。其三，他对分析哲学的另外两个创始人罗素和维特根斯坦，对逻辑经验主义的主要代表卡尔纳普，都有过直接的影响，并通过他们影响了分析哲学的发展。

弗雷格的思想发展是比较稳定的，可以把他的全部著作看作是一个整体。与罗素不同，他很少背离或抛弃他早期的观点。当然，他在其后期著作中也对早期的部分观点作过一些补充和修正，还提出了一些新的观点，如含义和指称的区别是他后期才提出来的。粗略说来，可以把他的思想发展过程分为六个时期。

第一个时期是从1879年到1883年。这个时期的主要活动，是他的头一部重要著作《概念演算：一种模仿算术的、用于纯粹思维的形式语言》在1879年出版，以及其后为阐述这一著作中建立的逻辑系统而写的一些文章，如《论概念演算的应用》(1879)、《论概念演算的科学根据》(1882)、《论概念演算的目的》(1883) 等等。《概念演算》一书是他后来一系列著作的基础，他在这本书中第一次提出一个新的，包含有量词、变项以及否定、蕴涵、同一等等概念的逻辑系统，这标志着现代形式逻辑的开端。他提出了命题函项和命题演算，对数学归纳进行了逻辑分析，探讨了语句逻辑和谓词逻辑的公理化，论述了借助第二级的量化把归纳定义改变成明确定义的方法。他还根据语词是否表现出“可断定的”内容而把有意义的语词和没有意义的语词区别开，并进一步把可断定的内容与断定活动本身区别开。诚然，在这本著作中，他还没有把含义和指称区别开，而且他在这里对同一性的阐述与他后期的看法是不一致的，不过，他提出了同一命题如何能够提供知识这样一个问题，而这个问题正是他后来把含义和指称区别开来的出发点。他建立这个逻辑系统的主要目的，在于达到当时许多数学家都在寻求的那种严密的精确性。在他看来，如果能够把证明全部加以形式化，那在评定一个证明是否正确时就不需要求助于直观，而使证明仅仅立足于明确陈述的假定之上，从而获得更大的精确性。他认为这个逻辑系统比以前的逻辑学家（例如布尔）的逻辑系统更优越，因为他的逻辑系统能够处理更大范围的推理，还可以把他的逻辑系统用作一种表述数学理论等的语言。在利用布尔的逻辑演算作出某种证明或论证时，需要预先用字母把有关的谓词或语句翻译过来；相反，在他的逻辑系统中，则可以把量词和变项的符号直接用于任何原初谓词、关系语词、名称和函项等等。

第二个时期是从 1884 年到 1890 年。这个时期的主要活动是他于 1884 年出版了他的另一本重要著作《算术的基础：对数这个概念所作的逻辑的和数学的研究》。在这一著作中，他第一次主要以哲学家的身分，而不是仅仅以逻辑学家的身份出现，而且正是这部著作奠定了他作为哲学家的地位，因为他在这里提出了他的哲学的基本观点。他强调物体（一方面）和概念、关系（另一方面）之间的区别，认为感觉和逻辑具有客观性质，心理过程则具有主观性质，感觉和心中影像是截然不同的。他还强调语句在语言中的重要作用，认为词只有在语句的语境中才有意义。他在该书的前言中把这些观点概括为三条原则：（一）始终要把心理的东西和逻辑的东西、主观的东西和客观的东西明确区别开来；（二）只有在语句的语境中，而不是在孤立的词中，才能找到词的意义；（三）注意把概念与其对象区别开来。他认为这三条原则在方法论上具有重大意义。

弗雷格写这本著作的目的，在于把他在《概念演算》一书中提出的方法，应用于解释数学中最根本的理论，即数的理论，把算术表现为一种公理理论。他认为可以用逻辑所需要的概念来规定算术的全部概念，也可以用逻辑所需要的原理来证明算术的全部法则，而不需要为算术另外制定一套它所特有的概念和原理。在这本著作中，他首先在什么是数和什么是算术真理的本性这两个问题上批评传统的和他那个时代的有关观念，然后概述他自己的方法以及如何用纯逻辑的词汇来给算术的基本概念下定义，又如何用纯逻辑的原理来证明算术的基本原理。弗雷格在这本书中所持的这种观点，也就是后来罗素等人所主张的逻辑斯蒂理论，不过，弗雷格没有把这种理论应用于全部数学。他遵循康德的看法，把几何学看作立足于先验综合真理之上，不能把它还原为逻辑。他还论证了抽象实体的存在，把类这个概念引入他的逻辑理论之中，并对分析概念和先验概念作了新的解释。

第三个时期是从 1891 年他的讲稿《函数和概念》出版，到 1904

年他为纪念博尔茨曼（L. Boltzman）而写的《什么是函数》一文。这是他的哲学活动的一个重要时期，不仅著述很多，而且提出了关于含义和指称的区别这个重要观点。他在这个时期的写作风格与第二个时期有一些区别：在撰写《算术的基础》一书的时期里，他的观点比较新颖，立论比较扎实，观点之间的内在联系比较紧密；而在这段时期里，由于他有意识地想构造一个体系，他的观点多少有些僵化，他的论述多少有些学究气息，有些观点完全是从其他观点中推演出来的。

在这个时期里，他进行两项工作。一是对《算术的基础》一书中提出的哲学逻辑作进一步的发挥，为了达到这个目的，他不仅写了《论含义和指称》（1892）和《论概念和对象》（1892）等重要论文，而且打算写一本专著，但没有完成①。另一项工作是企图借助于逻辑符号详细阐述他在《算术的基础》一书中扼要提出的某些观点，为此他写了他的重要著作《算术的基本法则》，此书第一、二卷分别于1893年和1903年出版。

就头一项工作来说，通过他所写的那些论文，他逐渐形成一个比较完整的哲学逻辑系统。在这个系统中包含有许多为《算术的基础》一书所没有的观点，其中首先是含义和指称的区分，它对后来语言哲学的发展有很大影响。就第二项工作来说，他主要是利用一些符号和证明来详细阐述他在《算术的基础》一书中扼要提出的纲领。他计划在《算术的基本法则》一书中写三个部分：第一部分对他的逻辑系统作了一般的阐述，陈述了它的公理、推理规则以及某些定义和初步的演绎；第二部分从形式方面在这个系统内构造出基数理论，特别是自然数理论；第三部分讨论实数。第二卷只写到第三部分的开头部分，其余部分计划在第三卷中完成。他还为此书写了长篇序言，详细

---

① 弗雷格为完成这本专著作过三次尝试：第一次是在《概念演算》一书完成之后；第二次是在《算术的基本法则》第一、二卷出版之间；第三次是在1918～1923年间，这次他以《逻辑研究》这个总标题发表了该书的前三章，第四章到他死后才发表，但全书始终没有完成。

阐述他在这个时期建立的哲学逻辑系统。

1902 年，当《算术的基本法则》第二卷付印时，弗雷格收到一个青年哲学家的来信，对他的著作表示赞赏。这个青年哲学家就是罗素。罗素在其信中谈到了他在弗雷格的素朴的集合论中，特别在类的理论中发现的矛盾，这就是后来的“罗素悖论”。为了解决这个矛盾，弗雷格赶快在该书第二卷的附录中，修正他原来的观点，提出一个缓和一些的公理。弗雷格死后，波兰逻辑学家列斯尼也夫斯基（S. Lesniewski）证明弗雷格的修改方案也未能解决这个矛盾。

第四个时期是从 1905 年到 1913 年。在这个时期，他的著作很少，仅仅在 1906 年在《论几何学的基础》（Uber die Grundlagen der Geometrie）这个总标题下写了三篇文章来与希尔伯特（D. Hilbert）和托马（Thomae）争论一些问题。原计划要写的《算术的基本法则》一书的第三卷，没有写出，可能是罗素在他的素朴的集合论中发现的悖论动摇了他的逻辑系统，使他觉得无法写下去。1912 年，罗素邀请他去剑桥参加数学会议并发表演说，他回信拒绝，这封信也反映出他当时的沮丧心情。

第五个时期是从 1914 年到 1918 年，也就是第一次世界大战这段时期。1914 年，他写了《数学中的逻辑》一文，但没有发表。上面谈到，他准备写一本论述他的逻辑系统的专著，1918 年发表了该书的第一、二章，其标题是《思想》（Gedanke）和《否定》（Negation）。在前一篇文章中，他论证了真理的不可定义性，批评了符合论和心理主义。在后一篇文章中，他认为在自然语言的语句中不可能把肯定句和否定句分开，没有必要把否定看作一种与肯定同位的力量。

第六个时期是从 1919 年到 1925 年。在他逝世前的这几年中，他没有发表任何著作，只写了一些关于数学文字的片断（在他死后才发表）。在这些片断中，他坦率承认他的逻辑主义计划的失败，承认不可能把算术建立在逻辑的基础之上，罗素发现的悖论动摇了他的逻辑系统。他认为他的错误的根源在于他引进了类这个概念，集合论是一个使他和其他一些人处境困难的陷阱。

弗雷格逝世时心情十分沮丧，一是感到他所创立的逻辑系统中含有一个难于解决的矛盾；一是感到他所提出的许多新颖见解没有得到与他同时代的数学家和哲学家的理解和重视。当他在世时，情况确是如此。就数学界而言，尽管弗雷格是现代数理逻辑的创始人，他的著作并未受到当时那些著名的数学家的重视。希尔伯特有时对弗雷格作过一些好评，但他强调弗雷格的逻辑系统已被其中包含的矛盾所损害。布劳维尔（L. Brouwer）似乎完全无视弗雷格的存在，尽管后者的某些观点是与他的观点相对立的。皮亚诺（G. Peano）与弗雷格有过通信联系。但他对弗雷格并不看重。康托尔（G. Cantor）甚至对弗雷格怀有敌对情绪。唯一对弗雷格比较了解和尊重的，是戴德金（Dedekind）和策麦多（Zermedo）这两位数学家。就哲学界而言，情况稍好一些。弗雷格曾经猛烈抨击胡塞尔（E. Husserl）的早期著作《算术的哲学》（1891）一书，把它看作心理主义和抽象主义的典型。胡塞尔接受了他的批评，并在《逻辑研究》（1900）中以尊敬的口吻提到弗雷格。此外，罗素和维特根斯坦这两个比他年轻得多的哲学家对他十分敬重。只是在他死后，特别是最近几十年，他的哲学逻辑才广泛受到英美分析哲学家的重视和称颂，人们为研究他的思想出版了不少著作。

粗略说来，可以把弗雷格对数学和哲学的贡献归结为这样三个方面：（一）他开创了对现代逻辑的研究，首次把量词和约束变项概念引入逻辑之中，在逻辑的发展史上开辟了一个新纪元。（二）他在哲学逻辑方面提出的许多观点，为近百年来对哲学逻辑的研究奠定了坚实的基础，至今仍有现实意义。（三）他对数学基础的研究也作出了重大贡献，尽管他在这方面的观点现在看来已经有些陈旧。

在这里不准备评述弗雷格在数学方面的成就，而仅仅探讨他在哲学方面，特别是在语言哲学方面的观点。为此，下面将首先评述他在前期提出的哲学的三条基本原则，然后阐述他在后期提出的关于含义和指称的区别。

一、心理的东西和逻辑的东西

前面谈到，弗雷格在《算术的基础》一书的序言中把他的哲学观点归结为三条基本原则，其中头一条原则是："始终要把心理的东西和逻辑的东西、主观的东西和客观的东西明确地区别开来。"① 他认为逻辑具有客观性质，心理过程则具有主观性质，语词的意义和心中的影像是互不相关的。

弗雷格之所以提出这个论点，直接动机是为了批驳逻辑学中以埃德曼（B. Erdmann）为代表的"心理学派"，批驳数学界中斯特里克（Stricker）等人认为数的观念依据于肌肉的感觉这种观点。但从广泛的哲学意义上来说，他的批驳主要针对哲学史上所谓"联想论"或"心象论"的意义理论，针对由此发展起来的心理主义。按照"联想论"或"心象论"的意义理论，一个语词的意义在于这个语词能在听者的脑海里产生一个联想的心象，换句话说，语词的意义要靠语词在说话者或听话者心中引起的心理过程来解释，心理过程就是我们在使用语词时所指称的事物。洛克在其《人类理解论》中提出与此类似的观点，他认为一个词的意义体现在与这个词相联的心象之中，一个有意义的词所指示的不是事物，而是作为精神实体的"观念"（idea）。一个词代表一个观念，一个短语或语句代表一组复合的观念。词所代表的观念就是词的内在的和直接的意义。贝克莱对这种观点作了一些修改，他把概念（notion）和观念区别开，认为那些不能直接应用于可观察的对象的词，不能借助于它们与心理的联系加以解释，但他认为对于其他的词的意义仍然可以用这种方法加以解释。后来，休谟和穆勒进一步发展了这种观点，形成了一种在19世纪下半叶颇为流行的心理主义。按照这种理论，由于逻辑所研究的概念、判断和推理是在思维过程中发生的，因此，为了理解概念、判断和推理的性质及其规律，就必须研究当我们应用概念、判断和推理时出现于头脑中的某些主观的、内在的过程，即心理过程。

---

① 弗雷格：《算术的基础》，1953年德英文对照版，第7页。

弗雷格在批驳这种观点时，强调把心理的东西和逻辑的东西、主观的东西和客观的东西截然区别开来。他认为埃德曼的错误主要在于"把一切都归结为主观的东西，把这种观点贯彻到底时就取消了真理"①。他强调说："我认为真理的东西是一种客观的、不以作出判断的人为转移的东西。"② 在他看来，思想不是思维的主观活动，而是思维的客观内容，这一内容可以成为许多人的共同财富。因此，他认为必须把词的意义与那跟它相联的观念区别开。如果词的指称是一个可以通过感官感知的对象，那么我关于它的观念则是一个内在的形象，它是从我所有的感性印象的回忆中以及从我所进行的内部活动和外部活动的记忆中产生的。这样一种观念往往是变动不居的，甚至在同一个人心中也并非总是有同一种意义，并与同一种观念相联系。观念是主观的，一个人的观念不同于另一个人的观念，因此，与同一种意义相联的往往是许多种不同的观念。词的意义不是个人的思维活动的一部分，而可以成为许多人的共同财富。这一切就是词的意义和观念之间的本质区别。他还认为，埃德曼这样一些逻辑学家过分纠缠于心理学，以致妨碍他们了解逻辑的东西和心理的东西之间的本质区别。他承认逻辑学家也要研究某些心理过程，逻辑学与心理学的关系在其密切程度上胜过于逻辑学与天文学的关系，可是逻辑学决不是心理学的一部分，决不能用心理过程来解释逻辑的概念和规律。

弗雷格在批驳斯特里克用肌肉的感觉来解释数的观念时，也强调指出算术与肌肉的感觉毫无关系，与由以往的感性印象组成的心象也毫无关系。在他看来，意识的各个阶段都有变动不居和含糊不清的特征，与此相反，数学的概念和对象却是明确而又固定的。他说，毕达哥拉斯定理表现出一切人的共同思想，而每个人却有各自的感觉、心象，它们是互不相同的。思想决不是一种精神实体，思维也不是一种内在地产生出这种精神实体的活动。思维只不过把握了已经客观地存在着的思想。他特别强调数学内容的客观性质，他写道："我们决不

① 弗雷格：《算术的基本法则》，1950 年英文版，第 1 卷，第Ⅶ页。

② 弗雷格：《算术的基本法则》，1950 年英文版，第 1 卷，第 XⅦ页。

要把命题是可以被思考的和命题可能是真实的这两者混为一谈。我们必须记住，当我不再思考某个命题的时候，这个命题并不因此而不再是真实的。这正如当我闭上眼睛的时候，太阳不会不再存在一样。”①他承认对数学思维过程中出现的观念及其变化进行研究也有一定好处，可是不要以为心理学能对研究算术的基础作出任何贡献，因为用心理主义的论点说明不了逻辑和数学的独立性、客观性和普遍性。

弗雷格一方面强调把心理学和数学分离开来，认为心理学不可能对研究算术的基础作出贡献，另一方面又强调数学和逻辑学的密切联系，甚至认为不可能把这两者截然分割开来。他说：“对于数学来说，除了拒绝从心理学方面接受任何帮助之外，还要承认它与逻辑学的密切联系。这一点也是同样重要的。我甚至赞同那些认为不可能把数学和逻辑学截然分割开来的人们的看法。”② 在他看来，逻辑的任务在于探讨某个证明是否中肯，或者某个定义是否恰当，而数学正是需要进行这样的探讨。因为只有通过这样的探讨，数学才能获得它所需要的那种确定性。

与反对逻辑和数学中的心理主义相联系，弗雷格强调人们借助于感官和思维所认识的事物世界是客观地存在着的。他说：认识是“一种不创造被认识的事物而只是把握着存在着的事物的活动。用把握这个形象可以很好地对认识作出说明。如果我把握着一枝铅笔，那在我的身体中就要引起神经兴奋，就要出现肌肉筋骨紧张和用力的变化，就要出现血液运动的变化。但是，这些活动的总和并不是铅笔，也没有产生铅笔。铅笔是不依赖于这些过程而存在的。对把握来说，最主要的是有一种被把握的东西；仅仅有肉体的变化，还不是把握。同样地，我们通过思维认知的事物，也是不依赖于我们的认知活动，不依赖于属于这种认知活动或者伴随着这种认知活动而产生的表象及其变化而存在着的”③。

---

① 弗雷格：《算术的基础》，1953 年德英文对照版，序论，第Ⅵ页。

② 弗雷格：《算术的基础》，1953 年德英文对照版，序论，第Ⅸ页。

③ 弗雷格：《算术的基本法则》，1950 年英文版，第 1 卷，第ⅩⅩⅣ页。

弗雷格不仅承认物质事物的客观存在，而且从柏拉图主义的实在论立场出发，承认抽象实体的存在。他认为概念、关系等等是某种特殊类型的抽象实体。他主张把表示概念的概念词、表示关系的关系表达式跟概念、关系本身区别开来。他认为逻辑和数学所研究的对象就是这些客观实体的形式关系，正是因为这些研究对象具有这种客观性，才能保证逻辑和数学在实际经验中得到应用。由于弗雷格持这种柏拉图主义的实在论立场，因此他的逻辑主义观点不同于数学中某些逻辑主义者的形式主义观点，因为后者认为数只是一种记号，数学只是一种用记号玩的游戏，数学中的概念及其关系和推演规则都是人们随意约定的。

与此相关，也可以在这里附带谈一下弗雷格关于逻辑应当是哲学研究的起点的看法。在哲学各部门中应以哪个部门作为哲学研究的起点这个问题上，传统的看法是应以形而上学为起点，笛卡儿以后改为以认识论为起点，弗雷格则提出应以逻辑为起点。在他看来，哲学应从研究逻辑着手，因为不掌握逻辑这个必不可少的工具，就不可能在其他方面取得进展。至于认识论的优先地位问题，他认为我们可以研究数理哲学、科学哲学、形而上学以及我们愿意研究的其他任何一个部门，而不必首先研究认识论。他的这个观点被维特根斯坦等分析哲学家所接受。他对这个观点的提出标志着西方哲学界在这个问题的看法上的一个新的转折点。

弗雷格强调物质事物的客观存在，批驳主观唯心主义的心理主义，这具有一定积极意义。休谟、穆勒等人倡导的心理主义主张从心理学的观点去考察一切哲学问题。冯特、埃德曼等人将这种观点引入逻辑学中，把逻辑看作心理学的一部分，或者至少认为逻辑学依赖于心理学，并把思维活动归结为心理活动，否认思维的客观内容。这种心理主义观点受到逻辑主义者的猛烈抨击，弗雷格的上述批驳就是在这种背景下提出的。他的批驳中含有不少合理因素，可以说他对心理主义的批判是比较彻底的。

二、词和语句

弗雷格的三条基本原则中的第二条原则是："只有在语句的语境中，而不在孤立的词中，才能找到词的意义。"① 他十分强调语句在语言中的作用，强调词与其实际运用的联系，认为词只有在语言的实际运用中，在语句的语境中，才能获得其意义。他的这种观点是后来维特根斯坦以及日常语言学派所主张的"词的意义在于词的用法"这个论点的先导。

在他看来，除了某个词代表某个具体对象这样一些极少数的情况外，我们不能撇开词在其中出现的语句而到孤立的词中去寻找词的意义，因为那样一来，我们就会犯把某个心象或观念看作词的意义那样的错误。他在《算术的基础》一书中解释上述三条基本原则时指出："按照第一条原则，我总是在心理学的意义上使用'观念'一词，并且把观念跟概念、对象区别开来。如果不遵守第二条原则，人们就会把心象或个人头脑中的活动看作词的意义，从而也就违反了第一条原则。"②

按照弗雷格的观点，使用语言的根本目的在于表达思想或作出判断，孤立的词或词组不能完成这项任务。在某些场合，表面上不成句的词或词组也能够起一个语句的作用，但这因为它们处于一定的上下文关系之中。在这些场合下，我们省略了一个语句的某些部分，而剩下一个词或一个词组，这个词或词组实际上就是一个变形了的语句。诚然，一个语句的意思是由语句的组成部分（词或词组）的意思所决定，同时也由其组成部分形成这个语句的方式，即语法形式所决定。从这个意义上说，词的意思是首要的。可是，当我们想解释一个语句及其组成部分的意思意味着什么时，我们就必须求助于整个语句的意思，也就是语句的成真条件。因此，他强调说，我们应当研究一个词出现于其中的那个语句的最一般形式的成真条件，这个词的意义

① 弗雷格：《算术的基础》，1953年德英文对照版，第7页。

② 弗雷格：《算术的基础》，1953年德英文对照版，第X页。

在于它在确定这个语句在被说出时产生什么样的特定言语行为方面所起的作用。

弗雷格在《算术的基础》一书中多次重申这个观点，他说："不要在孤立的词中，而只能在命题的语境中，寻找词的意义。"① "词只有在命题之中才真正具有意义。"② 他还把这个原则运用于对数的分析，他说，"数是怎样被给予我们的呢？……既然词只有在命题的语境中才具有意义，因此我们的问题就变为：确定数词在其中出现的命题的意义。"③ 他认为这个原则具有普遍意义，他说："我认为这种观点可以用于说明整整一系列难解的概念，其中包括无限小的概念，而且它的应用范围也不限于数学。"④ 到了后期，他在这个问题上的观点有所变化，因为在撰写《算术的基本法则》的那段时期里，他把语句同化在复合名称之中，看作复合名称的一个类，不再强调语句的重要地位。诚然，他没有明确否认这一原则，可是也没有重申这个原则。

弗雷格在这个问题上的观点的变化，也与他对语境的定义和完全的定义的看法有关。在撰写《算术的基础》那段时期，他认为词的意义取决于词在语句的语境中所起的作用，因此语境的定义具有重大意义，而不必对词本身下明确的定义。到了撰写《算术的基本法则》那段时期，他不再强调语境的定义具有重大意义，而是强调完全的定义的意义。在他看来，语境的定义好比一个要求解答的方程式，可是定义应当是作出解释的。如果我们仅仅提出一个要求解答的方程式，我们就不知道是否能够对它作出解答，也不知道它的解答究竟为何。他认为定义不应当有任何先决条件，也就是说，在下定义之前并不需要事先提出任何证明，因此他主张完全的定义。所谓完全的定义，他指的是每一个谓词、关系词或函项词都应当可以用来给每个对象下定

① 弗雷格：《算术的基础》，1953 年德英文对照版，第 X 页。

② 弗雷格：《算术的基础》，1953 年德英文对照版，第 60 页。

③ 弗雷格：《算术的基础》，1953 年德英文对照版，第 62 页。

④ 弗雷格：《算术的基础》，1953 年德英文对照版，第 60 页。

义。在自然语言中，大多数谓词只能用来给某些种类的对象下定义。例如，“有野心的”这个谓词只能用来给人这个对象下定义。“等边三角形的”这个谓词只能用来给三角形这个对象下定义。如果把一个谓词用于一个它不能下定义的对象，例如把“有野心的”用于给三角形下定义，得出的结果便是无意义的。弗雷格认为，这是自然语言的缺点，在理想的人工语言中可以弥补这个缺点，可以用每个谓词、关系词或函项词来给每个对象下定义，这就是他所主张的完全定义学说的基本思想。

弗雷格在后期还提出语句在被说出时具有某种力量的观点。他说，当我们作出一个论断时，我们不是仅仅说出一个具有一定成真条件、从而具有一定真值的语句，我们还或者正确地或者错误地表示这个语句是真实的。当我们断定我们所表达的思想是真实的时，我们并没有进一步确定这个语句的成真条件，因为不论我们是否断定它是真的，这个语句的成真条件始终不变，毋宁说我们是用一个其成真条件已经确定的语句来表达某种目的。不过这不是我们可以用语句来做的唯一事情，我们还可以用语句来下定义、提问题、讲故事等等。如果我们想利用语句达到交流思想的目的，我们就需要了解语句在被说出时所具有的特征。弗雷格把语句在被说出时所具有的特征称为语句在被说出时产生的“力量”，它也是被说出的语句的意义的一部分。弗雷格在他符号语言中用两个特殊记号来表示这种力量：一个记号表示肯定，另一个记号表示定义。这些记号只能用于完全句，而不能用于子句，例如假定句中的前项，因为子句只能用于确定整个语句的一部分成真条件。弗雷格关于语句在被说出时具有某种力量的观点，在《算术的基础》一书中没有谈到，在《概念演算》一书中有过简要的阐述，到后期才得到较多的发挥。他的这个观点对后来日常语言学派奥斯汀等人提出的“言语行为理论”产生很大影响。

弗雷格在分析词和语句的关系时，还多次谈到自然语言含糊不清和建立理想语言的必要性。例如，在谈到词和语句的指称时，他就指出由于自然语言不完善，有些词并不指称任何对象，有些语句没有真假对错可言。他认为以这种含糊不清的自然语言为基础，不可能建立一种逻辑严密的语言哲学。为了克服自然语言的缺憾，他主张建立一种“逻辑上完善的语言”，并认为他在《概念演算》一书中提出的那个形式化的逻辑系统，就是这种“逻辑上完善的语言”的一种形式。弗雷格在解释这种形式化的逻辑系统的作用时说：“我认为我的概念演算与活语言的关系，如果比作显微镜和眼睛的关系，可以得到最好的说明。眼睛由于它的用途很广，由于它能够适应极其多种多样的情况，所以它大大胜过显微镜。当然，作为一种光学仪器来看，眼睛有许多缺点，这些缺点平时之所以没有被注意到，只是由于眼睛和精神生活有着内在联系。但是，当科学任务对分辨的灵敏度提出更高要求时，就发觉眼睛无法应付了。相反，显微镜所能完成的正是这样一些任务，正因为如此，在解决其他一切任务时它才没有用武之地。”①

弗雷格关于语词只能在语句的语境中才能获得其意义的观点，对以后分析哲学的发展有很大影响。维特根斯坦直接继承了这个观点，他在《逻辑哲学论》中也说，名称只能指称个别对象，只有命题才具有意义，而命题的意义就在于我们可以由此确定命题的成真条件。在《哲学研究》一书中，维特根斯坦还从弗雷格关于语词的意义和语境的密切关系的观点中，进一步提出“词的意义在于词的使用”这个著名论点，这个论点后来在日常语言学派那里又得到广泛的运用和发展。至于弗雷格关于自然语言不完善和有必要建立理想语言的观点，则对逻辑实证主义有巨大影响。

三、概念和对象

弗雷格的三条基本原则中的第三条原则是：“注意把概念与其对象区别开。”关于概念，弗雷格指出，人们往往从不同的意义上使用概念这个词，有时从心理学的意义上，有时从逻辑学的意义上，有时还把这两种意义混合起来加以使用。他使用这个概念时，始终是从逻辑的意义上进行的。关于什么是对象，弗雷格指出，对象就是专名（专有名词）的客观对应物，也就是专名所谈论的那个东西。他认为

① 弗雷格：《概念演算》，1879年德文版，第5页。

只有通过专名这个语言学概念，我们才能对一个对象作出表征。专名所代表的对象，包括许多种不同的类型：人、天体、空间中的点、对定理的证明以及方向等等。在他看来，对象既包括具体的事物，也包括抽象的事物。在《算术的基础》一书中，他把方向、形状、类等等都划入对象之列。他说："地点、时刻、一段时间，在逻辑上都看作是对象；因此，一个地点、一定时刻、一段时间在语言学上的名称都是专名。"①

关于概念和对象的区别，弗雷格主要是从主词和谓词的关系方面加以论述。他说："就'主词'和'谓词'的语法意义而言，我们可以简略地说，概念是谓词的指称，对象则是那样一种事物，它决不能是谓词的全部指称，而可能是主词的指称。"② 这就是说，概念是作为谓词使用的，与此相反，一个对象的名称，即专名却完全不能当作语法上的谓词加以使用。他举了下述例句来说明这一点：如果在"望远镜轴线的方向是与地球轴线的方向相一致的"这个命题中，我们把"望远镜轴线的方向"看作主词，那么它的谓词就是"是与地球轴线的方向相一致的"。概念就是那个可以作为一个简单判断的谓词，对象则是这个判断的主词。

按照弗雷格的观点，专名与对象相对应，概念词则与概念相对应。在一个句子中，代表同一对象的专名可以前后对换，对象和概念则不能前后对换。他用"晨星是金星"和"晨星是一颗行星"这两个例句来说明这一点。他认为在前一个例句中，"晨星"和"金星"这两个专名代表同一对象，可以把"晨星"和"金星"前后对换，而语句的意思不变。在后一个例句中，"晨星"是专名，而"行星"却是概念词，这两者不能前后对换，也就是说，一个对象隶属于一个概念，这是一种不能颠倒的关系。在他看来，尽管在后一个例句中只

---

① 弗雷格：《论含义和指称》，载于《弗雷格的哲学著作》，英文版，第71页。

② 弗雷格：《论概念和对象》，载于《弗雷格的哲学著作》，英文版，第47～48页。

不过用“行星”取代了“金星”一词，可是这两个语句中的关系全然不同，因为“金星”这个词的指称是某种决不能作为概念，而只能作为对象出现的东西。弗雷格用专名和概念词的区别取代了主词和谓词的区别，并认为传统逻辑把一切语句都看成具有主词—谓词形式的看法是错误的。

弗雷格在 1891 年 5 月 24 日写给胡塞尔的一封信中曾画了下面这个图表，来说明命题、专名、概念词、指称、对象等等之间的关系：

命题	专名	概念词（普通名词）
↓	↓	↓
命题的意义（思想）	专名的意义	概念词的意义
↓	↓	↓
命题的指称（真值）	专名的指称（对象）	（概念词的指称〔概念〕）
		↓
		隶属于这个概念的对象

在这里，概念词达到对象，比专名达到对象要多走一步，即要通过概念而达到对象。他把这一步画在一个水平上，以便表明它是在同一水平上发生的，对象和概念都具有同样的客观性。从概念词到对象的这最后一步也可能不存在，这就是说，这个概念可能是空的①。

弗雷格承认，在日常语言中，我们往往把同一个词有时当作专名，有时又当作概念词。例如，“维也纳”这个词本来是一个专名，而在“只有一个维也纳”这个语句中，“一个”这个数词表示这里的“维也纳”一词是被当作概念词使用的。不过，弗雷格指出，我们不应被这种现象所迷惑，而忽视概念和对象的区别，因为这里的专名之前有一个不定冠词（“一个”）。他说：“……单称的定冠词总是指示对象，而不定冠词则是与概念词相伴出现的。”② 他认为事物的名称只能是专名，不要把它称为普通概念。他说：“普通的概念词的作用恰恰在于表示一个概念。只有当把它与定冠词或指示代词连接起来使

① 参见《弗雷格的哲学和数学通信集》，1980 年英文版，第 63 页。

② 弗雷格：《论概念和对象》，载于《弗雷格的哲学著作》，第 45 页。

用时，才可以把它看作一个事物的专名，但是在那种场合下，它就不再被看作概念词了。”① 接着又说：“就一个概念来说，问题总是关于是否有任何事物隶属于这个概念之下，如果有，那又是什么。就一个专名来说，提出这样的问题毫无意义。语言中有时把专名（例如，月亮）当作概念词使用，或者把概念词当作专名使用；我们不要被这个事实所迷惑，这个事实并不影响这两者之间的区别。一旦把一个词与不定冠词连在一起使用，或者在复数时不与任何冠词连在一起使用，它就是一个概念词。”②

弗雷格在强调把概念和对象区别开来的同时，还强调把一级概念和二级概念区别开来。关于一级概念和二级概念之间的区别和联系，弗雷格作过这样的说明：“……概念的作用主要是当作谓词，即使在对它又有所断定的情况下也是如此。因此，它只能被另一个概念所取代，而决不能被对象所取代。对一个概念所作的断定并不适用于对象，概念所隶属的二级概念从本质上说不同于对象所隶属的一级概念。对象与它所隶属的一级概念的关系，不同于一级概念与二级概念的关系。”③ 例如，在“耶拿是一个大学城”这个语句中，对象（耶拿）被包摄于“一个大学城”这个概念之中；这是一个一级概念，它在另一个语句中可能隶属于另一个概念，即二级概念。而在“所有的正方形都是方形”这个语句中，一级概念（“正方形”）则隶属于二级概念（“方形”）。

弗雷格还从对象的“特性”和“标记”方面来说明一级概念和二级概念之间的关系。他认为一个概念往往由某些局部的概念所组成，例如，“黑色的、丝质的布”这个概念，就是由“黑色的”、“丝质的”、“布”这些局部概念所组成。一个归属于“黑色的、丝质的布”这个概念之下的对象，就具有“黑色的”、“丝质的”、“布”这

① 弗雷格：《算术的基础》，1953年德英文对照版，第63页。

② 弗雷格：《算术的基础》，1953年德英文对照版，第64页。

③ 弗雷格：《论概念和对象》，载于《弗雷格的哲学著作》，第50页。

些特征。这就是说，“黑色的”、“丝质的”、“布”既是“黑色的、丝质的布”这个概念的特征，又是归属于这个概念之下的对象的特性。他还以“A是甲的一种特性”和“A是X的一个标记”为例来说明这一点。他说，一个事物可以同时既是一种特性，又是一个标记，可是特性和标记不是一回事。他把对象所归属的概念称为特性，因此，“A是甲的一种特性”等同于说“甲归属于概念A”。假设对象甲具有特性A、B、C，我们可以把这些特性概括地称之为X；这样一来，如果我说甲具有特性X，就等同于说具有特性A、B、C。在这种场合下，我们可以把A、B、C称为概念X的标记，同时也可以把A、B、C称为对象甲的特性。可以看出，A与甲的关系完全不同于A与X的关系。甲归属于概念A，可是X本身也是概念，它不能归属于一级概念A，而只能归属于一个二级概念。

弗雷格十分强调这种区分的重要性，认为混淆这种区分就会得出没有意义的命题。他说：“一级概念在这里所起的作用，部分地类似于对象在被包摄的情况下所起的作用，二级概念所起的作用部分地类似于一级概念在那里所起的作用。我们在这里也可以说包摄；不过，这里的关系虽然类似于对象被包摄于一级概念之下的关系，但两者并不一样。”① 接着又说：“由于对象决不能代表概念，因此对象决不能归属于二级概念之下。这样作不仅是错误的，而且是没有意义的。如果有人企图在语言中这样作，他所得出的既不是真实的思想，也不是错误的思想，而根本不是思想。”②

弗雷格强调概念和对象的区别，这是有积极意义的，因为唯心主义者往往把概念和对象混淆起来，用概念的主观性去抹煞或否定对象的客观性。事实上，概念是对象的本质属性的思维形式，与它所反映的对象显然是不同的。不过，这里需要指出，弗雷格在论证对象的客

① 《弗雷格于1900年8月25日写给亨利希·李普曼的信》，载于他的《哲学和数学书信集》，1980年英文版，第93页。

② 《弗雷格于1900年8月25日写给亨利希·李普曼的信》，载于他的《哲学和数学书信集》，1980年英文版，第93页。

观性时，往往偏重于从某种语言表达式在语言中所起的作用这一点出发，强调根据这种作用来确定这种语言表达式所代表的东西在本体论上的地位。这就是说，他强调对象的客观性，往往是为了以此保证语句所表达的思想的客观性。从马克思主义的观点看来，语言内容的客观性确实是由语言内容所反映的对象、事实、事态等等的客观性所决定，而对象、事实、事态等等的客观性则不是由语言及其形式所决定。可见，弗雷格在考察这个问题时的出发点是与马克思主义有所不同的。

四、含义和指称

弗雷格对含义和指称的区分，是他后期思想的一个重要发展，也是他对语言哲学的一个重大贡献。他在其著名论文《论含义和指称》(1892）中，详细地阐述了他在这个问题上的观点。

在这篇文章中，弗雷格是从 A = A 和 A = B 这两个简单的同一命题进行分析的。他首先提出这样的问题：A = B 这个命题为何能够比 A = A 这个命题提供更多的知识？例如，暮星和晨星都是指同一个星辰，为何“暮星就是晨星”这个命题比“暮星就是暮星”这个命题提供更多的知识？他的回答是：一个命题中除了名称及其所指的对象之外，还有第三种因素，这就是名称的含义。一个名称之所以能够指称它的对象，就是由于具有这种含义。“暮星就是晨星”这个命题之所以比“暮星就是暮星”这个命题提供更多的知识，就是因为暮星和晨星虽然指同一个星辰，但暮星和晨星这两个名称具有不同的含义。

一个对象的名称可以由一个至数个词或指号组成，弗雷格把它称为专名（专有名称）。专名包括通常的专有名词，如“伦敦”、“丘吉尔”等，还包括限定摹状词，如“那个穿蓝衣服的人”等等。专名所指的对象，或者说，专名的承担者，就是它的指称。专名的指称只能是一个特定的对象，而不能是一个概念或一种关系。他说：“专名（词、指号、指号的组合、语词）表述它的含义，代表或指示它的指称。我们借助于指号来表述它的意义和指示它的指称。"① 专名的含义一般说来是每个充分熟悉某种语言的人都了解的。但就普通的专名而言，人们可能对它们的含义作出不同的理解。例如，对于"亚里士多德"这个专名，有人可能把它的含义理解为"柏拉图的学生"，另一个人可能理解为"亚历山大大帝的老师"，还有人可能理解为"诞生在斯塔吉拉的那个人"等等。弗雷格认为，只要人们把这个专名的指称理解为同一个人，在对含义的理解上的这种差异是可以允许的。

关于名称、含义和指称这三者的关系，弗雷格作了这样的说明："指号、它的含义和它的指称之间的正常联系是这样的：与某个指号相对应的是特定的含义，与特定的含义相对应的是特定的指称，而与一个特定的指称（对象）相对应的可能不是只有一个指号。"② 例如，上面提到的"晨星"和"暮星"这两个名称（指号），具有两种不同的含义，而它们的指称（对象）却只有一个（金星）。这就是说，两个专名可能具有不同的含义，而具有相同的指称。同一对象同时是两个名称的承担者，尽管在把这个对象看作其中一个名称的承担者时所根据的标准与把这同一个对象看作另一个名称的承担者时所根据的标准是不同的。他还认为同一种含义在不同的语言中，甚至在同一种语言中，有不同的表述。在理想的情况下，代表一个专名的语词应当只有一种含义，可是由于自然语言不严密而作不到这一点，我们只能满足于在同一个语境中同一个词具有相同的含义。一个代表专名的语词可能具有含义而不具有指称，例如，"离地球最远的天体"这个语词显然具有含义，但不一定具有指称，因此，我们在掌握一个语词的含义时，不一定能够同时掌握它的指称。

弗雷格在批评心理主义的观念论时，还对观念、意义和对象之间

---

① 弗雷格：《论含义和指称》，载于 P. 杰齐和 M. 布拉克编辑的《弗雷格的语言哲学》，第 61 页。

② 弗雷格：《论含义和指称》，载于 P. 杰齐和 M. 布拉克编辑的《弗雷格的语言哲学》，第 58 页。

的关系作了生动的说明："专名的指称就是这个名称所指的对象本身；我们在那种场合下获得的观念完全是主观的。意义处于所指的对象和观念之间；诚然，它不再像观念那样是主观的，但它也不是对象本身。下面这个比喻也许可以说明它们的相互关系：有一个人用望远镜观察月亮，我把月亮本身比作所指的对象，它通过它投射到望远镜内物镜上的真实影像和观察者的视网膜上的影像而成为观察的对象。我把望远镜内物镜上的影像比作意义，而把视网膜上的影像比作观念或经验。望远镜内物镜上的影像确实是片面的，它取决于观察的角度，但它毕竟是客观的，因为它能够被许多不同的观察者所利用……可是，每个人视网膜上的影像则各不相同。"①

除了词（指号）的含义和指称外，弗雷格还讨论了语句的意义和指称。他说，每个语句都表达一种思想，思想是思维的客观内容，而不是思维的主观活动。问题在于，语句所表达的思想，究竟是语句的意义，还是语句的指称。他的回答是：语句所表达的思想是语句的意义，语句的真值即语句的对错，才是语句的指称。弗雷格在论证这个观点时解释说，假定某个语句具有它的指称，如果我们把这个语句的一个词换成另一个具有相同指称，但具有不同意义的词，我们发现这个语句的意义发生变化，而它的指称却不受影响。例如，我们把"晨星是一个被太阳照耀的天体"改变为"暮星是一个被太阳照耀的天体"，这时这两个语句表达的思想（即意义）发生变化，而对语句的指称没有影响，因为任何一个了解晨星和暮星指的是同一颗星的人，都明白如果前一个语句是对的，那么后一个语句也是对的。因此，他断定说，语句所表达的思想只能是语句的意义，而不是语句的指称，语句的真值即语句的对错才是语句的指称。

是否有些语句只具有意义而没有指称呢？弗雷格的回答是：有些语句，特别是神话和小说中的语句，可能只具有意义而没有指称。例如，"当奥迪修斯熟睡的时候，他的船在伊沙卡搁浅了"这个语句，

---

① 弗雷格：《论含义和指称》，载于 P. 杰齐和 M. 布拉克编辑的《弗雷格的语言哲学》，第 60 页。

显然是有意义的。可是由于“奥迪修斯”这个专名指的是一个虚构人物，从文艺作品的角度来说可以把这个虚构人物看作“奥迪修斯”的指称，严格说来却不能把一个事实上不存在的事物看作专名的指称，从而也不能认为这个语句具有指称，即没有真假对错可言。就文艺作品来说，人们关心的是语句表达的思想（意义）以及由此激起的美感，而不管它真实与否，因此可以不考虑语句的指称问题。可是，在其他一切表达事实的语句中，则要求语句中所有的专名都有指称，从而也要求语句具有指称，也就是要求语句具有真值。

弗雷格指出，由于语句的真值是语句的指称，因此，一切真实的语句都具有相同的指称，反之，一切错误的语句也具有相同的指称。可以看出，就语句的指称而言，语句的特殊内容都被抹煞掉了。因此，我们既不能只考虑语句的意义，也不能只考虑语句的指称，而必须把这两者结合起来考虑。他说：“我们决不能只关心语句的指称，然而单纯的思想本身也不能产生知识，只有当思想与它的指称，即它的真值结合到一起时，才能产生知识。可以把判断看作从思想到真值的发展。”①

上面谈到，当一个语句中的某个语词被另一个具有相同指称的语词所替换时，这个语句的真值不变。如果替换进来的不是一个语词，而是一个语句，那结果又如何呢？为了回答这个问题，弗雷格详细分析了包含有不同类型的从属句的语句，并得出了如下的看法。从属句通常不是以一种思想，而是以思想的一部分作为它的意义，因而它不具有真值作为它的指称。或者由于从属句中的词具有间接的指称，或者由于从属句中有一个不确定的指示词，这种从属句是不完整的，它只有与主句结合到一起时才能表达一种思想。诚然，在个别场合下，从属句的意义是一个完整的思想，因而可以被另一个具有同样真值的从属句所代替，而不影响全句的真实性。不过，在一般的场合下，当一个从属句被另一个具有同样真值的从属句替换时，整个语句的真实

① 弗雷格：《论含义和指称》，载于 P. 杰齐和 M. 布拉克编辑的《弗雷格的语言哲学》，第 65 页。

性可能受到损害。尽管如此，弗雷格仍然坚持认为：“一个从属句不能被另一个具有相同真值的从属句所替换这样一种情况，并不能否定我们的下述观点：真值是语句的指称，语句表述的思想则是它的意义。”①

弗雷格的意义理论及其对后来语言哲学的影响，直到他死后才受到西方哲学界的广泛注意。某些西方哲学家认为，弗雷格把研究意义理论看作哲学研究的首要任务，并把意义理论看作哲学中唯一的一部分，其成果不依赖于哲学的其他部分，反而是其他部分的基础，在这一点上，可以说弗雷格在语言哲学中掀起了一次革命，为语言哲学的发展开辟了一个新纪元。但是，应当指出，弗雷格把研究意义理论看作哲学研究的首要任务这种观点，后来导致许多分析哲学家错误地把全部哲学问题归结为语言问题，认为哲学混乱仅仅产生于误用或滥用语言，从而把哲学的任务归结为语言分析，拒绝探讨物质和意识的关系等哲学基本问题。

第二节　贝特兰·阿瑟·威廉·罗素
(Bertrand Arthur William Russell 1872～1970)

贝特兰·阿瑟·威廉·罗素是分析哲学的主要创始人，也是20世纪上半叶的一位闻名世界的哲学家和社会活动家。罗素之所以获得他的国际声誉，主要是由于他晚年时期从事反对越南战争、建立国际战犯法庭、主张核裁军等进步的政治活动。他在哲学上的成就，特别是他对分析哲学的贡献，则主要是他在20世纪头30年内所写的大量的哲学著作。关于这一点，英国分析哲学家艾耶尔作过这样的评述，他在罗素去世时所写的《贝特兰·罗素》(1972)一书中说：“诚然，罗素晚年享有世界范围的名望，这主要是由于他的政治活动和他作为一个道德的和社会的宣传家而取得的，但是，他在历史上的地位应该

① 弗雷格：《论含义和指称》，载于P. 杰齐和M. 布拉克编辑的《弗雷格的语言哲学》，第78页。

说是由于他的哲学著作，特别是他在青年时期和中年时期的早期所完成的著作而赢得的。他的这些著作涉及面非常广。他本人认为他在数理逻辑方面所做的工作最有价值，这种看法无疑是有充分理由的。但是我们将看到他对于较广义上的逻辑哲学，对知识论、对本体论、对什么是实在的东西这个问题，也都作出了重要的贡献。他在所有这些方面的工作对从本世纪开始直到现在的同时代人都发生了非常深刻的影响。”①

罗素 1872 年 5 月 18 日出生于英国的一个贵族家庭，其祖父约翰·罗素伯爵是著名的自由党政治活动家，在 1846～1852 年间和 1866 年间两度担任英国首相。罗素四岁时，他的母亲和父亲伯勒·罗素子爵相继去世，他由其祖父母抚育。当时他的祖父已 83 岁，只过了三年也去世了，因此他在童年和少年时期主要与他的祖母生活在一起。罗素在青少年时期已开始对数学感兴趣；在哲学方面，他热心于阅读穆勒的著作，自称是一个功利主义者。

1890 年，他考入剑桥大学三一学院，起初一度对形而上学和道德哲学感兴趣，但他最感兴趣的仍然是数学，考取了怀特海所主持的研究班。怀特海非常赏识他的才能，对他甚为友好，并且为他介绍了当时在剑桥任讲师的新黑格尔主义者麦克塔加特以及一些年轻的同学，包括后来成为著名哲学家的摩尔，罗素和摩尔自此成为终生的密友。1893 年，罗素通过了剑桥大学数学荣誉学位的考试，下一年又通过了伦理学荣誉学位的考试，结束了大学学业。1895 年通过一篇以《论几何学的基础》为题的论文，他在三一学院获得研究人员的职位；1910 年起在该校担任哲学讲师，直至 1916 年。在这段时期里出版了他的头几部重要著作：1903 年出版了《数学原则》（Principles of Mathematics）；1910～1913 年出版了他与怀特海合写的三卷本巨著《数学原理》；1910 年出版了《哲学论文集》；1912 年出版了《哲学问题》；1914 年出版了《我们关于外部世界的知识》；1918 年出版了《数理哲学导论》等等。

① 艾耶尔：《贝特兰·罗素》，上海译文出版社 1982 年版，第 1 页。

在这段时期里，罗素与弗雷格有过通信联系，直接接受后者的影响。1902 年罗素第一次写信给弗雷格，对他的《算术的基本法则》一书表示赞赏，同时提到他在弗雷格的素朴的集合论中发现的矛盾，即后来人们所说的“罗素悖论”。1902 年至 1904 年间，他们两人通了大约 20 封信，讨论解决这个悖论的办法，还讨论了弗雷格的语言哲学的许多重要概念，如意义和指称、对象和概念、真和假等等。罗素和怀特海在《数学原理》第一卷的序言中承认：“在逻辑分析的一切问题上，我们主要受惠于弗雷格。”具体说来，罗素在逻辑分析上接受了弗雷格的下述观点：（一）反对从语法结构方面把语句的逻辑形式归结为主词—谓词类型，主张用现代的量化逻辑加以分析；（二）认为可以对语句所表述的思想进行不同的，但在某些意义上又是相同的逻辑分析；（三）认为逻辑分析与把语句恰当地翻译为逻辑符号是有联系的；（四）认为那些在传统上被看作指示事物的词，只有在语句的语境中才有意义；（五）认为可以把这种观点运用到哲学问题上。

在罗素一生中，他的学术活动和政治活动是交织在一起的。在撰写《数学原理》的那段时期里，他与费边社（Fabian Society）的领导人萧伯纳、威尔斯、韦伯等人交往，成为布尔战争的支持者。1901 年后改变这种立场，成为和平主义者。在 20 世纪头几年中，他一直为自由贸易政策和争取妇女选举权而斗争。在完成《数学原理》一书后，他更加积极地参加政治活动，被提名为贝德福郡的自由党候选人，但没有选上。第一次世界大战期间，他持坚决的反战立场，处于与英国当局对立的地位。1916 年，他因支持一张反对服兵役的传单而被判处罚款，并被三一学院解除了讲师职务。哈佛大学准备请他去该校任教，英国政府拒绝给他护照。1918 年，他因著文阐述协约国如果拒绝德国的和平建议将产生的恶果，被英国政府指控诽谤协约国，关进监狱达半年之久。

在这段时期里，还应该谈一谈罗素和维特根斯坦的交往。1918 年，维特根斯坦来到剑桥大学，跟罗素学习数理逻辑，罗素很快就看出这个青年的天才。第一次大战爆发后，维特根斯坦回奥地利军中服役，后来在意大利被俘。1918 年 2 月，他从意大利俘虏营写信给罗素，说他有一部手稿，想请罗素审阅，这部手稿就是维特根斯坦的头一部重要著作《逻辑哲学论》。1919 年 12 月，罗素去海牙与当时已出狱的维特根斯坦见面，安排了《逻辑哲学论》的出版，并为该书的英文本写了序言。后来，两人因观点上的分歧而日益疏远。

1920 年，罗素去苏联访问，并在这一年出版的《布尔什维克主义的理论与实践》一书中表述了他对苏联的观感。紧接着又应邀来中国讲学，在北京住了一年左右，对中国有良好印象。回国后立刻写了《中国的幸福》、《现代中国概况》、《中国的高等教育》、《中国人的性格的某些特征》等文章，其后又写了《中国问题》（1922）、《工业文明的前景》（1923）等书。

在 20 世纪 20 年代，罗素除去美国作过四次讲学外，大部分时间住在英国从事写作，这也是他著述最多的一个时期。除写了《心的分析》（1921）、《物的分析》（1927）、《哲学大纲》（1927）、《怀疑论文集》（1928）等哲学著作外，还写了几本科学普及读物，如《原子入门》（1923）、《相对论入门》（1925）等等，也写了一些关于宗教、伦理和教育的著作，如《我信仰什么?》、《我为什么不是基督教徒?》（1927）以及《论教育，特别是幼儿教育》（1926）、《婚姻和道德》（1928）等等。

1931 年，由于他的哥哥去世，罗素继承了伯爵的爵位，但没有继承什么财产，还增加了一些经济负担，因此他比从前更加依赖于写作以获得主要收入。1932 年出版了《科学的远景》；1934 年出版了《自由和组织（1814～1914）》，这是一本写得很出色的政治史著作；1936 年还出版了几本小册子：《论宗教与科学》、《决定论与物理学》等等。这一年还写了《什么是走向和平的道路》，表述了他的和平主义观点。

30 年代末，他又转到哲学研究上来。1938 年，他在伦敦经济学院和牛津大学作了一系列哲学讲演，然后去美国就任芝加哥大学访问教授。当他于 1940 年准备去纽约市立大学任教时，受到一些教士的反对而未能就职。后来，他去哈佛大学担任詹姆士讲座的讲演人。

1944 年，罗素回到三一学院任研究员，在剑桥大学讲学。1948 年去柏林讲学。1949 年，他获得英国荣誉勋章，1950 年获得诺贝尔文学奖。在这段时期里，他写了他的最后一批哲学著作《对意义和真理的探讨》（1940）、《西方哲学史》（1946）、《人类的知识：它的范围和界限》（1948）等等。

20 世纪 50 ~ 60 年代，罗素由于参加许多进步的政治活动，获得了国际声誉。50 年代中期，他认识到争取和平的唯一希望在于废弃原子武器，以此作为普遍裁军的前奏。他在 1959 年出版的《常识与核战争》中阐述了这一观点。1955 年，他动员爱因斯坦、约里奥·居里等著名科学家签署了一个为争取和平而合作的宣言。1958 年，他担任核裁军运动的主席。1960 年，他担任非暴力反抗运动百人委员会的主席。1961 年，他主持了群众在白厅的静坐示威。他还与许多国家的首脑通信，干预重大的国际事务。1964 年，他建立了罗素和平基金会，为了筹备基金而出卖了他的文献档案。越南战争期间，他出版《在越南的战争罪行》（1967）一书，谴责美国对越南的侵略。此后不久，他又建立了国际战犯法庭，要求传讯美国总统约翰逊。罗素于 1970 年 2 月 2 日逝世，享年 98 岁。

从以上对罗素生平的简述中可以看出，他的知识面很广，涉及许多领域，发表了 60 多本著作和大量的论文。他在哲学方面的著作包括逻辑、数理哲学、科学哲学、认识论、本体论、伦理学以及哲学史等等。此外，在政治学、政治史、宗教、教育等方面，也写了许多专著和论文。他还写了两本短篇小说集。他的著作之多，涉及面之广，是举世罕见的。西方有人认为罗素在这个方面的成就可与亚里士多德媲美。

在罗素的一生中，他的哲学思想发生多次变化，这主要是他善于吸取别人的观点，也勇于改正自己的观点。粗略说来，他的哲学思想的发展可以分为三个阶段。

（一）新黑格尔主义阶段。19 世纪 70 年代至 20 世纪初，在英国哲学界居于主导地位的是新黑格尔主义或绝对唯心主义，牛津大学的布拉德雷和剑桥大学的麦克塔加特是它后期的著名代表。罗素在剑桥念大学时期通过听麦克塔加特的讲课和阅读布拉德雷的著作，深受这两个人的影响。他在1897年发表的《论几何学的基础》一文，明显地表现出新黑格尔主义对他的影响。罗素在回忆当时的思想状态时这样写道："我当时生活于其中的那一群人，颇受麦克塔加特的影响，他的才智使我们对黑格尔哲学产生好感。他教导我把英国的经验论看作是'粗糙而又浅薄的'，我愿意相信黑格尔（其次是康德）有一种深奥的见解，这种见解在洛克、贝克莱、休谟以及我过去非常崇拜的穆勒那里是找不到的……当时我还贪婪地阅读布拉德雷的著作，我对他的赞赏胜过于对其他任何新近的哲学家的赞赏。"①

后来，在摩尔的影响下，罗素逐渐脱离新黑格尔主义的立场。当时从实在论立场对新黑格尔主义发起攻击的，最初是牛津大学逻辑学家威尔逊（J. C. Wilson），但起主要作用的是摩尔和罗素。在1900年发表的《莱布尼茨哲学的批判说明》一书中，罗素清除了新黑格尔主义的影响，但还表现出仍然受康德的影响，不过这种影响到后几年也逐渐淡薄。1903年，他彻底与新黑格尔主义决裂，转到柏拉图主义的实在论的立场上。关于这一过程，罗素作过详细的说明："1898年，许多想法促使我把康德和黑格尔这两个人都抛弃了。当时，我读了黑格尔的《大逻辑》，认为（现在仍然认为）他关于数学所说的一切都是昏头昏脑的胡言乱语。我开始不相信布拉德雷为反对关系所作的论证，也不相信一元论的逻辑基础。我不喜欢'先验美学'的主观性。可是，如果没有G. E. 摩尔的影响，这些动因在发生作用上就会比实际情况缓慢得多。摩尔也曾经历了一个黑格尔主义时期，不过比我的短促一些。他首先起来对它反叛，我也怀着一种获得解放的心情跟了上去。布拉德雷争辩说，按照常识所相信的每件事物只不过是现象；我们则转向对立的一面，认为常识在未受哲学或神学的影响下所看作是真的每一事物都是真实的。我们怀着一种从监狱里逃出来的心情，允许自己认为草是绿的，太阳和星辰即使在没有人看

① 罗素：《我的思想发展》，载于P. A. 希尔普编辑的《贝特兰·罗素的哲学》，1944年版，第10页。

见它们的情况下也存在着，还存在着一个多元的、无时间观念的、柏拉图式的观念世界。”①

（二）新实在论和逻辑原子论阶段。罗素在抛弃了新黑格尔主义之后，转到了新实在论和逻辑原子论的立场上。他反对贝克莱的“存在就是被感知”的观点，认为认识对象不依赖于认识主体。他反对新黑格尔主义的内在关系说，而代之以外在关系说。他反对传统的直观方法、历史方法或辩证方法，而代之分析方法。在 1904 年发表的《迈农关于复合物和假说的理论》一文中，他首先提出他的二元论观点，认为心和物、共相和个体是世界上的终极实体。后来，在《数学原理》一书中，他对这种观点作了进一步的阐述和发挥，并提出了他的“逻辑原子论”，把世界看作由零散的感性事实组成的一种逻辑的、数学的结构，认为可以通过逻辑分析揭示出最简单的事实（原子事实），并把这些事实固定在基本命题（原子命题）之中。这就是说，他认为实在是许多零散的、互不依存的、固定在命题之中的感觉的组合，他说：“我打算为之申辩的那种唯一的哲学，不会有太多的信徒，可是‘新实在论’……却有力地贯彻了这种哲学的精神。”② 在 20 世纪头 20 年内，罗素基本上持这样的观点，不过也在不断演变，这种演变主要表现为被认为具有独立存在的实在的范围日益缩小。起初，他认为逻辑关系（类似于柏拉图的共相）也是实在，后来他把实在归结为感觉，最后又重新假定逻辑本质（“事实”、“真理”等等）的存在。

在罗素的哲学生涯中，这个阶段是一个重要阶段。他的早期著作《数学原则》和《数学原理》二书，所谈的不是一般的数学问题，而是数学的逻辑基础。它们强调数学和逻辑是同一的，可以把数学还原为逻辑，可以从原始概念、原始命题等等中推演出全部数学。《数学原则》一书是他在意大利逻辑学家皮亚诺的启发下写成的。当时，

① 罗素：《我的思想发展》，载于 P. A. 希尔普编辑的《贝特兰·罗素的哲学》，第 11～12 页。

② 罗素：《我们关于外部世界的知识》，1951 年英文版，第 14 页。

皮亚诺已经提出他自己的数理逻辑系统，它的符号系统为罗素把数学还原为逻辑这项工作提供了技术手段。罗素接受并发展了皮亚诺的方法，他用这种方法去分析数学的基本概念，写出了这本重要著作。在此基础上，罗素又与他以前的老师怀特海合作，写出一部有重大影响的巨著《数学原理》，建立了一个新的逻辑系统。关于这段过程，罗素作了这样的叙述："1900 年是我的思想生活中最重要的一年，而这一年中最重要的事件是我参加了在巴黎举行的国际哲学大会……在多次讨论会上，皮亚诺和他的门生的论证具有一种为其他人所没有的精确性。因此，我请求皮亚诺把他的著作送给我，他答应了。我一旦掌握了他的标记法，我就看出这种方法能够扩大数学的精确性的领域，而缩小哲学的模糊性的领域。以他的方法为基础，我发明了一种对于关系的标记法。幸运的是，怀特海也认为这种方法是重要的，我们在很短的时间内就共同作了许多工作，如给级数、基数和序数下定义，把算术还原为逻辑等等。大约用了一年时间，我们已取得一系列成就。其中许多工作早已由弗雷格作过了，可是我们起初并不知道这一点。"①

罗素在这段时期所写的哲学著作，为后来分析哲学的发展奠定了重要基础。除《数学原理》这本巨著外，1905 年发表的《论指示》一文第一次较集中地陈述了分析哲学的基本观点，如逻辑分析的应用、对日常语言的批评、摹状词理论的提出等等。1911 年发表的《亲知的知识和摹状的知识》这篇重要论文，第一次阐述了这两种知识之间的重要区别。在《我们关于外部世界的知识》（1914）一书中，他详细地阐述"逻辑分析"这种用于哲学推理的新方法，认为用这种方法就能规定科学的界限，把思辨的形而上学排除出去。1918 年，他在伦敦作了八次讲演，详细阐释了他的逻辑原子论观点。在《数理哲学导论》（1919）一书中，他对《数学原理》一书的基本概念作了清楚扼要的说明，指出数学真理是先验的，它们与世界中的事

① 罗素：《我的思想发展》，载于 P. A. 希尔普编辑的《贝特兰·罗素的哲学》，第 12 ~ 13 页。

实没有任何联系，它们仅仅是逻辑上的重言式。他还把事物的各种类型区别开，以解决过去使哲学家和逻辑学家很伤脑筋的悖论。

（三）中立一元论阶段。20 世纪 20 年代初，罗素的哲学思想又发生一个显著变化，这就是他从二元论或多元论的实在论转到中立一元论的立场上。从前，他认为实在是物质和精神、个体和共相组成的，现在则认为世界由以构成的材料是一种既可形成为精神，又可形成为物质的中立材料。在他看来，物质和精神都不是真正的存在，而是一种抽象的逻辑构造。物质和精神的区别不在于它们的内在属性不同，而在于它们的外在排列方式不同。扼要说来，罗素的中立一元论包含两个基本论点：（1）世界是由中立事件所组成，这些事件在某些场合下是感觉，在另一些场合下是影像，在还有一些场合下可能是一些不能感知的东西；（2）世界的二元论不是像笛卡儿或正统的二元论者所设想的那样存在于心和物之间，而是存在于不同的因素、规律之间。罗素之所以发生这种思想转变，是由于当时他接受了詹姆士、马赫以及培里、霍尔特等人的影响，也接受了行为主义和心理分析学说的影响。这种转变首先在 1921 年出版的《心的分析》一书中表现出来。他在这本书的前言中谈到，心理学在行为主义的影响下越来越趋向于物质，而物理学却朝着使物质日益向非物质的方向发展。他说："在我看来，这种将心理学的物质倾向与物理学的非物质倾向调和起来的观点，似乎是威廉·詹姆士与美国新实在论的观点。根据这一观点，世界的'材料'既不是精神的，也不是物质的，而是一种既可形成为精神，又可形成为物质的'中立'材料。"①

20 世纪 40 ~60 年代，罗素的思想转向较为正统的休谟主义，这点在他的晚年著作《人类的知识：它的范围和界限》一书中得到了反映。他建议采纳休谟对外部世界的存在的"信念"，并提出一系列对休谟的不可知论有所缓和的先验公设，出现了回到康德的先验论的倾向。

罗素对于他的思想演变作过多次回顾。1944 年在希尔普编辑的

① 罗素：《心的分析》，英文版，前言。

《贝特兰·罗素的哲学》一书中，写了《我的思想发展》一文，扼要叙述他的思想演变过程。1959 年，他又出版了《我的哲学发展》（My Philosophical Development）一书，包括他的思想自述、对他的批评者的回答以及对他目前观点的说明。1966 ~ 1969 年间又出版了他三卷本的《罗素自传》，详细叙述他一生的经历和思想演变。

罗素的哲学思想虽然经历多次转变，但始终没有摆脱唯心主义的窠臼。新黑格尔主义自然是一个唯心主义流派；新实在论也基本上是一种唯心主义思潮，因为它尽管承认外部世界的存在，可是它同时也把感觉、观念看作客观实在，从而否认思维、精神是物质发展的产物，否认世界的物质统一性。至于罗素后期主张的“中立一元论”，则可以说是马赫的“中立要素论”的翻版。

罗素是分析哲学的主要创始人，这是因为：一方面，他提出了分析哲学的基本观点，如对逻辑分析方法的强调和运用、对形而上学的否定、对日常语言的批判、对理想语言的设想，以及他所提出的逻辑原子论、逻辑构造论、类型理论和摹状词理论等等，它们对后来的分析哲学的发展有很大影响。另一方面，他对分析哲学的其他两个创始人摩尔和维特根斯坦，对逻辑经验主义的主要代表卡尔纳普，对“逻辑实用主义”的主要代表蒯因，也都有很大影响。

本书不打算全面论述罗素在哲学、政治、道德、宗教等方面的思想，甚至也不打算全面评述他的哲学思想，而仅仅着重阐述他的某些与分析哲学密切相关的观点。为此，下面将分别阐述他的逻辑分析方法，他的逻辑原子论、逻辑构造论、摹状词理论和类型理论。

一、逻辑分析

罗素一再声明，哲学的任务主要就是逻辑分析。所谓“逻辑分析”，概括说来，就是以现代数理逻辑为工具，着重从形式方面分析日常语言和科学语言中的命题，以求得出准确的哲学结论。他说，哲学不仅应当成为对日常语言的逻辑批判，而且应当成为对理论自然科学和传统哲学的语言的批判。

罗素之所以强调哲学的任务主要是对语言进行逻辑分析，这不仅由于他认为语言对哲学发生深刻影响，而且由于他认为日常语言无论在词汇和句法方面都非常含糊不清，经常把人们引入迷途。他说："如果我们打算进行严肃认真的思考，我们就不应当满足于日常语言，不应当满足于它的含糊的词汇和讨厌的句法。我现在仍然确信，妨碍我们在哲学上取得进展的主要障碍，在于我们自己进行思考时固执地迷恋于日常语言。"①

按照罗素的观点，日常语言在其词汇和句法方面都对哲学发生深刻影响，而它在这两方面的影响是有所不同的。词汇的影响主要在常识方面。他说，当一个词起初被使用于某些或多或少相似的事物时，人们并没有想到这些事物是否具有同一性。可是，一旦把某个词固定地使用于某个对象，我们就会受这个词的存在的影响，而以为这个词一定表示这个对象的存在。他认为这种影响导致人们对于事物和观念产生一种柏拉图主义的多元论。至于哲学中通常使用的某些抽象名词，他认为它们更加含糊不清，以致引起种种混乱。因此，他说：哲学的首要任务就是对那些易于被当作基础而不加批判地接受下来的概念，进行批判和澄清。作为例证，我可以举出这样一些概念："心、物质、意识、知识、经验、因果观、意志和时间。我认为所有这些概念都是不精确的和大致近似的，它们的主要毛病是含糊不清，不能够成为精密科学的一部分。"②

与词汇的影响相比，罗素认为句法对思想的影响尤其强烈，一个陈述的句法形式或语法结构往往成为我们思想的桎梏。他把主词—宾词这种句法形式以及宾词—属性这种形而上学联系，看作妨碍我们正确思维的绊脚石。他说："可以把任何命题纳入这样一种形式，即它有一个主词和一个宾词，而这两个词又由一个系词连接起来。于是人们就由此推论，每一个事实都有一个相应的形式，即一个实体具有一

---

① 罗素：《对批评的答复》，载于 P. A. 希尔普编辑的《贝特兰·罗素的哲学》，1944 年，第 694 页。

② 罗素：《逻辑原子论》，载于《逻辑与知识》，第 341 页。

种属性。"① 他认为这种推论是错误的，并且批驳了莱布尼茨、斯宾诺莎、黑格尔以及布拉德雷关于每一个命题都有一个主词和一个宾词的观点。他说，如果我们否定了这个观点，这些哲学家的形而上学的整个基础就动摇了。

在罗素看来，要消除日常语言的词汇和句法对哲学的消极影响，就需要运用逻辑分析方法对日常语言进行分析和改造，并在此基础上建立一种理想的人工语言。逻辑分析方法在过去之所以没有得到广泛的应用，这主要是因为传统逻辑直到20世纪初才逐渐被现代逻辑即数理逻辑所取代。他认为培根、穆勒的归纳逻辑是不精密的，现在我们使用数理逻辑的符号演算，运用类、关系、顺序等等概念，就能够对哲学命题作出准确的表述，使长期悬而未决的哲学问题逐步得到解决。

在分析哲学家中间，罗素头一个强调逻辑分析的重要性，并且在其著作中把这种方法广泛地应用于不同的方面。可是，对于什么是逻辑分析，或者，简略一点说，对于什么是分析，他并没有作详细的说明。不过，我们从他对这种方法的运用中可以看出，他基本上把分析看作一种下定义的方法，这既包括实在的定义，也包括语境的定义。这两种定义的主要区别在于：（一）实在的定义的对象是那些非语言的、不以语言的使用方法为转移的复合物，即一组不以语言的用法为转移而存在着的"事实"。与此不同，语境的定义的对象则是语言的复合物。换句话说，前者涉及符号所代表的事物，后者只涉及符号本身。（二）实在的定义要列举某一复合物所具有的种种特性，所谓"复合物的特性"，他指的是某一复合物的种种成分、特征以及它们之间的关系。语境的定义则是用一组符号去取代另一组符号。（三）实在的定义可真可假，它们是由经验综合命题来表述的；语境的定义无真假可言，它们是由先验分析命题来表述的。这两种定义的共同点在于，它们都是对一定复合物的不同成分进行分析，以求澄清这一复合物的模糊不清之处。

① 罗素：《逻辑原子论》，载于《逻辑与知识》，第331页。

在《数学原理》一书中，罗素对什么是定义这个问题作了一些说明。他说："定义是这样一种陈述：某个新引入的符号或者符号组合的含义，与我们已知道其意义的其他某些符号组合的含义是相同的。"接着又说："可以看出，严格说来，定义不是它出现于其中的主词的一部分。因为，定义完全与符号相关，而不是与符号所象征的事物相关。而且，它无所谓真假，它是意志的表现，而不是命题。从理论上说，下定义是不必要的。"这一段话表明，罗素在这里所说的定义，指的是语境的定义，因为他认为定义只是与符号有关，而与符号所象征的事实无关，它无所谓真假，只是为了方便而作出的。可是，紧接在这一段话之后，罗素又说："尽管从理论上说定义是多余的，可是，定义往往比它的被使用于其中的命题传达了更加重要的知识，这一点也是真实的。当被定义的事物是我们已知的事物时，例如基数或序数，定义中包含有对普通观念的分析，从而可能表现出一种显著的进展。康托尔对连续性所下的定义说明了这一点。他的定义等于作出这样一个陈述：他所定义的事物是一个具有若干特性的对象，这些特性通常是与'连续性'这个词联系在一起的，尽管从前并不知道这些特性究竟是由什么构成的。在这些情况下，定义使对象'明确起来'，也就是使原来或多或少比较模糊的观念获得一种明确性。"① 可以看出，罗素在这段话中所谈的则是实在的定义，因为他认为某些定义，例如康托对连续性所下的定义，列举了某个复合物的种种特性，又是可真可假的。罗素在他的著作中有时着重从实在的定义这个意义上，有时又着重从语境的定义这个意义上来使用"分析"概念。

罗素在《心的分析》一书中对"记忆"这个概念所作的分析，是他从实在的定义这种意义上使用"分析"一词的明显事例。他在分析"记忆"时所注意的，主要是列举出心理学或常识称之为"记忆"的这种复合物的经验成分，并且提出"真实的分析"、"完全的分析"、"错误的分析"等等概念，而这些概念只有在把分析理解为

---

① 以上几段引文均引自罗素：《数学原理》，第一卷，第 11 ~ 12 页。

实在的定义时才有意义，因为如果把分析仅仅理解为语境的定义，那么这种分析是不可能有“真实”、“完全”、“错误”等等可言的。

罗素对“限定摹状词”的分析是他从语境的定义这个意义上使用“分析”一词的显著事例。例如，在《逻辑原子论的哲学》一文中，他对“司各脱是《威弗利》的作者”这个语句下了这样的定义：“X 写了《威弗利》；这并非总是错的，这就是说，至少有一个人写了《威弗利》；如果 X 和 Y 写了《威弗利》，那么 X 和 Y 就是同一个人，也就是说，至多只有一个人写了《威弗利》；‘如果 X 写了《威弗利》，那么 X 就是司各脱’这个语句是真的。”罗素所作的这种分析，是从语境的定义这种意义上进行的分析，因为，它所涉及的是一个纯粹语言的复合物，是用一组符号去替换另一组符号；它是对我们在说话时的意图所作的一种声明，因而无真假对错可言。

有时，罗素在使用“分析”一词时还把这两种意义结合起来，例如他对“时间”和“时刻”的分析就是如此。首先，他指出，至少就我们的经验而言，它们不是一些简单的实体。其次，他列举了它们的种种成分、它们的特征以及它们之间的关系。最后，在这种实在的定义的基础上，他又下了一个语境的定义。他把“时间是由时刻组成的”这个命题定义为：“假定任何一个事件 X，那么任何一个比 X 的某个同时者更晚的事件，就比 X 的某个原初的同时者更晚。”

上面提到，罗素虽然没有对分析作详细的说明，可是他把这种方法广泛应用于不同的方面。在本体论方面，他应用这种方法来分析某些终极的范畴，例如，“心”、“物”、“个别”、“一般”等等概念。在 19 世纪末至 20 世纪初，他运用这种方法来批驳布拉德雷等人的绝对唯心主义的一元论，而提出他的心物二元论或多元论。到 20 世纪 20 年代，他又运用这种方法来提出他的中立一元论。在抽象的宇宙论方面，他应用这种方法来分析本体论范畴在其中被组织起来的那种抽象的模型，考察在实在的语言方面和非语言方面显示出来的那些形形色色的组织方式，这就是说，他撇开世界究竟是物质的、还是精神的或中立的等等问题，对世界作抽象的考察。

罗素有时把这种逻辑分析方法称为形式分析方法，这种方法在他的哲学推理活动中起着十分重要的作用。他从开始从事哲学活动之时起就经常采用这种方法，到《数学原理》发表之后，特别在《逻辑原子论的哲学》等论文中，他运用这种方法对本体论问题进行抽象的研究，构造出他的"逻辑原子论"，关于这一点，我们将在下面第二小节中详细阐述。在《数学原则》和《数学原理》这两部著作中，他运用逻辑分析方法提出他的"逻辑构造论"。他首先把这种方法应用于研究数学的基础，然后又把它应用于研究各门自然科学。关于这一点，我们将在第三小节中详细阐述。他还运用这种方法来分析"不完全符号"，特别是"限定摹状词"，提出他的"摹状词理论"。关于这一点，我们将在下面第五小节中详细阐述。

罗素对逻辑分析方法作了很高的评价，强调对逻辑的研究应成为哲学研究的中心，认为逻辑分析给哲学提供了一种可靠的研究方法，正如数学给物理学提供了一种可靠的研究方法。他还认为，如果哲学家们想在不远的将来取得一些前所未有的成就，他们就必须建立一个新学派，这个学派的哲学家不仅对哲学感兴趣，而且受过科学训练，善于运用这种新的研究方法。他把这个新学派称为"逻辑分析哲学"，事实上也就是后来形成的分析哲学。罗素在其晚年所写的《西方哲学史》中专门有一章评述"逻辑分析哲学"。他说，在哲学中，自毕达哥拉斯时代以来，一向存在着两派人对立的局面。一派人的思想主要是在数学的启发下产生的，如柏拉图、斯宾诺莎和康德等人，另一派人受经验科学的影响比较深，如德谟克利特、亚里士多德以及洛克以后的经验主义者。在20世纪兴起的逻辑分析哲学，消除了数学原理中的毕达哥拉斯主义，并且开始把经验主义和人类知识中的演绎部分结合起来。他自诩说："这个学派的目标不及过去大多数哲学家的目标堂皇壮观，但是它的一些成就却像科学家的成就一样可靠。"① 罗素把逻辑分析哲学与过去的经验主义哲学相对比，认为逻辑分析哲学的优越之处，在于它与数学结合起来，并且发展了一种有力的逻辑技术，从而能够对某些问题作出明确的答案，这种答案与其

① 罗素：《西方哲学史》下卷，商务印书馆1981年版，第389页。

说具有哲学的性质，不如说具有科学的性质。在他看来，与过去的各种哲学体系不同，逻辑分析哲学没有建立什么体系，没有创造一整套关于全宇宙的理论，而是一点一滴地逐步解决问题，在这点上，它的方法与科学方法相类似。罗素还强调说："我毫不怀疑，只要可能有哲学知识，哲学知识非靠这样的方法来探求不可；我也毫不怀疑，借这种方法，许多古来的问题是完全可以解决的。"①

罗素对日常语言的批判和对理想语言的设想，尤其是他对逻辑分析方法的阐述和广泛应用，使他对以后分析哲学的发展，特别对逻辑实证主义的发展，产生了巨大的影响。逻辑实证主义者发展了罗素关于哲学中的一部分问题可以归结为句法问题的观点，进一步把所有的哲学问题都归结为句法问题。罗素倡导的逻辑分析方法，仅仅作为一种研究方法来说，有助于使概念变得比较精确，使论证变得比较严密，使结论建立在比较坚实的基础上。但是，罗素以及他的追随者把哲学的任务主要归结为逻辑分析，把这种方法加以绝对化，似乎它是哲学研究所能采用的唯一方法，这却是根本错误的。因为，尽管自然语言不够严密，尽管语言对哲学产生重大影响，可是哲学问题并非仅仅是语言问题。把哲学的任务完全归结为对语言进行逻辑分析，这实质上就是否定研究哲学基本问题的意义，否定了哲学谬误由以产生的社会政治根源和认识论根源。

二、逻辑原子论

上面提到，罗素把他的逻辑分析方法应用于抽象的本体论，而提出"逻辑原子论"。在罗素的哲学思想中，这个理论占有重要地位，这是他在19世纪末至20世纪头20年一直坚持的观点。在《数学原理》（1910 ~1913）中，罗素首次提出这种理论的一些基本观点，其后不断加以发展。1918年在伦敦以"逻辑原子论的哲学"这个总标题所作的八次讲演，对这个理论作了全面系统的阐释。罗素承认他在提出这种理论时接受了维特根斯坦的影响，他说："1918年头几个月

① 罗素：《西方哲学史》下卷，商务印书馆，第395页。

在伦敦作的下面这八次演讲，主要在于解释我从我的朋友和从前的学生路德维希·维特根斯坦那里得来的某些思想。"① 当然，罗素不是简单重述维特根斯坦的观点，而是加以融会贯通，把它变成自己的哲学思想的一部分。

逻辑原子论的提出与罗素的外在关系说有密切联系，因此在这里有必要首先简略地介绍一下他的外在关系说。外在关系说是罗素为了反对布拉德雷等人的内在关系说而提出来的。内在关系说的基本含意是：任何一个表示关系的事实，其实都是一个关于所涉及的词的性质的事实。例如，X 在 Y 之上这样一个表示关系的事实，并不表示 X 和 Y 之间存在着某种关系，而仅仅表示"在 Y 之上"是 X 的一部分性质，"在 X 之下"是 Y 的一部分性质，因而 Y 是 X 的一部分性质，X 是 Y 的一部分性质。这种学说否认关系具有任何终极的、独立的意义，认为只存在着一个包罗万象的实体，而这个包罗万象的实体就是意识的统一性。这就是布拉德雷等人主张的内在关系说，并由此得出他们的唯心主义的一元论。罗素在向新黑格尔主义反戈一击时，提出了外在关系说，以反对布拉德雷等人的内在关系说。外在关系说的基本含意是：关系具有一种不以它的关系项为转移的实在性，关系并没有进入关系项的定义之中。例如 X 大于 Y 这种关系，并没有表明 X 和 Y 有任何共同性质，甚至跟 X 或 Y 各自的性质也无关，这种关系具有它的终极性、实在性。罗素的这种外在关系说，导致他得出他的多元论，即认为实在由多元的事实组成，其中任何一个事实的存在都不依赖于其他事实的存在。这种多元论的哲学也就是他的"逻辑原子论"。他说："我所提出的哲学可以称为逻辑原子论或绝对多元论，因为它肯定了存在着许多个别事物，并否定了由这些事物构成的某种统一性。"②

罗素强调他的逻辑原子论建立在以逻辑分析方法分析和论证他的

① 罗素：《逻辑原子论的哲学》，载于 R. C. 马什编辑的《逻辑和知识》，第 177 页。

② 罗素：《神秘主义和逻辑》，1981 年英文版，第 11 页。

多元论的基础上，他说：“我认为逻辑是哲学的基本内容，在表述某些学派的特征时，与其说根据它们的形而上学，不如说根据它们的逻辑。我自己的逻辑是原子论的，这正是我所强调的方面。因此，我宁愿把自己的哲学称为‘逻辑原子论’，而不称为实在论，不论是否在后面这个词的前面加上什么样的形容词。”① 罗素还强调他的逻辑原子论所依据的逻辑与新黑格尔主义者的一元论所依据的逻辑是不同的，他说：“我要提倡的逻辑与那些或多或少追随黑格尔的人的一元论的逻辑恰恰相反，我的逻辑是原子式的，当我说我的逻辑是原子式的时，我指的是，与常识的信念一样，我认为有许多独立的事物，我并不把世界的一望而知的杂多性看作仅仅是对一个单一和不可分的实在的各个方面所作的一种不真实的划分。”②

按照罗素的观点，实在是由无数单个的事实组成的。关于什么是“事实”，他作了这样的说明：“当我说一个事实时，我指的不是世界上的一个简单事物，我指的是某物具有某种性质或某些事物具有某种关系。例如，我不把拿破仑称作事实，而是把他有野心或他娶了约瑟芬称作事实。”③ 这些事实通过形形色色的组合而构成我们生活于其中的五光十色的世界。这些组合尽管在形式上多种多样，但总是遵循严格的逻辑演算程序。我们在描述实在时，不能对事实本身进行逻辑演算，只能对表述事实的命题进行逻辑演算，因为在语言和事实之间在结构上具有同型性。不过，他在这里所说的语言，指的是某种理想语言，而不是日常语言，因为，前面已经谈到，他认为日常语言的词汇含糊不清，而其语法又很不严密，因而不能对日常语言的命题进行逻辑演算。

与此相关，罗素特别强调把语言的句法形式和逻辑形式区别开

① 罗素：《逻辑原子论》，载于 R. C. 马什编辑的《逻辑和知识》，第 323 页。

② 罗素：《逻辑原子论》，载于 R. C. 马什编辑的《逻辑和知识》，第 178 页。

③ 罗素：《我们关于外部世界的知识》，第 51 页。

来。在他看来，尽管我们可以从某些具有主词—宾词这种句法形式的陈述中推出某种实体具有某种属性，可是，对于另外一些陈述则不能作出这样的推论，即使它们也具有主词—宾词这样的句法形式，对于后面这类陈述，应当有一种形式表明它们的推论具有不同的性质，他把符合这种要求的形式称为它们的逻辑形式。句法形式和逻辑形式之间的主要区别在于：句法形式是一个命题在日常语言中通常采取的形式，逻辑形式则应表明这个命题究竟是一种什么样的命题，它究竟指的是哪种事物。他认为日常语言中对句法的要求非常松弛，因此陈述的句法形式可能只是它的表面的逻辑形式，而不是它的真正的逻辑形式。当我们把陈述表面的逻辑形式误以为它的真正的逻辑形式时，日常语言的句法形式就成为我们的思想的桎梏了。

为了避免这种错误，罗素认为必须对日常语言进行改造，使之变成一种“理想的”或“哲学的”语言。在后面这种语言中，其句法要求十分严格，以致一个陈述的句法形式和它的逻辑形式必然是完全一致的。他说，这种理想语言能够达到两个目的：“第一，防止从语言的性质中推出世界的性质，这种推论是错误的，因为它们依据于语言的逻辑缺陷。第二，通过询问为了避免矛盾逻辑应当对语言提出什么要求，而使我们得以合理地假定世界具有什么样的结构。”① 总之，在这种理想语言中，语言形式和语言所指的实在的形式是对应的，换句话说，它的语言形式“描述”了它所指的实在的形式。

罗素认为，理想语言的一个重要要求，就是他在“亲知原则”中表述的那个经验论要求。按照这个原则，我们所能理解的每个命题都必须完全是由我们所亲知的成分所组成。换句话说，我们之所以能够理解一个语词，只是因为它或者指某种我们经验过的事物，或者是由其他一些我们已经用过的语词来定义的。在他看来，如果我们不借助于感性经验来规定物理客体，我们就不仅没有认识这些客体的途径，而且甚至在别人谈论这些客体时我们也无法理解。

在罗素的逻辑原子论中，“亲知原则”表现为这样一个要求：在

① 罗素：《逻辑原子论》，载于《逻辑与知识》，第 338 页。

用以表述每个事实的原子命题中出现的语词，必须通过与经验的直接关联而获得它们的意义。换句话说，一个未被规定的词，只有通过与某种直接经验到的事物相关联，才能获得它的意义。因此，这些语词或者是个别的感觉材料的名称，或者是感觉材料的特性的名称，或者是感觉材料之间的关系的名称。

谈到这里，我们可以转入对逻辑原子论的一些基本概念作些说明。罗素认为，终极的本体论实体由以被组织的基本方式有两种：一种是专名和个体，另一种是命题和事实。专名和个体之间存在着一对一的关系，即相对于一个个体而言，必定有而且只能有一个专名。专名是一个用以指称某一个体的简单符号，这个个体就是这个专名的意义。个体是一种能够独立存在的事物，类似于传统哲学中所说的实体。专名代表说话者亲知的某一个体，如果说话者不是亲知这个个体，他就不能给它命名。按照罗素的观点，“这个”、“那个”属于真正的专名，它们不同于“苏格拉底”、“拿破仑”这些日常的专名，后面这些名称严格说来并不代表个体，而代表个体的复杂体系，它们其实是限定摹状词的缩写。

就命题和事实这一种组织方式而言，命题是对某一事实加以肯定或否定的直陈句。命题与专名的区别在于，命题与事实之间有或对或错这两种可能的关系，而专名和个体之间只能有命名这一种关系。事实指的是某一个体具有某种属性或者某些个体具有某种关系，它决定命题的真伪，而它的存在却不以我们对它的想法为转移。事实不是单一的个体，而是一个或许多个个体及其属性或关系的组合。罗素解释说：所谓事实，“我指的是使一个命题成真或者成假的那种情况。如果我说‘现在正在下雨’，那么，在某种天气条件下，这句话是真的，而在另一种天气条件下，这句话则是假的。这种使我的这句话成真或者成假的天气条件，就是我所说的‘事实’”①。

在阐述命题和事实的关系之后，罗素进一步阐述原子的命题和事实、分子的命题和事实、存在的命题和事实、普遍的命题和事实，以

① 罗素：《逻辑原子论》，载于《逻辑与知识》，第182页。

及完全普遍的命题和事实这五个方面。其中，原子命题和原子事实是罗素的逻辑原子论的两个最基本的概念。原子命题只包括一个名称和一个表示属性或关系的词，它表示这个名称具有所说的这种属性（如“雪是白色的”）或者某种关系（如“甲在乙之上”）。如果一个命题符合下述三个条件：（一）它具有上述这种形式；（二）它所包含的词是通过与经验的事物相关联而获得它的意义；（三）它所涉及的事物不可能再被分解为其他更简单的事物，那么这个命题便是原子命题。与原子命题相对应的是原子事实，它是最简单的事实，我们不能从一个原子事实中推出另一个原子事实。原子事实指的是某个个体具有某种属性或者某些个体具有某种关系，它是我们通过亲知所获得的最清楚、最确定的知识。罗素认为，世界是许多互相独立的原子事实的总和，其中每个事实都可以在经验中的某个时刻被准确无误地识别出来，而且即使其他事实不存在，我们也能想象这个事实的存在。我们在常识世界中经常看到的那些似乎相对简单的事物，其实是这种原子事实的极其复杂的组合。原子命题和原子事实之间是完全同型的：主词（专名）与名词（个体）相对应，形容词与属性相对应，动词与关系相对应。

分子命题是那种其中包含有其他命题作为它的原子的命题，在这种命题中经常出现“或者”、“和”、“如果”等词，例如“如果你去，我也去”等等。至于与分子命题相对应，是否有分子事实的问题，罗素在一些场合下持否定态度，认为分子命题所陈述的是两个事实，在另一些场合下，他在论述普遍事实的存在时，又认为普遍事实和分子事实之间是属和种的关系。存在命题是那样一种命题，它肯定至少有一个命题函项的值是真的，例如“某些苹果是黄色的”等等。与存在命题相对应的是存在事实，他承认这种事实的存在。普遍命题是那样一种命题，它对命题函项的所有的值作出肯定或否定。例如，“所有的人都是要死的”。与普遍命题相对应的是普遍的事实，他也承认这种事实的存在。最后是完全普遍的命题，它作为公理或者定理出现于逻辑中，它仅仅包含变项和真值函项，这类命题是先验的和分析的。至于是否相应地有完全普遍的事实，罗素没有作明确的回答。

按照逻辑原子论，我们可以借助于原子命题以及它们的真值函项的组合来表述一切知识。分子命题是原子命题的真值函项的一种组合，是对原子命题进行逻辑演算的一种最简单的形式，我们采用数理逻辑的方法，还可以对原子命题作更加复杂的逻辑演算。由于任何复杂的关于世界的陈述句，都是由原子命题的各种组合所组成。我们通过观察首先确定原子命题的真值，然后将各个原子命题的真值代入复杂的陈述的命题函项。就能够知道陈述的最后的真值。

罗素提出逻辑原子论的动机在于追求知识的确定性。他企图把复杂的、不太可靠的知识逐步分解为一些简单的、能够得到经验证实的原子命题。后来，他发现要达到这个目标十分困难，因为他对原子事实、原子命题中的“原子”这个概念产生怀疑，也就是说，什么是最简单的、不可再分的“逻辑原子”呢？我们如何才能确知某个事实是最简单的而不可再分呢？换句话说，什么是逻辑上最简单的属性呢？例如，“黄色”是否是一种最简单的属性呢？基于这种怀疑，罗素不得不放弃我们能够达到最终极的简单之物这个信念，甚至还必须放弃一定有这种绝对的简单之物这样的信念。他转而倾向于认为，在特定的分析阶段，可以把某一类事物看作是简单的。在20世纪40年代所写的《对意义和真理的探讨》和《人类的知识：它的范围和界限》等著作中，罗素更加关心的是那些被看作经验材料的终极片断的原子事实的性质，以及借以从原子事实中得出知识的其余部分的那种推理的类型，而不再是我们知识的适当陈述应当采取的那种逻辑形式的结构。

罗素的逻辑原子论对后来的逻辑实证主义发生了颇大影响。卡尔纳普这位可说是集逻辑实证主义之大成者的头一部代表作《世界的逻辑构造》(1928)，就是在罗素的逻辑原子论的直接影响下写出的，无怪乎卡尔纳普把罗素看作他的主要思想先驱。不过，由于大多数逻辑实证主义者不重视或者甚至拒绝本体论的研究，因此逻辑原子论作为一种本体论或世界观来说，对逻辑实证主义者一般影响不大，它的影响主要表现在它对命题意义的逻辑分析方面，也就是说，它的影响偏重于语言哲学方面。

罗素的逻辑原子论是从逻辑哲学的角度研究世界的构造，研究世界的最终成分，研究这种构造和最终成分与语言中的命题的对应关系。尽管他的基本立场是唯心主义经验论，但他试图把本体论、认识论和逻辑这三者结合起来加以研究，这对我们来说也具有一定参考价值。在这个问题上，他也不同于后来的许多分析哲学家，特别是牛津学派的哲学家，因为他反对把语言看作一个独立的、自足的领域，反对把哲学仅仅归结为语言分析，完全排斥对本体论问题的研究。罗素在逻辑原子论上的主要错误在于：首先，他把世界的终极成分归结为颜色、声音、气味等等感觉，根本不讨论关于感性地感觉到的“事实”和外部世界之间的相互关系，并且用强调“事实”来抹煞“事物”的客观存在，这是他的唯心主义观点的集中表现。其次，他把实在理解为许多零散的、互不依存的、固定在命题之中的感觉的组合，否认客观事物之间的多方面的联系，否认世界的统一性，这是一种静止直观的形而上学观点。再次，他把数理逻辑的某些局部结论不适当地推广到本体论和认识论上去，并把人类认识的复杂过程简单地归结为对各种命题的逻辑演算，从而对人类的认识过程作了简单化的理解。

三、逻辑构造论

罗素遵循英国经验论的传统，非常强调知识的确定性，这是他一生的哲学活动所追求的主要目标。什么是确定无疑的知识呢？他继承休谟的观点，认为这样的知识有两种，一种是感官直接经验到的，另一种是先验的逻辑知识。根据他的“亲知原则”，罗素一直认为亲知的知识，即感官直接经验到的知识是最可靠的，它们是一切知识体系的坚实基础。亲知的对象就是感觉材料，感觉材料是最简单的对象，是人们知道得最确切的对象，因而也是唯一真实的对象。从认识论上说，自然语言中的词汇所指称的物理对象都是推论出来的，是或多或少不大可靠的。通常被看作真实事物的桌子、椅子等等，其实是个体类的系列，因而是逻辑虚构。个体才是真实的事物，而个体就是我们所获得的感觉材料。为了获得确定无疑的知识，应当把指称物理对象的词汇还原为指称感觉材料的词汇。粗略地说，逻辑构造论就是一种把指称物理对象的词汇还原为指称感觉材料的词汇的方法，也就是说，逻辑构造论是罗素为把逻辑分析运用到方法论方面而提出来的。

逻辑构造论是罗素在20世纪初提出来的，他在其早期著作《数学原则》(1903)、《数学原理》(1910 ~1913)中，以及在后来的《逻辑原子论》、《数理哲学导论》(1919)等著作中，详细阐述和运用了这一理论。他把奥卡姆的“剃刀原则”，即奥卡姆关于“实体不应多于所需要的限度”这句格言，当作逻辑构造论的一条基本原则。罗素认为应当尽可能废除那些不必要的实体，因为一个人假设的实体越多，他相信那些并不存在的事物的可能性就越大，因而知识的确定程度就越低。罗素写道:“奥卡姆的剃刀原则是一个非常重要的、有启发性的原则。怀特海和我通过经验发现可以把这个原则应用于数理逻辑，后来我们又把它应用于其他各种不同的领域。当某些被设想的实体具有纯粹逻辑的性质时，在大多数情况下可以发现，这些被设想的实体可以用由一些不具有这种纯粹逻辑性质的实体所组成的纯粹逻辑构造来取代。在这种情况下，要解释一些我们至今信以为真的关于被设想的实体的命题时，我们可以代之以逻辑构造，而不改变所说的这些命题的细节。这是很经济的，因为那些具有纯粹逻辑性质的实体往往是推论出来的；如果不作这种推论就可以解释那些实体出现于其中的命题，这种推论就失去其存在的理由，我们的这些命题就不需要采取那个危险的步骤了。我们可以这样表述这个原理：只要有可能，就要用已知实体的结构来替换对于未知实体的推论。”①

罗素的逻辑构造论的基本思想，除上面谈到的“只要有可能，就要用已知实体的结构来替换对于未知实体的推论”这条基本原则外，还包括这样两条原则:(一)把一切已知的事物看作感觉材料和共相;(二)把数理哲学的模型当作指南，在这种模型中，把有理数和无理数还原为自然数。这几条原则所要达到的目的，都在于追求知识的确定性。他说，为了获得比较确定的知识，我们有必要借助于某

① 罗素:《逻辑原子论》，载于《逻辑和知识》，第326页。

些比较简单、比较易于理解、比较确定无疑的实体之间的关系来表述知识。通过这种表述，我们就能对这种知识作出决定性的论证。也就是说，通过这种表述，我们把那些有问题的成分变成没有问题的，把那些不清楚的成分变成清楚明白的，把那些不确定的成分变成确定无疑的。他说："科学的哲学研究的最高准则是：在任何可能的地方，都要用逻辑构造来代替推论出来的实体。"①

按照罗素的观点，事物、关系、性质等等都是由一些更加简单的实体组成的复合物。通过哲学分析，可以把关于事物、关系、性质等等的命题重新加以表述，把命题中的这些复合物的名称排除掉，而代之以比较简单的实体的名称，同时又不改变命题的意义。例如，如果一个哲学家采用这种分析方法，他就可以把物质客体说成是一种逻辑构造，即一种由感觉材料组成的复合物，同时又不否认物质客体的实在性。换句话说，任何一个包含有物质客体的名称的命题，都可以翻译为只包含感觉材料的名称的命题，同样又不改变命题的意义。这就是把物质客体归结为感觉材料，用关于感觉材料的命题来取代关于物质客体的命题。

前面谈到，罗素认为通常被看作真实事物的物质客体其实是一些逻辑虚构。为了排除这样的逻辑虚构，罗素提出这样的办法：要以亲知的对象取代推论的对象，要以简单的对象取代复杂的对象，要以经验的符号取代非经验的符号，要以简单的符号取代抽象的符号，最后，要以亲知的命题取代推论的命题。如果 X 是一个逻辑虚构即推论的对象，就可以用一系列亲知的东西 a、b、c、d 等来定义 x。也就是把 x 还原为 a、b、c、d 等经验的东西。在一个有 x 出现的命题中，处处以 a、b、c、d 等取代 x，以消除这个抽象的、推论出来的逻辑虚构 x。他说，x 这种逻辑虚构本身是不存在的，存在的只是 a、b、c、d 等经验的东西。例如，我们可以把一个包含有"桌子"这个概念的命题，改述为一个不提及"桌子"而仅仅提及"长度"、"宽度"、"硬度"、"颜色"等等感觉材料的命题，于是用亲知的感觉材

① 罗素：《感觉材料与物理学》，载于《神秘主义和逻辑》，第 155 页。

料的概念取代了“桌子”这个推论出来的抽象概念，“桌子”这个逻辑虚构就被排除了。

罗素在《数学原理》中首先把这种逻辑构造的方法运用于研究数学的基础，力求把数学还原为逻辑，把演算系统的定理还原为最少的几条公理，把自然数的理论还原为某些逻辑的概念和命题。他在这个问题上基本出发点是：数学和逻辑具有同一性和连贯性。他说：“它们之间的区别有如青少年和成年人之间的区别。逻辑是数学的青少年时期，数学是逻辑的成年时期。”① 在他看来，数理哲学的任务就在于使我们的那些未加分析的关于数学概念和数学命题的知识变得清楚明确，它借助于逻辑的概念和命题来定义数学概念和推演数学命题，这样一些定义和推演能够使作为一组抽象公式的数学得到证实，而且使数学符合于我们的计算经验。他认为采用逻辑构造的方法，就能作到这一点，这就是说，可以借助于逻辑词汇来表述全部纯数学，在作这种表述时，除了逻辑所需要的词汇外，不采用其他任何不明确的词汇。通过这种方法，我们可以把那些或多或少有问题的数学实体还原为比较没有问题的实体。例如，采用这种方法，我们可以把数定义为类的类；把零定义为一切空类的类；把 1 定义为所有这样的类的类，在这样的每个类中，任何一个成员都与其他任何一个成员相等；把 2 定义为所有这样的类的类，在这样的每个类中都包含有一个与另一个成员不等的成员，同时任何一个成员都与其中的这一个或另一个成员相等；如此等等。总之，如果我们对于数是一种什么样的实体感到迷惑，或者对于假定有这样一种实体感到不安，我们就可以用这种方法把它还原为一种我们所熟悉的、不大怀疑的实体的类的类。这就是罗素所提倡的“尽可能用已知实体的结构来取代对于未知实体的推论”这条原则在数学中的运用。

罗素在把逻辑构造的方法运用于数学之后，又进一步试图把它运用于各门自然科学。他说，在任何一门自然科学中，都有许多不可能被我们直接经验到的实体的符号。当我们把逻辑构造论这个原理运用

① 罗素：《数理逻辑导论》，第 194 页。

于自然科学时，我们并没有肯定或者否定这些实体的存在，而只是用另一些符号来替换这些实体的符号。前一类符号所指示的事物不是在感性经验中给予的，而是作为推论出来的事物被假定的。这样地用经验的符号来替换非经验的符号，就意味着用感性的词汇来规定科学的符号，从而证明科学的命题是经验的。因此，这个过程可以说包含两个部分：（一）确定哪些是全部的或局部的经验的终极实体；（二）通过逻辑方法用这些全部的或局部的经验的实体来给科学的词汇下定义。

从这种观点出发，罗素首先试图用它来表述物理学和常识中有关物理客体的知识。物理学理论通常是用关于各种不能观察的实体的词汇来表述的，如电磁场、电子、质子、能量等等。对于这些实体的概念的内容以及我们为何承认它们的存在，许多哲学家都提出疑问。对于常识中的物理客体，如房屋、树木、石头等等，也存在着类似的问题，因为我们说通过感性知觉直接知道某个客体，这只是就个别的观察者而言的。随着观察条件的改变，个人的知觉的内容也可能改变，而在物理客体本身中却未发生任何变化。罗素认为，这些问题可以借助于他的逻辑构造论而得到解决。因为，无论质子、电子等微观的物理客体，或者房屋、树木等宏观的物理客体，都可以通过一系列复杂的步骤，把它们还原为个人的感觉材料，即形状、颜色、声音等等，这样一来，就可以把不可观察的、不可触摸的东西替换为直接可见的、清楚明白的东西。他认为用这种方法可以从可感知的对象推论出不可感知的对象，在个人直接感知的材料和公共的物理客体之间建立起联系，把物理客体看成是一切实际的和可能的感觉经验的系统，也就是看作由感性知觉提供的感觉材料所构成的一个复杂结构。

罗素在其晚年著作《人类的知识：它的范围和界限》中，用“最小量用语”这个概念来阐述他的逻辑构造论。所谓“最小量用语”，他指的是科学中的这样一些基本用语，这些基本用语不能用其他任何基本用语来下定义，而它们都可以给科学中的其他一切用语下定义。他说：“我把那样一些基本词汇称为某一门科学的‘最小量用语’，只要（一）借助这些词就能给这门科学中使用的其他每一个词下一个文字定义；（二）在这些基本词汇中，没有一个词是可以借助于其他基本词汇来给自己下文字定义的。”① 在他看来，对于任何一门自然科学，不论它多么抽象，一定要把叙述我们经验的字眼保留在它的最小量用语之中。当某个知识体系在结构上有了新的重大发现时，这种发现能使我们进一步缩小这种知识体系所需要的最小量用语。在结束这本书中专门讨论最小量用语的那一节时，罗素写道：“从以上对最小量用语的讨论中得出的主要结论是：每一门经验科学，不论它多么抽象，都必须在其最小量用语中包含一些描述我们经验的词汇……这个结论如果有效，那它是非常重要的，它会在我们解释科学理论这项工作中提供巨大的帮助。”②

罗素在把逻辑构造论应用于数学时，可以说他取得了一定成就，但当他把它应用于物理学、心理学等领域时，他却碰到了无法克服的困难。他强调要把抽象的科学用语还原为描述感性经验的词汇，可是，感觉本身是不确定的，各人的感觉经验不同，甚至同一个人在不同的场合下对同一个物理客体的感受也可能不同，因此他无法把用以取代物理客体的感觉材料 a、b、c、d 等等全部列举出来。而且，感觉是私人的，关于私人感觉的语言，别人是无法理解的。因此他无法解决感觉材料属于个人而物理客体具有公共的、客观的性质这两者之间的矛盾，也无法解释在没有人的场合下如何用感觉材料构造客观存在的物理客体的问题。

罗素的逻辑构造论建立在他的“亲知原则”的基础上。他把物理客体或实在看作各种可感觉的性质和关系的组合，这实质上就是用感觉材料的逻辑构造否定了物理客体的客观存在。他只承认认识主体和认识对象之间的直接关系，而否认认识主体和认识对象之间的间接关系。他只承认感觉经验的可靠性，而不承认人类的整个实践活动的可靠性。正是由于他片面夸大感性经验的作用，把人的认识完全建立

① 罗素：《人类的知识：它的范围和界限》，1948 年英文版，第 259 页。

② 罗素：《人类的知识：它的范围和界限》，1948 年英文版，第 265～266 页。

在个人的相对的感性经验的基础上，以致他有时怀疑甚至否认物理对象的客观存在，从而陷入主观唯心主义的泥坑。无怪乎他说："在某种意义上说，必须承认，我们永远不能证明在我们自身之外和我们经验之外的那些事物的存在。世界是由我自己，我的思想、感情和感觉所组成，其余的一切纯属幻想——这种设想在逻辑上并没有什么谬误。"①

四、类型理论

罗素在《数学原则》（1903）一书中首先提出他的类型论。前面已经谈到，罗素在弗雷格的素朴的集合论中发现了一种逻辑矛盾，这就是后来有名的"罗素悖论"。罗素致力于研究类型论，起初就是为了解决这种逻辑矛盾。类型论的基本思想是：语言不能普遍到这样的程度，以致允许对一个集合的所有分子作出一个陈述，而这个集合又不是在此之前严格地定义了的和封闭了的。换句话说，关于一个集合的所有分子的那一个陈述，不能是这个集合的一个分子；关于一个全体的陈述，只能从这个全体的"外边"得到它的正确性。不遵守这个限制，就可能得到那样一些陈述，它们不是错误的，而是毫无意义的。这种无意义的陈述，是推理中的恶性循环的根源，而且会导致悖论。关于这个基本思想，罗素在《数学原理》中作过这样的说明："对于我们需要避免的那些悖论的分析，表明悖论都是产生于某种恶性循环。这些恶性循环起源于这样一个假定：一个关于对象的集合可以包含这样一些分子，这些分子只能用这个作为一个整体的集合来加以定义……给定关于对象的任何集合，如果我们假定这个集合有一个全体，这个集合包含一些假定了这个全体的分子，那么，这样一个集合就不能有一个全体……我们可以把那个用以避免不合法的全体的原则表述如下：'任何涉及一个集合的所有分子的东西，必须不是这个集合的一个分子。'"②

① 罗素：《哲学问题》，英文版，第96页。

② 罗素：《数学原理》，第1卷，第37～38页。

罗素认为这种逻辑矛盾产生于某些陈述似乎涉及它们自身。以“每一条规则都有一些例外情况”这条规则为例。它的逻辑矛盾在于：如果这条规则本身有一种例外情况，那么这种例外情况就是一条没有例外情况的规则。罗素认为，这种逻辑矛盾的出现是由于人们把两种类型的规则混淆起来：一种是关于规则的规则，它属于一种逻辑类型；另一种是关于规则之外的其他事物的规则，它属于另一种逻辑类型。因此，“每一条规则都有一些例外情况”这条规则本身并不涉及它自身；如果认为这条规则也涉及它自身，那就是在逻辑上错误地把它置于那些不属于这种逻辑类型的规则之列。这种错误类似于把动词和名词看作属于同一种逻辑类型，从而允许它们在语句中处于相同的位置。罗素还举了另外一个例子来说明这一点：当克利坦的埃皮米尼德宣称所有的克利坦人都是谎言者时，他的这个陈述并不属于克利坦人所作的一切陈述的那个类，而是一个关于这个类的陈述，因而是在另一个逻辑水平上发生作用的。罗素认为，诸如此类的逻辑矛盾之所以产生，就是由于混淆了逻辑类型；只要澄清了这种混淆，就能排除这些逻辑矛盾。

在《基于类型论之上的数理逻辑》（1908）一文中，罗素从数理逻辑的角度对类型论以及它打算排除的逻辑矛盾作了这样的说明：“类型被定义为命题函项的意义范围，也就是说，被定义为命题函项为之而具有其值的那些论据的搜集。每当一个明显的变项出现在命题之中时，这个明显的变项的值域就是类型。类型通过与‘所有的值’相关的函项而被固定下来。事物之所以被划分为若干类型，是为了避免那些否则就会产生的思想谬误。我们知道，这些谬误可以借助于下面这个‘非恶性循环的原则’来加以避免：‘任何一个整体都不可能包含那些通过这个整体本身来规定的成分。’用我们的技术术语来说，这个原则就是：‘任何包含明显变项的事物，都一定不是这个变项的可能的值。’因此，任何一个包含明显变项的事物，一定属于与那个变项的值不同的另一种类型。我们可以说它属于一个更高的类型。因此，在一个语词中包含的那些明显的变项，就是这个语词的类型赖以得到确定的因素。”①

后来，在《逻辑原子论》等论文中，罗素把这种理论扩大应用于解决逻辑领域之外的其他类似的混淆。按照他的观点，所有的词都属于同一个逻辑类型，可是词的意义则属于各种不同的逻辑类型。一个由形容词表示的属性所属的逻辑类型，不同于这种属性所归属的对象的逻辑类型。由前置词、及物动词或以其他方式表示的关系所属的逻辑类型，也不同于这些关系的关系项所属的逻辑类型。罗素说："可以把逻辑类型定义如下：我们假定 A 是任何一个事实的成分，如果而且仅仅如果通过用 B 来取代 A，或者用 B 来否定 A，而得出一个以 B 为其成分的相应的事实，那就可以说 A 和 B 属于同一个逻辑类型。”② 例如，苏格拉底和亚里士多德属于同一个逻辑类型，因为“苏格拉底是哲学家”和“亚里士多德是哲学家”这两者都是事实。苏格拉底和卡里古拉也属于同一个逻辑类型，因为“苏格拉底是哲学家”和“卡里古拉不是哲学家”这两者也都是事实。从上述定义可以看出，如果两个词具有不同类型的意义，那么这两个词与它们所意谓的事物之间的关系也属于不同的类型，这就是说，在词与它们所代表的事物之间不是只有一种意义关系，而是有许多种意义关系，其中每一种意义关系都属于不同的逻辑类型，正如这些词所代表的事物之间有许多种逻辑类型一样。罗素非常强调这种类型区别的重要性，认为忽视这种类型区别就是哲学中出现谬误和混乱的重要根源。

罗素还认为他的类型论“就其技术形式而言仅仅说一个词或者一个符号可以成为一个有意义的命题的一部分，并在这种意义上具有意义，并没有说这个词在这同一个或另一个命题中总是可以被其他的词或符号所替换而不产生荒谬”③。例如，“布鲁塔斯杀了凯撒”，这是一个有意义的语句；可是，“杀了杀了凯撒”这个语句就荒唐了，因此我们不能用“杀了”这个词替换“布鲁塔斯”，尽管这两个词本

① 罗素：《基于类型论上的数理逻辑》，载于《逻辑和知识》，第 75 页。

② 罗素：《逻辑原子论》，载于《逻辑和知识》，第 332 页。

③ 罗素：《逻辑原子论》，载于《逻辑和知识》，第 334 页。

身都具有意义。他说，看起来，这些似乎是平凡浅显的常识，然而，不幸的是，许多哲学家经常忘记了这一点。

罗素强调说："正如我们所看到的，所有的词都属于同一个逻辑类型；因此，当两个词的意义属于不同的类型时，这两个词与它们所代表的事物之间的关系也属于不同的逻辑类型。属性词和关系词属于同一个类型，因此我们能够有意义地说'属性词和关系词具有不同的用法'。但是，我们不能有意义地说'属性不是关系'。"① 因为，在他看来，"属性不是关系"这个语句含有逻辑类型上的混乱，归属的作用在逻辑类型上不同于关联的作用，这个语句却把属性和关系放到一起。按照他的观点，由于所有的词都属于同一个类型。因此，通过把这个语句改述为"表示属性的词和表示关系的词具有不同的用途"，就可以排除这个语句在逻辑类型上的混乱，因为在后面这个语句中，表面的逻辑类型和真实的逻辑类型是相互吻合的。

罗素认为，在他试图创建的那种理想语言中，可以避免这些逻辑混乱，因为其中符号的形式与符号所代表的事物的形式是对应的。以事实的逻辑地位为例，他解释说："如果我们想获得一种使我们得以避免类型错误的语言，代表一个事实的符号必须是一个命题，而不可能是一个词或一个字母。我们可以对事实加以肯定或者加以否定，而不能对它命名……这就说明意义是一种就不同的类型而言的不同的关系。意谓一个事实所采取的方式，是对事实作出断定；意谓一个简单事物所采取的方式，是给简单事物一个名称。显然，命名不同于断定……"② 一个简单的事实是由一种感觉材料和它的一种属性组成，或者由两种感觉材料和它们之间的一种关系组成，命题可以表现出这种情况或者对这种情况作出"描述"，因为命题包含有这种实体的名称和它的这种属性的名称，或者包含有这两种实体的名称以及它们之间的关系的名称。可是，如果"事实"这个词被用作一个代表事物或实体的符号，就不能表现出这种形式。"事实是不能命名的"这个

① 罗素：《逻辑原子论》，载于《逻辑和知识》，第334页。

② 罗素：《逻辑原子论》，载于《逻辑和知识》，第336页。

语句之所以不能成立，就是因为它包含有逻辑类型上的混乱。如上所述，事实是由命题来表示的，事实在逻辑类型上不同于命题的主语。在他的理想语言中，这个语句可以被改述为“代表一个事实的符号是不能命名的”，从而排除了这种逻辑类型上的混乱。

如上所述，罗素提出这种类型论，起初是为了用它排除素朴的集合论中的逻辑矛盾，后来又把它扩大应用于解决逻辑领域以外的其他类似的矛盾。从数理逻辑的角度来看，这种类型论具有较大价值，它为排除素朴的集合论中的逻辑矛盾起了很大作用，并在后来的数理逻辑研究中获得进一步的发展。在罗素提出的“复杂的类型论”的基础上，后人又提出一种“简化的类型论”，从而使类型论更加自然、更加直观和更加接近语法范畴的区别，并使这种理论对语言哲学，特别是语义学也具有一定意义。罗素的类型论对后来的逻辑实证主义也产生很大影响，他们利用这种理论来攻击形而上学，认为形而上学的许多命题虽然在词汇和句法方面都没有问题，但仍然是没有意义的，因为它们犯了混淆逻辑类型的错误。

从哲学方面来看，罗素的类型论的主要错误在于他不了解个体和类、个别和一般之间的辩证关系。按照罗素的类型论，我们可以把集合分为若干个等级，最低的一个等级是个体，个体上面是处于不同层次的集合，每一个层次的集合都只是下一个层次的集合的一个元素。一个集合不能成为处于同一个层次上的另一个集合的成员。个体是集合的成员，集合是集合的集合的成员，如此类推下去。罗素把这个观点应用于哲学分析，认为整个世界就像一座倒立的金字塔，塔的最底层是一些为数不多的、能够被我们感知的个体，只有这些个体是真实存在的。在个体这个最底层上面的是一层比一层更加抽象的实体，这些抽象的实体是不存在的，它们只不过是人们通过语言创造出来的“逻辑虚构”或“不完全的符号”。他说：“为了简洁的缘故，我在谈论问题时好像认为存在着不同种类的事物。这当然是无稽之谈。个体是存在着的，但是当人们谈论类、类的类、类的类的类时，人们所谈的不过是逻辑虚构而已。"① 可见，罗素把个体和类、个别和一般形而上学地对立起来和割裂开来，没有认识到个别一定与一般相联系而存在，一般只能在个别中存在，只能通过个别而存在。他否定一般而片面强调个别，最后走到把感觉材料看作唯一存在的简单个体，而陷入主观唯心主义的泥坑。

五、摹状词理论

摹状词理论是罗素在20世纪初提出的，他在《数学原理》、《论指示》、《逻辑原子论的哲学》以及《我们关于外部世界的知识》等等著作或论文中，对这种理论作了详细的阐述和应用。摹状词理论的提出经历了一个演变过程。罗素在撰写《数学原则》(1903) 时，坚持实在论的这样一个基本观点：语言在实在中具有它的非语言的对应物，也就是说，我们所思考和谈论的任何对象都具有它的存在。一个名称的意义与这个名称所指的对象是同一的。某一个对象能够被指称，这是一个对象能够被命名的必要条件，即使不是它的充分条件。当时，与德国哲学家迈农 (A. Meinong) 一样，他也认为可以把任何一个被提及的事物看作一个名词，而任何名词都可以作为命题的逻辑主语，对任何一个可以作为命题的逻辑主语的事物都可以加以命名。因此，从原则上说，我们不仅可以用名称去指称任何存在于一定时间地点之中的个别事物，而且可以用名称去指称形形色色的抽象事物，还可以用名称去指称那些并不存在的事物，如"目前的法国国王"、神话中的"独角兽"、"飞马"等等，甚至可以用名称去指称那些从逻辑上说不可能有的事物，如"最大的素数"、"圆形的方形"等等。不仅如此，罗素还认为"所有的人"、"每一个人"、"任何人"等等语词，都指称一定的对象。"所有的人"指称就整体而言的人这个类的成员，"每一个人"指称就个别而言的人这个类的成员，"任何人"指称人这个类中作为变项的成员，如此等等。"任何人"、"某些人"、"一个人"都与任何特定的人不是同一的，这些语词所指的对象也与

① 罗素：《逻辑和知识》，第265页。

"人类"这个词所指称的对象有所不同①。

可是，此后不久，在《论指示》(1905)一文中，罗素就发现这种观点很成问题。甚至在他改变观点而把类看作逻辑虚构之前，他已经不再认为下述这种看法是可信的：所谓就整体而言的一个类的成员，或者所谓就个别而言的一个类的成员，指的是不同的、单一的对象。他也不再相信那些从逻辑上说不可能有的事物的存在，甚至也不相信那些虽然从逻辑上说可能有、然而事实上已知道并没有的事物的存在。他在《数理哲学导论》(1919)中评论自己的早期思想时，说他当时没有保持一个人"甚至在进行最抽象的研究时也应当保持的那种健全的实在感"。他接着又写道："逻辑学不应当比动物学更多地去承认独角兽，因为逻辑学恰恰也像动物学那样真实地研究真实的现实，尽管逻辑学具有较多抽象的和一般的特征。"②

按照罗素后来的观点，过去那种看法会导致自相矛盾。以"圆形的方形并不存在"这个命题为例。罗素承认这是一个有意义的命题；可是，他又指出如果真的有"圆形的方形"那样的东西，它就一定存在着；我们不能起初假定有这种东西，然后又否认这种东西的存在。在《数学原理》中，他指出我们不能把"圆形的方形并不存在"这个命题看成对某种被称为"圆形的方形"的客体的存在的否定。他说："如果有那样一种客体，它就一定存在着。我们不能起初假定有某种客体，然后又否认有这种客体。"③

其后，罗素在《逻辑原子论的哲学》等论文中，进一步强调不能把"圆形的方形"、"独角兽"之类的虚构事物当作命题的成分。他说："'独角兽不存在'、'最大的有限数不存在'之类的命题完全是有意义的，是一些十分素朴的、真实的、正当的命题。但是，独角兽是命题的一个成分，情况就不是如此。因为，显然可见，只要没有独角兽，它就不可能是一个成分。由于命题的成分和相应事实的成分

① 参见罗素：《数学原则》，第55~62页。

② 罗素：《数理哲学导论》，英文版，第169页。

③ 罗素：《数学原理》，第1卷，第66页。

当然是相同的，既然事实上独角兽不存在，那就可以清楚地看出独角兽不是事实的一个成分，因为如果有任何一个以独角兽为其成分的事实，那就有独角兽。独角兽不存在，这个事实就不是真实的。”①

为了排除这种矛盾，罗素对这种包含有不真实的或自相矛盾的事物的符号的命题进行分析，而提出他那著名的摹状词理论。这个理论的基础是把专名和摹状词这两种符号截然区分开来，而这种区分又是建立在他把知识分为亲知的知识和描述的知识这个认识论观点之上的。亲知的知识是个人直接感知和经验到的知识，描述的知识则是通过描述对象的属性来了解对象的间接知识。与这两种不同的知识相对应，语言有两种不同的功能：命名的功能和描述的功能。我们之所以能够理解一个具有命名功能的语词，是因为我们亲知这个语词所指的对象。我们之所以能够理解一个具有描述功能的语词，是因为我们知道这个语词对一个对象的特征作了如此这般的描述。专名就是具有命名功能的语词，摹状词则是具有描述功能的语词。专名是一个简单的符号，例如“司各脱”，它直接指称某一个体，这个个体就是它的意义，它能够在孤立的状态下具有这种意义，也就是说，它具有的这种意义不以其他任何词为转移。他说：“名称是一个简单的符号，也就是说，这个符号不包含其他符号作为它的部分。这个简单符号被用于指称一个特定的对象，或者指称一个就外延而言的对象，这个对象虽然不是一个特定的对象，可是暂时被当作仿佛是一个特定的对象，或者被错误地看作一个特定的对象，如一个人。”② 相反，摹状词却是一个复合的符号，例如“《威弗利》的作者”，它不是直接指称某一个体，因此它是一个“不完全的符号”，这就是说，它在孤立状态下不具有意义，只有在其他符号的上下文中才具有意义。他说：“逻辑中有许多不完全的符号，它们是种种混乱和错误的哲学的根源，因为人们被语法引入了迷途。你们认为‘司各脱是要死的’这个命题和‘《威弗利》的作者是要死的’这个命题具有相同的形式。你们认为

① 罗素：《逻辑原子论的哲学》，载于《逻辑和知识》，第 248 页。

② 罗素：《逻辑原子论》，载于《逻辑和知识》，第 244 页。

它们两个都是简单的命题，即把一个宾词归诸一个主词。这完全是误解：其中一个是这样（或者毋宁说可能是这样），另一个则不是。我称之为不完全符号的那些事物，例如，'《威弗利》的作者'，是一些在孤立状态下绝对没有意义的事物，只有在上下文中才能获得其意义。'司各脱'作为一个名称而言，它本身就具有意义。"①罗素还把摹状词分为两种：一种是"不确定的摹状词"，如"一个人"、"一条狗"等等；另一种是"限定的摹状词"，如"这个穿制服的人"、"走进这个房间的最后一个人"等等。罗素所讨论的主要是后一种摹状词。

按照罗素的观点，"《威弗利》的作者"之所以是一个不完全的符号，这是因为：（一）它不是指称某个特殊对象或者指称某个作为特殊对象看待的个体的简单符号，而是一个复合符号。（二）只要我们懂得这几个分离的词（例如，"《威弗利》"、"的"、"作者"）的意义，我们就能确定它的意义。相反，专名（例如，"司各脱"）的意义不是由这个词来确定，而是由我们知道这个名称指的是谁这一点来确定。（三）如果它是一个专名，那么，"司各脱是《威弗利》的作者"这个命题或者是一个重言式，是一个不以世界上任何事实为转移的真理（它等于"司各脱就是司各脱"），或者是一个错误的命题（如果"《威弗利》的作者"指的是司各脱之外的其他人）。可是，这个命题并不是重言式，它是真实的，并且能够提供知识，因为它揭示出文学史上的一个事实。因此，罗素认为不能把"《威弗利》的作者"看作一个专名。

罗素还认为，摹状词之所以被看作不完全的符号，还在于我们假定摹状词所指的那种东西，并不是命题的真实成分，这就是说，没有任何实在的东西可以被称为它们的所指者。当一个摹状词出现在命题之中时，这个命题中没有一个成分与作为一个整体的那个摹状词相对应。由于这个缘故，我们才认为那些否认某种事物的存在的命题（例如，"金山并不存在"）是有意义的和真实的。

---

① 罗素：《逻辑原子论的哲学》，载于《逻辑和知识》，第253页。

罗素提出一种对包含有摹状词的命题进行分析的方法，其目的在于用其他符号来取代命题中的语法主词。以“司各脱是《威弗利》的作者”这个命题为例。罗素指出，在出现以下三种情况下，这个命题是假的：(一) 从来没有人写过《威弗利》；(二) 有好几个人写过《威弗利》；(三) 写《威弗利》的人并不是司各脱。为了对这个命题作出正确分析，我们只需要否定这三个使这个命题为假的条件。于是，我们得出：(一)“‘x 写了《威弗利》’这并非总是假的，这就是说，至少有一个人写过《威弗利》”；(二)“如果 x 和 y 写过《威弗利》，那么 x 和 y 是同一的，也就是说，至多只有一个人写过《威弗利》”；(三)“‘如果 x 写过《威弗利》，那么 x 就是司各脱’这个命题总是真的”。把这三个命题组合到一起，就得出“‘x 写过《威弗利》’总是等于‘x 就是司各脱’”。

在罗素看来，对包含有摹状词的命题采用这种分析方法，能使我们以一种可以理解的方式谈论那些不真实的或自相矛盾的事物，如“圆形的方形”、“目前的法国国王”等等，因为我们已经用这种方法把一个谈论这类事物的命题改述为一个含有命题函项和变项的命题。换句话说，罗素的方法是把任何包含有特定摹状词作为它的语法主词的语句，改述为一个相等的语句，在后面这个语句中，原来的语法主词不出现了。例如，他把“圆形的方形并不存在”这个命题改述为“‘一个对象 x 既圆又方’是假的”①。前一个语句谈的是具有某些属性的事物是否存在，后一个语句谈的是这些属性本身，原来的那个虚假的事物不再出现了。从技术上说，那个虚假的事物变成了从这些属性中得出的一个逻辑构造。

这种改述的另一个显著特征，是原来作为谓词的“存在”这个词消失了。罗素认为这一点具有重大的理论意义，因为许多形而上学问题都与“存在”这个词密切相关。在他看来，摹状词理论的最重

---

① 由于中文和英文的语法结构不同，为表述准确起来，有必要把这两句的原文附上。罗素把“The round square does not exist”改述为“It is false that there is an object X which is both round and square”。

大的意义，就在于通过这种逻辑分析，可以消除关于存在的那些形而上学问题。他认为，就名称来说，存在的事实是通过命名活动来表达的，因此，再添加“存在”这个词，这不仅是多余的，而且是无意义的。他说：“你可以谈论‘上帝存在着’这个命题，这个事实证明这个命题中使用的‘上帝’一词是一个摹状词，而不是一个名称。如果‘上帝’是一个名称，就不会出现任何关于存在的问题。”① 至于名称之外的其他情况，譬如说对于一个限定摹状词，我们可以把“存在”改述为一个非存在的词。例如，可以把“《威弗利》的作者存在着”这个命题，改述为“‘x是《威弗利》的作者’这个命题函项的一个值（而且只有一个值）是真的”。在上述这种场合下，存在基本上是命题函项的一种属性。罗素由此得出结论说：“本体论的论证以及对它的大部分反驳，都依据于一种很坏的语法。”② 后来又说：“根据这个理论，‘存在’只能用来给摹状词下断言。我们能够说‘《威弗利》的作者存在’，但是说‘司各脱存在’却不合语法，更确切地讲，不合句法。这澄清了从柏拉图的《泰阿泰德篇》开始的、两千年来关于‘存在’的思想混乱。”③

罗素提出摹状词理论，起初是为了用这种理论来处理命题中的那些可疑的符号和想象的事物，后来他又进一步运用这种方法来分析自然科学中的符号和概念。就物理学而言，他认为空间中的点，时间中的片刻，物质中的质点等等，都不是名称，而是摹状词，因为它们没有给任何事物命名，在孤立状态下不具有任何意义，因而可以理解为不完全的符号。这样一来，物理学所研究的一切对象就不再是名称的所指者，而变成一些可以推论出来的东西，可以按摹状词理论加以分析。对于其他自然科学中的概念，他认为也可以用这种理论作类似的处理。

西方有些哲学家认为，罗素的摹状词理论为把逻辑分析方法运用

① 罗素：《逻辑原子论的哲学》，载于《逻辑和知识》，第250页。

② 罗素：《逻辑原子论》，载于《现代英国哲学》第1卷，第365页。

③ 罗素：《西方哲学史》下卷，商务印书馆，第392页。

于研究语言哲学问题作出了典范，它对以后分析哲学的发展产生了很大影响。艾耶尔写道："摹状词理论一开始就得到很高的评价，以至拉姆赛把它称为'哲学的典范'。"① 后来，卡尔普纳等逻辑实证主义者继承和发展了他的观点，着重致力于句法的逻辑分析，把他的理论进一步加以形式主义化。赖尔等日常语言学派哲学家也对这个理论表示赞赏，把它看作用以重新表述语句、使语句的语法形式符合于事实的逻辑形式的最好方法。不过，他的这个理论也遭到斯特劳森等另一些日常语言学派哲学家的反驳。总的来说，摹状词理论作为一种从逻辑的角度分析命题中的语词与现实中的对象的关系的方法，有助于排除那些虚假的概念（如"上帝"等等），促使概念更加明确，而具有一定积极意义。因此，作为一种逻辑理论，它已被现代逻辑所采纳。但是，罗素的摹状词理论是建立在他的唯心主义经验论的基础上，因此，他在运用这种理论的过程中往往作出错误的哲学结论。例如，他根据这种理论来否认自然科学中的概念（如原子、质子等等）所指称的对象的客观存在，便是根本错误的。因为，概念是一种反映对象的本质属性的思维形式，是客观世界中事物的某些本质方面在人们头脑中的反映。原子、质子等自然科学概念虽然是一些非常抽象的概念，但它们所反映的对象却是客观存在着的实在。决不能像罗素那样根据这些概念的抽象性而把它们说成是没有指称对象的摹状词，进而否认这些概念所反映的客观实在。

第三节　乔治·爱德华·摩尔
(George Edward Moore 1873 ~ 1958)

乔治·爱德华·摩尔是分析哲学的创始人之一，也是英国新实在论的主要创始人。由于摩尔经常强调常识的作用，因此有人把他的观点称为"常识实在论"。希尔普（P. A. Schilpp）在他所编辑的《G. E. 摩尔的哲学》一书的序言中，对他的一生作了这样的评述："自

① 艾耶尔：《贝特兰·罗素》，上海译文出版社版，第 49 页。

从他的划时代的论文《对唯心主义的批驳》于1903年在《心》杂志上发表和同一年他的著作《伦理学原理》出版后，摩尔教授已成为这次攻击的先锋，成为哲学实在论这个现代思潮的主要领导人。他自1920年以来主编的《心》杂志，已成为哲学史上最著名的杂志之一。他的著作在现代哲学中占有一个具有特殊意义和持久价值的地位。”①英国哲学家布洛德（C. D. Broad）对摩尔也作过类似的评价：“摩尔的哲学兴趣完全是分析的和批判的。他根本不相信任何建设性的形而上学体系的可能性，并且是这个体系所固有的各种谬误和混乱的摧毁性的批判者。通过他的著作以及他对他的同时代人（例如贝特兰·罗素）和许许多多年青一代有才华的人（如凯勒斯所证实的）的影响，在推翻以前居于主导地位的康德主义和黑格尔主义方面，他所作的贡献比其他任何人都大。”②

摩尔于1873年11月4日生于伦敦近郊，其父是一个富裕的医生。摩尔1881年开始在道尔维奇公学接受古典教育，攻读希腊文和拉丁文达十年之久。1892年进入剑桥三一学院，起初专修古典学科，到二年级时与罗素相识，开始对哲学发生兴趣。到三年级时，在罗素的劝说下转修哲学课程。1896年大学毕业后，由于写了一篇关于康德伦理学的博士论文，他从三一学院获得一笔为期六年的助学金的资助，免于担任教学工作，专门从事哲学研究，写出了他的重要著作《伦理学原理》（1903）以及若干篇论文，并被推选为亚里士多德学会会员。1904年，助学金期满，他又由于接受一笔遗产而得以继续专门从事哲学著述活动，写了《伦理学》（1912）和《哲学中的某些主要问题》（Some Main Problems of Philosophy，1953）二书。前一本书是他为家庭大学丛书写的一本比较通俗的小册子，篇幅比《伦理学原理》少得多，可是他对这本小册子比较满意，认为它写得“比

① P. A. 希尔普编辑的《G. E. 摩尔的哲学》，1942年，序言，第XIII页。

② 转引自摩尔的《哲学论文集》一书，1959年，第11页。

较清楚，而混淆和无效的论证也少得多”①。后一本书依据于他在1910～1911年间在莫勒学院所作的一系列讲演，主要讨论外部世界问题、普遍观念问题以及逻辑哲学的某些问题。1911年，他回到剑桥大学担任讲师，主持道德哲学讲座。起初讲哲学和心理学，后来讲形而上学。1925年起，他继瓦德（J. Ward）之后担任精神哲学和逻辑学的教授。1939年退休，维特根斯坦继任他的职位。他在离开剑桥后，曾在牛津大学作过一系列讲演，1940年应邀至施密斯学院担任访问教授一年，接着去美国访问，在好几个大学讲学，1944年返回英国，住在剑桥附近。此外，他于1921～1947年间一直担任《心》杂志的主编。1918年被选为英国科学院院士，1951年获功勋勋章。他于1958年病逝，享年85岁。

在摩尔的著作中，除了上面提到的《伦理学原理》、《伦理学》和《哲学中的某些主要问题》这三本书外，他在世时还出版了一本论文集《哲学研究》（1922）。逝世后又出版了另一本论文集《哲学论文集》（1959），这两本论文集收入了他一生中最重要的论文，其中大部分在亚里士多德学会的《会刊》和《增刊》上发表过。1962年，列维（C. Levy）整理出版了摩尔在1919～1953年间所写的一系列笔记，取名为《摩尔札记》（The Common Place Books），这些札记中记录了他对范围很广的哲学问题的看法。1965年，列维又编辑出版了摩尔的讲稿，取名为《哲学讲稿》（Lectures in Philosophy），收入他在1925～1929年间所作的关于逻辑哲学的讲演，以及1933～1934年间所作的关于哲学方法和哲学分析的性质的讲演。

在摩尔的哲学思想的发展上，1903年是一条分界线：在此以前，他基本上持新黑格尔主义的观点；在此以后，他转到新实在论、分析哲学的立场上。与罗素一样，摩尔在青年时期也接受当时在英国哲学界居于主导地位的新黑格尔主义或绝对唯心主义的影响。他和罗素两人曾追随在麦克塔加特之后，成为布拉德雷的热诚赞赏者。摩尔与布

---

① 摩尔：《自传》，载于P. A. 希尔普编辑的《G. E. 摩尔的哲学》一书，第13页。

拉德雷没有直接的联系，但他与麦克塔加特交往颇深。他说，在他当时在剑桥听过课的几个哲学教师中间，“毫无疑问，我受其中最年青的教师麦克塔加特的影响最为强烈。这可能部分地由于我除了在课堂上还有很多时间与他见面，部分地由于他比我大不了多少岁”①。当时，他听麦克塔加特讲授黑格尔哲学，他说：“这两年中，我不得不读黑格尔的某些著作，此后我从未认为值得重读他的著作；可是，对于麦克塔加特自己的著作，我却认为值得仔细阅读，我还对其中某些论点写过文章和作过讲演。”②

新黑格尔主义对摩尔的影响，非常明显地表现在摩尔在 1897 年发表的头一篇论文《从什么意义上说存在着过去和未来的时间?》中。在这篇文章中，摩尔完全站在布拉德雷的立场上，断言时间是不存在的。他在论证这个论点时，采用了布拉德雷的方法和前提，特别是布拉德雷关于内在关系和具体共相的学说以及他把实在与不矛盾等同起来的原则。一年之后，摩尔又发表了《自由》一文，表示他赞同康德的先验解释方法和综合必然真理的学说，可是不同意康德用意志来解释自由的观点。他虽然接受康德的许多观点和术语，可是他仍然保持绝对唯心主义的立场，认为那种超越时间和感觉的实在从理论上说是可以认知的。1899 年，在《判断的性质》一文中，他的观点有所转变，他虽然没有放弃新黑格尔主义的立场，可是试图把布拉德雷的思想、康德的某些观点以及他的所谓“绝对实在论”的观点糅合到一起。他抨击哲学中的心理主义，强调心理活动与其对象是两种完全分离的存在。他把这个论点运用于布拉德雷对判断的分析，认为整个世界是由“性质的共相”组成的，这些共相组成命题、物质对象、心以及所有其他“复合对象”。这些共相和命题被称为“经验的共相和命题”，与之对立的是那些不存在于时间中的“先验的共相和

---

① 摩尔：《自传》，载于 P. A. 希尔普编辑的《G. E. 摩尔的哲学》一书，第 18 页。

② 摩尔：《自传》，载于 P. A. 希尔普编辑的《G. E. 摩尔的哲学》一书，第 19 页。

命题”。这种观点就是他的“绝对实在论”的主要内容，可以说绝对实在论是摩尔从绝对唯心主义转向新实在论的一种过渡形式。

1903 年发表的《对唯心主义的批驳》一文和《伦理学原理》一书，标志着摩尔与新黑格尔主义决裂，而转移到新实在论的立场上来。对于唯心主义，摩尔主要批驳“存在就是被感知”这个论点，他说，“存在就是被感知”是唯心主义的一个基本命题，虽然它被许多哲学家接受，但它是一个含糊不清的、错误的命题。它的主要错误在于没有把感知的活动和感知的对象区别开来。他认为在任何知觉中，都存在着感知的活动和感知的对象（或内容）这两种截然不同的东西。在“我思维着 x”这样的语句中，就包含有“思维”这种心理活动，又包含有“x”这个与心理活动相关而又有区别的对象。他说：“……在每一种感觉或观念中，我们必须把下列两种成分区别开：（一）‘对象’，或者说，使一种感觉或观念区别于另一种感觉或观念的那种事物；（二）‘意识’，换句话说，感觉或观念所共同的东西，或者那种使它们成为感觉或心理事实的东西。”① 摩尔自 1903 年提出这个观点后，长期坚持不变，这是他的新实在论的基本观点之一。

在从新黑格尔主义转到新实在论的过程中，摩尔和罗素相互产生影响。1892～1894 年内，他们两人一同在剑桥念书，摩尔在罗素的劝说下转为攻读哲学。1896 年摩尔离开剑桥后，他们在此后的七八年内经常见面，多次讨论哲学问题。正是通过这种讨论，他们逐渐改变了观点，并在 20 世纪初先后与新黑格尔主义决裂，转到新实在论的立场上来。罗素声称他在这一过程中是追随在摩尔之后，并在《数学原理》一书的序言中表示他的某些观点受惠于摩尔。摩尔则强调他在其他方面深受罗素的影响，他说：“在与罗素的这些接触中，我受惠于罗素之处甚多；不过，我认为我从他那里得到的教益，更多地来自于他的著作。我用于读他的著作的时间比用于读其他任何一个

① 摩尔：《对唯心主义的批驳》，载于《哲学研究》1922 年英文版，第 20 页。

哲学家著作的时间，肯定都多得多……诚然，我没有同意他的哲学的全部观点，我在讲述他的著作时经常提出部分的批评。但是，我应当说，我接受他的影响肯定胜过于我接受其他任何一个哲学家的影响。"①

摩尔在1903年以后哲学思想的发展，基本上是稳定而连贯的。在形而上学方面，他认为人们在宇宙中发现的事物大致有两类：一类事物具有"存在"（existence），另一类事物只具有"有"（being）。对于"存在"和"有"之间的区别，他有时说在时间中持续着的是"存在"，否则是"有"，有时又说作为感性知觉的对象的是"存在"，否则是"有"。他认为前一条标准表达"存在"的必要而且充分的条件，后一条标准只表达它的充分条件。不过，不论具有"存在"的事物或者具有"有"的事物，都是宇宙的客观的组成部分；至于那些既不具有"存在"又不具有"有"的事物，则只不过是幻觉而已。对于如何把前面两类事物与幻觉区别开来，摩尔提出三种办法：（一）前者具有"有"的特性，后者则不具有。（二）他根据罗素的摹状词理论，认为前者可以是名称的承担者，后者只能用不完全符号表示。（三）如果一个事物的存在就是被感知，那么这个事物就是幻想的对象，而不是真实地存在着。在"有"这个范畴的范围内，他又区分为三类：殊相（个别）；真理或事实；共相（一般）。其中，殊相具有"存在"，而后两者只具有"有"。在殊相这一类中，他又分为五种：（一）物质事物；（二）感觉材料；（三）意识活动；（四）空间广延；（五）时间间隔。他认为真理或事实是真实信念的对象，包含"2 +2 =4"这样的数学等式等等。对于共相，他也分为三类，即关系、关系的特性以及那些既不属于关系、又不属于关系特性的东西。此外，他还声明，以上列举的这些成分并没有穷尽宇宙的全部成分。不过，他强调说，具有"存在"和"有"的事物至少是宇宙的主要组成部分。

① 摩尔：《对唯心主义的批驳》，载于《哲学研究》1922年英文版，第15~16页。

在认识论方面，摩尔认为认识的每个实例归根结底都是由意识活动与其对象组成的。意识活动仅仅存在于相应的认识实例存在着的时候；可是，在相关的意识活动停止之后，认识的对象却可能继续存在。因此，意识活动与那相关的对象存在于两个不同的领域之中。与此相关，摩尔特别对“认识”这个词进行了分析，他认为这个词具有四种意义：（一）认识是一种通过直接理解或亲知而获得的知识；（二）认识是通过间接理解而获得的知识；（三）认识本身就是我们相信为真的那种知识；（四）认识指的是当一个人在某个时候没有意识到任何事物，却仍然知道某一事物的那样一种知识。至于认识的对象，他认为除了承认物质事物的“存在”外，还要承认我们自己的意识活动和感觉材料的“有”，我们生活中过去事件的“有”，非自然的特质或实体（例如美）的“有”，他人的心灵的“有”，真理的“有”等等。不过，他认为尽管我们知道物质事物的存在，例如地球以及我们肉体的存在等等，可是我们不能精确地说明我们是怎样知道它们的存在的。

在伦理学方面，摩尔写了较多的著作，它们对20世纪西方的伦理学思想发生很大的影响。在他看来，伦理学部分说来是一门定义的科学，部分说来是一门描述的科学，它的主要任务是对那些包含有“善”、“恶”、“义务”、“美德”等等道德术语的判断进行分析。善是他的伦理学所考察的主要对象。他认为善是一个简单的、不能再加以分解的概念，是一种非自然的特质或实体，它不存在于空间的持续中，也不能通过感性经验而表现其自身。因此，他的伦理学理论不是自然主义的。另一方面，他的伦理学理论也不是形而上学的，它并不打算借助于其他某些非自然的实体或特质来给善下定义。他的伦理学理论可以说是公理直觉主义的，他不是把伦理学理解为规范的科学，而是理解为对伦理学判断的分析，即对道德语言的逻辑分析。从这种公理直觉主义的观点出发，摩尔对伦理学中的自然主义派提出了系统的批评，认为自然主义派把伦理学看作经验的或实证的科学，从而把伦理学归结为心理学。他认为斯宾塞的“进化论伦理学”，穆勒的“功利主义伦理学”，以及西几微克的“快乐主义伦理学”，都犯了这种自然主义伦理学的错误。他也批评了形而上学的伦理学，认为这种伦理学把善看作必定指事物的某种实在的存在，它既把伦理命题与自然法则混为一谈，又把善的事物与被向望、被感知的事物混为一谈。

与罗素相比，摩尔在国际声望方面大大逊色。这主要是因为他没有像罗索那样在国际上从事那么多的社会政治活动，也因他的著作比罗素少得多，其涉及范围也比罗素小得多。此外，还因为在他的著作中主要涉及与他同时代的或稍长一些的英国哲学家的观点，因此他的著作不大为英语国家之外的人们所知晓。不过，在英美这两个国家，特别在英国，摩尔在哲学界却有很大影响，而他之所以具有这种影响，主要还不是由于他的著作，而是由于他在剑桥大学长时期的教学活动，由于他在英国亚里士多德学会和剑桥道德科学学会上宣读的一系列论文，还由于他经常与其同事和门生进行私人交谈和讨论。可以说，他在英国分析哲学家中间的影响，特别是日常语言学派中的影响，甚至超过了罗素。

摩尔在创立新实在论的过程中，对新黑格尔主义的批驳，对常识的强调，对物质事物的承认，以及强调把意识活动和认识对象这两者区别开来等等观点，在当时的历史条件下都起了积极的作用，并含有一定合理因素。可是，他所倡导的新实在论基本上是一种带有浓厚折衷主义色彩的唯心主义思潮，因为它在承认物质事物的存在的同时，又认为意识活动、感觉材料等等观念之物也具有客观存在，而没有认识到概念、判断等等思维形式是物质高度发展的产物，是人们的主观意识对客观世界的反映，从而没有真正理解物质和意识的区别，否认了世界的物质统一性。他的伦理学理论具有形式主义的毛病。我们可以承认他对自然主义伦理学，特别是功利主义伦理学的批评具有一定意义，可是他也不了解包括善在内的道德范畴是由社会关系决定的，从而把道德看作一个绝对的领域，把道德要求的实现看作自在的目的。

作为分析哲学的创始人，摩尔对分析哲学的贡献主要在于下述两个方面：一是他对分析方法的阐述和应用；二是他对常识和日常语言的强调。他的这两个观点对日常语言学派发生了巨大影响，因此，西方哲学界往往把摩尔和后期的维特根斯坦看作日常语言学派的先驱或创始人。下面不准备论述摩尔的全部哲学观点，而着重阐述他在这两个方面的见解以及它们对日常语言学派的影响。

一、对分析方法的阐述和应用

前面谈到，摩尔的思想是分析哲学的主要来源之一，这并不是指他在形而上学、认识论或伦理学方面所取得的思想成果，而主要是指他对分析方法的阐述和应用，以及他对常识和日常语言的强调。在他的哲学活动中，他花了很大精力从事“分析和区别的工作”，因为他认为哲学中之所以出现种种困难和分歧，“主要是由于一个很简单的原因，即人们在企图回答问题时，没有首先弄清楚要回答的究竟是什么问题，而且也没有弄清楚在对特定的答案表示支持或者反对时究竟依据一些什么样的理由”①。他还认为，哲学家们在从事哲学研究时往往没有把他们的意识活动和意识的对象区别开来，而且他们的哲学命题也缺乏应有的明晰性和准确性，这也是引起哲学中出现种种困难和分歧的原因。为了排除这些困难和分歧，摩尔特别强调采用分析或下定义的方法，对哲学命题的含义以及相信哲学命题的理由，提出他所能想到的各种各样的问题，力求尽可能确切地把哲学命题的真正含义，把自己对哲学命题的信念建立在扎实可靠的基础上。他在进行这种分析或区别时，还往往以分析命题和综合命题的区别为依据，并且与那些被他看作准确无误的常识相对照。

摩尔在《伦理学原理》中，把分析看作一种下定义的方式，而所谓下定义，就是把被分析的概念所具有的各种不同的特性或特质以及它们之间的相互关系列举出来。这也就意味着，只能对复合物下定义，即只能对其中包含有若干组成部分的事物下定义。他说：“你能对马下定义，因为马具有许多种不同的特性和特质，你可以把它们一一列举出来。可是，当你已经把这些特性和特质都列举出来，当你已经把它们归结为一些最简单的词时，你就再不能对这些词下定义。这

① 摩尔：《伦理学原理》，1959 年英文版，序言，第Ⅵ～Ⅶ页。

些词仅仅是所思考或感知的东西，你决不能通过定义使任何一个不能思考或感知这些词的人了解这些词的性质。”① 在他看来，“善”、“黄色”、“意识”、“存在”等等，都属于这些无法分析，即无法下定义的词，我们只能用它们去分析复合的概念，而不能对它们本身进行分析。

在《对唯心主义的批驳》(1903) 一文中，摩尔根据分析命题和综合命题的区分，分析了“存在就是被感知”这个命题所包含的矛盾。他指出，唯心主义者的这个命题是自相矛盾的，因为，如果存在就是被感知，那么这是一个分析命题，其中主词(“存在”)和宾词(“被感知”)是同一的。可是，唯心主义者同时又说，这个命题能够给我们提供关于实在本性的知识，那它就应当是一个综合命题。可见，唯心主义者在这里把分析命题和综合命题混淆起来了。摩尔还进一步指出，通过正确的分析，我们还能发现意识活动本身和作为意识活动的对象的客观事物之间的区别。唯心主义者说，对蓝色的感知只不过是具有一种含有蓝色内容的感觉。摩尔却说，所感知的不是一种感觉，而是一种客观地存在着的蓝色。蓝色不是感觉的内容，而是客观的存在物。他说：“我们在每一种感觉中都能发现两种不同的因素：我把其中之一称为意识，把另一种称为意识的对象。如果说蓝色的感觉和绿色的感觉虽然在一个方面不同，而在另一方面相同，那么情况必然是下述这样：蓝色是感觉的一个对象，绿色是感觉的另一个对象；意识是这两种感觉所共有的，但又与蓝色或绿色这两者不同。”②

摩尔十分强调分析命题和综合命题的区分，他坚持下面这个传统观点：在分析命题中，主词和宾词是同一的，因此分析命题不能提供知识，但它必然是真的，否认这种命题的真实性，就会得出“x 不是 x”这样荒谬的结论。在综合命题中，主词和宾词是不同的，因此综

① 摩尔：《伦理学原理》，1959 年英文版，序言，第Ⅶ~Ⅷ页。

② 摩尔：《对唯心主义的批驳》，载于《哲学研究》1922 年英文版，第 17 页。

合命题能够提供知识，它的真实性质通过经验科学加以检验。他强调说，一个命题不可能同时具有这两种不同的特性，也就是说，不可能有必然的或分析的综合命题。他说："……如果我们从上述意义上来理解'分析'这个词，也就是说，把'分析命题'理解为仅仅借助于矛盾律就能证明的命题，而把'综合命题'理解为那种不能仅仅借助于矛盾律加以证明的命题，那就显然可见，没有一种真理同时既是分析的又是综合的。"① 可是，他指出，在现今的唯心主义者中间，却往往有人认为许多真理同时既是分析的，又是综合的。例如，在《伦理学原理》中，他指出快乐主义的伦理学理论就犯了这样的错误，因为它认为"善是快乐的"是一个必然的综合命题，从而混淆了分析命题和综合命题的区别。在摩尔看来，这种混淆分析命题和综合命题的作法，必然使他们的哲学不是建立在坚实可信的基础上，它们"像最低下的野蛮人的那些纯粹迷信的信念一样，无法使人对之表示赞同"②。

在其他许多文章中，摩尔还应用分析方法来处理另外一些哲学问题。例如，在《伦理学原理》（1903）一书中，他运用分析方法把这样两个命题区别开：一个是"哪一类事物应当为其本身的理由而存在？"另一个是"我们应当履行哪一种行为？"在《哲学中的某些主要问题》（1910～1911）一书中，他运用这种方法对那些客观地组成宇宙的实体加以分析和分类。在《为常识辩护》（1925）一文中，他运用分析方法把对常识性的自明之理的哲学陈述与对这些自明之理的哲学分析区别开来。在《外部世界的证明》（1939）一文中，他运用这种方法把对哲学命题的证明和对这种证明的前提和结论所作的分析区别开来，如此等等。粗略说来，摩尔在他的较早的著作中，把分析看作一种把各种客观的实体或事实中的主要成分挑选出来并加以命名

① 摩尔：《对唯心主义的批驳》，载于《哲学研究》1922年英文版，第13页。

② 摩尔：《对唯心主义的批驳》，载于《哲学研究》1922年英文版，第5页。

的方法，而在他的较晚的著作中，他则把分析看作把各种不同的复合概念中的主要成分挑选出来并加以命名的方法。

摩尔虽然在其著作中广泛运用分析方法来处理不同的哲学问题，但他很少对什么是哲学分析这个问题作详细说明。除了在 1933～1934 年间的讲演中作些片断解释外，直到 1942 年在答复朗福特（C. H. Langford）的《摩尔哲学中的分析概念》一文时，才对他的分析概念作了比较详细的说明。

摩尔在他的答辩中首先强调说，他从来没有把语言的表达式看作哲学分析的对象；尽管进行哲学分析必须使用语言表达式，但他始终认为哲学分析的对象是概念或命题，而不是词或语句，词与概念、语句与命题这前后两者是截然不同的。有时，摩尔也说要分析"事实"，可是，从其上下文来看，他所说的"事实"指的就是真实的命题。他说："当我谈到分析某某事物时，我所说的被分析的事物始终是观念，或者概念，或者命题，而不是任何语言表达式。这就是说，如果我谈到分析一个'命题'，我总是在下述意义上使用'命题'一词，即任何语言的表达式（例如，语句）在这种意义上都不可能是'命题'。"① 他之所以否认他所分析的不是语言的表达式，是由于他认为那样一种分析必然是纯粹的句法分析。他在分析概念或命题时，总是避免使用"意味着"（mean）这个词，因为他认为这个词的使用会使人错误地以为被分析者是一个语言的表达式。不过，摩尔也承认无论分析概念或者分析命题都离不开语言的表达式，因此，如果说"语言分析"指的是确定一个词或一个表达式的意义，确定一个词或一个表达式的日常用法，以及确定一个词或一个表达式的哲学用法和日常用法之间的差异等等，那也可以说摩尔在其著作中也有时进行这样的语言分析。这里需要指出的是，他不是把这种语言分析看作目的本身，而是当作一种研究手段，其目的在于确定事实或者命题的主要成分。

① 摩尔：《对我的批评者的一个答辩》，载于 P. A. 希尔普编辑的《G. E. 摩尔的哲学》，第 661 页。

按照摩尔的观点，分析是对概念或命题下定义的方式。对某个概念或命题（analysandum，被分析者）进行分析或下定义，需要提出另一组概念或命题（analysans，分析者），这另一组概念或命题在逻辑上是与被分析的概念或命题等值的。例如，在分析“阿尔弗雷德是比尔的兄弟”这个命题时，可以把它改述为“阿尔弗雷德是男人，而且阿尔弗雷德和比尔具有相同的父母”。后一个命题在逻辑上与前一个命题是等值的，可是它更加清楚地表现出前一个命题的结构。

摩尔承认，他不能准确地表述作出一个正确的分析需要哪些必要而又充分的条件，也就是说，他不能对分析这个概念本身进行分析或者下一个定义。不过，他认为正确的分析至少需要满足下列三个条件。他说：“如果你要对一个作为被分析者的概念进行分析，你必须按下述方式提出一个作为分析者的概念：（一）一个人如果不知道把分析者应用于某一对象，他也就不可能知道把被分析者应用于这个对象；（二）一个人如果不能证实分析者的这种应用，他也就不能证实被分析者的这种应用；（三）任何一个表示被分析者的语词必须与表示分析者的语词是同义的。”①

摩尔用对“是一个兄弟”这个概念进行的分析来说明这一点。他认为可以采用下列几种方式对这个概念进行分析：（一）“是一个兄弟”这个概念等同于“是一个男性同胞”这个概念；（二）“x 是一个兄弟”这个命题函项等同于“x 是一个男性的同胞”这个命题函项；（三）说‘某人是一个兄弟”等同于说“某人是一个男性的同胞”；（四）“是一个兄弟”等同于“是一个男性的同胞”。他认为对“是一个兄弟”这个概念所作的这四种分析都符合上述的三个必要条件。他承认这些分析可能产生朗福特所说的那种“分析的悖论”，即认为如果“‘是一个兄弟’等同于‘是一个男性的同胞’”这个陈述是真实的，那恰恰也就等于说“‘是一个兄弟’等同于‘是一个兄弟’”。可是，摩尔争辩说，这两个陈述句是不同的，因为后者不是

① 摩尔：《对我的批评者的一个答辩》，载于 P. A. 希尔普编辑的《G. E. 摩尔的哲学》，第 663 页。

对“是一个兄弟”这个概念的分析。摩尔承认，他不能解决这个悖论，但他强调说任何解决办法都必须遵守下列三个条件：（一）被分析者和分析者都必须是概念，而且，如果这种分析是正确的，它们在某种意义上还必须是相同的概念。（二）用于表示被分析者的语言表达式必须不同于表示分析者的语言表达式。（三）用于表示被分析者的语言表达式不仅必须不同于用于表示分析者的语言表达式，而且它们之间还必须有这样的区别，即用于表示分析者的语言表达式必须明确地提到在用于表示被分析者的语言表达式中没有明确地提到的那些概念①。例如，“x是一个男性的同胞”这个语言表达式就明确地提到了“男性的”和“同胞”这两个概念，而“x是一个兄弟”却没有提到它们。不仅如此，前一个语言表达式还提到它们在“兄弟”这个概念中组合起来的方式。在他看来，在用于表示分析者的语言表达式中必须明确地提到这种组合方式，这一点也是作出正确分析的一个必要条件。

在摩尔的哲学中，这种分析方法占有非常重要的地位，但不像在罗素的哲学中那样占着中心的地位。摩尔认为，分析是哲学的一项重要任务，但不是哲学的唯一任务，哲学的任务是“对整个宇宙作出普遍的描述”②。他在晚年时期在答复威斯顿的《摩尔的技巧》一文时强调指出：“……我从来没有说过，或者想过，或者暗示过分析是哲学的唯一固有的任务，我在进行分析的时候可能暗示过分析是哲学的固有任务之一。可是，我所暗示的肯定没有超过这一点。而且，事实上，分析也决不是我曾经试图作的唯一的一项工作。”③

从上所述可以看出，摩尔所进行的这种语言分析，主要是对概念和命题本身进行语言分析，而不是像罗素或后来的逻辑实证主义者那

① 参见摩尔：《对我的批评者的一个答辩》，载于P.A.希尔普编辑的《G.E.摩尔的哲学》，第666页。

② 参见摩尔：《哲学中的某些主要问题》，英文版，第1页。

③ 摩尔：《对我的批评者的一个答辩》，载于《G.E.摩尔的哲学》，第675～676页。

样借助于数理逻辑这种手段对语言进行逻辑句法的分析。因此，他的这种分析方法对逻辑实证主义者影响不大，可是对日常语言学派则产生了深刻的影响。摩尔的这种分析方法在一定限度内能起积极的作用，有助于概念的准确和命题的明晰，但是，这种分析方法决不是哲学研究的主要方法，更不可能是哲学研究的唯一方法。诚然，摩尔自己一再声明他没有把这种分析看作“哲学的唯一固有的任务”，可是从他的著作中可以看出这种分析在他的哲学研究活动中所占的重要地位。后来，日常语言学派哲学家赖尔、奥斯汀等人继承和发展了他的这种方法，把它广泛应用于对日常语言的用法进行十分细致的分析，甚至把这样的语言分析夸大为哲学研究的唯一任务，这样一来他们就更加陷入迷途了。

二、对常识和日常语言的强调

上面曾经提到，摩尔在批驳某些混乱和错误的哲学命题时，往往把它们与他认为准确无误的常识相对照，并以常识为依据对它们进行判断和批驳。因此，常识在摩尔的哲学中起着重要的作用，成为他用以解决某些哲学问题的根据。他认为，在人们的日常生活中，所有的人或者大多数人共同持有的信念，例如，这张桌子存在着，别人在我们没有看见他们的时候也存在着，时间是真实的，等等，都是准确无误的。我们可以根据这些被绝大多数人相信的信念，去批驳那些认为桌子只是“纯粹的观念”、别人只具有“表面的存在”、时间是不真实的等等错误的观点。他的这种论点被称为“常识实在论”。

对于“常识”这个词，摩尔在其著作中往往从两种不同而又相互联系的意义上加以使用。有时，他所说的常识指的是人们一致地或者差不多一致地赞同的信念；有时，他又把常识或者理解为人们自然而然地倾向于持有的那种信念，或者理解为这些信念由以产生出来的那种倾向。作为人们在一定时代一致地或者几乎一致地持有的信念，常识是可能变动的，在一个时代被人们看作毋庸置疑的常识，在另一个时代却可能被人们看作是错误的。可是，常识作为人们相信某种事物的自然倾向，则似乎是不会发生变化的。不过，摩尔在其著作中从未明确地作出以上这种区分。在他看来，这两种形式的常识都具有它们的可靠性，不过，常识就其为哲学结论提供基础而言则主要是作为一种自然的倾向。他认为这一点是无法否认的，因为我们自然而然地倾向于相信的观念总是不知不觉地渗透到我们的论断之中。如果我们作出与这种观念相抵触的论断，我们就会发现自己处于自相矛盾的境地。他承认常识的可靠性也有程度的不同，并不是所有的常识都是绝对无疑地可靠的，不需要对它们作任何检验。

摩尔在《为常识辩护》(1925）一文中，详细地论证了“常识的世界观”的可靠性，并且用它来批驳不可知论和唯心主义的某些观点。他在这篇文章中首先列举一系列他认为肯定准确无误的命题，并把它们分为两类。属于头一类命题的有：我的肉体存在着，而且已经存在了一段时间；还存在着其他许多具有一定形状和大小的东西；地球在我们出生之前已经存在了许多年；好多人在地球上生活，其中有些人已经死去；如此等等。此外还有：自我出生之日起我已经获得形形色色的经验；我经常看到我自己的肉体和我周围的其他事物；我对未来怀有某些希望；我有过许多正确的或错误的信念；我也有过许多虚妄的幻想，其他许多人也有某些类似的经验；如此等等。他说，这一类命题似乎是一些不值一提的自明之理，可是，这些命题肯定无疑地是真实的。属于第二类的只有一个这样的命题：这个命题是对摩尔之外的其他许多人来说的，他们也和摩尔一样认为第一类的命题肯定无疑地是真实的。换句话说，第二类命题所断定的仅仅是：我们中的每一个人都往往认为那些与摩尔在第一类命题的名单中列举的命题相对应的命题是真实的。例如，摩尔认为“目前存在着一个活着的人的肉体，而它就是我的肉体”这个命题是真实的，同样地，我们当中的每一个人就他自己来说也认为“目前存在着一个活着的人的肉体，而它就是我的肉体”这个命题是真实的。

摩尔强调说，他所列举的这两类命题，就其通常的和众所周知的意义而言，都是肯定无疑的。可是，许多哲学家不同意他的看法，特别是对第二类命题持怀疑态度。摩尔写道：“第二类命题本身是一个似乎不值得说明的、浅显的自明之理，它也是一个我肯定知道是真实的命题。尽管如此,据我所知,许多哲学家对这类命题持有与我不同的看法,即使他们没有直截了当地否认这第二类命题本身,他们也持有某些与这类命题不相容的观点。”①在这些哲学家看来,摩尔所列举的这些命题,譬如说关于物质对象存在的命题,就全然地或部分地是错误的,或者是没有任何人能够确切地证明它们是真的。对于这些哲学家的观点,摩尔不是从形而上学或认识论方面加以批驳,而是诉诸这样一个事实,即我们大家都了解这些命题,并且认为它们是真实的。他说,如果我知道我有一个肉体,我就知道至少有一个物质对象存在着。对于这样一个物质对象存在着的证明,就在于我事实上的确有一个肉体,物质对象存在着这个命题是与我们大家都相信的常识相一致的。而且,既然我们明确地知道物质对象存在着,那就是由此可以断定那些否认物质对象的存在的哲学是错误的,因为它们与我们大多数人相信的常识相矛盾。因此,我们有权利拒绝那样的哲学,即使我们不能从形而上学或认识论方面详细地论证它们如何是错误的。

摩尔把这种对常识的信任,特别是对上述第二类命题的信任,称为“常识的世界观”,并且自称他属于赞同这种世界观的哲学家之列②。在他看来,常识的世界观就它的某些基本的特征而言是完全正确的。这些特征有一个共同点,即如果我们知道它们是常识的世界观的特征,那就可以说它们都是真实的;如果我们既然知道它们是常识的世界观的特征,又说它们是不真实的,那就自相矛盾了。摩尔承认,“常识的世界观”或“常识的信念”是一个含糊不清的字眼,有许多命题虽然被称为“常识的世界观”的特征,但并不是真实的。不过,就他列举的那一系列命题而言,他认为它们都是“常识的世界观”的真实的特征。

摩尔在他的著作中经常以“常识的世界观”为依据,批驳某些唯心主义论点。例如,对于“物质事物是没有的”这个论点,摩尔反驳说,这个论点肯定是错误的,因为这里有我的右手,这里又有我

① 摩尔:《为常识辩护》,载于《哲学论文集》1959年英文版,第32页。

② 摩尔:《为常识辩护》,载于《哲学论文集》1959年英文版,第44页。

的左手，因此，这里至少就有两个物质事物。对于“时间是不真实的”这个论点，他反驳说，如果你说的意思是在某个事件之前或者之后没有其他任何事件，那你肯定错了，因为，我在午饭之后，出去散步，然后洗澡，然后喝茶，这些都是前后相继的事件，时间怎么是不真实的呢？对于“空间是不真实的”这个论点，他反驳说，如果你说的意思是没有任何东西在这种东西的左边，或者右边，或者前边，或者后边，那你肯定是错了。因为这个墨水瓶就在这枝钢笔的右边，而我的信纸就在它们的下面。有些哲学家说，你不能肯定地知道除了你自己的感觉和经验之外还有其他的感觉和经验。摩尔反驳说，相反，我十分肯定地知道你现在看着我，听我讲话，我也十分肯定地知道我的夫人牙痛，如此等等，因此，我十分肯定地知道除了我自己的感觉经验之外，别人也有他们的感觉和经验。

在《威廉·詹姆士的〈实用主义〉》（1907～1908）、《休谟的哲学》（1909）等论文中，摩尔还以“常识的世界观”为依据，批驳了詹姆士、休谟的观点。詹姆士提出“一切真实的信念都是有用的，而一切有用的信念都是真实的”这样的观点。摩尔在批驳这种观点时指出，在一定场合下，真实的信念并不是有用的，例如，2+2=4这个信念是真实的，但在解决一个与算术无关的问题时，这个信念却不一定有用；另一方面，有些有用的命题并不是真实的，例如谎言有时也有用处，但它并不是真实的。摩尔还以类似的方法批驳休谟的不可知论。例如，休谟认为，从我知道某两个事实在过去有因果联系这一点中，我们不可能知道它们在将来也有因果联系。摩尔反驳说，休谟的这个论点是错误的，因为它的根据只不过是：由于我们不能借助于某个论据来证明某个命题，因此我们不能知道这个命题是真实的。摩尔说，常识告诉我们，过去每天太阳都从东方升起，因此我们相信将来太阳也是每天都从东方升起。我们对许多事物的知识并不是按逻辑的方法从我们对其他任何事物的知识中推出的。因此，我们能够知道某些事实将来也有因果联系，尽管这种认识不是立足于休谟所要求的那个基础之上。

某些哲学家争辩说，有些常识性的信念是错误的，或者我们不能肯定地知道它们究竟是正确的还是错误的。在摩尔看来，这些哲学家在论证他们的观点时往往自相矛盾，因为他们的论证有时恰恰暗示出他们也承认这些常识性的信念是正确的。某些哲学家指责说，在摩尔所提出的第一类命题中，没有一个命题可能是完全正确的，因为从其中的每个命题中都可能引出两个互不相容的命题。对于这种指责，摩尔满怀信心地回答说："诚然，我承认，如果从第一类的任何一个命题中的确能引出两个互不相容的命题，那么这个命题不可能是真实的。可是，在我看来，我可以用绝对准确无误的证据表明，从其中任何一个命题中都不可能引出两个互不相容的命题。这就是说，第一类中包含的全部命题都是真实的"①。

摩尔承认，他所列举第一类的全部命题诚然都是真实的，可是，对于其中的大部分命题，他不是直接知道它们是真实的，而是根据过去已经知道为真实的其他一些命题，他把后面这些命题作为证明前面那些命题为真的根据。他还承认有时他甚至不能确切地知道所需要的证据究竟是什么，因此他认为人们在这个问题上的认识水平有一定局限性。他说："我认为，我们大家处于这样一个奇怪的境地：我们确实知道许多事物，对于这些事物，我们还知道必须给它们提出证据，可是我们不知道自己是怎样知道这些事物的，也就是说，我们不知道证据是什么。"② 摩尔承认常识不能解答形形色色的宇宙之谜，但他认为常识是一种非常有用的工具，它能帮助我们澄清哲学中的许多混乱。

与对常识的强调紧密相联系，摩尔还强调日常语言在哲学中的作用，认为哲学中出现的种种误解和混乱，就是由于哲学家们往往不按照日常语言的习惯用法来使用语言。只要严格遵守日常语言的习惯用法来使用语言，就能澄清误解，消除混乱。他还根据某些哲学命题违背日常语言的用法，来证明这些命题是站不住脚的。例如有些哲学家认为，我们真正看到的是"知觉的表象"，它处于人的大脑之中，因

① 摩尔：《为常识辩护》，载于《哲学论文集》1955 年英文版，第 41 页。

② 摩尔：《为常识辩护》，载于《哲学论文集》1955 年英文版，第 44 页。

此，当一个生理学家观察一个大脑的时候，他所观察的其实是他自己的大脑的一部分，而不是他所观察的那个大脑。他们还认为，把这种情况推而广之，还可以说，无论什么人，当他说他看见某某事物的时候，他所看见的其实是他自己的大脑的一部分。他们由此断定，说你看见你的大脑的一部分，比说你看见某个具体东西更为正确。对于这种观点、摩尔反驳说，如果我看见一张桌子，那么我所看见的就是一张桌子，而不是我的大脑的一部分，换句话说，“我现在做的事情是注视一张桌子”这种说法，比“我现在做的事情是注视我的大脑的一部分”这种说法，更为正确，更符合日常语言的用法。

有些哲学家根据先验命题和经验命题的区别，认为“49－22 ＝27”这样的先验命题属于“语法规则”，而“拿破仑败于滑铁卢”这样的经验命题则属于“假设”。摩尔认为这种说法也违背了日常语言的用法。他说，从日常语言的观点看来，这种说法非常荒谬，因为日常语言中对“语法规则”和“假设”的解释，完全不同于这些哲学家对它们的解释。如果一个小孩在学习语言时说，“49－22＝27”是一条“语法规则”，“拿破仑败于滑铁卢”是一个“假设”，我们肯定会认为他说错了，而予以纠正。

摩尔的这种强调日常语言的用法在哲学中具有重大作用的观点，受到后来的日常语言学派哲学家的赞扬，并对日常语言学派的形成和发展产生巨大影响。有的分析哲学家认为：“摩尔的伟大历史作用在于这样一个事实：他也许是头一个这样的哲学家，他意识到任何一个违背日常语言的哲学命题都是错误的，并且始终不渝地捍卫日常语言，反对从哲学上与它背离。”“没有任何人能够与作为一个批驳者的摩尔相匹敌，因为没有任何人具有像他那样敏锐的对矛盾的洞察力。摩尔的那种异常灵敏锋利的语言感使他能够发现最细微的对日常语言的背离。”① 这当然是西方分析哲学家从它们的立场对摩尔的吹捧，不过我们从这些评语中也可以看出摩尔的这种观点对日常语言学

① 参见 N. 马尔科姆：《摩尔与日常语言》，载于《G. E. 摩尔的哲学》，第 366、368 页。

派的深刻影响。

摩尔把日常语言的用法作为判断哲学命题是否正确的根据，这一点是站不住脚的。从马克思主义的观点看来，哲学中确实存在着概念不够明确和推理不够严密的现象，可是哲学中的种种混乱既不是产生于日常语言本身不严密，像逻辑实证主义者认为的那样，也不是产生于违背日常语言的用法，像日常语言学派认为的那样，而是有其深刻的社会政治原因和认识论原因。因此，不能像摩尔以及后来的日常语言派那样，把是否违背日常语言的用法看作判断哲学命题的真伪的标准。

至于摩尔依据“常识的世界观”对某些唯心主义命题的批驳，这在当时历史条件下是具有一定积极意义的。可以承认，常识在帮助我们评定那些比较明显的事实方面，是一个很好的向导，可是还有许多问题不能仅仅依靠常识加以解决，因此不能把常识看作衡量一切真理的唯一尺度。而且，还应指出，摩尔对“常识的世界观”的强调并不能说明他已经站到唯物主义的立场来。唯物主义明确宣称物质决定意识，唯心主义则明确断言意识决定物质，摩尔对哲学上的这个基本问题避而不答，企图在尊重常识的名义下走第三条路线。他虽然承认物质的客观存在，但他认为这是“常识的假定”，而不是客观真理。常识在他的哲学中是一个用以确定物质事物是否存在的支柱，可是这个支柱的基石是主观的感觉经验，即我们根据常识“确切地知道”某个事物，或者某个事物获得“人们普遍的承认”等等。强调这种立足于主观感觉经验之上的常识，并不等于承认物质事物的不以人们的意识为转移的客观存在。事实上，摩尔所持的这种新实在论立场从根本上说并没有完全摆脱主观唯心主义的桎梏。

第四节　路德维希·约瑟夫·约翰·维特根斯坦 (Ludwig Josef Johann Wittgenstein 1889～1951)

路德维希·约瑟夫·约翰·维特根斯坦是分析哲学的主要创始人，是罗素之后影响最大的分析哲学家，他的思想对逻辑实证主义和日常语言学派都产生了强烈影响。逻辑经验主义的创始人石里克在谈到分析哲学的兴起改变了哲学研究的方法这一点时说："这种方法是从逻辑出发的。莱布尼茨朦胧地看出了这种方法的开端，罗素和弗雷格开拓了最近几十年里的重大发展。而维特根斯坦（在他的《逻辑哲学论》中）则是把它推进到决定性的转折点上的头一个人。"① 英国日常语言学派哲学家厄姆逊（J. O. Urmson）也说："维特根斯坦对现代哲学，特别是英语国家的哲学的影响是非常巨大的……无可争辩，在分析哲学家中间（他们之间只有亲属间的相似），维特根斯坦是一位既伟大又有独创性的哲学天才。"②

维特根斯坦于1889年4月26日生在奥地利的维也纳。他出身于一个由信奉犹太教转为信奉新教的家庭，其父是工程师，后来成为奥地利钢铁工业的一个重要人物。其母是天主教徒，维特根斯坦是在天主教堂受洗礼的。他在14岁以前一直在家中接受教育，其后在林茨上学三年，学习数学和物理学，后又在柏林高等技术学校学习机械制造三年，1908年夏去英国曼彻斯特大学学习航空工程三年，设计飞机的喷射机和推进器，而这与数学密切相关，于是他的兴趣转向纯数学，后来又转向数学的哲学基础。1911年秋，他回到德国，找当时在耶拿大学任教的弗雷格，商量他打算放弃航空工程的研究改为功读数学的哲学基础，弗雷格劝他去剑桥大学跟随罗素攻读数理哲学。他接受了这个劝告，1912年春他进入剑桥三一学院，在罗素的指导下研究数理逻辑达五个学期之久，颇受罗素的赏识，同时也深受罗素思想的影响。他在这段时期还结识了摩尔和怀特海，摩尔对他也很赏识。1913年下半年，他离开剑桥去挪威的一个偏僻地方，独立从事哲学逻辑的研究，他的头一部著作《逻辑哲学论》的基本思想，就是在

① 石里克：《哲学的转变》，载于艾耶尔主编的《逻辑经验主义》，1959年英文版，第54页。

② 厄姆逊：《维特根斯坦》，载于《西方哲学和哲学家简明百科全书》，1960年英文版，第411页。

1912 ~1913 年间形成的，当时他仅仅 26 岁。

1914 年第一次世界大战爆发后，维特根斯坦出于爱国思想，回到奥地利作为一个志愿兵到奥军中服役，起初在军舰上工作，后来转到炮兵工厂工作。1915 年转到奥尔缪茨接受军官训练，其后被派到东线作战，1918 年被派到南线作战。同年 11 月随着奥匈联军的崩溃，他被意大利军队俘虏，关在意大利北部的一个俘虏营里，直到 1919 年 8 月才获释放。

维特根斯坦在军中服役期间，利用空闲时间写下了不少哲学笔记，1961 年以《1914 ~1916 年的笔记》为书名出版。这些笔记记录了他早期的哲学思想，也是他后来写出《逻辑哲学论》一书的基础。1918 年 8 月，他完成了《逻辑哲学论》（Logisch Philosophische Abhandlung）一书的手稿，被俘后他通过外交渠道把这部手稿转到罗素手里，同时也把这部手稿的抄本寄给弗雷格，征求他们的意见。1919 年维特根斯坦获释后，与罗素在海牙见面，详细讨论了这部手稿。罗素对此稿非常赏识，亲自为他写了长篇导言，不过维特根斯坦认为罗素在这篇导言中误解了他的观点。此书于 1921 年首次以德文发表在奥斯特瓦尔德主编的《自然哲学年鉴》上，1922 年被译为英文出版，摩尔为它取了一个拉丁文的译名：Tractatus Logico-philosophicus。此后，在哲学文献中一般都采用英译本的这个拉丁文书名。这是维特根斯坦生前出版的唯一的一本著作①，出版后受到西欧哲学界的高度重视。不过，这个英译本有一些译得不妥之处，1961 年又出版了修订本。

1919 年获释后，维特根斯坦回到奥地利。他的父亲于 1913 年去世，留给他一大笔遗产。1914 年，他已写信把大部分遗产寄给《布伦勒尔》（Der Brenner）这个文学评论杂志的编者费克尔（L. Ficker），要他把这笔钱以匿名的方式分赠给奥地利贫穷的诗人和

① 此外，生前还发表过一篇论文，这就是 1929 年在《亚里士多德学会会刊的增刊》上发表的《关于逻辑形式的几点意见》一文。

艺术家。1919 年回国后，他又把其余的遗产送给了他的两个姐姐，而他自己宁愿过十分简朴的生活。1919 ~ 1920 年间，他接受乡村小学教师的训练，获得就业证书，此后长期在奥地利南部一些偏僻的乡村担任小学教师，直至 1926 年。这时他想去修道院过修道士的生活，未能如愿，只能在维也纳附近的一所修道院里充当花匠的助手。同年秋，他为他的一个姐姐设计和建造了一幢房屋，同时在他的友人雕刻家德罗比尔那里做些雕刻工作。维特根斯坦的兴趣十分广泛，除对哲学、数学、机械制造、航空工程、建筑学等外，对音乐和雕塑也很有研究。

维特根斯坦在写成《逻辑哲学论》后，认为他已解决了全部哲学问题，因此他放弃哲学研究，改行从事小学教师、园丁助手以及建筑师等工作。尽管如此，他并未完全断绝与哲学界的联系。1923 年，一个青年哲学家拉姆赛（F. Ramsey 1903 ~ 1930）从剑桥来奥地利拜访他，劝他回访英国。拉姆赛曾经参与《逻辑哲学论》英译本的翻译，并为此书写过一篇有分量的书评在《心》杂志上发表。维特根斯坦接受了拉姆赛的劝告，于 1925 年夏一度回到英国访问他在剑桥的朋友。

继拉姆赛之后，维也纳学派的创始人石里克和这个学派的另一重要成员魏斯曼（F. Waismann），也在 1927 年与维特根斯坦建立了私人联系，他们对《逻辑哲学论》都非常赞赏，并深受这一著作的影响。维也纳学派的主要成员卡尔纳普也通过石里克和魏斯曼的关系，与维特根斯坦有过数次交往，但他与维特根斯坦的关系不如前面两人那样密切，受维特根斯坦的影响也不如前面两人那样强烈。石里克还邀请维特根斯坦参加维也纳小组的讨论。但他始终没有参加。

1928 年，维特根斯坦在维也纳听数学家布劳维尔所作的关于数学基础的讲演。西方有些哲学家认为，这次讲演大大激发了维特根斯坦重新从事哲学研究的兴趣。1929 年春，维特根斯坦回到剑桥，起初作为研究生入学，但他当时已经很有名气，因此学校当局把他在八年前发表的《逻辑哲学论》作为他的博士论文，并经过罗素和摩尔的考试，于同年 6 月授予他哲学博士学位。1930 年，又被任命为三一学院的研究员，开始在三一学院讲学。1935 年他的研究员任期满后，他去苏联作过一次访问，其后又去挪威的一个偏僻地方居住一年，开始写他的《哲学研究》一书的第一部分。1937 年回到剑桥任教，1939 年接替摩尔担任哲学教授席位。

自 1929 年回到剑桥后，维特根斯坦继续用笔记方式记录下他的哲学思想。从 1929 ~ 1932 年间写的大量笔记中，他整理出两本笔记，一本被名命为《哲学评论》(Philosophische Bemcrkungen)，另一本被名命为《哲学思考》(Philosophische Betrachtungen) 或《哲学规范》(Philosophische Grammatik)。这是两本实际上已经完成的著作，可是维特根斯坦没有把它们发表出来。直到 1964 年才在法兰克福出版了《哲学评论》一书，1974 年出版了《哲学规范》的英译本。

20 世纪 30 年代上半叶，维特根斯坦又写了许多哲学笔记，它们反映出他从前期思想向后期思想的转变过程。其中，1933 ~ 1934 年间他在剑桥向学生们口授的笔记，通常被称为《蓝皮书》，因为它们的封面是蓝色的，不过维特根斯坦本人并没有这样称呼它。他把这些笔记复印若干份，其中有一份寄给罗素。这些笔记中还保留了一些早期的思想，但到 1934 ~ 1935 年间向他的两个学生斯金涅尔 (F. Skinner) 和拉策罗维茨 (A. Ambrose Lazerowitz) 口授的笔记中，则基本上代表他的后期思想。这部分笔记用的是褐色的封皮，通常被称为《褐皮书》。维特根斯坦复写三份，只让与他最亲近的朋友和学生阅读。1936 年秋，他用德文改写了这一部分笔记，命名为《哲学研究》，这是他为后来完成的代表作《哲学研究》所作的一项重要准备。这两本笔记在他生前只在少数人中间流传，并未公开发表，直到 1958 年才以《蓝皮书和褐皮书，哲学研究的预备性读物》为书名在牛津出版。

代表维特根斯坦后期思想的名著《哲学研究》在 1953 年出版时，分为两个部分：前一部分是维特根斯坦于 1936 ~ 1945 年间写的，有 693 节；后一部分是他于 1947 ~ 1949 年间写的，只有 14 节。该书前面的序言，是他针对前一部分写的。在这段时期里，维特根斯坦还写了与这本著作的内容有关的大量手稿，例如，在 1937 ~ 1944 年间，他写了大量的关于逻辑哲学和数学的手稿。这部分手稿后被整理出来，于 1956 年以《关于数学基础的一些意见》为书名发表。在 1947～1949 年间，他写了许多与《哲学研究》头一部分的某些内容相关的笔记。在 1949～1951 年间，他还写了许多关于信仰、怀疑和知识的笔记。1969 年出版了一本以《论确定性》（On Certainty）为书名的笔记。

维特根斯坦自 1929 年回到剑桥后，基本上一直住在这里，并加入了英国籍。第二次世界大战期间，他认为自己有责任做些战时服务工作，于是放弃教授职位，从 1941 年 11 月到 1943 年 4 月在伦敦一家医院充当门房，其后又到一家医院的实验室充当助理员。1944 年春返回剑桥讲学，但他对大学的讲学生涯并不满意，终于在 1947 年秋辞去教授职务，1948 年到爱尔兰的乡村里居住，专心从事写作，写出了他的《哲学研究》的第二部分。1949 年夏，他去美国作了三个月的短期访问，回英国后发现他患了癌症，但他自己对此并不震惊，因为他认为自己也不想活下去了。1950 年他回维也纳访问老家，又去挪威作了短期访问，1951 年 4 月 29 日死于剑桥，享年 62 岁。

维特根斯坦的思想发展过程，明显地分为两个时期：20 世纪 10～20 年代是他的早期阶段，《逻辑哲学论》集中反映了他的早期思想；30～40 年代是他的后期阶段，《哲学研究》集中反映了他的后期思想。在早期阶段中，他主要接受罗素和弗雷格的影响，此外，也在一定程度上接受叔本华、基尔凯郭尔和物理学家赫茨的影响。如前所述，他在青年时期就对数学及其哲学基础深感兴趣，老早与弗雷格相识，第一次世界大战期间以及战后，他们一直保持书信联系。弗雷格把他的《思想》一文寄给维特根斯坦，后者也把他的《逻辑哲学论》寄给弗雷格征求意见。维特根斯坦对弗雷格十分尊重，接受了后者在语言哲学和逻辑哲学方面的某些观点。维特根斯坦在 1912～1913 年跟随罗素攻读数理逻辑，其后长期保持联系，在他的早期思想中受罗素的影响颇深，特别在数理逻辑、逻辑分析和逻辑原子论等方面。他在《逻辑哲学论》一书的序言中明确地表示他接受了弗雷格和罗素的影响："我只想提及弗雷格的伟大著作和我的朋友贝特兰·罗素先生的著作，感谢它们在颇大程度上激发了我的思想。”① 不过，正如《逻辑哲学论》一书所表明的，在他的观点和弗雷格、罗素的观点之间也存在着许多分歧。

20 世纪 30 年代初，维特根斯坦的思想发生了显著变化。产生这种变化的原因，从理论渊源上讲，是由于他这时接受了摩尔和语言学家毛特纳的影响。如前所述，维特根斯坦在 1912 年到剑桥求学时，就与摩尔相识，1929 年再次来到剑桥后，两人交往更加密切。他对摩尔十分敬重，特别接受了摩尔关于语言分析、常识和日常语言的观点。他在后期不再强调逻辑语言的分析而强调日常语言的研究，反映了他在这方面接受了摩尔的影响。至于毛特纳对他的影响，则主要表现在他追随在毛特纳之后，也认为词的意义不在于词所指称的对象，而在于词的用法，即词在语句中所起的作用，此外，他还强调语言的使用具有约定性质等等。产生这种思想转变的直接原因，则是他受了拉姆赛和斯拉法（P. Sraffa）的推动。维特根斯坦在《哲学研究》一书的序言中说，在拉姆赛逝世前的最后两年，他与拉姆赛进行过无数次讨论，拉姆赛激烈地批判他在《逻辑哲学论》中所持的观点。此外，他还在更大程度上接受了当时在剑桥任教的意大利经济学家斯拉法对他从前观点的批评。他说：“我要为本书中由此而形成的大部分观点感谢这种推动。”②

对于维特根斯坦思想发展的前后两个时期之间的关系，西方哲学家中间则有三种不同的意见。一种意见认为，这两个时期是相互对立的，它们之间没有逻辑上的联系，没有一条前后相连的线索。另一种相反的意见认为，这两个时期是密切相连的，后一时期是前一时期的继续和发展，因此只有把《逻辑哲学论》和《哲学研究》看作两本相互补充的著作才有意义。还有一种意见认为，就维特根斯坦对哲学的性质和任务的看法而言，可以把后期思想看作前期思想的继续和发展，但就他的哲学方法而言，则应把他的后期哲学方法看作对他的早

① 维特根斯坦：《逻辑哲学论》，商务印书馆，第 26 页。

② 维特根斯坦：《哲学研究》，序言，1953 年德英文对照版，第 X 页。

期哲学方法的否定。我们认为，既不能把这两个时期截然对立起来，断然否定它们之间的任何联系，也不能把后期思想仅仅看作前期思想的继续和发展，完全否认维特根斯坦在后期对前期的某些观点的否定，而应看到它们之间既有巨大分歧，也有部分的连续性。

前面提到，维特根斯坦作为分析哲学的主要创始人，他的思想对逻辑实证主义和日常语言学派都发生了强烈影响。粗略说来，逻辑实证主义主要接受他的前期思想的影响，日常语言学派则主要接受他的后期思想的影响。就前一方面来说，这种影响表现了维也纳学派接受了《逻辑哲学论》一书的某些基本观点。此书出版问世时，维也纳学派正处于创建时期。1926～1927 年间，维也纳学派的成员集体阅读和逐条讨论了这本书的大部分章节，受到很大启发。与此同时，他的观点还通过与石里克、魏斯曼、卡尔纳普的交往，影响了后面这些人以及其他一些成员。概括说来，维也纳学派从《逻辑哲学论》中汲取了如下一些基本观点：（一）一切真正的命题都是基本命题的真值函项。（二）逻辑命题的真理性仅仅依据于这些命题的逻辑结构和其中出现的词的意义，不受任何偶然事实的影响；它们不具有事实内容，仅仅是重言式。（三）大部分哲学命题，特别是传统的形而上学命题，都是没有认识内容的伪命题。（四）哲学不是若干学说的汇集，而是一种澄清思想的活动，等等。但是，在许多观点上，在维也纳学派和维特根斯坦之间也存在着许多分歧。例如，维也纳学派没有接受《逻辑哲学论》的一个中心思想——图像说，他们也没有像维特根斯坦那样，认为形而上学命题中包含有关于语言、思想和实在的前提和界限的某些洞见，尽管这些洞见是不能用语言来表述的。又如，《逻辑哲学论》中强调说，语句的逻辑结构以及语句和世界之间的关系是不能言说的；与此相反，卡尔纳普等人则认为，对于语言以及语句与其描述的事实之间的关系是可以有意义地言说的。

就后一方面来说，维特根斯坦与日常语言学派的关系似乎更为密切。西方哲学界中有人把维特根斯坦看作日常语言学派的主要创始人，也有人把他看作这个学派的核心人物，尽管他自己从来没有声明他属于这个学派。无论如何，他的后期著作《哲学研究》对这个学派特别是牛津学派的许多思想家产生了很大影响。概括说来，对日常语言学派影响最大的，是维特根斯坦的下述几个观点：(一) 经验概念的含糊不清并不是日常语言的缺陷，而是经验概念的基本特征，因为我们的日常语言活动具有它的多样性，各种“语言游戏”千差万别，它们遵循的规则也各不相同。(二) 传统哲学问题之所以产生，是因为哲学家们不了解他们所使用的概念具有多种用途。只要仔细研究日常语言的用法，正确了解概念的不同用途，就能使哲学问题得到“治疗”。(三) 哲学问题产生于违背语言的日常用法，日常语言本身是完善的，没有建立理想的人工语言的必要。(四) 词的意义在于词的用法，也就是词在语句中所起的作用，而不是词所指称的对象，等等。不过，与维特根斯坦相比，日常语言学派把日常语言的研究更加向前推进，他们进一步要求研究日常语言本身，分析与认识有关的某些具体词汇的细致区别，认为这种研究的目的不是局限于医治语言疾病，澄清哲学混乱，而是要通过这种研究对哲学作出建设性的贡献。

由上所述可以看出，在分析哲学的形成过程中，维特根斯坦起了重要的作用。就他自己的哲学而言，他在语言哲学方面的某些观点具有许多合理因素，例如，他的工具说把词比作工具，认为词的意义在于词的用法，在于词在不同语境中所起的不同作用，这种观点对于我们从动态方面去研究语言的功能具有一定启发意义。但是，从他的世界观方面来看，那就可以看出他也是站在主观唯心主义的立场上。与罗素一样，他的逻辑原子论也是唯心主义的和形而上学的。他的图像说根本不同于马克思主义的反映论，基本上也是一种形式主义理论。他的语言界限论更带有明显的神秘主义、不可知论和唯我论的色彩。至于他把哲学的任务归结为语言分析，拒绝对哲学根本问题的研究，那自然也是完全错误的；对于这一点，我们在后面还要作详细分析。

一、前期思想——《逻辑哲学论》

《逻辑哲学论》是维特根斯坦的前期思想的代表作，它是在罗素和弗雷格的直接影响下写出的。这是一本哲学著作，也是一本逻辑学著作，但它主要还是一本哲学著作，因为他不过是以现代形式逻辑为手段去论证他的哲学观点，或者说，从语言的逻辑着眼去讨论哲学问题，因此可以把它看作一本系统论述逻辑哲学的著作。

1914 年写出的这本书的初稿采用对话体裁，1921 年出版时改用格言句的命题体裁。维特根斯坦把这些命题分为七个部分，它们所阐述的主题思想分别是：（一）世界；（二）原子事实；（三）思想；（四）命题；（五）真值函项；（六）真值函项的一般形式；（七）沉默不语。在这里，维特根斯坦首先分析世界，其次分析命题和真值函项，最后划定语言的界限。其中，分析命题和真值函项的部分占全书篇幅的 2/3 以上，最后一部分只有一个命题。

在每个部分中，命题的排列采取宝塔式的形式，最高的一层好像是宝塔之顶，下一层是第一层的基础，再下一层又是第二层的基础，依此类推，这种层次多达五层或六层。维特根斯坦采取这种排列方式，是为了表明最高一层的命题是每一部分的核心思想，而下一层的命题是它的上一层的命题的说明或补充。对于这种排列形式的意义，维特根斯坦作了这样的解释：“十进数，作为各个命题的号数，指出命题在逻辑上的重要性，表示在我的叙述中对它们的强调。命题 n·1，n·2，n·3 等，是对命题№·n 的解释；命题 n·m1，n·m2 等等是对命题№·n·m 的解释等等。”①

这七个部分最高一层的命题分别是：（一）世界就是所发生的一切情况。（二）那发生的东西，即事实，就是原子事实的存在。（三）事实的逻辑图像就是思想。（四）思想是有意义的命题。（五）命题是基本命题的真值函项（基本命题则是其本身的真值函项）；真值函项的一般形式是：$[\bar{P}, \bar{\xi}, N(\bar{\xi})]$②。（六）对于不可说的就应当沉默。

在这本书中，维特根斯坦首先遵循逻辑原子论的观点，论述了世界和原子事实，然后借助于他的“图像说”，由事实领域进入思想领

① 维特根斯坦：《逻辑哲学论》，商务印书馆，第 28 页注释。

② P 代表命题，$\bar{P}$ 表示命题 P 的一切意思，P 代表命题变项，ξ 代表变项 $\bar{\xi}$ 的一切意思，N $(\bar{\xi})$ 代表对变项 $\bar{\xi}$ 的一切意思的否定。

域，接着又提出他的意义论和真理论，对命题的意义和真值作了详细的阐述，最后达到“神秘之物的领域”，划定语言的界限，作出形而上学命题毫无意义的结论。下面，我们将按这个顺序依次阐述他的这几个基本观点。

1. *逻辑原子论*

在《逻辑哲学论》中，罗素对维特根斯坦的影响首先表现在逻辑原子论上。确切一点说，在逻辑原子论上，罗素和维特根斯坦是相互影响的，因此人们往往把罗素和维特根斯坦并列为逻辑原子论的主要代表，尽管他们之间在观点上也有许多分歧。

前面在阐述罗素的哲学思想时，已经阐述了逻辑原子论的基本观点。扼要说来，按照这种理论，逻辑是哲学的本质，逻辑是原子的，而原子是众多的。罗素认为，逻辑之所以是哲学的本质，是因为一切真正的哲学问题，在借助于现代形式逻辑加以分析之后，都可以还原为逻辑问题，而那些不能被还原为逻辑问题的哲学问题，就不是真正的哲学问题。所谓逻辑是原子的，这指的是没有比原子命题更加简单的命题，原子命题是对简单的单独事件的逻辑表述。至于原子是众多的，这指的是世界是多元的，现实是由无数单一的事实组成。这些事实通过形形色色的组合而形成我们生活于其中的五光十色的世界。罗素的逻辑原子论肯定了众多的个别事物的存在，而否定由这些事物构成的物质统一性。

与罗素一样，维特根斯坦也认为世界是事实的总和，他强调说："世界是事实的总和，而不是事物的总和。"① 他强调事实和事物的区别，认为如果说世界是事物的总和，那就不能表现出世界的本来面目，即事物必然处于一定的状态，而且相互之间必然保持一定的关系。他说，事实的总和既决定一切已发生的东西，又决定一切未发生的东西。这里有必要简略说明他所使用的“事态”、“事实”、“世界”这几个基本概念：“事态”（Sachlage）指的是事物的状态；“事

① 维特根斯坦：《逻辑哲学论》，命题1·1。此后该书引文只在引文后注明命题号码，不列入脚注。

实”（Tatsache）指的是实际存在的事态；“世界”（Welt）指的是事实的总和，即所发生的一切情况。维特根斯坦所重视的是事态或事实，即对象的状态或对象之间的关系，而不是对象本身，也就是说，他并不重视世界是由什么材料构成的，不注意物质和意识的关系问题。

原子事实是维特根斯坦的逻辑原子论的一个基本概念。所谓原子事实（Sachverhalt），他指的是各种对象（事物或物）的结合。他说："那发生的情况，即事实，就是原子事实的存在。"（2）“原子事实就是各对象（事物、物）的结合。”（2·01）因此，对于对象来说，重要的是它可以成为原子事实的构成部分。如果某个对象能在原子事实中发生，那么这个对象中就应该已经预先决定了这种原子事实的可能性。或者说，如果对象能在原子事实中发生，那么这种可能性应该早已包含在对象本身之中。如果我知道某个对象，那我也就知道这个对象在原子事实中发生的一切情况。

维特根斯坦对对象（事物、物）作了解释。他说，对象就是固定的东西、存在的东西。对象是绝对简单的，而不是仅仅相对于某个符号系统来说是简单的。“对象构成世界的实体，因此它们不可能是合成的。”（2·021）对象在原子事实中发生的可能性就是它的形式。空间、时间和颜色就是对象的形式，因此，只要有对象，就有世界的固定的形式。在原子事实中，对象像链条的环节那样互相连接着。对象在原子事实中连接起来的方式，就是原子事实的结构。

维特根斯坦还强调原子事实是彼此独立的，因此从任何一个原子事实的存在或不存在中，不能推出另一个原子事实的存在或不存在。他认为，事态是世界的构成要素，它们在逻辑上是相对独立的。他说："原子事实是彼此独立的"（2·061），“从任何一个原子事实的存在或不存在，不能得出另一个原子事实存在或不存在的结论”（2·062）。

按照维特根斯坦的观点，一个事实是否可能，取决于对象的性质，而了解一个对象的性质，也就是了解这个对象的内部特质。“如果我知道一个对象，那我应该知道的不是它的外部特质，而是它的内部特质。”（2·01231）内部特质是对象必须具有的特质，也就是说，对象如果不具有这种特质，那简直是不可思议的。例如，对于桌子上的一枝铅笔来说，广延就是它的一种内部特质，因为这枝铅笔不可能没有广延。位置也是它的一种内部特质，因为这枝铅笔只能或者在这里，或者在那里，总之必须占据一定位置。运动也是它的一种内部特质，因为这枝铅笔只能或者处于运动状态，或者处于静止状态。对于与铅笔完全不同的另一些对象来说，它们的内部特质也是完全不同的。

与原子事实相对应的是原子命题。关于原子命题，罗素早已作过说明。他说，原子命题指那些表示一个事实的命题，也就是那些陈述一个事物有一种特性，或者表示事物之间有一定关系的命题。例如，“这是白的”就是一个原子命题，它表示一个事物有一种特性；“这个比那个大些”也是一个原子命题，它表示两个事物之间的一定关系。罗素用“S 是 P”这个简单的主词—谓词形式来表示“一个事物有一种特性”，用“aRb”这个形式来表示个体 a 和个体 b 之间的关系 R。维特根斯坦在《关于逻辑形式的几点意见》一文中，采用“原子命题”这个概念，在《逻辑哲学论》中则采用“基本命题”这个概念，不过这两个概念在意义上是同一的。在《逻辑哲学论》中，他把基本命题写作名称（“x”、“y”，“z”等等）的函项，即“fx”、“Φ（x，y）”等等形式，其中“x”、“y”、“z”等字母表示个体的名称，“fx”表示 x 这一个体具有 f 这种特性，“Φ（x，y）”表示 x 和 y 这两个个体具有这种关系。

关于原子命题或基本命题，维特根斯坦强调它们是简单的，独立的，而且是与原子事实相对应的。基本命题只包括简单的名称，是对命题进行彻底分析后所得出的结果，也就是说，在分析命题时，必须分析到基本命题才算分析到底了。没有比基本命题更加简单的命题。如果对基本命题再进行分析，所得出的只能是简单的名称，而不可能是另一个命题。基本命题就是最简单的命题，它是名称的联系、连接。“显然，在分析命题时，我们应当分析到基本命题，而基本命题是由名称的直接联系构成的。”（4·221）基本命题是独立的，基本命题之间互不依赖，不存在任何推论关系。“由一个基本命题不能推出任何其他的基本命题。”（5·134）基本命题之间还是互不矛盾的。“基本命题的一个标志就是没有基本命题能够同它发生矛盾。”（4·211）基本命题与原子事实是对应的，它们之间存在着依赖关系。基本命题表示某些简单对象的组合，断定了原子事实的存在。“命题的意思就是与原子事实存在或不存在的可能性符合或不符合。”（4·2）“如果基本命题是真的，原子事实就存在；如果基本命题是假的，原子事实就不存在。”（4·25）因此，“基本命题的真值可能性表示原子事实存在和不存在的可能性”（4·3）。

在逻辑原子论上，维特根斯坦和罗素的观点基本上是一致的，不过在某些问题上也有一些小的分歧。例如，关于原子事实，罗素认为这指的是那些原始的、不可分割的经验事实，维特根斯坦则强调原子事实是由对象的一定配置形成的，对象是组成世界的最简单的、固定的、存在着的事物。又如，罗素在着重分析了原子事实和原子命题之后，又论述了分子事实和分子命题、存在事实和存在命题、普遍事实和普遍命题等等，维特根斯坦则仅仅着重分析原子事实和原子命题，基本上没有谈到分子命题、存在命题、普遍命题等等，仅仅在论述真值函项时间接地涉及这个问题。

与罗素的逻辑原子论一样，维特根斯坦的逻辑原子论也表现出唯心主义和形而上学的特色。首先，他强调世界是事实的总和，而不是事物的总和。他用这种方法回避了世界是否由客观存在的物质事物所构成这个根本哲学问题，否定了世界的物质统一性。其次，维特根斯坦所说的“事实”，指的仅仅是经验中的事实，而不包括超出经验范围之外的事实，这就是说，他把“事实”局限于经验主义的狭窄范围之内，否认一切不能由经验直接检验的客观事物的存在。再次，他强调原子事实是不能再分解的，同时也是彼此独立、互无联系的，这样就把世界看作许多互不相关的原子事实的堆积，其间并无任何规律性的相互联系。这种观点显然是一种静止、僵化的形而上学世界观。

2. 图像说

前面谈到基本命题和原子事实之间存在着对应关系，基本命题表述原子事实。可是，基本命题如何能够表述原子事实呢？扩大一点说，语言和世界之间存在着一种什么样的关系呢？为了回答这个问题，维特根斯坦提出了他的图像说。

维特根斯坦的图像说的基本思想，在于把命题或语句看作现实或事态的图像。在他看来，人们用语言符号描述世界上的事态，类似于画家用线条、色彩、图案来描绘世界上的事物。用语言来思考和说话，这就是用语言来对事态作逻辑的模写。因此，命题或语句就是事态的图像。他说："对象在情况中的配置和简单记号在命题记号中的配置是相对应的。"（3・21）维特根斯坦提出这个观点，据说是他在第一次世界大战期间在法庭上看见人们用模型来表示一次车祸的发生情况而受到启发①。他想，既然可以把人和汽车的模型置于特定的位置上来说明车祸的发生情况，那也可以用类似的方法把词组合成命题或语句去说明现实。他说："命题是现实的图像，命题是我们所设想的现实的模型。"（4・01）他在这里所说的命题，既包括基本命题，也包括由基本命题组成的其他真命题。

维特根斯坦承认，命题就它在纸上印出来的那种形态而言，最初看来似乎不是它所表述的现实或事态的图像，正如某个乐谱最初看来似乎也不是它所表示的某首交响曲的图像。但是，他强调说，这些记号语言实际上都是它们所代表的事物的图像。因为，在乐谱与交响曲之间存在着一种内在的类似性。音乐家根据把交响曲投影到乐谱语言上的投影规则，能够从乐谱里认出交响曲，人们根据把乐谱译成留声机唱片语言的规则，还能够从留声机唱片的纹路中重现交响曲，并由此追溯出它的乐谱。他说："留声机唱片、音乐思想、记谱法、声波，都相互处于跟语言和世界之间的关系相同的那种内在关系之中。"（4・014）

按照维特根斯坦的观点，命题是现实的图像这个论点可以从下述事实中得到证明：当我们头一次看到一个新词时，我们不了解这个新词的意思，需要人们加以解释。可是，当我们头一次看到一个由若干

① 参见维特根斯坦：《1914～1916 年的笔记》，第 7 页。

熟悉的词按适当方式组成的语句时，我们却立该理解这个语句的意思，而不需要更多的解释。这正是因为这个语句表现出它的意思。他说："命题是现实的图像，因为只要我们理解这个命题，我们就能够知道它所叙述的情况。无须把它的意思向我解释清楚，我就能够理解命题。"（4·021）"命题表明自己的意思。如果命题是真的，它就表明事情是怎样的。"（4·022）这里正表现出图像的功能，由一些熟悉的词组成的语句之所以能够表达一种新的事态，就是因为它是这种事态的图像。

任何图像要能够表示它所描绘的事态，那在图像的要素和事态的要素之间必定存在着严格的对应关系，换句话说，在命题和现实之间必定有某种共同的东西。他说："在图像和被描绘的事物之间必须有某种共同的东西，才能使前者一般地成为后者的图像。"（2·161）这就是说，只有在语言的形式与现实的结构相一致的场合下，才可能作出有意义的表述。在他看来，尽管有各种不同的图像，有各种不同的图像表示法，有各种不同的投影方法，但是，命题要成为现实的图像，命题和现实之间必须有共同的"逻辑形式"或"现实的形式"。他说："每一种图像，不论具有何种形式，一般说来要正确地或错误地描绘现实，必须与现实具有共同的东西，这种共同的东西就是逻辑形式，即现实的形式。"（2·18）

维特根斯坦多次提到"投影规则"这个概念。所谓"投影规则"，他指的是投影图形与被投影者之间具有严格的一一对应的关系。他说，图像中的各个要素是以特定的方式组合到一起的；图像之所以能够表示某个现实，正是因为图像中的各个要素以及它们之间的组合方式，与图像中各个要素所代表的对象以及它们之间的组合方式，是一一对应的。具体说来，命题要成为现实的图像，它就必须具备两个条件：第一，命题中包含的名称必须与所描绘的现实中包含的对象相对应；第二，命题中包含的名称必须处于某种特定的关系中，构成一定的逻辑结构，这种结构与现实中包含的对象之间的逻辑结构是相对应的。这就是说，命题要成为现实的图像，不仅命题不能由一些与现实中包含的对象无关的词所组成，而且，在这些词与现实中的对象相关联的条件下，还必须用一种特定的方式把这些词组合到一起，名称的随意组合是不能使命题成为现实的图像的。因此，图像说立足于对应或者符合的原则之上，这就是说，命题的要素（名称）要与现实的要素（对象）相对应，而且名称的组合方式也要与对象的组合方式相对应。他说："图像是现实的模型"（2·12）；"图像的要素以一定方式结合起来，这表明事物也是这样相互结合的。图像的要素的这种结合称为图像的结构，而这种结构的可能性则称为这种图像的描述形式"（2·15）。

这里需要注意的是，维特根斯坦的图像说强调命题是事实、事态或现实的图像，而不是对象、客体或事物的图像，因为他认为可以给对象、客体命名，可是名称不是图像。他强调说，世界由事态组成，而不是由对象组成。"世界是事实的总和，而不是事物的总和。"（1·1）事实是对象的组合，事态的图像是名称的组合。每个对象都有一个相应的名称，而每个名称都有一个相应的对象。事态的特征在于对象以一定的方式组合到一起；命题的特征在于对象的名称以一定的方式组合到一起。图像的各个要素以一定的方式结合起来，这个事实表示对象也以同样的方式结合起来。对象的组合方式的变化决定了事态的变化。图像所描述的是事态，即对象的组合方式，而不是对象本身。

根据这种图像说，维特根斯坦对语言和世界之间的关系提出这样一些看法：（一）命题中的简单要素和事态中的简单要素是相对应的，"图像的要素在图像中代表对象"（2·13）。（二）基本命题与原子事实是相对应的：前者是命题中最简单的命题，后者是事实中最简单的事实。（三）复合的命题与复合的事实是相对应的；经过逻辑分析，可以把复合命题还原为基本命题，相应地也可以把复合事实还原为原子事实。（四）命题的总和和事态的总和是相对应的。总的来说，一方面，名称的组合构成基本命题，基本命题的组合构成复合命题，所有命题的总和构成语言。另一方面，对象的结合构成原子事实，原子事实的结合构成复合事实，全部事实的总和构成现实或世界。在这两个方面之间，各个层次都是相互对应的。

维特根斯坦的图像说强调语言和现实之间的同构关系，试图从逻辑形式的共同性方面把语言和现实联系起来，这种观点具有一定参考价值。可是，他的图像说本身是一种形式主义理论，因为他在这种理论中所强调的，只是命题与事实的逻辑形式。他强调说，命题之所以是事实的图像，正是因为命题的逻辑形式相同于事实的逻辑形式。把命题和事实相比较，就是比较它们的逻辑形式。因此，他重视研究词的组合方式，研究命题的形式结构，认为逻辑形式具有决定性意义，而不考虑命题在内容上是否符合事实这个根本问题，或者把它摆到很次要的地位。然而，事实上，命题是否能够成为知识的结晶，是否能够正确地反映现实，关键问题在于命题在内容上是否与事实相一致。命题只要在内容上与事实相一致，也可以采用不同的形式加以表述。而且，内容与形式是不可分离的，不能把它们割裂开来而只强调其中的一个方面。维特根斯坦恰恰把内容和形式割裂开来，片面强调形式而忽视内容，把形式结构的相似性看作命题和事实之间的唯一关系，忽视或者贬低命题要在内容上符合于事实这个主要方面，从而犯了形式主义的错误。同时，还应看到，维特根斯坦的图像说根本不同于马克思主义的反映论。维特根斯坦只是强调语言和现实这两个方面在各个层次上的严格对应的关系，而不承认人类的感觉、概念和全部认识都是客观世界的反映，他不了解认识对社会实践的依赖关系，更没有认识到认识既依赖于实践，同时反过来又能动地指导着实践。

3. 意义论和真值函项论

与维特根斯坦的图像说紧密相连的，是他的意义论，可以说他的图像说规定了他的意义论的界限，因为，按照他的观点，一个命题要成为有意义的命题，它就必须是某个事实的图像。换句话说，在涉及事实的情况下，凡不能成为事实的图像的命题，都是无意义的。

在意义问题上，维特根斯坦首先强调名称和命题的区别。他认为名称本身没有意义，只有指称；名称是一种原始的记号，不能用任何定义对它作进一步的分析。名称在命题中代表对象。命题才可能具有意义，因为命题是对事实进行描述，即对对象之间的关系和配置状况进行描述。他说：“只有命题才有意义；名称只有在命题的前后关系中才有意义。”(3·3) 这就是说，孤立的名称只能指称个别对象，它本身没有意义。名称只有在命题的前后关系中，即与命题中其他词处于一定的配置状况下，才具有意义，因为名称在命题的前后关系中，已不是单纯指称某个对象，而是对某一事实进行描述。至于某个具体的命题是否具有意义，这取决于它是否与现实相符合。他说：“命题的意义在于命题与事态的存在或不存在相一致或不一致。”(4·2) 换句话说，如果某个命题与某个事态的存在或不存在相一致，那么这个命题就是有意义的，反之，如果这个命题与这个事态的存在或不存在不一致，那么这个命题便是没有意义的。

具体说来，一个命题要成为有意义的，必须具备两个条件：其一是这个命题要符合语言的逻辑；其二是这个命题要与它所描述的事态的存在或不存在相一致。命题必须符合语言的逻辑，这是首先的、起码的条件。维特根斯坦强调说：“我们不能思考任何不合逻辑的事物”(3·03)；“要用语言来表示某种‘违反逻辑的’东西，那是不可能的，正如不可能在几何学中用座标来表现一个违反空间规律的图形或者用座标来表现一个不存在的点一样” (3·032)。这就是说，我们可以用语言来思考和表达的，只能是那些合乎逻辑的事物，而要做到这一点，我们在使用语言上就必须符合逻辑，符合语言的语法规则和逻辑规则。前面谈到，命题要成为现实的图像，关键在于这两者具有共同的逻辑形式。因此，只有合乎语言逻辑的命题，才能表达合乎逻辑的事态，才能表现出事态的逻辑形式。一切不合乎语言逻辑的命题，都是没有意义的。不过，这并不等于说一切合乎语言逻辑的命题都是有意义的，因为还需要考虑到上述第二个条件，即命题要与它描述的事态的存在或不存在相一致，换句话说，命题的意义还要取决于命题与事态的联系，取决于命题是否代表了所描述的事态。他说：“要知道图像是真的还是假的，我们必须把它与现实相比较”(2·223)；“要把现实与命题相比较；只有作为现实的图像，命题才能是真的或假的”(4·05～4·06)。这个条件可以说是命题的意义的根据。撇开事态去谈论命题的意义，那就找不到命题的意义的根据。他强调说，命题的意义一定由事态来规定，事态一定给予命题以某种意义，不论这种意义是正的或者是负的。凡是具有一种正的意义的命题，表示这个命题所表示的事态是存在的；凡是具有负的意义的命题，则表示这个命题所表示的事态是不存在的。

以上这两个条件划出了有意义的命题和无意义的命题之间的界限，也可以说划出了命题和非命题之间的界限，因为他认为无意义的命题根本算不上命题，它们不能提供知识，不属于知识的领域。维特根斯坦把命题划分为有意义的和无意义的两大类，其目的在于把一切他认为无意义的命题，例如他竭力拒斥的“形而上学”命题，排除于哲学研究的范围之外。在他看来，传统哲学中的大多数命题就是这种无意义的命题。他说：“关于哲学问题的大多数命题和问题不是错误的，而是无意义的。因此我们根本不能回答这一类的问题，我们只能说明这些问题是无意义的。”（4·003）

为了进一步论证这种划分的合理性，维特根斯坦还提出他的意义标准，即意义的可证实性。在他看来，对于有意义的命题，总是可能找出一种可以证实这个命题或真或假的方法。他说：“有意义的命题表述某种事情，而对它的证明则表明事情确实如此。在逻辑中每一个命题都是一种证明的形式”（6·1264）；“逻辑上始终可以如此理解，即每一个命题都是它自己的证明”（6·1265）。于是，在他那里，意义的可证实性成了意义的标准，也就是说，只有可以证实的命题才是有意义的。这样一来，他又为有意义的命题和无意义的命题之间的划分补充了一个条件。

只有在有意义的命题的范围内，才有命题的真假问题，没有意义的命题根本无所谓真假。维特根斯坦在他的意义论中对有意义的命题和无意义的命题作了区分之后，又进一步在他的真值函项论中研究命题的真假问题。他说，真命题指的是那些描述实际存在着的事态的命题，假命题则指那些描述可能的，但并不实际存在着的事态的命题。

维特根斯坦强调说，一个名称只能代表一个事物，由名称组成的命题，如果这个命题是真的，它也只能指示一个确定的事实。一个名称不能代表两个不同的事物，一个命题也不能表示两个不同的事实，这是维特根斯坦的真理论的一个重要要求。一个命题如果与一个确定的事实相符合，它便是真的，否则便是假的，因此，命题的真假取决于它所肯定的事实存在或不存在。命题是现实的图像，“图像的真或假在于它的意思是否与现实相一致”(2·222)。

在命题的真假问题上，维特根斯坦着重研究基本命题的真理性，认为解决了基本命题的真理性问题，也就解决了其他命题的真理性问题，因为基本命题是语言的最基本的逻辑单位，所有其他命题都是基本命题的结合，它们的真值都以基本命题的真值为转移。只有基本命题才与原子事实直接相对应，基本命题的真值直接取决于原子事实的存在或不存在。所有其他命题都必须通过基本命题才能与事实相联系，才能表示事实的存在或不存在。因此，他说：“命题是基本命题的真值函项（基本命题则是它自身的真值函项）”（5）；“基本命题是命题的真值主目”(5·01)。这就是说，其他一切命题的真值都取决于基本命题的真值，或者说是基本命题的真值的函项。例如，“这个房间是空的和门是打开的”这个复合命题，是“这个房间是空的”和“门是打开的”这两个基本命题的结合，它的真值便取决于这两个基本命题的真值。

维特根斯坦用真值函项这个数理逻辑概念表示基本命题与其他一切命题的关系。“真值函项”是指若干基本命题经过“否定”、“合取”或者“析取”这样一些逻辑运算而产生的新的命题，这些新的命题的真值取决于这些基本命题的真值。一个命题的“真值”，就是指这个命题的真假。一个单一命题（P）的真值函项就是这样一个命题，它的真值完全取决于P的真值。例如“非P”（P是假的）便是P的真假函项。两个命题（P，Q）的真值函项是这样一个命题，它的真值完全取决于P、Q的真值。例如，“P、Q都是真的”这个命题便是P、Q的真值函项。维特根斯坦还用“真值表”来表示命题的真值条件，他说：“命题是与基本命题的真值的可能性一致和不一致的形式”（4·4）；“基本命题的真值可能性是命题的真和假的条件”(4·41)。

维特根斯坦认为，命题是基本命题的真值函项，而基本命题的真值又是通过经验方法，即与现实相比较而确定的。不过，他又补充说，有一些命题的真值并不取决于基本命题的真值，例如，“或者下雨，或者不下雨”这个命题，不论其中包含的两个基本命题的真值如何，都是真的，它无需与现实相比较，仅仅根据其逻辑必然性就是真的，他把这类命题称为“重言式”的命题。与此紧密相连的，是另一类“矛盾的”命题，例如，“他在这里同时又不在这里”，它们对于一切真值的可能性来说都是假的。重言式命题没有真值的条件，因为它是无条件地真的；矛盾的命题则在任何情况下都不是真的。他说：“重言式和矛盾不是现实的图像。它们没有描述任何可能的情况，后者则任何情况也不容许。”（4·462）重言式的和矛盾的命题都不是现实的图像，不能给我们提供任何关于世界的知识。严格说来，它们不是真正的命题，而是变了质的命题，因为“命题表示它所说的东西，重言式和矛盾的命题则表明它们什么也没有说”（4·461）。不过，他认为重言式和矛盾的命题并不是没有意义的，它们是符号体系中的一部分，正如“0”是算术符号体系中的一部分那样。

维特根斯坦的“意义论”对逻辑实证主义产生过颇大影响（尽管后者没有接受他的“图像说”），而他的“真值函项论”在数理逻辑的发展中也起过巨大作用，具有它的理论意义和实用价值。不过，这里需要指出，维特根斯坦在意义问题上虽然强调要把图像、命题与现实、事实相比较，检查前者是否与后者相一致，但他所比较的只是这两者的形式，即它们的“逻辑结构”，而没有涉及现实、事实的内容，他认为现实、事实的内容是无法比较的。前面已经指出，命题的真假主要取决于它在内容上是否与事实相一致，命题只要在内容上与事实相一致，也可以采取不同的形式加以表述。维特根斯坦却片面强调形式而忽视内容，把命题和事实在逻辑结构上的一致看作决定命题真假的唯一标准。更为重要的是，他所说的“现实”、“事实”并不是指客观实在，实质上是指个人的主观经验，因为他认为“物质是意识之外的客观实在”这个命题是一个没有意义的形而上学命题。因此，他的“意义论”带有形式主义和唯心主义经验论的烙印。至于他的“真值函项论”，由于这种理论的运用要求有一个严格确定而完备的基本命题系列，因此它只适用于某些严格演绎的数学系统，而不适用于日常语言，甚至也不适用于自然科学的语言。维特根斯坦企图把它运用于分析日常语言和自然科学语言，结果是失败了。

4. 语言的界限

按照维特根斯坦的观点，“思想是有意义的命题”(4)；“命题是现实的图像”(4·01)；“命题的总和就是语言”(4·001)。由于思想是有意义的命题，而命题是现实的图像，因此思想也是现实的图像，真实思想的总和也就是世界的真实图像。说某个事实是可以想象的，就是说我们能够给它构造一幅图像。思想包含着它所思考的那种事态的可能性，凡是可以思考的事态都是可能的。一切能够思考的事态，都可以用命题（语句）加以表述；反之，一切不能用命题（语句）加以表述的事态，都是不能思考的。这样一来，维特根斯坦就为语言的作用范围划定了一条界限。

维特根斯坦认为，语言的特征在于语言具有它的逻辑形式。在命题对现实作出描绘的场合下，语言的逻辑形式是受现实的逻辑形式支配的。语言只能描绘、表述真实的事态，确切一点说，只能描绘、表述那些实际的或逻辑上可能的事态。超出逻辑上可能的事态这个范围之外的东西，语言是无力描绘或表述的。这种东西也是不能思考的，因为语言的界限也就是思想的界限。每个可以思考的事态，都可以用语言表述出来。他说：“我们不能思考非逻辑的东西，因为否则我们就必须非逻辑地思考”；“一般说来，凡是可以思考的东西，应当可以清楚地思考。凡是可以讲述的东西，应当可以清楚地讲述”(4·116)。这样一来,确定思想的条件和界限这个传统问题，或者说，确定认识的条件和界限这个传统问题，就变成了确定什么是可以言说的和什么是不可言说的这两者的条件和界限问题。对思想和知识的逻辑结构的研究，就变成了对语言的逻辑结构的研究。

前面谈到，维特根斯坦认为命题之所以是现实的图像，是因为命题和图像具有共同的东西，这就是它们的逻辑形式。但他又强调指出：“命题可以描述整个现实，可是它们不能描述它们必须同现实所共有以便能够描述现实的那种东西，即逻辑形式。”(4·12) 因为，

“命题不能描述本身反映在命题之中的逻辑形式。语言不能描述本身反映在语言之中的东西”（4·121）。他认为逻辑形式是不能言说的东西，因为如果它能够被说出来，它就只属于语言，而与现实无关。然而，它又应当能够被表示出来，否则，语言和现实就会截然分离，语言就不能成为现实的图像。因此，他认为逻辑形式是“能够表示出来而不能言说的东西”（4·1212）。“图像不能反映自己的描绘形式；它把这种形式表示出来。”（2·172）

维特根斯坦还认为，语言虽然能够描述现实，但是不能描述整个宇宙。宇宙是事实的总和，语言只能描述事实，而不能描述事实的总和；如果说事实的总和本身也是一个事实，那是自相矛盾的（参见罗素的类型论）。说不可能构造一个关于整个宇宙的命题，这也就是说不可能思考整个宇宙。维特根斯坦强调说，形而上学妄图了解整个宇宙，那是注定要失败的。哲学的任务在于通过清楚地说明哪些事物是可以言说的或可以思考的，从而表明哪些事物是不能言说的或不能思考的。他认为一旦划清了这条界限，各种哲学问题就解决了。过去正是由于没有划清这条界限，才出现各种各样的哲学问题。他说：“关于哲学问题的大多数命题和问题不是错误的，而是没有意义的。因此我们根本不能回答这一类问题，我们只能确定它们是没有意义的。哲学家们的大多数问题和命题是由于我们不了解我们语言的逻辑而产生的。”（4·003）

维特根斯坦强调说：“确实有某些不能言说的东西。这些东西自己表现出自己，它们是神秘的东西。”（6·522）对于这些神秘的东西，他在《逻辑哲学论》中没有加以阐述和规定，因为他认为对这些神秘的东西进行讨论、描述，甚至思考都是没有意义的，我们不能合乎逻辑地把语言运用于表述它们。神秘的东西与情感有联系，它们的确存在着，然而是不可知的。我们不能言说和思考它们，并不意味着它们不存在，只是它们存在于语言或思想的范围之外，不是语言或思想力所能及的。因此，他在这本书的末尾写的最后一句话是：“对于不能言说的应当沉默。”（7）这是《逻辑哲学论》一书第七类命题中的唯一的一个命题，也可以说是全书的最后结论。

与此相关，维特根斯坦认为，哲学的正确方法真正说来应该是这样的：除了可以言说的东西之外，不说任何事情，也就是说，除了自然科学的命题之外，不说任何事情，因为他认为“一切真命题的总和就是整个自然科学（或者一切自然科学的总和)”（4·11)。当某人想说某种形而上学的事情时，哲学家应当向他指明，在他的命题中没有赋予某些记号（如“存在”、“本质”等等）以意义。他强调说：“哲学的目的是使思想在逻辑上明晰。哲学不是理论，而是活动。哲学工作主要在于解释。哲学的结果不是一定数量的‘哲学问题’，而是使命题清晰。哲学应该说明和清楚地划分模糊不清的思想。”(4·112）在他看来，哲学的根本任务就是把可以用命题或语句言说的东西和不能用命题或语句言说的东西截然划分开来，哲学应当通过可思考的东西来从内部限制不可思考的东西。

维特根斯坦还认为，语言的界限就是世界的界限。因为，语言的逻辑界限既是一切可以言说的事物的界限，也是一切可以思考的事物的界限，因而它是一切确实存在着的事物的界限。因此，他断定说："我的语言的界限意味着我的世界的界限。”（5·6）“逻辑充满着世界；世界的界限也是逻辑的界限。”（5·61）从这点出发，他认为可以由此“解决唯我论在什么程度上是真理的问题”，并且断言“实际上唯我论所指的东西是完全正确的，只是它不能说出来，而只能表明出来”(5·62)。

在哲学上，唯我论指的是这样一种观点，即认为自我是存在着的，其他一切（包括别人在内）都是我的表象，或者说是我的主观意志的创造物。它只承认自我和自我所经验到的事物是唯一真实的实在。维特根斯坦主张的唯我论与此略有不同，他是从语言的界限这个角度来谈唯我论的，而且他的唯我论还与神秘主义结合在一起。他强调我的语言的界限就是世界的界限。所谓“我的语言的界限”，他指的是“我的语言”可能表示什么和不能表示什么，前者处于“我的语言的界限”之内，后者处于“我的语言的界限”之外。“我的语言”所能表示的东西，就是经验的事实或经验的实在，而且仅仅是我的经验中的事实或实在。因此，“我的语言的界限”实质上是我的经验的界限。超出“我的语言的界限”，即我的经验的界限的东西，就是不能言说的，就是神秘之物。由此可见，维特根斯坦的唯我论与传统的唯我论虽然有所区别，但实质上是一样的，它们都认为只有自我及其所经验的事物才是唯一真实的实在，超出这个范围的其他一切都是不可知的。

二、后期思想——《哲学研究》

《哲学研究》是维特根斯坦的后期思想代表作，这是他辛苦耕耘了一二十年才得出的成果。他在这本书中提出了许多新颖的思想。在《逻辑哲学论》中，我们可以清楚地看出他接受罗素和弗雷格的影响；而在这本著作中，我们却很难追溯出他的思想先驱。他在这本书中批判了《逻辑哲学论》中的许多观点，并且认为最好把这两本著作对照起来阅读，才能比较清楚地了解后一著作的观点。关于这两本著作、两个时期的关系，前面已经谈到，我们既应看到它们之间存在着巨大分歧，也应看到它们之间有一定连续性。

这本书在章节的排列上，没有像《逻辑哲学论》那样层次分明。它的结构比较松散，基调经常变换，用的虽然是日常语言，但意思仍十分晦涩。维特根斯坦曾经试图把这些思想组合成一个严整的体系，但他承认未能做到，因为把各种思想硬塞入一定的框架，这会影响这些思想的自由发挥。因此，他说：“这本书确实只不过是一本相册。”① 它把各种哲学见解像照片那样搜集在一起。

这本书的涉及面很广，它探讨了关于意义、理解、命题、逻辑、数学的基础、意识的状态等等问题。粗略说来，这本书的内容大致可以分为三个主要部分。第一部分是关于语言的理论，它与《逻辑哲学论》中的观点截然不同，过去他强调图像论和指称论，现在则强调语言游戏论和工具论。第二部分是关于哲学的性质的理论，它与《逻辑哲学论》中的观点也有所不同，过去他强调哲学是一种解释的活动，现在则强调哲学是一种描述的活动。不过，在否定哲学是一种

① 维特根斯坦：《哲学研究》，1958 年德英文对照版，序言，第Ⅸ页。

理论，否定形而上学命题的意义等方面，这两部著作也有共同点。第三部分是关于心灵的理论，它涉及心灵的性质，或者用他的话来说，涉及我们用以陈述和描绘我们自己和别人的精神状态的那种语言的性质问题。在这里，我们联系他的后期思想对分析哲学的影响，着重阐述他的语言游戏论、工具论以及关于哲学的性质的观点。

1. 语言游戏论

在维特根斯坦的前后两部代表作中，他对语言的看法有很大差异。在前一部著作中，他持弗雷格以来的传统观点，认为词是对象的名称，词指称它所代表的那个对象。在后一部著作中，他却提出“语言游戏”这个新概念。在《哲学研究》一书的第一节中，他一开始就谈到奥古斯丁的语言概念。他说，按照奥古斯丁的语言概念，语言由语句组成，语句由词组成，所有的词都具有各自的意义，每个词的意义就是它所代表的那个对象，人们借助于实物或动作表示的定义，了解各个名称的意义，也就掌握了这种语言。维特根斯坦认为，奥古斯丁的语言概念仅仅适用于一种特殊的语言游戏，而不适用于所有其他的语言游戏，因为懂得各个名称的意义，并不等于懂得各个名称的使用方法，正如懂得各个棋子的名称，并不等于懂得各个棋子的下法一样。他强调说，要学会一种语言，必须懂得各种语言游戏的玩法。命名活动只是其中的一种语言游戏，此外还有提问、描述、评定、请求、允许、命令、指责以及其他各种形形色色的语言游戏。

对于“语言游戏”这个新概念，维特根斯坦并没有下明确的定义。不过他说过：“我也把语言与活动这两者交织在一起而组成的整体称为‘语言游戏’。”① 在他看来，语言是人们用来在相互之间传递信息的手段，它是一种活动，而且是人的全部活动中的一个重要组成部分。语言游戏这个概念本身，就把语言的运用、活动包括在内，正如棋类活动这个概念本身已把棋子的走法包括在内一样。他在这本书中列举了许多种游戏的事例，如下棋、玩扑克、赛球等等，并把它

① 维特根斯坦：《哲学研究》，1958 年德英文对照版，第 5 页，第 7 节。

们与语言游戏相比较。他特别着重研究词的用法，认为词的用法这种活动明显地表现出语言和游戏的共同之处。维特根斯坦提出“语言游戏”这个概念，是他把语言和游戏相比较而得出的结果。据说，他是在观看一场足球比赛时受到启发，想到语言的使用与足球游戏相类似，而提出这个概念的①。

在维特根斯坦那里，“语言游戏”这个概念是与“生活形式”这个概念紧密相联的，因为他认为在特定语言中出现的语言游戏，就是人们的生活形式的表现。他说：“在这里使用‘语言游戏’一词，是为了强调这样一个事实：语言的说出是活动的一部分，或者说是生活形式的一部分。”② 关于什么是“生活形式”，维特根斯坦也没有作很多说明，不过从他的著作中可以看出，他把期望、意向、意义、理解、感觉等等，都看作生活形式，它们都是由于人们共同生活和使用语言才成为可能的。特别是，语言本身就是一种生活形式。他说：“想象一种语言就意味着想象一种生活形式。”③ 因为，语言本身是一种活动，语言由于作为活动而成为一种生活形式。期望、意向、理解等等也是通过语言活动而成为生活形式的。在维特根斯坦的后期思想中，“语言游戏”和“生活形式”是两个非常重要而且紧密相联的概念。

维特根斯坦在《逻辑哲学论》中认为，指称单一对象的名称是语言的终极成分。在《哲学研究》中，他则认为“单一”、“复合”等词并不具有绝对的意义，它们只是相对于特定的语言游戏而言，才可以称为或者是“单一的”，或者是“复合的”。例如，一个人对于一棵树的视觉究竟是“单一的”，还是“复合的”？他认为这个问题一般说来是没有意义的，只有相对于特定的情况来说才有意义。如果我只看见树干，那么我对树的视觉便是“单一的”；如果我同时看见树干和树枝，那么它便是“复合的”。因此，在语言游戏之外，离开

① 参见马尔科姆：《路德维希·维特根斯坦》，1958 年英文版，第 65 页。
② 维特根斯坦：《哲学研究》，第 11 页，第 23 节。
③ 维特根斯坦：《哲学研究》，第 9 页，第 19 节。

一定语境，就无法回答对象究竟是“单一的”还是“复合的”这个问题。

维特根斯坦在《逻辑哲学论》中认为，语言描绘现实，命题或语句是现实的图像。在《哲学研究》中，他断然抛弃了这个观点，而认为语言游戏有许多种，描绘仅仅是其中的一种，还有许多种语言游戏根本不是对现实进行描绘。语言游戏的种类还是无法计算的，这不仅因为人们总是能够想象出新的语言游戏，而且因为语言游戏之间的界限是模糊不清的。因此，他甚至于认为什么是语言和什么不是语言也是难于划清的。

在《逻辑哲学论》中，维特根斯坦认为只有一种语言，因为语言是由基本命题或者由基本命题的真值函项所组成，每个基本命题都是事态的图像，它与它所描绘的事态具有共同的逻辑形式。由于每个事态都有独特性，因此相对于每个事态来说只能有一个真正的命题。在《哲学研究》中，他抛弃了这个观点，认为事态并非由对象组成，命题也并非由这些对象的名称组成，在命题和事态之间并没有共同的逻辑形式，命题不是事态的图像，因此，也不是只有一种语言。

在维特根斯坦看来，语言之所以不是仅仅只有一种，其原因还在于各种语言游戏之间并没有共同点。按照传统的观点，如果要给某些事物取一个名称，这些事物必须有某种共同的东西。因此，如果要用“语言”作为各种语言游戏的名称，各种语言游戏之间也必须有某种共同的东西。可是，维特根斯坦强调说，各种语言游戏之间并没有任何共同的东西，正像一般说来各种游戏之间没有共同的东西那样。在他看来，各种语言游戏之间只有“家族的相似”，即一个家族的成员在身材、相貌、性格、步态等等方面的相似，这些相似之处并不为家族的所有成员所具有，而是交错出现的。例如，成员甲与成员乙在身材方面有些相似，而成员甲与成员丙在性格方面又有些相似，如此等等。维特根斯坦说：“我认为没有任何词比‘家族的相似’更能表达这种相似性了；因为，家族成员在身材、相貌、眼色、步态、性格等等方面相似，也同样是交错重叠的。——因此，我说，各种‘游戏’

组成了一个家族。"① 又说："我们看出，我们称之为'词句'和'语言'的那种东西，并没有我所想象的那种形式上的统一性，而是一个由彼此或多或少关联的结构组成的家族。"②

在《逻辑哲学论》中，维特根斯坦强调语言的精确性，认为日常语言缺乏这种精确性，因而希望构造某种理想的精确语言。在《哲学研究》中，他却认为这种看法是一种哲学的幻想。因为，他认为精确性是相对于一定目的来说的，"精确"和"不精确"之间的界限也是相对的。例如，某位客人说："我下午一点钟到你家来"，这种情况下所说的时间上的精确性，相对于实验室或观察所里要求的那种时间上的精确性来说，又是不太精确的。他说："从来没有规定出任何单一的、理想的精确性……"③ 人们由于没有看到对于不同的目的来说存在着不同标准的精确性，才会以为在日常语言的表层下面有某种完全的精确性，并且以为通过逻辑分析能够发现这种精确性，但这只是一种哲学的幻想。

从上所述可以看出，在对语言的看法上，维特根斯坦在其前后两部著作中持显然不同，甚至截然相反的观点。他在前一著作中认为：语言是有其本质的；语句或命题是事态的图像；语句和事态、语言和现实是严格地一一对应的，它们具有共同的逻辑形式；通过逻辑分析可以揭示出这种逻辑形式；在理想语言中，逻辑形式得到充分的表现。他在后一著作中却认为：语言没有共同的本质，各种语言游戏之间只有"家族的相似"；语句或命题不是事态的图像；语句和事态、语言和现实之间没有对应的关系，它们没有共同的逻辑形式；哲学家不可能通过逻辑分析揭示出语言的逻辑形式，而应当着重研究语言的用法，研究语言在实际生活中的运用；日常语言本身是完善的，建立理想语言不仅是不必要的，而且是一种哲学的幻想；如此等等。可见，维特根斯坦在前期和后期持两种显然不同的语言概念。

---

① 维特根斯坦：《哲学研究》，第 32 页，第 67 节。

② 维特根斯坦：《哲学研究》，第 46 页，第 108 节

③ 维特根斯坦：《哲学研究》，第 42 页，第 88 节

维特根斯坦的语言游戏论，把语言的作用和“生活形式”联系起来考察，强调从语言的实际运用中去研究语言，从语言的不同功能中去研究语言，而不像他前期那样（或者像逻辑实证主义者那样），单纯从语言的形式方面，从语言的逻辑结构方面研究语言，他的这种观点具有某些合理因素，对我们从动态方面去研究语言的功能是有参考价值的。但是，维特根斯坦在这个问题上又走向另一极端，他完全否认词和对象、命题和事实、语言和世界之间的对应关系，把这两个方面割裂开来，而没有看到词、命题、语言所表达的思想，是客观存在的对象、事实和世界在人们头脑中的反映，因此他的这种观点是错误的。马克思主义认为，存在决定意识，思想是客观实在在人的主观意识中的反映，思想要通过语言来表现，语言是思想的物质外壳。语言本身虽具有一定的独立性，但不能与客观现实截然分离。历史证明，语言的形成是与人类社会的形成分不开的，语言的变化和发展也是与人类的社会实践的变化和发展分不开的。维特根斯坦虽然承认“语言游戏”与“生活形式”紧密相联，但他所列举的“期望”、“意向”、“意义”、“理解”、“感觉”等等“生活形式”仍属于人们的主观世界，而不是指社会实践本身。他在谈论语言游戏与生活形式的紧密联系时，只不过强调语言跟某些与语言相关的活动（“期望”、“意向”等等）的联系，而不是承认语言所表述的思想是客观实在在人们头脑中的反映。因此，他的这种语言游戏论仍然是一种唯心主义的语言概念。

2. 工具论

在意义理论上，维特根斯坦后期所持的观点，也与前期所持的观点大不相同。在前期，他依据于他的图像论，认为一个命题要有意义，它必须是某个事态的图像。在后期，他则提出他的“工具论”，认为词好比工具，词的意义在于词的用法。他说：“就我们使用‘意义’这个词的大多数情况——虽然不是全部情况——来说，可以给这个词下这样的定义：一个词的意义就是它在语言中的用法。”①

① 维特根斯坦：《哲学研究》，第20页，第43节。

维特根斯坦的“工具论”的基本思想，在于把语言看作工具，认为语言的功能类似于工具的功能。在《哲学研究》一书中，他经常把词与工具加以类比，认为各种不同的词正像工具箱中的各种不同的工具。他说：“想一想工具箱里的各种工具吧：那里有锤子、钳子、锯子、螺丝起子、尺子、胶壶、胶块、钉子和螺丝钉。各种词的功能是多种多样的，正如这些东西的功能是多种多样的一样。”① 又说：“把词想象为具有各自用途的工具，然后想一想锤子的用途、錾子的用途、曲尺的用途、胶壶的用途、胶的用途。”② 有时，他不只是把词比喻为工具，而且直接了当地说：“语言是一种工具，语言的各种概念都是工具。”③ 在他看来，正如各种工具各有不同的用途，不能说其中哪种用途最为重要，同样地，各种词也各有不同的用途，不能说其中哪种用途最为重要。

“工具论”的思想与传统的指称理论是对立的。按照后一种理论，词的意义在于它所指称的对象，因此通过用实物或动作所下的指示定义，就能说明词的意义。维特根斯坦在《哲学研究》中猛烈抨击了这种观点。他指出，指示定义是不明确的，例如，如果你为了说明“五”这个词的意义，向别人指着五个苹果，别人却可能把指着五个苹果这个动作理解为“苹果”这个词的意义；或者相反，当你指着那五个苹果，以表示“苹果”这个词的意义就是那一堆东西时，别人却可能理解为你指的是“五个”。“这就是说，在每一种场合下都可以对指示定义作不同的解释。”④

与此相关，“工具论”也与维特根斯坦前期根据他的图像说而提出的意义论截然不同。按照后一种理论，语句由词组成，词的意义就是词所指称或代表的东西，了解语句中各个词的所指，也就能了解语句的意义，因此命名的活动先于词句的意义。对于这种观点，维特根

① 维特根斯坦：《哲学研究》，第6页，第11节。

② 维特根斯坦：《蓝皮书和褐皮书》，第67页。

③ 维特根斯坦：《哲学研究》，第151页，第569节。

④ 维特根斯坦：《哲学研究》，第14页，第28节。

斯坦在《哲学研究》中提出两点反对意见。其一，他认为词的意义并不是词所代表的那个东西，这一点在专名的情况下表现得最为明显。例如，“彼得”是某个人的名字，可是这个人并不是“彼得”这个词的意义，因为一个专名所指的人可能活着，也可能死去，而专名的意义却不存在死活的问题。在他看来，如果把专名的意义理解为专名所指称的那个东西，那就把专名的意义和专名的承担者混为一谈了。他说：“当某某先生死去时，人们说这个名称的承担者死去了，而不是意义死去了。如果说意义死去了，那是荒谬的，因为，如果那时这个名称不再具有意义，那么‘某某先生死去了’这句话也就没有意义了。”① 其二，他认为在某个人了解某个词所代表的是什么东西之前，这个人必须已经掌握这个词所属的那种语言游戏。这就是说，为了了解一个词的意义，首先必须了解这个词的用法，了解这个词被应用于其中的那种语境。因此，对这个词所属的语言游戏的了解，一定先于对这个词本身的了解。

按照维特根斯坦在前期提出的意义论的观点，只要知道语句中各个词所指的对象，就能了解这个语句的意义，这与讲这个语句时的特定环境或情况没有任何联系。相反，按照工具论的观点，则十分强调词在特定语境中的地位，即词在其上下文中的位置，因为词是在一定的上下文中使用的，只有从上下文的联系中才能了解词的用法。词在不同的语境中具有不同的用途，达到不同的目的。仅仅从词本身不能了解词的意义，而必须从词的使用中，从词被使用时所处的上下文中，从词被使用于达到什么目的中，才能了解词的意义，正如对于一件工具，也必须从这件工具的用途和达到的目的等等中，才能对它有所理解。

维特根斯坦认为，不仅词是工具，而且语句也是工具，因为语句也与词一样，语句的意义与它的用途、它要达到的目的、它所处的语境等有关，把一个语句孤立起来考察，是很难理解它的意义的。例如，“它在这里”这个语句的意义，孤立起来看是不清楚的；相反，

① 维特根斯坦：《哲学研究》，第20页，第40节

如果某人指着他面前的一件东西说："它在这里"，这个语句的意义就清楚了，因为这时已把这个语句与特定的环境联系到一起，就容易看出这个语句的说出是为了达到什么目的、有什么用途等等。因此，总的来说，维特根斯坦认为，要理解词和语句的意义，都必须考虑它们被使用于其中的特定语境，考虑它们的用途和目的。

既然词和语句的意义都在于它们的用法，因此必须研究词和语句的使用规则，换句话说，必须研究语言游戏的规则。玩任何一种游戏都必须遵守一定的规则，玩语言游戏也是如此。词在不同语境中的用法，词在语句中的各种组合方式，以及其他等等，都必须遵守一定的规则。语言游戏的规则规定了词和语句的用法，从而规定了词和语句的意义。在《哲学研究》第558节中，维特根斯坦举例说明语言规则与词的意义的关系。例如，"这朵玫瑰花是红色的"和"2的两倍是4"这两个语句中，都有"是"这个系词。按照一种规则，这两个语句里的"是"这个词是可以对换的，它们具有相同的意义；而按照另一种规则，后一个语句中的"是"这个词具有"等于"的意思（"2的两倍等于4"），因此，这两个语句中的"是"这个词不能对换，不能用具有"等于"这种意义的"是"去替换头一个语句中的"是"这个词。可见，词的意义受到了语言规则的制约。没有一定规则，词和语句的用法则没有根据。改变了词和语句的使用规则，词和语句就可能有不同的意义。

维特根斯坦认为，一种语言游戏的规则是玩这种语言游戏的人都必须遵守的，因此语言游戏的规则具有一定的"公共性"。他说："一个人是不可能'私自地'遵守规则的。"① 从这点出发，维特根斯坦反对所谓"私人语言"，反对休谟提出的关于词的意义归根结底来自私人的印象或感觉材料的观点。如果每个人所使用的词的意义取决于这个人自己的印象或感觉材料，那么，不仅不同的人所使用的同一个词可能具有不同的意义，而且甚至同一个人先后使用的同一个词也可能具有不同的意义。因为记忆往往是不可靠的。如果休谟主张的

---

① 维特根斯坦：《哲学研究》，第81页，第202节。

观点是正确的，就会出现每个人都在使用各自的“私人语言”这样荒唐的局面。他认为“私人语言”是不能成立的，因为语言是人们沟通思想的工具，“私人语言”不可能具有这种功能，根本谈不上是一种语言。他说：“如果语言要成为一种沟通思想的工具，那就不仅在定义方面，而且在判断方面（听起来这可能有些古怪）……都必须是一致的。”① 这就是说，语言要成为沟通思想的工具，人们必须共同遵守一定的语言规则，因为只有在一个语词与一定环境之间保持有规则的、统一的联系的情况下，这个语词才具有意义。

维特根斯坦的工具论强调词的意义在于词的用法，这种观点对于日常语言学派发生强烈影响，对于当代美国分析哲学家塞拉斯（W. Sellars）、齐硕姆（R. Chisholm）、塞尔（J. Searle）等人也有很大影响，它还间接地影响了当前西方分析哲学界对语用学的研究，特别是对言语行为理论的研究。维特根斯坦不承认语言所表述的思想是客观实在在人的主观意识中的反映，因此这种工具论的哲学基础也是唯心主义的；尽管如此，由于这种理论强调研究词和语境的密切关系，促使人们对语言的用法进行经验研究，对意义理论进行经验研究，因此也含有一定合理因素，值得我们重视。

3. 哲学的性质

在对哲学的性质的看法上，维特根斯坦在前期和后期的观点有相同之处，也有不同之处。在《逻辑哲学论》中，他声称哲学不是理论，而是活动，哲学的任务在于解释，使思想在逻辑上变得明晰。在《哲学研究》中，他仍然承认哲学不是理论，而是活动，不过，他认为这种活动主要不是解释，而是描述，哲学是一种“纯粹描述的活动”。解释（explanation）是科学的任务，描述（description）才是哲学的任务。

在《蓝皮书和褐皮书》中，维特根斯坦指出，许多哲学家之所以陷入迷途，在于他们企图把自然科学中使用的解释方法搬到哲学之中。他说：“哲学家们经常看到科学方法的使用，于是禁不住也想像

① 维特根斯坦：《哲学研究》，第 88 页，第 242 节。

科学家所作的那样提出问题和回答问题。这种倾向是形而上学的真正根源，它把哲学家们引入绝境。我想在这里指出，我们的任务决不是把任何事物归结为另一事物，也不是对任何事物作出解释。哲学的确是‘纯粹描述的’。”①

在《哲学研究》中，维特根斯坦进一步详细阐述了这个观点。在他看来，哲学的思考不同于科学的思考，哲学不提出任何理论，在哲学的思考中不应有任何假设性的东西。哲学中必须抛弃一切解释，而仅仅代之以描述。哲学的任务不是作出结论，而只不过是陈述众所公认的事情。哲学问题也不是数学问题或逻辑问题，它不需要借助于数学和数理逻辑的发现去解决某种矛盾。他说："我们可以不提出任何理论，在我们的推论中不应有什么假设性的东西。我们应该避免任何解释，而只应让描述来取代它。这种描述由于哲学问题而获得了自己阐明问题的能力，即自己的目的。"② 这就是说，在他看来，哲学的任务只不过是把每件事情原原本本地展现在我们面前，既不对它作出解释，也不对它进行推演。既然每件事件都公开地摆在眼前，那就没有加以解释的必要。至于那些隐蔽的事物，哲学家是不感兴趣的。

维特根斯坦还认为，哲学的描述不同于经验科学的描述。譬如说，物理学描述的对象是原子，心理学描述的对象是心理状态，哲学描述的对象则是日常语言的用法。哲学不应当干预语言的实际使用，也不能给语言提供任何基础，它让一切保持原状，只是对之进行描述。他认为哲学对语言的描述类似于语法所起的作用，他说："语法并没有告诉我们，为了使语言实现它的目的，为了对人类产生这种或那种影响，必须怎样构造语言。语法只不过描述记号的用法，而没有对记号作任何解释。"③ 维特根斯坦的这种把哲学的任务归结为描述的观点，是与传统的哲学观点截然不同的，因此有些分析哲学家认为这是对哲学的使命进行一次彻底改革，把哲学家从理论家变成技术

---

① 维特根斯坦:《蓝皮书和褐皮书》，第 18 页。

② 维特根斯坦:《哲学研究》，第 47 页，第 109 节。

③ 维特根斯坦:《哲学研究》，第 138 页，第 496 节。

家。在此以前，罗素以及早期的维特根斯坦已主张把哲学的任务归结为逻辑分析，把哲学家变成为从事逻辑分析的技术家，后期的维特根斯坦则把哲学的任务归结为对语言的描述，即对语言的分析，从而把哲学家变成为从事语言分析的技术家。在他看来，哲学既不需要提出任何纲领，也不需要提出任何理论原理，甚至也不需要有某种特定的分析方法，因为选定这种或那种方法，就意味着认为它优越于其他方法，这就不可避免地会带来某种“形而上学”的后果。因此，他说："不存在唯一的哲学方法，虽然确实存在着各种具体的方法，就像存在着各种医疗法那样。"①

维特根斯坦之所以在《哲学研究》中提出一种与《逻辑哲学论》不同的观点，认为哲学的任务不是解释，而是描述，其原因在于他后来抛弃了他在早期提出的“图像说”，不再认为命题和事实具有相同的逻辑形式，不再认为有什么可以依据以确定命题的正确形式的标准。因此，他后来认为哲学家的任务不是纠正命题，而是理解命题；所谓理解命题，也不是指理解命题描述的是什么，而是指理解命题有什么功能，起什么作用，达到什么目的等等。

按照维特根斯坦的观点，我们对命题可能产生种种误解，最常见的误解是把不同的语言游戏混淆起来，或者认为某种语言游戏是唯一合法的，或者认为需要给每个名称找一个相应的对象，如此等等。他认为这种混淆和简单化的作法，深深地扎根在我们的思想习惯之中，以致往往没有被我们所察觉。不仅如此，对语言逻辑的误解还往往建基于我们的语言形式本身之中。因为，在棋类、牌类等游戏中，以及在数学和逻辑的演绎体系中，各种规则都是十分明确的，我们根据它们可以知道怎样做是正确的，而语言的规则却没有那样明晰，我们不能依据它们而明确地知道词或语句在特定语境中的准确用法。因此，可以说，哲学问题产生于对语言用法的误解，而对语言用法的误解又产生于对语言形式的误解，即不了解许多词和语句虽然在形式上相似，但各有不同的功能。

---

① 维特根斯坦：《哲学研究》，第51页，第133节。

维特根斯坦认为，对语言的各种各样的误解，引起各种哲学问题的产生。哲学问题的出现，表明我们对语言有了某种误解。哲学家的工作就在于从这里着手去找出我们对语言有了怎样的误解，哲学问题实质上是关于语言逻辑的问题，他说："当语言休息的时候，哲学问题便产生了。"① 这句话的意思是，当我们没有正确理解语言的逻辑时，哲学问题便产生了。因此，哲学问题是通过深入考察有关语句的真正功能，仔细了解实际进行的语言游戏而得到解决的。他说："〔哲学〕问题的解决，不是通过提出新的信息，而是通过对已知的东西重新加以排列。哲学是一场反对我们的理智被语言手段所迷惑的战斗。"②

按照维特根斯坦的观点，严格说来，哲学问题不是被"解决"了，而是自行"消失"。因为，他认为哲学推理的目标在于达到一种完全的清晰；一旦达到这种完全的清晰，也就是说，完全消除了误解，哲学问题便会自行消失。他之所以强调哲学问题不是被解决，而是自行消失，其目的正是为了说明哲学问题产生的根源在于对语言逻辑的误解，因此，一旦消除了误解，哲学问题产生的根源不存在了，哲学问题本身也就自然而然地消失了。他说："因为，我们指望获得的那种清晰的确是一种完全的清晰。不过，这仅仅意味着哲学问题应当完全消失。"③ 从这个意义上可以说，哲学问题的出现好比一场疾病，病根在于对语言的逻辑有了误解，消除了误解，就是消除了病根，因此可以把哲学工作看作一种治疗。他说："哲学家对问题的治疗就像是治疗疾病。"④

维特根斯坦把哲学的任务归结为语言分析的观点，对日常语言学派产生了巨大影响，以致语言分析成为日常语言学派的一个主要特征。这个学派的哲学家把语言分析方法作了更加广泛的应用，他们不

---

① 维特根斯坦：《哲学研究》，第 19 页，第 38 节。
② 维特根斯坦：《哲学研究》，第 47 页，第 109 节。
③ 维特根斯坦：《哲学研究》，第 51 页，第 135 节。
④ 维特根斯坦：《哲学研究》，第 91 页，第 255 节。

只是像维特根斯坦那样要借助于这种方法消除哲学问题，而且强调要通过对日常语言的用法本身进行十分细致的分析，来对哲学作出“建设性的贡献”。可是，另一方面，维特根斯坦的这种哲学观也遭到许多分析哲学家的攻击。罗素对维特根斯坦的前期思想颇为赞赏，对他后期的这种哲学观则持全盘否定的态度。波普尔批评说，维特根斯坦想通过语言分析清除形而上学，可是他的语言分析又引起许多烦琐的而且纠缠不清的问题，于是又陷入一种新的“形而上学”。维特根斯坦说哲学家的目的就是给苍蝇指出飞出捕蝇瓶的出路，可是，波普尔认为维特根斯坦自己就是一只嗡嗡地叫个不停的、令人厌烦的、飞不出捕蝇瓶的苍蝇。英国分析哲学家普赖斯（H. H. Price）对维特根斯坦企图通过语言分析“医治”哲学疾病的观点，作了这样颇有风趣的讽刺：“于是在我们面前出现了这样可笑的情景：职业哲学家有意识、有步骤地造成头痛，然后再去医治它。学生们花了一年的时间学习哲学课，努力染上疾病，然后再花费第二年的时间去治愈它。然而，如果情况不是这样，大夫那里就没有病人上门求医了。”①

从马克思主义的观点看来，维特根斯坦的这种哲学观的主要错误，首先是它否定哲学是关于世界观的学说，是人们对于整个世界（自然界、社会和思维）的根本观点的体系，是自然科学和社会科学的概括和总结。把哲学的任务仅仅归结为语言分析，这就大大贬低了哲学的意义，甚至可以说否定了哲学本身。其次，维特根斯坦把日常语言的用法看作用以判断哲学命题是否有意义的根据，可是，“日常语言”这个概念本身就是不明确的，而且日常语言的用法也没有明确的标准。维特根斯坦企图用他的语言分析方法澄清哲学混乱，消除哲学问题，这肯定是失败了。事实上，从《哲学研究》出版之日算起，已有30多年了，形形色色的哲学问题不仅没有消失，而且他的哲学本身又引起许多新的哲学问题。再次，维特根斯坦强调哲学的任务只是描述，而不是解释，可是他对哲学的性质或任务的看法本身就

---

① 普赖斯：《明晰是不够的》，1963年英文版，第18页。

是一种解释，而不仅仅是描述。他主张在哲学中把一切假说都排除掉，可是他的哲学的治疗原则本身也是一种假设，它的疗效如何还有待于检验。总的来说，维特根斯坦后期提出的语言分析理论，就它的某些具体观点（如“语言游戏”、“生活形式”、“工具论”等等）和分析技术来说，含有一些合理成分，经过批判改造后可以用于哲学语言的研究，但是，就他的整个哲学观来说，它是完全错误的。

第三章 逻辑实证主义的兴起

逻辑实证主义，又名逻辑经验主义或新实证主义①，是分析哲学的头一个支派，也是它的最主要的支派。逻辑实证主义形成于20世纪20年代中叶的奥地利，其核心是石里克创立的“维也纳学派”。逻辑实证主义可以称为一个学派，但更恰当一点说，它是一种哲学思潮。

维也纳大学自1895年起设立归纳科学哲学讲座，头一个担任这个讲座的是物理学家马赫；1902年，他的这个职位由物理学家波尔茨曼继任。1922年，石里克应聘担任这个讲座的教授。与前几任讲座教授一样，他也是从讲授物理学转为讲授哲学的，不过他与哲学保持着更加密切的联系。自他担任这个讲座后，在他周围逐渐聚集一批有共同志趣的哲学家和科学家。1924年，石里克接受他的门生费格尔和魏斯曼（F. Weismann）的建议，建立了一个关于经验科学哲学问题的小组，每星期四晚上开会讨论逻辑和认识论问题，于是“维也纳小组”或‘维也纳学派”开始形成。参加这个小组的，先后有石里克的同事和门生，如卡尔纳普、纽拉特、克拉夫特、考夫曼（F. Kaufmann）、魏斯曼、费格尔、齐泽尔（E. Zilsel）、尤霍斯（B. V . Juhos）、赖德尔（H. Neider）等哲学家，还有一些对哲学感兴趣的数学家和物理学家，如哈恩（H. Hahn）和弗兰克（Ph. Frank），稍后还有门格尔（K. Menger）、哥德尔（K. Gödel）、柏格曼

---

① “逻辑实证主义”这个名称是费格尔在1930年首次提出的。1936年后，赖欣巴赫、费格尔等人放弃这个称号，宁愿称自己的学说为“逻辑经验主义”。不过，在西方文献中这两个称号通用，一般不作明确区分。

(G. Bergmann)、拉达科维奇（Radakoric)。我国哲学家洪谦当时也曾参加维也纳小组的讨论。

1929年，纽拉特、卡尔纳普和哈恩共同起草了《科学的世界观：维也纳小组》这篇纲领性的宣言，介绍了这个小组的成员、研究方向和目标，正式宣告了这个学派的成立。在此之前，这个小组的部分成员还在1928年建立了“马赫学会”，他们提出该学会的任务是：“普及和促进科学的世界观”和“创造现代经验主义的精神工具”。

在欧洲其他国家，当时也建立了一些与他们的观点相类似的哲学团体。例如，在德国，赖欣巴赫和米塞斯（R. V. Mises）于1928年建立了“经验哲学学会”，参加者有克劳斯（Fr. Kraus)、赫茨贝格(A. Herzberg)、帕塞瓦尔（A. r. Parseval)、杜比斯拉夫(W. Dubislav)、格莱林（K. Grelling)、亨普尔、赫默尔（O. Helmet)等。他们又称为“柏林学派”。在波兰，形成了由卢卡希耶维茨(Lucasiewicz)、卡塔宾斯基（T. Katarbinski)、列斯尼耶夫斯基（Lesniewski)、塔尔斯基（A. Tarski）等逻辑学家组成的“华沙学派”。在英国，艾耶尔是它的主要代表，此外还有拉姆赛（F. P. Ramsey)、斯特宾（S. Stebbing)、布赖斯维特（R. B. Braithwaite）等人。在法国，卢惹耶（L. Rougier）的观点接近于逻辑实证主义。在北欧，逻辑实证主义颇为流行，丹麦的约根森（J. Jorgensen）和普泽尔(A. Petzüll)，芬兰的凯拉（E. Kaila）和冯·赖特（V. Wright)，瑞典的赫德尼乌斯（Hedenius)、塞格斯泰特（Segerstedt）和麦克—沃戈(Marc-Wogau）以及韦德贝格（Wedberg）等人，挪威的勒斯(A. Naess)，都是它的重要代表。

20年代中期到30年代末这十多年间，是逻辑实证主义在欧洲流行的全盛时期。1930年，维也纳学派把《哲学年鉴》杂志接收过来，改名为《认识》（Erkenntnis）杂志，作为它的机关刊物，由卡尔纳普和赖欣巴赫主编。1928～1929年间，维也纳学派还在“马赫学会丛刊”（Veroffentlichungen der Vereines ErnstMach）这个总标题下，出版了一系列专题论著。1934年，石里克、弗兰克等人又编辑《统一科学》（Einheitswissenschaft）丛书。维也纳学派还联合欧洲其他国家的类似团体，共同召开了多次国际性会议。1929 年，维也纳学派首次作为一个独立的哲学团体，参加了在布拉格举行的、由德国物理学会和德国数学协会联合主办的会议，讨论精密科学中的认识论问题，德国的经验哲学学会也出席了这次会议。1930 年，维也纳学派和经验哲学学会又在哥尼斯堡联合召开会议，继续讨论精密科学中的认识论问题，特别是数学和量子力学的基础问题。德国有许多数学家和物理学家参加了这次会议。1934 年，卡尔纳普、赖欣巴赫、纽拉特、卢慈耶等人又在布拉格为召开国际科学哲学大会举行筹备会议，1935 年在巴黎索尔朋大学正式召开这次大会，这次大会得到法国政府的支持，罗素和昂吕格（F. Enrigues）在会上致开幕词，有来自 20 多个国家的 170 名代表出席。大会通过了纽拉特提出的关于编辑《国际统一科学百科全书》的计划，还通过了卡尔纳普提出的关于统一逻辑符号的提案。这次大会表明逻辑实证主义已经成为一种在国际上有重大影响的哲学思潮。1936 年，又在哥本哈根举行了第二次国际科学统一大会，讨论量子力学和生物学中的因果性等问题，来自欧美的大约 100 名代表出席了这次大会，玻尔（N. Bohr）等人在会上宣读了论文。1937 年，又在巴黎举行第三次国际科学统一大会，着重讨论《国际科学统一百科全书》的计划。1938 年又在英国剑桥举行第四次国际科学统一大会，主要讨论科学语言问题，摩尔致了开幕词。1939 年在美国坎布里奇举行第五次，也是最后一次国际科学统一大会。由于第二次世界大战的爆发，这个大会以后就没有再召开了。

不过，从 20 世纪 30 年代中叶开始，维也纳学派便开始瓦解，这主要是政治原因，但也有其他原因。在这个学派的成员中，纽拉特在政治上比较活跃。1919 年德国革命时期，他在慕尼黑社会民主党政府和后来的巴伐利亚苏维埃共和国政府中，从事国民经济社会主义化的工作，革命失败后一度被捕受审，后获得释放。希特勒上台后，他无法继续留在奥地利，于 1934 年逃往荷兰。至于其他成员，虽然他们在政治上不很活跃，但他们对思辨哲学的敌视态度，使他们得不到当时奥地利由多尔富斯（Dolfuss）和舒施尼希（Schuschnigg）主持的右翼政府的支持，后来更受到纳粹政府的迫害。马赫学会的活动被说成是对社会具有破坏性，这个学派中一些出身于犹太籍的成员更加受到歧视。在这种受压抑的政治气氛下，这个学派的成员从 30 年代初起，已开始陆续迁居其他国家。费格尔在 1930 年即头一个迁居美国，先后在衣阿华大学和明尼苏达大学任教。哈恩在 1934 年突然病逝。石里克在 1936 年被一个精神错乱的学生枪击去世。卡尔纳普于 1935 年迁居美国，在芝加哥大学任教。魏斯曼迁居英国，先后在剑桥和牛津任教。门格尔和哥德尔、齐泽尔和考夫曼也先后迁居美国。克拉夫特留在维也纳大学，但到 1938 年也被解除教职。自石里克逝世后，这个学派定期举行的讨论会即告终止，它的机关刊物《认识》杂志于 1938 年被迫由莱比锡迁往海牙，改名为《统一科学杂志》，但到 1940 年也被迫停刊。总之，到 1938 年，维也纳学派已彻底瓦解。由于希特勒的上台，德国的经验哲学学会和波兰的华沙学派也相继瓦解，它们的成员也有不少迁居美国和英国，其中尤以美国最为集中，于是从 40 年代起美国成为逻辑实证主义的新的中心。不过，在英国和北欧诸国，逻辑实证主义仍有很大影响。60 年代后，逻辑实证主义作为一个独立的哲学思潮或学派来说，在英美等国也不复存在，但它的某些基本观点仍对以后分析哲学的发展有很大影响。关于 40 年代后逻辑经验主义在美国的发展和演变情况，我们将在本书第四、五、六等章中阐述。

关于逻辑实证主义的思想渊源，卡尔纳普、纽拉特和哈恩在他们的纳领性宣言《科学的世界观：维也纳小组》（1929）中，作了如下的声明：

“实证主义和经验主义：体谟，启蒙时期哲学家，孔德，穆勒，阿芬那留斯，马赫。

科学方法：赫尔姆霍茨，黎曼，马赫，彭加勒，安里克，杜恒，波尔茨曼，爱因斯坦。

符号逻辑及其应用：莱布尼茨，皮阿诺，弗雷格，施洛德，罗素，怀特海，维特根斯坦。

快乐论的伦理学和实证主义的社会学：伊壁鸠鲁，休谟，边沁，穆勒，孔德，费尔巴哈，马克思，斯宾塞……”

在这个宣言中，他们不分主次地罗列了一大堆人名作为他们的思想先驱。其实，严格说来，逻辑实证主义者在唯心主义经验论和实证主义方面，主要接受休谟和马赫的影响，在科学方法方面，主要接受马赫和彭加勒的影响，在符号逻辑及其应用方面，主要接受弗雷格、罗素和维特根斯坦的影响。这就是说，他们的主观唯心主义观点是源远流长的，他们继承和发展了休谟的唯心主义经验论，马赫的实证主义，彭加勒的约定论，以及罗素和维特根斯坦的逻辑原子论。皮尔士的指号理论和意义理论也对某些逻辑实证主义者发生过影响。至于石里克的快乐主义伦理学和纽拉特的实证主义社会学，在整个逻辑实证主义思潮中并不占主要地位。纽拉特在青年时期一度接受第一次世界大战后欧洲社会主义革命浪潮的影响，但若以此为根据把马克思列为逻辑实证主义的思想先驱之一，则显然是牵强附会的。

逻辑实证主义虽然是分析哲学的一个支派，但就它本身而言，由于它流行于欧美（以至亚洲、大洋洲）的许多国家，包括维也纳学派、柏林学派和华沙学派等学派，代表人物众多，观点庞杂，因此也可以说它是一种思潮。在它的代表人物中间，既有哲学家和逻辑学家，也有物理学家、数学家和社会学家，各自有不同的研究领域。但就他们作为这种思潮或流派的成员来说，仍然可以说他们的哲学兴趣主要集中在语言哲学和科学哲学两个方面，不过各人的偏重有所不同。例如，塔尔斯基、艾耶尔等人，偏重于语言哲学方面，而赖欣巴赫、弗兰克、费格尔、亨普尔等人则偏重于科学哲学方面，卡尔纳普则在这两个方面都作了很多研究。由于他们大多认为伦理命题只具有情绪意义，而不具有认识意义，因此伦理学问题在他们的著作中一般不占重要地位；可是，它的老一代的个别代表人物，如石里克和克拉夫特，则花了很多时间致力于伦理学的研究。他们的社会政治观点大多倾向于资产阶级的民主自由主义，对德国法西斯主义持不满以至敌视的态度，因此受到纳粹政权的迫害。逻辑实证主义是分析哲学的主要支派，影响很大，我们对它的兴起和发展过程作了较多的阐述。下面，我们还要对这个学派的基本观点作一概述，并试图从马克思主义立场作些分析批判。

一、两类命题的区分和对形而上学的拒斥

分析命题和综合命题的区分，可说是逻辑实证主义的一个重要基石。这种区分是西方哲学的一个传统观点。早在17世纪，莱布尼茨已把真理分为事实真理和理性真理，前者靠充足理由律来保证，后者靠矛盾律来保证。18世纪，休谟也把知识分为事实的知识和理性的知识，前者带有偶然性，后者才是必然的。康德对分析判断和综合判断作了详细的区分，认为综合判断是能够提供知识的，它通过两个把主词包摄于其中的概念的联系或综合而给我们提供关于主词的知识；分析判断则不能提供新的知识，它仅仅对那个把主词包摄于其中的概念进行阐释和分析。逻辑实证主义者继承了从莱布尼茨到康德的这个传统观点，他们几乎一致认为这种区分是合理的，而且是必要的。他们说，分析命题是必然的、普遍的，它们的真理性仅仅来自这种命题中所包含的词或符号的定义，我们只要借助于形式逻辑就能判断其正确与否，而不需要求助于经验的证明。逻辑和数学中的命题就属于分析命题。相反，综合命题是陈述事实的命题，不是必然的、普遍的，它们真实与否必须求助于经验的证实（关于他们的经验证实理论，我们将在下面详述），经验科学的命题就属于综合命题。逻辑实证主义者一直把这种区分看作一个无可置疑的信条，甚至到20世纪50年代蒯因猛烈抨击这种区分的合理性之后，费格尔等少数逻辑经验主义者仍然坚持这个基本观点。

逻辑实证主义者之所以如此重视和坚持分析命题和综合命题的区分，这是因为他们正是以此作为批驳形而上学的重要依据。他们强调说，具有认识意义的命题不外两类，即分析命题和综合命题。形而上学命题既不是根据其逻辑形式就能判断其真假的分析命题，也不是借助经验的检验就能确定其正确与否的综合命题，而是一些根本没有认识意义的伪命题。在形而上学命题中，有些词（如“存在”、“物自体”等等）本身就没有意义；即使词本身具有意义，但又是被一种不符合逻辑的方式组合到一起，因此整个命题仍然没有认识意义，至多只具有情绪意义、图像意义等等。因此，他们主张通过对语言的逻

辑分析来清除形而上学。

逻辑实证主义者的反形而上学立场，继承了休谟的唯心主义经验论和马赫等人的实证主义的传统。休谟早就从彻底经验论的立场提出反形而上学的口号，反对抽象的思辨哲学。马赫等人也是把知识的范围局限于对经验的事实或现象进行描述，认为经验的客观泉源、世界的本质和必然联系等问题，都是虚妄的形而上学问题，一概加以否定。逻辑实证主义者在这些看法上与休谟、马赫等人的观点是一脉相承的。与他们不同的是，逻辑实证主义者认为形而上学问题不是事实问题，而是语言问题。他们反对形而上学，不是因为形而上学是错误的，也不是因为人类的理性没有能力解答这类问题，而是因为形而上学问题本身根本没有认识意义，毫无研究价值。他们说，形而上学问题本身无所谓对错，我们既不加以肯定，也不加以否定，而是拒绝讨论这类问题。他们在批驳形而上学时，除了利用传统的经验论外，还利用了现代的数理逻辑，把它作为对语言进行逻辑分析的主要工具。他们认为以往的反形而上学者之所以没有能够完成这项任务，正是由于当时缺乏这个有力的武器。

逻辑实证主义者反对形而上学的矛头，当时主要指向德国的新康德主义和英国的新黑格尔主义。他们这些哲学家、逻辑学家、数学家、物理学家、社会学家，从其主观愿望来说也有好的一面，这就是他们强调科学知识的可靠性和精确性，反对抽象空洞的思辨，希望借此使自然科学的发展摆脱思辨的自然哲学的束缚。他们对这些思辨唯心主义的批判也具有一定意义，不过，由于他们自己就站在唯心主义的经验论和实证主义的立场上，因此他们自然不可能对新康德主义、新黑格尔主义等流派作出有力的批驳。而且，关键问题在于，他们的矛头不仅指向思辨的唯心主义，而且指向唯物主义，指向哲学本身。因为，他们所说的“形而上学”，指的是那些研究万物的本质、存在的普遍规律这些靠感性经验不能直接认识的问题的哲学学说，这实际上是把“形而上学”和整个哲学等同起来。按照他们的观点，凡是表述某种在全部经验之外的东西的命题，都是没有认识意义的形而上学命题。这样一来，世界的本源和规律问题，存在和思维的关系问题，唯物主义和唯心主义的对立问题等等，都被他们统统当作形而上学问题一笔勾销了。列宁早就指出："许多唯心主义者和一切不可知论者（康德主义者和休谟主义者包括在内）都辱骂唯物主义者是形而上学者，因为在他们看来，承认外部世界不依赖于人的意识而存在，就是超越经验的范围。"① 列宁的这个论断对逻辑实证主义者来说也是完全适合的。还应当指出的是，逻辑实证主义者还追随在马赫等老实证主义者之后，在反对形而上学的旗帜下，标榜自己的中立路线，妄图超越于唯物和唯心的斗争之上。他们声称自己既不赞成唯物主义，也不赞成唯心主义。无论唯物主义命题或者唯心主义命题，只要它们不属于分析命题或综合命题，都被他们划入应当否定的形而上学之列。列宁曾把实证主义者、马赫主义者等等称为"哲学上的可鄙的中间党派"，并且指出："在哲学上企图超出这两个基本派别，这不过是玩弄'调和派的骗人把戏'而已。"②

逻辑实证主义者在20世纪20年代提出反形而上学的口号时，曾博得一些对思辨哲学怀有反感的自然科学家的赞同，但也遭到许多传统哲学家的坚决反对。30～40年代，在分析哲学家中间，也开始有人对这个口号表示不满。英国日常语言学派的代表人物威斯顿、赖尔等人认为形而上学也有积极的一面，可以从中受到启发，斯特劳森等人进而开展对"描述的形而上学"的研究。50年代，蒯因在批驳分析命题和综合命题的区分时，还提出"本体论的承诺"这个概念，强调要重视对本体论问题的研究。可以说，自40年代起，尽管还有一些逻辑实证主义者仍然坚持反形而上学的立场，但他们的这个口号已叫得不像过去那样响亮了。

二、经验证实理论

逻辑实证主义者在抨击形而上学时，除了依据分析命题和综合命

① 列宁：《唯物主义和经验批判主义》，引自《列宁全集》第14卷，第53页。

② 列宁：《唯物主义和经验批判主义》，引自《列宁选集》第2卷，第347页。

题的区分这个传统观点外，还依据于他们提出的经验证实理论，因为综合命题的真实与否有待于经验的证实，形而上学命题之所以被判定为没有认识意义，正是由于它们得不到经验的证实。

经验证实理论是逻辑实证主义的一个基本观点，它自被提出后即不断受到人们的反驳，逻辑实证主义者不得不一再加以修正和补充，不断降低经验意义的标准。他们在20世纪20年代最初提出的是“可证实性原则”，按照这个原则，只有当一个命题是一个表示观察或知觉的基本命题的真值函项时，或者说，只有当一个命题可以还原为一个表示观察或知觉的基本命题时，这个命题才具有意义。根据这个原则，他们提出命题的意义在于它的证实方法，这就是说，一个命题是否有意义，取决于有没有用经验去证实它的方法。

20世纪30～40年代，由于在执行他们的“可证实性原则”上碰到许多无法克服的理论困难，同时又遭到许多人的反驳，因此他们不得不放弃这个原则，而代之以一些比较灵活、宽大的意义标准。在这方面，他们提出了好几种不同的方案。卡尔纳普提出用“可验证性原则”或“可检验性原则”来取代“可证实性原则”。按照可验证性原则，如果观察语句能够在对一个语句的验证方面作出肯定或否定的回答，那就可以认为这个语句是可以验证的，从而是有意义的。按照可检验性原则，如果人们能够提出一种可以随意产生某些可观察的事件的方法，那么被这些事件所验证的命题就是可以检验的，这种方法便是这个命题的检验程序。可检验性原则比可验证性原则要求稍高一些，因为一个命题可能是可以验证的，而不是可以检验的。卡尔纳普更倾向于采用比较宽大、灵活的可验证性原则，他的这种观点被许多逻辑经验主义者所接受。

艾耶尔提出用“弱的可证实性”取代“强的可证实性”。他认为“强的可证实性”即完全的证实是做不到的，只能要求“弱的可证实性”即不完全的证实。在证实一个普遍命题时，只要以这个普遍命题和另一个命题作为前提，而推出一个新的命题，而这个推出来的新命题又得到经验的证实，那就承认原来的那个普遍命题是有意义的。这就是说，对于普遍命题不要求完全的证实，只要求一定程度的经验观察的证实。由于这个标准过于宽大，它遭到一些逻辑经验主义者的反对。

赖欣巴赫一直反对"可证实性原则"，认为不能把绝对的可证实性作为意义的标准。他把这种观点称为真理的意义理论，并提出概率的意义理论与之相对抗。按照后面这种理论，如果有可能确定一个命题的权重，即它的概率度，那么这个命题便是有意义的；如果两个命题通过各种可能的观察都获得相同的权重，那么这两个命题便具有相同的意义。他认为关于未来事实的命题，我们不能准确地断定它们的真值，只能说它们具有一定的权重，也就是对它们的真实性表示一定的看法，如"确定的"、"不太确定的"等等。真值只有两个值，即真和假，而权重则是一系列连续的量。概率就是对权重即可靠程度的一种精确计量。赖欣巴赫试图用概率理论来解决经验意义的标准问题，他的这个标准显然比可证实性原则宽容多了。

以上这几种方案都企图通过降低经验意义的标准，来克服他们的经验证实理论所碰到的理论困难。可是，由于他们不承认经验的客观内容，仅仅把经验理解为个人的主观经验，这就必然产生许多无法克服的困难。首先，他们无法使个人经验的证实或验证具有客观基础。对任何一个命题的真实性的证实或验证都必须有客观的基础。逻辑实证主义者既然把证实或验证命题的真假归结为与个人经验到的东西是否一致，他们就无法使这种证实或验证具有客观的基础。因为，个人经验是主观的，它可能是，也可能不是客观事物的正确反映，因此不能作为证实或验证命题真假的客观标准。其次，他们也无法克服个人经验的证实或验证不具有普遍意义的困难。既然个人经验是主观的、私人的，因此，不同的人对同一对象的经验就可能不一样，甚至同一个人在不同条件下对同一对象的经验也可能有差异。而且，在这种私人经验的基础上，个人与个人之间也无法实现经验交流。例如，一个得了思乡病的人，不可能把他思念家乡的感受传递给一个没有离开过家乡的人。如果个人经验对命题的证实或验证不具有普遍意义，那么这种证实或验证还有什么价值呢？再次，他们也无法克服在用个人经验证实或验证普遍的科学命题上的困难。因为，科学命题都是普遍的，如果它涉及的对象是有限的，那么从原则上说还可以穷尽它的经验内容。如果它涉及的对象是无限的，例如，“凡人皆有死”，那就永远不可能穷尽它的经验内容。总之，否认经验的客观内容，纯粹的主观经验就不可能作为意义检验的客观标准。

按照辩证唯物主义反映论的观点，人类的感觉、概念以至全部认识都是客观世界的反映。经验是人们在社会实践活动中产生的一种认识形式，是主体的认识对于客体的反映，是在认识过程中联结主体和客体的桥梁。一般说来，经验是感性的认识形式，但它也包含有理性成分。我们的认识不能停留于经验，不能把经验看作唯一可靠的认识根据，更不能把经验当作检验真理的唯一标准。经验有待于在从感性认识到理性认识的能动飞跃中不断加以总结、提高和深化，使之变成规律性的认识，然后再把这种认识放到社会实践中去，看它是否取得预期的成功。因此，社会实践才是认识的基础和检验真理的唯一标准。

三、哲学的任务——“逻辑分析”

与上述反形而上学的立场相联系，逻辑实证主义者大大缩小了哲学的范围，并给哲学提出了新的任务。如上所述，他们认为形而上学命题是没有认识意义的伪命题，于是把形而上学即本体论排除于哲学领域之外。他们认为伦理学命题也没有认识意义，于是又把伦理学排除于哲学之外。心理学被看作属于经验科学，不属于哲学范围。认识论被看作心理学和逻辑的综合体，其中心理学部分应属于经验科学，哲学只研究它的逻辑部分。在形而上学、伦理学、心理学以及认识论的心理学部分都被排除出哲学领域之后，剩下的就只有逻辑了。逻辑实证主义者由此声称：哲学的唯一任务就是从事逻辑分析。

逻辑实证主义者把哲学的任务归结为逻辑分析的观点，渊源于罗素和维特根斯坦。罗素早已提出可以把一切真正的哲学问题归结为逻辑问题，并且对逻辑分析方法作了详细的论述。维特根斯坦也认为哲学的目的是使思想在逻辑上明晰，哲学不是理论，而是活动。逻辑实证主义者继承了这种观点，强调哲学不是知识的体系，即不研究对于世界的认识，而是一个活动的体系，即从事对语言的逻辑分析活动。所谓对语言的“逻辑分析”，他们最初指分析语言的逻辑句法。他们认为，传统的哲学要被科学的逻辑所代替，也就是被对于科学上的概念和语句的逻辑分析所代替，因为科学的逻辑无非就是科学语言的逻辑句法。所谓语言的逻辑句法，他们指的是一种关于语言的形式理论，它研究语言中的规则、定义等等，它不涉及词或语句的意义，而仅仅研究语言由以组成的那些符号的种类和顺序。这种形式理论包括两条基本规则：形成规则和变形规则。形成规则规定什么样的语句可以被看作适当的语句。变形规则规定对那些经过形成规则鉴定的语句又可以进行什么样的演绎。因此，逻辑句法主要解决两个问题：一是要对什么是适当的语句作出鉴定；二是要详细说明如何从适当的语句中引出它们的逻辑结论。到20世纪30年代后期，他们认识到在语言的逻辑分析中，不能只限于句法分析，还需要补充以语义分析，于是语义学研究便成为他们后期活动的一个重要内容。他们把语义学分为描述的语义学和纯粹的语义学：前者描述和分析某种或许多种历史地形成的语言的语义学特征，它属于经验科学；后者完全是分析的，不具有事实内容，它是对语义系统本身进行构造和分析。语义系统由许多语义学规则构成，包括形成规则、指称规则和真理规则等。这些规则陈述了对象语言中语句的成真条件，从而决定了这些语句的意义。语义系统的规则涉及的是对象语言，但它们本身是用元语言来表述的。他们试图以数理逻辑为手段，依据各种句法规则和语义规则，构造出精确的人工语言系统。他们认为借助对语言的逻辑分析，就能清除哲学混乱，使长期争论的哲学问题得到解决。

逻辑实证主义者通过逻辑分析，在语言哲学，特别是在如何使概念明确、推理严密方面，作了许多有益的工作，取得一定积极成果。特别应当指出的是，他们的逻辑理论中含有许多合理因素，如对归纳逻辑的研究，对真值函项的研究，对元语言和对象语言的区别等等。但是，就哲学观来说，他们在这个问题上却犯了不少错误。首先，他们把哲学的任务仅仅归结为逻辑分析，这是根本错误的。哲学是关于世界观的学说，是人们对于自然界、社会和思维的本质和规律的认识，它的任务是研究存在和意识、物质和精神的关系等根本问题。如果把哲学的任务仅仅归结为逻辑分析，那就否定了哲学作为世界观和方法论的重大意义，从而也就否定了哲学本身。其次，他们所从事的逻辑分析，无论是对句法的分析或者对语义的分析，基本上都是从静态的和纯粹形式的方面研究语言，而没有从动态的、发展的方面进行研究，特别是没有把语言的内容和形式密切结合起来加以研究。然而，语言是思想的直接现实。马克思指出，无论思想或语言都不能独立组成特殊的王国，它们只是现实生活的表现①。因此，研究语言时既要研究语言的形式，同时也要注意语言的内容，即语言所反映的社会实践。如果完全撇开语言的内容只研究语言的形式，就会犯形式主义的错误。再次，他们的逻辑分析还带有一定的约定论色彩，因为，在他们看来，形式语言的规则系统，包括形成规则和变形规则，都是由人们任意选择的。人们不仅可以任意构造和采用不同的逻辑语言系统，而且可以允许不同的逻辑语言系统同时并存。任何一个系统只要首尾一贯，就有存在的权利。至于哪一个系统能够得到广泛使用，这要靠科学家们协商约定。诚然，形式语言中含有若干约定因素，这是正常现象，但不能把这一点无限夸大，以致完全否认形式语言也是一种社会现象，它随着社会的发展而发展，它的发展和变化也遵循一定的客观发展规律。形式语言也不是纯然建立在协商约定的基础上，而与这种语言所反映的客观现实绝对无关。最后，他们认为通过逻辑分析，可以澄清哲学混乱，解决哲学中的疑难问题，清除唯物与唯心之争等无意义的纠纷。这也是一种不切实际而且错误的想法，因为，尽管有些哲学混乱是由于概念模糊或推理混乱所引起的，可是，在哲学上两条路线的斗争中，唯心主义和形而上学之所以陷入迷途，许多荒谬的哲学命题之所以被提出，都具有深刻的认识论原因和社会政治原因。语言的误用只是一个次要问题，认识论原因和社会政治原因才是主要问题。仅仅依靠逻辑分析，决不能认清唯心主义和形而上学由以产生的根源，更谈不上澄清哲学混乱和解决疑难问题了。只有运用辩

---

① 《马克思恩格斯全集》第 3 卷，第 525 页。

证唯物主义的观点和方法，才能发现各种荒谬的哲学命题由以产生的根源，揭露唯心主义和形而上学的实质。

四、现象主义、物理主义和科学的统一

逻辑实证主义者既然认为形而上学命题是没有认识意义的伪命题，因此他们主张哲学家不应当再研究传统的本体论问题，而应当研究与相应的语言形式有关的问题。特别是研究哲理探讨中应该使用现象主义语言或物理主义语言（即物理语言）的问题。所谓现象主义语言，他们指的是以关于感觉材料的语句为基础的语言，例如“目前在我的视野里有一个红色的三角形”。所谓物理语言，他们指的是那种把某些可观察的特性归诸物质事物的语言，例如“这件东西是黑色的和笨重的”。

20 世纪 20 ~ 30 年代，逻辑实证主义者都主张采用现象主义语言，他们认为哲学的任务在于把一切知识归结到可靠的基础上。既然直接给予的知识即感觉材料是最可靠的知识，因此哲学家应当采用那种把感觉材料当作基础的语言。这就是他们初期所持的现象主义观点。但是，感觉材料是主观的，现象主义语言不利于思想交流，不能作为科学的普遍语言。于是，在 30 年代中叶，卡尔纳普、纽拉特、费格尔等一部分逻辑实证主义者便提出用物理语言取代现象主义语言。他们认为，这种语言的最大优点在于它的可交流性，即所谓“主体间性”（intersubjectivity），因为用这种语言描述的事件从原则上说是能够被所有使用这种语言的人观察到的。他们说，由于科学是一个由许多有效的、大家都可以理解的语句组成的体系，而一切专门科学的语言都可以在保存其原意的条件下翻译成物理语言，一切专门科学的命题都可以转化为相应的物理命题，因此物理语言是科学的普遍语言。这是后期一部分逻辑实证主义者所持的物理主义观点。

纽拉特、卡尔纳普等人还试图在物理语言的基础上实现科学的统一。他们认为，经验科学的各个分支仅仅是由于分工的实际需要才被分割开来，它们从根本上说只是一门无所不包的统一科学的若干部分。借助于物理语言这种普遍的语言，可以把各门科学所使用的不同

语言，都翻译成一种共同的语言，从而为科学的统一奠定必要而且充分的基础。这就是说，各门科学中的事件都可以用物理语言翻译成具有时空坐标的物理事件，社会事件可以归结为人的行为事件，人的心理活动也可以根据其生理物理状态加以解释。他们对物理学、生物学、心理学以及社会科学的词汇之间的逻辑关系进行分析，断定物理语言或事物语言是把全部科学语言进行还原的充分基础。要实现科学的统一，除了有一种普遍的语言外，还需要把各门科学的规律统一起来，构成一个同质的体系。他们承认目前还做不到这一点，这是科学发展的远大目标。

逻辑实证主义者用物理主义取代现象主义，是为了以此克服现象主义所产生的困难，特别在经验证实理论方面的困难。就这两者本身相比，可以说物理主义比现象主义略胜一筹。因为，按照现象主义，观察的对象是感觉材料和直接经验；按照物理主义，观察的对象则是物理事件。在前者看来，基本命题所描述的是个人的感觉、经验，于是个人经验或感觉材料被看作知识的基础；而在后者看来，基本命题所描述的是物理事件，于是物理对象被看作知识的基础。不过，在这里应当指出，物理主义者之所以强调物理对象或物理事件，目的在于论证采用物理语言的合理性，并不表示他们承认物理对象的存在不以人的意识为转移。诚然，卡尔纳普等人说过，由于他们的物理主义认为物理语言是对物理事件的描述，而不是对个人感觉经验的描述，这样就可以避免现象主义可能导致的唯我论。但是，他们又明确声明，他们在谈到物理事件的实在性时，所指的只是作为物理语言这种语言系统中的一个要素，而不是指任何独立于意识的客观存在，因为物理主义纯然是一个逻辑的、句法的问题，与一元论、二元论或多元论等论题毫无关系。可见，石里克等人的现象主义和卡尔纳普等人的物理主义的分歧，只不过是唯心主义阵营内部的分歧。

至于科学的统一问题，可以认为这个问题的提出本身是有积极意义的，它符合于近几十年来现代科学发展中的一体化倾向，这就是各门科学在分工的基础上出现多种形式的综合，越来越相互接近，在各门科学之间又出现许多边缘性学科，这种发展趋势将使各门科学统一为一个整体。但是，逻辑实证主义者用以实现科学统一的方法却是错误的，他们把这个非常复杂的问题仅仅归结为语言问题，认为物理语言已为实现这种统一提供了必要而且充分的基础。其实，各门科学都有其特殊性，很难在保存其原意的条件下把各门科学中那些独特的抽象概念或理论命题，统统还原为物理语言。把各门科学的对象一概归结为一般的物理事件，这也否定了各门科学的特殊性。科学统一的实现，不是依靠科学语言的统一，而是取决于科学本身的发展规律以及其他许多因素。

以上对逻辑实证主义的形成、发展以及基本观点作了扼要评述，下面将对它的一些最重要的代表人物的生平和思想作比较详细的论述。本章中将依次考察石里克、纽拉特、克拉夫特和艾耶尔，他们属于逻辑实证主义前一时期的代表人物，主要是在欧洲从事学术活动。第五章中将考察卡尔纳普、赖欣巴赫、费格尔和亨普尔，他们属于逻辑实证主义后一时期的代表人物，其前半生在欧洲活动，后半生在美国活动。卡尔纳普和赖欣巴赫在前期已有不少著作，但是他们的大部分著作是他们移居美国后才完成的。由于篇幅限制，还有许多代表人物就不能一一论述了。

第一节　莫里茨·石里克
(Moritz Schlick 1882 ~ 1936)

莫里茨·石里克，德国哲学家，物理学家，维也纳学派的创始人。1882 年 4 月 25 日出身于柏林的一个贵族而兼营企业的家庭。他在中学时期就对数学和物理学深感兴趣。其后在海德堡、劳赞和柏林念大学期间，选了物理学作为他的主修课。1904 年在柏林大学物理学家普朗克（M. Planck）的指导下，写出一篇关于光的反射的论文，获得博士学位。1910 ~ 1920 年间，他在罗斯拉克大学担任讲师和副教授，1921 年被任命为基尔大学教授，1922 年接受维也纳大学的邀请，接任先后由马赫与波尔茨曼主持过的归纳科学哲学讲座教授，直至 1936 年 6 月 22 日被一个精神错乱的学生枪击而逝世，当时才 54

岁。他曾于1929年和1931年两次赴美讲学，在斯坦福大学等校任访问教授。他在大学里讲授的课程，包括自然哲学、逻辑、认识论、伦理学以及历史哲学等。

石里克的思想发展大致可以分为两个时期。在20世纪20年代中期以前，他基本上持批判实在论的观点，主要接受休谟、马赫、阿芬那留斯、彭加勒、罗素等人的影响，对当时在德国居于主导地位的新康德主义和刚刚兴起的胡塞尔现象学持不满态度。《现代物理学中的空间和时间》（Raum uud Zeit in der gegenwartigen Physik，1917）和《普通认识论》（Allgemeine Erkenntnislehre，1918）① 二书代表他的早期思想。后来，维特根斯坦的早期著作《逻辑哲学论》在1921年出版，对他的思想发展发生很大影响②。其后，他又接受卡尔纳普的《世界的逻辑结构》（1928）一书的影响，于是在20年代中期之后，逐渐转到逻辑实证主义的立场上来。由于遇害早逝，他在后期没有写出大部头著作，他在后期对哲学的看法散见在他于1926～1936年写的一系列论文中，其中主要的有：《哲学的转变》（1930）、《一种新的经验哲学》（1932）、《实证主义和实在论》（1932）以及死后发表的《维也纳学派和传统哲学》（1936）等。这里需要指出，以上两个阶段的划分，只是就从批判实在论转向逻辑实证主义这一点而言，就其他方面来说，这两个阶段之间的界限并不明显。整个看来，他一生中思想的发展是有其连续性的。

关于石里克在这两个时期的思想渊源，他的助手和门生费格尔作了这样的说明："关于石里克的人生哲学，我除了古尧（Guyau）、尼采和鲁斯金（Ruskin）之外，不敢提出其他人。另一方面，就石里克的理论哲学而言，我却可以比较肯定地说，对他发生积极影响的，是休谟（其次是孔德和穆勒）、赫尔姆霍茨、马赫、阿芬那留斯、彭加

① 《普通认识论》一书的第一版反映了石里克的早期思想，到1925年此书再版时，石里克从逻辑实证主义观点对此书作了补充和修改。

② 关于维特根斯坦对石里克的影响，洪谦在他的《维特根斯坦和石里克》（载《现代外国哲学论集》第二集）一文中作了详细分析。

勒、希尔伯特、爱因斯坦和罗素。后来，卡尔纳普给予他以推动，同时维特根斯坦也给予他很大影响。在石里克最后十年时期的思想上，维特根斯坦盖上了他的鲜明烙印。"①

石里克对研究工作的兴趣，主要集中在物理学和认识论两个方面。在他那里，这两者又是密切相连的，他经常引用现代物理学的成就来论证他的认识论观点，反过来，又往往从他的认识论观点出发去说明现代物理学的成就。

在物理学方面，石里克特别重视现代物理学的成就。他在大学时期主修物理学，与当时的一些著名的物理学家普朗克、爱因斯坦等人以及数学家希尔伯特都有个人联系。在这方面，他除完成《现代物理学中的空间和时间》（1917）和《自然哲学纲要》（Grund Züge der Naturphilosophie，他死后根据其在1922～1923年间所写的讲稿出版）两书外，还写了一系列论文，如《相对论原理的哲学意义》（1915）、《对现代物理学的批判的解释还是经验的解释?》（1921）、《哲学中的相对论》（1922）、《自然哲学》（1925）、《现代物理学中的因果关系》（1931）、《量子理论和自然的可知性》（1936）等等。

在认识论方面，主要著作是《普通认识论》（1918）一书，他在这本书中对认识和体验作了明确的区分，否定了康德关于先天综合判断的理论，提出他关于实在的观点和关于身心问题的看法。这本书预示了维特根斯坦晚几年出版的《逻辑哲学论》一书的某些观点。此外，他还写了一系列论文。如《什么是认识?》（1911～1912）、《存在着直觉知识吗?》（1913）、《现象和本质》（1917）、《论知识的价值》（1912）、《体验、认识和形而上学》（1926）、《论知识的基础》（1934）、《事实和命题》（1935）、《意义和证实》（1936）等等。

除现代物理学和认识论外，石里克对人生哲学也感兴趣。早在青年时期，他就写了一本题为《生活的智慧》（Lebensweisheit）的小册子，后来又写了《生活的意义》（1927）一文和《伦理学问题》

① 费格尔：《对莫里茨·石里克的回忆》，1938年，载于H. L. 穆德尔等人编辑的《石里克哲学论文集》第1卷，1979年版，第XX页。

(1930) 一书。

石里克对逻辑实证主义的贡献，除了通过他后期的著作阐述这个学派的基本观点外，主要是他建立了“维也纳小组”或“维也纳学派”。如前所述，自他主持维也纳大学归纳科学哲学讲座之后，在他周围聚集了一批哲学家、物理学家、数学家和社会学家，他们经常集会讨论他们共同关心的问题，形成了后来成为逻辑实证主义核心的“维也纳小组”。正如费格尔所说，“石里克在维也纳任教的这段时期里，成为‘维也纳小组’这个集团的自然中心，这个小组后来发展成为一种哲学思潮。这段时期里，大家十分愉快地协力合作，有启发性地交换意见。这是一个发展异常迅速的时期，它产生了现在广泛地被称为‘逻辑实证主义’或‘逻辑经验主义’的思潮”①。对于石里克在这个小组或学派中的地位和作用，费格尔和布卢姆贝格还作过这样的评述：“莫里茨·石里克是作为‘逻辑实证主义维也纳小组’的创建人和指导者闻名于世的。他的确是这个著名小组的‘核心’。他是一个极为谦逊、节制和善良的人；在小组的讨论中，他通常宁愿以一个提出建设性评论的‘主席’和‘调解者’的身份出席，而不愿以‘首领’的身份出席。除了在一些罕见的场合，例如，对奥托·纽拉特的某些挑战性的彻底唯物主义观点或费利克斯·考夫曼的某些试探性的现象学观念作出反应外，石里克从来不让他的评论带有丝毫尖酸刻薄或咄咄逼人的痕迹。”②

一、哲学的任务和反形而上学的立场

在这个问题上，石里克前期和后期的观点，在某些方面有所联系，但在主要方面却有显著分歧。概括说来，在前一时期中，他倾向于传统的看法，认为哲学的研究对象是整个宇宙，哲学的任务是获得知识，形而上学是能够成立的，思辨方法在一定程度上也是可以采取

---

① 费格尔：《对莫里茨·石里克的回忆》，1938 年，载于 H. L. 穆德尔等人编辑的《石里克哲学论文集》第 1 卷，1979 年版，第 XX 页。

② 费格尔和 A. E. 布卢姆贝格为石里克的《普通认识论》第二版英译本写的导言，引自该书 1974 年版，第 XⅦ页。

的。哲学史上唯物主义（他称之为实在论）和唯心主义之间的争论，是可以通过哲学思考加以解决的，而他所主张的批判实在论就能对这个争论作出正确的解决。在后一时期中，他则认为哲学不是理论，而是活动。哲学的任务不是获得新的知识，提出新的命题，而是通过逻辑分析澄清已有的概念和命题的意义。思辨的形而上学是不能成立的，形而上学命题缺乏认识意义，得不到经验的证实。唯物主义和唯心主义之间的争论是没有意义的，没有研究的价值。

石里克前期对这个问题的看法，在 1910 年发表的《当前哲学的任务》一文中有了比较详细的阐述。认为哲学既不是各门专门科学中的一种，也不是一门与专门科学相并立的学科。从某种意义上说，哲学高出于专门科学，或者包罗了专门科学。这种说法并不意味着哲学优越于专门科学，而仅仅表示一种逻辑关系。因为哲学的研究对象是整个宇宙，而不仅仅是宇宙的某一部分。专门科学致力于探讨宇宙的不同领域，哲学则致力于研究宇宙的整体。但是，哲学家不能无视专门科学的成就，独自在自己的脑海里构造整个宇宙的图像。随着专门科学的日益发展，哲学家更应重视专门科学的研究成果。

按照石里克在前期的观点，哲学家在构造宇宙图像的过程中，一般采用两种方式：一种是朝下的方式，另一种是朝上的方式。所谓朝下的方式，他指的是哲学家要研究各门专门科学的基础。他说，每门科学都是从某些基本的事实和前提出发，这些事实和前提就构成科学的基础。哲学的任务就是检验这些前提，调查在不同的科学中这些前提之间的相互关系，简言之，研究各门科学的基础是怎样构成的。哲学中从事这项研究的部门就是认识论。他认为在现代哲学中，认识论是一个十分重要的部门，不仅职业的哲学家注意研究它，而且许多科学家也对它很关心，因为它的研究成果对哲学家和科学家来说，都具有重要意义。所谓朝上的方式，他指的是哲学家从各门专门科学的成果中构造出一个统一的、和谐的世界观。哲学中从事世界观研究的部门，就是形而上学。他承认，在他那个时代，已经有人对形而上学能否成立表示怀疑，甚至采取否定态度，因为哲学家在构造这样一种普遍的、概括的世界观时，往往必须离开经验的坚实基础，而求助于某种或多或少地不确定的思辨。不过，他当时仍然认为形而上学能够成立，因为他认为形而上学也是从经验出发，而专门科学也不是完全不采用思辨方法。他说："越出直接经验的范围之外的作法不仅是可以允许的，而且甚至是科学方法所直接要求的。形而上学所要注意的只不过是在沿着这条已经开辟的道路向前再走几步时要小心谨慎，其目的在于填补缺口，接上联系，给予世界图像一种完全的、统一的性质，而这是完成世界图像所需要的。"①

到后一时期，在维特根斯坦和卡尔纳普的影响下，他改变了上述观点，不再认为哲学的任务是获得知识，而是通过对各门专门科学的概念和命题进行逻辑分析，以理解各门科学中已有的知识及其预期的目的。诚然，他在前一时期也说过，哲学的任务在于思考我们认识和行动的原则，考察知识的最一般的基础，哲学的本质就是澄清概念。不过，当时他只是模糊地意识到这一点。后来，在维特根斯坦等人的影响下，他大大发展了这一观点，提出哲学的唯一任务就是弄清楚我们的陈述的意义。他强调说，哲学问题不是关于事实的问题，而是关于语言的问题。由于某些文法原因和心理原因，我们在使用语言时往往作出一些模糊混乱的陈述，并且错误地把这些模糊混乱的陈述看作哲学上的疑难问题。他认为这种澄清哲学命题的意义的活动，从一定意义上说也是一种"治疗"的活动。

在他看来，哲学要完成这种澄清命题意义的活动，就必须采用逻辑分析方法。因为他认为哲学只能理解事物的形式，并不能理解事物的内容，而形式是可以利用逻辑方法加以分析的。他说，一切认识都是一种表达，一种陈述，一切知识只是凭借其形式而成为知识，知识通过它的形式来陈述人们所知道的情况。人们在作出陈述时，可以随便采用哪种方式，可以随便采用任何语言或任何随意制定的符号系统。所有这些可能的陈述方式，如果它们实际上表述了同样的知识，就必须具有某种共同的东西，这种共同的东西就是它们的逻辑形式，逻辑分析就是分析这种逻辑形式。

① 石里克：《当前哲学的任务》，1911 年，载于 H. L. 穆德尔等人编辑的《石里克哲学论文集》，第 1 卷，1979 年版，第 110 页。

在 1932 年写的《形式和内容：哲学思维导论》这篇长文中，石里克详细阐述了他关于形式和内容、结构和质料之间关系的观点。他说，思想是通过语言来表达和交流的，语言在被说出或写出时，都有一定的顺序，口头语言中各个词被说出时有时间上的先后顺序，书面语言中各个词被写出时有空间上的先后顺序。逻辑所关心的既不是时间上的顺序，也不是空间上的顺序，而是一般的顺序。这种一般的顺序就是语言的逻辑顺序，也就是语言的形式或结构。对同一个事实可以用许多种不同的语言加以表述，许多种不同的命题可能有相同的结构，而且它们所表述的事实也具有相同的结构，正是由于这个缘故，所有这些命题才恰恰表述这同一个事实。他强调说，结构、形式是可以相互交流的，而质料、内容却是不可表述的，因而也是无法交流的。他说："粗略说来，结构和质料之间、形式和内容之间的区别，就在于前者是可以表述的，后者是不能表述的。这个如此概述的区别对哲学的重大意义，不管怎么说也不会过分。只要我们记住不能表述的东西是无法表述的，甚至哲学家也无法表述，我们就能避免犯传统哲学的所有那些典型的错误。"①

这样一来，石里克就把内容和形式、质料和结构截然割裂开来。与此相联系，他也把体验和认识这两种活动截然割裂开来。他认为体验的对象是内容、质料，而认识的对象则是形式、结构。内容、质料只能被人体验，而不能被人认识。因此，一切知识就其本性而言都是关于形式和关系的知识。他说："只有就上述意义而言的形式关系才能被认识，才能加以判断（就这个词的纯粹逻辑意义而言）。由于任何属于内容和仅仅与主体有关的事物都不出现于认识和判断之中，认识和判断便获得一个独特的优越之处，这就是它们的有效性也不受主观性的限制。"②

---

① 石里克：《形式和内容、哲学思维导论》，1932 年，载于 H. L. 穆德尔等人编辑的《石里克哲学论文集》第 2 卷，第 291 页。

② 石里克：《体验，认识和形而上学》，1926 年，载于 H. L. 穆德尔等人编辑的《石里克哲学论文集》第 2 卷，第 103 页。

既然石里克把一切哲学归结为语言问题，同时又把内容和形式割裂开来，认为内容只能被体验，而不能被认识，从而也不能被表述，只有形式才是可以认识、可以表达和可以交流的，因此他得出结论说：哲学的任务就是对语言的逻辑形式进行分析，以澄清概念和命题的意义。他郑重地宣称："我们现在认识到哲学不是一种知识的体系，而是一种活动的体系，这一点积极表现了当代的伟大转变的特征；哲学就是那种确定或发现命题意义的活动。哲学使命题得到澄清，科学使命题得到证实。"①

石里克认为对哲学的性质和任务的这个新的看法，对于澄清传统哲学中的混乱，特别对于揭露形而上学的荒谬，具有重大意义。他说，哲学的工作不在于提出命题，陈述的意义不能再用陈述去说明。过去时代的哲学的一个最严重的错误，就在于认为哲学命题的真正意义和最终内容可以再用陈述加以表述，即可以用知识加以阐明。这个错误也就是形而上学的主要错误。他说："形而上学者的努力一向集中在这一荒谬的目标上，要用知识来表达纯粹性质的内容（事物的'本质'），也就是要说那不可说的东西。性质是不能说的，只能显示在体验中，而认识是与体验毫无关系的。因此形而上学的没落并不是因为解决它的问题是人的理性所不能胜任的事（像康德所想的那样），而是根本就没有这种问题。揭露了这种错误的提问，形而上学争论的历史也就变得可以理解了。"②

石里克特别反驳形而上学者声称他们能够获得真正的知识这个论点。在他看来，形而上学知识之所以不能成立，不在于它超越了人类理智的界限，而在于形而上学家对知识概念作了错误的理解。形而上学家经常讨论的一些问题，例如，"外部世界是真实的吗？""我们周围的人具有意识吗？"等等，都是毫无认识意义的伪命题，因为对它

---

① 石里克：《哲学的转变》，1931 年，载于洪谦主编的《逻辑经验主义》上卷，商务印书馆 1982 年版，第 9 页。

② 石里克：《哲学的转变》，载于洪谦主编的《逻辑经验主义》上卷，商务印书馆 1982 年版，第 9～10 页。

们的任何答案都得不到经验的证实。只有那些在原则上能够得到经验证实的问题，才是有意义的命题，或者说，才是合法的问题，其他一切命题都是空话。他说：直觉的形而上学之所以不能存在，其原因在于直觉不是知识。演绎的形而上学之所以不能成立，其原因在于它误解了演绎的性质，自以为能够得出一些结论，而这些结论又不是从逻辑上说包含在前提之中的。归纳的形而上学从逻辑上说并不是完全不可能的，只要它采用归纳方法所得出的结论是基本上可以证实的。问题在于，这种形而上学可能作出一些冒险的、不符合实际的或者得不出结果的假说。总之，任何形而上学只要企图作出一些从原则上得不到经验证实的论断，那它就是注定要失败的。

石里克后期对哲学的任务和形而上学的看法，与其他逻辑实证主义者的观点并没有什么不同。我们在前面阐述逻辑实证主义的基本观点时，已对他们在这个问题上的错误作过评述，这里就不重复了。

二、关于实在的问题

在这个问题上，石里克在前期和后期的观点有显著变化。扼要说来，对于实在（reality）的看法，他在前期持批判实在论的观点，在后期则持逻辑实证主义的观点。

石里克在前期对实在的看法，在《普通认识论》一书的第三章“实在问题”中，获得比较集中而且系统的阐述。他认为对实在的看法基本上有两种观点：一种是普通人的素朴的观点，另一种是哲学家的观点。在日常生活中，人们自然而然对实在产生一种素朴的看法，把一切直接感知的事物看作实在，而没有把感知产生的表象和所感知的对象区别开来。按照这种观点，实在既包括直接感知的事物，还包括根据某些后果或影响而推断出来的事物。例如，人们如果在森林里发现有被咬碎的尸体，就推断出森林中有野兽等等。石里克把这种观点称为“素朴的实在论”。

在石里克看来，哲学家对实在的看法也来源于生活，但又不同于上述那种素朴的观点。他认为哲学家应当承认直接感知的事物是实在，像普通人所认为的那样。可是，对于根据结果或影响推断出来的事物的实在性，则应持谨慎态度。哲学家们认为素朴的实在论观点不精确，而试图找出更加精确、更加一致的实在标准。他们在试图达到这个目的时，采取两种不同的作法。一些哲学家试图修改和补充素朴实在论的观点，使之完善起来，以求得到一些在科学上有用的实在标准，于是出现各种各样的实在论。石里克把他自己看作属于这类哲学家之列，并把自己的观点称为“批判的实在论”。另一些哲学家不满意素朴实在论者的看法，提出一些不同的观点，石里克把它们称为“唯心主义的实证主义”或“内在论哲学”（philosophy of immanence），并认为马赫是这种观点的主要代表。

按照石里克的“批判实在论”的观点，实在的首要标准就是它的“时间的规定性”，这就是说，一切实在之物都处于时间之中。他强调说，一切实在之物都发生于时间的某一点上，一切非实在之物都是没有时间性的，例如概念就不处于时间之中。他说：“每一个真实地存在着的事物都存在于时间中的某一点上。每个事件或事物都处在时间的某一点上或处于某一段时间之中。不论我们认为时间的‘本质’是什么，这一点都是正确的。不管我们怎样确定时间中的某一个点，不管我们认为时间具有相对的还是绝对的性质，具有主观的还是客观的有效性，这一点都是正确的。在普通人看来，也如从科学的观点看来一样，一切实在之物都处于时间之中；因此，我们总是能够根据这个特征来识别实在之物。”①

石里克认为，除了“时间的规定性”之外，很大一部分实在之物还具有另一个不被非实在之物所具有的特征，这就是“空间的规定性”。“外部世界”这个词本身就是一个表明空间的概念。外部世界中的一切实在的事实和过程都有一个特征，这就是它们都占有一个特定的位置。但是，并非一切实在之物都占有一定位置，例如，许多意识材料是实在的，但并不占有位置。愉快或悲伤，愤怒或同情等等情绪是实在的，可是它们并不占有一定位置，不是在特定场合被给予的。因此，一切实在之物都具有时间的规定性，只有一部分实在之物

① 石里克：《普通认识论》，1974年维也纳和纽约英文版，第188页。

才具有空间的规定性。他说："……这个情况告诉我们，可以把时间性和空间性看作实在之物的充分标准，可是只有时间性才是一切实在之物的必要标准。"①

在他看来，一切非实在之物既不具有时间的规定性，也不具有空间的规定性。例如，7 这个数、矛盾概念或因果性概念等等，这些非实在之物既不处于时间中的某个时刻，也不处于空间中的某个位置，甚至也不处于思考这些数或概念的人的脑海里，因为存在于人的脑海里的只是某些实在的思考过程，它们起着思考这些数或概念的功能。我们说某某战役发生于某时某地，可是关于某某战役的概念则既不存在于时间之中、也不存在于空间之中。

如果说时间是实在之物的必要标准，时间和空间是实在之物的充分标准，那么，时间和空间本身是不是实在之物呢？对于这个问题，石里克作了否定的回答。他说，按照他所理解的标准，不能把时间和空间看作是实在的。因为时间并不存在于时间之中，空间也不存在于空间之中。他还认为他的这个答案符合于普通人和科学家的看法。因为他们也不会把纯粹的时间或纯粹的空间看作某种实在之物，就像我们手中握着的钢笔或心中感到的快乐是某种实在之物那样。

石里克把那些肯定具有实在性，但没有被直接给予之物，称为"物自体"（things-in-themselves）。他认为，按照实在之物的上述标准，"物自体"是存在着的。但是，"物自体"这个概念受到许多哲学家的攻击，石里克把这些哲学家称为"内在论观念"（notion of immanence）的拥护者。他认为这类哲学家中，既有舒佩（W. Schuppe）和舒贝特—索尔登（C. Schubert-Soldern），他们把自己的观点直接称为"内在论哲学"，认为一切直接材料都具有意识的性质；也有马堡学派的新康德主义者，如柯亨（H. Cohen）、那托尔卜（P. Natorp）等人，他们坚持自己的"超验逻辑"，把"物自体"完全排除在他们的领域之外；还有马赫和阿芬那留斯，他们把直接所与归结为颜色、声音等等要素，否定物自体的存在，石里克把他们的内在论哲学称为

① 石里克：《普通认识论》，1974 年维也纳和纽约英文版，第 189 页。

“唯心主义的实证主义”，并集中力量对之进行批判。

石里克指出，按照马赫、阿芬那留斯等人的内在论哲学，世界是由颜色、声音、气味、滋味、压力等等组成的一个相互联系的体系，这些要素经常是以各种不同的组合或复合形式被给予，而且决不与这些组合体（或复合体）分离，因此，如果撇开与其他要素的一切联系而去问这些要素本身是什么，那是没有意义的。这些组合体也经常发生变化，不过其中有些联系相对说来是比较稳定的。我们根据这些相对稳定的联系对这些组合体命名，例如，我们把那种由颜色、压力等等要素相对稳定地连结而成的组合体，称为“物体”。科学的任务就是尽可能以简明的方式描述这些组合体中要素和要素之间的相互依存关系。既然科学的任务被规定为作这样的描述，那就根本用不着研究外部世界的实在性问题，“物自体”的存在也就被否定了。

石里克认为，如果像马赫等人那样只承认能被感知的事物才是实在的，原子、电子、电磁场等等不能被直接感知，就不是实在，那就不能使用原子、电子、电磁场等科学概念，因而也就无法进行科学研究。这样一来，也就不会有任何科学规律，因为直接感知之物没有呈现出不间断的连续性，只有当我们用未被直接感知之物去填补直接感知之物之间的空隙后，才能发现科学规律。因此，石里克强调说，我们必须承认未被直接感知的事物和过程的存在，承认“物自体”的存在。与此相关，他也反对康德关于我们只能认识现象而不能认识物自体的观点，认为康德的这种观点是由于把直观和认识混为一谈而产生的结果。按照石里克的观点，直观不同于认识，认识是形式的，这就是说，认识是对事物的形式的认识；物自体是不能直观的，可是，物自体的形式则是可以认识的。

《普通认识论》一书是石里克在1918年以前写的，1922年他到维也纳任教后，在维特根斯坦等人的影响下，他的思想发生了很大变化，基本上抛弃了原来的批判实在论的观点，转到逻辑实证主义的立场上。1925年，他在《普通认识论》第二版的序言中承认，他已发现此书第一版中有很多缺点，需要对全书作重大修改，只是限于时间和精力，他才没有这么做。他认为他在这本书中与内在论哲学的论战显得有些幼稚，没有什么理论意义，因为，按照他后期的观点，唯物主义（或他所说的实在论）和唯心主义并不是两种根本对立的观点，而只是两种不同的表述方式，它们之间并无谁对谁错的区分，只能说采用其中哪种表述方式能够更加简单、更加易于理解地谈论经验世界和概念联系。如果把它们理解为关于实在的陈述，那它们都是一些毫无认识意义的“伪问题”。

在1931年发表的《现代物理学中的因果性》一文中，石里克引证海森堡（W. Heisenberg）对质子是否实在这个问题所作的回答，来阐明他自己对实在的看法。海森堡认为，是否把质子看作真实地存在着，这只不过是个人爱好的问题。石里克也认为，在物理学由以构成的命题体系中，我们只能谈论所观察到的材料以及这些材料呈现出的规律性，或者对可以观察到的现象的出现作出预测。至于是否可以把“实在”或“非实在”这些词应用到所观察到的材料上、所假设的成分上，或者物理学理论的其他因素上，这对于命题体系的内容并没有什么影响。我们可以把“实在”和“非实在”这些词完全删去，而对所断定的内容毫无损害。因此，一个人是否使用这些词，这只不过涉及如何表述才能既方便，又简明而已。

在1932年写的《实证主义和实在论》一文中，他更加详细地阐述了他后期对实在问题的看法。他首先指出，实在、存在、现实性都不是事物的属性，“某某是实在的”这个命题，完全不同于“某某是坚硬的”、“某某是黄色的”这一类命题，因为“坚硬的”、“黄色的”等等是事物的属性，而“实在的”、“真实的”等等则不是事物的属性。他认为“某某是实在的”这类命题，只是关于经验之间的规律联系的陈述。如果我说某个事件或物体是实在的，那就是说在某些知觉或经验之间存在着特定的联系。正因为有这样的联系，它才是可证实的，才具有它的可陈述的意义。至于“意识的内容存在着”这样的命题，则是不能证实的，从而也完全没有意义，因为我无法说明在什么情况下这个命题是真实的，在什么情况下它是虚假的。

至于“外部世界”的存在问题，他首先声明，与其他普通人和科学家一样，他并不怀疑山、树、房屋等等的存在，也不否认原子、电子、电磁场等等的存在，但是他认为这些东西并不属于形而上学家所说的那个“超验世界”或“物自体”。他说，在传统的哲学体系中，超验的或形而上学的外部世界不同于科学和日常生活中所理解的经验的外部世界，超验的外部世界“潜存于”经验的外部世界“之后”，它不像经验的外部世界那样是可以认识的。在哲学史上，实在论者肯定超验世界的存在，实证主义者否定超验世界的存在，因此双方争论不休。他作为一个“逻辑的”实证主义者或“始终一贯的”经验主义者，认为他们的争论没有意义，因为双方所坚持的论点都得不到经验的证实。

石里克在这篇文章的末尾概括他的基本论点时这样写道：“三、因此，始终一贯的经验主义也不否认外部世界的存在；它仅仅指明这个存在论题的经验意义……五、因此，逻辑实证主义和实在论并不是对立的；任何一个承认我们原则的人实际上一定是一个经验主义的实在论者。六、对立仅仅存在于始终一贯的经验主义和形而上学家之间；始终一贯的经验主义既反对实在论者（在我们的讨论中，实在论者是加上引号的），也反对唯心主义者。七、否认超验的外部世界的存在，恰恰如同肯定超验的外部世界的存在一样，都是一个形而上学的命题；因此，始终一贯的经验主义者没有否认超验之物，但他声明对超验之物的否定或者肯定，都同样是没有意义的。”①

从上所述可以看出，石里克在实在问题上观点的演变，是一个向后倒退的过程。在前一时期里，他的批判实在论的观点中还有一些合理因素。尽管他没有认识到时间和空间是运动着的物质的存在形式，它们是不依赖于人的意识而存在着的客观实在，与运动着的物质不可分离，尽管他甚至否认时间和空间也是客观实在，可是他毕竟也说时间是实在的必要标准，时间和空间是实在的充分标准（当然这个表述是很不准确的）。此外，尽管他对“物自体”没有正确的认识，但他肯定了物自体的存在，反驳了内在论哲学家对物自体的攻击。总

① 石里克：《实证主义和实在论》，1932 年，引自 H. L. 穆德尔等人编辑的《石里克哲学论文集》第 2 集，第 283 ~ 284 页。

之，在他的批判实在论观点中还包含一些唯物主义成分。到后一时期，等他抛弃了批判实在论而转到逻辑实证主义立场上之后，他实质上否定了“物自体”，即客观实在的存在，于是这些唯物主义成分消失不见了。他把经验世界和超验世界对立起来，好像外部世界只存在于经验之内而不存在于经验之外。他声称肯定或否定超验世界的存在都没有意义，认为逻辑实证主义已超越于唯物主义和唯心主义的斗争之外。但是，正如列宁精辟地指出的，“在哲学上企图超出这两个基本派别，这不过是玩弄‘调和派的骗人把戏’而已”①。

三、意义和证实理论

与其他逻辑实证主义者一样，石里克在批驳“形而上学”时也是以分析命题和综合命题的区分作为他进行论证的出发点。他也认为，一切有意义的命题可以分为两大类：一类是分析命题，即那些不以经验为转移，仅按命题本身的用语就能决定其或真或假的命题，其中真的命题名为“重言式的命题”，假的命题名为“矛盾的命题”。另一类是综合命题，即那些对事实进行描述，因而可以被经验验证的命题。这两大类之外的一切命题都是没有认识意义的，“形而上学”命题就属于这种没有认识意义的命题。

石里克认为，分析命题是先天的，综合命题是后天的，因此只有先天分析命题和后天综合命题这两大类。这种观点与康德关于先天综合判断的理论是相抵触的，因为，在康德看来，除了先天分析判断和后天综合判断之外，还有第三种判断即先天综合判断。石里克早在1917年出版的《现代物理学中的时间和空间》一书中，已开始对康德的先天综合判断理论提出批评。康德把牛顿力学的预设和基本原理看作先天综合判断。石里克继承彭加勒和赫尔姆霍茨的观点，认为随着非欧几何学的发展，这种观点首先在数学领域里站不住脚。后来相对论的出现又证明牛顿力学的预设和基本原理并不是先天综合判断。

① 列宁：《唯物主义和经验批判主义》，引自《列宁选集》第2卷，第347页。

因为，按照相对论，关于物理状态的命题，包括关于物理时间和物理空间的命题，都具有经验的性质，是可以被实验所否定的，这就是说，它们是后天综合命题。在1918年出版的《普通认识论》中，石里克进一步发挥他的看法，把起初局限于数学和自然科学的基本原理的这种批评，扩大到人类知识的一切基本问题上，他力图证明一切准确地表述逻辑上必然真理的命题都是分析命题，而一切关于经验实在的命题都是综合命题，从而否定先天综合判断的理论，肯定分析命题和综合命题的区分。他认为康德及其追随者之所以误以为在先天分析判断和后天综合判断之外还有什么“先天综合判断”，是因为他们从来没有考察一下在精密科学中是否有那种稀奇古怪的“先天综合判断”。事实上，精密科学中根本没有这种判断。他认为，康德等人所提出的那些所谓的“先天综合判断”，事实上或者并非是先天的，或者并非是综合的。他断定说：“因此，把判断区分为分析的和综合的，这种分法是十分精确的，而且是客观地有效的，它不依赖于作出判断的人的主观看法，也不依赖于这个人的理解方式。”①

石里克在论证了分析命题和综合命题的划分具有其合理性之后，还要说明为什么只有这两大类命题是有意义的。在他看来，分析命题之所以具有意义，是因为我们根据命题本身的用语就能判断命题的真假。综合命题之所以具有意义，是因为我们通过经验的验证也能确定命题的真假。形而上学命题之所以不具有意义，则在于我们既不能根据命题本身的用语来判断命题的真假，也不能通过经验的验证来确定命题的真假。根据分析命题本身的用语来判断分析命题的真假，那是比较简单的，而要通过经验来验证综合命题的真假，则要复杂得多。于是石里克等人便提出了他的意义证实理论。

石里克认为，每个词只有在它所适合的一定联系中才具有一定的意义，在任何其他的联系中，除非我们在这种新的情况下对这些词的用法提供新的规则，否则这些词就没有任何意义。至于一个句子的意义，情况也是如此。当我们问一个句子“究竟意味着什么？”时，我

① 石里克：《普通认识论》，1974年英文版，第76页。

们所期望的就是说明在哪些情况下可以使用这个句子，也就是说，我们需要描述出在什么条件下这个句子能够成为一个真命题，在什么条件下又会成为一个假命题。因此，一个词或一组词的意义就是由一系列规则决定的。石里克仿照维特根斯坦的办法，把这种规定词的用法的规则称为词的语法规则。他说："陈述一个句子的意义，就等于陈述使用这个句子的规则，这也就是陈述证实（或否证）这个句子的方式，一个命题的意义，就是证实它的方法。"①

在石里克看来，"语法"规则中，有一部分规则由通常的定义构成，也就是用另一些词来解释某一些词；另一部分规则由"实指的"定义构成，也就是用一个指明某些词的实际用法的行动来解释这些词。一般说来，为了理解一个词的意义，我们必须事先知道用来解释这个词的那些词的意义；唯一无需任何事先的知识就能达到目的的解释，就是通过实指的定义。这就是说，要了解一个词的意义，起初一般采取通常的定义，不过，归根结底，最后还是要求助于实指的定义。因此，石里克说："我们的结论是：没有一种理解意义的办法不需要最终涉及实指定义，这就是说，显然是全都要涉及'经验'或'证实的可能性'。"②

按照石里克的观点，可证实性的意思就是证实的可能性。他把证实的可能性分为两种，即"经验的可能性"和"逻辑的可能性"。在他看来，就"经验的可能性"的最广泛的意义而言，经验的可能性指的是同自然规律不矛盾。由于我们不可能对一切自然规律具有完全的、确凿的知识，因此我们不能断定任何事实的经验可能性，而只能说它具有多大程度的可能性。这就是说，由于关于经验可能性的任何判断都是以经验为依据，因此它们是相当不确定的，在可能和不可能之间缺乏明确的界限。他认为同意义相联系的证实可能性不能是这种

① 石里克：《意义和证实》，1936年，引自洪谦主编的《逻辑经验主义》上册，商务印书馆，第39页。

② 石里克：《意义和证实》，1936年，引自洪谦主编的《逻辑经验主义》上册，商务印书馆，第40页。

经验的可能性,因为如果是这种经验的可能性,那就会有不同程度的可证实性,意义问题就成了或多或少的问题,而不是或是或否的问题了。

至于“逻辑的可能性”，石里克指的是：如果某个事实或过程能够被描述出来，也就是说，用来描述这个事实或过程的句子服从我们为我们的语言制定的语法规则，我们就说这个事实或过程是逻辑上可能的。相反，如果我们用来描述这个事实或过程的词的定义和我们使用那些词的方式之间存在着矛盾，也就是说，这些词的用法不符合我们已制定的语法规则，我们就说这个事实或过程在逻辑上是不可能的。例如，如果有人说：“这座钟楼高 100 英尺和 150 英尺”，那就可以指出这个句子违反了普通语言中规定句子里的词的用法的规则，一座钟楼不可能同时有两个不同的高度，这表现出逻辑上的不可能性，它根本没有描述任何事实，它是毫无意义的。因此，石里克认为，可证实性是意义的充足而必要的条件，它是一种逻辑上的可能性，是按照那些给句子中语词下定义的规则构造句子时创造出来的。他说：“必须强调指出，当我们讲到可证实性时，是指证实的逻辑可能性，除此以外，没有任何别的意思。”① 他还强调说：“逻辑上可能证实和逻辑上不可能证实之间的分界线是绝对清楚明确的；意义和无意义之间没有什么逐步的过渡。因为，你要么为证实给出了语法规则，要么没有。第三种情况是没有的。”②

石里克强调经验的可能性和逻辑的可能性之间的根本区别，强调意义的可证实性仅仅指证实的逻辑可能性。因为，在他看来，经验的可能性是由自然规律决定的，但是意义和可证实性却完全不取决于自然规律。我们能够描述的或者能够下定义的每件事情都是逻辑上可能的，定义与自然规律没有联系。例如，“水往高处流”这个命题是错误的，因而它所描述的情况在物理上是不可能的，然而这个命题是有

---

① 石里克：《意义和证实》，1936 年，引自洪谦主编的《逻辑经验主义》，上册，商务印书馆，第 47 页。

② 石里克：《意义和证实》，1936 年，引自洪谦主编的《逻辑经验主义》，上册，商务印书馆，第 51 页。

意义的。他说："证实的可能性不依赖任何'经验真理'，不依赖某一自然规律或任何其他真的一般命题，而是仅仅为我们的定义所决定，为我们的语言中确定的规则所决定，或者说，为那些我们在任何时候均可随意规定的规则所决定。"① 这些规则最后统统指向实指定义，通过实指定义，可证实性就同经验，即直接的感觉材料联系起来了。他认为，表达规则不以世界上的任何规律为前提，而以那些可以加上名称的感觉材料和情况为前提。因为，语言的规则是应用语言的规则，必须有某种可以把语言应用上去的东西，因此，可表达性和可证实性是一回事，在逻辑和经验之间不存在任何对抗。

在石里克看来，以上阐述的关于意义和可证实性的理论，在哲学上具有重大意义。我们在生活中经常碰到许多无法解答的问题。这些问题可以分为两类：一类是由于我们的知识水平有限，人类在现阶段无法解答它们，可是将来终有一天能够作出解答；另一类问题是人类永远无法解答的，因为这类问题根本没有意义，它们不是真正的问题，而只是一串最后带有问号的词组。他认为形而上学命题根本没有认识意义，唯物或唯心的问题就是人类永远无法解答的问题，对这类问题的解答从逻辑上说就是不可能的。他说："一个真正的问题就是逻辑上可能回答的问题。这是我们的经验主义的最典型的结论之一。"②

石里克对意义和证实理论问题的看法，与其他逻辑实证主义者早期在这个问题上的观点没有多大差异。后来，当他们的"可证实性原则"遭到广泛批驳，卡尔纳普等人提出用"可检验性原则"或"可验证性原则"取代"可证实性原则"时，石里克仍然坚持原来的观点。对于自然规律是否可以证实的问题，石里克继续支持维特根斯坦的看法，认为自然规律本身不是命题，而应看作我们为了描述或预

---

① 石里克：《意义和证实》，1936 年，引自洪谦主编的《逻辑经验主义》上册，商务印书馆，第 51 ~ 52 页。

② 石里克：《意义和证实》，1936 年，引自洪谦主编的《逻辑经验主义》上册，商务印书馆，第 50 页。

示某些经验现象而构造句子时所依据的指令。指令是无所谓真假的，因此不能把证实的标准应用于自然规律。

四、关于身心问题

石里克对身心问题也作过很多研究。在他早期写的论文《空间的同一性、潜入和身心问题》(1916)和《普通认识论》一书中，在他后期写的论文《论心理学概念和物理学概念之间的关系》(1935)中，他详细地阐述了他对这个问题的看法。整个说来，他在前期和后期对这个问题的看法基本上是连贯的。

身心问题自笛卡儿提出后，一直受西方哲学家的重视，他们提出了许多种不同的解决方案。困难主要在于，我们不能清楚地看出不占有空间的心灵如何能作用于占有空间的肉体，或者说，像感觉这样的意识过程怎么能够从神经系统里发生的过程中产生出来。笛卡儿之后的许多哲学家在解决这个问题时，首先力求弄清楚心理学概念和物理学概念之间的区别。石里克也是从这一点出发的。他着重分析"physical"(身体的、物质的、有形的)这个概念，并寻找心理学的空间和物理学的空间之间的区别。他得出的结论是：身心问题的产生是由于提出这个问题的方式本身就是错误的。他说："在我看来，这个问题处于那些由于对问题作了错误表述而获得其存在的问题之列。"①

石里克说，笛卡儿在给物质实体下定义时，把广延属性看作物质实体的主要特征。人们通常都把广延理解为空间中的广延。这样一来，物质实体似乎就与空间中有广延之物吻合到一起了。可是，石里克对此提出怀疑。关于月亮的视觉影像是否也是有广延的？这种影像的广延与月亮本身的广延是否一样？石里克认为，弄清楚这些区别有助于身心问题的解决，可是笛卡儿及其追随者从不注意这个问题，他们认为"广延"一词在截然不同的场合下也具有相同的意义，没有把物理学的空间概念和心理学的空间概念区别开来。

① 石里克:《普通认识论》，1974年英文版，第289页。

在石里克看来，世界由两大类特质组成。一类特质属于意识的内容，它们是人们直接感知的所与，它们是主观的。另一类特质是客观的，它们不是人们直接感知的和所与的。人们习惯于把前一类特质称为“心的”（mental），把后一类特质称为“身的”（physical）。他认为这后一种称呼是含糊不清的，因为，一方面，人们通常把“身的”特质看作不属于一个人的自我的内容或他人的意识的内容，可是，另一方面，在日常生活和科学中，人们又把空间性这个特征包括在“身的”这个概念之中。他说，人们对空间性（spatiality）这个概念的理解是有所不同的。笛卡儿、康德等哲学家认为，有形体的（the bodily）和有广延的（the extended）这两者不仅是不可分的，而且是绝对同一的，因此空间性是一切“身”的主要特征。石里克则认为，应当把“空间性”这个词的两种不同的含义区别开：一种是作为直观材料的“空间之物”（the spatial），另一种是作为客观世界的坐标系统的“空间”（space），他把后者称为“超验的空间”。超验的空间不同于直观的空间，因为不能把直观的空间归之于心灵之外的、客观的特质。他认为表象中或想象中的广延属于主观的特质，就这种意义而言的空间性并不为客观之物所具有，而为主观之物所具有。他说：“因此，通常所说的‘身’这个概念就把两种互不相容的特征包含于自身之中：一方面，把身看作物自体，即某种不属于意识内容的东西，可是与此同时，又认为它具有一种可直观的、可感知的广延特性。由于这两种特征互不相容，于是通常所说的‘身的’（‘有形体的’、‘物质的’）这个概念必然引起矛盾。恰恰是这种矛盾产生了这个心理生理学的问题。”①

在石里克看来，随着现代物理学的发展，世界的图像问题发生了根本的变化。在今天的物理学中占中心地位的，已不再是有广延的实体概念，而是时空过程概念。他认为现在我们最好用“世界概念”这个词来取代“世界图像”这个词，因为，在哲学中，“图像”这个词是指某种可以通过直观加以表象的东西，而物理学中对世界的表象

① 石里克：《普通认识论》，1974 年英文版，第 291 页。

虽然是概念的，但完全不是直观的。物理学的空间是一个纯粹抽象的结构，完全不能通过直观加以表象。诚然，与任何概念一样，物理学中的世界概念的各种成分在我们的思想中也是通过直观的影像来表现的。与此相关，他还认为，我们不要把“身的”（或“物质的”）这个概念理解为指某种特殊的实在，也不要把它理解为指某种为某一部分实在所具有，而为另一部分实在所不具有的特性。他强调说，这个概念指的是一种特殊的概念构造，也就是指我们在构造关于实在的自然科学概念时用来标志实在的一种特殊方式，它并不表示实在之物的某种特征，而只不过是借助概念来表现实在时所采用的一种方式。

因此，石里克认为，身和心并不是两种彼此分离的实在，而只不过是两种不同的概念形成方式。对于同一个实在，既可以借助于心理学的概念加以描述，也可以借助于物理学的概念加以描述。身心问题的产生，就在于人们错误地把身心看作两种彼此分离的实在，而没有认识到它们只不过是两种不同的概念形成方式，他说：“如果我们抛弃这种二元论的臆说，而引进一种简单得多的假说，即认为自然科学概念适合于指称每一种实在，包括那些直接体验到的实在，那就可以轻而易举地避免产生这样的问题。这样一来，直接体验到的实在和身体中的大脑过程之间的关系，就不再是一种在因果上相互依赖的关系，而是一种简单同一的关系。我们所得到的便是同一个实在，它不是‘从两个不同的方面被观察’，或者‘在两种不同的形式中表现其自身’的实在，而是被心理学的概念系统和物理学的概念系统这两种不同的概念系统所指称的实在。”①

石里克在早期著作中阐述的这个观点，在后期著作中也得到表述和发挥。在《论心理学概念和物理学概念之间的关系》（1935）一文中，他也说：“‘身体的’和‘心理的’这些形容词，只不过表示两种不同的、用来整理经验材料的表象方式，也就是两种描述实在的方式……所谓‘身心问题’是由于在同一个句子中混淆使用这两种表象方式而引起的。这两个并列地使用的词，如果加以正确使用，那它

① 石里克：《普通认识论》，1974 年英文版，第 299 页。

们的确属于两种不同的语言。"① 他认为在日常生活中，这种混淆的用法还不会产生很大困难，可是在对科学命题进行哲学思考时，这种混淆就会引起混乱。为了避免混淆，需要对一些句子作些说明。例如，对于"树叶是绿色的"这个句子，物理学家就需要告诉我们，这句话指的是某种占有空间的物体反射出某种频率的光线；而心理学家则需要告诉我们，这句话谈的是具有某种知觉内容的特质。他认为各种各样的"身心理论"无非是企图使这两种不同的说明协调起来。它们大谈心与物，知觉与对象，内心世界与外部世界等等的二元论，其实这不过是两种不同的从语言上组合事件的方式。总之，石里克把身心问题归结为由于混淆使用两种语言而产生的问题，他认为只要注意把心理学概念和物理学概念的使用区别开，仿佛身心问题就不存在了。

石里克在身心问题上的观点是错误的，他的所谓两种语言的理论其实并没有解决身心问题，因为身心问题并不仅仅是语言问题，而主要是世界观问题。从马克思主义观点看来，那些把身心看作两种各自独立的本原的二元论学说是错误的，那些把心摆到首要地位的唯心主义一元论学说也是错误的。身和心、物质和意识、客观和主观，不是两个独立存在的本原，而是处于对立统一的关系之中。身、物质、客观的存在是第一性的，心、意识、主观是第二性的。身、物质、客观的存在不依赖于心、意识、主观的存在，不过，反过来，心、意识、主观也能对身、物质、客观的发展起促进或阻碍的作用。只有从这种辩证唯物主义的一元论观点出发，才能对身心问题作出正确的解决。

第二节　奥托·纽拉特
(Otto Neurath 1882～1945)

奥托·纽拉特，奥地利经济学家，社会学家，维也纳学派主要代

① 石里克：《论心理学概念和物理学概念之间的关系》，1935 年，引自 H. L. 穆德尔等人编辑的《石里克哲学论文集》第 2 卷，第 431 页。

表。对于他这个人，费格尔（H. Feigl）曾作过这样的描绘："纽拉特是一个十分博学的人，特别是在历史和社会科学方面。他也是维也纳学派实证主义观点的有力宣传者。他身材魁伟，精力充沛，'事业心'很强，富于组织才能。他还非常机智，善于在讨论和辩论中采用讽刺性的辩论术。"①

纽拉特在1882年12月10日生于维也纳的一个高级知识分子家庭，其父威廉·纽拉特也是一位经济学家。1901～1905年间，纽拉特在维也纳大学和柏林大学上学，并在施莫尔（G. Schmoller）的指导下获得哲学博士学位。1907～1914年间，在维也纳商学院任教。1914～1918年间在奥地利军中服役，并一度在海德堡大学担任经济学讲师。1919年在慕尼黑的社会民主党政府中央计划署工作，试图实现巴伐利亚经济的社会主义化。此次革命失败后，他因支持当时的巴伐利亚苏维埃共和国而被捕受审，不久被释放，回到维也纳。1920～1934年，在维也纳从事社会学和经济学方面的工作，创建了维也纳住宅和城市规划博物馆与社会经济博物馆，还积极参加维也纳学派的活动。希特勒上台后，他于1934年迁居海牙，建立国际图形统计社会学（ISOTYPE）基金会，并从事国际科学统一化运动。1940年逃离荷兰，到英国牛津大学继续从事图形统计社会学的工作，直至1945年7月24日病逝。

纽拉特在维也纳学派的创建中起了重要作用，他除了积极参加维也纳小组的讨论并成为这个学派的核心人物外，还在1928年与哈恩等人筹建了"马赫学会"，1929年又与卡尔纳普、哈恩共同起草了该学派的成立宣言——《科学的世界观：维也纳小组》（Weltauffassung：Der Wiener Kreis），维也纳学派的机关刊物《认识》也是在他的倡导下办起来的。1936年，他在海牙创建了"科学统一研究所"，接着又积极筹备出版《国际统一科学百科全书》（International Encyclopedia of Unified Science）。他还组织了多次国际性的科学哲学讨论

---

① 费格尔：《维也纳小组在美国》，引自他的《探索和挑衅》，1981年版，第62页。

会。维也纳学派哲学能够迅速地发展成为一种国际性的哲学思潮，部分地要归功于纽拉特所进行的一系列组织工作。波普尔在为纽拉特写的回忆录中也特别指出这一点："维也纳小组之所以闻名于世，主要应归功于纽拉特。他发起创办《认识》杂志，由卡尔纳普和赖欣巴赫主编。他在国际范围内与一些类似的团体协作，组织了多次国际性会议，并使召开多次'科学哲学大会'的计划得到通过。他还开创'科学统一化运动'和编辑《国际统一科学百科全书》。"① 卡尔纳普还谈到纽拉特在思想上对维也纳学派的影响："纽拉特所作的重要贡献之一，在于他经常指出哲学思想发展的社会历史条件。他和我们一样满怀希望地相信，哲学中的科学思维方式将在我们这个时代获得愈来愈大的发展。可是，他强调指出，这个信念不能仅仅建立在科学思维方式的正确性之上，而且毋宁是要建立在工业化这个历史事实之上；这就是说，整个文化气氛将变得越来越有利于科学思维方式的发展。"②

纽拉特的兴趣相当广泛，他主要研究社会学、经济学、社会规划、科学哲学以及图形统计社会学，此外也对科学史、经济史、政治理论、道德理论、统计理论等感兴趣。他的头一篇论文《古代的商业利息》是在 1904 年发表的，1909 年出版了他的《古代经济史》(Antike Wirtschaftsgeschichte) 一书，概述了古希腊和罗马的经济制度，论述了古代的经济思想。在 1915 年发表的《光学史概要》一文中，他把牛顿、笛卡儿、马勒布朗士等人的光学观点进行比较。1919 年，在巴伐利亚社会民主党政府的中央计划署工作期间，他发表了《经济的社会主义化》、《社会主义化的性质和道路》等文章，着重讨论在巴伐利亚实现经济和社会生活的社会主义化问题。1928 年在《生活的形成和阶级斗争》一文中，他强调要通过合理的社会经济规

① 波普尔：《对奥托·纽拉特的回忆》，引自 M. 纽拉特和 R. S. 柯亨编辑的《经验主义和社会学》一书，1973 年版，第 55 页。

② 卡尔纳普：《思想发展自述》，引自 M. 纽拉特和 R. S. 柯亨编辑的《经验主义和社会学》一书，1973 年版，第 43 页。

划来改革社会，并劝说人们要以开明的、理性的态度来处理一切生活问题。1929 年发表的《科学的世界观：维也纳小组》是由他与卡尔纳普、哈恩署名，但主要是由他执笔写成的。1930 年他又发表《科学世界观的道路》一文，进一步阐发维也纳学派的基本观点。1931 年出版了他的重要著作《经验的社会学》，接着又发表了《社会学和物理主义》（1931）和《记录语句》（1932）这两篇重要文章，集中反映了他的物理主义观点。1944 年出版了他的另一本重要著作《社会科学的基础》，这是《国际统一科学百科全书》第一卷的第一册，集中反映了他在科学统一化问题上的观点。在他死后，1973 年由他的第三个妻子马利·纽拉特和 R. S. 柯亨编辑的《经验主义和社会学》（Empiricism and Sociology）一书，收入了他的亲属和朋友给他写的回忆录，以及他自己写的一些在哲学和社会科学方面的论著。1983 年又由这两个人编辑出版了《奥托·纽拉特论文选集》（Selected Papers of Otto Neurath），收入了他的主要论文。

在社会政治思想方面，纽拉特接受过马克思的一定程度的影响。纽拉特在青壮年时期受过十月革命爆发后席卷德奥的那次革命大风暴的洗礼，1919 年他在慕尼黑为社会民主党政府以及其后的巴伐利亚苏维埃共和国工作期间，与社会民主党人、共产党人以及社会党人都有联系，与当地的工人和农民也有很多接触，他为实现社会主义计划经济作了许多工作。这次革命失败后，他曾因积极支持巴伐利亚苏维埃共和国而被捕受审，并被怀疑为共产党人。不过，事实上，他既不是共产党人，也不是真正的马克思主义者，他只是以一个党外的经济学家的身份为巴伐利亚苏维埃共和国工作。尽管如此，他的确接受了马克思主义的一些影响，他对当时的革命是支持的，对工人和农民的困苦生活是同情的，对社会主义经济改造的态度是积极的。他所接受的马克思主义影响，也表现在当时所持的唯物主义的哲学观上。他表示赞成唯物主义而反对唯心主义，认为唯物主义总是与进步的社会政治思想联系在一起，而唯心主义却往往与反动的社会政治态度联系到一起。20 世纪 20 年代后，在维也纳学派其他成员的影响下，这种观点逐渐改变，他也承认唯物主义论题和唯心主义论题都是没有意义的形而上学命题，不过，他仍然认为在唯心主义那里，这种没有意义的命题充斥于它的全部学说之中，而在唯物主义那里，这种情况仅仅是表面的，可以在不放弃唯物主义基本思想的条件下加以消除，因为唯物主义比唯心主义更加接近于科学和现实生活。到30年代，纽拉特的思想日益向逻辑实证主义发展，甚至错误地认为他所积极提倡的物理主义才是唯物主义的新的、科学的形式，这就离马克思主义愈来愈远了。

一、物理主义

在维也纳学派的成员中间，提倡物理主义最卖力的是纽拉特和卡尔纳普，其中尤以纽拉特最为积极。这两个人在这个问题上的观点基本上一致，但也有些分歧。

所谓物理主义，就是主张把物理语言作为科学的普遍语言，并在物理学的基础上，应用行为主义心理学的方法，从语言方面把“物理的”和“心理的”这两者统一起来。纽拉特等人认为，作为各门科学的基础的不是由个人经验证实的原子命题（基本命题），而是用一切人都能理解的，即具有所谓“主体间性”（intersubjectivity）的物理语言来表达的命题。各个专门科学的语言都可以在保存其原意的条件下翻译成物理语言，各个专门学科的命题都可以翻译成相应的物理命题。显然可见，物理语言是物理主义这种理论的核心概念。什么是物理语言呢？扼要说来，物理语言就是人们在日常生活中或者在物理学中关于物理事件所用的语言。由于可以把物理事件表述为处于一定时空坐标中的事件，因此也可以说物理语言就是对物理事件的时空描述。

与其他逻辑实证主义者一样，纽拉特也认为通常的自然语言是不精确的。可是，与其他逻辑经验主义不同，他认为从所谓纯粹的原子语言中构造出理想的人工语言的设想也是形而上学的，不能把科学语言中符号系统的日益发展看作向这种理想语言靠近。他承认需要对通常的自然语言作某种净化工作，清除其中的形而上学成分使之成为日常的物理语言。此外，在精密科学中也使用一种物理语言，它也是通过清除掉形而上学成分而被构造出来的。在他看来，如果某个人希望用一种语言来表述我们这个时代里统一科学的一切命题，这个人就需要把日常语言的词汇和精密科学语言的词汇结合到一起。他说，事实上，这两者是交错重叠的：有一些词只是在日常语言中使用，另一些词只是在精密科学的语言中使用，还有一些词同时出现于这两种语言之中。因此，在一篇论述统一科学的全部领域的论文中，只能采用由这两种语言的词汇组成的一套“专门术语”。他还强调说：“我们相信，日常的物理语言中的每一词都将判明是可以被精密科学语言中的词所替换，这恰恰犹如可以借助日常语言中的词来表述精密科学语言中的词那样。不过，这后一种情况却很少见，而且往往是不容易的。”①

在物理主义方面，纽拉特比卡尔纳普更加激进，他反对卡尔纳普在前期主张的现象主义观点。卡尔纳普曾经提出有一种原始的记录语句，认为它不需要经验的证实，可以作为构造科学语言的出发点。纽拉特认为卡尔纳普的这种观点，仅仅在用以反形而上学这一点上是有意义的，但是不能把这种原始的记录语句作为构造科学语言的出发点。与卡尔纳普一样，纽拉特也把事实语言分为两种：一种是记录语句，另一种是非记录语句。记录语句的特征，在于总有一个人称名词出现在这种语句中，它与其他词保持一种特殊的联系。例如，“奥托现在看见桌上摆着的一颗红色的骰子”这个语句，便是一个完全的记录语句。纽拉特和卡尔纳普试图构造一个不矛盾的、由记录语句和非记录语句构成的体系。当一个新的语句呈现在他们面前时，他们便把这个语句与已有的体系相比较；如果这个语句与已有的体系相矛盾，他们便把它抛弃，认为它是错误的或无用的。

纽拉特在这个问题上与卡尔纳普的分歧，主要在于他认为没有什么记录语句是原始的，也没有什么记录语句是不需要证实的。按照卡尔纳普的观点，记录语句是不需要证实的，当一个新的语句与已有的

① 纽拉特：《记录语句》，1932～1933年，引自艾耶尔编辑的《逻辑实证主义》，1959年版，第200页。

体系相矛盾时，我们应当抛弃的只能是非记录语句，而不能是记录语句。纽拉特则认为，在出现上述矛盾的情况下，不只是非记录语句可以抛弃，记录语句也是可以抛弃的，因为记录语句也需要证实。在他看来，卡尔纳普关于记录语句不需要证实的观点，来源于传统哲学的一种看法，即认为直接经验是可以信赖的，世界图像是由某些基本要素或原子经验构成，它们是不需要证实的。此外，按照卡尔纳普的观点，有一些原子的记录语句是原始的，他主张把一个记录语句的采用和对一个记录语句的解释截然区别开来，不能把间接获得的语句归入记录语句之列。纽拉特则认为，没有什么记录语句是原始的，在一般的专门术语中，我们无法确定某些语句比另一些语句更加原始。在所有的事实语句中，或者至少在那些由以引出事实语句的假设中，都出现人称名词、表示知觉的词以及其他一些没有多大原始性的词。因此，他说，“所有这一切意味着，既没有原始的记录语句，也没有任何不需要证实的语句”①。

纽拉特之所以反对卡尔纳普早期所持的现象主义观点，反对卡尔纳普关于原始的记录语句不需要经验证实的看法，其目的在于回避维也纳学派的经验证实理论所导致的主观唯心主义，回避维特根斯坦所承认的那种“方法论的唯我主义”。在他看来，只要坚持彻底的物理主义，用物理语言取代现象主义语言，用物理语言来描述日常生活中的事件和表述专门科学的问题，就能达到这个目的，因为物理语言是对物理事件的描述，物理事件并非主观感觉，而是具有时空坐标的物理要素。他主张从物理主义的观点对记录命题进行“合理的改造”，从记录命题中排除“我”、“现在”、“这里”，等等，而代之以“记录者 N”、“地点 O”、“时间 T”、“观察对象 X” 等等。他认为一个真正科学的观察记录不应该是“现在我感觉到的是如此这般”，而应该是“N 先生在地点 O 和时间 T 之间观察到的是如此这般”。记录陈述所报导的应当是像寒暑表或测量器的报导那样准确。纽拉特还反对

① 纽拉特：《记录语句》，1932～1933 年，引自艾耶尔编辑的《逻辑实证主义》，1959 年版，第 205 页。

把“自我”、“思维主体”与“经验”、“经验之物”对立起来，认为物理主义陈述既依据于某些与视觉、听觉、触觉等等感官知觉（就作为物理事件而言）有联系的陈述，也依据于某些与“机体知觉”有联系的陈述。他说，我们诚然可以闭上自己的眼睛，堵住自己的耳朵，可是我们不能停止自己机体内的血液循环、肌肉伸缩、神经活动以及消化过程等等。用物理主义的语言来说，人们企图当作“自我”分离出来的那种东西，是一些我们不能通过自己外部感官而得知的事件。

按照纽拉特的观点，似乎只要坚持彻底的物理主义，便能回避主观唯心主义，克服那种“方法论的唯我主义”。但是，这是不可能的，因为当他谈到物理语言所描述的是物理事件，而物理事件处于一定时空坐标之中时，他并没有承认那些事件处于不以人的意识为转移而独立存在的客观物质世界之中，反而认为物质世界是否存在的问题是一个没有意义的形而上学问题。他只是从物理语言这种语言系统的角度来谈论物理事件，并不涉及物理事件这种对象的客观存在。关于这一点，纽拉特明确表示：“关键的问题是：科学是一个由许多陈述构成的体系。我们要把陈述与陈述相比较，而不要把陈述与‘经验’、‘世界’或其他事物相比较。所有这些没有意义的二重性（duplications），都属于一种或多或少精致的形而上学，因而应当加以拒斥。”① 不仅如此，按照他的观点，由于语言系统是人们随意选定的，是一种约定的产物，因此，物理主义所肯定的物理事件的实在性，也依赖于人们的主观选择，是由人们的约定决定的。这样一来，他的物理主义也就无法摆脱主观唯心主义这个泥坑了。

二、科学的统一

与纽拉特的物理主义理论紧密相联的，是他关于统一科学的理论和实践。从一定意义上可以说，他提出他的物理主义理论，正是为他

① 纽拉特：《社会学和物理主义》，引自艾耶尔编辑的《逻辑实证主义》，1959 年版，第 291 页。

建立统一的科学奠定必不可少的基础。

科学的统一化是逻辑实证主义的一个重要方面。在维也纳学派的成员中间，推行科学统一化运动最积极的是纽拉特和卡尔纳普，其中又以纽拉特为主。正如卡尔纳普所说："在我们维也纳小组的讨论中，主要在纽拉特的影响下，科学统一的原则成了我们共同的哲学观的主要观点之一。"① 所谓科学的统一化，就是要把各门科学，包括自然科学和人文科学，都统一成为一种无所不包的统一科学。纽拉特等人认为，经验科学之所以分为各门学科，这只是便于分工研究的实际需要，从本质上说，各个学科只不过是一门无所不包的统一科学的若干部门。各个学科在统一为一门无所不包的科学之后，对各门学科的研究仍然可以按照它们未被统一之前那样进行。而要实现科学的统一则需要各门学科的科学家共同努力，任何个人都是无力完成的。

与卡尔纳普等人一样，纽拉特也反对当时德国新康德主义者李凯尔特等人主张的"精神科学"与"自然科学"的截然划分，认为许多形而上学的思辨论证都是由此产生的。他认为这两类科学之间并没有截然的界限，例如考古学既与自然科学有联系，也与人文科学、社会科学有联系。他还认为应当抛弃传统的科学阶梯论，即把科学分为物理科学、生物科学、社会科学等等层次，他把这种划分称为"科学的金字塔论'。在他看来，为了研究工作的方便，可以把各种不同的科学陈述分为若干门类，但是不应把这些门类看成各自独立、截然分离的学科。他认为既然可以在一篇科学论文中讨论各种不同的科学问题，为什么不能在一种统一的科学中处理各门科学的问题。他说："这就使我们得出这样的结论：我们可以把各门科学看作相互紧密地吻合在一起的，这样我们就可以认为各门科学是这样一门科学的若干部分，这门科学既研究星辰、银河、地球、植物和动物，也研究人类、森林、自然区域、种族和国家，简言之，这是一门包罗万象的宇

① 卡尔纳普：《思想发展自述》，原载《鲁道夫·卡尔纳普的哲学》，转引自 M. 纽拉特和 R. S. 柯亨编辑的《经验主义和社会学》，1973 年版，第 43 页。

宙历史学，它是这种结合凝聚而成的产物。”①

与卡尔纳普等人一样，纽拉特也认为要实现科学的统一，关键问题在于各门科学要有一种统一的语言。他说，为了建立统一的科学，需要一种统一的语言以及它的统一句法。什么样的语言可以作为这种统一的语言呢？卡尔纳普早期曾经提出以现象主义语言作为这样的语言，纽拉特则始终坚持以物理语言作为统一科学的语言。因为，在他看来，世界上发生的一切都是自然界的一部分，也就是物理世界的一部分。各门科学所研究的事件都可以转换成具有时空坐标的物理事件，甚至社会事件也可以归结为人的行为事件，人的心理意识活动也可以根据其生理物理状态加以解释。人的行为、人的身体的生理状态都是在一定的时间、地点发生的，因而也等同于具有时空坐标的物理事件。上面已经谈到，物理语言就是人们在日常生活中或者在物理学中关于物理事件所用的语言，也就是对物理事件所作的时空描述。因此，可以把各门科学的语言在保存其原意的条件下翻译成物理语言，可以把各门科学的命题翻译成相应的物理命题。这样一来，物理语言就成了科学的统一化所依据的统一语言。他说：“统一科学的统一语言就是物理学的语言，这种语言大体上说是从日常生活语言的各种变形中产生出来的。就此而论，特定时期的物理学使用哪种特定的语言，这对于物理主义语言的齐一性来说，是无关紧要的。”②

有了物理语言这种普遍的语言，就为科学的统一化奠定了必不可少的基础。按照纽拉特的观点，科学的统一化这种思想是两种不同的思潮汇合而成的产物。一种是经验主义科学思潮，另一种是先天的理性主义思潮。过去，这两种思潮往往是对立的，前者强调“经验化”(empiricalization)，后者强调“逻辑化”(logicalization)，现在这两种思潮汇合到一起了。许多经验主义者开始赞赏逻辑分析和逻辑构造，把它们看作有用的科学研究手段。许多强调理性主义的思想家，也开

① 纽拉特:《社会科学的基础》，1944 年德文版，第 9 页。

② 纽拉特:《社会学和物理主义》，引自艾耶尔编辑的《逻辑实证主义》，第 284 页。

始反对先天推理，认为他们的理论也需要接受经验的检验。在他看来“逻辑经验主义”或者“经验理性主义”就代表了这样一种汇合。他还认为：“科学的统一化运动的最重要的目标之一，就是促进各种各样的科学汇合。科学统一化运动旨在把不同领域和不同国家的科学家们聚集到一起；参加这个运动的，还有那些对科学有一定兴趣或者希望科学有助于改善个人生活和社会生活的人们。‘统一的科学’和‘科学的统一’这些词，在这个运动形成之前已被人们使用，现在正获得越来越广泛的使用。”①

纽拉特不仅在理论方面积极地为科学的统一化作论证，而且为推进科学的统一化运动作了大量的实际工作。在后一方面，他主要致力于筹备编辑出版《国际统一科学百科全书》和组织多次“国际科学统一大会”。早在1920年，他已开始考虑编辑一套这样的百科全书，并先后与爱因斯坦、哈恩、卡尔纳普和弗朗克等人商议这个计划。1934年，他在海牙建立了“世界研究所”（Mundaneun lnstitute）；1936年又建立“科学统一研究所”，作为世界研究所的一部分；1937年他又把“科学统一研究所”改名为“国际科学统一研究所”，由纽拉特、弗朗克和莫里斯组成这个所的执行委员会。与此同时，他还建立了“国际统一科学百科全书组织委员会”，其成员有纽拉特、卡尔纳普、弗朗克、约根森、莫里斯、卢葱耶；还建立了“国际科学统一大会组织委员会”，其成员除了上述这几个人外，还加上斯特宾。1935年，在巴黎召开了“国际科学统一第一次大会”，会上通过了纽拉特提出的《国际统一科学百科全书》的总的编辑计划。1936年，纽拉特前往美国芝加哥，与卡尔纳普、莫里斯以及芝加哥大学出版社的编辑共同商议这套百科全书的出版。上述这些活动中的大量组织工作，主要都是由纽拉特承担的。

按照纽拉特拟订的编辑计划，《国际统一科学百科全书》要出26卷，包括260篇专题论文。这套百科全书计划分四个部分。第一部分

① 纽拉特：《统一的科学是百科全书式的组合》，1938年，载于纽拉特、卡尔纳普和莫里斯主编的《国际统一科学百科全书》第1卷，第1页。

讨论科学统一的基础，拟出 2 卷，包括 20 篇专题论文。第二部分讨论各个专门学科的方法论问题以及在科学的系统化中的方法论问题，拟出 6 卷，包括 60 篇专题论文。第三部分讨论各个专门学科中系统化的现状以及各个专门学科之间的联系，拟出 8 卷，包括 80 篇专题论文。第四部分讨论如何把以上三部分所讨论的方法及其成果应用于教育、工程、法律和医学等领域，拟出 10 卷，包括 100 篇专题论文。这显然是一个十分庞大的计划。他们原打算在 1944 年出完第二部分，可是到 1960 年连第一部分也没有出完。

此外，如前所述，维也纳学派还联合欧洲其他国家的类似团体，共同召开了多次国际大会，讨论科学的统一问题。这种大会共举行了五次，1935 年在巴黎举行第一次大会，1936 年在哥本哈根举行第二次大会，1937 年在巴黎举行第三次大会，1938 年在英国剑桥举行第四次大会，1939 年在美国坎布里奇举行第五次大会。纽拉特认为这几次大会是科学统一化思想在组织上的体现。

纽拉特等人虽然花了很大精力积极倡导和推行科学统一化运动，可是这个运动最后事实上是失败了。《国际统一科学百科全书》的编辑计划没有完成，国际科学统一大会也未能继续开下去，科学的统一化运动到 40 年代就逐渐衰落。这个运动失败的根本原因在于这个运动缺乏坚实的理论基础。纽拉特等人自以为依靠物理语言这种具有"主体间性"的、人人都可以了解的语言，就可以对各门科学的物理事件进行时空描述，从而实现科学的统一。但是，问题在于如何在保留各门专门科学的具体内容的条件下，用形式的说话方式将各门科学的语言翻译成物理语言，也就是说，如何把各门科学的命题翻译成相应的物理命题。诚然，从一定意义上说，任何一门科学的对象最终都可以归结为物理的存在，因为它们归根结底都是物质世界的一部分。但是，各个专门科学的对象各有其特殊性，不能笼统地简单归结为物理的存在。正是由于这个缘故，就无法用物理语言来表述专门科学中那些抽象的或特殊的概念，例如社会科学中关于人与人之间的关系概念。而且，纽拉特等人把行为主义心理学当作解释人的心理和生理状态的主要理论根据，那也是错误的。不过，科学的统一这个提法本身是有积极意义的，它符合于现代科学发展的综合化趋势；纽拉特等人所积极推行的科学统一化运动尽管没有达到目的，可是它毕竟引起了科学家们对这个问题的注意。

三、贯通论和整体论

与纽拉特的物理主义相联系的，还有他的以贯通论和整体论为基础的认识论观点。

在西方哲学的认识论中，特别在意义理论和真理观上，存在着两种对立的观点：基础论和贯通论。基础论者认为，虽然在大多数场合下一个词的意义往往是借助于另一个比较熟悉的词而得到解释，然而并不是所有的词都可以通过这种方法得到解释，必定有一些词不是通过与其他词的联系，而是通过与外部世界的直接联系而被引入语言之中。这样的词就是观察词汇，它们是通过用实物或动作表示的定义而被引入的。这种观察词汇不仅可以不依赖于其他词汇而独立地得到理解，而且可以成为用以理解其他词汇的泉源。他们还认为一个命题的真假不取决于它是否与其他命题相一致，而取决于它是否与外部世界相符合。有些命题在其体系内部是相互一致的，然而它们事实上是错误的。与此相反，贯通论者认为，没有任何词汇是仅仅依靠直接的经验联想而获得其意义，因为一个概念的意义与这个概念在其体系中的作用相关，而不是与它和世界的关系相关。他们还认为，命题之间的一致是真理的标准，命题的真理性不在于这个命题与某种本身不是命题的事物相符合，而在于这个命题可以被毫无矛盾地纳入某个更加普遍的命题体系之中。

纽拉特在真理观上坚持贯通论的观点，而反驳基础论的观点。前面已经谈到，他反对卡尔纳普关于某一些原始的记录语句不需要经验证实的观点，反对把某种原子的记录命题当作科学的基础。他说："卡尔纳普关于记录语句不需要证实的论点，不论对它作何理解，总是可以毫无困难地与传统的学院派哲学中流行的对直接经验的信念联系起来。按照这种哲学，的确存在着某些基本要素，世界图像可以从这些基本要素中构造出来。根据这种学院派的观点，这些原子经验当然是用不着任何批判审察的；它们不需要证实。"① 这就是说，他反对把直接经验、基本要素或原子经验看作认识的基础，看作构造科学的出发点。他反对把经验之外的某种"实在"或"存在"看作科学知识的对象，他认为经验命题的真伪性，并非取决于经验命题与经验之外的某种"实在"或"存在"相符合，而取决于命题和命题之间的一致。只要某个命题与同一体系内的有关命题相一致，这个命题就是真的；如果与同一体系内的有关命题相矛盾，这个命题就是假的。他说："当一个新的语句呈现在我们面前时，我们把它与我们已有的体系相比较，从而决定它是否与那个体系相冲突。如果这个语句的确与那个体系相冲突，我们便把它当作无用的（或错误的）东西抛弃掉，例如，把'在非洲，狮子只有站在大梯上才唱歌'这样的语句抛弃掉。"②

纽拉特强调说，由于科学是一个许多命题组成的体系，因此要判断某个命题的真伪，只能把这个命题与体系中的有关命题相比较，而不能与什么"经验"、"实在"、"世界"等等相比较。他说："也不可能把语言作为一个整体与'作为一个整体的经验'、'世界'或'所与之物'相比较。因此，像下面这样的每一个陈述，例如'科学的可能性取决于宇宙中的秩序这个事实'，都是没有意义的。这样的陈述并不会因被看作'阐释'而得到拯救（有人把一个不大严格的标准应用于'阐释'）。在这样的企图与通常意义的形而上学之间，并没有多大差别。科学的可能性已被科学的存在所证明。我们扩大科学领域的办法，是通过增加科学命题的数量，通过把新的命题与过去科学家们遗留下来的命题相比较，从而建立起一个自身首尾一贯的统一科学体系，我们可以利用这个体系作出有成效的预测。"③

---

① 纽拉特：《记录语句》，引自艾耶尔编辑的《逻辑实证主义》，第 204 页。

② 纽拉特：《记录语句》，引自艾耶尔编辑的《逻辑实证主义》，第 203 页。

③ 纽拉特：《社会学和物理主义》，引自艾耶尔编辑的《逻辑实证主义》，第 285 页。

与此相关，纽拉特反对维特根斯坦关于“阐释”的观点。维特根斯坦在《逻辑哲学论》中说过这样的话：“我的命题可以用下述方式加以阐释：理解我们的人当他通过这些命题、根据这些命题和越过这些命题时，终于会知道这些命题是没有意义的。可以说，他是在爬上梯子之后便把梯子扔掉了。”① 这就是说，在维特根斯坦看来，每一个人为了获得科学知识，需要暂时利用一些没有意义的陈述来进行“阐释”，然后又把这些没有意义的陈述抛弃掉，正好像一个人要爬上房顶，需要暂时利用一下梯子，等爬上房顶之后，便可以把梯子扔掉一样。纽拉特认为这种“阐释”观点也是形而上学的，我们不需要任何形而上学的、用于“阐释”的梯子。他认为在科学的发展中，我们可以逐渐地把那些模糊的概念抛弃掉，而代之以比较精确的概念。但是，决不能使科学概念达到十分精确的程度，因为科学概念都是建基于一些主要来自记录语句的词汇，而这些词汇往往是模糊的。因此，他把发展中的科学比作一条在大海中航行的船，它不能停在一个船坞里彻底翻修，而只能一边航行，一边修补。他说：“我们像一些必须在大海上改装他们的船的水手，他们不能在一个干燥的船坞中把船完全拆开，然后在那里用最好的材料把船重新建造出来。只有形而上学的因素才会不留一点痕迹地消失。模糊的语言斑迹总是以这种或那种方式作为船的组成部分保留下来。如果在这一个地方模糊之处消失了，在另一个地方它可能又增加了。”②

与纽拉特的“贯通论”观点紧密相联的，是他的“整体论”观点。法国物理学家杜恒（P. Duhem）早已提出这个观点。杜恒在其著作《物理学理论的目的和结构》一书中，早已提出不可能对孤立的假说进行经验检验的观点，认为在某一组假说进行经验检验时，如果所期待的观察结果最后没有出现，我们不能立即明确指出其中哪个假说应当被否定。在这里被否定的不是某个孤立的假说，而是一组假

① 维特根斯坦：《逻辑哲学论》，第 6.54 节。

② 纽拉特：《记录语句》，引自艾耶尔编辑的《逻辑实证主义》，第 201 页。

说，因此在确定我们应当否定的是哪个假说上，我们有很大的活动余地。

前面在叙述纽拉特的贯通论观点时已经谈到，按照他的观点，在确定一个命题的真假时，要把它与同一体系中其他有关命题相比较，如果它与其他有关命题相一致，它便是真的，否则就是假的。值得注意的是，在他看来，当出现某个命题与同一体系内的其他有关命题发生冲突时，不仅可以抛弃这个命题（因为它是假的），而且可以接受这个命题而改变那个体系本身，使之在纳入这个命题后也能保持体系内部的一致性，他说："如果这个语句的确与那个体系相冲突，我们便把它当作无用的（或错误的）东西抛弃掉，例如，把'在非洲，狮子只有站在大梯子上才唱歌'这样的语句抛弃掉，另一方面，我们也可以接受这个语句，而以某种方式改变那个体系，使那个体系在纳入这个新语句后仍然是一致的。在这种场合下，便可以说这个语句是'真的'。"①

杜恒早已提出、纽拉特加以发展的这种"整体论"观点，20 世纪 50 年代后又被蒯因、亨普尔、塞拉斯等人进一步加以发展，成为目前在分析哲学家中间颇有影响的一种意义检验理论。诚然，与维也纳学派的经验证实理论相比，这种"整体论"观点有所进展，因为它注意到了事物的普遍联系。但是，对于检验任何一个命题的真理性来说，关键问题在于承认社会实践是检验真理的唯一标准，仅仅依靠这种"整体论"观点并不能够彻底解决意义的检验问题。关于这一点，我们在后面评述蒯因的"整体论"检验理论时还要谈及。

第三节　维克托·克拉夫特

(Victor Kraft 1880 ~ 1975)

维克托·克拉夫特是维也纳学派的主要代表之一。1880 年 7 月 4

① 纽拉特：《记录语句》，引自艾耶尔编辑的《逻辑实证主义》，第 203 页。

日生于维也纳的一个教师家庭，在该市接受中学教育，1899 年中学毕业，进入维也纳大学学习地理和历史，不过他对植物学、地质学、经济学以及艺术史都有兴趣。不久，他的兴趣转向哲学，1903 年以其论文《外部世界问题》获得博士学位。毕业后去柏林进修，受教于狄尔泰（W. Dilthey）、西梅尔（G. Simmel）、斯图姆普夫（C. Stumpf）等哲学家门下。1912 年起在维也纳大学图书馆领导哲学部的工作，1914 年在维也纳大学任讲师，他提出《世界概念和认识概念》一书作为他的就职论文。由于第一次世界大战的爆发和战后经济的萧条，他的职位长期没有得到晋升，直到 1925 年才获得一个名义上的助理教授职位。1936 年石里克被一个学生枪杀后，维也纳学派的成员纷纷逃亡国外，只有他留在原校从事维也纳学派科学认识论的教学工作。1938 年，奥地利被希特勒吞并，他因其妻子为犹太籍而被解除教职和图书馆职务，隐居乡间，继续其著述生涯。第三帝国崩溃后，他于 1947 年恢复其原来的职务。1950 年，他被任命为继石里克之后的归纳科学哲学讲座教授，1952 年退休，专心从事著述活动，直至 1975 年 1 月 2 日逝世，享年 95 岁。

第二次世界大战后，克拉夫特在奥地利的声誉显著提高。1950 年被选为奥地利科学院通讯院士，1954 年被选为正式院士，1972 年获得奥地利科学院授予的威廉·哈特尔奖章（Wilhelm Hartel Prize）。莫斯布鲁克大学授予他以荣誉博士学位，他的故乡授予他以荣誉奖章。

克拉夫特在晚年致力于复兴维也纳学派在第二次世界大战期间遭到中断的事业。他协助亨普尔和斯太格缪勒（W. Stegmüller），使维也纳学派的哲学期刊《认识》杂志在荷兰复刊，又协助费格尔、亨普尔和艾耶尔等人编辑了《精确哲学丛书》和《维也纳学派丛书》，企图使维也纳学派的观点继续得到广泛传播。

克拉夫特在哲学研究方面的注意力主要集中在认识论和伦理学这两个领域。粗略地说，他前期较多地致力于认识论研究，后期较多地致力于伦理学研究，最后他还试图把这两个领域连接起来。他对认识论的研究可以说开始于他的头一部著作《世界概念和认识概念》

(Weltbegriff und Erkenntnisbegriff)。他认为要以科学的和批判的态度研究形而上学问题，就必然要研究认识论问题，而对认识论的研究又是与对科学哲学和方法论的研究不可分的。他企图给自然科学和人文科学提供一个坚实的经验基础，为此，他首先从他所熟悉的地理学和历史学开始，然后把他的研究扩大到数学和物理学的领域。这项研究的头一个成果，就是他在1925年发表的《科学方法的基本形式》一书。其后，他继续加深这方面的研究，1947年出版的《数学、逻辑和经验》(Mathematik; Logik und Erfahrung)一书便是这方面的第二项研究成果，至于在1960年出版的《认识沦》一书，则可以说是他在这方面的总结性的成果；当时他已是80高龄的老哲学家了。克拉夫特在伦理学方面的研究，开始于他在1937年发表的《科学价值论的基本问题》一书。他在从事这项研究时碰到两方面的阻力：一方面来自当时在这个领域内占主导地位的直觉主义伦理学、现象学伦理学以及教会伦理思想，它们与他试图从经验论的观点去探讨伦理学的立场是相抵触的；另一方面来自维也纳学派内部，他们在拒斥形而上学的同时，也把伦理学命题划入那些只有情感上的意义而缺乏认识意义的命题之列。而且，这本书出版后的命运也不佳。1938年纳粹党吞并奥地利后即禁止出售维也纳学派的著作，大批书被积压在书库里，1945年这批书又被战火焚烧一光，直到1951年再版后才与公众见面。克拉夫特在其后期对伦理学的研究，除了修订这本书和撰写《理性道德基础》(Rationale Moralbegrundnng, 1963)一书外，还在1969~1974年间发表了一系列论文，如《道德和法律中的意志自由问题》(1969)、《法律和道德》(1970)、《能够对社会规范进行理性论证吗?》(1972)、《关于规范的有效性》(1973)等等。在《哲学导论》(1950)和《认识和道德的基本问题》(Die Grundlagen der Erkenntnis und der Moral, 1968)这两本著作中，他还试图在认识问题和评价问题之间架起一座桥梁。此外，他于1950年写了《维也纳学派——新实证主义的起源》(Der Wiener Kreis. Der Ursprung der Neopositivismus)一书，详细介绍这个学派的历史发展过程。

克拉夫特不仅在伦理命题是否具有认识意义这个问题上与维也纳

学派有分歧，而且在其他某些问题上也有分歧。例如，他坚决反对纽拉特和卡尔纳普所主张的物理主义，也反对他们所推行的科学统一化运动。他对卡尔纳普在早期所持的现象主义持怀疑态度，对石里克后期的实证主义倾向也不赞同。他还提出一种“演绎经验主义”，以与维也纳学派的归纳主义相抗衡。尽管如此，我们仍然把他看作维也纳学派的主要代表，这不仅因为他长期参加维也纳学派的讨论等活动，在晚年还力图复兴维也纳学派的事业，而且因为他赞同这个学派的某些基本观点，例如，他赞同分析命题和综合命题的区分，认为数学和逻辑的命题属于分析命题，经验科学的命题属于综合命题。他也把维也纳学派提出的“可证实性原则”作为确定经验命题的真伪的标准，并以此为根据而断定形而上学命题是没有认识意义的。他也强调逻辑分析方法的重要意义，主张哲学的任务在于用这种方法对科学语言进行逻辑分析，如此等等。

一、演绎经验主义

在西方哲学界，归纳问题在近几十年内一直是一个争论不休的问题。大多数逻辑实证主义者都是归纳主义者，他们从经验主义立场出发，片面强调归纳法的作用，而贬低或者否定演绎法的意义。相反，与逻辑实证主义有密切联系，但又不属于这个流派的波普尔，则是反归纳主义者，他片面强调演绎法的作用，而贬低归纳法的意义。克拉夫特在这两派观点之间持中间立场，他企图在一定程度上把经验和理性在认识上的作用调和起来，同时也把归纳和演绎在认识方法上的作用调和起来。他的这种观点被称为“经验理性主义”或者“演绎经验主义”。

在归纳问题上争论的焦点，在于归纳推理的合理性问题。归纳推理这种逻辑方法，是由断定某类事物的个别或部分的命题推出这一类事物的全体，即由特称命题推出全称命题。对于这种逻辑方法的合理性，休谟早已表示怀疑。他认为对于归纳推理的合理性，我们既提不出逻辑的证明，也提不出后天的证明。归纳主义者赖欣巴赫等人认为休谟的这种怀疑是站不住脚的，因为，在休谟看来，归纳推理的合理性依据于要能证明所推出的结论一定是真实的，而在赖欣巴赫等人看来，对结论的真实性的证明仅仅是归纳推理的合理性的充分条件，而不是它的必要条件。归纳推理虽然不能保证结论的真实性，但它能够给我们提供一种关于未来的最恰当的设想。反归纳主义者波普尔等人支持休谟的看法，他们否认归纳推理的合理性所持的理由主要有二：一是从有限不能证明无限，从过去不能证明未来；二是归纳主义者用来证明“归纳原则”的方法是违反逻辑的，他们是用一个本身尚待证明的论据来论证这个原则本身。

克拉夫特在其早期著作《科学方法的基本形式》（1925）一书中，已开始探讨归纳推理的合理性问题。与赖欣巴赫等归纳主义者不同，他认为采用某种特殊的归纳理论（如概率逻辑等等）来为归纳推理的合理性辩护，是站不住脚的，因为归纳原则完全不具有逻辑上的根据，也不能从任何科学理论中得到证明。从逻辑上说，使用归纳方法从若干个别经验事实中获得的论断，只能作为一般科学研究的前提或假说；只有通过演绎才能使归纳推理形式具有逻辑根据。他承认我们不应忽视归纳推理在科学理论发现过程中的作用，但他认为这种作用只不过是它有助于发现科学的假说，它在认识逻辑上不可能有更多的意义。

赖欣巴赫等归纳主义者强调归纳推理的作用，是因为他们认为借助于概率的计算可以确定概率度，从而确定经验命题得到验证的程度，这样就可以弥补经验证实理论的不足。克拉夫特则认为，他们所说的“概率”这个概念本身就不清楚，应当把逻辑的或命题的概率与数学的概率区别开来。就数学的概率而言，可以通过概率计算来确定概率度。但就逻辑的概率而言，则“不可能通过概率计算来精确地确定被看作命题验证度的标准的那种命题概率”①。

克拉夫特还认为，如果对数学概率这个概念作经验的应用，那么对数学概率既不能完全加以证实，也不能完全加以证伪。它之所以不能完全证实，是由于关于机会计算的命题所涉及的是无限的序列，而

① 克拉夫特：《维也纳学派——新实证主义的起源》，英文版，第151页。

在经验上给定的序列始终是有限的。不论在这样一种序列和数学概率判断之间的对应关系多么密切，我们仍然不能完全断定当这样一个序列继续延长时这种关系是否仍能保持不变。我们在这里不能做到完全的证实，正如我们对全称命题不能做到完全证实一样。由于这个理由，经验的序列反过来也不能否定数学的概率判断。而且，有时之所以出现不符合计算出来的概率的情况，也是由于概率的性质本身决定的。因此，概率判断从理论上说是不确定的。

克拉夫特否定了归纳主义者对归纳推理的合理性的论证，批驳了归纳主义者的概率理论，另方面则强调演绎方法的作用，认为只有演绎方法才能给各种认识提供必然而且普遍的理论基础。他强调说，科学理论总是表现为命题的演绎系统，也可以说这是一个以严密细致的形式表述出来的公理演绎系统。他认为科学的实验和观察归根结底必须以理论为指导，接受理论的支配。我们在进行观察时，虽然直接看到的只是一些简单的感性印象或感性材料，但我们对于如何才能进行正确的观察，又根据什么才能从观察结果中作出正确的结论等等，则必须依赖于理论，要以许多普遍命题为前提。至于要作出有效的实验，更需要以理论为基础，我们必须根据理论才能制定出适当的实验程序，也就是说，只有以从某些理论假设中得出的演绎推断为根据，才能得出或者肯定这种假设，或者否定这种假设的结果。总之，他认为观察和实验的成效都必须以一定理论为基础，而理论又不外乎是命题的演绎系统，因此，科学研究离不开演绎法，无论理论的形成或发展都需要依靠演绎推理。克拉夫特和波普尔二人在反归纳主义这一点上是完全一致的，他们都强调演绎推理而贬低归纳推理，因此他们的这种观点都被称为“演绎经验主义”。不过，在克拉夫特的观点中占中心地位的是维也纳学派的“可证实性原则”，而在波普尔的观点中占中心地位的则是“证伪原则”。

克拉夫特虽然强调演绎推理的作用，但他的基本哲学立场是经验论，而不是唯理论，因此他又同时强调科学理论的经验性质，认为作为公理演绎系统的科学理论也必须以实际经验为基础。科学理论的建立要从观察和实验着手，要以客观实在为对象，要以实际经验为基础；而在科学理论建立起来后，又需要应用到实际经验之中，接受实际经验的检验。与此相关，他反对德国的约定论者对科学理论所作的先验论解释，即认为科学理论的形成根本与实际经验没有联系。在他们看来，科学理论是一个纯粹的演绎假设系统，我们只要借助一些定义和假说并通过相应的重言式变换过程，就能把它建立起来，并不需要以实际经验为基础。克拉夫特则强调科学理论要以实际经验为基础，反对约定论者对科学理论所作的先验论解释。

从马克思主义的观点看来，在科学研究中，归纳法和演绎法是两种不可缺少的工具，它们起着不同的作用，但都是同等重要。归纳法是由特殊到一般的推理形式，演绎法是由一般到特殊的推理形式。认识运动始终是一个由特殊到一般，又由一般到特殊如此循环往复的过程，因此，归纳和演绎之间是一种辩证统一的关系。归纳主义者只强调归纳，反归纳主义者只强调演绎，都各有其片面性。在西方哲学史上，唯理论者大多强调演绎，经验论者大多强调归纳。克拉夫特在哲学上是经验论者，在方法论上则是反归纳主义者，即演绎主义者，因此他试图把经验论与演绎主义结合到一起，于是形成了他的“演绎经验主义”或“经验理性主义”。他的这种观点在一定程度上克服了归纳主义者和反归纳主义者各自的片面性，但这远远不是对归纳和演绎的辩证理解。

二、价值理论

如前所述，克拉夫特不赞同维也纳学派关于道德命题不具有认识意义的观点。维也纳学派的成员大都认为，如果可以把经验标准用于检验“善良的”、“美好的”以及规范科学所使用的其他一些谓词的用法，那么包含有这些谓词的语句就不是价值判断，而是对事实的经验陈述。如果不能把经验标准用于检验这些谓词的用法，那就应当说，包含有这些谓词的语句只不过是一些没有认识意义的伪命题。他们认为，甚至要对一个表达价值判断的陈述作出精确的表述也是不可能的。卡尔纳普说：“即使按照价值论者的意见，价值或者规范的客观有效性也是不能在经验上得到证实或者从经验的命题中推演出来的；因此，我们甚至不能对价值或规范作出有意义的断定。”① 与此相反，克拉夫特却认为价值判断是有意义的。他说，按照维也纳学派的经验证实原则，的确只有描述句是有意义的，因为只有这样的语句才能在经验上得到证实。所有其他的语句，如提问、命令、规定、评价等等，都是没有意义的；可是，这仅仅是就这些语句不具有理论内容而言。如果从实用的角度给意义下定义，那就可以认为这些语句是有意义的，因为它们也涉及一定的态度或行为方式。克拉夫特强调说，价值判断就是把价值归之于某一对象或某类对象，与价值判断相对应的，是一些在经验上可以详细说明的客观关系，这些关系存在于对象的特性和主体的态度之间。我们知道价值谓词的应用条件，因此价值论断是有意义的。在他逝世前不久递交给奥地利科学院的履历书中，他重申了他在这个问题上的立场，“在我的价值理论中，我表明在价值概念中不仅包含有价值的特征，而且包含有事实的内容。正是由于价值概念中包含有事实的内容，价值判断相互之间既可以发生逻辑联系，价值判断也可以与纯粹事实的命题发生逻辑联系……由于价值概念和价值判断也具有事实内容，因此，利用它们与其他判断的联系，就能够确定价值判断是有效的”②。

克拉夫特也反对石里克的快乐论的伦理观点，石里克认为，人们的意志是由追求最大限度的快乐这种动机决定的；从道德的意义上讲，“善良的” 这个谓词表示一种获得社会认可的意志决定。什么样的行为会获得社会在道义上的认可，而且为什么会获得这种认可，这取决于这种行为给社会带来的究竟是愉快的还是痛苦的后果，或者更确切点说，这取决于社会认为这种行为会带来什么样的后果。一个人之所以合乎道德地行为，这是因为一种对社会有益的行为，对于个人来说也是愉快的。社会通过教育措施使人们认识到什么样的行为对社会是有益的，从而对个人也是愉快的，同时社会还通过奖惩制度加深

---

① 卡尔纳普：《通过语言的逻辑分析清除形而上学》，载于《认识》杂志第 2 卷，第 237 页。

② 克拉夫特：《科学价值论的基本问题》，德文版，第 XV 页。

人们的这种认识。克拉夫特不赞同石里克的这种快乐论观点;他反驳说,这种观点忽视这样一个重要事实,即人们有时对牺牲的评价高过于对幸福的评价,受苦并非总是一种消极的动机。他认为快乐论不适合于用来给价值作解释或作论证,因为价值并非仅仅来自于对快乐的追求或对痛苦的回避。除开快乐和痛苦之外,价值还有其他一些同样重要的泉源,它们能够满足某些在生物学方面受制约的需要、冲动和愿望。克拉夫特在《科学价值论的基本问题》一书中,除谈到快乐和痛苦外,还仔细分析了情绪、对本能冲动的满足、对愿望的满足、习惯等等泉源。他认为不能把对不自觉的需要和自觉的愿望的满足,统统归结为追求快乐。他说:“尤其重要的是,那种使某种需要或愿望得到满足的东西,事实上并非追求一种通过满足而得到的快乐。如果坚持这种看法,那完全是对心理状态的误解和曲解。经常起决定性作用的因素就是这种对需要或愿望的满足。”①

克拉夫特提出要在他的价值论中,对各种价值的领域,对关于价值的科学陈述的基础,进行详细深入的研究。他是从心理学和逻辑理论这两个方面去探讨价值问题的,这就是说,他既要对价值进行心理分析,也要对价值进行逻辑分析。在他看来,除了一些最普遍的规范概念(例如,“有价值的”、“卓越的”等等),大部分规范概念除具有它们所特有的规范性质之外,还具有描述的内容。规范概念的描述内容是通过给规范词下定义来说明的,例如,我们用意志与道德法则的一致,或者用旨在达到普遍幸福的意志,来给“道德上是善的”这个概念下定义,或者用部分在整体内的和谐组合来给“美丽的”这个概念下定义等等。这样一来,价值判断就获得了事实的、理论的内容。因此,无论对于价值判断,或者对于规范,都可以进行心理分析和逻辑分析。价值判断由于具有事实内容,因而能够与其他价值判断发生逻辑关系,例如,某些价值判断可能从其他某些更加普遍的价值判断中推演出来,某些价值判断可能与其他某些价值判断发生逻辑矛盾,如此等等。这些逻辑关系构成伦理学体系的基础。

---

① 克拉夫特:《科学价值论的基本问题》,德文版,第95页。

克拉夫特关于价值概念具有事实内容的观点，与西方哲学界中流行的一些观点是不一致的。价值论中的直觉主义者舍勒（M. Scheler）等人认为，价值概念是一些不能描述、而只能识别的特质。新康德主义巴登学派李凯尔特（H. Rickert）等人认为，从严格意义上讲，价值本身是不能下定义的，因为价值是一个终极的、非推演得出的概念。布伦塔诺（F. Brentano）也认为，由于价值不是一个独立的对象，因而不能给价值概念下定义。他说，“价值”是一个符号，它只有出现于命题中时才具有意义，它并不描述任何独立存在的物体。至于逻辑经验主义者，他们断言价值概念没有认识意义，它们不具有任何描述的（理论的）内容，因而不能给价值概念下定义。与这些哲学家的观点相反，克拉夫特强调价值概念具有事实内容，因而是可以下定义的。他还认为通过对价值概念进行逻辑分析，就能显示出价值概念的事实内容是由哪些因素构成的。他说，除了一些极其普遍的价值概念之外，任何价值概念都具有事实内容。他把价值概念分为若干种类，例如，道德领域内的价值概念责任心、荣誉感、美德、良心等等，美学领域内的价值概念和谐、对称、可爱、丑陋等等。他认为各个领域内的价值概念之所以互不相同，就在于它们具有不同的事实内容。他说：“所有这些种类的价值概念所具有的特质，仅仅在于它们具有一定的事实内容，具有一些可以清楚地陈述的特征和关系。在同一个种类中使一个价值概念区别于另一个价值概念的那种东西，也同样是由于它们具有不同的描述内容。”①

不过，克拉夫特声明，某些最普遍的价值概念，如“好的”、“坏的”、“杰出的”、“有价值的”等等，以及“价值”这个普遍概念本身，并不具有事实内容。可是，与其他价值概念一样，它们也具有价值特征。他认为所有的价值概念都表现出或者是肯定的或者是否定的特质，这就是一切价值概念都具有的价值特征。他说，通过逻辑分析可以表明，除开一些极普遍的价值概念之外，其他的价值概念都含有两种成分：一种是事实的成分，它是纯粹中性的；另一种是表现

① 克拉夫特：《科学价值论的基本问题》，德文版，第13页。

出特质的成分，它是由实际的价值特征组成的。

至于价值判断，克拉夫特认为，这是一种那样的判断，在这种判断中，我们把价值归之于一个对象或一类对象。价值判断与一般判断的区别，在于这种判断中把一个价值概念作为它的谓词。价值判断并非仅仅表示作出这种判断的人自己的态度，它还含有劝说听见价值判断的人赞同这种态度的意思。因此，价值判断并不限于表达判断者的主观态度，它还要求具有普遍的有效性。克拉夫特由此提出“非个人的价值判断”这个概念，即认为价值判断不只是对那些说出或听见某个价值判断的人有意义，而且对任何人都有意义。他认为这一点很重要，因为这样一来，价值判断就具有一种客观性，就像纯粹的描述命题具有客观性那样。但是，克拉夫特否认绝对价值的存在，也否认绝对的道德命令的存在。他说人们之所以认为存在着绝对的价值和绝对的道德命令，只不过是因为这种价值或道德命令在某个文化团体中已经成为习以为常的事情。我们只有预先假定人们已经普遍接受了某些最基本的规范，才能认为从这些基本规范中推演出来的价值判断具有客观的有效性。

与此相关，克拉夫特反对价值论中的绝对主义，因为这种绝对主义的价值论认为，存在着绝对的价值，而且存在着一种对价值的先天知识，价值的绝对性在于价值是人们可直接看出的，正如感觉材料是人们直接感知的一样。他认为这种绝对主义的价值论是不能成立的，因为，如果把价值看作一种绝对的、超时间的、理想的本质，那它如何与经验的现实发生联系呢？如果价值要与经验的现实发生联系，它就要失去其绝对的、理想的性质．因为这种联系要通过一个作出评价的主体才能建立起来。与绝对主义的价值论相对立，他倾向于经验主义的价值论，认为价值是在价值经验的基础上形成的，价值的存在是针对作出评价的人类来说的，因此可以从经验方面、从心理学和社会学的角度来研究价值。

在逻辑实证主义者中间，一般都认为伦理命题没有认识意义，只有情绪意义，因此大多轻视伦理学问题的研究，克拉夫特和石里克是其中的例外。克拉夫特重视价值理论的研究，承认价值判断是具有认识意义的命题，强调价值判断的事实内容和经验基础，反对绝对主义的价值论等等，这些观点都具有其合理成分。但是，由于克拉夫特的基本立场是唯心主义的，因此他的价值理论也停留在唯心主义立场上，他远远没有认识到伦理道德是社会意识的一种形态，而社会意识是由社会存在决定的；道德规范、伦理原则以及价值判断都不是凭个人经验任意制定的，也不是永恒不变的，而是随社会经济关系的发展而发展。可见，只要在世界观上持唯心主义立场，就不可能唯物主义地解决伦理道德问题。

第四节　阿尔弗雷德·朱尔斯·艾耶尔
（Alfred Jules Ayer 1910～）

艾耶尔是英国当代著名的哲学家和逻辑学家，是逻辑实证主义在英国的主要代表，也是在英国比较系统地传播逻辑实证主义的哲学家。

艾耶尔于 1910 年 10 月 29 日生于伦敦的一个商人家庭，1923～1929 年间就读于伊顿公学，1929～1932 年间就读于牛津大学基督教堂学院。由于受当时正在蓬勃兴起的维也纳学派哲学的吸引，1932 年大学毕业后即去维也纳，结识了石里克和维也纳小组的其他成员，参加他们的哲学讨论，深受他们思想的影响。1933 年回到牛津基督教堂学院担任讲师和研究员，1936 年在牛津获得文学硕士学位。1940 年入英国军队中服役，1943 年升至上尉，1945 年退役，回到牛津沃德姆学院任研究员，1946～1959 年任伦敦大学格罗特（Grote）讲座精神哲学和逻辑学教授，1959 年后回到牛津任威克汉姆（Wykeham）讲座逻辑学教授，直至 1978 年退休。

他在 1952 年成为英国科学院院士，1963 年成为美国科学院荣誉院士，1970 年被封为爵士。他曾两次到美国纽约市立大学担任访问教授，现任国际哲学学会联合会副主席等职。

知识问题是艾耶尔一生中所研究的中心问题。1936 年出版了他的头一部著作《语言、真理和逻辑》，这是他的成名之作，也是他的一本最重要的著作。这本书系统而且详细地阐述了维也纳学派的基本思想，被认为是一部阐述和解释逻辑实证主义的优秀教材。这本书也奠定了艾耶尔的整个哲学思想的基础，1946 年此书再版时，他声明需要对此书的某些观点作出修正，在此后出版的其他著作中，他也提出过某些稍有不同的观点，可是，整个说来，他并没有放弃此书中表述的逻辑实证主义立场，只不过作了一些修正、澄清或补充，以便摆脱或克服逻辑实证主义在理论上碰到的种种困难。

1940 年出版了他的第二本重要著作《经验知识的基础》。他在这本书中探讨了两类问题：一是关于知觉的问题，二是关于“自我中心困境”的问题，也就是关于语言和感性经验中的私有性和公有性问题以及关于他人的意识的问题。他在这本书中提出了一种新的现象主义，他称之为“彻底的现象主义”。

1954 年出版了他的头一部论文集《哲学论文集》（Philosophical Essays)，包括 12 篇论文，都是 20 世纪 40 年代后期至 50 年代前期写的。其中，关于逻辑问题的三篇，关于知识问题的五篇，关于本体论的一篇，以及关于道德哲学的三篇。

1956 年出版了他的第三本重要著作《知识问题》，他在这本书中探讨了哲学怀疑论的各种问题。他首先探讨了哲学的方法和知识的性质，接着分析了怀疑论的各种论证，最后着重研究知觉、记忆和对他人意识的认识这三个问题。他认为没有一个经验陈述能够免于怀疑，可是这并不意味着我们不能相信任何陈述。

1963 年出版了他第二本论文集《人的概念》(The Concept of Person and other Essays)。在这本书的《人的概念》一文中，他探讨了身、心以及人的同一性问题。还有两篇论文讨论归纳和概率问题，60 年代中期以后，艾耶尔对这个问题深感兴趣。1968 年和 1969 年先后出版了《实用主义的根源》（The Origins of Pragmatism）和《形而上学和常识》（Metaphysics and Common Sense）二书，在前一本书中他着重研究了皮尔士和詹姆斯的哲学，后一本书是他的第三本论文集。1971 年出版了《罗素和摩尔：分析的传统》（Russell and Moore: The Analytical Heritage）一书，他在这本书中详细阐述了分析哲学的这两位创始人的观点。1972 年出版了《或然性和证据》(Probability and Evidence)，把或然性判断分为三个等级，即先天判断、统计判断和可靠性判断，认为或然性判断一定有某种根据，而这种根据就在于我们已有的经验。1973 年出版了《哲学的中心问题》，这是他后期最重要的著作，他在这本书中放弃了他早期坚持的彻底现象主义，而提出一种"精细实在论"的观点。在 1979 年 G. F. 麦克唐纳为艾耶尔从牛津大学退休而编辑的纪念文集《知觉和同一性》(Perception and Identity)中，刊载了他对 12 位批评者的长篇"答复"，这篇"答复"反映了艾耶尔的最近的观点。1984 年出版了他的最新专著《自由和道德》(Freedom and Morality) 一书。

与其他逻辑实证主义者一样，艾耶尔的观点也发源于贝克莱、休谟的唯心主义经验论和孔德、马赫等人的实证主义，其中尤以前者的影响更为强烈。而给予他的思想以直接影响的，则是罗素、早期维特根斯坦以及石里克、卡尔纳普等人。在代表他的基本思想的《语言、真理与逻辑》一书第一版的序言中，他就明确声明："本书所提出的一些观点是从贝特兰·罗素和维特根斯坦的学说中引导出来的，而罗素和维特根斯坦的那些学说则是贝克莱和大卫·休谟的经验主义合乎逻辑的产物。"① 又说："与我的观点非常吻合的哲学家是组成'维也纳小组'的那些哲学家，他们在莫里茨·石里克的领导下通常被称为逻辑实证主义者。在'维也纳小组'的一些哲学家中，我最要感谢的是鲁道夫·卡尔纳普。"②

一、分析命题和综合命题

在这个问题上，艾耶尔的观点和维也纳学派的观点基本上是一致的，仅仅在个别论点上有所不同。

与其他逻辑实证主义者一样，艾耶尔在这个问题上的观点也是渊源于休谟。他在《语言、真理与逻辑》一书第一版的序言中，一开

① 艾耶尔：《语言、真理与逻辑》，上海译文出版社 1981 年版，第 29 页。
② 艾耶尔：《语言、真理与逻辑》，上海译文出版社 1981 年版，第 30 页。

头就明确表明这种渊源关系。他说："我和休谟一样，把一切真正的命题分为两类，就是：用休谟的术语来说，关于'观念与观念之间的关系'的命题和关于'事实'的命题。"① 艾耶尔把前一类命题称为分析命题，它们是必然的和确定的，不会被经验所否定，因为它们没有对经验世界作出任何断定，仅仅记录有关我们如何使用某些符号的规定。他认为逻辑和纯数学的"先天命题"，属于这种分析命题。后一类命题是综合命题，它们仅仅涉及经验事实，归根结底涉及我们的感觉内容；它们只能是或然的，永远不能是确定的和必然的；它们是真是假，这只能靠经验加以检验。他认为经验科学的命题属于这后一类命题。

艾耶尔也评述了康德对分析判断和综合判断所下的定义，并为订正这两个定义提出他的意见。康德认为，在分析判断（即分析命题）中，谓词 B 属于主词 A，B 是作为某种隐蔽地包括在 A 的概念中的东西，而在综合判断（即综合命题）中，虽然谓词 B 与主词 A 是联系着的，但是谓词 B 处在主词 A 之外。康德解释说，分析判断没有通过谓词给主词的概念增加任何东西，而综合判断却给主词概念增加一个我们在任何情况下都没有思考过的谓词。在艾耶尔看来，康德给分析判断和综合判断所下的定义是不精确的，因为它没有给这种区分提出一个明确的标准，而是提出两个不同的标准，这两个标准决不是等值的。康德认为"7 + 5 = 12"这个判断之所以是综合判断，是因为"7 + 5"的主观内涵不包括在"12"的主观内涵之中，而"一切物体是有广延的"这个判断之所以是分析判断，是因为它只依据于矛盾律。艾耶尔认为，康德在前一个例子中用的是心理学的标准，而在第二个例子中却用的是逻辑的标准，但这两个标准并不是等值的。他认为，从康德的其余论证中可以清楚地看出，康德真正希望建立的是逻辑命题，而不是任何心理学命题。他说："我认为，我们能够保存康德区分分析命题与综合命题的逻辑意义，而在同时避免那些损害康德实际说明这种区别的混乱，如果我们这样做的话，这就是：当一个命

① 艾耶尔：《语言、真理与逻辑》，上海译文出版社 1981 年版，第 29 页。

题的效准仅依据于它所包括的那些符号的定义，我们称之为分析命题，当一个命题的效准决定于经验事实，我们就称之为综合命题。”①

艾耶尔还批驳了穆勒把这两类命题都说成是归纳概括的观点。穆勒认为，逻辑和数学的命题具有与经验假设同样的地位，而且，它们的有效性是以同样的方式来决定的。艾耶尔则认为，逻辑和数学的命题不同于经验假设，它们的有效性不依靠经验来证实。诚然，我们在发现这些命题时可能需要经历一个归纳过程，可是，一旦我们理解了这些命题，我们就看到这些命题是必然的真理，它们对每一个可以设想的例子都是有效的。至于经验假设，它们的有效性依据于经验的检验，因此它们不是必然的和普遍地有效的。

艾耶尔特别强调说，分析命题是重言式命题，完全没有事实内容，不提供任何关于事实的报导。但是，这并不是意味着分析命题是没有意义的，就像形而上学命题没有意义那样。相反，分析命题是有意义的，因为虽然分析命题没有提供关于任何经验状况的报导，可是分析命题通过对我们使用的符号的说明使我们得到启发。例如，当我说“如果所有的布勒通人是法国人，而所有的法国人是欧洲人，那么所有的布勒通人是欧洲人”时，我不是在描述任何事实。但是，我表明了在“所有的布勒通人是法国人，而所有的法国人是欧洲人”这个陈述中，已经暗中包含着另一个陈述“所有的布勒通人是欧洲人”。这样一来，就指出了那些制约着我们使用“如果”、“所有”、“那么”等等单词的用法的约定。他说：“因此，我们看到，在一种意义上，分析命题是给予我们新的知识的。分析命题要求注意语言的某些用法，否则，这种用法是我们可能不会意识到的，并且，分析命题揭示出我们的那些断定和信念中所没有想到的含义。”②

后来，艾耶尔在《知识问题》（1956）一书中讨论怀疑论和确定性问题时，曾谈到先天陈述也是不能免于怀疑的。他说，数学和逻辑学中的命题是分析命题，它们是先天的、确定的和必然的。如果它们

① 艾耶尔：《语言、真理与逻辑》，上海译文出版社 1981 年版，第 85 页。

② 艾耶尔：《知识问题》，1956 年英文版，第 42 页。

是真的，那就不会出现它们是假的情况；从这个意义来说，它们的确是无懈可击的。我们可以设想一个可能的世界，在那个世界里它们得不到有益的应用；尽管如此，这并不能使它们失去其有效性。譬如说，即使在某个世界里，由于某种原因使得人们无法完成加或减的过程，可是算术法则并不会因此而失去其有效性。但是，艾耶尔又指出："先天陈述如果是真的，它们在这个意义上是无懈可击的；不过，从这个事实中不能得出结论说它们是可以免于怀疑的。因为，正如我们已经指出的，数学和逻辑学中也是可能出错的。可能出现这样的情况：我们相信某个先天陈述是真的，然而它事实上却不是如此。"① 他认为没有一个先天陈述可以完全免于怀疑，尽管对先天陈述的怀疑一般说来是不严重的。

至于综合命题，它们的真理性则需要依靠经验来检验，它们的有效性在逻辑上是不确定的。在艾耶尔看来，不管这些命题如何经常地在实践中被证实，仍然有可能在将来的某个事例中被推翻。一个综合命题在 $n-1$ 的情况下被证实，在逻辑上并不能保证在 n 的情况下它也能得到证实，不管我们把 n 这个数字设想为多么大。这就是说，没有一个综合命题总是可以被证明为必然地和普遍地真实，它最多只是一个或然的假设。他认为这一点适用于一切具有事实内容的命题，它们之中没有一个在逻辑上是必然地和普遍地真实的。

在这点上，艾耶尔的观点与石里克等人的观点有些分歧。石里克等人认为，在经验命题或综合命题中，有一些特殊的命题，它们的有效性就在于它们直接记录即刻的经验，可以称之为"用实物表示的"命题。这类命题不是单纯的假设，而是绝对确定的；因为，它们从性质上是纯粹指示的，不能被任何以后的经验所推翻。只有这一类命题是确定的经验命题；其余的经验命题都是假设，它们的有效性是从它们与用实物表示的命题的关系中抽引出来的。艾耶尔认为，除纯粹用实物表示的命题外，任何综合命题都不能做到在逻辑上不容怀疑，但是，并非任何综合命题都可能是纯粹用实物表示的。因为用实物表示

① 艾耶尔：《知识问题》，1956 年英文版，第 86 ~ 87 页。

的命题这个概念在用语上是有矛盾的。它意味着可能有一种句子是由一些纯粹指示符号所构成，而同时又是可以理解的。这甚至在逻辑上也是不可能的，因为由指示符号构成的句子不会表达一个真正的命题。艾耶尔对他在《语言、真理与逻辑》一书第一版中提出的这个观点，在第二版的导言中进行了纠正。他说：过去“我的论证的主旨是：没有综合命题可能是纯粹用实物表示的。在这一点上，我的推理本身不是不正确的，但是，我想我把它的意义搞错了。因为我好像没有察觉到，我所真正在做的是提出一个论点，说明不能把‘命题’一词用于‘直接记录一个直接经验’的那些陈述；而这是一个没有多大重要意义的术语问题。”①

分析命题和综合命题的区分，是逻辑实证主义的一个重要基石。艾耶尔作为逻辑实证主义的积极传播者，如此重视对这种区分的论证并不是偶然的。这种观点后来受到蒯因的猛烈攻击，关于这个问题后面还要详谈。

二、意义和证实理论

在这个问题上，艾耶尔也是从逻辑实证主义者的观点出发的。可是，由于逻辑实证主义的证实理论从20世纪30年代起就受到来自这个学派内部和外部的尖锐批评，因此艾耶尔在30～50年代期间多次修正和补充他在这个问题上的观点。

30年代中叶，艾耶尔在他的《语言、真理与逻辑》一书的第一版中，已经对逻辑实证主义关于意义和证实理论的传统观点作了一些修改。按照传统的观点，只有当一个人知道如何证实一个句子所要表达的命题时，也就是说，如果他知道在某些条件下什么样的观察会引导他因其真而接受那个命题，或者因其假而拒绝那个命题，那么这个句子对于这个人来说就是事实上有意义的。换句话说，任何陈述实际上获得证实的唯一途径就是靠某人具有某种感觉经验。艾耶尔认为对证实理论的这种表述是不精确的，应当对“可证实性”这个概念作

① 艾耶尔：《语言、真理与逻辑》，上海译文出版社1981年版，第8页。

出一些区分。

首先，他把可证实性分为实践的可证实性和原则的可证实性。所谓实践的可证实性，他指的是人们通过经验观察可以在事实上加以证实的情况；所谓原则的可证实性，他指的是不能用实际的观察加以证实，但从原则上说可以证实的情况。例如，对于“月亮的另一面有一些山脉”这个命题，在人类还没有借助宇宙火箭对月亮的背面进行直接观察的情况下，就不具有实践的可证实性，而只具有原则的可证实性，因而是有意义的。至于布拉德雷在《现象与实在》一书中所提出的“‘绝对’参加到演化和发展之中，但是它本身不可能演化和发展”这个命题，艾耶尔认为它不仅不具有实践的可证实性，而且不具有原则的可证实性，也就是说，它是绝对得不到证实的，因而是无意义的。

其次，艾耶尔还把可证实性分为“强”意义的可证实性和“弱”意义的可证实性。他说，如果一个命题的真实性是可以在经验中得到确实的证实，那么这个命题就被认为在可证实性这个词的强意义上是可证实的，而如果经验可能使这个命题成为或然的，那么这个命题就被认为在这个词的弱意义上是可证实的。艾耶尔作出这种区分，是为了“修正”石里克等人把确实的可证实性，即强意义的可证实性作为判断命题是否有意义的标准。他认为这种观点太过头了，因为有许多关于规律的普遍命题，如“砒霜是有毒的”、“一切人都是会死的”等等，是不能确实地加以证实的。他说：“这些命题的本性是，它们的真实性不可能由任何有限系列的观察来确定地证实。但是如果承认，这样的关于规律的普遍命题被预定为适用于无限多的情况，那么，就必须承认，这些普遍命题甚至不能在原则上加以确实证实。因此，如果我们采取确实的可证实性作为我们的有意义的标准，那么，我们在逻辑上就不得不以对待形而上学家的陈述同样的方式来对待这些关于规律的普遍命题。”①

与此相关，艾耶尔也不赞同波普尔的“证伪原则”。波普尔认

① 艾耶尔：《语言、真理与逻辑》，上海译文出版社 1981 年版，第 36 页。

为，只有当一个句子所表述的是某种可以被经验确定地证伪的东西时，才能认为这个句子是有意义的。因为，按照波普尔的观点，要超出一切可能的怀疑去证实一个假设的真实性，依靠有限系列的观察永远是不够的，但是在一些带决定性的情况下，一个单独的观察或者一个有限系列的观察，就可能确定地证伪这个假设。艾耶尔认为这个观点是错误的，因为一个假设不能被确定地证伪，正如它不能被确定地证实一样。当我们把某些观察的出现作为一个证据，以证明一个特定的假设是错了时，我们就预定了某些条件的存在。如果实际情况并不是任何一个假设都可能被确定地证伪，我们就不能认为一个命题的意义取决于它是否可能被确定地证伪。

按照艾耶尔的观点，既然对任何一个命题不能确定地加以证实，也不能确定地加以证伪，因此不能把确实的可证实性、即强意义的可证实性作为判断命题是否有意义的标准，而只能把弱意义的可证实性作为意义的标准。根据这后一个标准，艾耶尔在20世纪30年代对什么是有意义的经验命题作了这样的表述："让我们把记录一个现实的或可能的观察的命题称为经验命题。那么，我们可以说，一个真正的事实命题的特征不是它应当等值于一个经验命题，或者等值于任何有限数目的经验命题，而只是一些经验命题可能从这个事实命题与某些其他前提之合取中被演绎出来，而不会单独从那些其他的前提中演绎出来。"①

到40年代中叶，艾耶尔发现了这个表述过分简单，它在字面上说是不正确的。为了给证实理论作出比较精确的表述，他首先把语句、陈述和命题这三个基本概念作了一些区分。关于逻辑实证主义的可证实性原则，原来的表述是：只有当一个语句所表达的命题或者是分析的，或者是经验上可以证实的，这个语句才是字面上有意义的。对于这个表述，拉耶罗维兹曾提出反驳，认为除非一个语句是字面上有意义的，否则它就不会表达一个命题。针对概念上的这种模糊不清，艾耶尔对这三个概念作了如下的区分。他把任何一个在语法上有

① 艾耶尔：《语言、真理与逻辑》，上海译文出版社1981年，第38页。

意义的词的组合形式称为语句，而把任何一个直陈句看作陈述，不论这个直陈句在字面上有意义与否。任何两个可以互译的语句，都表达同一个陈述。命题则指的是一个字面上有意义的语句所表达的内容。按照这种区分，就可以把可证实性原则看作一种用以决定在什么情况下一个直陈句表达一个命题的方法，也就是说，可证实性原则提供了一种把属于命题的类的陈述与不属于命题的类的陈述区别开来的方法。根据这种区分，还可以把可证实性原则重新表述为：只有当一个陈述或者是分析的或者是经验可以证实的时，这个陈述才被认为是字面上有意义的。

其次，艾耶尔改变了原来关于任何经验命题都不能被确实证实的观点。因为，他后来考虑到有一类命题，即所谓“基本命题”是可以说能够被确实证实的。这类命题的特征是它们只涉及单一经验的内容，因此，只要出现了它们独一无二地涉及的经验，就可以说这类命题得到确实的证实。他后来也同意那些不赞同他原来观点的哲学家的意见，认为这类命题是“不可矫正的”，这就是说，除了在语言的意义之外，这一类命题是不可能错误的。他说，在语言的意义上，要错误地描写一个人的经验总是可能的，但是，如果一个人企图要作的只是记录他所经验到的，而不联系别的东西，那么事实上错误就是不可能的。在《经验知识的基础》一书中，艾耶尔在论述感觉材料的特征时，曾举了“这是绿色的”这个语句为例，说明这就属于那些“不可矫正的”基本命题，因为这个语句只涉及一种单一的感觉材料（绿色），而没有涉及其他任何同时体验到的事物。不过，艾耶尔认为，即使把这样的基本命题包括在经验命题之中，从而承认某些经验命题能够被确实证实，然而人们实际表达的绝大多数命题本身既不是基本命题，也不是从有限数目的基本命题中推演出来的。

再次，艾耶尔还提出直接证实和间接证实这两个概念。原来对可证实性原则的表述是：如果某个观察陈述可能从这个陈述与某些其他前提之合取中推演出来，而不是从这些其他前提中单独推演出来，那么，这个陈述是可证实的，从而是有意义的。他后来认为这个标准太低了，太自由了，因为它承认任何陈述都是有意义的。为了克服这个缺点，他修改了他的可证实性标准，提出直接证实和间接证实两种不同的情况。他认为，如果一个陈述本身是观察陈述，或者它是这样一个陈述，即它与一个或几个观察陈述之合取，至少导致一个观察陈述，而这个观察陈述不可能从这些其他的前提中单独推演出来，那么这个陈述便是直接地可证实的。如果一个陈述满足下列两个条件，那么这个陈述便是间接地可证实的：（一）这个陈述与某些其他前提之合取，就导致一个或几个直接可证实的陈述，这些陈述不可能从这些其他前提中单独推演出来；（二）这些其他前提不包括任何这样的陈述，它既不是分析的，又不是直接可证实的，又不是能作为间接可证实的而被独立证实。因此，他说："我现在可以把可证实性原则重新表述如下：可证实性原则要求一个字面上有意义的陈述，如果它不是分析的陈述，则必须是在前述的意义上，或者是直接可证实的，或者是间接可证实的。"①

可以看出，为了对付人们对逻辑实证主义的经验证实理论的诘难，艾耶尔的确费尽心思，千方百计地设法弥补这个理论的各种漏洞。但是，正如上面已经指出的，只要他们否认经验是客观实在的反映，否认社会实践是检验真理的唯一标准，无论艾耶尔或其他逻辑实证主义者都无法完全摆脱他们所处的困境。

三、形而上学和哲学

与其他逻辑实证主义者一样，艾耶尔也对形而上学持否定态度，不过他在后期的态度有所缓和。与此相关，他也把哲学的任务归结为语言分析。

艾耶尔对形而上学的否定态度，首先在《关于形而上学不可能的证明》（1934）一文和《语言、真理与逻辑》一书中，获得鲜明的表现。在上述这篇文章中，他对形而上学下了这样的界说："……我把形而上学探索定义为一种对实在的本性的探索，这种实在位于各门

---

① 艾耶尔：《语言、真理与逻辑》，上海译文出版社 1981 年版，第 11 页。

专门科学所研究的现象之下，或者超越于这些现象之上。”① 他声明他写这篇文章的目的就在于证明，某些人试图描述某种超出经验观察范围之外的事物的性质，或者甚至试图断定这种事物的存在，其实他们所研究的不过是一些伪问题，这些问题即使具有语句的结构，但是不具有认识意义。他还承认，他的这个观点并非他的独创，而是受到维特根斯坦的启发，它早已在石里克的《实证主义和实在论》和卡尔纳普的《通过语言的逻辑分析清除形而上学》等文章中得到阐述，他只不过是想把这种观点阐述得更加清楚而已。

在稍后出版的《语言、真理与逻辑》一书中，艾耶尔把“拒斥形而上学”作为这本书头一章的标题，进一步阐发了这篇文章的中心思想。他着重批驳形而上学的这样一个基本论题：哲学能够给我们提供关于超越于科学世界和常识之外的“实在”的知识。他对形而上学的批驳，不在于批驳超验的形而上学体系的产生方式，而在于批驳构成形而上学体系的那些实际陈述的性质。他力图证明，任何一个涉及超越一切可能感觉经验界限的“实在”的陈述，都不具有任何字面上的意义，因此，那些努力描述这种实在的人都只不过制造一些没有意义的言词。

在艾耶尔看来，康德早已证明形而上学是不可能的，因为他指出当知性超出可能经验的界限而企图与自在之物打交道时，知性就陷入种种矛盾之中，这证明我们的心灵不具有穿透现象世界的能力。艾耶尔认为，康德对形而上学的这种批驳有其不可克服的缺点，因为，如果说我们可能知道的只是感觉经验界限之内的事物，那么我们如何能有理由断定这个界限之外的确存在着实在，而且，除非我们曾经成功地越过这条界限，我们就不可能知道人类知性的界限究竟在哪里。艾耶尔声明，与康德不同，“我们对形而上学家不是指责他企图把知性用在它不能有效地进入的领域，而是指责他提出一些句子，这些句子

① 艾耶尔：《关于形而上学不可能的证明》，1934 年，引自 P. 爱德华和 A. 派普编辑的《哲学新论》，1961 年英文版，第 556 页。

不符合于唯一能使其有字面意义的那些条件"①。这就是说，康德责备形而上学家忽视人类知性的限制，艾耶尔则责备形而上学家不遵守支配语言的有意义使用的规则。

为了确定一个句子是否符合那些唯一能使其具有字面意义的条件，艾耶尔提出了用以检验事实陈述的真伪的可证实性标准。我们在上一节里已经详细地考察了他在证实理论上的观点。扼要说来，他认为只有当一个人知道如何去证实一个句子所要表达的命题，也就是说，只有当他知道在某些条件下什么样的观察会引导他因其真而接受那个命题，或者因其假而拒绝那个命题，只有在这样的情况下，这个句子对于这个人来说才是事实上有意义的。如果某个设想的命题具有这样一个特征，即关于这个命题的真或假的假定与任何涉及他的将来经验的性质的假定都没有矛盾，那么，对于这个人来说，这个命题如果不是重言式命题，那就只能是一个伪命题。表达这个命题的句子从情感上说可能对他有意义，但这个句子在字面上是没有意义的。

艾耶尔强调说，形而上学的句子恰恰就是这种在字面上没有意义的句子，因为它们既不表达重言式的命题，也不是表达经验的假设。他说："……因为重言式命题和经验假设构成有意义命题的整个的类，所以我们有理由下结论说，一切形而上学断定都是没有意义的。"② 至于形而上学家为何作出这种没有意义的句子，艾耶尔认为这来源于语言上的混乱。他用"实体"、"存在"等形而上学概念的形成过程来说明这一点。以"实体"这个概念的形成为例，他说，在我们的语言中，我们不能涉及一个事物的感觉属性，而不引进一个用以代表事物本身，并且与表达这个事物的词相对应的词或短语。由于这种情况，那些沾染了原始迷信的人就认为每一个名字必须有一个单一的、实在的东西与之相符合，所以他们用"实体"一词去指事物本身。但是，艾耶尔认为，从我们偶然用一个单一的词去指一个事物，并把那个词作为我们用以叙述那个事物的感觉现象的句子的语法

① 艾耶尔：《语言、真理与逻辑》，上海译文出版社 1981 年版，第 33 页。
② 艾耶尔：《语言、真理与逻辑》，上海译文出版社 1981 年版，第 41 页。

主词，这无论如何也不能推论出那个事物本身是一个“单一的东西”，或者，这个事物本身不能用它的现象的全体来下定义。形而上学家没有认识到这一点，因而被语言的表面语法特点迷惑住了。

艾耶尔对形而上学的这种否定态度，在其后期有所缓和。例如，在1969年出版的《形而上学和常识》这本论文集中，他认为有些形而上学是由于一部分哲学家不满意当时通行的概念体系而产生的。他认为这样的形而上学其实是试图探索某种与现代科学适合的概念体系，以便用以取代原来的概念体系。例如，莱布尼茨和怀特海的理论体系都带有形而上学色彩，可是他们的目的都在于探索一个更加适合于科学发展的体系。

尽管如此，他始终反对形而上学的下述基本论题，即认为哲学能给我们提供关于超越科学世界和常识之外的某种实在的知识。与此相关，他也反对某些哲学家认为哲学的任务在于寻找“第一原理”的观点。这些哲学家企图从第一原理中推演出我们的一切知识，把第一原理作为我们一切知识的基础。艾耶尔认为，这些第一原理不可能在自然规律中发现，因为，如果这些第一原理不是单纯的定义，它们就只是一些可以被经验所否定的假设。哲学体系的建立者从来不选择归纳的概括作为他们的前提；他们是要构造一个演绎的体系，并把一套先天的真理作为他们推论的前提。对于这一点，艾耶尔指出，一个先天的真理就是一个重言式命题，而从一套重言式命题中只能有效地推演出其他重言式命题。因此，他认为如果用提出一个重言式命题的体系来构成有关宇宙的全部真理，那是非常荒谬的。

既然哲学的任务不是探讨某种超越于科学世界和常识之外的实在，也不是探讨某些作为知识基础的第一原理，那么什么是哲学的任务呢？艾耶尔回答说，哲学研究是一种分析活动，哲学家的任务在于研究我们语言的用法，弄清楚理论的结构，区别开理论结构的逻辑性和经验性，确定和阐释理论中所使用的概念，以及对这些概念进行分析等等。他说：“……如果哲学家要求对我们知识积累作出积极的贡献，他必须不是企图表述一些思辨真理，或者去寻找第一原理，或者去作出有关我们的经验信念的效准的先天判断。事实上，他必须把自己限于去做我们目前所要指述的那一类澄清和分析的工作。"① 他认为英国哲学史上的一些大哲学家，如霍布斯、洛克、贝克莱、休谟、穆勒、边沁等人，都从事过这种哲学分析，他们是分析学家，而不是形而上学家。他说："……在主张哲学研究活动从本质上说是分析的这一点上，我们采取的是英国经验论中总是含蓄着的立场。从事哲学分析实践活动的并不限于这一学派的哲学家们。但是，我们与他们有最密切的历史亲缘关系。"②

艾耶尔所说的分析活动，主要指一种下定义的活动。在他看来，我们可以毫无拘束地说，哲学家分析事实，或者分析概念，或者甚至分析事物。但是，我们必须说清楚，这些说法只不过是用种种不同的方式来说明哲学家所关心的只是那些相应的词的定义。在哲学要提供定义这个问题上，他强调把"阐明的定义"和"用法上的定义"区别开来。所谓对一个符号下阐明的定义，这指的是提出与这个符号同义的另一个符号或者符号表达式。两个属于同一语言的符号中的任何一个符号如果有意义地出现于任何句子中，当把另一个符号取代这一符号时，总能产生出一个等值于旧句子的新句子，在这种场合下就可以说这两个符号是同义的。在词典中，我们通常利用同义词来给词下阐明的定义。可是，艾耶尔认为，在哲学中，我们所寻找的不是阐明的定义，而是用法上的定义。所谓用法上的定义，他指的不是说出一个符号与另一个符号是同义的，而是表明这个符号有意义地出现于其中的那些句子，如何能够翻译成等值的句子，这些等值的句子既不包括被定义者本身，也不包括它的任何同义语，他认为罗素的摹状词理论就是这种下用法上的定义的例子，也是哲学分析的例子，因为这种理论提出一种对一切具有"那个如此这般"（the so-and-so）这样形式的短语下定义的方法。他说："概括言之，我们可以说，哲学定义的目的在于排除那些由于我们对语言中某些类型的句子不完全了解而产生的混乱；在这些句子中，或者因为没有同义词，或者因为现有的

① 艾耶尔：《语言、真理与逻辑》，上海译文出版社 1981 年版，第 53 页。

② 艾耶尔：《语言、真理与逻辑》，上海译文出版社 1981 年版，第 58 页。

同义词与这些引起混乱的符号同样地不清楚。因此这种需要未能通过给任何符号提供同义词的办法而得到满足。”①

艾耶尔之所以把哲学的任务归结为语言分析，归结为对语言中的符号下用法上的定义，这是因为他认为哲学命题不是事实的命题，而是语言的命题。他强调说，分析方法的有效性不依赖于任何关于事物性质的经验假定，更不依赖于任何关于事物性质的形而上学假定，因为，哲学家作为分析学家来说，不是直接关心事物的物理属性，而只关心我们用以论述事物的方式。换句话说，哲学命题不描述物理对象的行为，甚至不描述心理对象的行为，它们只是表述定义或者定义的形式结论。因此，在他看来，哲学是逻辑的一个部门。因为，纯粹的逻辑研究的典型特征是：它只涉及我们的定义的形式结论，而不涉及经验事实的问题。艾耶尔的这种把哲学研究归结为语言分析的观点，与其他逻辑实证主义者的观点是一致的。

① 艾耶尔：《语言、真理与逻辑》，上海译文出版社 1981 年版，第 66 页。

第四章　逻辑实证主义在美国的发展

我们在第三章曾经谈到，随着希特勒于1933年登上德国政治舞台，1938年吞并奥地利，1939年侵占捷克斯洛伐克和波兰，维也纳学派、德国经验哲学学会以及华沙学派，相继被迫解散，逻辑实证主义在欧洲大陆的繁荣时期宣告终结。它的大部分成员纷纷迁居美国，于是它的中心从欧洲大陆移到了美国。

在逻辑实证主义者中间，最早移居美国的是费格尔，他于1930年来到美国不是出于政治原因，而是接受了洛克菲勒奖学金到哈佛大学深造，但他在结束哈佛大学的学习后决意留在美国工作，则是考虑到欧洲局势日益恶化。通过费格尔的介绍和莫里斯的协助，卡尔纳普在1935年也迁居美国，到芝加哥大学任教。亨普尔通过卡尔纳普的协助，于1937年到芝加哥大学进修，1939年定居美国。赖欣巴赫在法西斯上台后离开德国，先后在法国和土耳其任教，1939年经莫里斯的介绍，迁居美国，到洛杉矶加州大学任教。这四个哲学家中，两人来自维也纳学派，两人来自柏林学派，他们对逻辑实证主义在美国的传播起着主要作用。费格尔是在美国传播逻辑实证主义的先锋，“逻辑实证主义”这个称号是他1930年在美国发表的一篇文章中头一个提出来的，他在美国通俗地介绍逻辑实证主义基本观点方面所起的作用，类似于艾耶尔在英国所起的作用。不过，从20世纪30年代末至50年代，在美国传播逻辑实证主义的过程中最有影响的，仍要算卡尔纳普和赖欣巴赫，他们的主要著作大多是在这段时期写出的。50～60年代，特别在赖欣巴赫和卡尔纳普相继去世之后，费格尔和亨普尔便成为逻辑实证主义在美国的主要代表，也可以说是它的最后两名代表。他们在科学哲学方面的著作和活动，对美国科学哲学的发展起着较大影响。我们在下面将对这四个哲学家作较多的阐述。

除了这四个人外，在移居美国的逻辑实证主义者之间，还有许多人在传播逻辑实证主义观点方面，也起着或大或小的作用。首先应当提到的，是来自维也纳学派的弗兰克（Philipp Frank，1884 ~），他在纳粹占领捷克斯洛伐克的前一年离开布拉格，到美国哈佛大学物理系任教。他着重研究科学哲学问题，他的《科学哲学》（1957）一书颇受科学哲学界的重视。他特别强调哲学和科学的密切联系，积极倡导科学的统一化运动，他在波士顿创办的科学统一研究所，也是美国科学统一化运动的一个中心。

其次应当提到著名的数理逻辑学家哥德尔（Kurt Gödel，1906 ~ 1978）。早在参加维也纳学派活动的时期，他已显示出他在数理逻辑方面的天才，深受卡尔纳普等人的赏识。1930 年，他证明了谓词演算系统的完全性定理，这对模型论的产生和发展有很大影响。1931 年他证明了形式数论系统的不完全性定理，否定了希尔伯特方案的某些设想。他于 1938 年迁居美国，在普林斯顿高级研究所从事研究工作。1938 ~ 1939 年间，他又证明了连续统假设和选择公理的相对协调性定理，对公理集合论有重大影响，对模型论也有影响，并且直接导致集合和序数上的递归论的产生。他在数理逻辑方面的这一系列杰出成就，使他在美国数学界和哲学界占有重要地位。他的研究集中在数理逻辑方面，而不在哲学方面。不过，由于他与卡尔纳普、费格尔等过往甚密，他的哲学观点受到维也纳学派哲学观点的影响，而卡尔纳普等人也在不同程度上吸取了他在数理逻辑方面的某些研究成果。

再次，还应当提到来自华沙学派的塔尔斯基（Alfred Tarski，1901 ~）。在华沙时期，他就与维也纳学派保持密切联系，与卡尔纳普交往颇深。1930 年，他到维也纳访问卡尔纳普，其后不久卡尔纳普也到华沙回访。1939 年，他迁居美国，在加州大学伯克利分校任教。他主要研究数理逻辑，特别是“真理”、“真值函项”、“元数学”、“元语言”等问题。他的观点对卡尔纳普有较大影响。后来，戴维森又继承和发展了他的真理观点①。

---

① 关于塔尔斯基的真理观，将在第十一章阐述戴维森的真理论时一道阐述。

除这些有名人物外，还应当在这里提一下其他一些移居美国的逻辑实证主义者。如维也纳学派的伯格曼（Gustav Bergmann, 1906～），他也于1938年移居美国，先后在纽约大学、衣阿华大学等校任教，他的《逻辑实证主义和形而上学》（1954）、《科学哲学》（1957）等著作，也对逻辑经验主义起着一定的传播作用。还有来自维也纳学派的考夫曼，他迁居美国后在纽约市社会研究学院任教，从事哲学和社会科学方法论的研究。来自柏林学派的赫默尔，1937年到芝加哥大学进修，后来到加州从事研究工作。参加维也纳学派活动的齐泽尔及其老师贡佩茨也于20世纪30年代末移居美国，贡佩茨在南加州大学任教，齐泽尔在纽约任教。此外，门格尔、米塞斯等，也在这段时期先后移居美国。

这批逻辑实证主义者移居美国后，分散各地，不再像在欧洲那样集中在维也纳、柏林、华沙几个大学，经常组织活动，形成固定的团体。尽管如此，由于他们的哲学观点大同小异，他们相互之间仍然保持相当密切的联系，有时也举行一些学术活动，因此，在40～50年代，他们基本上仍然构成一种思潮或学派。其中大部分人在美国哲学界都享有很高声誉，例如赖欣巴赫、弗兰克、费格尔、亨普尔等曾分别被选为美国哲学协会太平洋分会、东部分会或西部分会的主席。卡尔纳普被哈佛大学、密执安大学授予荣誉博士学位。费格尔等人还创办《哲学研究》（Philosophical Studies）杂志，它与英国的《分析》（Analysis）杂志一道，成为继《认识》杂志之后出版的最重要的分析哲学刊物。

通过以上这些哲学家的著作和学术活动，逻辑实证主义在美国获得广泛的传播与发展。它不但在美国的土地上立足生根，还逐渐排挤原来在美国哲学界居于主导地位的实用主义，而成为美国最有影响的哲学流派。在这个过程中，逻辑实证主义——或者，广泛一点说，分析哲学——还与美国的实用主义相结合，在20世纪30～40年代，出现了"概念论的实用主义"、"操作主义"和"科学经验主义"等，50年代又出现了"逻辑实用主义"。关于这方面的情况，我们将在第五、六章中分别阐述。

第一节　鲁道夫·卡尔纳普
(Rudolf Carnap 1891～1970)

德国哲学家鲁道夫·卡尔纳普是逻辑实证主义的集大成者，是20世纪30～50年代分析哲学的主要代表人物之一。他在西方分析哲学家中间享有很高威望，与罗素、维特根斯坦齐名。费格尔曾说："在罗素之后（罗素，也许还有弗雷格，是卡尔纳普的主要的'精神之父'），卡尔纳普是本世纪最伟大的逻辑学家和科学哲学家之一，这不只是他的门生们的看法。"① 蒯因也说："卡尔纳普是一个杰出的人物。我认为他是30年代之后哲学界中的卓越人物，正如罗素是30年代之前的卓越人物一样。30年代之后，罗素靠自己努力获得的荣誉仍在上升，有越来越多的证据说明他在历史上具有重要地位。可是，在此之后的发展中，领导人物是卡尔纳普。有些哲学家把维特根斯坦看作这样的角色，但也有许多哲学家同意我的看法。"②

1891年5月18日，卡尔纳普生于德国巴尔门附近的朗斯多夫。1910～1914年间，他先后在耶拿大学和弗赖堡大学学习。他起初攻读哲学和数学，后来主要攻读物理学和哲学。在哲学领域内，他主要对语言哲学和科学哲学感兴趣。最初，对他启发最大的，是弗雷格关于数理逻辑和数学基础的讲课，他听了弗雷格主讲的"概念演算"和"数学的方法论"这两门课程。他对弗雷格讲授的数理逻辑课程非常有兴趣，不过，只是到了后来他认真读了弗雷格和罗素的著作之后，他才理解弗雷格的思想不仅对数学的基础，而且对整个分析哲学都具有重大意义。

第一次世界大战期间，尽管厌恶战争，他还是服了兵役。他大部

---

① 引自J. 欣梯卡编辑的《鲁道夫·卡尔纳普，逻辑经验主义者》，1975年英文版，第XIII页。

② 引自J. 欣梯卡编辑的《鲁道夫·卡尔纳普，逻辑经验主义者》，1975英文版，第XIV页。

分时间都在前线，1917 年夏调回柏林，在军中担任设计新的无线电报和无线电话的工作。在此期间，他没有放弃对哲学和科学的爱好，而是认真研究了爱因斯坦的相对论。战后，他回到学校继续从事哲学研究，写出了他的博士论文《论空间》（1921）。由于他接受了当时仍在流行的新康德主义的影响，他的博士论文带有一定的新康德主义的色彩，可是他后来彻底清除了这种影响。在 1922 ~ 1925 年间，他写了三篇有关物理学基础的论文，但他的主要精力是写《世界的逻辑构造》一书，这是他的头一部重要著作，叙述他早期的哲学思想，于 1928 年出版。

在此期间，他与赖欣巴赫保持密切联系。1924 年，他通过赖欣巴赫的介绍，认识了石里克，应邀至维也纳大学讲学，深受维也纳小组成员的欢迎。1926 ~ 1931 年间，他在维也纳大学担任哲学讲师，成为维也纳小组的核心人物。1929 年，他与纽拉特、哈恩共同起草了该学派的宣言：《科学的世界观：维也纳小组》。同时又与赖欣巴赫共同编辑该学派的机关刊物《认识》（1930 ~ 1940）杂志。1931 ~ 1935 年间，他去布拉格大学担任自然哲学教授职位，仍与维也纳小组保持密切联系。在此期间，完成了他的另一本重要著作《语言的逻辑句法》（1934）。1934 年秋，他到英国伦敦大学作短期讲学，其讲稿以《哲学和逻辑句法》（Philosophy and Logical Syntax）为名出版（1935），他在这本书中比较通俗地解释了逻辑句法的性质及其对哲学的意义。在英国期间，他会见了罗素，结识了艾耶尔、布雷斯维特、布莱克（M. Black）等较年轻的分析哲学家。

法西斯上台后，他于 1935 年迁居美国，经莫里斯的介绍，到芝加哥大学任教，直至 1952 年。在此期间，他写了大量著作，如《可检验性和意义》（1936），《语言的逻辑句法》修订本（1936）、《逻辑和数学的基础》（Foundations of Logic and Mathematics 1939），《语义学导论》（1942），《逻辑的形式化》（Formalization of Logic 1943），《意义和必然性》（1947），《概率的逻辑基础》（1950），《归纳方法的连续统》（The Continuum of Inductive Methods 1952），等等。这是他著述最多的时期，也是他在美国分析哲学的发展中产生最大影响的时期。在芝加哥大学期间，他还与莫里斯、纽拉特等编辑《国际统一科学百科全书》（International Encyclopedia of Unified Science），组织一系列会议，邀请不同领域的科学家讨论科学方法论问题，推行“科学的统一化”运动。此外，1940～1941年间，他到哈佛大学讲学，与当时也在哈佛讲学的罗素、塔尔斯基以及在该校任教的蒯因等人，多次在一起讨论逻辑问题和哲学问题，这对他们思想的交流和发展有很大影响。

1952～1954年间，他转至普林斯顿高级研究所工作，写了《语义信息理论概要》（1952，与巴希尔〔Y. Bar-Hillel〕合著）和《符号逻辑导论》(1953)。他在那里认识数学家和哲学家克米尼（J. G. Kemeny），共同在一起研究归纳逻辑达一年之久。1954年，他去洛杉矶加利福尼亚州立大学接任赖欣巴赫死后留下的哲学系主任的职位，1961年退休。在他晚年的这最后15年中，他主要继续致力于归纳逻辑的研究。他于1970年9月14日逝世，享年79岁。

在卡尔纳普一生中，对他的思想发展影响最大的，先后有弗雷格、罗素和维特根斯坦。前面已经谈到，他在大学里听过弗雷格的讲课，后来又认真读了弗雷格的著作。从弗雷格那里，他接受了把语词与其所表示的对象区别开来、把“指称”和“含义”区别开来的观点，认识到在分析概念和语词时必须做到明确清晰。从弗雷格的分析中，他确信数学知识就其与逻辑知识具有本质上相同的性质这种意义而言是分析的，逻辑和数学在整个知识体系中的任务，就是给概念、陈述和推理提供一些精确的形式，我们还可把这些形式应用到非逻辑的知识之上。这个观点对他的某些哲学见解，例如，对于语言形式的选择，对于逻辑知识和非逻辑知识的划分，都产生很大影响。从弗雷格那里，他认识到需要在不涉及意义的情况下对逻辑推理的规则作出表述，同时也认识到对意义的分析也具有重要的意义。这导致他后来一方面对逻辑句法、另方面对意义理论，发生浓厚的兴趣。

弗雷格对卡尔纳普的影响，主要在逻辑和语义学方面；在一般的哲学思想方面，他主要接受罗素的影响。早在1921年，罗素的《我们关于外部世界的知识》一书，已引起他极大兴趣，因为这本书清楚明确地阐述了他当时隐约地持有的关于哲学的目的和方法的见解。从那时起，他认真地阅读了罗素的许多有关认识论和科学方法论的著作。他不仅在哲学方法方面，而且在对特殊问题的解决方面，都接受了罗素观点的影响。1924 年，他以罗素的《数学原理》为蓝本，写出他后来在 1929 年出版的《数理逻辑纲要》一书的头一稿。他写这本书的主要目的，不仅在于提出一个符号逻辑系统，而且表明可以把它用于分析概念和构造演绎系统。其后，他在英国和美国与罗素的会见和交谈，也使他的思想受到很大启发。

卡尔纳普接受维特根斯坦的影响，主要是在维也纳时期。当时，维也纳小组的成员对维特根斯坦的《逻辑哲学论》，进行了认真的阅读和讨论，受到这一著作的很大影响。卡尔纳普还与维特根斯坦有过个别接触和交谈。他从维特根斯坦那里接受过来的主要观点有：逻辑陈述的真理性仅仅依据于这些陈述的逻辑结构和其中出现的词的意义，因此它们的真理性不依赖于世界上的偶然事实；许多哲学命题，特别是传统形而上学中的命题，都是没有认识意义的伪命题，等等。过去，在一些有反形而上学倾向的科学家和哲学家的影响下，卡尔纳普早已对形而上学的命题表示怀疑，后来在维特根斯坦的上述观点的影响下，他的反形而上学情绪更为增强了。

卡尔纳普对语言哲学和科学哲学都作了很多研究。粗略说来，他在 20 世纪 20 年代着重研究世界的逻辑构造，论证“可证实性原则”并以此为依据批驳形而上学，30 年代其兴趣转向逻辑、语言和数学的基础等问题，从事语言的逻辑句法的研究，并寻找新的意义标准以取代过去过于严格的“可证实性原则”。40 年代起他的研究转向语义学和归纳逻辑方面，特别对概率理论作了很多研究。卡尔纳普可说是逻辑经验主义的集大成者，从他的著作中可以看出这个流派的基本观点的形成与演变过程。

一、反形而上学的立场和哲学的任务

在维也纳小组成员中间，对形而上学普遍地存在着强烈的敌视态度，消灭形而上学成为逻辑经验主义的主要观点之一。他们的这种反

对形而上学的态度，可说是对德国古典唯心主义及其对科学的轻视态度的一种反抗。逻辑经验主义者认为他们要在压缩体系真理的领域的条件下扩大科学的领域，为此他们就需要驳倒德国古典唯心主义哲学家自以为拥有一种特殊的、超科学的认识真理的方法这样一个观点。

在维也纳小组的成员中间，卡尔纳普对形而上学的敌视态度甚至更为强烈。他说："甚至在我来到维也纳之前的那段时期里，我已觉得传统形而上学中的大部分争论都是没有结果、没有效用的。我把这种论证方式与经验科学中或对语言的逻辑分析中进行的研究和论证相比较，经常觉得前一种论证所使用的概念是模糊不清的，其论证方式是不得要领的。我对于论战双方在辩论中各执一词、互不交锋的情况，感到沮丧。他们之间似乎根本没有相互了解的可能性，更不用说取得一致意见了，因为他们甚至没有一个对争论作出判决的共同标准。"①

卡尔纳普起初是在基尔希霍夫（G. Kirchhoff)、赫尔茨（F. Hertz)、马赫这样一些有反形而上学倾向的科学家的影响下，以及在阿芬那留斯、罗素等哲学家的影响下，形成他对形而上学的怀疑态度。他也接受了弗雷格关于形而上学的论证往往是违反逻辑的这一观点。弗雷格曾经以上帝存在的本体论证明作为例证，说明形而上学者是如何在其论证中违反逻辑。卡尔纳普也在其他一些事例中发现某些种类的逻辑混乱，并在《语言的逻辑构造》中把其中一些逻辑混乱称之为"范围的混淆"，这就是说，他们忽视不同种类的概念在逻辑类型上的区别。

在卡尔纳普对形而上学的看法中最具有决定意义的进展，是后来在维也纳时期，主要在维特根斯坦的影响下实现的。他那时开始认识到，传统形而上学的许多命题不仅没有用处，而且甚至没有认识内容。它们是一些虚假的语句。这就是说，它们表面上似乎作出了论断，因为它们具有陈述的语法形式，而且语句中出现的词也能引起许

① 卡尔纳普：《思想自述》，载于 P. A. 希尔普编辑的《鲁道夫·卡尔纳普的哲学》一书，1963 年英文版，第 44～45 页。

多强烈的、富于情感的联想，可是，事实上，它们没有作出任何论断，没有表述任何命题，因而也没有对错可言。卡尔纳普之所以得出这些看法，主要依据于维特根斯坦的“意义的可证实性标准”；关于这个观点，我们将在下面第二小节中详细阐述。

在1928年发表的《哲学中的伪问题》一文中，卡尔纳普对形而上学的态度已由怀疑发展到强烈的反对。他认为，一般说来形而上学问题，具体说来实在论和唯心论的问题，都是伪问题。在他看来，只有那些具有事实内容的陈述才具有理论的意义，似是而非的陈述从原则上说得不到经验的支持，因而是没有意义的。在自然科学、心理学和文化科学这样一些经验科学中，人们都承认并且实际履行了每个陈述都必须具有事实内容这个要求。只有在哲学和神学领域内，才出现那些似是而非的、没有事实内容的陈述。就实在这个问题来说，经验科学仅仅使用经验的实在概念，而哲学则使用非经验的即形而上学的实在概念。因此，他认为实在论和唯心论提出的有关外部世界的命题，都不具有事实内容。他说：“实在论和唯心论的命题在科学范围内既不能得到支持，也不会遭到反驳；它们根本没有科学意义。”①

在1931年发表的《通过语言的逻辑分析以清除形而上学》一文中，卡尔纳普进一步阐明他在这个问题上的立场，并提出通过语言的逻辑分析以清除形而上学的口号。他把具有意义的命题分为三类：第一类是那些仅仅依据其形式而成为真实的命题，即重言式的命题或分析命题，包括逻辑和数学中的公式等等，它们根本不涉及实在。第二类命题是那些包含有逻辑矛盾的命题，它们因其形式本身而是假的。第三类命题是经验的判断，它们属于经验科学，既可能是真的，也可能是假的。不属于这三类命题的，都不具有意义；形而上学命题正是这种没有意义的命题。他说：“形而上学既不打算提出分析命题，又不想把自己归属于经验科学，它就不得不使用一些没有明确应用标准，因而没有意义的词，或者以一种特殊方式把一些有意义的词组合

① 卡尔纳普：《哲学中的伪问题》，载于《世界的逻辑构造和哲学中的伪问题》，1967年英文版，第340页。

到一起，以致所得出的既不是分析的（或矛盾的）陈述，也不是经验的陈述。在其中任何一种场合下，所得出的产物不可避免地是一些伪命题。”①

卡尔纳普认为对于形而上学老早以前已有人反对了，可是，仅仅随着现代逻辑的出现，我们才有可能通过语言的逻辑分析对形而上学是否可能存在的问题作出准确的回答。他说：“在包括各种价值哲学和规范理论在内的形而上学领域中，逻辑分析作出了否定的结论，这个领域内的所谓陈述是完全没有意义的。因此，现在能够彻底清除形而上学，而这是早期反形而上学的人们所作不到的。”② 在他看来，对形而上学语言的逻辑分析表明，形而上学的命题是没有意义的伪问题，这或者因为在其中出现的词本身就没有意义，或者因为它们以一种违反逻辑法则的方式把一些有意义的词组合到一起。关于前者，他认为形而上学中的“本质”、“自在之物”、“无限”、“绝对”等词都是没有意义的；关于后者，他特别从海德格尔的《什么是形而上学?》一书中，引证许多语句作为例证。

卡尔纳普在总结他的这种逻辑分析时宣称：“实际的情况是，要提出有意义的形而上学命题，是不可能的。这是因为形而上学给它自己提出了这样一项任务：要发现一种不能为经验科学所发现的知识，并且把它表述出来。”③ 这就是说，逻辑分析表明一切妄图超越经验或到经验之后去发现实在的知识，都是没有意义的。他认为这类知识既包括那种仅仅依据于纯思维或纯直观、而不依据于经验的思辨形而上学，也包括那种从经验出发、可是企图借助于特殊的推理以获得某种超越于经验的知识的形而上学，还包括各种规范哲学或价值哲学，以及作为规范学科的伦理学和美学。他认为，无论实在论，或者唯心

① 卡尔纳普：《通过语言的逻辑分析以清除形而上学》，转引自艾耶尔编辑的《逻辑实证主义》，英文版，第76页。

② 卡尔纳普：《通过语言的逻辑分析以清除形而上学》，转引自艾耶尔编辑的《逻辑实证主义》，英文版，第60~61页。

③ 卡尔纳普：《通过语言的逻辑分析以清除形而上学》，转引自艾耶尔编辑的《逻辑实证主义》，英文版，第70页。

论、唯我论、现象论以及早期的实证主义，它们的命题都是没有意义的。

后来，卡尔纳普承认，他在早期遵循维特根斯坦的意义的可证实性标准所作的表述，即形而上学命题没有意义这种提法，过于简单化，以致引起许多人的反对。他对这个提法作了修正，改说为形而上学命题是没有认识意义或理论意义的。它们往往具有其他意义成分，如情绪的意义或激发的意义等等，因此，虽然它们不能产生认识的效果，却能产生心理的效果。此外，卡尔纳普还对这个论点的应用范围作了限制，认为这个观点不适用于像亚里士多德、康德这样一些与当时的科学有密切联系的哲学家的主要命题，例如，他认为康德关于某些判断具有先天综合性质的命题是错误的，而不是没有意义的。这个论点也不适用于某些哲学家，他们依据于经验，可是也许由于没有充分的观察证据，而作出过于大胆的概括。他还认为这个论点不适用于某些所谓的“形而上学”体系，因为这些体系显然是从经验知识出发，试图用归纳方法从经验知识中推出一个宇宙论的体系。这些修正了的观点，反映出他后期思想的变化。

与这种反形而上学的态度相联系，卡尔纳普大大缩小了哲学的范围，并给哲学提出新的任务。如上所述，他通过语言的逻辑分析已表明形而上学命题既不是分析命题，也不是可用经验加以证实的综合命题，而是没有认识意义的伪命题，因此他认为有充分理由把传统的形而上学排除于哲学领域之外。对于伦理学，他也持类似观点，认为伦理学命题也没有认识意义。例如，他认为“杀人是错误的”这个伦理学命题，就其语法形式来看似乎是一个可真可假的陈述，实际上却是一个伪装的命令句（“不要杀人!”），而命令句是无所谓真假对错的，因而是一个没有认识意义的命题。根据这一情况，他认为伦理学不应属于哲学领域；人们之所以对伦理学感兴趣，只是因为伦理学的命题能够表达深厚的感情和愿望，而不是因为它们具有科学的认识意义。至于心理学，他认为它应属于经验科学，不应当是哲学家所关心的。谈到认识论，他认为它是心理学和逻辑的综合体，因此应当把它的心理学部分归诸经验科学，哲学只研究它的逻辑部分。卡尔纳普把形而上学、伦理学、心理学以及认识论中的心理学部分排除出哲学领域之后，剩下的就只有逻辑了，因此他反复声明：哲学的唯一的和固有的任务，就是逻辑分析。所谓对语言的“逻辑分析”，他最初主要指分析语言的“逻辑句法”，即仅仅从形式方面研究语言由以组成的符号的种类和顺序。后来，他把从语义学和语用学的观点对语言的分析，也包括在语言的逻辑分析之内。关于这点，我们将在下面第三小节中详细阐叙。

前面已经谈到，逻辑实证主义者的反形而上学方针在当时历史条件下具有一定积极意义，这就是企图使自然科学的发展摆脱思辨的自然哲学的束缚。可是，卡尔纳普全盘否定形而上学和把哲学的任务仅仅归结为逻辑分析的观点，显然是错误的。因为，在传统的形而上学中，既包括唯心主义，也包括唯物主义，既有糟粕，也有精华，应当区别对待，不应全盘否定。他否定唯物和唯心两大营垒的划分，拒绝研究存在和思维的关系，拒绝研究自然、社会和思维发展的普遍规律，把本体论、伦理学、心理学以及认识论中的心理学部分都排除于哲学领域之外，把哲学的任务仅仅归结为对语言的逻辑分析，这就否定了哲学作为世界观和认识论的重大意义，可以说也就否定了哲学本身。

二、可证实性、可验证性以及验证度

卡尔纳普在其思想发展的早期，认为知识系统尽管不断增长，变得愈益广泛，可是它毕竟是一个封闭的系统，因为知识系统中有某种作为最底层的知识，即关于直接所与（directly given）的知识，它是确定无疑的。其他一切坚定地立足于这个基础之上的知识，也同样是可以确定无疑地加以决定的。这就是他在《世界的逻辑构造》一书中所提出的设想。他的这种看法既来自马赫关于感觉是一切知识的要素这个学说的影响，也来自罗素的逻辑原子论，还受到维特根斯坦关于一切命题都是基本命题的真值函项这个论点的支持。这种看法导致卡尔纳普提出他的“可证实性原则”（principle of verifiability），按照这个原则，任何有意义的语句从原则上说都可能或者获得明确的证实，或者获得明确的反证。

在卡尔纳普之前，维特根斯坦早已提出他那著名的“意义的可证实性标准”，按照这个标准，如果而且仅仅如果一个语句（或命题）符合下述两个条件，（一）这个语句中所有的词都具有意义，（二）这个语句中所有的词都是以适当的方式组合到一起，那么这个语句（或命题）就是有意义的。卡尔纳普在他的《世界的逻辑构造》中继承和发展了维特根斯坦的这个观点，把他的“可证实性原则”表述如下：只有当一个命题（或语句）是一个表示观察或知觉的基本命题（或原子命题）的真值函项时，或者说，只有当一个命题（或语句）可以还原为一个表示观察或知觉的基本命题（或原子命题）时，或者说，只有当一个命题的真值来自这些观察语句的真值时，这个命题（或语句）才具有意义。这个观点被维也纳小组其他成员所接受，成为逻辑经验主义的基本观点之一，他们还把这个原则概括为这样一句名言：“命题的意义在于命题的证实方法。”

按照卡尔纳普以及其他逻辑经验主义者的观点，除了那些表述分析命题的语句之外，一个语句要具有认识意义，它就必须表述一个至少从原则上说可以参照经验的观察而表明其或对或错的陈述。他们根据这个原则，把分析命题之外的语句，分成两种互相排斥的语句：一种是有意义的语句，它们是能够被经验证实的，另一种是没有意义的语句，它们是不能被经验证实的。

后来，卡尔纳普等人认识到“可证实性原则”很难与他们当时持有的其他某些观点，特别是科学方法论中的某些观点相协调，因为他们方法论观点的一个重要特点，在于强调自然规律特别是物理学规律，具有假说的性质，是不可能完全证实的。因此，随着他们的方法论观点的发展，他们不可避免地要放弃他们的知识理论中的这个僵硬的框架。关于这一点，卡尔纳普说：“意义和检证之间的联系过去是用下述命题来表述的：如果而且仅仅如果一个语句是可以证实的，那么这个语句便是有意义的，因此语句的意义在于它的证实方法。这个命题的历史功绩，在于它提醒人们注意在语句的意义和检证这种意义的方法之间是有密切联系的。因此，这种表述一方面有助于分析科学语句的事实内容，另方面也有助于表明超经验的形而上学的语句是没有认识意义的。但是，从我们目前的观点看来，这种表述作为一种原初的近似值来说虽然可以接受，但它不是十分准确的。由于它过分简单化，以致对科学语言作了过分狭窄的限制，不仅把形而上学的语句排除出去，而且也把某些具有事实意义的科学语句排除出去。因此，可以把我们目前的任务表述为对可证实性的要求作些修正。"①

卡尔纳普等人为了找到一个比较灵活的意义标准，花了好几年的时间，提出了好几种形式。赖欣巴赫一直反对可证实性原则，而提出概率的意义理论。卡尔纳普则提出用"可验证性原则"（principle of confirmability）取代可证实性原则。在他看来，如果观察语句能够在对一个语句验证方面作出肯定的或者否定的回答，那就可以认为这个语句是可以验证的。换句话说，如果对于某个语句提不出任何可以设想的观察结果来作出肯定的或者否定的证明，那么这个语句就没有认识上的意义。他说："如果证实指的是对真理作出一种决定性的和最终的确定，那么，我们就会看出，任何（综合的）语句都是不能证实的。我们只能对语句作出愈来愈多的验证。因此，我们以后谈论验证的问题，而不谈论证实的问题。"②

卡尔纳普还提出一个比可验证性原则稍微强一些的概念，这就是"可检验性原则"（principle of testability）。在他看来，一个被可能的、可观察的事件所验证的语句，如果人们能够提出一种可以随意地产生这些事件的方法，那么这个语句便是可以检验的；在这种场合下，这个方法便是这个语句的检验程序。他认为可检验性这种比较强的要求大致接近于布里奇曼的操作主义原则。关于可验证性和可检验性之间的区别，他作了这样的说明："如果我们知道检验某个语句的方法，我们便说这个语句是可以检验的；如果我们知道在什么条件下这个语

① 卡尔纳普:《可检验性和意义》，载于《科学哲学》，1936 年，第 3 卷，第 4 期，第 421 ~ 422 页。

② 卡尔纳普:《可检验性和意义》，载于《科学哲学》，1936 年，第 3 卷，第 4 期，第 420 页。

句可以被验证，我们便说这个语句是可以验证的。我们将会看出，一个语句可能是可以验证的，而不是可以检验的。也就是说，如果知道对某种事态的观察可以验证这一语句，而对另一种事态的观察可以否认这一语句，而不必知道如何实现前一种或后一种观察。”①

可以看出，可验证性原则比可检验性原则缓和一些，而可检验性原则又比可证实性原则缓和一些。卡尔纳普倾向于采取最缓和的可验证性原则，自此之后，可证实性原则便被可验证性原则所代替。过去，他认为一个命题的意义与我们为了知道这个命题是否真实而必须具有的经验是一致的，现在，他认为只要我们可能对这个命题加以验证，也就是从这个命题中引出一些真实的命题，那么这个命题就是有意义的。与此相对应，卡尔纳普还对维也纳小组的物理主义命题，作了比较灵活的表述。过去，他们认为，科学语言中的每个概念都可以依据可观察的特性加以明确的规定，因此可以把科学语言中的每个语句翻译为关于可观察的特性的语句。现在，卡尔纳普只要求科学概念可以还原为观察谓词，认为这个要求对于验证包含有这些概念的语句来说已经足够了。他还主张按大致相同的方式对维也纳小组原先的那个现象论的实证主义命题，给予比较灵活的表述，用可验证性取代可翻译性。

卡尔纳普在《可检验性和意义》（1936）一文中，阐述了他的这些改变了的观点。当时，对于是否可能规定验证度（degree of confirmation）这个问题，他没有作出回答。赖欣巴赫和刘易斯等人，把卡尔纳普提出的不可能对语句作绝对的证实而只能逐步加以验证的观点，表述为每个语句都是概率的语句。不过，当时这种表述还没有被大多数逻辑经验主义者接受。20 世纪 40 ~ 50 年代，卡尔纳普花了很大精力研究概率问题。从 1945 年发表《论归纳逻辑》一文起，他连续发表好几篇文章阐述他关于概率的基本思想。1950 年，他出版了《概率的逻辑基础》一书，详细地讨论了归纳逻辑的目的和限度，讨

① 卡尔纳普：《可检验性和意义》，载于《科学哲学》，1936 年，第 3 卷，第 425 页。

论了逻辑的或归纳的概率的意义，并且提出一个精确系统的结构。1952 年，他又出版了《归纳方法的连续统》一书，试图采用符合某些基本公理的归纳方法，构造一个系统。在这两本书里，卡尔纳普提出，验证一个语句的方法与归纳方法是一致的。换句话说，如果而且仅仅如果一个语句在逻辑上有可能通过归纳方法或归纳论证加以验证，那么这个语句便具有认识意义，属于经验科学的范围。

卡尔纳普认为至少应在某些方面把概率解释为一个纯粹的逻辑概念。在他看来，逻辑的概率概念一定可以为经验科学方法论中的一个基本观念，即根据一组给予的证据对一种假说加以验证这个观念，提供精确的数量说明。为此，他使用“验证度”这个词，作为一个用以解释逻辑概率的技术名词。他认为逻辑的概率概念是一切归纳推理的基础，因此他有时使用“归纳概率”一词作为“逻辑概率”的同义语。他还认为，如果能够为逻辑概率找到一种令人满意的定义和理论，那就能够为归纳推理的程序提供一个清楚而又合理的基础，因此他把逻辑概率的理论称为“归纳逻辑”。

卡尔纳普强调把逻辑概率和统计概率区别开来，认为这两个概念完成两种截然不同的作用。在他看来，关于统计概率的陈述，不论单称的或全称的陈述，例如物理学或经济学中的概率陈述，都是综合的，是用以描述事实的一般特征。因此，这些陈述出现在科学范围之内，例如，出现在作为一种对象语言的物理学语言之内。相反，关于逻辑概率或归纳概率的陈述则是分析的，它们表现出特定的证据和假说之间的逻辑关系，这种关系类似于逻辑蕴涵，不过具有数值。这些陈述所谈论的是科学的陈述，它们不属于科学本身，而属于用元语言表述的科学逻辑或方法论。

因此，按照卡尔纳普的观点，人们通常使用“概率”这个词时，是从两种完全不同的意义上分别使用的。概率的头一种意义指的是一种假说相对于一个证据陈述（例如，一个观察陈述）来说的验证度。这是一个逻辑的、语义的概念。有关这个概念的语句不是立足于对事实的观察，而是立足于逻辑分析。概率的第二种意义指的是事件或事物的一种特性相对于另一种特性而言的相对频率。有关这个概念的语句是事实的、经验的。简略说来，概率的头一种意义指的是验证度，第二种意义指的是相对的频率。卡尔纳普在《概率的两个概念》(1945）一文中，详细地阐述了这种区别。他认为这两个概念都对科学具有重大意义，不过，在《概率的逻辑基础》一书中，他研究的是归纳逻辑，因而只分析第一种意义的概率。

卡尔纳普认为，他所建立的归纳逻辑体系是大有用处的。首先，他认为如果把这种类型的体系扩大应用到科学语言的全部领域，这个体系就能成为统计推理的逻辑基础。其次，这个体系还可以作为实际抉择的证明，特别是在相对频率不完全，以致必须依据对相对频率的估计来作出抉择的情况下，这时就需要利用上面所说的第一种意义的概率。

卡尔纳普从事归纳逻辑的研究主要是在20世纪40~50年代。与他同时或者比他稍早一些，赖欣巴赫也建立了一种归纳的概率理论。卡尔纳普在晚年回忆当时的情景时这样写道："为了形成一个比较宽容的意义标准，我们花了好几年时间，提出了几种不同的方案。赖欣巴赫一直反对可证实性原则；他建议用概率的意义理论取而代之。按照他的理论，如果可能在一定观察的基础上确定一个语句的权重，就可以认为这个语句是有意义的；如果两个语句相对于各种可能的观察都具有相同的权重，这两个语句便具有相同的意义。我同意赖欣巴赫的这种观点。可是，当他把他的权重概念与作为频率解释的概率等同起来时，我就不赞同他的观点了。"① 在他看来，由于赖欣巴赫对概率概念作了频率的解释，即把概率解释为在一个较长的序列中一种特性相对于另一种特性的相对频率，因此赖欣巴赫对归纳推理的合理性的证明是不充分的。因为，作为频率解释的概率概念，就像"温度"、"长度"一样是一个经验概念，这种概率理论属于经验科学的范围，因而它不能解决经验科学自身的逻辑基础问题。要解决这个问题，就要依赖于逻辑的概率概念，只有逻辑的概率概念才能为经验科

① 卡尔纳普：《思想自述》，引自希尔普编辑的《鲁道夫·卡尔纳普的哲学》，英文版，第58页。

学方法论的基本概念提供一个精确定量的解释。

从20年代到50年代，卡尔纳普在意义的标准问题上，从提出“可证实性原则”转向“可检验性原则”和“可验证性原则”，最后又企图通过归纳逻辑的研究，在概率理论中求得解决。他在这个问题上的思想演变过程，反映出逻辑实证主义者在经验证实理论上由于碰到许多无法克服的困难，不得不一步一步地向后倒退，寻找愈来愈宽的意义标准。尽管卡尔纳普对归纳逻辑的研究作出了许多贡献，可是他到头来仍然没有完全摆脱在这个问题上的困境。关键问题在于，他在考察意义理论时，站在反对辩证唯物主义反映论的立场上，拒绝研究思维与存在之间的辩证关系，否认经验的客观内容，否认社会实践在人类认识发展中的重大作用，单纯从语言本身研究意义的标准，这自然不能对这个问题作出正确的解决。

三、语形学和语义学

在卡尔纳普的思想中，对语形学（或句法学）和语义学的研究占有非常重要的地位。语形学和语义学是指号学的两个部分。美国哲学家莫里斯（C. Morris）在《指号理论的基础》（1938）一书中，首次提出指号学包括语形学、语义学和语用学的论点，认为语形学研究“指号之间的形式关系”，语义学研究“指号与它被运用于其上的对象之间的关系”，语用学研究“指号与其解释者之间的关系”。卡尔纳普接受和发展了莫里斯的观点，他在《语义学导论》（1942）中，把这三者的区别和联系规定为：“如果在一种研究中明确地涉及说话者，或者用比较一般的词汇来说，涉及语言的使用者，我们便把这种研究划入语用学的领域。……如果我们撇开语言的使用者，只分析语词与其所指者，那我们便处于语义学的范围，最后，如果我们把所指者也撇开，而仅仅研究语词之间的关系，我们便处于［逻辑的］句法（或译为“语形学”——引者注）的领域内。包括上述三部分的整个语言哲学，名为‘指号学’。”① 有时，卡尔纳普又把这些问题

① 卡尔纳普：《语义学导论》，1942年英文版，第9页。

称为“元理论问题”。

早在莫里斯提出指号学之前，卡尔纳普已开始对语形学、即逻辑句法进行研究，其成果在《语言的逻辑句法》(1934)一书中得到系统的表述。所谓语言的逻辑句法，他指的是关于语言形式的理论，它研究语言中的规则、定义等等，它不涉及词或语句的意义，而仅仅研究语言由以组成的那些符号的种类和顺序。他说：“所谓语言的逻辑句法，我指的是关于一种语言的语言形式的形式理论，也就是对这种语言中起支配作用的形式规则所作的系统陈述，以及对从这些形式规则中引出的各种结论的阐释。当一种理论、一条规则、一个定义等既不涉及符号（例如，词）的意义，也不涉及表达式（例如，语句）的意义，而仅仅涉及表达式由以组成的那些符号的种类和顺序时，我们便把这种理论、规则、定义等称为形式的。”①

卡尔纳普在这个问题上的想法，最初受到希尔伯特和塔尔斯基在数学方面的研究的影响，后来又受到哥德尔关于把数跟符号和语词联系起来这个新方法的启发。经过好几年的思考，卡尔纳普在1931年形成他的初步想法，写出《关于元逻辑的尝试》的札记，这是他后来出版的《语言的逻辑句法》一书的第一稿。当时他把元逻辑定义为关于语言表达形式的理论，后来他用“逻辑句法”取代“元逻辑”一词。

卡尔纳普之所以对逻辑句法感兴趣，首先是由于他企图表明，形式演绎逻辑的一些概念，如可证明性等等，都是纯粹的句法概念，因此可以用逻辑句法来表述它们的定义。其次，他认为许多哲学争论其实都涉及这样一个问题：是否应当把一种特殊的语言用来作为数学的语言或科学的语言。他企图从句法中找到一些用以精确地表述这类争论的概念手段。他认为每个人都可以自由选择他的语言规则，从而也可以按他所愿意的方式选择他的逻辑，他把这一点称为“宽容原则”。按照这个原则，他认为在讨论上述那类争论时只需要考虑：第一，各种不同的语言形式的句法特性；第二，为了特定目的宁愿选用

① 卡尔纳普：《语言的逻辑句法》，1936年德文版，第1页。

这一种形式而不愿选用另一种形式的实际理由。他认为用这种方式可以排除从前的讨论中经常出现的所谓某种特定的语言是正确的语言或者代表正确的逻辑诸如此类的言论，也可以完全废除与逻辑问题或句法问题不同的那些传统的本体论问题。

卡尔纳普的逻辑句法研究的一个出发点，是把“对象语言”和“元语言”区别开来。对象语言指的是作为研究对象的语言，元语言指的是用以表述对象语言的理论，即元逻辑的那种语言。例如，某人说：“球是红的’，这时他用的是对象语言，因为他用语言来谈论一种非语言的实体——球。当某人说：“‘球是红的’这个命题包含四个词”，这时他用的是元语言，因为这句话所谈的不是球这个非语言的外物，而是谈论语言自身。他研究逻辑句法，目的在于使元语言变得愈加精确，以便可以用元语言为元逻辑构造一个精确的概念系统，从而构造一种关于语言形式的普遍理论。在他看来，任何人试图以比较精确的方式表述哲学问题，其结果必须涉及对语言进行逻辑分析。既然哲学问题上的争论涉及的是语言，而不是世界，因此应当用元语言，而不是用对象语言来表述这些问题。他认为只要能够构造出一种适当的元语言，这就会大大有助于使哲学问题的表述更加清楚，使哲学问题的讨论取得更大的成果。

在他看来，语言中有两种表达方式：一种是内包的方式，它谈论的是事物、事实或事件。经验科学中的真对象语句，例如，“玫瑰花是红的”，“暮星和地球的大小相等”等等，便是采用内包的方式。另一种是形式的方式，它谈论的是名称、语词或语句。例如，“‘玫瑰花’这个词是一个事物词”，“‘暮星’这个词和‘晨星’这个词是同义词”等句法语句，便是采用形式的方式。我们可以采用其中任何一种方式，但是不能把这两者混杂使用，否则就会出现形而上学的伪问题。例如，“玫瑰花是一个事物”，“暮星和晨星是同一的”等等假对象语句，便是如此。为了达到表述清楚的目的，他主张最好采用形式的方式，即只谈论名称、语词或语句。逻辑句法正是一种纯粹形式的理论，它完全撇开指号或语词的意义，而仅仅研究指号或语词的形式。

在逻辑句法这种形式理论中，卡尔纳普提出两种基本规则：形成规则和变形规则。形成规则规定什么样的语句可以被看作适当的语句。我们通常遵守本国语言中某些隐含的形成规则，卡尔纳普提出形成规则的目的在于使这些隐含的形成规则被明确地表述出来。变形规则是一些以句法词汇表述的逻辑演绎规则，它们详细规定对那些经过形成规则鉴定的语句可以进行什么样的演绎。因此，逻辑句法所要解决的问题，一是要对什么是适当的语句作出鉴定，二是要详细说明如何从适当的语句中引出它们的逻辑结论。

卡尔纳普也很注意把有效的语句和无效的语句区别开。他所说的“有效的”语句，也就是通常所说的“词语反复的”语句或“重言式”语句；如果一个命题是有效地从重言式语句中推演出来的，那么这个命题本身也是重言式。他所说的“无效的”语句，也就是通常所说的“自相矛盾的”语句。有效的和无效的这两类语句构成全部“确定的”语句；其他一切语句是“不确定的”语言，也就是某些逻辑学家所说的“偶然的”语句。变形规则就可用于把有效的语句和无效的语句区别开来，卡尔纳普把这些规则称为L规则。可是，也有一些推理不是依据于这些逻辑规则，而是依据于自然科学的某些定律，例如牛顿力学定律或者热力学定律等等。卡尔纳普把这些可以用于证明推出的结论有效与否的科学定律，称之为P规则，以便与L规则区别开。

在《语言的逻辑句法》一书中，卡尔纳普还通过给两种类型的语言（他称之为“语言Ⅰ”和“语言Ⅱ”）提出句法规则的方式，对这种方法作了说明。语言Ⅰ是受限制的，只承认某些概念的定义和某些命题的表述，这些概念和命题符合于构造主义的严格要求。相反，语言Ⅱ是非常广泛的，它为在古典数学和古典物理学中发生的各个事件作出表述提供了充分的语句形式。此外，卡尔纳普在这本书中还试图提出一种适用于任何形式的语言的句法概念系统。

卡尔纳普在语言的逻辑句法方面所下的许多定义和所作的许多区分，与传统逻辑中所下的定义和所作的区分有相似之处。他的独特之处在于，他在下定义和作区分时，完全不使用“真”、“假”之类的概念，因为他认为这些概念涉及命题的意义。这正是因为他把语言的逻辑句法看作一种纯粹形式的理论，完全不考虑词和语句的意义，不涉及语言所谈论的对象。他的这种完全撇开语词的意义而仅仅考察语词的形式的作法，有它的优点，这就是他可以集中精力只考察语言的逻辑形式，而避开传统哲学中常碰到的一些障碍。但是，不能把这种方法看作语言研究的唯一方法，更不能把哲学或科学哲学问题归结为句法问题。在《语言的逻辑句法》一书出版后不久，特别是在莫里斯提出指号学的三个部分之后，卡尔纳普也认识到还要用语义学，即关于意义概念和真理概念的理论来补充逻辑句法。

卡尔纳普对语义学的研究开始于20世纪30年代后期，一直延续到50年代。1939年，他发表了他的专题论文《逻辑和数学的基础》，阐述了句法学（语形学）和语义学之间的区别，以及语义学在科学方法论中的作用，特别是作为一种对形式系统（例如物理学中的公理系统）作出解释的理论的作用。几年之后，他又发表了《语义学导论》（1942）一书，它既解释了真理理论，也解释了与逻辑蕴涵、逻辑真理等概念相关的逻辑演绎理论。其后，他又发表了《逻辑的形式化》（1943）、《意义和必然性》（1947）、《语义信息理论概要》（1953）等与语义学有关的著作。在《意义和必然性》中，他试图说明外延（或名称）和内涵（或意义）之间的区别，并且提议把这两类概念当作语义分析这种新方法的基础，认为还可以把这种方法运用于那种包含有逻辑模态词的语言。在与巴—希尔（Y. Bar-Hillel）合写的《语义信息理论概要》中，他们详细地阐释一种关于语义学的信息量的理论。卡尔纳普在信息量问题上的想法，受到维纳（N. Wiener）在其《控制论》一书中对信息量所下的定义的启发，不过卡尔纳普把他的信息量概念建基于归纳概率之上，而不是建基于统计概率之上，并且使用了陈述的内容这个语义学概念。

卡尔纳普的语义学观点主要受到塔尔斯基的启发。30年代初，华沙学派的逻辑学家们，特别是列斯尼耶夫斯基和卡塔宾斯基，首先对真理概念进行了精确的分析。后来，塔尔斯基在其重要论文《形式化语言中的真理概念》（1933）中，提出一种给真理概念以及其他一些语义学概念下适当定义的新方法。卡尔纳普通过与塔尔斯基等人交换意见而认识到，必须有一种与句法形式不同的谈论语言的形式。既然我们能够谈论事实（一方面）和语词（另一方面），那就可以用同一种元语言来谈论这两者之间的关系。他认为我们在哲学讨论中经常谈论这种关系，可是过去我们没有以一种精确的、系统化的语言来实现这个目的。用语义学这种新的元语言，就可能作出关于指称关系的陈述和关于真理的陈述。

按照卡尔纳普的观点，语义学研究可分为两种：描述的语义学和纯粹的语义学。所谓描述的语义学，他指的是对某种历史地形成的语言（例如法语）的语义学特征，或者对一切历史地形成的语言的语义学特征，进行描述和分析。他把前者称为特殊的描述语义学，把后者称为普遍的描述语义学。描述语义学所描述的是事实，因此它属于经验科学。纯粹的语义学与前者不同，它完全是分析的，而不具有事实内容。纯粹的语义学只对语义系统本身进行构造和分析。语义系统指的是由许多语义学规则组成的系统，这些规则可能与某种历史地形成的语言有联系，也可能没有联系，而是自由地构造出来的。某个语义系统的规则所构成的，不外是相对于这个语义系统而言给某些语义学概念所下的定义。纯粹的语义学就是由这种定义以及从它们中推出的结论所组成。

卡尔纳普认为，语义系统的规则陈述了对象语言中的语句的成真条件，从而决定了这些语句的意义。这就是说，语义系统的规则涉及的是对象语言，但它们本身是用元语言表述出来的，这些规则决定对象语言中每个语句的成真条件，亦即各个语句要成为真的时所必须具有的充分的和必要的条件。我们通过这些规则来解释语句，使语句得到理解，因为他认为理解一个语句，知道它所断定的是什么，也就知道它在什么条件下才是真的。换句话说，这些规则决定了语句的意义。真和假被称为语句的真值。在大多数场合下，知道一个语句的成真条件，还不等于知道这个语句的真值，可是这是为找出这个语句的真值所必需的起点。

一个语义系统可以包括形成规则、指称规则和真理规则。在构造语义系统时可以采取下列程序：首先对所给予的指号进行分类，然后依次制定形成规则、指称规则和真理规则。通过语义系统S的形成规则来规定“S中的语句”这个词，通过指称规则来规定“S中的指称”这个词，通过真理规则来规定“在S中是真的”这个词。给“在S中是真的”这个词下定义，是整个S系统的真正目标，其他定义只不过是为得出这个定义所采取的预备性步骤，以便能够更加简单地表述这个定义。根据“在S中是真的”，就能够在与S相关的条件下给其他语义学概念下定义。这里需要指出，指称规则并没有作出某些指号所指称的是什么这样的事实论断，因为在纯粹的语义学中是不作任何事实论断的。

在真理问题上，卡尔纳普非常强调逻辑真理和事实真理之间的区别。在这点上，他一方面继承莱布尼茨关于必然真理在一切可能的世界里都有效的观点，另方面继承维特根斯坦关于逻辑真理或重言式命题的特征在于它对于一切可能的真值分配来说都有效的观点。因此，他给逻辑真理所下的各种形式的定义，或者是依据于各种逻辑上可能的状态的定义，或者是依据于对这些状态作出描述的语句的定义。在《语言的逻辑句法》中，他已经提出逻辑真理的头一种真理。后来，他认识到逻辑真理就其通常意义而言是一个语义学的概念。他利用塔尔斯基的某些成果，把语义学的L真理定义为对逻辑真理这个常见的概念以及L蕴涵和L等值这些相关的概念所作的一种说明。在他看来，经验主义关于一切知识都立足于经验之上这个命题只适用于事实真理，与此相反，逻辑和数学中的真理是逻辑真理，并不需要通过观察来证实，因为它们并没有陈述事实世界中的任何事物，它们对任何可能的事实组合来说都是适合的。

从逻辑真理和事实真理的区别中，卡尔纳普还引出句法学作为一种纯粹的形式理论和语义学作为一种意义理论之间的明显区别，从而又引出未解释的形式系统和对这些系统的解释之间的区别。他还根据这一区别把关于偶然事实的问题和关于意义关系的问题截然区别开来，并认为后面这种区别从哲学上说是很重要的，因为对头一类问题作出回答，并不是哲学家的任务，而对后一类问题作出回答，却往往是哲学或应用逻辑的任务。

上面曾经提到，卡尔纳普的语义学观点起初受到塔尔斯基的真理论的启发，可是，在逻辑真理和事实真理的区分上，以及在逻辑常项和非逻辑常项的区分上，他们两人之间又有重大分歧。正如卡尔纳普所说的："我们对语义学的看法在某几点上是有分歧的。首先，我强调语义学和句法学之间的区别，也就是语义学作为一个得到解释的语言系统和一种纯粹形式的、未作解释的演算之间的区别，可是塔尔斯基认为这两者之间没有明显的分界线。其次，在语义学的范围内，我强调事实真理和逻辑真理之间的区别，前者随事实的偶然性为转移，后者则不随事实的偶然性为转移，而仅仅依据于语义学规则所规定的意义……在这点上，塔尔斯基对这里是否有一种客观的区别，或者对这条分界线的选择是否是主观随意的，似乎也采取怀疑态度。"①

20 世纪 40 年代初，卡尔纳普还对模态逻辑进行研究。C. I. 刘易斯早在 1918 年出版的《符号逻辑概论》中，提出了他的严格蕴涵理论，为模态逻辑的研究奠定了基础。可是，卡尔纳普认为过去逻辑学家们还没有对模态词作出清楚明白的解释。他在对逻辑真理以及其他有关的语义学概念下了定义之后，又建议把模态解释为命题的某些特性，这些特性与表述这些命题的语句的某些语义学特性是相对应的。例如，当且仅当表述某个命题的语句在逻辑上是真的，那么这个命题在逻辑上就是必然的。他认为可以为模态逻辑构造一些句法系统和语义系统。这些系统中的语义规则表示对模态所作的解释。

总的来说，卡尔纳普在语形学和语义学方面的研究，含有许多合理因素，对语言哲学的发展作出了一定贡献。可是，由于他的基本哲学立场是唯心主义的，这就使他在解决语形学和语义学的问题时犯了不少错误。他所提出的"宽容原则"，即认为每个人可以自由选择他的语言规则，从而也可以按他所愿意的方式选择他的逻辑这种看法，包含有约定论观点。他所作的所谓"内部问题"和"外部问题"的划分，认为任何事物是否存在或具有真实性只是相对于人们所选择的

---

① 卡尔纳普:《语义学导论》，1942 年英文版，第Ⅺ页。

语言构架而言的看法，也是唯心主义的，因为这实质上意味着客观世界的存在依赖于主观构造的语言构架。他也不理解语言和社会实践的密切联系，以致在从事语形学和语义学的研究时完全与社会实践脱离，犯了形式主义的错误。

四、物理主义与科学的统一

上文已经谈到，卡尔纳普认为传统的形而上学是一些没有意义的伪问题，哲学家不应当再研究传统的本体论问题，而应当研究与相应的语言形式有关的问题，特别是研究哲理探讨中应该使用现象主义语言或物理主义语言的问题。所谓现象主义语言，他指的是那种以关于感觉材料的语句为基础的语言，例如，“目前在我们视野里有一个红色的三角形”。物理主义语言（有时简称为物理语言）或者事物语言中的语句，谈的是物质的事物，并且把某些可观察的特性归之于物质事物，例如，“这件东西是黑色的和笨重的”。

卡尔纳普在他的早期阶段，在某些哲学家，特别是马赫和罗素的影响下，认为现象主义语言是适合于用来对知识进行哲学分析的语言。因为，在他看来，哲学的任务在于把一切知识归结到可靠的基础上，既然直接给予的知识是最可靠的知识，关于物质事物的知识则是派生的和不大可靠的，因此哲学家应当采用那种把感觉材料当作基础的语言，即现象主义语言。这就是他在《世界的逻辑构造》一书中所持的观点。后来，在维也纳小组的讨论中，他逐渐改变这种态度，而宁愿采用物理语言。在他看来，物理语言的最重要的优点，在于这种语言的可交流性，也就是说，在于这样一个事实，即用这种语言描述的事件，从原则上说是能够被所有使用这种语言的人观察到的。在《物理主义语言是科学的普遍语言》（1932）和《用物理主义语言表述的心理学》（1932）这几篇论文中，他试图说明可以在物理主义的基础上构造一种包罗全部知识的语言。

按照卡尔纳普的观点，物理主义的含义是：科学——就其广义而言包括社会科学——语言中的每一个摹状词，都与那些标志事物的可观察的特性的词汇有联系。由于有这种联系，一个使用了有关词汇的语句，是人们可以借助于观察加以验证的。在上述《物理主义语言是科学的普遍语言》这篇文章中，卡尔纳普提出一种从个人的记录语言中形成一种大家都可以理解的语言的方法。记录语言由个人为记录他自己的经验而写出的语句所组成，也就是说，这种记录是个人的直接“报导”，因此记录语言不是从任何其他语言中派生出来的。卡尔纳普在这篇文章中解释说：“记录语言中最简单的语句是那些据以对所有比较复杂的语句进行证实的语句。记录语言中最简单的语句是与直接所与相关联的；它们描述经验或现象的直接内容。”

在他看来，如果某个人按照某些变形规则把某个语句还原为个人的记录语言，那就可以说这个人理解了这个语句，也就是说，他知道从这个语句中推出的全部结论。如果没有一组确定的推演规则，这个人就不能理解这个语句。如果这个语句与一个以上的人的记录语言具有一种推演的联系，那就可以说这个语句对所有这些人来说都是有意义的。如果一种语言与许多人的记录语言都有推演的联系，那就可以说这种语言是这许多人都可理解的语言。如果一个被许多人理解的语句对所有这些人来说都是有效的，也就是能被其中每个人充分地加以证实，那就可以说这个语句是普遍地有效的。如果可以把每个语句都翻译成某种语言，那么这种语言便是普遍的语言，否则就是局部的语言。卡尔纳普强调说，物理语言是一种大家都可理解的普遍语言，记录语言是这种普遍语言的一部分。我们可以把每个语句翻译成物理语言，因此物理语言是一种普遍的语言，此外没有其他的普遍语言。由于科学是一个由许多有效的、大家都可理解的语句组成的系统，因此物理语言是科学的普遍语言。他说：“我们维也纳学派在讨论中，已经达成这样的见解，即认为这种物理语言是一切科学的基础语言，认为它是包含所有其他科学语言内容的普遍语言。换言之，科学语言的任何分支的每个句子与物理语言的某个句子是对等的，所以能被译为物理语言而不改变其内容。”①

在《论记录语句》一文中，卡尔纳普谈到有两种不同的方法来

① 卡尔纳普：《哲学和逻辑句法》，1962 年中文版，第 51 页。

使语言物理主义化。一种是纽拉特提出的方法，当我们确定记录语句处于系统语言，即物理语言之外时，我们可采用这种方法。另一种是卡尔纳普提出的方法，它所研究的是那样一种语言形式，它的记录语句是包含在系统语言之内的。这两种方法在细节方面虽然不同，但也有共同之处，这就是它们都试图制定一些规则，借助于这些规则都可以把任何语句翻译成物理主义的语句。

卡尔纳普在1932年所写的那几篇文章中所论述的物理主义，是一种彻底的物理主义。这个物理主义命题，特别是它在心理学中以及在社会科学中的应用，遭到许多人的反对。后来，随着他对经验主义的意义标准作了放宽尺度的解释，他也对物理主义命题作了愈益缓和的表述。1938年在《科学统一的逻辑基础》一文中，他把可以根据事物语言的词汇给心理学词汇下定义这样一个论断，弱化为一个关于可还原性的论断，并从这种意义上对物理主义命题重新作了表述。他说，事物语言就是指我们谈论日常事物时所使用的语言，它既可用于定量的描述，又可用于定性的说明，因而它的运用范围比那只能用于定量描述的物理语言更为广泛。卡尔纳普后期主张把不同科学的语言还原为事物语言，从而把以物理语言为基础的“强的物理主义”，改为以事物语言为基础的“弱的物理主义”。强的物理主义要求把科学陈述还原为物理语言的观察谓词，弱的物理主义则只要求把科学陈述还原为事物语言的观察谓词。到40年代，他又根据观察语言和理论语言之间的区别，对物理主义命题作了进一步的发挥。他认为物理语言和事物语言都属于观察语言。理论语言表达某些非常抽象的概念或理论，如原子、电子、场等等，它们必须与观察谓词、原始的摹状词发生关系，才能成为经验主义语言。按照卡尔纳普后期的观点，把理论语言与观察语言联系起来的手段，或者是定义的方法，或者是预测相关性的方法。通过这两种方法就可以把理论语言还原为观察语言。这样一来，对物理主义的解释就比过去更加灵活了。

与物理主义命题紧密相联系的，是科学统一这个命题。这个命题的基本含义是：经验科学的各个分支仅仅是由于分工的实际需要才被分割开来，它们从根本上说只不过是一门无所不包的统一科学的若干部分。卡尔纳普等人提出这个命题，是作为对当时德国哲学中流行的下面这个观点的一种反驳：在自然科学和精神科学之间（按照当时新康德主义者李凯尔特等人的理解，精神科学指的是关于思想、文化和历史的科学，因此大致与社会科学和人文科学相对应），存在着根本的区别。与这种流行的观点相反，纽拉特坚持一元论的观点，认为每一件发生的事情都是自然界的一部分，也就是物质世界的一部分。卡尔纳普把科学统一这个命题，变形为一个关于语言的命题，即可以在物理主义的基础上构造出一种完整的、包罗一切知识的语言；借助于这种普遍的语言，就能实现科学的统一。物理语言就是一种能实现科学统一的普遍语言，因为物理语言是主体间的语言，即不同的主体都可以使用的语言。任何一门科学都可以用这种语言来描述和说明它的研究对象和成果。他说："科学是一个统一的系统，在这个系统之内并无原则上不同的对象领域，因此自然科学与精神科学并不是分裂的。这就是统一科学的论点。"①

卡尔纳普还强调科学的统一具有它的逻辑基础。因为，任何语句都不外是由若干声音或符号所组成，这些声音或符号是人们为了达到一定目的而发出的。我们在分析科学命题时，可以撇开作出这些命题的人，也可以撇开作出这些命题时的社会背景和心理状态。通过这样的抽象，对科学命题的分析就不外是对科学逻辑的分析。因此科学统一的问题也不外是科学的逻辑问题。当我们谈论科学的逻辑时，我们把这个问题看作一个研究各门科学的词汇相互之间的逻辑关系的问题。

从这种观点出发，卡尔纳普对各门科学的词汇相互之间的逻辑关系进行了分析。他首先分析物理学语言中的词汇，把狭义的科学词汇与我们日常语言中那些先于科学水平的词汇区别开，找出这两种语言中的共同部分。他把这个共同部分称为物理学的事物语言，或简称为事物语言。他认为这就是我们在谈论周围可观察的事物的特性时所使

① 卡尔纳普：《语言的逻辑句法》，转引自《西方现代资产阶级哲学论著选辑》，商务印书馆，第316页。

用的语言。“冷”，“热”、“大”、“小”等等词汇就属于事物语言，我们使用它们来指称事物的可观察的特性，即通过直接观察可以确定的特性。他把这些词汇称为可观察的事物谓词。除了这些词汇，事物语言中还包括另一类词，如“有弹性的”、“易溶解的”等等，它们表示事物在一定条件下会出现某种状态的倾向。他把这类词称为倾向谓词，并且认为可以把它们还原为可观察的事物谓词。因此，在他看来，物理学语言中的每个词都可以还原为事物语言的词汇，从而最后还原为可观察的事物谓词。他认为，在科学水平上，我们拥有物理学家用以描述事物或过程的短暂状态或永恒状态的各种词汇。对于这些词汇，物理学家至少知道一种给它们作出规定的方法。对这个方法的表述，也就是关于这个词汇的还原陈述。有时，我们不能借助于还原陈述把一个词直接还原为事物谓词，而是首先还原为其他科学词汇，然后又借助于还原陈述把这些科学词汇再还原为另一些科学词汇，如此等等，但是，最后无论如何还是能还原为事物语言的谓词，从而还原为可观察的事物谓词。在他看来，这种可观察的事物谓词就是对全部科学语言进行还原的充分基础，换句话说，可以把包罗全部知识的语言建立在物理主义语言的基础上。

卡尔纳普在分析物理学的语言之后，又相继对生物学、心理学以及社会科学的语言进行分析。他最后得出结论说：“我们的分析结果表明，这一类可观察的事物谓词是把全部科学语言，包括日常语言中有认识意义的那一部分语言在内，进行还原的充分基础。”①

卡尔纳普认为，科学语言上的这种统一具有重大的实践意义。因为，我们在私人生活和社会生活中作出决定时，往往需要在把关于具体事实与各门科学的普遍规律结合起来的基础上，作出预测。“如果各门科学的词汇之间没有任何逻辑联系，没有由这个同质的还原基础所提供的逻辑联系，而是具有根本不同的性质，像某些哲学家认为的那样，那就不可能把单称的陈述句与不同领域的规律联系起来，从而

① 卡尔纳普：《科学统一的逻辑基础》，载于纽拉特、卡尔纳普和莫里斯编辑的《科学统一的基础》，1938年英文版，第60页。

从其中推出预测。因此，科学语言的统一是理论知识得到实际应用的基础。”①

要实现科学的统一，除了有一种普遍的语言之外，更重要的条件是把各门科学的规律统一起来。卡尔纳普承认，到目前为止，还没有做到这一点。他认为把各门科学的规律构造成一个同质的体系，这是科学发展的远大目标。这个目标并不是达不到的，不过我们现在不知道如何才能达到。尽管如此，卡尔纳普强调说，我们现在已经做到各门科学在语言上的统一，也就是说，我们有了一个把各门科学的词汇加以还原的共同基础，这个基础是由那些同质的事物语言词汇构成的。这种词汇上的统一当然不像规律上的统一那样具有重大意义，不过它是实现规律上的统一所必需的先决条件。我们之所以能够使科学朝着统一的规律体系这个方向逐步前进，正是因为我们目前已经有了一种统一的语言。

卡尔纳普不仅竭力从理论上论证科学统一的必要性和可能性，而且还为推行科学统一化运动与纽拉特、莫里斯等人做了大量的工作。关于这方面的情况，我们在前面评述纽拉特推行科学统一化运动的活动时，已作了详细的叙述，这里就不重复了。

第二节　汉斯·赖欣巴赫
(Hans Reichenbach 1891～1953)

汉斯·赖欣巴赫是逻辑实证主义的主要代表，柏林学派的领袖，主要从事科学哲学的研究。1891 年 9 月 26 日生于德国汉堡。1910 年入斯图加特工学院求学，后相继转到柏林大学、慕尼黑大学、格丁根大学学习工程、数学、物理学和哲学，1915 年在爱尔兰根大学获得哲学博士学位，其博士论文主要探讨概率问题。毕业后应征入伍当无线电通讯兵。1917 年退役，在柏林一家公司担任无线电工程师，同

① 卡尔纳普：《科学统一的逻辑基础》，载于纽拉特、卡尔纳普和莫里斯编辑的《科学统一的基础》，1938 年英文版，第 62 页。

时去柏林大学跟随爱因斯坦研究相对论。1920 年在斯图加特工学院任教，讲授物理学、相对论、自然哲学和哲学史等课程。1926 年经普朗克推荐，转到柏林大学任“物理学的哲学”副教授。1933 年希特勒上台后，他因其父为犹太人而被免职。同年去土耳其，任伊斯坦布尔哲学系教授兼系主任。1938 年赴美，任加利福尼亚州立大学洛杉矶分校哲学教授，直至 1953 年 4 月 9 日病逝。在此之前，他曾于 1947 年在哥伦比亚大学讲课，1952 年在巴黎大学讲课，还被选为美国哲学协会太平洋分会的主席。

赖欣巴赫在柏林大学任教时期，曾与米塞斯在 1928 年创立了德国“经验哲学学会”，参加者有克劳斯、赫茨贝格、帕塞瓦尔、杜比斯拉夫、格莱林、亨普尔、赫默尔等，形成逻辑实证主义的柏林学派，它与维也纳学派保持紧密联系，共同召开多次国际性的科学哲学讨论会，并于 1930 年共同创立逻辑实证主义的机关刊物《认识》杂志，由赖欣巴赫和卡尔纳普担任主编。不过，他由于与逻辑实证主义的观点有些分歧，从 20 世纪 30 年代中叶起宁愿称自己为逻辑经验主义者。

与卡尔纳普相似，赖欣巴赫也是一位多产的哲学家。1920 年出版了他的《相对论和先天认识》（Relativitätstheorie und Erkenntnis a priori），1924 年出版了他的《相对论时空学说原理》（Axiomatik der relativistichen Raum-Zeit-Lehre）一书。1928 年出版了他的头一本重要著作《时空学说的哲学》（Philosophie der Raum-Zeit-Lehre），1958 年出版了此书的英译本，取名为《空间和时间的哲学》。1930 年出版了《原子和宇宙：现时代的物理主义的世界图像》（Atom und Kosmos: Das physikalische Weltbild der Gegen wart），此书随即被译成英语、西班牙语、法语和匈牙利语出版。1931 年出版了《当前自然哲学的目的和道路》(Ziele und Weg der heutigen Naturphilosophis)，此书在 1932 年以《科学哲学》为书名译成法文出版。1935 年出版了他的另一本重要著作《概率论》，1949 年出版了此书的英译本，该书集中反映了他对概率问题的观点。1938 年出版的《经验和预测》一书，也是他的一本重要著作，分析了知识的基础和结构。1944 年出版的《量子力学的哲学基础》，也是他的一本重要著作。1947 年出版的《符号逻辑原理》（Elements of Symbolic Logic），是数理逻辑方面的一本颇有名气的教科书。1951 年出版的《科学哲学的兴起》是他生前出版的最后一本著作，阐述了逻辑经验主义的基本观点，并将它与传统的思辨哲学相比较，强调思辨哲学注定要被科学的哲学所取代。在他死后，1954 年出版了《用法规则陈述与可允许的运算》，这是一本遗著，着重讨论"合理"蕴涵问题。1956 年出版了《时间的方向》（The Direction of Time）一书。1958 年出版了《现代的科学哲学》，这是一本论文集，收入了他在科学哲学方面的八篇重要论文。1976 年出版了他的《定律、模态与反实式》一书。1978 年出版了《赖欣巴赫论文集》，收入了从 1909 年到 1953 年他所写的重要论文。九卷本的《赖欣巴赫全集》自 1977 年起在德国陆续出版。

概括说来，赖欣巴赫在科学哲学领域内的研究，主要集中在两个方面：一是关于时空问题；二是关于因果性、归纳和概率问题。他对头一类问题的研究，包括他对几何学的性质的分析，对相对论物理学的逻辑结构的分析，以及对康德的先天时空理论的批判。他对后一类问题的研究，集中在他对概率理论的研究上。他对概率概念下了一个统计学的定义，并由此出发研究了因果性和归纳问题，还把他的概率理论运用到概率逻辑中去。他认为科学哲学的中心问题，是要阐明科学的合理性，要为科学建立一个牢固的认识论基础。他在对科学理论和科学方法论进行逻辑重构时，不考虑科学发现过程中的历史因素、社会因素以及心理因素，不研究科学发现的过程本身，这一点与后来的历史社会学派或新历史社会学派都是迥然不同的。

尽管赖欣巴赫自称为逻辑经验主义者，以表示他与逻辑实证主义者有所区别，但这种区别毕竟是很小的。与逻辑实证主义者一样，他也坚持分析命题和综合命题的区别，认为这两类命题之外的一切命题都没有认识意义，形而上学命题就属于这种没有认识意义的伪命题。他也主张哲学的任务不是研究世界观问题，而是对科学理论和科学方法论进行逻辑分析，认为哲学应以自然科学为模本，逐步实现科学化。他也认为事实陈述要依靠经验来检验，要根据意义理论来给科学与非科学划定界限，不过，他主张用概率的意义理论来取代逻辑实证主义的真理的意义理论，认为可严格证实的命题是没有的。他的逻辑经验主义仅仅在最后这一点上与逻辑实证主义有较大的区别。

赖欣巴赫一直与卡尔纳普保持密切联系，相知甚深。卡尔纳普说他是“科学的哲学或逻辑经验主义这一运动的创始人之一，也是这个运动的最有朝气、最多产的代表人物”①。对于赖欣巴赫的过早去世，卡尔纳普惋惜地说：“当赖欣巴赫在1953年由于过早去世而中断了他的创造性活动的时候，我们的运动失去了它的最积极的领导人之一。不过，他所出版的著作和他个人的影响仍然继续存在。”② 目前在美国科学哲学界一些有影响的哲学家，如费格尔、亨普尔、格律鲍姆（A. Grünbaum）、沙尔蒙（W. Salmon）、普特南等人，都深受赖欣巴赫的影响，尽管这些人的观点与赖欣巴赫也有不少分歧。

一、从唯理论到新经验论

赖欣巴赫在青年时期对康德哲学十分推崇，颇受唯理论观点的影响。1915年他写的博士论文《概率概念对现实的数学说明》，基本上就是遵循康德的唯理论观点，探讨概率的数学理论对物理世界的可应用性问题。1920年起，在《相对论和先天认识》一书中，他的观点发生显著变化，开始从相对论的观点批判康德的先验唯心主义，逐渐转到经验论的立场。20世纪30~40年代，除了在《经验和预测》等著作中论述这个问题外，还专门写了《康德与现代自然科学》（1932）、《康德与自然科学》（1933）、《逻辑经验主义与先天的解体》（1936）、《唯理论和经验论：对哲学谬误的根源的探索》（1948）等论文，集中批驳康德的先验唯心主义，特别是他关于先天综合判断的观点。在赖欣巴赫逝世前不久出版的《科学哲学的兴起》

① 卡尔纳普为赖欣巴赫的《现代的科学哲学》一书写的前言，引自该书1959年英文版，第Ⅶ页。

② 卡尔纳普：《思想自述》，引自希尔普编辑的《鲁道夫·卡尔纳普的哲学》，1963年英文版，第39页。

一书中，有一些章节专门批驳了从柏拉图到康德的唯理论观点，评述了从培根、休谟的旧经验论到20世纪的新经验论的发展。

按照赖欣巴赫的观点，唯理论是这样一种哲学观点：哲学知识是一个特殊的知识领域，它是人类思维借助于理性或者直观这样一种特殊的能力而获得的，它是科学家们使用观察和概括这些普通的科学方法所不能达到的。唯理论者往往把数学看作这种知识的理想形式，并且要以这种形式为模本来建立他们的哲学体系。唯理论的发展经历了三个阶段：柏拉图的唯理论；笛卡儿和斯宾诺莎等人的唯理论；康德的唯理论。他认为唯理论观点的出现可以追溯到毕达哥拉斯，在柏拉图那里达到了古代唯理论的顶峰。在他们看来，要获得确定的知识，不能依靠经验的观察，只能求助于理性的洞察和逻辑的推演，理性具有发现外部世界普遍规律的力量。他们特别把数学看作真理的泉源，认为一切事物都是数，于是以一种奇怪的方式把数学和神秘主义糅合到一起。赖欣巴赫认为，在柏拉图那个时代，天文学已经得到很大发展，通过天文观测和数学计算发现了星辰运行的一些规律。可是，柏拉图却否认天文观测的作用，只强调理性的力量，他要天文学家放弃天文观测，只依靠“理性的自然禀赋”。赖欣巴赫说：“没有什么比这些话更加强烈地否定了经验科学；这些话表示这样一个信念：认识自然并不需要观察，只有通过理性才能认识自然。”①

对于16～17世纪的唯理论，赖欣巴赫把笛卡儿看作它的主要代表。笛卡儿企图用“我思故我在”这种逻辑论证，来证明通过理性获得的知识具有绝对的确定性。赖欣巴赫则认为笛卡儿的这种逻辑论证其实是“逻辑戏法”。不过，他认为笛卡儿并不是想用这种戏法来欺骗读者，而是他自己也被这种推论形式所欺骗。他还认为，即使这种推论站得住脚，它也不能证明我们关于自我之外的其他事物的知识是确定无疑的。至于笛卡儿从自我的存在推出上帝的存在，再由上帝的存在推出世界的存在，赖欣巴赫认为那不过是一种“神学的论证”。一位像笛卡儿那样杰出的数学家竟会作出这种神学的论证，赖

① 赖欣巴赫：《科学哲学的兴起》，1951年英文版，第31页。

欣巴赫认为这是令人惊奇的。

赖欣巴赫对唯理论的批判的矛头，主要指向康德及其先天综合判断的观点。因为，在他看来，康德哲学是唯理论的最后一个伟大构造。康德比柏拉图和笛卡儿优越之处，在于他避免了他的这两个先驱所犯的错误。康德既没有承认柏拉图的理念的存在，也没有采用笛卡儿的逻辑戏法。他企图借助他那个时代的科学的力量来证明知识的确定性是可以达到的，并且声称他的先天综合判断的命题是在数学和物理学的原理中发现的。

赖欣巴赫认为，康德哲学中的时空观念建立在欧几里得的公理系统和牛顿的引力理论的基础上，可以说他的时空观念是对他那个时代的时空数学的最好说明。康德试图把欧几里得体系中两种不同的特征糅合到一起：一个特征是几何法则的无可置疑的有效性；另一个特征是几何学对物理空间的可应用性。在康德看来，几何学的这两个特征表明几何法则是先天的，又是综合的。几何法则之所以是先天的，因为它们是无可置疑的真理，不需要经验观察的检验。他把几何学看作非经验科学的典范，仅仅借助于理性就能发现它的真理。几何法则之所以是综合的，因为它们不像逻辑规律那样空洞，而是可应用于物理空间，从而显示出物理世界的某些特征。康德由此断定，物理世界的某些结构特性，并不是我们观察的结果，只有借助于理性才能认识。

但是，赖欣巴赫认为，后来科学的发展却摧毁了康德的这种论证的基础。在康德去世之后仅仅 20 年，数学家们就发现了欧几里得几何学并不是可以设想的唯一的一种几何学，非欧几里得几何学的创立表明它与欧几里得几何学一样，也是严密的和无可置疑的。我们不通过经验的观察就无法确定其中哪一种几何学适合于说明我们的物理空间。爱因斯坦对这个问题作了明确的回答：仅仅在一些很小的方面才可以用欧几里得几何学去说明物理空间，而在宇宙的广阔领域内则需要用非欧几里得几何学去说明那些更加复杂的结构。赖欣巴赫说："这些结果是与康德的哲学观念相抵触的；按照康德的哲学观念，空间和时间不是物质世界的特性，而是人的理性所创造的一些具体化形式，人的理性把这些形式投影到物质对象之上，使物质对象具有一定的逻辑顺序。但是，当一种哲学观念与物理理论发生冲突时，必须投降的却正是哲学。从康德到现在的哲学史表明，哲学观念是前一阶段的物理学的产物；哲学家称为理性规律的那种东西，是对在一个比较简单的物理世界的环境中形成的原始经验所作的概括。"①

赖欣巴赫认为，如果康德生活在20世纪，他也会自动放弃他的先天综合理论。康德的哲学体系可以说是建立在牛顿物理学的基础上的一种"意识形态的上层建筑"，随着这种物理学所主张的绝对空间、绝对时间、绝对的自然决定论等观念的破产，他的哲学体系也就失去了它赖以立足的基础。康德企图依靠他对牛顿物理学的信念来满足他对知识确定性的追求；然而，从牛顿物理学到爱因斯坦物理学的发展表明，想仅仅依靠理性来达到绝对确定性的愿望是不能实现的，甚至是反科学的。他说："唯理论哲学家从其思想根源起就是反科学的。他的思想道路是由一种想把科学的成果和方法用作工具以达到非科学的目的这样一种超逻辑的动机决定的。"②

赖欣巴赫在批驳柏拉图、笛卡儿、斯宾诺莎、康德以至黑格尔的唯理论观点之后，接着阐述了从培根、洛克、休谟的古典经验论到20世纪的新经验论的发展，特别强调了这两种经验论的区别。所谓经验论，他指的是这样一种哲学观点："他们认为知识的理想形式是经验科学，而不是数学；他们坚持感性观察是知识的首要泉源和最终判断，并且认为，如果人们以为人类理性除了能够直接认识空洞的逻辑关系之外，还能够直接认识任何种类的真理，那种想法就是自我欺骗。这种类型的哲学就称为经验论。"③ 他说，经验论哲学家并不要求发现某种不能被科学家发现的新知识，他们只是研究和分析一切观察知识，不论它们是科学的还是常识性的，并试图理解它们的含义。他们并不计较这样构造出来的知识理论是否被称为哲学知识，而是强调这种认识是借助一些与科学家们使用的方法相同的方法构造出来

① 赖欣巴赫：《哲学和物理学》，1948年英文版，第5页。

② 赖欣巴赫：《科学哲学的兴起》，1951年英文版，第73页。

③ 赖欣巴赫：《科学哲学的兴起》，1951年英文版，第75页。

的,并且拒绝把它看作是某种特殊的哲学能力的产物。

经验论哲学的起源也可追溯到古希腊,但到培根、洛克和休谟那里才形成为一个成熟的、完整的哲学体系。赖欣巴赫把培根称为古典经验论的先知,把洛克称为它的公众领袖,把休谟称为它的批判者。在英国经验论者看来,感性知觉是知识的泉源和终极验证。与唯理论者不同,他们认为理性在知识的形成中只起次要的作用,不能充当真理的裁判。他们强调一切知识都来源于经验,知识的真实与否也有待于经验的检验。不过,他们也承认理性也是组织知识的不可缺少的工具,没有理性就不能获得比较抽象的知识。赖欣巴赫特别指出,培根还有一个历史功绩,这就是他强调归纳推理对经验科学的重要意义,他认识到演绎推理的局限性,演绎逻辑不能提供一种使人们从所观察的事实达到普遍真理、从而达到对进一步观察的预测的方法。不过,培根的归纳法还是朴素的,它建立在对常识乐于采用的那种规则的信赖之上。赖欣巴赫认为休谟对归纳理论作了较大的贡献,因为他看出了如果思维对知识的一切贡献都是分析的,那么使用归纳推理就会碰到一些严重的困难。首先是归纳具有非分析的性质,这就是说,在归纳推理的前提是真的情况下,完全有可能得出假的结论,因此归纳推理不具有逻辑必然性。其次,归纳推理不能用经验来证明其有效性,否则就会陷于循环论证。休谟由此断定归纳推理是不能得到证明的。赖欣巴赫认为,休谟的这个结论宣告了古典经验论的失败,因为“经验论者处于一种进退两难的境地:或者他是一个彻底的经验论者,不承认分析陈述或从经验中推导出来的陈述之外的任何结论,这样他就不能进行归纳推论,并且必须放弃任何关于未来的陈述;或者他承认归纳推理,这样他就承认了一个非分析的、不是从经验中推演出来的原则,从而放弃了经验论”①。

按照赖欣巴赫的观点,古典经验论的失败根源于当时的自然科学没有达到很高的水平,而建立在现代先进自然科学基础上的新经验论则不具有古典经验论的弱点,完全能解决古典经验论所碰到的困难。

① 赖欣巴赫:《科学哲学的兴起》,1951年英文版,第88~89页。

从新经验论的观点看来，古典经验论的主要错误在于它没有把关于过去和现在的知识与关于未来的知识区别开来。他认为观察知识只限于关于过去和现在的知识，关于未来的知识并不属于这种类型的知识。如果关于未来的知识已经变成观察的知识，它就不再是关于未来的知识了。我们必须对关于未来的知识作出另一种不同的解释。我们要把这个问题颠倒过来，不要先假设关于未来的知识的性质已经确定，然后询问我们如何能够获得关于未来的知识，而要首先询问如果关于未来的陈述是正确的，那么关于未来的知识必须具有什么样的性质。他认为在18世纪自然科学的基础上，古典的经验论者无法回答关于未来的知识的性质问题。他说："说对于过去的观察是确定的，而预测只是或然的，这并不是对于归纳问题的最后答案；这只不过是一个中间的答案。除非我们提出一种概率理论，它把我们称为'或然的'东西以及我们据以对或然性作出断定的根据解释清楚，这种中间答案仍是不完备的。"① 赖欣巴赫认为，在现代自然科学的基础上，新经验论者已经有可能对这个问题作出完备的回答。他之所以毕生研究概率理论和归纳问题，正是企图达到这个目的。他之所以自称为"逻辑经验主义者"或"彻底的经验主义者"，也是以此表示他继承英国经验论的传统，但又不同于古典的经验论，而是主张一种以数理逻辑和相对论为立足点的新经验论。

对于哲学史上的唯理论和经验论，马克思主义经典作家早已作过明确的评价。从马克思主义观点看来，这两者各有其片面性，它们都没有正确理解认识和实践、感性认识和理性认识之间的辩证关系，没有看到实践是认识的基础和检验真理的标准。赖欣巴赫没有摆脱其唯心主义和形而上学的立场，因此他的新经验论也不能克服古典经验论所碰到的困难，而对认识问题作出辩证唯物的解决。

二、概率的意义理论

赖欣巴赫在其一系列论文和著作中探讨了概率理论，而他用概率

① 赖欣巴赫：《科学哲学的兴起》，1951年英文版，第93页。

的意义理论取代维也纳学派的经验证实理论，正是他的逻辑经验主义区别于维也纳学派的逻辑实证主义的一个重要标志。

赖欣巴赫是从分析语言着手去探讨意义问题的。他说，思维要以语言为媒介，我们分析知识时，就是分析通过语言表述出来的思想，即指号化了的思想。语言是知识的自然形式。语言由各种各样的指号组成。什么是指号呢？首先，与其他物理事物一样，指号也是一种物理客体。书上的文字由笔划组织，口头的言语由声波组成，它们都是物理客体。甚至用点头或摆手表示的指号，也是一定的物理过程。指号的物理性是指号的头一个特征。其次，指号具有一定的意义。"意义"是一个十分复杂的概念，粗略地说，"意义是通过在指号和一定事实之间建立某种对应关系而使指号获得的一种功能。"① 例如，如果"保罗"这个指号是某个人的名字，那么这个指号就会经常出现在有关这个人的行动和状态的语句中。不过，赖欣巴赫认为，指号之所以具有意义功能，这不仅取决于指号和事实的关系，而且取决于那些据以使用指号的语言规则。甚至可以说，只有通过语言规则，指号才获得其意义。任何物理事物只要符合某些语言规则，就能获得作为指号的功能。因此，意义是指号这种物理事物与其他物理事物之间的某种对应关系，而这种对应关系又是通过某些语言规则确定下来的。

赖欣巴赫认为，语言具有原子论的特征，因为语言由命题组成②，命题又由词组成，词又由字母组成。命题是语言的最重要的单位，它执行原子的功能，是语言的具有意义的最小单位。词只有出现在命题之中时才具有意义，也就是说，这时命题把意义转给了词。一组胡乱地拼凑到一起的词是不具有意义的。他说，确切一点讲，词只具有含义（sense），命题才具有意义（meaning）。因此，意义是命题的第一个属性。命题的第二个属性是它具有真值，即命题是可真可假的，而词则不具有这个属性。在省略的问答句中，具有真值的单位仍

① 赖欣巴赫：《经验和预测》，1938 年英文版，第 17 页。

② 赖欣巴赫认为，"命题"、"语句"和"陈述"这三个词之间没有明显区别，他在使用它们时不作区分。

是整个语句，而不是省略掉大部分词之后剩下的个别词。命题的第三个属性是命题的“权重”（weight）。赖欣巴赫把命题分为两类，一是已经获得证实的命题，如关于过去和现在的事实的命题，二是尚未获得证实的命题，如关于未来的事实的命题。只有对于已经获得证实的命题来说，才能断定它们的真值是什么。而对于尚未获得证实的命题，则不能准确地断定它们的真值，只能说它们具有一定的权重，这就是说，我们只能对它们的真实性表示一定的看法，如“确定的”、“不太确定的”、“很不确定的”等等。真值只有两个值，即真和假，而权重则是一系列连续的量，从最不确定到不同程度的比较确定，一直到非常确定。概率就是对权重即可靠程度的一种精确计量。

由此出发，赖欣巴赫把意义理论分为两种，一种名为真理的意义理论，这是实证主义者和实用主义者所主张的观点；另一种名为概率的意义理论，这是他自己主张的观点。按照真理的意义理论，一个命题如果得到证实，就具有意义，如果得不到证实，则没有意义。具体说来，真理的意义理论具有两条基本原则。头一个原则是：一个命题只有在可以被证实为或真或假的场合下才具有意义。第二个原则是：如果两个命题通过每种可能的观察都同样地被确定为或者都是真的，或者都是假的，那么这两个命题就具有同样的意义。赖欣巴赫根据把真理的意义理论运用于日常语言的观察命题时出现的情况，对真理的意义理论的这两条基本原则进行了仔细的考察。

关于头一条原则，赖欣巴赫认为，这条原则强调命题的意义取决于命题得到证实的可能性，因此首先要对“可能性”这个概念进行分析。这里所说的可能性，不是指命题（或假说）本身是否可能，而是指命题能否得到证实。他认为可能性有三种，即技术的可能性、物理的可能性和逻辑的可能性。例如，在一条河上架座连接两岸的桥，这在技术上是完全可能的，而要在太平洋上架一座连接亚洲和美洲的桥，这在技术上是不可能的，而在物理上是可能的；制定一架永动机，这在物理上是不可能的，而在逻辑上是可能的，因为这在逻辑上并不矛盾。逻辑实证主义者所说的证实命题的可能性，肯定不是指技术的可能性。他们认为目前的技术无法证实的命题，如关于火星或金星的命题，仍是有意义的，因为将来的技术可能证实这类命题。至于另外两种可能性，赖欣巴赫认为物理的可能性这个标准太高，它把科学和日常生活认为有意义的许多命题都排除掉了。而逻辑的可能性这个标准又太低，它把人们通常看作无意义的命题也收容过来。不过，他认为这两个标准各有其优缺点，只要记住我们在特定场合下指的是哪种可能性，仍然可以使用。例如，对于绝对的同时性这个命题，从物理的可能性来看，这是没有意义的，因为信号不可能移动得比光更快；但从逻辑的可能性来看，它还是有意义的。因为信号移动的速度可以无限地提高。换句话说，绝对的同时性对我们这个世界来说没有意义，而对另一个世界来说却可能具有意义。

至于第二条原则，赖欣巴赫认为，这条原则强调的是，当任何可能的事实使两个命题得出同样的真值时，这两个命题就具有相同的意义。就物理的可能性而言，这条原则指的是：如果在物理上不可能观察到一些对两个命题作出不同证实的事实，那么这两个命题就具有相同的意义。就逻辑的可能性而言，如果在逻辑上不可能发现某两个命题有不同的证实，那么这两个命题就具有相同的意义。与此相对应，他提出物理的意义和逻辑的意义这两个概念。赖欣巴赫不否认也可从逻辑的可能性来考察这条原则，但他更加强调从物理的可能性来考察这条原则。他说："我们得出了两种意义的定义，并且表明这两个定义都是可以承认的；不过，我们的主观感觉倾向于其中的一个定义，它要求的是物理的可证实性，从而给我们提供了一个比较严密的意义概念。物理的意义概念看起来比逻辑的意义概念更恰当一些，近年来物理学在认识论方面的进展的确也是由于强调了这种看法。"① 在他看来，爱因斯坦的相对论时空观念，通过量子理论对原子理论的说明等等，都是由于采用了比较严密的物理的意义概念而实现的。

但是，赖欣巴赫强调指出，有许多命题，例如关于遥远的未来的命题，或者关于原子的内部结构的命题，是不能用物理方法直接证实的。为了摆脱这个困难，有些逻辑实证主义者提出间接证实的方法。

① 赖欣巴赫：《经验和预测》，1938 年英文版，第 45 页。

直接可以证实的命题名为直接命题，观察命题就属于直接命题。不能直接证实，但能间接证实的命题，名为间接命题。按照这些逻辑实证主义者的观点，可以通过把间接命题还原为直接命题的方法，而对间接命题进行证实，因为一个间接命题和一类直接命题之间存在着逻辑等值的关系。例如，太阳内部的温度是不能直接观察的，也不能用任何物理仪器直接测量，因此“太阳内部的温度是4000万度”这个命题是一个不能直接证实的间接命题。可是，我们可以通过各种办法把这个间接命题还原为一系列关于电、光、辐射、颜色、测量仪器等等的直接命题，从而对这个间接命题进行间接的证实。赖欣巴赫把这种方法称为“复归原则”（principle of retrogression）。他认为这种方法简单明确，具有一定吸引力，不过它经不住严格的批判。这主要是因为：由一个间接命题推出的观察命题是无穷的，而且间接命题还具有为这些观察命题所不能穷尽的“剩余意义”（surplus meaning）。与某些逻辑实证主义者的观点不一样，他认为一个间接命题和一类直接命题之间并不存在逻辑等值的关系，由直接命题的集合并不能必然地得出这个间接命题。他认为直接命题和间接命题之间的关系不是演绎的，而是归纳的或概然的。从直接命题到间接命题并不存在逻辑蕴涵关系，而仅仅存在概率蕴涵关系；反过来，从间接命题到直接命题也不存在逻辑蕴涵关系，而仅仅存在概率蕴涵关系。他把这个相互的概率蕴涵称为概率联结（probability connection）。他说：“这个结果表明，真理的意义理论肯定是失败了。关于间接命题可以严格证实的假定是不可能站得住脚的。这一类命题之所以不能严格证实，是因为它们与有限的直接命题这个类并不是等值的。复归原则之所以不能成立，是因为从前提到间接命题的推论并不是同语反复的变形，而是一种概率的推论。”①

赖欣巴赫认为，情况既然如此，我们就不得不作出这样的抉择：或者否定间接命题，把它们看作是没有意义的；或者抛弃绝对的可证实性，不再把它看作意义的标准。他认为这个抉择是很容易作出的，

① 赖欣巴赫：《经验和预测》，1938年英文版，第53页。

因为科学的实践表明，间接命题是不能否定的，我们只能抛弃绝对的可证实性这个观点，而寻找其他的意义标准。于是，他提出概率的意义理论以取代真理的意义理论。

按照赖欣巴赫的观点，概率的意义理论也包含两条基本原则。头一条原则是：如果有可能确定一个命题的权重，即它的概率度，那么这个命题便是有意义的。第二条原则是：如果两个命题通过每种可能的观察都获得相同的权重，即概率度，那么这两个命题便具有相同的意义。他指出，这两条基本原则中所说的可能性，都是指物理的可能性，而不是指逻辑的可能性。按照这两条原则确定的意义，称为概率的意义，而按照真理的意义理论的那两条原则所确定的意义，则称为真理的意义。根据物理的可能性和逻辑的可能性的区分，真理的意义又可分为物理的真理意义和逻辑的真理意义。可是，对于概率的意义来说，则不必再作这样的区分，因为把逻辑的可能性与权重结合在一起，并不能构成一个与逻辑的真理意义不同的概念。因此，概率的意义始终指的是物理的概率意义。

赖欣巴赫认为，他所主张的概率的意义理论符合于科学的实践。因为，当一个科学家谈论太阳的温度时，他之所以认为关于太阳温度的命题是有意义的，并不是因为具有直接证实这个命题的逻辑可能性，而是因为具有从地球上各种观察中间接推出太阳温度这样一种物理的可能性。这位科学家还知道，这种推论不是逻辑推论，而是概率推论。赖欣巴赫还认为，概率的意义理论对于解决外部世界的存在这个传统问题也具有重要意义。他不同意某些实证主义者的看法，而认为这个问题不能通过把关于物理状态的命题还原为关于感觉印象的命题来解决，可是，根据某些感觉印象，我们可以用一定的概率推出独立于这些印象之外，并在某些场合成为它们的原因的物理状态的存在，从而证明我们关于外部世界存在的信念是合理的。

总之，赖欣巴赫主张用他的概率的意义理论取代维也纳学派的真理的意义理论，即所谓“可证实性原则”。可以承认，他的这种意义理论在一定程度上克服了“可证实性原则”的某些困难。但是，他的这种理论也没有对意义问题作出正确的解决。因为，归根结底，不采用辩证唯物主义的观点和方法，要正确而且透彻地解决这个认识论问题是不可能的。

三、归纳问题

归纳问题指的是归纳推理的合理性问题，也就是关于从特称到全称、从个别到一般的推理是否有效的问题。休谟在《人性论》和《人类理解研究》等书中首先提出这个问题，他对归纳推理的合理性表示怀疑。逻辑经验主义者也重视对这个问题的研究，并提出不同的解决办法。赖欣巴赫试图借助于概率理论来论证归纳推理的合理性，用追求不完全的确定性取代追求完全的确定性。他在论证这个论点时，一方面批驳了休谟在这个问题上的怀疑态度，另方面也批驳了某些逻辑实证主义者对完全的确定性的追求。

归纳推理是由断定某类事物的个别或部分的命题推出这一类事物的全体的逻辑方法，也就是从特称命题推出全称命题的逻辑方法。对于归纳推理的合理性，休谟认为这是用理性方法所不能证明的，因为不能合理地从“太阳过去每天都出来”推出“太阳明天会出来”或者“太阳明天不会出来”，这种推理的合理性不能用“将来一定与过去相同”或者所谓“自然的齐一性”来证明。赖欣巴赫把休谟对归纳推理的合理性的反驳归结为两点：（一）我们对于归纳推理的有效性提不出逻辑的证明；（二）对于归纳推理也提不出后天的证明，因为任何这样的证明都以所要证明的那个原则本身为前提。他把这两点看作休谟怀疑归纳推理的合理性时所依据的两大支柱。

赖欣巴赫认为，休谟在反驳归纳推理的合理性时是从这样一个假设开始的：只有在我们能够表明归纳推理一定会导致成功时，我们才能证明归纳推理是合理的。换句话说，在休谟看来，对归纳推理的任何正当的应用都以我们能够证明它的结论是真实的这一点为前提。他的上述两点反对意见都直接涉及结论的真实问题，而他又认为结论的真实与否是不可能得到证明的。因此，赖欣巴赫认为，休谟的上述两点反对意见能否站得住脚，取决于他的这个假设能否站得住脚。按照赖欣巴赫的观点，休谟的这个假设是站不住脚的，因为他认为归纳推理的合理性并不意味着一定要证明结论是真实的。对结论的真实性的证明仅仅是归纳推理的合理性的充分条件，而不是它的必要条件。他说，归纳推理虽然不能保证结论的真实性，但它能够给我们提供一种关于未来的最恰当的设想。他举了一个简单的例子来说明这一点：一个医生对病人说，他不能保证一定能治好病，但他根据自己的医学知识和临床经验，认为采用开刀办法很可能把病治好。赖欣巴赫认为，医生的这种估计就是一种关于未来的最恰当的设想。他说："如果我们不能知道成功的充分条件，我们至少知道它的必要条件。如果我们能够表明归纳推理是成功的必要条件，归纳推理也就得到证明。这样一种证明能够满足对归纳的合理性可能提出的任何要求。"①

另一方面，赖欣巴赫也批驳了某些逻辑实证主义者对这个问题的看法。他说，逻辑实证主义者企图把知识建立成一个绝对确定的体系，可是在归纳问题上碰到了无法克服的困难。为了摆脱这种困境，他们把复归原则当作一种补救办法。前面已经谈到，逻辑实证主义者试图依据于复归原则从间接命题推出直接命题，从而对真理的意义理论作出论证。不仅如此，他们还试图利用这个原则来解决归纳问题。对于我们在什么条件下才能利用归纳原理去推出新的命题这样一个问题，他们回答说，当我们对某个类型事件作了观察，而这种观察又为我们提供了其中某些事件出现的频率，这时我们就是运用了归纳原理。我们可以从这里推出这个事件序列在未来的某种类似的延长；可是，按照他们的复归原则，这种对未来的预测只不过是重复这个推论的前提，即"过去曾经有一系列什么样的观察"。这就是说，按照复归原则，对未来的预测只不过是一种关于过去的陈述。赖欣巴赫认为这样的观点，既不能解决归纳问题，也无助于推动科学的发展。因为，科学需要对未来作出预测；如果对未来的预测只是意味着对过去的陈述，那么这种认识论观点无非是语言游戏而已。

赖欣巴赫还批驳了逻辑实证主义对绝对确定性的追求，他认为这种追求最终也会导致休谟的怀疑论。他说，唯理论的重要代表笛卡儿

① 赖欣巴赫：《经验和预测》，1938 年英文版，第 349 页。

追求知识的绝对确定性，这使他走向先天论。逻辑实证主义反对先天论，可是仍想达到绝对的确定性。追求绝对确定的知识，这是笛卡儿的唯理论和现代实证主义者的逻辑主义的共同特征。他认为任何关于世界的知识都达不到绝对的确定性，因为这种知识涉及对未来的预测；否认这一点而妄图建立一种绝对确定的知识，就会或者像笛卡儿那样走向先天论，或者像休谟那样走向怀疑论。逻辑实证主义者企图借助于形式主义的逻辑观念来达到绝对的确定性，也是注定要失败的。

赖欣巴赫认为，为了论证归纳推理的合理性，应当从进行归纳推理的目的着手。一般说来，我们进行归纳推理是为了"预见未来"。他认为这种说法比较模糊，而对它作了如下比较精确的表述：归纳的目的是为了找到事件的一个序列，这些事件出现的频率向着一个极限收敛。他之所以作出这个表述，是为了把概率定义为频率的极限，从而可以在这里使用概率方法。他认为这样表述归纳的目的比一般的说法包括更为广阔的范围，一般所说的"预见未来"只不过是这种表述中的一种特殊情况：如果说我们肯定地知道事件乙一定会在事件甲之后出现，那在这个表述中就等于说这里频率的极限是数值1。休谟所说的仅仅是这种特殊情况，而他对归纳目的的理解则比休谟的理解广阔得多，因为他还考虑到这种特殊情况之外的其他许多情况。他是以一种普遍的方式去理解归纳的目的。他说，他把归纳原理定义为一种获得频率极限的手段，这并不妨碍对这个原理作任何可能的应用。如果我们找到频率的极限，我们也就找到我们所需要的一切，其中包括休谟所指的那种情况。因此，他强调说，把归纳推理的目的看作确定频率的极限，这是有理由的。

赖欣巴赫认为，可以把频率解释应用于说明单个的事件。在日常生活和科学中，有许多我们只考虑单个情形的例子，如我们可以要求得到明天天气好的概率，或者某个事先计划好的行动取得成功的概率，或者一个科学实验能够得出预期结果的概率。他认为概率不是只与命题序列有关，也可以用概率逻辑来说明这些单个的事件。例如，一个人在下赌注时，必须作些预测，虽然他知道计算出来的概率只有在较多次数的情况下才有意义，可是他仍然可以依据概率来认定(posit)一个较为可能的情况。这种认定并不表示他对认定的结果有把握，只是表示判定较为可能的情形比相反的判定在行动上较为有利。赖欣巴赫指出："的确，频率解释论证了认定最可能情形的合理性，可是确实也不能保证在所考虑的个别情况中都取得成功。但是它却提供给我们一条原则，重复运用这条原则可以使我们取得成功的次数超过违背这个原则时的成功次数。"①

赖欣巴赫强调说，我们一定不要把科学命题的体系看成二值逻辑意义下的真命题的体系，而要看成在概率逻辑的框架中有次序的认定的体系。归纳推理也可以用渐近认定的概念来解释，它表示一种渐近方法，如果出现的序列具有极限特征，那么使用这种方法就是合理的。可是，如果对于所考虑的序列不具有极限特征，即不存在频率的极限，那么使用这种方法就不会导致成功。这就是说，如果我们知道对于自然界出现的序列不存在频率的极限，那么渐近认定，即归纳推理就没有合理的根据。但是我们的情况不是这样。在他看来，说"我们知道频率的极限存在"，是不对的，但是说"我们知道频率的极限不存在"也是同样不对的。我们面对的是一种不确定性，我们不知道频率的极限是否存在。在这种情况下，渐近认定比所有其他认定具有决定性的优点。如果有什么目的能够达到的话，渐近认定的方法，即归纳推理便是唯一可以达到这种目的的方法。这就是归纳推理的合理性的依据。他说："归纳推理的问题就是通过下面的论证得到解决的，为了应用这种推理，我们不需要知道肯定的条件成立，但是，如果我们不知道否定的条件成立的话，应用这种推理就已经是合理的了。"②

赖欣巴赫对归纳逻辑作了深入研究，对归纳逻辑的发展作出过贡

① 赖欣巴赫:《概率概念的逻辑基础》，1933年，引自洪谦主编的《逻辑经验主义》上册，第400页。

② 赖欣巴赫:《概率概念的逻辑基础》，1933年，引自洪谦主编的《逻辑经验主义》上册，第400页。

献。他对确定性和不确定性的区分、对唯理论和怀疑论的批驳，都含有许多合理成分。他的错误主要在于，他在强调归纳推理的作用时，却忽视或者贬低了演绎推理的作用；这是他的归纳主义立场所决定的。从马克思主义的观点看来，归纳推理和演绎推理是缺一不可的，因为人类认识就是一个从个别到一般、又由一般到个别的循环往复的辩证过程。我们在认识过程中，既要借助于归纳从个别推出一般，也要借助于演绎从一般推出个别。归纳和演绎在认识过程中的辩证统一，是客观世界中个别和一般的矛盾统一的反映。归纳主义者和演绎主义者片面强调一方而贬低另一方的作法，是错误的。

第三节　赫伯特·费格尔 (Herbert Feigl 1903～1989)

赫伯特·费格尔是维也纳学派最早的成员之一，也是逻辑实证主义在美国的头一个传播者。1903 年 12 月 14 日出生于当时奥匈帝国的赖辛堡（后为捷克斯洛伐克的一部分），其父是当地一个有地位的实业家。费格尔在少年时期攻读工业化学，后来在爱因斯坦相对论的影响下，他的兴趣转向数学和物理学。1921 年入慕尼黑大学，攻读物理学和物理化学。同时，通过阅读石里克的《现代物理学中的空间和时间》和《普通认识论》二书，他的兴趣又转向哲学。1922 年，他转到维也纳大学，除跟随石里克学习哲学外，还跟随哈恩等人学习数学、理论物理学和心理学。1922 年，他写了《爱因斯坦的相对论的哲学意义》一文，在一次竞赛中获奖。1924 年，在他和魏斯曼的倡议下，石里克组织了每周星期四晚上的讨论会，因此形成后来著名的维也纳小组或维也纳学派。1927 年，他获得哲学博士学位，论文的题目是《偶然和规律：对自然科学中归纳和概率的认识论研究》。其后在维也纳高等学校任教，最初讲授天文学，后来讲授科学哲学。1929 年，出版了他的头一本著作《物理学中的理论和经验》，受到了爱因斯坦等人的好评。

费格尔对他在青年时期接受的思想影响，曾在 1974 年写的一篇文章中作过这样的自述:“正如上面我所指出的,在我的思想形成时期,我致力于研究科学,后来又在维也纳小组从事以科学思想为指导的哲学活动。当时对我的哲学观点发生决定性影响的,是石里克和卡尔纳普,早期维特根斯坦的影响则小得多,此外还有与纽拉特、克拉夫特、贡佩茨、齐泽尔以及后来与赖欣巴赫的多次讨论。1929 年,我认识了波普尔,很快与他建立起友谊。从波普尔和赖欣巴赫那里,我在思想上受惠甚多。”① 这里所讲的主要是指费格尔在维也纳求学和工作的那段时期(1922~1930)。如果追溯到更早一个时期,还应该提到叔本华、马赫、黎尔(A. Riehl)等人对他的思想影响。

1930 年,费格尔获得洛克菲勒基金会的资助,赴美国哈佛大学从事研究,从此定居美国。在哈佛,他受教于哲学家和物理学家布里奇曼门下,同时也结识了 A. N. 怀特海、C. I. 刘易斯等哲学家以及当时的研究生 W. V. O. 蒯因等人。1930 年,他与勃伦堡(Albert Blumbery)合写了《逻辑实证主义:欧洲哲学中的一种新思潮》,首次把这种思潮介绍到美国,并且首次赋予这种思潮以“逻辑实证主义”这个名称。他说,他当时在美国传播逻辑实证主义方面所起的作用,类似于艾耶尔在英国所起的作用。1936 年起,由于他不满意于维也纳学派的现象主义的和行为主义的还原论观点,不赞同早期逻辑实证主义的经验证实理论,他不再称自己为逻辑实证主义者,而称自己为逻辑经验主义者。

1931 年起他在衣阿华州立大学担任讲师,1933 年任助理教授,1938 年任副教授。1940 年,他第二次获得洛克菲勒奖学金,到哥伦比亚和哈佛研究科学说明和方法论。同一年,他应明尼苏达大学之聘,到该校任哲学教授,其后长期在该校任教。此外,他还先后到伯克利加州大学、哥伦比亚大学、夏威夷大学等校担任访问教授。

在明尼苏达大学期间,费格尔在希尔(L. W. and Mand Hill)家族基金会的资助下,1953 年建立了明尼苏达科学哲学研究中心,他任这个研究中心的主任,邀请各国著名的科学哲学家到这里作短期访

① 引自费格尔:《探索和挑衅》,1981 年英文版,第 9 页。

问或长期研究，组织过多次讨论会，并在 1956～1978 年间出版了五卷《明尼苏达科学哲学研究》丛书（Minnesota Studies in the Philosophy of Science），发表了科学哲学方面的许多重要著作。这部丛书主要由费格尔、斯克里汶（M. Scriven）、塞拉斯和麦克斯维尔（G. Maxwell）编辑。1953 年，他又与布罗德贝克（M. Brodbeck）合编了《科学哲学读物》（Readings in the Philosophy of Science）一书。1961 年与 G. 麦克斯维尔合编了《当前科学哲学中的争论》（Current Issues in the Philosophy of Science）一书。这个研究中心的学术活动与出版物，对美国科学哲学的研究起了很大促进作用，此外，1949 年和 1972 年，他又与 W. 塞拉斯合编了《哲学分析选读》（Readings in Philosophical Analysis）和《新编哲学分析选读》（New Readings in Philosophical Analysis）二书，把分析哲学的代表性著作选编到一起。

费格尔写的著作不多，除上面提到的《物理学中的理论和经验》一书外，还于 1958 年出版了《“心理的”和“物理的”》一书，详述了他关于身心问题的观点。他一生中写了大量论文，其中主要部分收集在 1981 年出版的《探索和挑衅》一书中。

费格尔在美国科学哲学界和心理学界具有一定地位。1959 年，他被选为美国科学促进协会副主席。1962 年，被选为美国哲学协会西部分会主席。1963 年在墨西哥城举行的国际哲学大会上被选为认识论和科学哲学分部的主席。

费格尔和亨普尔可以说是逻辑经验主义在美国的最后两个代表人物，费格尔还可以说是维也纳学派在美国的最后一个代表人物。亨普尔后期对逻辑经验主义的传统观点持较多的批判态度，费格尔则较多地坚持这些传统观点，他自称是一个“顽固不化的”逻辑经验主义者。他认为逻辑经验主义者反形而上学的态度有其历史的理由，但反得有些过分。他坚持逻辑经验主义的意义标准，但也主张放宽这个标准的尺度。他坚持分析命题和综合命题的区分，反对蒯因对这种区分的批驳。他坚持哲学实在论和现代经验论的立场，重视对归纳方法和概率问题的研究，在科学哲学方面作了一定贡献。他特别注意研究身心问题，为此写了专著和一系列论文，成为身心同一说的著名代表。

美国著名的科学哲学家费耶阿本德（P. K. Feyerabend）和 G. 麦克斯维尔在他们为祝贺费格尔的成就而编辑的《精神、物质和方法》（Mind，Matter，and Method）一书（1966）中，曾对费格尔作了这样的描述："大家知道，费格尔不赞同维也纳学派的某些比较过激的论题，他从来没有放弃哲学实在论的立场，甚至在作为一个实在论者已非常不合时宜的时期里也没有放弃过。大家也知道，他是一个不大容易被时尚、被哲学'革命'所影响的哲学家，甚至当别人都宣称某种观点已经'完蛋'的时候，他也保持头脑冷静……我们了解到如果没有费格尔的榜样，在明尼苏达科学哲学研究中心这个独特的机构里，就不可能在观点极其不同的哲学家之间进行那些富有意义的讨论，当我们倾向于作出草率的哲学结论的时候，他的榜样促使我们继续辩论下去。"①

一、意义理论

在意义理论方面，费格尔基本上坚持维也纳学派的传统观点，不过，与卡尔纳普等人一样，他也逐步放宽了意义标准的尺度。在《物理学理论的意义和有效性》（1929）、《操作主义和科学方法》（1945）、《存在假设：实在论解释与现象论解释》（1950）、《可验证性和验证》（1951）、《分析陈述和综合陈述的区分是逻辑经验主义的基石》（1955）等文章中，他阐述了他对这个问题的看法。

分析命题和综合命题的区分，是逻辑经验主义的意义理论的主要基石。他们强调说，有意义的命题只有两类，一类是分析命题，如逻辑和数学的形式命题，它们是重言式命题，它们的真假可以根据它们是否符合数学和逻辑的公理和演算规则来检验。另一类是综合命题或事实命题，如经验科学的命题，它们的真假可以根据它们是否符合经验事实来检验。这两类命题之外的一切命题，都是没有认识意义的伪命题。费格尔一直坚持逻辑经验主义的这个传统观点，甚至到 50 年

---

① 费耶阿本德和麦克斯维尔编：《精神、物质和方法》，1966 年英文版，第 5～6 页。

代这个观点受到蒯因的猛烈抨击后，不少人改变看法，他却依然坚持这种区分，并写了《分析陈述和综合陈述的区分是逻辑经验主义的基石》（1955）一文，与蒯因展开论战。1974 年，他在回顾这次论战时还这样写道："我理解到我会被看成是一个非常顽固的和'保守的'逻辑经验主义者。可是，我仍然没有被蒯因的那些聪明的论证所说服，他试图用这些论证表明在纯粹的形式真理（例如，算术真理）和事实真理（例如，物理学真理）之间没有明确的界限。我却始终认为在纯粹形式类型和事实类型这两种意义类型之间是有区别的。"①

与维也纳学派的其他逻辑经验主义者一样，费格尔也认为分析命题和综合命题之外的其他一切命题，都不具有认识意义。他特别强调把认识意义与非认识意义（如形象意义、情绪意义、诱导意义等等）区别开，认为仅仅对于具有认识意义的陈述才能提出真或假、正确或错误的问题。可是，在日常的语言中，认识意义和非认识意义往往交错在一起。传统形而上学中的那些长期争论不休、始终得不到解决的疑难问题，都是由于把认识意义和非认识意义混淆起来而产生的。例如，形而上学家对空间、时间、实体、因果性、活力、灵魂等等的看法，就是以一种奇怪的方式把一些绝对不能检验的概念和一些从经验上可以检验的概念混淆起来。只要消除了这种混淆，这些疑难问题也就迎刃而解了。因此，他认为把认识意义和非认识意义区别开，这在哲学上具有重要意义。

在如何把认识意义和非认识意义区别开来这个问题上，他承认维也纳学派原来的经验证实原则过于狭窄。在他看来，逻辑经验主义者试图借助这条原则来批驳和清除形而上学，这种作法是可以理解的，而且是值得赞许的。不过，由于这条原则提出一个过高的标准，以致把一些不属于形而上学的命题也排除出去了。与卡尔纳普等人一样，他也主张适当放弃意义标准的尺度，用"可检验性原则"或"可验证性原则"取代"可证实性原则"。他认为前面两个原则是比较适当

① 费格尔：《探索和挑衅》，1981 年英文版，第 12 页。

的标准，也是必不可少的最低标准。因为，除非我们陈述中的某些词哪怕是非常间接地与直接经验材料相联系，这些陈述就至多只具有形式的意义，而不具有事实的意义。逻辑经验主义的意义标准，正在于排除那些既没有形式意义，又没有事实意义的命题。他说："如果经验主义的意义标准仅仅清除那些原则上无法解答的问题，那是不会引起争论的。至少那些在哲学上持科学观点的人们不会反对这样的意义标准。"①

在他看来，词和语句的意义取决于它们的用法，一个孤立的语句可能表达什么意思，这取决于这个语句的词据以发挥其作用的那些规则。哲学家在分析一个论断并试图确定它的意义时，首要任务就在于弄清楚作出这个论断的人是怎样使用这个论断中的词，这些词与他的词汇中其他的词又有什么联系，他又如何把他的语言中的词汇与经验材料联系起来。这就是说，要通过某种方法弄清楚这一论断在被说出或写出时究竟表达了什么。

至于理论构想（theoretical constructs）的意义问题，费格尔认为，我们必须首先弄清楚是否可以借助于某些不太复杂的经验概念来给理论构想下明确的定义。如果能够作到这一点，那么这些构想从原则上说是可以排除的，也就是说，它们可以被用来给它们下定义的那些概念所取代。在这种情况下，由于引进这类理论构想而造成的区别，只是纯粹形式的区别，而不是事实的区别。如果通过逻辑分析，表明这些理论构思的增添或删除对于可演绎的经验规律没有任何影响，那它们就只是一些形而上学虚构，任何以它们作为主要成分构成的论断从原则上说都是无法验证的。不过，他也承认，逻辑分析方法有时不能揭示出一个特定论断的可验证性和这个论断所隶属的体系中其他论断之间的明确的逻辑矛盾。在那种不确定的场合下，他认为经验主义者最好采取比较宽容的态度。

与此相关，费格尔强调把下述两种分析区别开：一种是在从语义

① 费格尔：《可验证性和验证》，1951 年，引自他的《探索和挑衅》一书，1981 年英文版，第 145 页。

方面重建科学理想语言时进行的分析，例如对意义、可验证性以及验证度的分析，另一种是对发展中的科学的方法论进行的分析。他说，我们设想，在经验科学的理想语言中，关于它的词汇的准确意义问题，或者关于同义性、可演绎性、分析性等等问题，都可以像关于逻辑或数学那些纯粹形式系统的类似问题一样，给予明确的回答。理想语言的重建（reconstruction）仿佛把一门学科的某个发展阶段“冻结”起来。当然，这种“冻结”带有或多或少的随意性，因为我们总是能够提出其他一些合理的重建方案。因此，对于特定的重建在多大程度上忠实地表现出某门学科的结构，人们往往有不同的看法。在方法论方面的分析则是另一种情况，科学在它的发展过程中，不断地改变和修正它的词汇的意义。一个新概念被引入时，往往是不明确的，带有尝试性的。对于这种概念，我们可以不必进行理想语言的重建。一个概念只有当被一组规则充分地固定下来之后，才能获得明确的规定。他认为在某些场合下，例如在古典力学、相对论等等理论系统的重建中，某个学科已经获得一种充分确定的形态，以致至少可以提出一组有限的重建方案，这时在一个重建方案中，某个公式被解释为分析命题，而在另一个重建方案中，同一个公式也可能被解释为综合命题。在他看来，蒯因、怀特（W. G. White）等人否认分析命题和综合命题之间具有明确区别的观点，仅仅对于这种方法论的分析而言，才是正确的。

由此出发，费格尔还极力反对亨普尔、蒯因等人主张的意义检验的整体论观点，认为他们的这种观点产生于他们没有把上述两种分析区别开来。按照这种整体论的观点，任何一个孤立的陈述句都不具有明确的意义，只有对许多陈述句所组成的整个体系才能加以检验。费格尔却认为，如果一门科学的理论不能用一些在逻辑上相互独立的假说加以陈述，那么这门科学就会处于非常困难的境地。因为，要通过经验的检验对这门科学进行系统的考察，就必须把这门科学的理论分解为最大数量的、可以独立地加以验证的假说。例如，只有把狭义相对论原理分解为若干个不同的成分，我们才能确定什么样的实验验证了什么样的规律。不过，他也承认，科学中没有任何一个部分可以被看作是最终地确定了的；但是，他强调说，逻辑学家们不要被这种情况引入迷路，而否认连续验证方法的价值。在他看来，亨普尔、蒯因这些逻辑学家由于过分强调日常语言和科学方法论的模糊方面，从而否认经验和逻辑之间的明确界限，进而把科学方法论模糊到难以辨认的地步。他说："我建议，如果到目前为止，我们对科学理论的逻辑分析和重建还不能证明科学的最重要的和必不可少的标准（可验证性标准和验证标准）是适当的，我们就必须寻找更适当的分析和重建，而不要对科学方法作歪曲的解释。"① 可以看出，在意义问题上，费格尔基本上坚持维也纳学派的传统观点，尽管他也像卡尔纳普等人一样，不断放宽证实或检验的标准。

二、辩明和说明

除意义理论外，费格尔还研究了"辩明"（justification）问题与"说明"（explanation）问题。在1952年写的《辩明有效和辩明有理：对伦理论证的性质和局限性的分析》一文中，比较集中地反映了他在辩明问题上的观点，而在1945年写的《操作主义和科学方法》和1948年写的《对科学说明的意义的一些意见》二文中，则比较集中地反映了他在说明问题上的观点。

费格尔是从真理或有效性（validity）的标准问题着手来讨论辩明问题的。他说，直观主义者往往把直观的自明性（self evidence）看作真理或有效性的标准。布伦塔诺、胡塞尔、摩尔、布罗德等人也支持这样的观点。费格尔反对把直观的自明性看作真理或有效性的标准。他认为，非欧几何学的发展以及它在现代物理学和天文学中的应用，已经证明不能把自明性当作几何学公理的真理标准。后来，对逻辑和数学的哲学基础的研究，又证明自明性既不是真理或有效性的充分条件，甚至也不是它的必要条件。直观的自明性不能产生绝对一目了然的和无可怀疑的知识。就伦理命题而言，情况更是如此，人们连

① 费格尔：《可验证性和验证》，1951年，引自他的《探索和挑衅》，1981年英文版，第152页。

对哪些原则是自明的也没有一致的看法。可是，如果直观的自明性不是真理或有效性的标准，那么这种标准究竟是什么呢？按照费格尔的观点，伦理论证要以演绎推理或归纳推理的有效性为前提。在伦理论证中，要把特殊的事例包摄于普遍规律之下，就需要利用演绎推理的原则；而在涉及道德选择问题时，也需要利用归纳推理来确定最可能产生的是什么样的后果。而且，无论演绎推理的规则或者归纳推理的规则，都具有一定的单一性（uniqueness）。

为了阐明辩明问题，费格尔特别把辩明分为两种不同的情况，即"辩明有效"（validation）和"辩明有理"（vindication）他说："当我们谈到'辩明'时，我们可能指的是使一种论点合法化；或者，我们所想到的也可能是对一种行动给予辩明。我们可以把头一种情况称为'justificatio cognitionis'（辩明有效），而把后一种情况称为'iustificatio actionis'（辩明有理）。演绎推理和归纳推理的原则可以作为在辩明有效时起证明作用的原则；目的以及那些与手段和目的的关系有关的经验知识（这些知识已经通过归纳方法得到验证或者至少是可以验证的），或者，在一些极端的、变态的场合下，目的以及某些纯粹逻辑的真理，则可作为辩明有理（实用的辩明）的基础。"①

费格尔把辩明分为"辩明有效"和"辩明有理"这样一种观点，是他的辩明理论的一个核心思想。他很早就有这样观点，早在1935年他就向石里克提出这种看法，受到石里克的支持。在上面引证的这篇文章中，他对这种区分作了较详细的说明和论证。在1969年写的《逻辑实证主义的起源和精神》一文中，他在谈到归纳问题时又重申了这一区别。归纳问题，也就是休谟所说的非论证推理的证明问题，是一个在逻辑经验主义者中间引起很多争论的问题。有人认为，这个问题既不可能借助于逻辑的概率概念加以解决，也不可能借助于统计的概率概念加以解决。有些逻辑经验主义者甚至因而宣布这是一个伪问题。可是，赖欣巴赫、费格尔、沙尔蒙等人则试图对这个问题提出

① 费格尔：《辩明有效和辩明有理：对伦理论证的性质和局限性的分析》，1952年，引自他的《探索和挑衅》，1981年英文版，第385页。

一种实用的解决办法。按照费格尔的观点，为了解决这个问题，需要把下述两种不同的辩明区别开来：一种是在某些指导原则的范围内对某些论点的辩明，另一种是对这些原则本身的实际辩明。他说："我曾经试图通过把'辩明有效'和'辩明有理'这两者区别开来以解决这个问题。这就是说，关于经验假说（如预见）的可信性可以借助于归纳逻辑的原则来辩明其有效。可是，当这些原则不能被辩明为有效时，这些原则仍可以被辩明是有理的：可以从实用方面辩明把这些原则作为一种手段加以使用是恰当的，这种手段对于科学研究的成功是必要的，也就是对于可靠的规律性的发现是必要的，但肯定决不能被辩明是充分的。"①

费格尔认为，他在辩明有效和辩明有理之间的区分，既可以避免在辩明中把未确定的问题当作论据，也可以避免在辩明中出现无穷的复归。因为，辩明有效一定要以某些前提（基本假设）为终点，这些前提在一定的论域里不需要进一步被辩明为有效。不过，辩明有效所依据的这些"最终的"前提，既不是随意的约定，也不是无可置疑的先天真理。它们也要接受另一种类型的辩明，即他所说的"辩明有理"这种类型的辩明。这种辩明有理的论证能够表明，采取那些用于辩明有效的前提将使我们达到在一定论域内所追求的目的，他说："对于某些论点的确立来说，辩明原则（justificantia）已经在演绎逻辑的推理规则和替换规则中追溯到它们的最终基础。如果想在这里揭示出辩明有效的更加终级的基础，我们就不能不陷于恶性循环。同样地，归纳推理中关于最高概率的原则也构成一切经验推理的最终的、用于辩明有效的基础。与此相应，特定伦理体系的最高规范也就为道德判断被辩明有效提供了最终的基础。"② 在他看来，不论用于辩明有效的推理延续多长，作出最终判决的始终是这一类或另一类辩明原则。合理的论证要以一些至少被大家默认的原则为前提。只有当

① 费格尔：《逻辑实证主义的起源和精神》，1969年，引自他的《探索和挑衅》，1981年英文版，第27页。

② 费格尔：《辩明有效和辩明有理：对伦理论证的性质和局限性的分析》1952年，引自他的《探索和挑衅》，1981年英文版，第386页。

辩明有效的框架本身发生变化，才会出现对基本原则的怀疑。辩明有效的终点在于显示出那些在一定论证中起指导作用的原则或规范。如果要进一步对这些原则或规范本身提出问题，那就涉及从实用方面辩明采用这些用于辩明有效的原则这个行动本身是否有理，而这是另一种性质的问题，即辩明有理的问题了。总之，费格尔企图借助于辩明有效和辩明有理这两者的区分，来克服早期逻辑经验主义者在辩明理论方面碰到的困难。不过，他在晚年也承认这个办法并不能彻底解决非论证推理的辩明问题。

至于说明或者科学说明问题，费格尔特别反对某些实证主义者和操作主义者的下述三个论点：（一）在描述和说明之间没有根本区别；（二）一切科学说明或者是循环的，或者是同语反复；（三）我们在说明中是把一些不熟悉的东西还原为熟悉的东西。他认为这三个论点反映出这些实证主义者和操作主义者给科学说明下了一个过于狭窄的定义。在他看来，逻辑经验主义者既可以坚持他们的反形而上学立场，又应当对各门科学中实际进行的说明过程作出一种在方法论上更恰当的重建。科学说明显然不同于万物有灵论的、非科学的或者形而上学的伪说明，因为科学说明的前提是可以检验的，而那些伪说明的前提则往往纯然是情绪性的。他还认为，一切正当的说明都是相对的，决不是绝对的，因为，首先，任何一个说明都是从一定前提出发，对这些前提也可以进一步加以说明，不过在这个特定场合下已被假定为理所当然的。仅仅依据于这个假定，我们才能对被说明者作出说明；其次，起说明作用的前提就其有效性而言是相对于进行验证的证据而言的，因而也是可以修改的。

与上述那个比较狭窄的定义不同，费格尔给“说明”下的定义是：“这是一种用归纳和演绎的方法，或者在较高的水平上用假设和演绎的方法，从某些比较普遍的假说（定律、假设、理论假定）和其他一些描述命题（有时和一些定义）中，推演出一些比较特殊的（归根结底是描述的）命题来。”① 在这里，他主要把“说明”看作

① 费格尔：《关于科学说明的意义的一些意见》，1948 年，引自费格尔和塞拉斯编辑的《哲学分析读物》，1949 年英文版，第 510 页。

一种推论程序。在经验科学的说明推论中，无论前提或者结论本身都不具有逻辑必然性。只有在纯粹数学的证明中，例如在算术或代数中，前提和结论本身才可能具有逻辑必然性。

在他看来，最好把“描述”（description）限于那些表示完全明确的事实、事件或情况的单称陈述。这样的描述可以作为结论出现在说明推理即演绎推理中。这种推理的某些前提一定是科学定律或理论假说。由于科学定律和理论假说或者是普遍陈述（即全称命题），或者至少包含了普遍陈述，因此它们不属于描述，它们是说明推理或预言推理的前提。在这里，用于说明的前提的普遍性具有重大意义。既然普遍性具有不同的程度或层次，因此可以把说明分为若干层次。经验规律（实验规律或统计规律）在用演绎方法推出严格描述的结论时是作为前提发生作用的，而在从更高的理论假说中进行演绎推演时，又可以反过来变成结论。从原则上说，这个过程可以无限地重复，不过，实际上，这个过程往往到第二层次或第三层次就停止了。因此，这里不会出现无限的复归。在理论研究的一定阶段，最高一个层次已经包括了全部有关的和现有的描述材料，因而没有必要再爬上更高的层次。他认为，在理论说明中，最低的是对个别事实或事件的描述，其次是经验规律，它的上面是第一层次的理论，再上面第二层次的理论，如此等等。从第二层次的理论中可以推出对第一层次理论的说明，从第一层次的理论中可以推出对经验规律的说明，从经验规律中可以推出对个别事实或事件的描述。从经验规律中推出对个别事实或事件的描述，这属于低级的说明，它只不过把被说明的事实归入经验规律所包摄的那一类事实之中。从理论假说中推出经验规律，则是高级的说明，它涉及被观察到的宏观现象的微观结构，涉及原子、电子、光子等等的存在假说，或者涉及能量、熵、概率函项等等抽象的数学构想。因此，随着科学的发展，可以从低级的说明进展到高级的说明，从而使认识不断深化。费格尔的这种科学说明理论具有一些合理因素，在西方科学哲学界受到一定重视。

三、心身同一论

心身问题是费格尔着重研究的一个主要问题，也是他取得较大成果的一个研究课题。他在晚年写的一篇文章中回顾他一生的研究活动时说过："如上所述，除了归纳问题和科学说明问题之外，我从青年时期起就一直注意研究心身问题。"① 早在20世纪30年代，他就写了《心身问题的逻辑分析》一文。1950年又写了《从逻辑经验主义的发展看心身问题》一文。1958年，除出版他的主要著作《"心理的"和"物理的"》一书外，还写了《他人的心和自我中心的困境》一文。1960年他又写了《心身并不是一个伪问题》一文，1971年又写了《心身一元论中的若干关键问题》一文，1974年又写了《决定论和自由与心身问题》。可以看出，从30年代至70年代，费格尔几乎一直从事于这个问题的研究。

心身问题是一个古老的哲学问题，西方哲学史上有不少哲学家研究过这个问题，提出了形形色色的看法。概括说来，对于这个问题是否可以解决，至少有三种不同的态度。一些哲学家对解决这个问题持乐观态度，并为此提出各种不同的解决方案。另一些哲学家则持悲观态度，认为这个问题是无法解决的。还有一些哲学家对这个问题上的意见分歧，争论不休，长期得不到解决，感到厌烦，干脆宣称这是一个莫须有的伪问题。在费格尔看来，卡尔纳普、赖尔以及斯金涅尔（B. F. Skinner）等人倾向于最后一种态度。他们认为心身问题产生于概念混乱，只要我们在日常语言中正确使用"心"、"身"等词，这个问题便消失了。费格尔不同意这种观点，他强调说："我得出的结论是：心身问题并不是一个伪问题。首先，在精神生理学中存在着许多真正的、然而没有得到解答的问题。其次，在从逻辑上分析现象词汇和物理词汇之间的复杂关系方面，哲学家们还有大量工作要做。不能把这些错综复杂的问题扔进那个收容无意义问题的垃圾箱里。"②

心身问题涉及"心"（mind，mental）和"身"（body，physical）这两个词在内涵上是否有区别，如果有区别，这两者之间又是什么关

① 费格尔：《探索和挑衅》，1981年英文版，第15页。

② 费格尔：《心身不是伪问题》，1950年，引自《探索和挑战》，1981年英文版，第349页。

系。对于这些问题，西方哲学史上有一元论和二元论两种不同的答案。一元论者认为心和身不是两个不同的实体或属性，而只是一个东西；二元论者则持相反的观点。费格尔所主张的心身同一论或心脑同一论，属于一元论的观点，它认为心理状态或过程实质上就是脑的状态或过程。在现代西方哲学家中间流行的心脑同一论中，除费格尔主张的物理主义的同一论外，还有斯马特（J. J. C. Smart）、阿姆斯特朗（D. M. Armstrong）等人主张的“中枢状态唯物论”，罗蒂、费耶阿本德等人主张的“消失形式的同一论”。

费格尔自称，他在这个问题上的观点，主要接受石里克早期的批判实在论的影响，后来又受到罗素的影响，还接受了美国自然主义哲学家塞拉斯（R. W. Sellars）以及批判实在论者斯特朗（C. A. Strong）和德拉克（D. Drake）的影响。他说，他既要回避唯物主义和彻底行为主义的还原论，也要回避那种把心看作一种实体，甚至把心看作不朽的灵魂的唯心论。他不赞同万物有灵论、活力论的观点，也不赞同倏忽进化论、心身平行论和副现象论的观点，而赞同心身同一论或心脑同一论的观点。在他研究这个问题的初期，他曾试图把心理的词汇简单地翻译为物理的词汇，但他考虑到心与身之间的对应关系，与其说是一种从逻辑上说等值或同义的关系，不如说是属于经验研究的问题。因此，他提出“两种知识的理论”：一方面，我们既具有通过直接亲知而获得的关于“现象所与”（phenomenally given）（感觉、愿望、情绪、意向等等“原始感触”）的知识，另方面，我们又具有由“原始感触”所构成的那些关于物理的对象和过程的间接知识，即罗素所说的“描述的知识”。在1958年出版的《“心理的”和“物理的”》一书中，他又提出所谓“共同指称的理论”，这就是认为心理的（现象的）词汇所指的事件或过程，与物理的（或神经生理学的）词汇所指的事件或过程是相同的。某些心理现象词汇和某些神经生理词汇虽然含义不同，它们共同的指称却都是“原始感触”。60年代以后，他又提出“两种观点的理论”，即既要对世界作自我中心的说明（the egocentric account），又要对世界作主体际间的说明（the inter-subjective account）。总之，他力图把心和身这两方面结合到一起，强调心和身（或脑）并不是两个不同的、独立的实体或属性，而只是一个东西，心理的状态或过程实质上也就是生理的（大脑的）状态和过程。

在解决这个问题的过程中，费格尔特别对“心”和“身”，或者“心理的”和“物理的”这两个概念进行细致的分析。在他看来，要解决心身问题，需要把科学研究和哲学分析这两项工作紧密结合起来。在哲学分析方面的主要工作，就是要对“心”和“身”或者“心理的”和“物理的”这两个基本概念进行细致分析，因为这两种基本概念非常模糊不清，许多意见分歧都是由此引起的。通常的看法是，“心”这个概念具有如下一些特征：主观的，私人的，不占据空间的、质的、有目的的、能记忆的、整体的、突现的、有意向的等等；与此相对应，“身”这个概念具有如下一些特征：客观的、公共的、占据空间的、量的、机械的、不能记忆的、原子的、构成的、无意向的等等。对于“主观的”和“客观的”、“私人的”和“公共的”这两组对应的特征，费格尔认为，这种区别虽然具有一定意义，但也引起很多混乱，而且也不能作为区分心身的根据，因为“主观的”或“私人的”这两个词就其通常用法而言，与就“原则上在主体际间可以验证”这种意义而言的“客观的”或“公共的”这两个词，在逻辑上并不是不相容的。对于“不占据空间的”和“占据空间的”这一组特征，费格尔认为，现在有一些哲学家仍然把笛卡儿提出的这组对立的特征，当做他们坚持心身二元论的论据。他不同意心是不占据空间的这种观点，认为心理材料也具有它们自己特有的空间性，即现象的空间性。物理的空间是一种理论结构，可以用它解释现象空间关系的特征和规律性。至于“质的”和“量的”这组对立的特征，费格尔认为，用质和量的区别来划分心和身，这是把未确定的问题当作推论的根据。不能说心只具有质的特征，身只具有量的特征；我们也可以说心理的量和物理的质。对于“有目的的”和“机械的”这一组对应的特征，费格尔认为，这一组特征也不能作为心身划分的标准，因为植物的某些过程也具有目的特征，这与低等动物所具有的目的特征没有根本区别。而且，在现代的控制论中，目的性和机械性可以结合到一起而无矛盾。我们已经制造出许多能完成大量有目的的行动的电子机械，它们能够完成数学演算、逻辑推理、预测等等复杂的智力活动。最后，对于“能记忆的”和“不能记忆的”、“突现的”和“构成的”、“整体的”和“原子的”、“有意向的”和“无意向的”这几组特征，费格尔认为它们也不能作为划分心身的根据，因为许多无机的结构和过程也具有“能记忆的”、“突现的”、“整体的”、“有意向的”的特征，例如电子计算机就具有良好的记忆力。根据以上分析，费格尔认为这几组特征的区分虽具有一定意义，但不能由此得出心身是两种截然不同的独立实体的结论。

按照费格尔的观点，“在心的标准中，最突出的是（一）直接体验；（二）智慧。‘直接体验’在某种意义上与‘主观性’是同义的，也就是说，与知觉力、原始感触或现象所与（phenomenal givenness）是同义的。‘智慧’指的是学习的能力，有目的的（指向一定目标的）行为，以及——在人类水平上——意向性（指号行为）”①。他认为这两个标准经常同时出现在同一个对象之中，但是这种情况并非逻辑上必然如此。高等动物具有智慧，也具有知觉力；能思维的机器具有智慧，可是不具有知觉力。低等动物、婴儿、白痴、精神病人具有直接体验，但他们或它们往往不具有智慧。

至于“物理的”这个概念，费格尔主张把它区分为两种不同的词汇，即“物理的$_1$”和“物理的$_2$”。他说：“所谓‘物理的$_1$’词汇，我指的是所有那些经验的词汇，它们的意义主要涉及与主体际间观察语言的逻辑联系（必然联系，或者更通常的情况是，概率联系），也指这种观察语言本身的词汇。因此，物理学、生物学、心理学以及社会科学中的理论名词，至少都是物理的$_1$概念。所谓‘物理的$_2$’，我指的是那样一些理论概念（和陈述），它们足以对那些与无机的（无生命的）自然界有关的观察陈述作出说明，也就是对这些

① 费洛尔：《“心理的”和“物理的”》，1958年，引自他主编的《明尼苏达科学哲学研究》第3卷，第419页。

观察陈述作出演绎的或概率的推演。"① 他认为，在"物理的$_1$ 词汇"中，还应当把观察词汇与理论词汇区别开；在"物理的$_2$ 词汇"中，也可以在逻辑或方法论方面分为若干层次，例如，古典热力学的概念构成一个层次，而统计力学或分子力学的概念则构成一个更高的层次。

由此出发，费格尔就把心身问题归结为这样一个问题：是否可以在物理的$_1$ 理论词汇的基础上给反省心理学中那些与现象材料或现象领域有关的概念下定义；如果能够作到这一点，是否也能够在物理的$_2$ 理论词汇的基础上给这些概念下定义？他认为其中头一个问题属于哲学分析的范围，这是可以作到的；后一个问题属于科学研究的问题，这在目前还不能作出肯定的回答，但他相信随着科学的进步，一定能够对此作出肯定的回答。

费格尔承认，他对心身问题的研究给解决这个问题提供了一种他认为适当的方案，但是并没有解决全部问题。无论在哲学分析或者在科学研究方面，仍有许多问题尚待解决。在《"心理的"和"物理的"》一书的末尾，他列举了这两个方面的一系列尚待解决的问题。最后，他说："我在此书中提出的对哲学一元论的论证，主要依据于一些经验的、科学的假说。究竟这些假说是否站得住脚，这只能取决于精神生理学在将来的发展。由于我不是一个实验的科学家（尽管我早年从事过物理学和化学的实验工作），我不能够有把握地提出一些精神生理学的假说。我也不认为对于心和身的关系不能提出另外一些不同的观点。无论如何，我想表明的是：（一）这种一元论从科学根据上来看仍然是非常行得通的；（二）这种一元论在哲学上是有防御能力的，因为它不含有任何在逻辑上或认识论上不可克服的困难和矛盾。"② 费格尔在心身问题的研究使他成为当前心身同一论或心脑

① 费格尔:《"心理的"和"物理的"》，1958 年，引自他主编的《明尼苏达科学哲学研究》第 3 卷，第 424 页。

② 费格尔:《"心理的"和"物理的"》，1958 年，引自他主编的《明尼苏达科学哲学研究》第 3 卷，第 483 页。

同一论中一个派别的主要代表，他的观点在美国科学哲学界和心理学界有一定影响。与心身二元论相比，心身一元论具有较多的合理因素，但它也没有对这个问题作出正确的解决。从马克思主义的观点看来，只有承认思维和存在的同一性，坚持辩证唯物主义的反映论，弄清楚物质和意识、客体和主体之间的辩证关系，才能对心身问题作出正确的解决。

第四节 卡尔·古斯塔夫·亨普尔
（Carl Gustav Hempel 1905～）

卡尔·古斯塔夫·亨普尔，美国著名的分析哲学家，科学哲学家，逻辑实证主义后期的重要代表。1905 年 1 月 8 日出生于德国的奥拉尼因堡。他先后就读于格丁根大学、海德堡大学和柏林大学，1934 年在柏林大学获哲学博士学位，其论文题目为《对或然性概念的逻辑分析》。在大学期间，亨普尔原来攻读物理学和数学，后来在赖欣巴赫、石里克和卡尔纳普的影响下，转为攻读哲学。1929 年，当他读到卡尔纳普的新著《世界的逻辑结构》一书后，深受其思想的吸引，立即中断他在柏林大学的学习，前往维也纳大学会见卡尔纳普，表示想在那里学习。他在维也纳短暂逗留期间，结识了维也纳学派的其他成员，从此他就和这个学派建立了密切联系。此外，在柏林大学，他还是以赖欣巴赫为首的德国经验哲学学会的成员，而这个学派也与维也纳学派有十分密切的联系。

1934 年，由于躲避纳粹政权的迫害，亨普尔迁居比利时的布鲁塞尔，与奥本海姆（P. Oppenheim）合作，研究非定量的顺序概念（nonquantitative ordering concepts）的逻辑和方法论问题，其成果发表在 1936 年两人合著的《从新逻辑学的观点看类型概念》一书。在此期间，他们还一道参加了在巴黎（1935）、哥本哈根（1936）和剑桥（1938）举行的国际科学哲学大会。

1937 年，亨普尔应芝加哥大学的聘请，去该校作研究工作一年，然后又回到布鲁塞尔。1939 年 1 月正式迁居美国，1944 年加入美国籍。1939~1940年间，他在纽约市立大学任教，1940~1948年间，在纽约昆斯大学任教，1948~1955年间，在耶鲁大学任教，1955年起任教于普林斯顿大学，1956年任斯图亚特讲座哲学教授，1973年退休。目前在匹兹堡大学哲学问题研究中心从事科学哲学问题的研究。1981年曾应邀来我国讲学和访问。

亨普尔是美国艺术与科学研究院院士，英国科学院通讯院士，分析哲学的主要刊物《认识》杂志的编委。1961年，他被选为美国哲学协会东部分会的主席。1970年，莱谢尔（N. Rescher）编辑出版一本论文集，纪念亨普尔的65周年诞辰。1975年，亨普尔满70岁时，华盛顿大学、圣路易大学和美国西北大学均授予他名誉博士学位。自20世纪60年代以来，他在美国分析哲学界占有重要地位，可以说他是逻辑经验主义在美国的最后一个代表人物。

亨普尔的著作，除上面提到的《从新逻辑学的观点看类型概念》一书外，还有：《经验科学中概念形成的基本原理》，1952年；《科学说明的若干方面》，1965年，这是一本论文集，收集了他在科学哲学方面的十多篇论文；《自然科学的哲学》，1966年，这是他晚年写的一本重要著作，曾先后被日本、意大利、波兰、瑞典等国翻译出版。

亨普尔的研究主要在科学哲学方面，他在科学说明理论、验证理论等方面的观点，在美国科学哲学界有一定影响。此外，他在逻辑、方法论等方面也取得一些成就。他继承逻辑经验主义的传统，认为哲学研究应以自然科学研究为模本，并随着自然科学的发展来促进哲学的理论基础和方法论的革新。与自然科学一样，社会科学也是以探讨、描述、解释和预测世界上所发生的事件为主旨。他把自然科学和社会科学都划入经验科学之列，强调它们的陈述都必须用我们的经验事实来检验。只有当它们得到经验证据的适当支持时，它们才是可接受的。

亨普尔的基本观点虽然没有背离逻辑经验主义的立场，但他对逻辑经验主义的某些传统观念采取较多的批判态度，对意义标准、验证理论等等作了较大的修正。一方面，他承认逻辑经验主义对当代哲学作出了贡献，它把传统的经验论和现代科学紧密联系起来，建立起

“科学的世界观”以取代形而上学的世界观，并运用现代逻辑的手段对这种观点进行精确的表述和系统的论证。另一方面，他认为逻辑经验主义的经验认识论有其难以克服的困难，作为它的理论基础的“可证实性原则”没有在科学和逻辑方面得到支持，需要加以补充和修正。亨普尔否定了原则上可证实的要求，也否定了原则上可完全证伪的要求，提出认识意义的可转译性标准，并强调认识意义是解释系统的特征。他主张用“验证”概念取代“证实”概念，认为不能作出绝对的证实或者证伪，只能作出相对的验证或者反验证。他还提出“归纳统计的说明”补充“演绎规律的说明”，并把这两种说明应用于自然科学和社会科学。总之，他试图把经验论和唯理论糅合到一起，提出一种带有整体论倾向和实在论倾向的经验主义，并把他所主张的这种经验主义称为“分析的经验主义”。

一、经验意义的标准

经验意义的标准问题是逻辑实证主义的一个重要方面，也是亨普尔所研究的主要问题之一。亨普尔在这个问题上的观点，在1950年发表的《经验主义意义标准上的问题与变化》和1951年发表的《认识意义的概念：再考察》二文中，获得比较集中的反映。1964年，他把这两篇文章的内容加以删节和修改，合并成《经验主义的认识意义标准：问题与变化》一文，收入1965年出版的《科学解释的若干方面》一书中。

如前所述，按照逻辑实证主义的传统观点，一个语句只有当它或者是分析的，或者能够，至少潜在地能够用经验证据加以检验时，它才具有认识意义。后来，在逻辑实证主义这个学派的内部和外部，关于经验意义的可检验性标准曾引起很大争论，受到不少批驳，以致卡尔纳普等人不得不一再放宽这个标准的尺度。亨普尔对经验意义的可检验性标准，也基本上采取放宽标准尺度的办法，或者更确切一点说，他试图克服早期的可检验性意义标准的缺点，并从整体论的观点提出一些新的看法，以求对这个标准作出比较准确的表述和解释。

对于逻辑实证主义的意义标准，亨普尔的基本看法是：“我想，经验主义的意义标准的一般意向基本上是合理的；尽管用法上往往过分简单化，它的批判的应用整个说来还是有启发作用的，也是有益的。然而，我却不大相信，这个笼统的观念有可能改述成为一条准确的普遍的标准：（a）在有纯逻辑意义的陈述与有经验意义的陈述之间，（b）在确有认识意义的句子与确无此种意义的句子之间，划定截然分明的界限。"① 这就表明，虽然他保持逻辑实证主义在意义标准问题上的基本立场，但是他不认为可以根据这个标准来把分析陈述和经验陈述截然分开，或者把有认识意义的语句和确无认识意义的语句截然分开。

在分析早期的可检验性意义标准的缺点时，亨普尔既否定了原则上可证实性的要求，也否定了原则上可完全证伪的要求。在他看来，这两方面都受下面这种思想的支配：一个句子，要在经验上得到断定，就必须或者是能够被潜在可直接观察的现象所印证，或者是与这些现象相抵触。描述这类潜在可观察的现象的语句，叫做观察语句。观察语句断定或否定一个宏观大小的特定对象或一群对象具有某种特定的可观察特征。我们可以根据一个假说与一个或更多个观察语句之间的关系，来看这个或这些观察语句所描述的现象是否与这个假说相一致，从而证实或否证这个假说。

按照原则上可证实性的要求，只有当一个语句既不是分析的，而且又能够或者至少原则上能够用观察证据完全加以证实，这个语句才是在经验上有意义的。亨普尔对这个要求作了这样的改述：只有当一个语句既不是分析的，而且可以从某个有穷的逻辑上一致的观察句集合中逻辑地得出，这个语句才是有经验意义的。但是，他认为这条标准有若干严重的缺憾。首先，这条可证实性的标准对于一切意在表达毫无例外的规律性或普遍规律的语句来说过于狭隘。因为，假定"是鹳"和"是有红腿的"这两种性质都是可以观察的，又假定不能从前者中逻辑地引申出后者，于是，"所有的鹳都是有红腿的"这个

---

① 亨普尔：《经验主义的认识意义标准：问题与变化》，1964 年；引自洪谦主编的《逻辑经验主义》上册，商务印书馆，第 103 页。

语句，既不是分析的又不是矛盾的，而它又不是能够从一个有穷的观察句集合中演绎出来的。按照上述标准，这个语句没有经验意义；由此类推，所有意在表达毫无例外的规律性或普遍规律的语句也不具有经验意义。不仅如此，按照这个标准，所有既含有全称量词又含有存在量词的语句也不具有经验意义，因为它们也不能从任何有穷的观察句集合中逻辑地演绎出来。其次，按照上述标准，“所有的鹳都是有红腿的”这个语句的否定句，即“至少有一只鹳不是有红腿的”是有经验意义的，因为它能够从“a是”和“a不是有红腿的”这种类型的任何两个观察句中推演出来。可是，这个结论却违背这样一条原则：如果按照一条给定的认识意义标准，某个语句没有意义，那么它的否定句也必然没有意义。再次，假定S是一个满足可证实性要求的语句，N是一个不能满足这种要求的语句。S能从某个观察句集合中演绎出来；按照逻辑规则，S∨N也能从同一个集合中演绎出来，因而是具有认识意义的。但是，这个结论却违背了下述原则，即如果按一条给定的认识意义标准，句子N无意义，那么任何合取语句N·S和任何析取语句N∨S也必然没有意义。根据以上分析，亨普尔断定原则上可证实性的标准过于狭窄了。

另一方面，亨普尔也否定了原则上可完全证伪性的要求。按照这个要求，只有当一个语句的否定句不是分析的，而且又可以从某个有穷的、逻辑上一致的观察句集合中逻辑地得出，这个语句才是有经验意义的。在他看来，首先，这个要求否认纯存在假说（如“至少存在一只独角兽”）有认识意义，也否认一切用混合——即全称与存在——量化式表述的语句（如“对于每种化合物都存在某种溶剂”）有认识意义，因为这些语句决不能用有穷的观察句来最终证伪。其次，如果P是一个观察谓词，那么，断定所有事物有性质P的句子被看作是有经验意义的，但它的否定句由于等值于一个纯存在假说，却被看作没有经验意义；这样一来就产生了二难推理。再次，如果句子S可完全证伪，而N不能完全证伪，那么它们的合取句也可完全证伪。可是，这样一来，这条标准就让按照经验主义意义标准本来应当排除的许多语句取得了经验上的意义。根据以上分析，亨普尔断定原则上可完全证伪性的要求过于宽泛了。

在1950年发表的另一篇文章《经验主义的意义标准》中，亨普尔提出把一个语句是否能够翻译成经验主义语言，看作这个语句是否具有认识意义的标准。他说："认识意义的可转译性标准的含义是：一个语句只有当可以翻译成经验主义语言时，才具有认识上的意义。"① 他所说的"经验主义语言"，指的是一种理想的人工语言，这种语言中的词汇和句法规则都很严密，不会形成没有认识意义的语句。在他看来，如果一种语言符合下列两个条件，那么这种语言就可以称为经验主义语言。头一个条件是这种语言的词汇不外这样三类：一类是在构造语句时通常使用的那些逻辑词汇，如像"不"、"和"、"如果……那么……"、"所有"、"某些"等等；第二类是观察谓词，它们是这种语言的基本词汇；第三类是借助于第一、二类词汇加以限定的一切词汇。另一个条件是这种语言的句法规则符合于现代逻辑系统中所规定的那些句法规则，例如在罗素和怀特海合著的《数学原理》一书中所规定的句法规则。亨普尔认为，只要我们按照这两个条件构造出一种理想的经验主义语言，那么一切可以翻译成这种语言的语句，都具有认识的意义。采用这个新的意义标准，就可以克服原来的"可检验性原则"的缺点。

后来，亨普尔在《经验主义的认识意义标准：问题与变化》一文中，以另一种方式重申这个观点，不过也作了一些修改和补充。他说，可以根据一个有意义的语句由以组成的词项来表征这样的语句。这就是说，构成一个有意义的语句的词项，除开逻辑词项外，其他词项必须具有经验意义。他把任何出现在有认识意义的语句中的词项，称为认识上有意义的词项。观察词项就是这样的词项。所谓观察词项，他指的或者是观察谓词，即那些指示可观察特征的词项，如"蓝的"、"软的"等等，或者是那些指示某个宏观大小的物理对象的词项，如"月球"、"火山"等等。他说，按照卡尔纳普等人提出的

① 亨普尔：《经验主义的意义标准》，1950年，引自艾耶尔编辑的《逻辑实证主义》，第116～117页。

可检验性的意义标准，一个有意义的语句是借助于它与某些观察语句的推断联系来加以确定，而按照他在这里提出的意义标准，则是借助于一个有意义的语句由以组成的词汇来加以确定。按照后一个标准，一个有意义的语句的词汇必须或者是逻辑词项，或者是有经验意义的词项；在后一种场合下，它必须同一些观察词项发生某些定义上或解说上的联系。

以上所述可以说只不过是他以前提出的“可转译性标准”的另一种表述。亨普尔不满足于这一点，他还进一步探讨有经验意义的词项与观察词项之间的逻辑联系问题。他认为这种逻辑联系可分为两类：一类是“可定义性的要求”，即任何有经验意义的词项都必须能够用观察词汇来下明确的定义；另一类是“可还原性的要求”，即每个有经验意义的词项都必须在观察词项的基础上通过一连串还原语句加以引进。在他看来，可定义性的要求过于狭隘，因为，科学言论以及前科学言论的许多重要词项并不能用观察词项下明确的定义。至于可还原性的要求，他认为这条要求很能表现那种放宽限制的实证主义和物理主义的特色，大约自 1936 年以来，这些放宽限制的概念已经取代了原来以为用可观察现象能给经验科学的一切词项下完全定义的那个过分狭隘的旧概念。这条要求也能避免那个旧概念的许多缺点。不过，他也承认，还原语句似乎没有提供一种恰当的手段，来引进高级科学理论中那些占据中心地位的词项，即通常所说的“理论构想”。

与此相关，亨普尔强调认识意义是解释系统的特征，这就是说，具有认识意义的只能是在良好结构的语言中的整个理论系统。他认为，孤立地谈论一个词项或一个语句的“经验意义”，那是不正确的。因为，在一种经验主义的语言里，一个陈述的认识意义反映在它与该语言里的一切其他陈述的逻辑关系的整体之中，而不是仅仅与观察命题有关。他说：“在科学的语言中，由于同样的理由甚至在前科学的议论中，单独一个句子通常并没有经验蕴涵。在科学理论中，单独一个句子照例不能推出任何观察句；要能从它推导出断定某种可观察现象出现的推论，非把它同其他辅助假说的某个集合连接在一起不可。在后者之中，有一些通常是观察句，另一些则是预先采纳的理论命题。"① 换句话说，意义的最基本的单位不是单独的陈述，而是陈述的系统。认识意义具有解释系统的特征，认识意义只能为整个理论系统所具有。由此出发，他认为在确有认识意义的语句和确无认识意义的语句之间，没有明确的界限，同时，在有纯逻辑意义的陈述和有经验意义的陈述之间，也没有明确的界限。

亨普尔还强调系统中的认识意义具有不同层次。他说，各种有意义的系统按一定层次排列成一个系列：首先是那样一些系统，它们的全部非逻辑词汇均由观察词汇组成；其次是那些主要依赖于理论构想来表述的理论；最后是那些很难同潜在的经验发现有任何关系的系统。因此，他认为不要把这个系统分为无意义的系统和有意义的系统，而要参照以下一些特征对各种不同的理论系统进行鉴定和比较。这样的特征有四种：（一）在对理论的表述上，在对理论的各个要素之间的逻辑关系的表述上，在这些要素与那些用观察词项表现的表达式之间的逻辑关系的表述上所达到的清晰程度和准确程度；（二）系统对于可观察现象而言的系统力，即系统的说明力和预测力；（三）理论系统借以获得系统力的那种形式上的简明性；（四）理论被经验证据所确证的程度②。我们可以根据这些特征，把各种不同的理论系统排列出一定层次。他主张用这种有层次的、渐进差异的认识意义理论去取代过去把有意义性和无意义性截然区分开来的观点。

亨普尔的这种看法，否定了逻辑实证主义的一个传统观点，即认为根据意义标准可以明确地把有逻辑意义的陈述与有经验意义的陈述区分开来，也可以明确地把有认识意义的语句与无认识意义的语句区分开来。这个情况不仅表明亨普尔在多大程度上背离了逻辑实证主义的这个传统观点，而且表明到了20世纪60年代，逻辑实证主义的这

① 亨普尔：《经验主义的认识意义标准：问题与变化》，1964年，引自洪谦主编的《逻辑经验主义》上册，商务印书馆，第116页。

② 参见亨普尔：《经验主义的认识意义标准：问题与变化》，1964年，引自洪谦主编的《逻辑经验主义》上册，商务印书馆，第121～122页。

个传统观点在遭到普遍反驳的形势下，已经越来越无法继续存在下去了。无怪乎美国《哲学百科全书》在谈到逻辑经验主义的兴衰时这样写道："逻辑实证主义，大约从维也纳学派（1922 年开始），延续到亨普尔的《经验主义的认识意义标准：问题与变化》。"①

二、经验陈述的验证

与意义的标准问题紧密相联的，是经验陈述的验证（Confirmation）问题。亨普尔十分重视对这个问题的研究。他说："很可以把建立一种普遍的验证理论看作当前经验科学方法论研究中的一项极其紧迫的任务。对于适当地解决与科学程序的逻辑结构有关的各种各样的基本问题来说，精确地分析验证概念的确是一个必要条件。"② 早在 20 世纪 30 年代，在《关于真理的问题》（1937）一文中，他已开始从约定论的观点从事对这个问题的研究。到 40 年代，他进一步试图给验证概念下一个精确的定义。在《验证的纯句法定义》（1943）和《验证逻辑的研究》（1945）等文中，他为简单结构的语言下了一个"观察报告 0 验证假设 H"的定义。在与奥本海姆合写的《验证度的定义》（1945）一文中，他又提出一个定量概念的定义："证据 E 验证假说 H 到 r 的程度。"1945 年发表的这两篇论文比较集中地反映了他在这个问题上的观点。

前面曾经谈到，早期的逻辑实证主义者曾提出经验证实理论，后来由于这种理论受到批驳，卡尔纳普等人提出比较缓和的"可检验性原则"和"可验证性原则"来取代原来较为严格的"可证实性原则"。赖欣巴赫一直反对可证实性原则，而主张概率的意义理论。亨普尔在这个问题上的观点，比较接近赖欣巴赫和后期卡尔纳普的观点。他也主张用"验证"概念取代"证实"概念，认为对于许多表述普遍规律的假说，我们不可能作出绝对的证实或者证伪，而只能在

① 美国《哲学百科全书》，条目：《逻辑实证主义》，1964 年。

② 亨普尔：《验证逻辑的研究》，1945 年，引自他的《科学说明的若干方面》，1965 年，第 4～5 页。

不同程度上作出相对的验证或者反验证。他说："这里所理解的验证概念和反验证概念，显然比断然的证实概念和证伪概念广泛得多。例如，任何有限数量的实验证据都不能断然地证实一个表述像引力定律那样的普遍规律的假说，这种假说包罗无限众多的潜在事例，其中许多事例或者属于现在仍然无法达到的未来，或者属于无法恢复的过去；可是，一组有限的有关资料可能与这个假说'相一致'，从而成为验证这个假设的证据。同样地，对于一个断定存在着某种迄今未知的、具有某些特征的化学元素的存在假说，我们不能用有限的证据断然地证明这个假说是错误的；可是，在某些条件下，这些否定性的资料可以被看作对有关假说的一种削弱，或者说，它们成为对这个假说进行反验证的证据。"①

亨普尔在《验证逻辑的研究》一文中，特别仔细地分析了任何一个关于验证的确切定义所必需具备的条件。他把这样的条件归结为五条。头一个是等值的条件，它指的是对两个等值语句中的一个语句进行验证或者反验证的证据，也对另一个语句进行验证或者反验证。对一个假说的验证如果符合这个条件，就能使这种验证不依赖于这个假说的表述方式。当某些假说被应用于说明或预设时，这些假说在推演论证中被作为前提，以便从其中推演出要说明的或者预测的事件。这种推演是遵照形式逻辑规则进行的，按照这种规则，如果这种推演的部分前提或者全部前提被另一些不同的、然而等值的语句所取代，这种推演仍然有效。在验证定义符合于这个条件的场合下，科学家们在对某个假说进行理论推演时，就可以自由地使用任何一个关于这个假设的等值表述，而这就大大便利于他们推出有关的结论。

第二个条件是验证的预测标准，它指的是假定 H 是一个假说，B 是一个观察报告，即若干观察语句的类，那么，（一）如果 B 可以分为两个相互排斥的亚类 B_1 和 B_2，而 B_2 又不是一个空类，B_2 中的每个语句都可以在逻辑上从 B_1 与 H 的结合中推演出来，而不是仅仅从

① 亨普尔：《验证逻辑的研究》，1945 年，引自他的《科学说明的若干方面》，1965 年英文版，第 4 页。

B_1 中推演出来，那就可以说 B 验证了 H；（二）如果 H 在逻辑上与 B 相矛盾，那就可以说 B 反验证了 H；（三）如果 B 对于 H 既没有验证，也没有反验证，那就可以说 B 对于 H 来说是中立的，不过，他认为，这条标准对于验证某种类型的假说来说可以看作这种验证的充分条件，但作为验证的一般定义则过于狭窄。一般说来，如果所有的科学假设可以被理解为断定这样两种可观察的特征之间的规律联系，即每当一个对象或者一种状况之中存在着 P 这种可观察的特征时，其中同时也就存在着另一种可观察的特征 Q，那么这条标准是适用的。可是，事实上，绝大部分科学假说和规律都不具有这种简单的联系，因为许多特征并不是可以直接观察的。科学假说在完成其预测的功能时，它们用以确定观察报告之间的逻辑联系的方式，从逻辑上说比演绎推理方式复杂得多。

第三个条件是蕴涵的条件，它指的是任何语句只要被观察报告所蕴涵，它也就被观察报告所验证。把这一条看作衡量一个验证定义是否适当的标准，这就意味着如果所制定的验证定义没有无条件地满足这个条件，那就可以断定这个定义在逻辑上是不适当的。

第四个条件是结论的条件，它指的是如果观察报告验证了 K 这个类的语句中的每一个语句，那么它也验证了作为 K 类的逻辑结论的任何一个语句。从这一条中，他也引出两点要求：（一）如果观察报告验证了假说 H，那它也验证从 H 中得出的每个结论；（二）如果观察报告验证了假说 H，那它也就验证了在逻辑上与 H 等值的每一个假说。

第五个条件是一致的条件，它指的是每一个在逻辑上一致的观察报告，在逻辑上与它所验证的一切假说的类不矛盾。这个条件意味着：首先，除非观察报告是自相矛盾的，它就不会验证任何与它在逻辑上不相容的假说；其次，除非观察报告是自相矛盾的，它就不会验证任何一些相互矛盾的假说。

亨普尔还认为，要给验证下一个准确的定义，还需要一种逻辑结构清楚明确的“科学语言”，以便用以表述一切观察报告和一切假说。这种语言愈复杂，它的逻辑表达手段愈丰富，要为这种语言制定一个准确的验证定义通常也就愈加困难。不过，对于一种其逻辑结构比较简单的语言来说，仍然有可能制定一个明确的、符合上述逻辑要求的验证定义。他还谈到验证的满足标准问题。他说，如果观察报告B蕴涵着假说H对于B中提到的那一类事物而言的发展，那就可以说B直接验证了H。如果H被B直接验证的那一类语句所蕴涵，那么B也验证了H。如果B验证了对H的否定，那么B就对H作了反验证。如果B既没有验证H，也没有反验证H，那么B对于H来说就是中立的。

亨普尔最后还谈到验证与证实的关系。他说，如果观察报告B蕴涵着假说H，那么，按照上述的第三个条件，B就验证了H。这是验证中的一种极端情况；在这种场合下，我们可以说B断然地验证了H，我们也可以说，B证实了H。因此，证实是验证的一种特殊情况，是语句之间的一种逻辑关系，即蕴涵关系，其范围只限于观察语句。与此相似，只有当B与H不相容，我们可以说B断然地反验证了H，或者说B证伪了H。在这种场合下，B蕴涵着对H的否定，从而验证了对H的否定，或者说对H作了反验证。因此，证伪是反验证的一种特殊情况，是语句之间的一种逻辑关系，即矛盾关系，其范围也限于观察语句。

亨普尔强调说："显然，这里所规定的证实概念和证伪概念是相对的。一个假说只是相对于某个观察报告而言，才可以说它被证实或被证伪。一个假说可能被一个观察报告所证实，而不能被另一个观察报告所证实；也有一些假说不可能被任何观察报告所证实或者证伪。……如果有可能提出一个证实或者证伪某个假说的观察报告，我们便说这个假说是可证实的或者可证伪的。从这种意义上说，一个假说是可证实的还是可证伪的，这完全取决于这个假说的逻辑形式。"① 根据这种观点，亨普尔区分开以下四种情况。（一）如果一个假说没有包括"一切"、"某些"或它的等值符号，那么这个假说是既可证

① 亨普尔：《验证逻辑的研究》，1945年，引自《科学说明的若干方面》一书，第39页。

实，又可证伪。（二）一个纯粹的存在假说，如果其论域包括无限的对象，那就可以证实而不能证伪。（三）一个纯粹的全称假说，如果其论域包括无限的对象，那就可以证伪而不能证实。（四）任何不能用上述三种类型的语句表述的假说，换句话说，任何既需要用全称量词，又需要用存在量词来表述的假说，都既不能证实，也不能证伪。亨普尔之所以对证实和证伪这两个概念作以上详细分析，是为了把证实和证伪的两种不同意义区别开：一种是相对的证实或证伪，以上所涉及的只是这种相对的证实或证伪；另一种是绝对的证实或证伪，他认为它们不属于形式逻辑的范围，而属于语用学的范围。

可以认为，亨普尔用他的验证理论取代早期逻辑实证主义者的“可证实性原则”，这在一定程度上克服了原来的证实理论的某些缺点。还可以说，亨普尔的验证理论，比卡尔纳普后期提出的“可检验性原则”或“可验证性原则”，或者比赖欣巴赫所主张的概率的意义理论，都有所进展。尽管如此，由于亨普尔并没有完全背离逻辑实证主义的根本立场，转到唯物主义反映论的立场上来，没有认识到社会实践是检验真理的唯一标准，因此他的验证理论也未能使他在这个问题上彻底摆脱困境。

三、科学说明

科学说明是科学哲学的一个重要方面，也是亨普尔所研究的主要问题之一。从20世纪40年代初起，他就开始从事这方面的研究。在1942年发表的《普遍规律在历史上的作用》和1948年与奥本海姆合写的《对说明逻辑的研究》两文中，他已经提出关于这个问题的基本看法。1959年，他又发表《函数分析的逻辑》一文，进一步发挥他的观点。特别是在1965年出版的《科学说明的若干方面》一书中，不仅收入40年代以来他在科学哲学方面的重要论文，而且专门写了《科学说明的若干方面》这篇总结性的长篇文章。在1966年出版的《自然科学的哲学》一书中，他也专门写了一章阐述规律及其在科学说明中的作用。亨普尔在科学说明问题上的观点，在西方科学哲学界中颇有影响。据西方有些人所作的统计，近30年来在西方哲学界发表的关于科学说明的文章中，有大半涉及对亨普尔观点的评论。

在他看来，“科学说明”在于回答为什么的问题，例如，“为什么月亮在接近地平线时看起来比它在高空时大一些?”“为什么双亲的眼睛是蓝色的，其子女的眼睛也往往是蓝色的?”“为什么希特勒要进攻苏联?”等等。科学说明就是要对这类问题作出回答，更确切一点说，科学说明就是要用某些普遍规律来说明某些经验现象，在经验现象中找出某些规律性的联系。他认为科学说明涉及经验科学的全部领域，既包括自然科学，也包括社会科学；这就是说，无论对自然现象，或者对社会现象、历史现象、心理现象等等，都可以作出一定的科学说明。

亨普尔还把对为什么的问题作出说明与对为什么的问题提供理由这两者区别开来。他说，有一些为什么的问题，例如，“皇后号将驶向大西洋”，“他一定死于心脏病”等等，并不要求给予说明，而只要求提供理由。给予说明与提供理由这两者之间的区别是：在前一种场合下，人们相信所说的事件或事态是真实的，问题在于对这个事件或事态作出科学的说明；在后一种场合下，人们并没有预先假定所说的事件或事态是真实的，问题在于对这个事件或事态提供存在的理由，使人们相信它是真实的。

亨普尔把科学说明分为两种模型：一种称为“演绎规律说明”(Deductive-Nomological Explanation)，简称 D—N 模型，又称“覆盖律模型”（the covering-law model)，另一种称为“归纳统计说明”(Inductive-Statistical Explanation) 简称 I—S 模型。

演绎规律说明的基本思想，是把被说明的现象包摄于普遍的规律之下，也就是说，指出被说明的现象是在什么条件下由什么普遍规律引起的。如果我们从关于某些普遍规律和前提条件的陈述中，推导出描述某种现象的陈述，那么这种现象的发生就得到了科学说明。他说：“这里概述的这种说明可以看作这样一种论证：借助于某些可用于说明的事实，可以把某种被说明的现象（the explanadum phenomenon）视为理所当然的。这些可用于说明的事实分为两类：一类是某些个别的事实，另一类是由普遍规律所表述的规律性。”① 他用下面这个图式来表示 D—N 模型的说明：

$$\left.\begin{array}{l} C_1, C_2, \cdots, C_k \\ L_1, L_2, \cdots, L_r \end{array}\right\}\text{用于说明的语句}$$

$$\overline{\qquad\qquad\qquad\qquad}$$

$$E \qquad \text{被说明的语句}$$

在这个图式里，C_1，C_2，…，C_k 指的是一系列描述有关个别事实的语句，L_1，L_2，…，L_r，指的是一系列表述可用作说明依据的普遍规律的语句。把这两类语句加到一起，就构成可用于说明的全部语句，它们是这项论证的前提。E 指的是描述被说明的现象的语句，它是从这种论证中得出的结论。亨普尔用这个图式表示 D—N 模型说明的逻辑结构，表示这种说明是通过演绎方法把被说明的现象包摄到一些具有普遍规律性质的原则之下。他说：“因此，D—N 模型的说明通过指出被说明的现象是从 C_1，C_2，…，C_k，所表示的某些个别情况中，并且根据 L_1，L_2，…，L_r 等等规律而产生出来的，回答了‘为什么被说明的现象会发生?’这个问题。这种论证通过指出这一切而表明：只要提出这些个别情况和有关规则，就可以认为这种现象的出现是理所当然的；从这个意义上说，这种说明可以使我们理解为什么这种现象会出现。”②

按照亨普尔的观点，D—N 模型不仅可用于说明个别现象的发生，而且可用于说明某些定律本身。他说，当某条定律可以从一些更加普遍、更加一般的规律中推演出来时，这条定律本身也就得到说明。以伽利略的自由落体定律为例。他认为这条定律涉及在地球引力下自由落体的加速运动这样一个特殊事例；通过把关于这种运动的一些普遍规律（牛顿的运动定律和引力定律）应用到这个特殊事例之上（这个特殊事例涉及地球和自由落体这两个物体、它们的重心之间的距离与地球半径的长度），便能从这些普遍规律中推演出这条定律。这就是说，通过从牛顿定律以及那些陈述地球的质量和半径的命

① 亨普尔：《科学说明的若干方面》，1965 年，第 336 页。

② 亨普尔：《科学说明的若干方面》，1965 年，第 337 页。

题中，推演出伽利略定律所表述的规律性，就能对这种规律性本身作出科学说明。这也表明，经验规律往往可以借助于某些理论原则而得到说明，这些理论原则涉及作为这种规律性的基础的某些结构和过程。在《自然科学的哲学》一书中，专门有一章论述理论与理论说明问题。

上面那个图式所表示的是 D—N 模型说明的完整的逻辑结构；有时，这种模型的说明也以省略的形式表现出来，即说明中省略了某些作为前提的假设，认为这些假设已隐含在上下文之中。这种省略式的说明采取这样的形式："E 是由于 C。"在这里，E 指的是被说明的事件，C 指的是某些在先发生或同时发生的事件或事态。以下面这个陈述为例："人行道上的雪水在霜冻时仍未结冰，这是由于雪水中渗进了盐。"这个说明中并没有明显地提到任何规律，可是它至少隐蔽地以下述规律为前提：当盐溶化在水中时，水的冰点降低。正是由于依据这条规律，在上面这两个陈述中，"雪水中渗进了盐"这句话才能起说明的作用。此外，这个陈述中还省略了其他一些假定，例如，当时的气温不是很低等等。这些省略不提的规律和假定，解释者认为已经隐约地包含在上下文之中。

亨普尔还认为，在这种科学说明中，如果从特定的先行条件和规律中推导出来的语句是描述过去或现在发生的现象，那就是对这个现象作出说明，而如果语句 E 是描述未来的事件，那就是对这个事件进行预测。从逻辑意义上讲，说明和预测是等值的，其间没有区别。他说："在对过去发生的个别事件所作的演绎规律说明中，用于说明的语句里从逻辑上说已经蕴涵着被说明的事件的发生。因此，如果人们在早一些的适当时候已经考虑到用于说明的语句中引证的那些规律和个别情况，人们就可以用这些用于说明的语句来预测这个被说明的事件。在这个意义上，我们可以说这种起说明作用的论证也可以当作预测的论证加以使用。"① 不过，他也承认，如果在用于说明的语句

① 亨普尔：《演绎规律说明与统计说明》，引自费格尔等人编辑的《明尼苏达科学哲学研究》，第 3 卷，1962 年，第 113 页。

中所引证的规律是一些共存的规律，或者其中提到的事件是一些与被说明的事件同时发生的事件，这个论点就不能成立了。

自亨普尔在20世纪40年代提出D—N模型的说明后，这个论点受到一些人的批驳，他们认为这个模型不能说明全部现象。为此，亨普尔后来又提出“归纳统计模型”（I—S模型）加以补充。在1958年发表的《理论家的两难推理》一文中，他首先简略提到I—S模型的说明。在1962年发表的《演绎规律说明与统计说明》一文中，他首次对这种模型作了详细的阐释。他说，在演绎规律说明中用来说明的那些规律性陈述，表示一些毫无例外的普遍规律或者理论原则。可是，还有许多重要的科学假说和理论原则，它们所断定的某些特征并不是普遍地或者毫无例外地相互联系着，这些特征之间的联系只具有或大或小的或然性。他把这样的科学假说或者理论原则称为统计的概括，或者称为统计形式的规律或理论原则，或者称为或然性的陈述。最简单的统计概括可用P（G，F）=r这个图式来表示，它指的是F的一个事例可能也是G的一个事例，这样的可能性为r，换句话说，在F的事例中有一些也同时是G的事例，其比例为r。亨普尔举了一些例子来通俗地解释这种或然性陈述。例如，一个小孩患了麻疹，有人解释说，这可能是他接触另一个刚患麻疹的小孩而传染上的。这个解释把这两个事件联系到一起，可是这种联系不具有规律的必然性，因为并不是所有与患麻疹的小孩接触过的小孩都一定会传染上麻疹，而只具有很大的或然性。这样的解释就属于或然性陈述。

按照亨普尔的观点，对于或然性陈述只能作“统计的说明”。所谓统计的说明，他指的是那些至少使用一种统计形式的规律或理论原则的说明。在统计的说明中，他又分为两类。一类名叫“演绎统计说明”，这就是通过演绎方法把较狭窄的统计规律性包摄于较广泛的统计规律性之下，换句话说，这就是从那些至少包含一条统计形式的规律或理论原则的用于说明的语句中，演绎出一个具有统计规律形式的陈述。这就需要借助于统计概率的数学理论，遵循这种理论，我们就可以根据在用于说明的语句中所列举的那些已经在经验上确定的或者假设的概率，计算某些推演出来的概率，从而对被说明的语句作出说明。

与演绎统计说明相比，亨普尔更加强调统计说明中的另一类，即“归纳统计说明”（I—S 模型）。他用这样一个事例来表示这种模型的说明。假设约翰感染了双球菌，经过注射盘尼西林之后，感染消退了。如果我们想说明注射盘尼西林和双球菌感染消退这两者之间的普遍联系，那我们不能有根据地得出这样一条普遍规律：在发生这种感染的任何场合下，注射盘尼西林都能导致感染消退。我们所能肯定的只是：在这种场合下注射盘尼西林，很可能取得这种医疗效果，换句话说，这种医疗效果的取得具有很高的概率。与上面谈到的“演绎规律说明”和“演绎统计说明”不同的是，在作出“归纳统计说明”时，用于说明的语句中包括一条统计形式的规律和一个关于约翰注射过盘尼西林的陈述，而从这些用于说明的语句中并不能肯定地推演出约翰感染消退这样一个被说明的语句，而只能作到使这个被说明的语句的得出具有很大的或然性。亨普尔用下列图式来表示这种归纳统计的说明：

P（R，S—P）接近于 1

$S_i \cdot P_i$

══════════〔使成为实质上肯定的（或很可能的）〕

R_i

在这个图式中，S_i 表示约翰患了双球菌感染，P_i 表示给约翰注射盘尼西林，P（R，S—P）表示约翰在注射盘尼西林之后感染消退的统计概率，R_i 表示约翰的感染消退。双线以上的表示前提，双线以下的表示结论。双线本身表示前提和结论之间不是演绎蕴涵关系，而只是从归纳上得到支持；方括弧内的文字表示这种支持所达到的程度。

至于演绎规律说明和归纳统计说明之间的区别，亨普尔认为这主要表现在两个方面。首先，与演绎规律说明不同的是，在归纳统计说明中，用于说明的语句只能使被说明的语句成为或多或少地可能的，并不赋予后者任何演绎出来的确定性。其次，归纳统计说明还具有一种特征，他称之为概率说明在认识上的相对性。这个特征表现在概率说明仅仅相对于一类代表特定认识环境的陈述而言才具有意义，而演绎规律说明则不受此限制。

按照亨普尔的观点，他所提出的这两种模型的科学说明，不仅可应用于自然科学，而且可应用于社会科学，这就是说，不仅可应用于说明自然界的现象，而且可应用于说明社会现象、历史现象等等。他的这种科学说明理论在西方获得比较广泛的承认和应用。但在把这种理论应用于说明历史现象和人类行为方面，目前在西方仍有很大争论，那些否认历史现象和人类行为具有规律性的哲学家和历史学家特别反对这种观点。但是，不论亨普尔的科学说明理论还有什么重大缺点，他强调规律在科学说明中的重要地位，肯定理性认识是科学的本质，特别是强调社会历史现象中规律性的存在，这一点仍是有积极意义的。亨普尔在他的科学说明理论中，力图把经验论和唯理论的观点糅合到一起，在这点上他与早期的逻辑实证主义者也有所不同。

第五章 实用主义与分析哲学的结合

20世纪30~40年代，逻辑实证主义传入美国后，一方面，通过卡尔纳普、赖欣巴赫等人的积极活动，逻辑实证主义在美国站稳了脚跟，并且逐步排挤原来在美国哲学界居于主导地位的实用主义；另一方面，一些基本上持实用主义立场的美国哲学家，又以不同方式并在不同程度上吸取了罗素以及逻辑实证主义者的部分观点，把它们与实用主义的某些观点结合为一体，于是出现了刘易斯的“概念的实用主义”，布里奇曼的“操作主义”，莫里斯的“科学的经验主义”，以及柯日布斯基的“普通语义学”。到50年代，又出现了以蒯因等人为代表的“逻辑实用主义”。

实用主义和分析哲学或逻辑实证主义的这种结合并不是偶然的，而是有它的理论基础，这就是它们都属于主观唯心主义，都继承了贝克莱和休谟的唯心主义经验论传统，并且接受了孔德、马赫的实证主义的影响。尽管这两个流派各有自己的特色，逻辑实证主义强调对科学语言的逻辑分析，实用主义则强调对现实生活、行动和效用的研究，可是，这两个学派在某些观点上早就是一脉相通的。例如，皮尔士对数学和逻辑学的看法，特别是他的指号理论和意义理论，与罗素或逻辑实证主义者的观点有许多共同之处。而卡尔纳普的物理主义和宽容原则等观点中，也带有浓厚的实用主义色彩。这两个流派在它们对思辨的形而上学持拒斥态度方面、在它们自命为超越于唯物与唯心的斗争之外方面、在它们对经验所作的主观唯心主义解释方面，以及在它们否定客观真理的那种相对主义真理观等等方面，也没有多大差别。

对于逻辑实证主义和实用主义相结合的理论基础，莫里斯曾发表过这样的看法:“在历史上,传统的经验论在逻辑实证主义者中间曾以最彻底的方式与新的形式逻辑结合在一起,而在孔德主义者和实用主义者中间则以最彻底的方式与新的生物科学和社会科学结合在一起。为了达到更加广泛的综合,每一方当时都采取一些独立的步骤。例如,哈恩和卡尔纳普把关于数学的分析性质的观点与工具主义和实用主义对数学的功能所作的解释结合在一起。哈恩和卡尔纳普(以及赖欣巴赫和弗朗克)所持的真理论已经变得与杜威和刘易斯的观点十分相似。另一方面,某一些实用主义者(例如刘易斯)表现出一种越来越强烈的倾向,这就是他们像过去皮尔士所作的那样把他们对经验的强调与符号逻辑学家所提出的方法论的唯理论(这种唯理论是与形而上学唯理论相对立的)结合到一起,而这样作时也没有抛弃詹姆斯、杜威所作的种种贡献。”① 莫里斯的这段分析是比较符合事实的。

实用主义和逻辑实证主义的结合除有其理论基础外,也产生于一种共同的实际需要,这就是它们企图借助这种结合来缓和它们各自在理论上碰到的危机。粗略说来,实用主义的理论危机主要表现在由于它过去偏重于研究社会、政治、伦理、教育等问题,对数学和自然科学的发展不太关心(皮尔士是一个例外),因而随着数理逻辑、相对论、量子力学等等的蓬勃发展,实用主义者感到他们在这方面已落后于时代的步伐,因此希望向逻辑实证主义这个一向重视数学和自然科学的发展的流派靠拢。另一方面,逻辑实证主义者也希望借助于实用主义的相对主义真理观,来解决他们在经验证实理论、还原论等等问题上碰到的困难。

这种结合采取了多种多样的形式。在刘易斯那里,这种结合表现为他一方面继承实用主义的传统,另一方面又强调逻辑和数学对哲学的影响,重视对数理逻辑的研究,重视对意义理论、经验证实理论等等的探讨。在布里奇曼那里,这种结合表现为他一方面继承了皮尔士

① 莫里斯:《逻辑实证主义、实用主义和科学的经验主义》,1937 年英文版,第 4 页。

的意义操作理论和实用主义的真理观，另方面又吸取了罗素的逻辑分析方法，他在反形而上学、经验证实理论等问题上的观点与逻辑实证主义也是一致的。在莫里斯那里，这种结合表现得最为明显，他明确声明他所倡导的“科学的经验主义”就是把传统的经验主义、逻辑实证主义和实用主义结合起来的产物，他所完成的工作主要是把皮尔士的指号理论、米德的社会行为主义和逻辑实证主义的逻辑分析方法以及对语形学和语义学的研究结合到一起。至于柯日布斯基的“普通语义学”，诚然它与逻辑实证主义者对语义学的研究迥然不同，可是柯日布斯基在创立普通语义学的过程中，既接受了皮尔士等实用主义者关于指号理论和语用学的观点的影响，也接受了罗素等分析哲学家关于语言分析的观点的影响，因此在一定意义上也可以说普通语义学也是实用主义和分析哲学相结合的一种特殊形式。在这一章中我们将对这几种结合形式作些粗略分析，至于以蒯因等人为代表的“逻辑实用主义”，则放到第六章里论述。

第一节　克拉伦斯·艾尔文·刘易斯 (Clarence Irving Lewis 1883 ~ 1964)

克拉伦斯·艾尔文·刘易斯是美国哲学家、逻辑学家，也是杜威之后的实用主义的主要代表，“概念的实用主义”（conceptual pragmatism）或“概念论的实用主义”（conceptualistic pragmatism）的创立者。1980 年出版的《美国百科全书》中把他介绍为“美国一位在符号逻辑和认识论领域内作出有价值的贡献的哲学家”。

在希尔普编辑的《C. I. 刘易斯的哲学》一书中，R. W. 塞拉斯指出他的“概念论的实用主义”接受了康德的影响；哈伊（W. H. Hay）认为他的《心灵和世界秩序》一书接受了卡尔纳普、赖欣巴赫和石里克的影响。

刘易斯在 1883 年 4 月 12 日出生于马萨诸塞州斯通海姆郡，1902 年进入哈佛大学攻读英语、经济学和哲学，1906 年获得学士学位，去昆西郡的一所中学教英语，不久转到科罗拉多大学担任英语教员。

1908 年回到哈佛当研究生，受教于罗伊斯（J. Royce）、培里（R. B. Perry）、桑塔耶纳（G. Santayana）等人门下。1910 年获得哲学博士学位，1911 年去加利福尼亚大学担任哲学讲师，1920 年回到哈佛担任哲学助理教授，1930 年升任正教授，后又担任皮尔士讲座哲学教授，1953 年从哈佛退休，去斯坦福大学任教数年，1964 年 2 月 3 日死于加利福尼亚州，享年 79 岁。

刘易斯在青少年时期已开始对哲学感兴趣，在中学时期就阅读了希腊哲学史，后来又对斯宾塞的“进化论实证主义”深感兴趣。在哈佛念大学时期，他跟随罗伊斯和詹姆斯（W. James）学习形而上学，接受这两人的影响，其中尤以罗伊斯对他的影响更为强烈。他说：“罗伊斯在当时就成了我心目中的哲学家的典范，后来也始终如此……我很感谢罗伊斯指引我去研究他的所谓‘绝对实用主义’。想到我在《心灵和世界秩序》一书中提出的‘概念的实用主义’也建基于同一个基础之上，我应当感到高兴。的确，我自己的哲学思想的基本观点是在这门课程的影响下形成的。”① 他在当研究生时期还跟随桑塔耶纳学习柏拉图哲学，跟随培里学习康德哲学。他特别对康德哲学感兴趣，他的认识论观点，特别是他的“概念的实用主义”，也接受了康德哲学的影响。后来，他在哈佛讲授康德哲学达 30 年之久，他关于康德哲学的观点也影响了许多美国哲学家。

刘易斯在不同程度上继承了皮尔士、詹姆斯和杜威的传统，他的基本立场是实用主义。在这三个人当中，皮尔士对他的影响最大，这不仅因为刘易斯在哈佛任教期间花了很多时间研究当时保存在哈佛的皮尔士的大量手稿，而且因为在逻辑和认识论上他与皮尔士有共同的兴趣和共同的语言，他在这两个方面从皮尔士的著作和手稿中受到很大启发。至于杜威，尽管他是那个时期实用主义的重要权威，可是他对刘易斯的影响较小，这主要是他所关心的是人生、社会政治和教育等问题，而刘易斯最感兴趣的却是数理逻辑和认识论问题。

① 刘易斯：《自传》载于 P. A. 希尔普编辑的《C. I. 刘易斯的哲学》，1968 年英文版，第 5 页。

到20世纪20年代，刘易斯的哲学观已基本形成，这就是他在《心灵和世界秩序》（1929）一书中提出的“概念论的实用主义”。他在这本书的序言中声明：“由于这个观点无论如何总会获得某个称号，我自己大胆地给它一个称号，称之为‘概念论的实用主义’。如果没有皮尔士、詹姆斯和杜威（特别是皮尔士）早先提出的那些观念，这个观点可能不会形成。可是，这些比较正统的实用主义者当然不必对这整个观点负责，也不必对其中包含的先天真理学说负责。”①

刘易斯对哲学的研究主要集中在逻辑、认识论和伦理学这三个方面。20世纪初，当他在哈佛念大学时期，他已在罗伊斯的影响下开始研究符号逻辑。罗伊斯不仅是美国绝对唯心主义的重要代表，而且对数学和数理逻辑也颇有研究。刘易斯除听过罗伊斯讲授的“逻辑学”外，后来还担任过罗伊斯的这门课程的助教。1910年，罗伊斯把罗素和怀特海的新著《数学原理》第一卷，推荐给刘易斯阅读，使刘易斯开始接受罗素的数理哲学思想的影响，这对于他后来撰写《符号逻辑概论》一书起了启发和鼓舞的作用。当时，数理逻辑还在创建时期，许多数学家认为它属于哲学而不加理睬，而许多哲学家又认为它基本上属于数学而不去研究。刘易斯在回忆当时的心情时写道：“可是，在我阅读了《数学原理》第一卷之后，我就确信这部著作的出版将会改变这种情况，因为这是由两位在其他方面已经很有声誉的作者所写的一部显然带有里程碑性质的著作。”② 1911年，刘易斯在加州大学担任符号逻辑课程，由于缺乏适当教材，他便开始撰写《符号逻辑概论》（Survey of Symbolic Logic）一书。此书在1918年出版，成为美国头一本概述符号逻辑发展史的著作，刘易斯在此书中头一次提出“严格蕴涵”（strict implication）概念。后来，在1932年与朗福特（C. H. Langford）合著的《符号逻辑》（Symbolic Logic）一书中，他进一步详细阐释了这个理论。

① 刘易斯：《心灵和世界秩序》，1929年英文版，第XI页。

② 刘易斯：《自传》，载于P. A. 希尔普编辑的《C. I. 刘易斯的哲学》，第14页。

刘易斯对“严格蕴涵”概念的提出，开拓了对模态逻辑的研究，这是他对数理逻辑的一个重要贡献。他从罗素的《数学原理》一书所论述的外延逻辑的蕴涵概念出发，把实质蕴涵（material implication）和严格蕴涵区别开来。他认为实质蕴涵所表示的关系，不同于通常所说的蕴涵关系，因为，人们认为两个命题只要符合于下述三个条件之中的任何一个条件，（一）头一个命题是真的，后一个命题也是真的；（二）头一个命题是假的，后一个命题也是假的；（三）头一个命题是假的，后一个命题是真的，那么这两个命题之间就存在着实质蕴涵关系。刘易斯认为给蕴涵下这样的定义，会引起许多悖论，例如，一个假命题在实质上蕴涵着任何命题，而一个真命题在实质上又被任何命题所蕴涵。为了解决这些悖论，刘易斯提出严格蕴涵的内涵逻辑，这种逻辑借助于可能性和必然性这些逻辑模态来给蕴涵下定义。在他看来，如果不可能出现头一个命题为真、后一个命题为假的情况，那么这两个命题之间就存在着严格蕴涵的关系。

与符号逻辑相比，刘易斯对认识论的兴趣更为浓厚。他说：“可是，我的主要兴趣始终是在逻辑理论及其对认识论和其他哲学问题的影响这样一些问题上，数学逻辑和逻辑数学则只具有次要兴趣。”①早在大学时期，他已对康德的认识论深感兴趣。他在大学毕业时所写的论文，就是探讨“直观在认识中的地位”这个认识论问题。1920年回到哈佛以前，他已经积累了大批关于认识论的材料。1920年回到哈佛后，他又从皮尔士的大量手稿中受到很多启发。在此基础上，写出了他的头一本认识论著作《心灵和世界秩序》（1929）。在这本书中，他追随康德的观点对知识进行分析，把知识的基本特征分为形式的和质料的，概念的和经验的；可是，与康德不同，他又强调理论知识的实用因素，把理论知识与我们的目的、意向、计划、利益等等联系起来考察。他企图把唯心主义的经验论和唯理论糅合到一起，而形成他自己的“概念论的实用主义”。

---

① 刘易斯：《自传》，载于 P. A. 希尔普编辑的《C. I. 刘易斯的哲学》，第15页。

刘易斯在认识论方面的第二部重要著作，是他于1946年出版的《关于知识和评价的分析》一书。1945年，他在准备为卡鲁斯讲座作伦理学讲演的过程中，认识到要讲清楚评价问题，首先要弄清楚关于评价的知识这个认识论问题，于是他在这本书中力图论证关于价值的知识是可能的。这本书第一篇论述意义和分析真理，第二篇论述经验知识，第三篇论述评价问题。他企图在这本书中把认识论和伦理学联系起来，强调知识要有实用价值，知识要为行动服务，知识与评价有联系，与价值感有联系。因此，这本书既是一本认识论著作，在一定意义上也是一本伦理学著作。

刘易斯在晚年写的《正义的根据和性质》（The Ground and Nature of the Right，1955）和《我们的社会遗产》（Our Social Inheritance，1957）以及《价值与命令：伦理学的研究》（1968），则主要是伦理学著作。刘易斯在晚年的兴趣转向伦理学和社会哲学方面，这三本书反映了他在这两方面的观点。

刘易斯的哲学思想基本上是实用主义，但也吸收了罗素和逻辑实证主义的某些观点，因此西方有些哲学家把它看作实用主义和分析哲学相结合的产物。这种结合主要表现在下述两个方面：（一）除皮尔士以外，詹姆斯、杜威、席勒等实用主义者大多不重视对现代逻辑的研究，而主要从"人的观点"去研究哲学，因此他们的兴趣主要在认识论、伦理学、社会哲学、政治哲学、教育哲学等方面。与他们不同，刘易斯接受现代逻辑思潮的影响，重视对符号逻辑的研究，他所提出的严格蕴涵的内涵逻辑开拓了模态逻辑的研究，至今仍受到许多分析哲学家的重视。与罗素等分析哲学家一样，刘易斯也十分强调逻辑和数学对哲学的影响。他说："因此，理论数学中的每个重大发展，以及在陈述这门学科的方式上的每个重大变化，都肯定会或早或晚地在认识论中发现它的后果。任何一个人考察一下20世纪25年来逻辑理论和数学理论的发展，都不会不相信这些发展所发生的影响必然是革命性的。"①（二）与许多分析哲学家，特别是逻辑实证主义

① 刘易斯：《心灵和世界秩序》，序言，第Ⅶ页。

如“圆形的方形”等等。大量的词的外延，如“猫”、“树木”、“石头”等等，既不是零，也不是指单一的对象。一个词的“延扩”，就是这个词所能正确地应用于其上的所有可能的或者无矛盾地想象的事物的类集。刘易斯在这里特别使用“类集”这个词，以表示一切可能的类，这就是说，一个词的延扩除了包括它的外延之外，还包括其他成分，除包括一切现实事物外，还包括一切可能的或可以无矛盾地想象的事物。对延扩的唯一限制，就是无矛盾的可思维性，因此，只有自相矛盾的词的延扩才等于零。例如，“半人半马的怪物”这个词没有外延，但有延扩，而“圆形的方形”这个词既没有外延，也没有延扩。一个词的“意谓”指的是事物中的那样一种特性，当一个词被应用于这个事物时，如果这个事物具有这种特性，那就表示这个词被用对了，如果这个事物不具有这种特性，那就表示这个词被用错了。例如，当把“猫”这个词应用于某个事物时，如果这个事物具有属于动物、属于猫科等等特性，这个词就被用对了。因此，他认为一个词的意谓构成这个词被正确地应用的必要而充分的条件，尽管它不能保证这个词将实际地被应用于这一事物。对于一个词的内涵，刘易斯认为可以从“语言上的意义”(linguistic meaning)和“感觉上的意义”(sense meaning)这两个方面加以考察。从语言上的意义来说，一个词的内涵，等同于所有其他那样一些词的结合，其中每一个词都可以应用于这个词被正确地应用于其上的任何事物。例如，“猫”这个词的内涵包括“动物”这个词、“猫科”这个词以及这两个词的逻辑积(logical product)。就感觉上的意义而言，一个词的内涵指的是我们在使用这个词时在我们脑海里出现的那些支配这个词的用法的标准。

与词的意义的这四种方式相对应，刘易斯认为命题或陈述的意义也具有四种方式，因为命题或陈述不外是一种特殊的词，即一种能够表示事态的词。在他看来，就命题的外延而言，命题的最重要的外延属性就是命题的真假。当一个命题是真的时，它的外延就是现实世界。所有的真命题的外延都相同，即都是“全”(universal)。当一个命题是假的时，它不指称现实世界，它的外延是一个空类。所有的假命题也都有相同的外延，即都是零。他说："特别是，人们已经普遍认为任何真命题的外延都是全，任何假命题的外延都是零；因此，所有的真命题都有同样的外延，所有的假命题也都有同样的外延。这样一来，一个命题的重要的外延属性就是它的真值（真或假）。"① 就命题的延扩而言，刘易斯认为一个命题的延扩就是这个命题所谈及的事件在其中发生的任何可以无矛盾地想象的世界。换句活说，一个命题的延扩指的是与这个命题相一致的一切可能的或者可以无矛盾地想象的世界的类集。如果一个命题是真的，它的延扩就包括这个现实的世界。如果它是假的，它的延扩就不包括这个现实的世界。如果它是一个自相矛盾的命题，它的延扩就是一个空类，即等于零。一切综合命题，除掉自相矛盾的命题之外，它们的延扩既不是全，也不是零，而是介乎这两者之间。就命题的意谓而言，刘易斯认为一个命题的意谓就是这个命题所谈及的事态。如果一个命题是真的，那么它所谈及的事态必定发生在现实世界中。他强调外延和意谓的区别，认为一个命题所谈及的事态不是它的外延，而是它的意谓。最后，就命题的内涵而言，刘易斯认为一个命题的内涵就形式上说就是它可以合乎逻辑地蕴涵着的所有命题的类，从分析上说就是我们在使用一个命题时出现在我们脑海里的那个标准。他说："一个命题的内涵就包括这个命题所蕴涵的任何内容，而不包括其他任何内容……或者，我们也可以说一个命题的内涵包括对于任何一个可能的世界来说一定是真的东西，以便使这个命题对于这个可能的世界来说一定是真的，或者一定可以应用于这个可能的世界。"②

对于意义的这四种方式之间的相互关系，刘易斯也作了一些分析。就外延和延扩的关系而言，他认为根据关于这两个概念的上述定义，可以看出一个词的外延包含在这个词的延扩之中。因为一个词的延扩，除了包括这个词的外延，即这个词可以应用于其上的一切现实事物外，还包括这个词可以正确地用于其上的一切可能的或者可以无

① 刘易斯：《对知识和评价的分析》，1946 年英文版，第 50 页。

② 刘易斯：《对知识和评价的分析》，1946 年英文版，第 55 ~ 56 页。

矛盾地想象的事物。就延扩和内涵的关系而言，他认为这两者之间存在着向相反方向发展的关系，即当延扩缩小时，内涵则扩大，反之也是如此。例如，“红脸蛋的”这个词的内涵可以包括小孩和苹果，可是如果说“红脸蛋的、金发的小孩”，我们就扩大了这个词的内涵，而缩小了它的延扩。因此内涵为全的词，其延扩为零；反之，内涵为零的词，其延扩为全。这就是说，任何内涵为零的词都可以应用于任何实在的或可能的对象。至于内涵与外延的关系，刘易斯的观点与传统观点有所不同。按照传统观点，外延和内涵之间的关系也是向相反方向发展；内涵增多，外延则缩小，反之也是如此。刘易斯却认为，有些词的内涵和外延并不互相决定，也就是说，有些词的内涵的变化并不影响它的外延，反之也是如此。例如，把“太阳”和“红太阳”相比较，后一个词的内涵增加了，但这两个词的外延并不因此而受影响。总之，任何两个词只要延扩相同，它们的内涵和意谓也便相同。任何两个词只要内涵相同，它们的延扩和意谓也相同。可是，两个词的意谓相同，它们的内涵和延扩却不一定相同。任何两个词的延扩相同或者内涵相同，它们的外延也相同。可是，两个词的外延相同，它们的延扩、意谓和内涵却不一定相同。

刘易斯的意义理论是在 20 世纪 40 年代提出的，当时逻辑实证主义和日常语言学派都对意义理论进行了许多研究，提出各自的观点，同时也碰到许多理论上的困难。刘易斯试图在用内涵逻辑补充外延逻辑的基础上，用意义的这四种形式去补充穆勒以来关于外延和内涵的观点，同时也去修正关于词的意义就是词所指称的对象这个传统观点。指称论的哲学家大多认为，非实在的对象（如：“飞马”、“独角兽”等等）是不能命名的，指称这些非实在的对象的语言表达式是没有意义的。罗素还提出摹状词理论来解决这种表述上的困难。可是，刘易斯则把命名和指称区别开来，他认为对于非实在的对象，我们不能用词去指称，然而可以用词加以命名，也可以用语句加以言说。而且，既然可以加以言说，那么关于这类对象的言语表达式也是有意义的。总之，刘易斯用内涵逻辑去补充外延逻辑，并从内涵逻辑的角度去分析意义概念，提出了一些新的看法，这一点是有积极意义的。

二、分析真理与经验知识

如前所述，分析命题与综合命题的区分，是分析哲学，特别是逻辑经验主义的重要基石之一。与这种观点相一致，刘易斯也十分强调分析真理与经验知识的区分，不过他对这种区分所作的论证与逻辑经验主义者有所不同。

刘易斯认为，我们看作是真实的每一个命题之所以被看作是真实的，这或者是根据经验，或者是根据这个命题本身的意义。这就是说，知识的来源不外两个方面，一方面是感觉材料，另一方面是我们自己所意谓的意义。因此，全部知识可分为两类：一类是经验知识，它来自感觉经验；另一类是先验知识或分析知识，它不以感觉经验为转移。刘易斯也接受传统上对分析和综合、先验和后验的区分。他认为一个仅仅依据已规定的或可规定的意义就能得到证明的命题，可称为分析命题；非分析的命题便是综合命题。任何一种不需要参照特定的感性经验便能确定其正确性的知识，可称为先验知识；需要通过感性经验来确定的知识，则是后验知识。任何分析命题都是先验地真实的，它的真实性仅仅依据于所用的语词的意义，而不以任何经验事实为转移。任何综合命题都是后验地真实的，它的真实性有待于经验事实的验证。

在强调一切先验知识都是分析的这一点上，刘易斯的观点与逻辑经验主义者的观点是一致的。可是，刘易斯不像逻辑经验主义者那样认为先验知识的分析性是相对于语言系统而言的。在卡尔纳普等逻辑经验主义者看来，逻辑命题和数学命题是一些句法方面的公式和演算，它们的有效性是根据人工语言系统的形成规则和变形规则来确定的，如果不从语义学方面加以解释，它们是没有意义的。因此，一个命题是否是分析的，这只是相对于包含有这个命题的语言系统而言，这是约定的事情。刘易斯认为这种观点是错误的，因为它没有把“语言上的意义”和“感觉上的意义”这两者区别开来。在他看来，首先，一个单独的句法符号是没有意义的，除非可以从这个符号与其他句法符号的关系中推演出它的意义来。在支配着一个语言系统的那些推论规则所规定的范围内，句法符号之间的关系是随意的；而且这些推论规则本身也是约定的。如果我们只是抽象地思考词与词的关系，而不考虑词与任何其他事物的关系，那么这些词所提供的便是“语言上的意义”。其次，他认为在一个句法符号与这个符号被应用于其上的某个事物的特性之间，或者，在一个句法符号与我们在使用这个符号时出现自己脑海中的那个标准之间，存在着某种关系。这种关系本身也是约定的，可是这种关系指向的某种客观特性和思想标准既不是随意的，也不仅仅是语言的。再次，他认为事物的特性和通过词表现出来的脑海里的标准之间也有一种关系，这种关系既不是约定的，也不是语言的。这种关系构成语言中所表述的一切意义的基础。由于脑海里出现的那些标准总是与某些感性形象相伴出现，刘易斯便称之为“感觉上的意义”。按照刘易斯的观点，分析命题是通过它们所表达的感觉上的意义，而不是依据于它们的语言上的意义而得到确认的。不过，他也承认对语言规则的考察有助于制定分析命题，因为感觉上的意义也要通过语言规则来表现。在日常语言中，这两种意义往往交错在一起，需要借助抽象方法把它们区别开来。他认为在认识论中感觉上的意义所起的作用比语言上的意义大得多，只要弄清楚一个命题的词意味着什么，它们包含什么意义，而不必参照任何感性的经验或事实，就能判定这个命题是否是分析命题。他说：“……整个说来，对于知识的研究来说更为重要的是感觉上的意义。例如，那些主张命题的意义应具有理论上的可证实性或可验证性的人，都把感觉上的意义看作一般的意义的首要条件。”① 又说：“就我们所感兴趣的问题是认识论问题而言，最终地和最重要地需要考虑的是这样一个事实：把意义解释为语言上的意义，这不能为分析真理的确定提供充分的线索，可是把意义解释为感觉上的意义，则可以表明分析真理的明显来源和标准。”②

① 刘易斯：《对知识和评价的分析》，1946 年英文版，第 133 页。

② 刘易斯：《对知识和评价的分析》，1946 年英文版，第 147 页。

与逻辑实证主义者不同，刘易斯强调在分析知识中含有实用的因素。如上所述，一个分析命题赖以得到确认的，是它具有一种特殊的感觉上的意义，它可以被应用于任何无矛盾地思考的事物之上，而不涉及某个现实地存在着的特定情况。可是，实用主义强调要注意现实存在着的特定情况，并注意研究应付这些情况的实际手段。刘易斯试图把这两方面结合到一起，他认为分析真理建基于实际的利益之中，它的发展有赖于人类现实生活的这样两个特点。第一，我们在实际情况中并不总是知道什么东西不存在，我们至多只能确定什么东西可能存在。我们能够知道什么东西存在着，而且能够想象什么东西与存在着的东西相一致，只有在这种场合下，我们才能判断一个特定情况的实际意义。第二，我们总是经常考虑各种不同的实际行动方案，并企图找到最好的行动方案。当找到这种方案时，我们至少考虑到一个与我们的选择相一致的可能世界，也许我们还能想出与我们所否定的方案相一致的另一个可能的，然而并非现实的世界，我们可以借助于逻辑蕴涵来思考各种不同的行动方案。逻辑之所以是一种重要的实用工具，部分说来就是因为我们可以把它应用于这个现存的世界之外。

总之，按照刘易斯的观点，先天分析命题是根据它们所表现的感觉上的意义而得到确认的，它们对于一切可以无矛盾地想象的世界来说都是有效的，它们的延扩为全，内涵为零，与此相反，综合经验命题则依据于感觉材料，它们甚至对于这个世界来说也可能是无效的，它们的延扩不是全，它们的内涵处于全和零之间。他说：“所有综合命题，除开自相矛盾的命题之外，其内涵既不是零，也不是全，其延扩既不是全，也不是零。它们是从其他某些命题推演出来的，而不是从一切命题中推演出来的。因此，它们所断定的事态与某些可以无矛盾地想象的事态相一致，而不与其他一切可以无矛盾地想象的事态相一致。任何综合命题所表示的事态是某些可能世界的特征，而不是其他一切可能世界的特征。”①

刘易斯把综合经验命题分为三类，即“表达的陈述”（expressive

① 刘易斯：《对知识和评价的分析》，1946 年英文版，第 58 页。

statements）、“终端的判断”（terminating judgments）和“非终端的判断”（non-terminating judgments）。“表达的陈述”是对经验中直接所与的表述，也就是对感觉材料的表述。直接所与的感觉材料是经验知识的基础，我们是通过直接观察获得它们的，逻辑经验主义者把记述感觉材料的经验陈述称为“记录陈述”，它们既可描述心理的经验材料，也可描述日常世界中的物理对象。与他们不同，刘易斯认为表达的陈述只描述直接的感觉材料，而不涉及物理对象。他认为表达的陈述是经验知识的基础，它们用不着十分精确，只要它们所表示的事态能被人们理解就行了。它们所表达的是感官的直接领悟，是经验的那种直接的、毋庸置疑的内容。这种陈述所表述的对直接所与的领悟没有构成判断或知识，因为它们是绝对无误的，可是对这种领悟的陈述却是可真可假的。“终端的判断”是对未来经验的预测。在认识过程中，认识主体以感觉材料为指导线索，从事某种活动，并对由此可能获得的感觉材料进行预测。终端的判断把这样两个阶段连接起来：一个阶段是认识主体把原初的感觉材料接受下来并对之作出反应，另一个阶段是认识主体在完成某个活动时把最终的感觉材料接受下来，这种最终的感觉材料可能与预测相一致，也可能不一致。刘易斯用下面这种形式来表述终端的判断：“如果 a 那么 e”，或者，“在 S 条件下，如果 a 那么 e”。在这种形式中，判断的前项（a）和后项（e），以及假设的条件 S，都指的是表述直接感觉材料的表达的陈述，a 表示某种假定采取的行动，e 表示某种预期获得的结果。他说：“因此，与关于所与的陈述不同，这样的终端的判断所表示的东西可以被划入知识之列。有关的预测有待于证实，它可能是错误的。”① 至于“非终端的判断”，它所断定的是客观的实在或现实的事态，因此又可称为“客观的信念”。这类判断包括的范围很广，从最简单的对某个观察到的事实的断定，如“现在我面前有一张白纸”，到最广泛的科学概括或科学规律，如“宇宙正在扩大”等等。这类判断构成经验知识的主要部分，它们决不是绝对肯定的，而只是可能的，它们的真理性

① 刘易斯：《对知识和评价的分析》，1946 年英文版，第 184 页。

有待于证实。他说："从理论上说，对任何客观判断进行完全的和绝对的证实，这将是一次永远没有终结的工作：对它们的任何实际的证实都不过是局部的；从理论上说，我们对它们的保证始终是不大肯定的。"①

按照刘易斯的观点，除了分析真理和经验知识之外，并不存在先验综合判断。先验综合判断是康德提出的一个重要论点。他认为先验综合命题，如"两点间最短的线为直线"、"任何事物的发生必有其原因"等等，既具有普通性和必然性，又能扩充知识，因为它们既是先验的，又是综合的。他认为数学中的绝大部分判断和自然科学中关于基本原理的判断，都属于这种先验综合判断。刘易斯不同意这个论点，认为康德对这个论点的论证是含糊不清的，因为他对某些有关的词（如"实体"、"原因" 等等）的意义作了两种不同的解释。例如，他有时对"实体"这个词作了广义的解释，即认为这个词只能作为主词，而不能作为谓词使用。它不仅指物理对象和心理之物，而且也指超感觉之物。这种广义的解释并不包含一般被称为"实体"的那种东西的任何时空特性。有时他又对"实体"作了狭义的解释，提出"现象的或自然的实体"，认为我们可以对这个词作经验的应用。康德对"原因"这个词的解释也是如此：一方面是广义的解释，说"没有原因，事物就不可能发生"，另方面是狭义的解释，说"没有原因，现象就不可能经验地存在或者发生"。上述广义的解释并没有包含对一切现象来说非常重要的时间上的在先者以及其他特性，狭义的解释则包含有它们。

从上所述可以看出，在区分分析真理和经验知识这个问题上，刘易斯的观点与逻辑实证主义者的观点基本上是一致的，他们都认为分析真理的真理性来自这种命题本身的意义，不以任何经验为转移，而经验知识则来自感觉经验，它们的真理性有待于经验的检验。不过，刘易斯对这种区分所作的论证，则与逻辑实证主义者大不相同，他主要是从他自己的意义理论出发来进行论证的。尤其不同的是，刘易斯

---

① 刘易斯：《对知识和评价的分析》，1946 年英文版，第 185 页。

从实用主义出发强调分析知识中含有实用的因素，认为分析真理建基于实际的利益之中，逻辑是一种实用的工具。这一点也是刘易斯把逻辑实证主义和实用主义结合起来的一种表现。至于他对康德的先验综合判断的批驳，不论他的论证是否站得住脚，他否认先验综合判断的存在这一点仍是正确的。恩格斯在《反杜林论》和《自然辩证法》等著作中早已指出，数学和自然科学中的许多原理，虽然具有普遍性和必然性，可是它们并不是先验的，因为它们来自经验的概括，并且接受经验的检验而不断得到修正。

三、证实和辩明

在分析哲学家中间，特别在逻辑实证主义者中间，“证实”（verification）和“辩明”（justification）是一个非常重要的问题。如前所述，逻辑实证主义者花了很大精力研究和论证他们的经验证实理论，为此先后提出“可证实性原则”、“可检验性原则”等等。刘易斯既然强调分析真理和经验知识的区分，他自然也不能回避经验知识的证实和辩明问题。在他看来，经验知识的有效性问题包括两个方面，即证实和辩明。前者在于确定经验知识的真假；后者在于确定经验知识是否具有合理的可信赖性。换句话说，前者涉及我们如何证实经验判断，即提出用以判定某个经验判断究竟是真是假的证明，后者涉及我们如何证明经验判断是有根据的，即提出我们对经验判断加以肯定或信赖的依据。

按照刘易斯的观点，对于先验知识来说，没有必要把证实和辩明区分开来，因为这种知识的有效性和它的真理性是一致的。这就是说，只有通过为这种知识找到一个适当的合理根据，它的真理性才能得到保证，只要把这样的根据揭示出来，就能完全断定它是真实的。可是，对于经验知识来说，则有必要把证实和辩明区分开来，因为一个经验判断可能是真实的，然而没有被证明是正确的，或者，可能被证明是正确的，然而它不是真实的。他说：“经验判断的真理性涉及它与未来的关系，它依赖于对它的证实。可是，对经验判断的辩明则仅仅依赖于找出它的可信赖性的根据，而这种根据是处于现在和过去之中的。"①

在证实问题上，刘易斯和逻辑实证主义者的观点有共同之处，这就是他们都认为一切关于存在的知识，在自然科学和社会科学的客观陈述中所表达的各种经验的信念，以及日常语言中关于现存的事物或事件的陈述，都只有通过直接的和肯定的感性经验而得到证实。可是，他们之间也有许多分歧，例如，与逻辑实证主义者不同，刘易斯认为每个经验判断在它得到证实之前已具有一种感觉上的意义，这就是说，总是有某种图式、某种想象的模型与经验的信念相伴出现，而且正是由于我们的脑海里有这个标准，我们的心灵才能辨认那些用以证实经验信念的感性表象。

刘易斯还认为，经验知识不能获得理论上的确定性，这点对非终端的判断来说是如此，对终端的判断来说也是如此。就终端的判断来说，由于这种判断具有预测的性质，因而这种判断不能获得完全的证实，任何客观信念都不能被证实为绝对肯定的。事实上，任何证实的事例一旦被获得，就变成对某个客观信念的一种辩明。它虽然增加了这种信念的为真的可能性，但不能对这种信念作出一劳永逸的证实。同样地，如果这种事例证明这种信念是假的，它也只增加了这种信念为真的不可能性，而不能证明这种信念绝对是假的。就非终端的判断而言，它们涉及的是个别的经验事件，因而可能获得决定性的证实，可是，这些判断也是在它们得到证实之前作出的，当这些判断经过检验被证明为或真或假时，它们就不再是判断而被对直接确定性的领悟所取代。因此，刘易斯说："经验知识在它作为这样的实际判断发生作用时，决不能被证明为是真的；至多它只能被证明为或多或少是有根据的，被证明为具有一些保证它在一定程度上可以信赖的根据。对于那些被称为非终端判断的客观信念来说，情况也是如此；这一点已蕴涵在它们具有一种不可穷尽的预测含义，因而对它们的证实决不是完全的这种考虑之中。不过，这种情况也不会由于我们把所谓终端判

① 刘易斯：《对知识和评价的分析》，1946 年英文版，第 254 页。

断包括在内而有所改变……”①。在他看来，经验知识只能以判断的形式存在着；无论就终端的、单称的判断而言，或者就非终端的、全称的判断而言，这些判断都是在经验的特定结合的情况下、在当时所与的材料的基础上作出的。可是，这些判断所断定的真理并没有由于这些所与的材料，或者由于逻辑、或者由于这两者的结合而成为肯定的。它们所断定的真理只有通过证实才能得到证明。当这种信念被人们接受时，它还没有被证实；而当它后来通过证实被证明为真时，它的认识意义也就随之消失，因为它的认识意图这时已经得到实现。因此，他说，经验知识的本性决定了当我们说我们知道什么时，其实我们并没有肯定地知道它，而当我们肯定地知道它时，它已不再作为一种认识而发生作用。

刘易斯还谈到对非终端判断，即客观信念进行证实的方法，这就是首先从非终端判断中把它严格蕴涵的终端判断引出来，然后按照这些终端判断的前项所要求的方式行动，最后确定行动的结果是否符合后项的预测。例如，对于“我左边有一本书”这样一个非终端判断，我们可以从这个判断中引出它所严格蕴涵的下面这个终端判断：“在某种条件下，当给予某种感性表象，如果我向左边看，我将看到一本书。”我们还可以把这个终端判断表述得更清楚一些：“在存在着一种朝前看的感觉的情况下，如果有一种把我的头转向左边的感觉，那么紧接着就可能有某些表示一本书的颜色、形状、大小等等的感觉。”在他看来，通过对终端判断的证实，就能达到对非终端判断的证实。因此，终端判断中的“如果—那么”这种联系具有重要意义。他认为这种联系是从经验中获得的一种或然性的联系，如果没有这种联系，知识就没有指导行动的能力，而且行动也没有影响人类经验的能力。

对经验命题的证实归根结底就是把经验命题改述为表示直接感性经验的终端命题。可是，在现实生活中，我们不能期望把所有的经验命题都改述为现实的终端判断而加以证实。而且，经验命题要成为行

① 刘易斯：《对知识和评价的分析》，1946年英文版，第257页。

动的指南，它们就必须涉及未来的事件；而我们在涉及未来的事件时，我们只能满足于那些可以合理地信赖的事件。什么是这种合理的可信赖性的标准呢？这就是辩明所要解决的主要问题。

在辩明问题上，许多哲学家往往用过去的经验来证明现在的信念，例如，用过去太阳总是从东方升起来证明今后太阳也会从东方升起。逻辑经验主义者强调归纳法的作用，也是由于他们认为自然界的事物具有某种齐一性（uniformity）。可是，刘易斯认为，自然界在过去具有某种特性或结构并不能保证自然界在将来也有同样的特性或结构。他说："我们据以进行概括的那些过去的经验，并不是我们从经验中进行概括的最终材料。只有对过去经验的回忆，才是实际地给予的材料。"① 在这里，他把过去争论不休的自然界的齐一性问题，改变为关于记忆的有效问题。在论证记忆的有效性时，刘易斯提出两点理由：（一）任何记忆都是一望而知可以信赖的；（二）一组经验信息的可信赖性是通过它们的相互吻合来保证的。他说："在我们看来，对所提出的这个问题的回答包括两个部分：第一，不论所回忆的内容是清楚明白的记忆，还是仅仅以我们关于往事的感觉这种形式表现出来，都是一望而知地（prima facie）可以信赖的，因为它是这样地被回忆起来了。第二，当对整个范围的经验信念加以考察，而所有这些经验信念都或多或少地依赖于回忆起来的知识时，我们就会发现其中那些最可信赖的信念可以通过它们的相互支持得到保证，或者，如我们将要看到的，可以通过它们的吻合得到保证。"②

关于第一点，刘易斯认为，任何记忆仅仅作为记忆来说所具有的那种一望而知的可信赖性，是通过反思得出的结论。人们常常觉得任何一个能够回忆起来的事件总比那些毫无印象的事件可靠一些。一个人的全部经验知识就其可信赖性而言归根结底都是依据于他自己的经验。尽管别人的报导以及其他间接的证明在辩明过程中也起很大作用，可是，在它们发生作用之前，首先需要把它们与我们自己的经验

---

① 刘易斯：《对知识和评价的分析》，1946 年英文版，第 264 页。

② 刘易斯：《对知识和评价的分析》，1946 年英文版，第 334 页。

相比较而确定它们的可信赖程度。当我们把它们接受下来时，它们就变成我们自己的一部分经验，因此，归根结底，一切信念的基础都在我们自己的经验的范围之内。他认为要使“我面前有一张白纸”这个命题成为可以信赖的，我除了要有某种感性表象之外，还必须有某种通过回忆过去的有关经验而获得的概括。要获得这样的概括，就必须把回忆起来的过去的有关经验集中起来，使之变成关于过去事实的真正标记。

关于第二点，刘易斯强调把“贯通”（coherence）和“吻合”（congruence）区别开来。他反对过去有些哲学家主张的“真理贯通论”，即认为某一组经验信息，就其中每个单独的信念来说，都是不太确定的，可是就它们的相互关系来看，却可以证明是可以信赖的。刘易斯认为这种理论不能把我们的这个现实世界与其他那些同样一致的或者逻辑上可能的世界区别开来。他抛弃“贯通”概念，而代之以“吻合”概念。对于“吻合”这个概念，他下了这样的定义：“如果而且仅仅如果一组陈述或者一组假定的事实相互之间有这样的联系，即只要其中任何一个陈述或事实之外的其他陈述可以被看作给定的前提，那么这个陈述的在先的可能性就会增加；在这种场合下，这一组陈述或假定的事实就是相互吻合的。”① 按照刘易斯的观点，“吻合”和“贯通”之间的区别主要是吻合所要求的不仅仅是贯通，但又不等同于信念之间的逻辑蕴涵。吻合既不是经验信念之间的相互贯通，也不是它们之间的逻辑蕴涵，即从它们中的一个信念可以逻辑地推引出另一个信念。吻合是经验知识的一个特殊的特征，它指的是在一组信念中，如果发现其中某个信念之外的其他信念是真的，那么这个信念是真的这种可能性也就增加了。总之，在刘易斯看来，我们对于未来的事件不能有准确无误的知识，可是我们知道现在形成的某些信念比另一些信念更加可以信赖，而这些信念之所以可以信赖并不是由于我们关于未来的信念具有某种特性，而是由于我们可以从一组相互吻合的、被回忆起来的信念中推引出这些信念来。

① 刘易斯：《对知识和评价的分析》，1946 年英文版，第 338 页。

证实和辩明是西方哲学中的一个重大问题。在哲学史上，唯理论者重视辩明问题，因为他们要求在根据（或证据）与结论之间有一种在逻辑上得到保证的关系，也就是说，他们要求一个假说在被经验检验之前已经得到某种推理上或演绎上的保证。相反，经验论者则更加重视证实问题，而不大注意所证实的假说建立在什么样的根据之上。他们对下面这两种假说一般不作细致的区分：一种假说有很好的根据，可是没有得到证实；另一种假说没有很好的根据，可是凑巧取得成功。刘易斯基本上站在经验论的立场，可是，他由于接受了康德哲学的影响，因此也吸取了唯理论的某些观点。在证实和辩明问题上，他也试图把唯理论和经验论这两方面的观点糅合到一起。他认为对于先验知识来说，不需要把证实和辩明区别开来，因为这种知识的有效性和真理性是一致的、而对经验知识来说，则有必要把证实和辩明区别开来，因为这种知识的有效性和真理性往往不是一致的。刘易斯对证实和辩明问题的研究，可以说比他的前辈有所进展。不过，由于他的基本立场是唯心主义的，因此他无力正确解决这个问题。只有从辩证唯物主义认识论的观点出发，才有可能对这个问题作出正确的解决。

第二节　珀西·威廉斯·布里奇曼 (Percy Williams Bridgman 1882 ~1961)

珀西·威廉斯·布里奇曼是美国著名的实验物理学家、科学哲学家、操作主义的创始人。操作主义是西方科学哲学中的一个流派，20世纪20年代产生于美国，第二次世界大战后风行一时，除在物理学领域内有不少追随者外，在哲学、心理学和社会学等学科中也颇有影响。布里奇曼在创建这个流派的过程中起了重大作用。

布里奇曼于1882年4月21日出生在美国马萨诸塞州坎布里奇市。1900年就读于哈佛大学，攻读物理学和数学，1908年获哲学博士学位后留在该校物理系任教，1919年任物理学教授，1926年任数学和自然哲学教授。1942年，他担任美国物理学会主席。1946年，他由于发明超高压装置以及在高压物理学方面的许多发现，获得诺贝尔物理学奖。他是美国科学院院士，还是英国、墨西哥和印度科学院的外籍院士。1961 年 8 月 20 日，他因癌症恶化而自杀。

布里奇曼在大学阶段攻读物理学时，已开始对哲学发生兴趣，后来一直十分重视科学哲学的研究。在哲学观方面，他既接受实用主义者皮尔士、杜威等人的影响，也接受分析哲学创始人罗素的影响。据他自己说，他对操作主义的研究可以追溯到 1914 年。在 1922 年出版的《量纲分析》一书中所作的分析实质上已是操作分析。1927 年出版的《现代物理学的逻辑》一书是他的哲学处女作，他在这本著作中头一次比较系统地提出了他的操作主义观点。其后，在《物理学理论的本性》(1936)、《一个物理学家的沉思》(1950)、《我们的某些物理学概念的本性》(1952)、《事物的状态》(1959) 等著作中，进一步发展了他的操作主义观点。在他的一些自然科学著作中，如《热力学的本性》(The Nature of Thermodynamics，1941) 等等，也流露出他的这种哲学观点。

布里奇曼的操作主义是在物理学由于相对论出现而发生巨大变革的形势下提出的。20 世纪初，随着相对论的出现和量子力学的创立，古典力学的许多传统观念受到巨大冲击，不适宜于说明某些新的物理现象。布里奇曼认为，这种情况迫使物理学家必须修改某些传统观念，例如牛顿的绝对时间观念。他说，既然我们用以测定时间流逝的各种技术都是相对于所使用的工具和进行的过程，因此我们不能说自然界中存在着牛顿所说的那种绝对的、真实的和数学的时间。在他看来，爱因斯坦的相对论在哲学上的重大贡献，正在于它改变了我们对概念的看法。在古典物理学中，许多物理学概念都是按照它们的“特性”来下定义的，这些定义似乎描述了事物本身的性质或行为，可是没有提供一种用以测量这些性质的方法，因此无法检验这样定义的概念是否与事物本身相对应。而按照相对论，这种定义必须为我们提供一个实验方法来判断所规定的概念是否真的被满足。布里奇曼自以为他所提出的下操作定义的办法能够解决这个问题，他说：“一个概念的真正定义不应依据它的特性，而应依据它的实际操作。”①

布里奇曼的操作主义带有强烈的经验论色彩，这主要表现在他强调经验的作用、否定先天知识、强调殊相而否定共相等观点上。在他看来，物理学家的立场应当是纯粹经验论的，而经验论的一个基本论点在于认为概念归根结底是通过实际经验而获得其意义。以长度这个概念为例，只有当我们知道一种用以测量任何物体的长度的方法时，我们才知道长度概念的意义。他说：“长度概念恰恰包含用以确定长度的那一组操作……长度概念与一组相应的操作是同义的。”② 与此相关，他反对唯理论者的先天原则，他说：“物理学家不承认对新经验的可能性作出规定或限制的任何先天原则。经验只能由经验来规定。这实际上意味着我们必须放弃那种用任何简单的或者复杂的公式来包罗全部自然界的要求。”③ 这就是说，要正确地理解经验，就必须否定任何先天原则。不仅如此，他还认为，经验至少就它由操作所组成这一范围而言，是仅仅包含殊相而不包含共相的，因为操作是由人类在时间过程中实现的，它们受到我们经验的时间条件的限制。他说，操作是由特定的个人在特定的时间和地点中完成的，严格说来是不重复的、非同一的。知识主要是关于各种特定对象的知识，即关于处于特定时空位置上的事物的知识。因此，布里奇曼否定共相，否认经验上的普遍性，但他由此碰到了无法解释科学中经常使用的抽象概念的困难。

布里奇曼在许多问题上继承和发展了实用主义的观点。例如，他从皮尔士那里继承了操作概念，他还继承和发展了实用主义的真理论，关于这两点，我们下面将要详细阐述。这里只谈一下他对概念的明晰性的强调。在哲学史上，唯理论者和经验论者都强调概念的明晰性，不过它们的着重点不同：唯理论者试图在天赋观念中寻找概念的明晰性，经验论者则强调概念的明晰性在于概念必须在经验中有所指

① 布里奇曼：《现代物理学的逻辑》，1954 年英文版，第 6 页。
② 布里奇曼：《现代物理学的逻辑》，1954 年英文版，第 5 页。
③ 布里奇曼：《现代物理学的逻辑》，1954 年英文版，第 3 页。

称，即指称具体的对象。实用主义者继承了经验论传统，但他们不是强调概念要指称具体对象，而是强调概念被使用于其中的行为环境。他们认为思维本身只不过是认识者用以调整自己与其环境之间关系的一种方法，概念是一些工具，其效果如何要根据它们是否导致预期结果来测定。如果某个概念有助于实现这种调整，达到顶期的目的，那么这个概念便是清晰的。与实用主义者一样，布里奇曼也强调概念的明晰性，强调概念与它被使用于其中的行为环境的关系。但他把概念的明晰性与操作概念联系起来考察，认为概念与操作是“同义的”，如果与某些概念相关的操作是不同的，那么这些概念也一定是不同的。他说：“如果我们有一组以上的操作，我们便有一个以上的概念；严格说来，与每一组不同的操作相对应，就应当分别有不同的名称。”①

布里奇曼在一些问题上也持与逻辑实证主义相同的观点，例如，他也持反形而上学的立场，主张形式分析方法、经验证实理论以及约定论等等。就反形而上学这一点来说，他也和逻辑实证主义者一样态度坚决，只是在所持的论据上略有不同。逻辑实证主义者反对形而上学，主要根据两类命题的区分和他们的经验证实理论，认为形而上学命题既不是根据其形式本身就能确定其真假的分析命题，也不是可以通过经验的证实或证伪而确定其真假的综合命题，而是毫无认识意义的伪命题。布里奇曼反对形而上学，则主要是根据他的操作概念，认为任何科学知识或理论都只能限于操作活动的范围之内，人类不能认识这个范围之外的任何事物，一切超出这个范围之外的所谓知识都是形而上学。例如，在操作活动之外是否有物质或精神存在着，这就是一个没有意义的形而上学问题，因为它是不能通过操作活动加以检验的。与逻辑实证主义者一样，布里奇曼也十分重视对语言问题的研究与哲学分析方法的应用。他企图通过哲学分析把自然科学中有意义的命题和没有意义的命题区别开来，以求科学语言得到纯化。与逻辑实证主义者不同的是，他不像他们那样专心致力于语形分析和语义分

① 布里奇曼：《现代物理学的逻辑》，1927 年英文版，第 10 页。

析，而是强调分析与语言相对应的实际活动，即仪器操作的活动，这就是他极力主张的操作分析。他不满意逻辑实证主义者所从事的那种静态的、纯形式的逻辑分析，而主张一种动态的、实际的、对操作活动的分析。

布里奇曼的操作主义虽然主要来源于皮尔士等人的实用主义理论，但也接受了罗素以及逻辑实证主义者的一定影响，从这种意义上可以说他的操作主义也是实用主义和分析哲学相结合的产物。不过，这一点不像在莫里斯、刘易斯那里表现得那样明显①。布里奇曼的操作主义理论中含有一些合理因素，例如，他根据相对论和量子力学的研究成果，对经典物理学中某些形而上学观念的批驳，以及他对科学实验活动的重视和反对先验哲学的先天原则等等。但是，就其哲学观而言，它则含有某些主观唯心主义的、相对主义的和不可知论的因素。布里奇曼的操作主义理论的主观唯心主义，主要表现在他把操作活动理解为纯然是个人的行为，把物看成是操作的总和，认为物理对象与仪器操作处于不可分割的统一之中。因此，他否认操作活动的客观内容，否认物理对象的客观存在，把承认外部世界的存在仅仅看作一种“常识的观点”。他的理论的相对主义则主要表现在他否认绝对真理和相对真理之间的辩证统一关系，把简单、方便和实用看作真理的标准，否认真理具有其客观内容，否认社会实践是检验真理的唯一标准。他的理论的不可知论则主要表现在他把人的认识能力限制在操作活动这个狭窄范围之内，把超出这个范围之外的一切知识都说成是毫无意义的形而上学。布里奇曼的操作主义的这三个基本特征又是紧密相联的，正如列宁精辟地指出的：“因为，把相对主义作为认识论的基础，就必然使自己不是陷入绝对怀疑论、不可知论和诡辩，就是陷入主观主义。”②

---

① 顺便指出，维也纳学派的重要代表人物弗兰克移居美国后，在他的《科学哲学》、《科学定理的确定》等著作中，也曾致力于把逻辑实证主义和操作主义结合起来。

② 《列宁选集》，第2卷，第136页。

一、操作和操作分析

在布里奇曼的操作主义理论中，“操作”（operation）和“操作分析”（operational analysis）是它的两个最核心的概念。他关于操作和操作分析的观点，主要来源于皮尔士的“意义的操作理论”，同时也接受了罗素和逻辑实证主义者的形式分析方法的一定影响。

实用主义的创始人皮尔士早就提出意义的操作理论，按照这种理论，概念或命题的意义在于一系列与之相关的科学实验操作和经验行为过程。科学实验操作主要指在实验室中进行的物理操作或化学操作。对一个概念下定义的过程，也就是对这个概念的对象进行一系列操作的过程。如果能对某个概念的对象进行一系列可设想的操作，那么这个概念就是一个有意义的概念，否则就是一个无意义的概念。换句话说，一个概念的意义，就是与这个概念相关的一系列操作方式或操作过程的总和。经验行为的操作指的是人的活动过程，皮尔士用人的行为操作或行为活动来规定和检验概念的意义，认为某个命题或概念的意义就在于与这个命题或概念相关的人的经验行为方式的总和或这种行为过程本身。“实际思考”是经验行为操作的核心，经验行为操作过程实际上就是这种思考的过程，这种思考系列的总和就是命题或概念的意义。一个命题或概念如果能够对其进行一系列可设想的经验行为操作，并能满足人的某些目的和愿望，那它就是有意义的。

布里奇曼继承和发展了皮尔士的“意义操作理论”。与皮尔士的“科学实验操作”相类似，他提出了“实验室操作”或“仪器操作”，与皮尔士的“经验行为操作”相类似，他提出了“精神操作”或“智力操作”。所谓“实验室操作”或“仪器操作”，布里奇曼指的是我们通常所说的科学实验活动，这种操作的主要部分是测量操作，因为实验室操作的主要任务就在于测定各种物理量。他说：“一般说来，操作在物理学的或科学的概念的形成中是重要的，它可以分为不同的种类。占首要地位的是实验室操作或仪器操作；在许多情况下是测量操作。在这里，感觉器官也被看成是仪器。”① 这里需要指出的是，布里奇曼把人的感觉器官也划入实验室操作中所使用的仪器，而且是最基本的仪器，因为一切实验仪器的显示最终都要通过人的感觉器官加以感知。至于“精神操作”或“智力操作”，布里奇曼则指的是科学家们在科学研究过程中的思维活动，因此他又称之为“非仪器操作”。精神操作可以不受具体的仪器等等的限制，可以在较广阔的范围内进行，也容许一定程度的自由创造。他还把“精神操作”分为两类。一类操作称为“纸与笔的操作”，这指的是科学家们进行的数学演算和逻辑演算。他说：“我们可以把全部非仪器操作总称为精神操作。为了令人特别注意，我们可以从许多精神操作中选出物理学家们在数学处理中所进行的那一类操作，并把它们形象地称为‘纸与笔’的操作。纸与笔的操作中应包括全部符号处理，不论这些符号是否是数学的常用符号。”② 另一类操作称为“言语操作”，这指科学家在操作过程中进行的全部言语活动，还包括科学家的思维活动，因为布里奇曼认为思维也是一种言语，即“潜在的言语”。他说：“文化人在很大程度上生活在自己所造成的言语世界中，在这种言语世界中他显示出某些行为方式，他发现这些行为方式的强制性并不亚于物理世界的‘外界’物体强加于他的那种方式的强制性。”③

与皮尔士一样，布里奇曼也把意义问题和操作活动联系起来加以考察。在他看来，任何一个概念的意义只有借助于人们使用和检验这个概念时所采用的操作才能加以确定，不与任何操作相联系的概念是没有意义的概念。他说：“除非我们能够确定我们或我们的邻人在任何具体场合下使用一个概念时所运用的操作，我们就不能知道这个概念的意义。”④ 又说：“一般说来，我们说任何概念不过意味着一组

① 布里奇曼：《我们的某些物理学概念的本性》，1952 年英文版，第 8 页。
② 布里奇曼：《我们的某些物理学概念的本性》，1952 年英文版，第 8 页。
③ 布里奇曼：《我们的某些物理学概念的本性》，1952 年英文版，第 9 页。
④ 布里奇曼：《我们的某些物理学概念的本性》，1952 年英文版，第 7 页。

操作；概念与相应的操作是同义的。”① 这就是说，一个语词的意义等同于与这个语词相对应的那些操作的总和，只有那些可以根据实践操作来决定其真假的陈述，才是有意义的陈述。如果一个陈述虽然具有适当的语句形式，而且也是可以理解的，可是不能根据实践操作来判定其或真或假，那么这个陈述便是没有意义的。由此出发，布里奇曼进一步断言，操作活动是人类的认识能力和科学知识的界限，人类所能认识的只是操作活动范围以内的事情，超出这个范围的议论是没有意义的。

布里奇曼强调意义与操作的密切关系，认为应该通过对使用某一概念于具体情况时所用的操作进行分析，去寻找这一概念的意义。他说：“……如果我们记住与一个物理概念相等值的操作是一些实际的物理操作，那就可以说只有在实际实验的范围内才能对一个概念下定义，在那些还没有作出实验的领域内，概念是没有下定义的，因而是没有意义的”②。布里奇曼在20世纪50年代以前，一直强调意义和操作是同义的；50年代以后，他的观点有些转变，认为操作和意义并不完全等同，不能完全把概念还原为操作，操作有层次性，意义也有多样性，操作分析只不过是揭示概念意义的必要条件，而不是它的充分条件。

布里奇曼强调操作分析，与逻辑实证主义者强调逻辑分析和经验证实原则，这两者之间有一些共同之处，这就是他们都重视分析方法，都重视经验的证实，都注意语言问题的研究。布里奇曼认为科学家们发现那些有用的，或者至少对他们适用的物理概念，通常在一定程度上是由他的语言需要决定的。他说：“我们的物理概念中那些形式成分和纯结构成分，经常决定于这种语言的需要。”③ 不过，他们之间也有某些区别：逻辑实证主义者强调的是语形分析和语义分析，布里奇曼则强调操作分析，即对实际的操作或活动的分析；逻辑实证

① 布里奇曼：《现代物理学的逻辑》，第5页。

② 布里奇曼：《现代物理学的逻辑》，第7页。

③ 布里奇曼：《我们的某些物理学概念的本性》，第5页。

主义者强调经验的直接或间接的证实，布里奇曼则强调通过操作分析进行证实；逻辑实证主义者注意科学语言本身的逻辑结构，布里奇曼则注意与科学语言相对应的实际操作活动。

布里奇曼对他的操作分析理论的作用作了很高的评价，他把实验操作看作科学知识的基础。认为一切自然科学理论都必须直接或间接地建立在实验操作的基础之上。例如，要给一个物理概念下定义，就不能根据我们的直观或想象，而只能根据实验室中进行的某种特定操作的结果。当与一个物理概念有关的物理量的测量程序被规定之后，这个物理概念的定义也就得出了。通过实验操作规定概念，然后由概念的结合形成判断，再由判断的组合构成理论。因此布里奇曼断定说，实验操作是一切自然科学理论的基础。而且，按照布里奇曼的观点，采用操作分析不仅意味着我们对概念的理解得到改进，而且意味着我们的思想习惯发生一个重大变化，即我们将不再把那些不能通过操作加以说明的概念作为我们的思想工具。他甚至声称，如果把操作分析方法推广应用于各个研究领域，就会大大有助于人们澄清思想，避免使用空洞的、没有意义的概念，从而能改善人们之间的思想交流，以至改善人们之间的交往关系。

可以承认，在自然科学中，特别在物理学中，操作分析对于确定概念的意义能起一定的积极作用。如果把“操作活动”理解为科学实验，理解为社会实践的一种形式，那么重视科学概念的形成与操作活动的联系，这并不是没有意义的。可是，不能像布里奇曼及其追随者那样夸大操作分析方法的作用，也不能像他们那样不加限制地把这种方法推广应用于其他研究领域。从哲学上看，布里奇曼的操作分析理论包含有下列错误。首先，他把人的感觉器官也划入实验室操作所使用的仪器之列，这就把人的主观感觉活动也看作实验操作的活动，把人的感官所感知的色、香、味等主观感受或主观经验包括到实验操作的过程之中。更为重要的是，他把那种容许自由创造的“精神操作”也包括到个人的操作活动之中，这就更增添了操作活动中的主观成分。布里奇曼始终强调行为正是指我自己的行为，操作总是由个人来进行的，物是操作的总和，归根结底也是自我行为的总和。因此，当他谈论操作时，他总是强调这是指第一人称单数，即我个人的操作。这种看法就使他的操作分析理论带有强烈的主观唯心主义色彩。西方有人批评他主张唯我论，他自己在其早期著作《物理学理论的本性》（1936）一书中甚至直截了当地承认："我所采取的立场就是唯我论的立场。"① 后来，大概是觉得"唯我论"这个称号不太光彩，因此在《事物的状态》（1959）一书中作过这样的辩解："……使用第一人称，这是我所极力主张的全部内容，而不需要包含任何有关唯我论的'自我'或'自己'的承诺。"② 但他同时又说："不论是明显地或暗含地坚持使用第一人称的主张，将不可避免地使注意力集中于个人，这在我看来似乎只会有好处。在我们这个时代，关于哲学和科学的解释已经被许多无情的、与人无关的普遍性理想缠得太紧了。"③

其次，布里奇曼用操作活动来限制科学知识的范围，这也是错误的。在他看来，概念或命题的意义是与操作活动同义的，操作活动既是科学知识的基础和根据，也是人类认识能力和科学知识的界限。凡是超出操作活动这个范围之外的概念或命题，都缺乏实验操作的根据，因而是无意义的。他说，无论唯物主义者主张物质先于精神，或者唯心主义者主张精神先于物质，这些命题都得不到实验操作的检验和证实，因而都是毫无意义的形而上学命题。诚然，如果对实验操作作唯物主义的理解，不像布里奇曼那样渗进主观因素，那么科学实验的确是物理学以至整个自然科学的一个重要基础。可是，布里奇曼却用搀杂有主观因素的实验操作顶替客观的科学实验，并把这种实验操作的作用无限夸大，把它说成是人类认识能力和科学知识的界限，这就走向不可知论。从马克思主义观点看来，社会实践才是包括自然科学和社会科学在内的全部知识的基础，科学实验只是社会实践中的一个组成部分。社会实践中最基本的部分是生产斗争，它是决定其他一

① 布里奇曼：《物理学理论的本性》，第 14 页。
② 布里奇曼：《事物的状态》，第 4 页。
③ 布里奇曼：《事物的状态》，第 5 页。

切活动的实践活动。先进的科学和革命的理论永远是在社会实践的基础上产生的，并随着社会实践的发展而发展。社会实践的发展是无限的，以社会实践为基础的全部知识的发展也是无限的，因此人类的认识能力也是无限的，宇宙中没有任何一个领域是人类永远无力认识的。

二、操作分析与物理实在

布里奇曼的操作主义的一个重要特征，在于通过操作分析以否定物质客体的客观存在。诚然，布里奇曼作为一个实验物理学家，有时在其著作中也使用"外部世界"、"物理实在"、"事物的客观性"等等词汇，甚至声明："关于有一个外在世界这个常识判断，我们承认这是重要的。"① 可是，他所说的"物理实在"，并不是指客观的物质实在，而是指操作意义上的实在；他所说的"事物的客观性"，并不是指事物的客观存在，而是指操作所具有的重复性和同一性。他说："操作具有一定的可重复性和同一性，因而具有'客观性'。"② 至于外部世界的存在这个常识判断，他则贬之为这是使用"常识性的方法"而得出的结论。他认为从常识的观点来看，我们可以把日常生活中的对象概念化为一种不依赖于仪器或观察方法的存在，在常识范围内这种意义是足够清楚的，可是我们不能毫无批判地把这种观念引进与常识不同的科学之中，以致认为物理学描述的对象也是一种不依赖于观测方式的存在。在他看来，科学中不能采用这种"常识性的方法"，而必须采用"操作分析"的方法，即把物理对象归结为操作活动的方法。他竭力主张："要抛弃用具有特性的客体来探讨我们的环境的那种常识性方法，而代之以把物体归结为活动和操作的那种更好、更可靠的分析方法。"③ 按照这种方法得出的结论是，物理实在是由科学家们自己的操作活动决定的，也就是科学家们在一定时

① 布里奇曼：《现代物理学的逻辑》，第 11 页。
② 布里奇曼：《我们的某些物理学概念的本性》，第 8 页。
③ 布里奇曼：《一个物理学家的沉思》，第 127 页。

间地点的条件下通过所使用的仪器确定下来的东西。它们是科学家们自己的操作活动的总和，而不是存在于操作活动之外的客观实在。因此，他在使用"外部世界"等词时常常加上引号，以表示这不过是常识的看法，与他自己主张的通过操作分析所确定的物理实在截然不同。

从这种观点出发，布里奇曼进一步否定时间和空间、微观客体以及场、真空和光等等物理对象的客观实在性。首先，我们看看他是怎样用操作分析否定时间和空间的客观实在性的。他曲解相对论的理论意义，硬说自19世纪下半叶以来，唯物主义的时空观已成为现代物理学发展的障碍，爱因斯坦在科学史上的重大贡献，正在于他坚持操作主义的立场，抛弃了唯物主义的时空观，把时间和空间概念建立在操作分析的基础上，从而成功地建立了狭义相对论。他以"长度"概念为例说明狭义相对论否定了空间的客观性。他说，观察者在测量静止物体的长度时，由于采用直接接触的测量操作，即用标尺等量具直接接触被测量的物体，从而产生经典力学的"接触长度"概念；现代物理学在测量高速运动的物体的长度时，由于采用光学的测量操作，从而产生了现代物理学的"光学长度"概念。"接触长度"概念和"光学长度"概念，是两个性质完全不同的概念；而这两个性质不同的长度概念之所以产生，仅仅是由于观察者采用了不同的操作方法，即选择了不同的测量方法。布里奇曼由此断定，"长度"概念(或者，扩大些说，"空间"概念)，并不反映任何客观对象，也不是根据它所反映的对象加以规定的，而完全取决于我们所选择的测量方法。同样地，他认为时间也不具有客观性，并以"同时性"概念为例来说明这一点。他说，按照经典力学，同时性概念是指单独两个事件而不包括任何其他东西在内的一种特性，这两个事件不是一先一后发生，就是同时发生。而按照狭义相对论，同时性概念则是根据观测者所在的测量系统中测量到的这些事件发出的光信号的次序来定义的，在同时性概念的定义中已把测量程序包括在内。他说："关于时间概念，我们已经指出这里有两个主要问题：一个是在空间的一个点上测量时间的问题，另一个是把时间系统扩展到全部空间的问题。第二个问题正是相对论促使人们注意的问题。"① 布里奇曼由此断定，狭义相对论也否定了时间的客观性。

其次，布里奇曼也否定原子、电子、质子、中子等微观客体的客观存在。在他看来，原子并不是仪器操作之外的客观实在，因为人的感官是实验室操作中最基本的仪器，可是人的感官从来没有直接感受过原子，而仅仅感受一系列的操作活动，因此，原子不过是一系列实验室操作以及与此相关的精神操作的同义词。在他看来，科学家们之所以采用"原子"这个概念，只是因为许多新实验的发现，特别是布朗运动和威尔逊云室中轨迹所包含的内容，使科学家们认为使用"原子"概念说明这些物理现象比较简单而且方便，于是抛弃了其他可以代替的观点。与此相似，布里奇曼还曲解微观客体的波—粒二象性的发现，并以此为根据否认电子、质子、中子等微观客体的客观性。他说，现代科学实验表明，电子、质子、中子等微观客体，在一类仪器的操作下表现出波动，在另一类仪器操作下又表现出微粒性，这表明电子、质子、中子等微观客体在仪器操作之外并不具有任何客观实在，它们只不过是有关操作的同义词，是科学家们的操作活动的结果。

再次，布里奇曼否定场、真空和光的客观存在。他用以否定场的存在的论据是：在现代物理学中，为了确定场的客观存在，通常是通过想象把电荷引入场内；可是，他反驳说，当人们把电荷引入场内时，电荷就改变了场的本来面目，在这种情况下我们所看到的已经不是场自身的情况，而是受电荷干扰过的情况。在他看来，我们在这个问题上碰到一种无法克服的内在矛盾：一方面，我们需要在一种真空中对场进行探测；另一方面，我们又需要在那里用某些仪器以指示场的存在，而当我们引进探测仪器时，那里的空间就不再是空的了。他说："从与试测电荷成比例的力的仪器测量的量中推导出客观存在的场，包含相同情况，如同在通常宏观现象领域中，物体的质量与我们所觉察到的光的强度成比例一样。在这种条件下，当然不可能建立物

① 布里奇曼：《现代物理学的逻辑》，第73页。

体存在的概念。我们所以作出一个想当然的独立存在的场概念，是由于我们在这里采用的只是一种无批判的类推法。”①

布里奇曼用以否定真空的客观存在的论据，与他用以否定场的客观存在的论据基本相似。他说：“我们在‘真空’概念上再一次危险地碰到一个内在矛盾。因为如果我们不带着仪器到所谓真空中去加以证明，我们如何能够证实这个所谓的真空确实是一个里面没有任何东西的真空，而当我们引进仪器时，这个地方就不再是空的了。”② 在他看来，所谓真空的“真正存在”问题，也是与仪器的行为问题纠缠在一起的。与场不是客观实在、而是仪器操作的同义词一样，真空也不是客观实在，它也只不过是仪器操作的同义词，因为仪器操阼所能确定的，只能是仪器操作活动自身，而绝对不能确定仪器之外的情况。由此出发，布里奇曼还推断说：“在对这种真空概念的合理否定中，看来我们已经惹人注目地证明了我们能够设想：我们的概念是不能与产生它们的操作相分离的，并且不能想当然地说事物是存在的。”③

布里奇曼还用同样的论据否定光的客观存在。科学家们通常认为，光的客观本性是“物的移动”即辐射的传播。他却认为科学上无法验证光的客观本性是物的移动，因为要验证光的这种移动，必须使用仪器，而我们只要使用仪器，就会对光进行干扰，阻扰光的移动，从而无法认识这种本性。他说：“我们采用什么仪器手段，显示出我们有了光就有了‘物的移动’呢？在这种通常的光学现象领域内，同上述企图用仪器区分场与超距作用和作出真空的仪器意义一样，我们又面临同样的自我否定的条件。因为测试光存在的唯一方法是在辐射的途径上安放一个荧光屏，去观察荧光屏的发亮。我们从来没有过光本身的经验，而只是有物被照亮的经验；光在操作意义上意

① 布里奇曼：《我们的某些物理学概念的本性》，第 19 页。

② 布里奇曼：《我们的某些物理学概念的本性》，第 19 页。

③ 布里奇曼：《我们的某些物理学概念的本性》，第 19 页。

味着物被照亮，而不是一种‘物的移动’。”① 因此，他断定说，所谓“光”的概念并不反映任何客观实在，而只具有“物被照明”的仪器意义。

总而言之，按照布里奇曼的观点，时间和空间、微观客体以及场、真空、光等等概念，都不反映任何客观实在，它们只不过是仪器操作的同义词。在他看来，人们通过仪器操作所能认识的，只是仪器操作活动本身，而不可能是仪器操作活动之外的任何客观实在。他说：“因为，从操作观点看来，企图在用来确证和验证事物存在的仪器之外去确认任何事物的存在，总是不会有结果的，总是没有意义的。”② 这就是说，物理对象的实在指的仅仅是操作意义上的实在，而不是客观意义上的实在。布里奇曼把经典力学的形而上学时空观与唯物主义时空观混为一谈，通过利用相对论来否定形而上学时空观，以反对唯物主义时空观。他曲解波一粒二象性这个重大科学发现，并根据这种曲解来否认微观客体的客观存在。他还以仪器对对象的“干扰”为理由，否认场、真空和光等等的客观存在。所有这一切鲜明地表明，他的操作主义从哲学上看也是一种主观唯心主义。与实用主义者和逻辑实证主义者一样，布里奇曼也继承了贝克莱、休谟等人的唯心主义经验论传统。实用主义者和逻辑实证主义者对经验作了主观唯心主义的理解，然后片面夸大经验的作用，以主观的经验去限制人的认识，否定物质客体的客观存在。同样地，布里奇曼也对仪器操作作了主观唯心主义的理解，然后片面夸大仪器操作的意义和作用、把人的认识局限于仪器操作活动范围之内，最后得出“物是操作的总和”、“仪器操作与物理对象不可分割”等等错误结论。可以看出，在哲学立场上，布里奇曼与实用主义者、逻辑实证主义者是基本一致的，这里的区别仅仅在于他用“仪器操作”取代了“经验”一词而已。

---

① 布里奇曼：《我们的某些物理学概念的本性》，第 20 页。

② 布里奇曼：《我们的某些物理学概念的本性》，第 16 页。

三、真理理论

布里奇曼在真理问题上的观点具有把实用论和符合论结合到一起的特色。一方面，他继承实用主义的真理观，强调真理来源于“效用”；另一方面，他又接受罗素等人的影响，有时也表现出一些符合论的倾向。在这两者之中，他的立场基本上是实用主义的。

实用主义真理观的核心思想是：有用便是真理。詹姆斯认为，真理是一种对确定或满足人们的兴趣、注意、信仰有用的东西。当经验之间的联系或者观念之间的联系能够帮助人们取得成功，给人们带来某种利益或效果时，这种联系便是真的。杜威用他的工具主义来修正和补充这种观点，他认为概念、思想、理论等等，都是人们为了达到某种目的而设计出来的工具，如果这些工具有利于达到预期的目的，它们便是真理，反之就是谬误，因此它们的效用和价值完全取决于它们能否导致预期的目的得到实现。这种真理观不仅否认客观真理，而且否认绝对真理和相对真理的辩证统一关系，片面夸大真理的相对性而否定真理的绝对性，结果走向相对主义。

与詹姆斯和杜威相似，布里奇曼也十分强调活动，强调试验，强调效用。他说：“对于任何一种理论来说，最重要的事情是它实际上作些什么，而不是它说它作些什么，也不是它的作者认为它作些什么，因为这前后两者的确往往是大不相同的。”① 这就是说，要了解一种理论的真正意义，不是根据一个人关于这个理论说了些什么，而是他利用这种理论作了些什么。除非我们对这个人利用这个理论作了些什么进行细致的分析，我们就不能理解这种理论的意义。在他看来，科学、语言和理性思维都只不过是人们用来使自己与周围环境相适应的手段，人们既利用这些手段来理解过去，又利用它们来预测未来。至于这些手段是否能实现预期的目的，这只能依赖于试验。他说：“科学、语言和理性思维都是我试图用以作出调整的手段，我必

① 布里奇曼：《物理学理论的本性》，1936 年，第 5 页。

须通过试验才能知道它们是否是有成效的手段。"① 为此，他特别强调试验的作用。他说："我如何能够说在特定场合下某种经验分析对于我们的目的来说是足够完善的呢？对于这个问题，我所听到的令人满意的回答，归根结底无非是'试试看'。如果一个特定概念能够像我们期望的那样起作用，它就是一个'足够'完善的概念；可是，在我们作出试验之前，我们就不能说它是否是足够完善的。"②

与实用主义者一样，布里奇曼也否认绝对真理和相对真理的辩证统一关系，片面夸大真理的相对性而否定真理的绝对性，这明显地表现出他的观点的相对主义。他强调说，既然真理始终是相对于人类在一定时间内完成的操作而言的，因此真理不可能具有静态的、绝对的意义。他说："在我看来，这不外表示这样一些实际情况：意义是由操作决定的，而操作是由人类在时间中完成的，它们受到我们经验的时间的严格限制；任何一个词的充分意义都包括要加上一个日期；未来的操作只不过意味着它们是借助于现在完成的操作加以描述的。由于活动本身具有这些基本特性，因此真理不具有我们喜欢赋予它的那种静态的、绝对的意义。"③

布里奇曼还把他的这种实用主义的真理观应用于曲解某些物理概念的真理性。在他看来，科学家选择或确定一个物理概念，不是根据这个物理概念正确地反映了一定的物理实在，而是根据这个物理概念对于解释某种物理现象来说较为"方便"，较为"简单"。他说："可能出现这样的情况：在一种知识的初期，两种观点的选择是不重要的，但是随着新的实验事实的发现，一种观点的方便和简单就会势不可挡地造成一致抛弃别的观点的结果。"④ 他援引从"恒定化学量"概念到"原子"概念的发展来说明这一点。半个多世纪以前，唯能论的创始人奥斯特瓦尔德（W. Ostwald）主张采用"恒定化学量"概

① 布里奇曼：《物理学理论的本性》，1936 年，第 16 页。

② 布里奇曼：《有才智的个人和社会》，1938 年，第 55 页。

③ 布里奇曼：《物理学理论的本性》，第 41 ~ 42 页。

④ 布里奇曼：《我们的某些物理学概念的本性》，第 22 页。

念，认为“原子”概念是多余的；后来，随着科学的进一步发展，科学家们仍然主张采用“原子”概念，而不采用“恒定化学量”概念。这一发展过程说明“原子”概念比较准确地反映了物理学中的某种客观实在，因而获得科学家们的承认。可是，布里奇曼认为，奥斯特瓦尔德的“恒定化学量”概念之所以被“原子”概念所取代，并不是因为“原子”概念比较准确地反映了原子这种客观实在，而只是因为它比较方便和简单。他还从这种相对主义的真理观出发，把“场”概念与“超距作用”概念加以对比，以此说明对概念的选择完全是相对的，仅仅依据于哪个概念比较简单和方便。在科学史上，人们认为场的学说是科学的，而超距作用学说是错误的。布里奇曼却认为这两种学说都是科学的，后来科学家们之所以采用场的学说而抛弃超距作用学说，仅仅是因为在数学方法上，特别在处理电磁现象方面，采用前一种学说比后一种学说方便。如果今后发现在解释另一些物理现象上采用超距作用学说更为方便，科学家们也完全可能抛弃场的学说，而重新采用超距作用学说。他断定说：“因此，我们必须承认，物理学家们在实际工作中作出的两种概念之间的区别，是言语的区别，与其相应的操作是言语的操作。毫无疑问，关于场与超距作用这两种观点之间区别的描述，已经成为物理学家活动中的一个重要部分，因而可以把它看成是文字的协商。”①

另一方面，布里奇曼有时也明显地表现出符合论的倾向。例如，他认为我们在使用语言中之所以能够取得某些成效，这主要是因为语言具有一种建立和保持与经验相符合的关系的能力。至于为什么我们能够建立与保持这种符合关系，他认为提出这个问题是没有意义的，我们只能够接受这个事实。他说：‘语言是通过这种符合关系的建立过程而获得意义的，不过在语言范围之内不可能描述这些过程，而必须越出语言系统之外。”② 诚然，他认为语言的结构和经验的结构这两者并不是完全相同的，因为，经验是变动不居的，语言则是由许多

① 布里奇曼:《我们的某些物理学概念的本性》，第 18 页。

② 布里奇曼:《物理学理论的本性》，第 20 页。

分离的单位连接而成，而且语言也没有提供一个独特的方法，以报导我们经验的各个分离的方面。尽管如此，布里奇曼毕竟认为在语言和经验之间存在着某种符合关系，语言正是通过这种符合关系而获得其意义。布里奇曼的这种观点，在一定程度上类似于罗素、早期维特根斯坦以及卡尔纳普等人关于语言和实在具有相同的逻辑结构的观点。

布里奇曼的真理理论的主要错误，在于它具有浓厚的相对主义色彩。如前所述，相对主义在布里奇曼的真理观中的主要表现，在于他否认绝对真理和相对真理之间的辩证统一关系，片面夸大真理的相对性而否认真理的绝对性，否认相对之中有绝对，否认知识具有客观内容，否认客观真理的存在。正是由于这个缘故，他才把原子概念和化学恒定量概念、场概念和超距作用概念这两组概念中的对立概念，同样地看成是真理，否认它们之间的原则区别，认为科学家们可以从这两组对立概念中随意挑选一个，因为它们都是对同一系列操作的不同解释，它们之间的区别仅仅在于某种解释在某种场合下相对说来比较简单、方便和实用。与实用主义者一样，布里奇曼也错误地把简单、方便和实用看作真理的标准，否认社会实践是检验真理的唯一正确的标准。诚然，科学家们在制定科学理论时需要考虑它的简单（或者，用另一种说法，“经济”）和方便，可是简单（“经济”）或方便并不是检验科学理论的真理性的标准。列宁在批驳经验批判主义时早已指出，思维只有“在正确地反映客观真理的时候才是‘经济的’”①。同样地，尽管科学家在创立一种科学理论时也需要注意它的效用，可是效用也不是检验科学理论的真理性的标准，因为知识也只有在正确反映客观真理的条件下，对于改造客观世界来说才是有效用的。

① 列宁：《唯物主义和经验批判主义》，《列宁选集》，人民出版社，第2卷，第171页。

第三节　查尔斯·威廉·莫里斯
(Charles William Morris 1901～)

查尔斯·威廉·莫里斯，美国哲学家，指号学家，以研究指号和价值而闻名于世。他所创立的"科学的经验主义"，是实用主义和逻辑实证主义相结合的产物。指号学是一种关于指号及其运用的一般理论，它以指号过程作为自己的研究对象。在指号学的建立和发展过程中，除皮尔士、奥格登等人外，莫里斯也起了重大的作用。他头一个把指号学区分为语形学、语义学和语用学这三个部门，这种区分已普遍获得分析哲学家的认可。英美哲学界把他看作20世纪在指号学研究方面一个有成就、有影响的重要人物。艾麦利·罗蒂（A. Rorty）说，莫里斯"发展了皮尔士的指号理论，他是头一个把实用主义应用于语言分析和语言理论的哲学家之一。他对'语用学'这个词的使用影响了斯蒂文森（C. L. Stevenson），并且把刘易斯的著作和卡尔纳普与蒯因的著作联系起来"①。布莱克（M. Plack）说，莫里斯的《指号、语言和行为》一书是"许多年来在这个问题上最令人激动的著作之一"②。普通语义学家哈雅卡瓦（S. I. Hayakawa）认为莫里斯的指号理论对普通语义学的发展也有影响，他在1973年发表的一次谈话中说："我现在仍然高兴地回忆起我在思想上怎样受惠于莫里斯。他的《指号、语言和行为》（1946）一书是我的教育上的一个重要的里程碑。我并不认为这本书在语义理论的系统化方面已被别人超过了。"

莫里斯1901年5月23日出生于科罗拉多州丹佛市，后随其父母移居芝加哥，在那里念中学，毕业后入威斯康星大学，后转到西北大学。他最初对工程技术感兴趣，后来转向心理学，1922年在西北大

---

① 艾·罗蒂：《实用哲学文选》，1966年英文版，第362页。

② 布莱克：《行为主义指号学的局限性》，载于《哲学研究》杂志1947年，第272页。

学获得心理学学士学位。然后转入芝加哥大学，在米德（G. H. Mead）和穆尔（A. W. Moore）指导下当研究生，这时他的兴趣逐渐转向哲学，并决心终生从事指号和价值的研究。1925年以一篇题为《符号使用和实在：对心灵的性质的研究》（Symbolism and Reality：A Study in the Nature of Mind）为题的论文，获得哲学博士学位。莫里斯毕生从事教学，先后在哈佛大学、社会研究新学院、里斯大学、芝加哥大学、佛罗里达大学等校任教，其中在芝加哥大学任教时间最长（1931～1958），现已退休。他曾任美国哲学协会西部分会主席，美国科学院院士，美国科学促进协会和美国行为科学高级研究中心等机构的成员。

莫里斯一生写了大量著作，主要是在指号学和价值学方面。1932年出版的《关于心灵的六种理论》（Six Theories of Mind）是他的头一部著作。1937年出版的《逻辑实证主义、实用主义和科学的经验主义》，是他早期的一本重要著作，收入了他在20世纪30年代中叶写的五篇论文。他在这本书中首次提出指号与指号之间、指号与其指称的对象之间，以及指号与指号的使用者之间这三个方面的关系的区别，并在把逻辑实证主义和实用主义结合起来的基础上，提出他的“科学的经验主义”。在1938年出版的《指号理论的基础》一书中，他首次明确提出语形学、语义学和语用学这三个概念。1946年出版的《指号、语言和行为》，是他中期的一本重要著作。他在上述这两本书中以行为主义理论为基础，研究指号理论，特别是指号过程和指号行为。1956年出版的《人类价值种种》（Varieties of Human Values），是一本阐述他的价值学思想的重要著作。1964年出版的《意谓和意旨：对指号和价值的关系的研究》一书，是他晚年的代表作，他在这本书中试图把他的指号理论和价值学理论结合到一起。此外，他还写了《实用主义和民主危机》（Pragmatism and the Crisis of Democracy 1934），《生活的道路：世界宗教绪言》（Paths of Life：Preface to a World Religion 1942）、《开放的自我》（The Open Self 1948）以及《美国哲学中的实用主义思潮》（The Pragmatic Movement in American Philosophy 1970）等等。

莫里斯的哲学思想主要继承美国实用主义的传统，其中尤以皮尔士和米德对他的影响最大。皮尔士是实用主义的创始人，莫里斯主要接受他的指号理论的影响。米德（1863～1931）也是实用主义的重要代表，1892年后一直在芝加哥大学任教，是莫里斯在该校攻读哲学博士学位时的指导教师。米德主要从事社会行为主义理论的研究，他认为社会环境通过语言（其中包括指号、姿势等等）同个人发生相互作用，语言是一种传递信息的手段，同时也是一种社会行为，社会环境是自我和自我意识的先决条件。米德的这种理论对莫里斯的指号理论和价值理论发生很大影响。莫里斯在《意谓和意旨》一书的序言中首先声明："几十年来我的工作都集中地围绕着两个问题进行：发展一种关于指号的一般理论和发展一种关于价值的一般理论。《指号、语言和行为》是有关第一方面的产物，而《人类价值种种》则是第二方面的产物。两个问题都是按照主要由米德所发挥的关于行动或行为的理论来处理的"。莫里斯对米德甚为尊重，他在米德死后为后者编辑出版了两本重要著作：《心灵、自我和社会》（Mind, Self, and Society 1934）和《行为哲学》（The Philosophy of the Act 1938）。米德在这两本书中详细阐释了他的社会行为主义理论。

莫里斯除接受皮尔士的指号理论和米德的社会行为主义理论的影响外，还接受逻辑实证主义的语言分析理论的影响。他与卡尔纳普、纽拉特、赖欣巴赫等逻辑实证主义者都很熟悉，与卡尔纳普的交往尤其密切，他们两人一同在芝加哥大学哲学系任教多年。他积极参加卡尔纳普、纽拉特等人倡导的"科学统一运动"，是"国际统一科学百科全书"的主要编辑之一，他的《指号理论的基础》一书首次发表在这套百科全书的第一卷第二册上。

莫里斯所倡导的"科学的经验主义"，正是把实用主义和逻辑实证主义结合起来的产物，他在《逻辑实证主义、实用主义和科学的经验主义》一书中对此作了明确的说明。他认为逻辑实证主义和实用主义这两种思潮都继承了英国的经验论传统，不过由于这两种思潮的主要代表人物分别与不同科学相联系而表现出不同的方向，实用主义者重视对生物的和社会的规范的研究，而逻辑实证主义者则强调对语言的逻辑分析。这两种思潮虽然各有其特点，但从本质上说是相互补充的。如果这两种思潮能够自觉地取长补短，那么它们的前途是大有希望的。莫里斯给自己提出的任务，就是要用这种取长补短的办法，把逻辑实证主义、实用主义和传统的经验主义结合到一起。他认为他所创立的“科学的经验主义”就是把这三者取长补短、结合起来的成果。他的“科学的经验主义”包括两个主要内容，这就是他的关于指号的一般理论的指号学和关于价值的一般理论的价值学。在指号学中，他强调把语形学、语义学和语用学都包括在内，逻辑实证主义、传统的经验主义和实用主义都各自强调这三者中的一个方面，而他则要把这三个方面合成一体，因为“这三个方面是相互补充的，正好像理论、观察和实验在科学方法中结成一个整体一样，科学的经验主义以此证明它是能够把逻辑实证主义、传统的经验主义和批判的实用主义的那些真知灼见统一起来的”①。

莫里斯力图把实用主义和逻辑实证主义结合为一体，这个任务不难实现，因为实用主义和逻辑实证主义都继承唯心主义经验论传统，也都接受实证主义的影响，它们有共同的哲学基础，在某些观点上也相当接近。莫里斯的作为这种结合的产物出现的“科学的经验主义”，也是建立在唯心主义经验论的基础上，属于主观唯心主义范畴。不过，也应当指出，在莫里斯的指号理论中，特别在他关于语形学、语义学和语用学的联系和区分的观点中，在他对指号过程和指号行为的研究中，以及在他对意谓和意旨的分析中，都含有一定合理因素，它们对此后语言哲学的发展颇有影响。下面试图着重从这三个方面剖析和阐述他的指号理论；至于他的价值理论，这里因篇幅有限就从略了。

一、指号与指号学

前面谈到，莫里斯的“科学的经验主义”包括两大内容：“指号

① 莫里斯：《逻辑实证主义、实用主义和科学的经验主义》，1937 年英文版，序言，第 4 页。

学”（Semiotic）和“价值学”（Axiology）。什么是指导学呢？莫里斯把它称为“关于指号的科学”①，“关于指号的一般理论”②，“关于‘指号过程’（Semiosis）的科学”③，“对于指号过程的研究”④，如此等等。总而言之，指号学是关于指号的一般理论，它以指号过程作为自己的研究对象，它研究指号的各个方面及其相互关系。它的任务是把所有关于指号的术语和命题加以系统化，使之成为一个演绎的体系。它还要构造一种适合于指号科学的应用语言，并为讨论指号现象提供一种无所不包的语言。它是“科学统一化过程中的一个阶段，还是用以描述和推进科学统一化的一种工具”⑤。莫里斯还认为，指号学可分为纯粹的、描述的和应用的这三种类型。纯粹的指号学提出一种论述指号的语言，描述的指号学考察各种实际的指号，应用的指号学则应用指号知识去实现各种目的。

莫里斯给指号学作了这么多规定，提出这么多任务，可是，究竟什么是“指号”（Signs）呢？在对指号的理解上，莫里斯继承了皮尔士的观点。皮尔士对指号作了广泛的理解，他认为指号过程包括指号、指号的对象以及指号的解释者这三个方面的相互作用，并把任何如此活动的东西都称作指号。他说：“……相反，我所说的‘指号过程’是一种活动或者影响，它指的是或者包括指号、它的对象以及它的解释者这三者的协作……我的定义把‘指号’这个称号授予任何如此活动的东西。”⑥ 莫里斯也对“指号”作了广泛的理解，把“指号”说成是一切“有所指”的东西，它不仅包括语言中的指号，而且包括非语言的指号，例如手势、呼叫等等，他认为一只母鸡招呼小鸡的“咕咕”声，一只蜜蜂用来指示其他蜜蜂飞向蜜源的那种特殊的飞翔动作，都是一种指号。因此，他说：“指号学以一种关于一

① 莫里斯：《指号、语言和行为》，1946 年英文版，第 223 页。
② 莫里斯：《美国哲学中的实用主义思潮》，1970 年英文版，第 16 页。
③ 莫里斯：《实用主义和民主危机》，1934 年英文版，第 8 页。
④ 莫里斯：《指号、语言和行为》，1946 年英文版，第 353 页。
⑤ 莫里斯：《指号、语言和行为》，1946 年英文版，第 224 ~ 225 页。
⑥ 《皮尔士论文集》，第 5 卷，第 484 页。

切形式和表现的指号的一般理论为其目标，不论这些形式和表现是在动物方面或在人方面的，是正常的或病态的，是语言的或非语言的，是个人的或社会的。"① 不过，从他的论述过程中可以看出，他所说的"指号"主要仍然是指语言中的指号。

莫里斯在1937年出版的《逻辑实证主义、实用主义和科学的经验主义》一书中，已开始对指号学的研究。他认为指号包含三种类型的关系：指号与其对象的关系，指号与人的关系，指号之间的关系。从指号与其对象的关系来说，"房屋"这个语言符号与某种物理对象相对应，它在某些条件下能够取代这个物理对象。从指号与人的关系来说，当我们以某种方式使用某个指号时，它会引起某种心理学的、生物学的或社会学的反应。从指号之间的关系来说，我们在使用语言中可以用某些语言符号的组合来取代某个指号。在他看来，自然科学家和传统的经验论者主要关心头一种关系；实用主义者、生物学家、心理病理学家和社会科学家主要关心第二种关系，语言学家、数学家和逻辑学家主要关心第三种关系。

莫里斯在1938年出版的《指号理论的基础》一书中，进一步探讨了这三种关系，并且由此首次提出语用学、语义学和语形学这三个概念。他把"语用学"（pragmatics）定义为对"指号和解释者的关系"的研究，把"语义学"（semantics）定义为对"指号与它可以应用于其上的对象之间的关系"的研究，把"语形学"或"句法学"（syntactics）定义为对"指号之间的形式关系"的研究。指号学包括这三个部门，或者说，这三个部门构成指号学这个整体。莫里斯对这三者的区分，虽然表述不很确切，但很快被逻辑实证主义者所采纳。卡尔纳普在1942年出版的《语义学导论》中，接受了这种区分，不过修正了莫里斯对这三者的表述。他说："因此，我们把语言的三个研究领域区分开。如果一种研究明确地涉及说话者，或者，用更加一般的术语来说，涉及语言的使用者，那么我们便把这种研究归之于语用学的领域（在这种场合下是否涉及指示者，这对于这种划分没有

① 莫里斯：《意谓和意旨》，1964年英文版，第1页。

影响)。如果我们抽去语言的使用者，而仅仅分析语词与其指示者，我们便处于语义学的领域。最后，如果我们再抽去指示者，而仅仅分析语词之间的关系，我们便处于（逻辑的）句法的领域内。由上述这三个部分组成的整个语言科学，被称为指号学。"①

莫里斯在1946年出版的《指号、语言和行为》一书中，承认他在《指号理论的基础》一书中给语用学、语义学和语形学这三门学科所下的定义是有缺陷的，因为这些定义不能保证把它们应用于指号种类的分类，如"语用的指号"、"语义的指号"、"语形的指号"等，从而混淆了具有各种不同指示方式的指号和构成指号学的这三个部门的那些指号之间的区别。为了弥补这些缺点，他对这三个概念重新下了定义："语用学是指号学的一部分，它研究指号在其出现于其中的行为的范围内的起源、用法和效果。语义学研究指号在各种指示方式中的意谓（signification）。语形学则研究指号的组合，而不考虑指号的特殊意谓，也不考虑指号与它们出现于其中的行为的关系。"②这就是说，语用学研究在指号的解释者的整个行为中指号的起源、用法和效果；语义学研究指号的意谓，从而也要研究解释行为，因为没有解释行为，也就没有意谓；语形学则研究指号的组合方式。

莫里斯认为，在指号学的这三个部门中，语形学最为发达，逻辑实证主义者早已在这个领域内作了大量研究。语形学研究指号之间的语形关系或句法关系，而不涉及指号与其对象或者指号与其解释者之间的关系。换句话说，语形学集中研究语言的逻辑结构和语法结构，而撇开指号的意谓、起源、用法和效果等等。语形学包含两类规则：形成规则和变形规则，前者规定语句如何构成，后者规定语句如何变换，即如何从一些语句中推引出另一些语句。莫里斯认为，在卡尔纳普的逻辑句法（logical syntax）中，这种语形关系的理论已获得它的最精细的发展。逻辑句法专门注意语言的形式方面，把逻辑分析与那种把语言形式结构作为一种规则系统进行的分析等同起来，抽去了语

① 卡尔纳普：《语义学导论》，1942年英文版，第9页。

② 莫里斯：《指号、语言和行为》，第219页。

言中符号与经验对象的关系，因此也抽去了符号的全部心理的和社会的效果。莫里斯接受了卡尔纳普关于逻辑句法的基本思想，可是他把逻辑句法推广应用于比语言范围更广的一般指号。

在语义学方面，莫里斯接受了塔尔斯基的“逻辑语义学”的观点。塔尔斯基在1935年发表的《科学演绎语言中关于真理的概念》一文中，指出卡尔纳普等人的逻辑句法具有局限性，因为逻辑句法不研究语词和其对象之间的关系，这就无法解决指称、意义、真理等等重要的逻辑问题和哲学问题。因此，他提出“逻辑语义学”，主张采用逻辑的形式化方法，研究语词与其对象的关系，研究指称、意义、真理等等问题。莫里斯接受了这个观点，把语义学看作指号学的一个分支，强调语义学就是研究指号与它们所指谓的对象之间的关系，研究指号和它们所指示的或者可以指示的对象之间的关系。语义学也有它的规则，这些规则规定了在什么条件下可以把某个指号应用于某个对象或者某种情况。这就是说，指号可以应用于任何符合于语义规则所规定的条件的事物，语义规则规定了指号所能指示的事物的种类。在指号所指的对象方面，莫里斯还把“所指谓”（designatum）和“所指示”（denotatum）区别开来，前者着重指对象的性质，后者则着重指对象本身或其存在，因此，一个指号可以有“所指谓”，而没有“所指示”，这就是涉及一个并不实际存在的对象。

至于“语用学”这个概念，则是莫里斯从“实用主义”（pragmatism）这个词中生造出来的。莫里斯明确表示，他以这种方式构造出“语用学”这个概念，正是为了表明皮尔士、詹姆斯、杜威和米德等人的成就在指号学中具有重要地位。他说：“语用学是指号学中有关指号的起源、用法和效果的方面。实用主义者，作为哲学家，曾强调这个领域的问题，也就是因为这个理由才把‘语用学’引进现在的指号学的术语中。”① 在他看来，卡尔纳普的逻辑句法学和塔尔斯基的逻辑语义学虽然各有其成就，但它们有一个共同的缺点，这就是它们都没有研究语词或指号与其使用者之间的关系，忽视了这个问

① 莫里斯：《意谓和意旨》，第44～45页。

题的生物的、心理的和社会的方面。他认为实用主义对指号学的重要贡献，正在于它强调研究指号与其使用者之间的关系，重视这个问题的生物的、心理的和社会的方面。在这问题上，皮尔士和米德的行为主义理论对莫里斯的影响尤其明显，因为他强调语用学要研究指号在其出现于其中的行为的范围内的起源、用法和效果，也就是研究在指号的解释者的整个行为中指号的起源、用法和效果。他还认为，由于大部分或者全部指号都是由有生命的机体来解释的，因此语用学要特别注意研究指号过程的生物方面，即当指号发生作用时出现的那些心理学的、生物学的和社会学的现象。他甚至曾经考虑用他所创造的"语生学"（biotics）这个词来概括这方面的研究，后来他改用"语用学"这个词，是因为他认为这个词更为恰当，它表现出指号过程的"功能"方面，同时也包括了"语生学"的内容。

总之，按照莫里斯的观点，在指号学问题上，卡尔纳普等人的逻辑句法，塔尔斯基的逻辑语义学，以及皮尔士、米德等人的行为主义意义理论，都各自有其片面性，不能包括指号学的全部内容。因此，他强调要把这三个部门合成一个整体，并注意研究这三者之间的相互关系。诚然，在一定场合下可以着重研究其中某一方面，但不能忽视它们的整体性，因为指号过程就具有由这三个方面组成的浑然一体的性质。他说："目前流行的倾向是对语形学、语义学或者语用学作专门化的研究，因而我们有理由强调这三门学科在指号学范围内的相互联系。的确，就指号学比这三门学科具有较多的内容来说，指号学主要涉及这三门学科的相互关系，因而涉及这三门学科所忽略的指号过程的统一性。"①

莫里斯把语形学、语义学和语用学这三者区分开来，并强调这三者的相互联系，这种观点已被大多数分析哲学家所接受，并对后来语言哲学的发展有很大影响。20 世纪 20～30 年代，逻辑实证主义者主要从事语形学或句法学的研究。40 年代起，语义学成为很多分析哲学家研究的重点，已出版了大量有关这个问题的著作，目前仍有不少

① 莫里斯：《指号理论的基础》第 14 页。

人致力于这方面的研究。最近一二十年内，语用学也开始受到很多分析哲学家的重视，而且语用学与语义学的区别和联系问题也成为许多分析哲学家争论的对象。有人认为语形学研究语句，语义学研究命题，语用学研究言语行为以及在其中完成言语行为的语境。有人认为语义学研究语词的不以语境为转移的字面意义，语用学则研究说话者和听话者据以确定语词在被说出时的意义，这种意义是以语境和用法为转移的。还有人否认有一种不以语境为转移的字面意义，认为语义学和语用学之间没有明显界限，甚至可以把语义学看作语用学的一个分支，如此等等。对于语形学、语义学和语用学的研究，也应是我们马克思主义哲学家和语言学家研究的重要课题之一。

二、指号过程和指号行为

在莫里斯的指号理论的发展中，他的《指号、语言和行为》一书是一部十分重要的著作。他在这本书中对指号、指号过程、指号行为等等基本概念作了详细的解释，并强调了指号与社会行为的密切关系。皮尔士、米德的行为主义理论对他的影响，在这本书中也表现得非常明显。莫里斯在这本书的序言中明确表示："本书是从皮尔士首先表述的下述观点出发的：确定任何指号的意义，'我们……只不过确定指号引起了什么样的习惯'。因此，指号是借助于它们在解释者身上引起的行为倾向来加以描述和辨别的。就这个词的广义来说，这种观点是行为主义的，它在很大程度上受惠于米德、杜威、爱德华·托尔曼（Edward C. Tolman）和克拉克·L. 哈尔（Clark L. Hall）所发展的行为理论。不过，逻辑学家们也以他们自己的方式对理解指号作出了许多贡献，我们的论述也吸取了他们的成果，特别是吸取了鲁道夫·卡尔纳普进行的分析。"①

在这本书中，莫里斯从行为主义观点对指号这个基本概念作了更加详细的解释，分析了指号过程及其包含的五种因素。在他看来，"指号过程"（semiosis，sign-process）是这样一个过程，在这个过程

① 莫里斯：《指号、语言和行为》，1946 年英文版，第 5 页。

中，某物成为对某个机体而言的指号，或者说，某物通过某个第三者（指号）而考虑到另一物。这个过程中包含五种因素，即指号或指号媒介物（sign-vehicle）、解释者（interpreter）、解释（interpretant）、意谓（signification）和周围条件（context）。指号过程就是指号在特定条件中在解释者身上引起一种对意谓作出解释的过程，简单点说，指号过程就是指号产生和应用的过程，一个指号媒介物只有在指号过程中才能成为一个指号。莫里斯后来对指号过程中这五种因素的关系，作了这样的概括："指号过程被看作是一个五项的关系——V、W、X、Y、Z——其中V，在某种条件Z之下，在W中造成以某种方式X对某种对象Y（那时并未作为一种刺激进行活动）作出反应的倾向。在有了这种关系的那些事例中，V就是'指号'，W是'解释者'，X是'解释'，Y是'意谓'，Z是记号在其中出现的'周围条件'。"①

莫里斯还从指号过程的角度对指号这个概念下了这样的定义："如果某个东西A用这样一个方式控制了向着某个目标的行为，而这种方式类似于（但不必等同于）另一个事物B在它被观察到的那个情况下用以控制关于这个目标的行为的那种方式，那么A就是一个指号。"② 例如，某人驱车前往某个目的地，途中听人说前面塌方，道路堵塞，于是改道前往。在这个事例中，他在途中听见别人说的那些话对他来说就是一种指号，它控制了他向目的地前进的行动。当然，这指的是一种语言指号，而指号并不限于语言指号。

莫里斯还对指号与"指号媒介物"（sign vehicle）、"信号"（signal）和"符号"（symbol）的区别和联系作了阐释。对"指号"和"指号媒介物"这两个词，莫里斯有时把它们当作同义词交换使用，有时又对它们作了一些区分。他说，顾名思义，"指号媒介物"是载运指号的手段，它可以是任何一个物理事件，例如一种声号、一个标记、一个动作等等。没有媒介物，指号就没有立足之地。譬如说，月

① 莫里斯：《意谓和意旨》，第2页。

② 莫里斯：《指号、语言和行为》，第7页。

亮周围的光轮是行将下雨的征兆；如果没有这种光轮，就没有行将下雨的指号。因此，指号和指号媒介物是不可分离的。他还认为，同一个指号媒介物在不同的指号过程中可能有不同的意谓。例如："十"这个指号媒介物既可能是十字架的指号，也可能是数学中的加号。至于指号与"符号"和"信号"的区别，莫里斯认为，指号是符号和信号的类概念，当指号可以取代与它同义的另一个指号时，这样的指号便是符号，否则便是信号。换句话说，当一个机体给它自己提供一个指号，这个指号在控制这个机体自己的行为中可以代替另一个指号，那么这个指号就是符号；如果不出现这样的情况，这个指号便是信号。因此，他说，符号是那样一种指号，它被它的解释者构造出来，起着代替另一个与它同义的指号的作用。信号则是那样一种指号，它不是被它的解释者构造出来的，它也不起代替另一个与它同义的指号的作用。

莫里斯还谈到指号的四种用法，即"告知的"（informative）、评价的（valuative）、鼓动的（incitive）和系统化的（systemic）这四种用法。告知的用法指的是把指号用来把某些对象或情境的性质告知某人。评价的用法指的是把指号用于在某个人中诱发对于某种对象或情境的偏好行为。鼓动的用法指的是把指号用来鼓动一种特殊的行为过程。系统化的用法指的是用指号来组织对由其他指号所产生的行为的倾向。他认为这些用法并不是根据指号所具有的各种意谓而必然地选出的。不过，一般说来，指号的指号具有告知的用法，评价的指号具有评价的用法，规定的指号具有鼓动的用法，而形式的指号则具有系统化的用法。

莫里斯还对什么是"解释"（interpretant）作了详细的说明。他认为"解释"是指号的解释者的一种影响，使得解释者在某种需求的推动下，倾向于在特定条件下以特定的方式完成某种行为。"解释"还包括含有解释者的某种期望，即解释者由于周围环境中的某种东西而准备对周围环境采取某种行为。他说，当某个指号媒介物作为反应的对象出现时，解释者就会期望某种情境出现，而且，根据这种期望，解释者能够使自己对可能发生的情况预先作出一定准备。莫里斯在表述“解释”这个概念时，经常使用“意向”（disposition）、“倾向”（tendency）、“习惯”（habit）、“准备”（readiness）等词，以强调解释者在某个指号出现的情况下，具有在某种条件下采取某种方式作出某种反应的倾向或意向。因此，他说：“一个解释者由于某个指号而产生通过某个行为族的反应系列而作出反应的意向，就称为‘解释’。”①

莫里斯还对什么是“意谓”（signification）作了详细的说明。他说，一个指号的外延（denotation）表示一个解释者在看到这个指号时倾向于作出的反应系列已经完成，而一个指号的意谓就包含那些实现这种外延的条件。一个记号必须有它的意谓，尽管并非所有的指号都指称（refer）实际存在的对象。对象就这个词的广义或狭义、抽象意义或具体意义来说，并不需要一个指称它的指号，可是没有这样的指称，也就不可能有意谓，因为一个指号的意谓就是这个指号所指称的东西。任何一个指号都有它的意谓，可是并非所有的指号都有它的指称，这就是说，指号所指称的每个对象并非都实际存在着。一个指号必须有所意谓，但并不是必须有所指称，意谓和指称是不相同的。一个指号的意谓包括这个指号所能应用于其上的各种事物，也就是解释者在看到或听到这个指号时所想到的所有那些具有某类特性的事物。莫里斯还把“意谓”和“表述了的意谓”（a formulated signification）区别开来。“表述了的意谓”指的是借助其他指号对某个指号所意谓的东西作出表述。一个表述的意谓可能是描述一个现存的指号的意谓，也可能规定一个指号从表述之时起将具有的意谓。一个指号在没有对它所意谓的事物作出表述的场合下，仍然可以起意谓的作用。

此外，莫里斯还提出“指号行为”（sign-behavior）这个概念。所谓“指号行为”，简单点说，就是指号在其中发生的那种行为，或者说，指号在其中起控制作用的那种寻找目标的行为。例如，某人在喂狗之前总是吹一声口哨，狗一听见哨声就跑来寻找食物，即使不拿

① 莫里斯：《指号、语言和行为》，第17页。

出食物，狗在听见哨声后也会跑来。在这个事例中，哨声是一个指号，狗听见哨声就跑来寻找食物的行为，是一个指号行为，即哨声这个指号在其中起促使狗跑来寻找食物这种控制作用的行为。在莫里斯的指号理论中，指号行为是一个重要概念。他把“行为”概念引进指号过程，用指号行为来解释指号过程中的各个因素，强调指号的意义就是控制行为，用指号控制行为的作用。与这个概念相联系，他还提出“预备性刺激”、“反应意向”、“反应系列”、“行为族”等概念。所谓“预备性刺激”（preparatory stimulus），他指的是一种能够影响对其他刺激的反应的刺激。预备性刺激在起刺激作用时必然在机体中引起一种反作用，但这种反作用不一定就是一种反应，也就是说不一定是对它自身的反应。例如，兔子在看见狗跑来追它之前，先听见一声狗叫，兔子就会跑得更快，在这种场合下，狗叫声便是一种预备性刺激，它没有直接引起反应，可是它影响了兔子看见狗追来而尽快逃跑的反应。所谓“反应意向”（disposition to respond），他指的是机体所处的那样一种状态，当出现某些附加条件时，机体就会作出某种反应。这些附加条件可能很复杂，例如，当狗看见前面有一只兔子时，它会产生跑去捕捉的意向，这就是“反应意向”，但它究竟是否跑去捕捉，这取决于一些附加条件，譬如在狗与兔子之间是否隔着一条河或一道铁栅等等。所谓“反应系列”（response-sequence），他指的是一系列连续的反应，它的头一个反应是由刺激物引起的，而它的最后一个反应，是对那个作为目的物的刺激物的反应。例如，一只狗看见一只兔子，跑去追它，抓到它，最后把它吃掉，这一系列行为就构成一个反应系列。所谓“行为族”（behavior family），他指的是由相似的刺激物引起的任何一组反应系列，这个系列终止于在这些刺激物中获得一些满足类似需要的类似的目的物。例如，从兔子出现开始一直到最后狗把兔子吃掉这整个反应系列，就构成兔子变为狗的食物这个行为族。根据以上对指号行为的分析，莫里斯又对指号下了一个更详细的定义：“如果任何事物 A 是一个预备性刺激，这个预备性刺激在不存在某些能引起某个行为族的反应系列的刺激物的场合下，在机体中引起一种反应意向，即在某些条件下通过这个行为族的反应系列而作出反应。”①

莫里斯在对指号过程和指号行为的研究中，强调指号与行为以及行为环境的关系，认为指号只有在交往过程中有人或动物充当它的解释者的情况下，才能起指号作用，这种观点具有合理成分。在这点上，他比逻辑实证主义者前进了一步，因为后者往往完全撇开社会环境与语言的关系，只孤立地研究语言的形式结构。但是，必须指出，莫里斯对指号过程和指号行为的研究是立足于皮尔士、米德等实用主义者倡导的社会行为主义理论之上的，这种理论认为心理意识不是物质的产物，也不是超自然的产物，而是社会行为的产物。他们把社会行为理解为生物有机体与其环境之间的相互作用，这种相互作用是借助语言符号来实现的，因此，他们认为通过分析语言符号就可以解释个人和社会的一切。尽管他们承认人的行为的社会性，但由于他们把复杂的人类社会关系简单地归结为生物有机体与环境之间的相互作用，而不了解人类社会关系是人们在共同活动中结成的各种以生产关系为基础的相互关系，不了解仅仅通过语言符号的分析并不能了解个人和社会的一切，而必须深入研究人们在生产过程等等中的地位和相互关系，因此他们的这种社会行为理论仍然是唯心主义的。莫里斯把他们的指号理论建立在这种社会行为理论的基础上，从而使他们的指号理论在某些方面也带上唯心主义的色彩。

三、意谓和意旨

前面谈到，莫里斯在早期和中期著作《指号理论的基础》(1938)、《指号、语言和行为》(1946）等著作中，着重讨论指号学问题，在较晚的著作《人类价值种种》(1956）中，着重讨论价值学问题，而在他晚年出版的一本重要著作《意谓和意旨》(1964）一书中，则试图把指号学和价值学结合为一体。

按照莫里斯的观点，“意义”（meaning）这个词具有两极，即“意谓”（signification）和“意旨”（significance)，前者指的是某个

① 莫里斯：《指号、语言和行为》，第10页。

指号所指的东西，后者指的是这个所指者的价值（value）或旨趣。例如，如果询问“生活”这个词的意义是什么，那就或者是问这个词的意谓问题，或者是问这个词的价值问题，或者包括这两个问题。意谓是指号学研究的对象，意旨则是价值学研究的对象。

莫里斯把意谓和意旨、指号学和价值学结合起来的依据，就是米德的行为主义理论。米德在《行为哲学》一书中曾把行为分为三个方面，他认为，如果一个冲动（如对某一类活动的一种倾向）被给与，结果得到的行为有三个方面：“知觉的”（perceptual）、“操纵的”（manipulatory）和“消费的”（consummatory）。机体必须知觉到它要在其中行动的环境的有关特点，这就是行为的知觉方面；机体必须以一种适合于满足其冲动的方式向这些对象有所行为，这就是行为的操纵方面；如果诸事顺利，机体就能达到能动性的这一方面，这就是行为的消费。这三个方面是紧密相连的。

莫里斯认为，如果按照行为的这三个方面对指号进行分析，也就是把指号的意谓和行为的这三个方面联系起来考察，那就可以显示出意谓的三个“维”（dimension）或三个方面：“指示的”（designative）、“规定的”（prescriptive）和“评价的”（appraisive）。他说，一个指号，就其意谓着环境或行动者的能观察的特质这个范围来说，是指示的；就其意谓着对象或情境是如何被反应以便满足起支配作用的冲动这个范围来说，是规定的；就其意谓着某个对象或情绪的消费特质这个范围来说，则是评价的。按照这样的区分，一般说来，“黑”这个词首先是指示的，“应当”这个词首先是规定的，“好”这个词首先是评价的。不过，由于指号的使用与周围环境有密切关系，所以在某些周围环境下，“黑”可以主要是指示的或规定的，“应当”主要是指示的或评价的，“好”主要是指示的或规定的。因此，我们不能够仅仅靠表面一看就断定某个词究竟主要是指示的、规定的还是评价的。

莫里斯还认为，由于生活进程总是依赖于对某些对象或情境的选择或者取舍，因此偏好行为（preferential behavior）就成为生活中的一种基本现象，它也是价值学的主要研究对象，正如指号行为是指号学的主要研究对象一样。所谓偏好行为，他指的是机体宁愿选择这一种而非另一种的行为，这种行为可分为正面的和反面的两类。他说，一个机体，如果从事行动以求保持一个对象或情境的呈现，或者如果这个对象或情境不呈现时就把它构造出来，那就可以说这个机体显示出对这个对象或情境的正面的偏好行为。如果这个机体力求离开这个对象或情境，或者力图破坏或阻止这个对象或情境的出现，那就可以说这个机体显示出对这个对象或情境的反面的偏好行为。

在莫里斯看来，偏好行为出现于其中的任何情境，就是“价值情境”。一种价值情境包含着一种由某一行动者对某一事物的正面的或反面的偏好行为的行动。一种痛苦，就其本身来说，并不是一种价值，可是，它如果受到反面的偏好行为的反应，就成为一种反面的价值，如果受到正面的偏好行为的反应（在某些情况下是如此），就成为一种正面的价值。因此，价值是“客观地相对的”，这就是说，价值是相对于偏好行为的对象的特质而言的。在不同的周围条件下，“价值”这个词被用于意谓价值情境的不同方面。其中，主要有这样三种价值：“行动的价值”（operative value）、“设想的价值”（conceived value）和“对象的价值”（objective value）。行动的价值指的是特定个人在各种不同情境中的偏好行为的方向。如果一个人每当观看肖像画和风景画时，总是或大部分是选择肖像画，那就可以说这个人的行动的价值是向着肖像画，而不是向着风景画。设想的价值指的是把正面的或反面的偏好行为赋予一种被意谓的对象或情境，这种对象或情境不必要是在面前的，甚至并不必要是存在的。例如，乌托邦作为一个人所喜欢而并没有生活过的一种生活方式，就是这种意义下的设想的价值。对象的价值指的是那样一些对象或情境，它们支持或导致机体对它们产生正面的或反面的偏好行为。对象的价值是客观地相对的，这就是说，它们是这样一种对象的特质，这种对象是就其与它能够加强某些机体对它的偏好行为的能力这个方面加以考虑的。

按照莫里斯的观点，与行动的三个阶段相对应，价值也有三个维或三个方面，这就是“超脱”、“支配”和“依赖”。他说，在行动的知觉阶段，涉及价值的超脱这个方面。在这个阶段中，行动者寻求相应于他的冲动的对象，他还没有投身于特殊的对象或对这些对象采取特殊的行动，他的边界既未受其他事物侵入，也未扩张到其他事物之上；在这个意义上，行动者是超脱的。供行动的这个阶段所用的指号主要是指示的，它们被用来意谓行动者将遇到哪些事物。在行动的操纵阶段，涉及价值的支配这个方面。在这个阶段中，行动者必须控制他周围环境中的对象，保持住它们或在情况可能时构造出它们，从而把他的边界扩张到把其他对象包括进来；在这个意义上，行动者支配着对象。供行动的这个阶段所用的指号主要是规定的，它们意谓着在特定情境中适当的行动过程。在行动的消费阶段，涉及价值的依赖这个方面。在这个阶段中，行动者必须让所选定的和保住的对象对他进行工作，他的边界必须在这个范围内是可渗透的；在这个意义上，行动者是依赖的或容受的。这个阶段中所用的指号主要是评价的，它们意谓着相关于他的主导冲动的对象的消费特质。

根据以上分析和论证，莫里斯把行动的阶段、意谓的维和价值的维这三者的对应关系列表如下：

行动的阶段	意谓的维	价值的维
知觉的	指示的	超脱
操纵的	规定的	支配
消费的	评价的	依赖

从这个表中可以看出，意谓的三个维或三个方面是与价值的三个维或三个方面一一对应的，这就是说，以指号行为为研究对象的指号学和以偏好行为为研究对象的价值学是紧密相关的，它们是两门交叉重叠的学科。他说："虽然指号一般地出现在涉及实行的和设想的价值的行为中，指号行为却有一些方面又可以不涉及价值来加以研究，而偏好行为的某些方面的研究也不涉及指号。这两门学科的交叉重叠，来自对那些主要是评价的和规定的指号的研究，因为这样的研究同等地既是指号学又是价值学的一部分。"① 从表面上看，莫里斯把

① 莫里斯：《意谓和意旨》，第43页。

指号学和价值学看作两个并列的、相互交叉重叠的学科。但他实际上更加看重指号学，并把价值学至少部分地包括在他的指号学之中，作为它的一个组成部分。在英美分析哲学家中间，莫里斯也主要是因为对指号学的研究而受人重视。

莫里斯创立这套指号理论的目的，不仅在于企图创立指号学这门新科学，而且在于想以它作为一切科学的工具，作为“元科学”（metascience）或“科学的科学”。他说：“如果说指号学这种研究那些起着指号作用的事物或事物的性质的科学，是一门和其他科学并列的科学，那么指号学也是所有科学的工具；因为每一门科学都要应用指号并且通过指号来表达它的研究结果。”① 他认为在指号学的发展中，我们能够用指号学的术语来重新解释现在流行的叫做逻辑、数学和语言学的这些学科。逻辑悖论、类型理论、逻辑规律、概率理论、演绎、归纳和假设的区分、模态逻辑等等，都能在指号理论的范围内加以讨论。指号学不但能给逻辑、数学、语言学以及其他关于指号的特殊学科提供基础，而且能够有助于社会的、心理的与人文的科学的统一化，因此，指号学能在逻辑实证主义者倡导的科学统一化运动中起重要作用，成为统一科学的重要工具。而且，由于任何科学都要用语言文字这些指号来进行记录和表述，因此他认为在一定意义上任何科学都可以归结为一堆指号，于是指号学就成为“元科学”或“科学的科学”了。

可以承认，指号学作为一种研究指号的理论，对于逻辑、数学、语言学、心理学以及其他某些关于指号的特殊学科的研究，都具有一定意义。它在弄清楚指号的意义、作用和关系等方面，能够起积极的作用。莫里斯的指号学对于后来兴起的信息论的研究也具有积极意义，因为指号学所研究的课题，实质上就是各种各样信息的交换。可是，莫里斯由于站在实用主义和逻辑实证主义的主观唯心主义立场上，有时从这种指号理论中作出许多错误的哲学结论。例如，他片面夸大指号在人类生活和理论认识中的地位和作用，企图以指号学来解

① 莫里斯：《指导理论的基础》，第326页。

决当代一切哲学问题和科学问题，把现代哲学中的许多重大争论都仅仅归结为对指号的片面理解，争论双方各自强调指号过程的不同方面，仿佛只要他们弄清楚这些不同方面之间的关系，对立的观点就会融合而消失。这样一来，他就否定了哲学观点是人们从一定立场对客观现实的看法，哲学分歧具有它们的认识论根源和社会政治根源，是不可能仅仅依靠指号研究就能解决的。至于他把指号学看作“元科学”或“科学的科学”，打算用指号学取代传统哲学，认为指号学是传统哲学的“当代的等同物”，那也显然是错误的。正如上面指出的，我们不能像分析哲学家那样把全部哲学问题归结为语言问题，同样地也不能像莫里斯这样把全部哲学问题归结为指号问题。指号仅仅是表达思想的手段，它代替不了它所表达的思想的内容，思想的内容是客观存在在主观意识上的反映。哲学的任务正在于研究存在和意识、客观和主观的关系等根本问题，而这项任务是指号学无法独立完成的。

第四节　阿尔弗雷德·哈布丹克·斯卡贝克·柯日布斯基
(Alfred Habdank Skarbek Korzybski 1879～1950)

阿尔弗雷德·哈布丹克·斯卡贝克·柯日布斯基是波兰裔的美国哲学家，普通语义学的创始人。1879 年 7 月 3 日生于华沙的一个波兰贵族家庭，曾袭伯爵。早年在华沙综合工艺学院学习化工，后担任数学、物理学、法语和德语的教学工作。第一次世界大战期间，在波兰大公参谋部服役，三次负伤。1916 年，作为俄国总参谋部派出的军事代表团的成员前往美国和加拿大访问。1920 年在国际联盟波兰代表团工作，从此留居美国，1940 年入美国籍，1950 年 3 月 1 日死于美国康涅狄格州沙伦郡，时年 70 岁。

柯日布斯基在美国的学术活动主要是创立和传播他的普通语义学。1921 年，他出版了他的头一部著作《人类的成年时期》(Manhood of Humanity)。他在这本书中提出人是“时间的连结体”，人通过语言连结了时间，把积累的知识世代相传，这是人不同于动物的基本特征。这本书中已含有普通语义学的一些萌芽。1931 年出版了他的最重要的著作《科学和健全精神：非亚里士多德体系和普通语义学导论》，这本书详细阐发了他的普通语义学观点，为普通语义学这个流派的形成奠定了理论基础。这是一本篇幅颇大的著作，分为三编，第一编概述了语言学、数学、生物学、心理生理学等学科中的“非亚里士多德”的结构因素。第二编叙述了他的非亚里士多德体系和普通语义学的基本论点。第三编又补充了一些关于语言和经验世界的结构材料。这本书先后再版四次，1980 年出版了它的第六次印刷本，由此可以看出这本书在他的追随者中间的重大影响。此外他还发表了《命运和自由》等 20 多篇论文。

柯日布斯基于 1938 年在芝加哥创立普通语义学院，自任院长，并亲自讲授普通语义学，出版《普通语义学通报》，由此逐渐形成普通语义学这个学派。这个学派的代表人物，除柯日布斯基外，还有他的追随者切斯（S. Chase 1888 ~），哈雅卡瓦（S. I. Hayakawa 1906 ~）和拉波波尔特（A. Rapoport 1911 ~）等人，1940 年，他们出版了第一本《普通语义学教科书》，1942 年成立了国际普通语义学协会，1943 年创办了该学会的机关刊物《等等：普通语义学评论》（ETC）杂志，该杂志至今仍在出版。1935 年一群研究《科学和健全精神》一书的人在华盛顿召开了第一次美国普通语义学大会，1941 年在丹佛召开了第二次大会，1949 年在丹佛召开了第三次大会，1951 年在芝加哥召开了第四次大会，1954 年在圣路易召开了第五次大会。1958 年召开了第六次大会。20 世纪 40 ~ 50 年代，普通语义学在美国广为流传，在一百多所大学里开设普通语义学课程，甚至小学里也试行语义学教学法。他们出版了不少著作，一度在美国哲学界、语言学界以至新闻界都有一定影响，在其他国家也有不少追随者。

对于普通语义学这门学科的任务，国际普通语义学协会作了如下的规定：“普通语义学研究和改善人类评价的过程，特别强调它与包括语言在内的各种符号和象征的关系。”① 柯日布斯基持与此类似的观点，他说：“普通语义学不是通常意义的哲学、‘心理学’或‘逻辑学’。这门新的外延学科的目的在于使我们养成一种最有效地利用我们神经系统的习惯。它不是一门医学，可是，与细菌学一样，它一般说来是医学所不可缺少的，具体说来是精神病学、精神健康法和教学所不可缺少的。简言之，它是一个新的、非亚里士多德定向体系的表述，这个体系影响了科学和生活的每一个部门。”② 他指责其他的语义学理论，说它们“极其混乱而难于理解；它们归根结底是没有希望的，而且显然对人类的健全思想有害”③。他认为其他哲学家、心理学家、逻辑学家和数学家等等的根本错误，在于他们没有理解他们的著作是他们自己的神经系统的活动的产物。为了避免这种错误，柯日布斯基构造一种所谓“非亚里士多德的定向体系”，以研究人们在语言上对周围环境的反应。这个体系所以称为“非亚里士多德的”，因为它与亚里士多德的体系恰恰是对立的，柯日布斯基追随者猛烈攻击亚里士多德形式逻辑的三条基本规律，反对亚里士多德的所谓“二评价定向”。他认为研究人们在语言上对周围环境的反应就是普通语义学这门科学的唯一目标。他还认为普通语义学与许多学科都有直接联系，它建立在人类学、教育学、语源学、发生学、数学、数理逻辑、物理学、心理学、生理学等等学科的基础上，概括了所有这些学科的科学方法。

在《科学和健全精神》一书中，柯日布斯基列举了一系列哲学家和科学家的姓名，说他们的著作对他的普通语义学研究都或多或少发生了影响。在这个名单中，除了古代和近代的许多哲学家和科学家外，在现代的哲学家中间，他既举出罗素、怀特海和维特根斯坦等人，也举出罗伊斯、刘易斯、布里奇曼等人，在现代的科学家中间，他既提到马赫、普朗克、爱因斯坦、巴甫洛夫等人，也提到弗洛伊

① 转引自切斯：《词的威力》，第 12 章。

② 柯日布斯基：《科学和健全精神》，1980 年英文版，第 XXVI 页。

③ 柯日布斯基：《科学和健全精神》，1980 年英文版，第 100 页。

德、奥格登等人。可以说，柯日布斯基的普通语义学是许多种观点的拼凑，其中，从本章所讨论的分析哲学和实用主义的结合这个角度来看，也可以说他既接受分析哲学关于语言哲学的某些传统观点的影响，也接受了实用主义关于语言的社会作用的某些观点的影响。从前一个方面来看，诚然，柯日布斯基强调他的普通语义学不同于卡尔纳普、塔尔斯基等人的语义学，他说："旧的语义学涉及关于语词意义的理论与关于用语词来定义语词的理论。而在现在的'普通语义学'的理论中，我们把史密斯$_1$、史密斯$_2$等等神经语义的和神经语言的活的反应，作为它们对神经语义的和神经语言的环境本身的反应，来加以研究。"① 我们的确不能把分析哲学家所理解的语义学与柯日布斯基所倡导的普通语义学混为一谈，前者与逻辑和认识论有密切联系，后者则是——用这个学派的术语来说——一种精神疗法的技术。尽管如此，我们也不能认为柯日布斯基在创立这种学说的过程中完全没有接受罗素、维特根斯坦等人关于语言哲学的一些观点（如词与指称的关系等等）的影响。例如，他说过："我接受了卢卡希耶维茨和塔尔斯基的多值的、比较一般的、结构上比较正确的'概率逻辑'……我接受了罗素的命题函项。"② 他还说罗素的类型理论是"一种非常有意思的和有教益的理论"，可惜罗素没有把它用于生活方面，而他则要把它用于普通语义学中。③ 从后一个方面来看，尽管柯日布斯基的思想与詹姆士、杜威等人的观点联系很少，但他与皮尔士、刘易斯、莫里斯等人的某些观点颇为接近，他们在指号理论和语用学问题上都强调要研究指号（语词和命题）对人的行为的影响，柯日布斯基则强调语词对人的思想和行动的影响，以至对社会的影响。关于这一点，波兰哲学家沙夫（A. Schaff）作过这样的评论："这清楚地表明了实用主义主要通过指号学对普通语义学所发生的影响。当然，在实用主义的故乡发展了普通语义学，这不是偶然的巧

① 柯日布斯基：《科学和健全精神》1980 年英文版，第 10 页。

② 柯日布斯基：《科学和健全精神》1980 年英文版，第 94 页。

③ 参见柯日布斯基：《科学和健全精神》1980 年英文版，第 428 ~ 429 页。

合。普通语义学如同莫里斯的指号学一样，受到了同一种潮流的影响，虽然普通语义学所研究的范围不同，它更加广阔，超出了关于指号的一般理论。”①

从马克思主义观点看来，柯日布斯基的普通语义学的许多基本论点都是站不住脚的，我们在下面将要分别评述。柯日布斯基及其追随者的主要错误，在于无限制地夸大语词对人和社会的影响，仿佛通过普通语义学的训练，人们就能医治疾病、排除社会冲突以致消灭战争等等。他们片面强调事物的复杂性、变动性和差异性来否认事物的质的规定性，进而否认我们的语言具有表现事物的本质特征的能力；他们否认抽象概念在认识上的作用，实质上反对科学的认识；他们把逻辑规律和客观现实混为一谈，以否定逻辑规律的作用和意义。总之，尽管他们的个别论点中也含有一些合理因素，可是他们的基本立场是主观唯心主义，相对主义和不可知论。

一、普通语义学的基本原理

柯日布斯基在1941年再版《科学和健全精神》一书时，为此书写了长篇绪言。他在这篇绪言中首先回顾了自普通语义学院创立以来这门学科的发展，然后分八个小节概述了普通语义学的基本原理。他的忠实信徒和解释者切斯在其著作《词的威力》（1955）一书中，把柯日布斯基在这篇绪言中陈述的基本观点概括成21个命题，它们是：1. 自然界里没有两个事件是同一的。2. 自然界在变动过程中活动着。3. 事件在性质上以一种感觉不出的层次相互渗透。4. 用结构、顺序、关系等术语能最恰当地解释自然界。5. 自然界中的事物是四次元的。6. 事件具有无限的特征。7. 自然界中没有同时性。8. 我们头脑之外没有抽象的质。9. 自然“规律”充其量只具有高度的盖然性。10. 在理解与解释自然界方面，多值逻辑是主要的工具。11. 词不是事物，而是人为的象征。12. 事实不是推理，推理不是价值判断。13. 地图不是版图。14. 数学语言包括有与自然结构相一致的结构。15.

① 沙夫：《语义学引论》，商务印书馆，第109页。

"实在"是从宏观方面、微观方面和次微观方面加以感知的。16. 亚里士多德，欧几里得和牛顿的体系现在是特殊的事例，它们作为一般体系来说已经过时。17. 外延的或客观的思维比一个人头脑内部的内涵的或主观的思维更清晰，更准确。18. 在一切语言行动的尽头，是一些未加限定的术语。19. 语言是自我反省的。20. 在地球上的生物当中，只有人能连结时间。21. 可以有意识地改变神经系统的方向，从而改善评价。按照切斯的观点，在柯日布斯基的这 21 个命题中，前面 12 个命题是他根据以前科学家的成就提出来的，后面 9 个命题则是他自己独创的。

不论切斯对柯日布斯基的观点的概括是否准确和齐全，也不论这 21 个命题中究竟有哪些是柯日布斯基自己独创的，我们毕竟可以说这 21 个命题把柯日布斯基的主要观点概括进去了。其中，对普通语义学后来的发展影响最大的，是普通语义学的三个基本原理和五个警告符号。

普通语义学的三个基本原理是：（一）非全原理；（二）非同一性原理；（三）自我反射原理。非全原理的含义体现在柯日布斯基的"地图不是版图"、"事件具有无限的特征"、"词不是事物，而是人为的象征"等命题中。所谓"地图不是版图"，这指的是不论把地图画得多么详细，始终不能画出版图上的全部事物及其变化。这意味着语言与它所表述的事物是不可能完全一致的，因为，事件、事物等等具有无限地众多或者非常众多的特征，无论你说多少，始终不能把它们说完全，不可能把全部特征都表述出来。我们在使用语言表述事物或事件时，总是遗漏或省略了事物或事件的大量特征，不论我们把每个词的定义的边界扩大多远，在其边界外面总有一些没有包括进去的项目。为此，柯日布斯基及其追随者特别强调"等等"（ETC）这个警告符号的作用，认为它可以提醒人们注意那些被省略掉的特征。他们还特意用"等等"（ETC）这个符号作为国际普通语义学协会的机关刊物的刊名，以强调这个符号的作用，并表示普通语义学不是全部智慧的总和。

非同一性原理的含义，体现在柯日布斯基的"自然界里没有两个事件是同一的”、“自然界在变动过程中活动着”、“事件在性质上以一种感觉不出的层次相互渗透”等命题中。这个原理包含两方面的意思：其一，任何个体、客体、事件等等在时间的过程中都不可能是同一的；其二，事物与表示事物的词不是同一的，因为事物和现象都是千差万别的，是某种绝对单一的东西，它们之间没有共同之点，所以没有事物的类名。柯日布斯基非常强调非同一性的普遍意义，他说：“事实上，在我们生活的这个世界里，非同一性完全像引力那样普遍，因此任何同一性的观点都必然导致在某种程度上作出错误的评价。”① 为了防止这种虚假的同一性，柯日布斯基主张采用指数、日期和连号这三个警告符号。他用指数这个符号来表示个体、事物之间的差异，如苹果$_1$不是苹果$_2$，亚当$_1$不是亚当$_2$等等，用日期表示事物处于不断变化的过程之中，如椅子$_{1600}$不是椅子$_{1940}$，史密斯$_{\text{星期一}}$不是史密斯$_{\text{星期二}}$等等，又用连号来表示事物、事件之间的相关性，如时—空、心—身、社会—文化等等，以此提醒人们不要用语言把那些实际上不能分开的事物分割开来。

自我反射原理的含义体现在柯日布斯基的“语言是自我反省的”这个命题中。这就是说，语言有自我反射的能力，我们可以作出关于一个陈述的陈述，而这个陈述又是关于另一个陈述的陈述，如此类推下去。因为，在他看来，人们不仅能够反应事物，还能够反应对这个事物的反应，然后再反应这个反应，依此类推下去，直至无穷。不过，人们的反应距最初的反应愈远，对事物的真实情况的歪曲就愈大。柯日布斯基及其追随者在区别对不同等级的反应的反应时，认为最重要的反应是对单个事物的直接反应，而高级的反应则是在不同程度上歪曲事物的真实情况，会把人们引入迷路。他们由此断定：概念的抽象程度愈高，它们的危险程度也就愈大。柯日布斯基为此主张使用引号这个警告符号，对抽象概念加上引号，如“心”、“物质”、“民族”等等，以提醒人们注意这些加上引号的词是不可靠的、危险的。

① 柯日布斯基：《科学和健全精神》，1980 年，第 XXXⅣ页。

从马克思主义的观点看来，尽管柯日布斯基的观点中含有一些合理成分，如承认万事万物处于不断变化和发展的过程之中，事物之间存在着相互作用、相互渗透的普遍联系，词与它所表述的事物不是同一的等等。可是他又以片面强调事物的复杂性、变动性和差异性来否认事物的质的规定性，进而否认我们的语言具有表现事物的本质特征的能力。因此，总的来说，他所提出的普通语义学的三个基本原理都是站不住脚的，带有浓厚的相对主义和不可知论的色彩。就非全原理而言，诚然，事物是包含有多种运动形态和多种矛盾的统一体，这就是说，事物具有多方面的质，而且事物的质还经常在发展和变化。但是，我们在研究事物时，要根据客观的情况和实际的需要，区分开根本的质和非根本的质，主要的质和次要的质，这就是说，我们在认识事物时，主要在于把握事物的本质的特征和属性，至于那些为数众多的非本质的特征和属性，我们不可能、也没有必要完全把握。任何概念只要能够反映事物的本质的特征和属性，就是一个适当的、真实的概念。我们不能要求一个概念反映事物的全部特征和属性，这不仅是不可能的，也是不必要的。就非同一原理而言，它的根本错误在于否认事物具有质的稳定性。任何一个事物在其发展的各个阶段上，它的根本性质没有改变，只有非根本的质在不断变化。如果根本性质发生彻底变化，这个事物就不再是这个事物了。事物的根本性质是由事物内部的根本矛盾决定的，而事物的根本矛盾不到过程完结之时是不能解决的，所以它的根本性质也不会改变。例如，马的机体虽然每时每刻都在发展和变化，但是，马不可能一会儿是马，一会儿又是牛。事物的根本性质就是事物的本质规定性，事物由于具有某种本质规定性才成为某种事物，而不是其他事物。概念正是事物的本质规定性的反映，是概括大量个别现象的结果，并不需要在概念后面加上指数、日期等符号，以标志概念所反映的事物的变动性和差异性。柯日布斯基片面强调事物的差异性和变动性，而忽视事物的同一性和相对稳定性。至于“自我反射原理”，这与柯日布斯基的抽象概念理论紧密相连，我们将在评述他的抽象概念理论时一起加以评述。

二、内涵和外延

内涵和外延是逻辑中的两个基本概念。每个概念都有内涵和外延。内涵指的是反映于概念中的对象的本质属性的总和，如“人”这个概念的内涵是：有语言、能思维、会制造生产工具等等。外延指的是适合于某一概念的一切对象，即概念所指的一切事物，如“人”这个概念的外延是古今中外所有的人。这是对内涵和外延这两个概念的传统理解，柯日布斯基也承认这是一个老问题，许多哲学家、逻辑学家和数学家已在这方面作过许多研究，可是他认为过去对这个问题的研究“过分简单化了”，忽视了它的主要特征，没有看出这个问题所包含的“那些在心理、逻辑和语义方面的深刻的、有长远影响的和重要的结构成分”①。

按照柯日布斯基的观点，过去对这个问题的研究采取的是一种下定义的方法，这或者是通过把一个集体的成员一一列举出来，或者是通过提出某种特性或某些特性，来给这个集体下定义。前一种通过列举一个集体的成员而对这个集体所下的定义称为外延的定义，后一种通过提出一个集体的特性对这个集体所下的定义，称为内涵的定义。他说，这两个定义可以说是给外延和内涵所下的两个标准的定义，但它们是完全不能令人满意的，因为它们造成“人们的思想严重混乱，把我们的许多学科引向错误的方向”②。

为了论证这个结论，柯日布斯基从心理学中引用“内向性”（introversion）和“外向性”（extroversion）这两种病态来加以说明。他说，具有内向性病态的人总是注意自己内心的意识状态，并且用他个人的想象和感觉来衡量外界的一切，往往把外界的一切不愉快的事情归罪于自己，经常忧郁寡欢，严重的甚至走向自杀。相反，具有外向性病态的人总是把他的内心意识投射于外界事物，并以为别人也必定会有与他同样的看法，如果发现别人不同意他的看法，他就觉得别人

① 柯日布斯基：《科学和健全精神》，第171页。

② 柯日布斯基：《科学和健全精神》，第174页。

不理解他，对他不公正，他要对别人报复，结果造成人与人之间的冲突。柯日布斯基认为，在正常人那里也有这两种倾向，可是它们处于平衡状态。如果打破这种平衡，就会出现不同程度的病态。他认为人的精神系统往往受环境的影响，其中包括语言的影响。他说："外向倾向和内向倾向跟外延的反应类型和内涵的反应类型有某种联系，这似乎是很明显的；不过，它们当然不是等同的。它们在个人选择职业方面，在偏爱某种特殊活动方面对个人发生影响。例如，一般说来，数学家倾向于外延，'哲学家'却倾向于内涵。"① 他认为数学家已取得许多成就，而哲学家只有失败的记录，其原因就在于数学家倾向于外延，而哲学家却倾向于内涵。因为，在他看来，"外延方法是唯一的一种与我们的神经系统的结构相一致的方法。相反的内涵方法则扰乱了神经系统的这种正常的活动方式，从而引起神经的和'精神的'病症"②。

在柯日布斯基看来，不仅外延和内涵与外向性和内向性有关，而且仅仅从定义方面来看，外延定义也比内涵定义明确和有用。因为，我们在生活中必须经常交往的总是个别的人，每个人都各自有其特征，而且这些特征还在不断变化。因此，重要的是了解各个人的特征，了解单个的现实的人。可是，内涵的定义却是从不同的人中抽象出某个共同的属性，结果把所有的人化异为同，这种定义对我们的生活毫无意义，不能帮助我们区别出不同的人。相反，外延的定义却指出"人"这个概念指的是由史密斯$_1$、史密斯$_2$等等现实的个人组成的类，它强调人与人之间的差别，强调每个人都有各自的特征。他说："不难看出，'外延定义'以独特的方式标志出某个集体的特征，即这个集体包括史密斯$_1$、布朗$_1$、琼斯$_1$等人，任何另一个集体，即包括史密斯$_2$、布朗$_2$，琼斯$_2$等人的集体，显然不同于头一个集体，因为它们的成员不同。如果我们用内涵来给集体'下定义'，那就是说，通过把某个特征——譬如说 他们都没有尾巴——加诸于每个成

① 柯日布斯基：《科学和健全精神》，第176页。

② 柯日布斯基：《科学和健全精神》，第176页。

员的办法来'下定义'，那就会选出许多个其成员没有尾巴的集体。既然这些集体是由一些完全不同的个人所组成，它们应该是完全不同的；可是，按照'内涵'或者按照据以下定义的某种特征，它们又应该是一个集体。"①

柯日布斯基还从"顺序"（order）这个概念出发来论证外延方法大大优越于内涵方法。在他看来，如果说自然的生存顺序（survival order）是较低的抽象概念在先，较高的抽象概念在后，那么外延方法正是从绝对的个体开始，它完全符合于正常的生存顺序。外延方法承认个体的独特性和单值性，它给予每个个体以一个独特的名称，从而能够防止混淆的出现。他强调说，外延和顺序是不可分的，我们在谈论顺序时，也就意味着谈论外延；反之也是如此。他认为现代数学和数理逻辑之所以如此重视顺序，并把顺序看作一个基本概念，这是因为数学家和逻辑学家采用的是外延方法。这种方法从单一的个体出发给每一个个体一个独特的名称，然后逐渐过渡到无穷值的较高级的抽象概念。这个抽象过程符合于生存的顺序，即从较低级的抽象过渡到较高级的抽象。与此相反，内涵方法则违反正常的生存顺序，因为它是从没有差别的、具有无穷值的、较高的抽象概念出发，忽视或者歪曲了个体的单值的特征。他说，"在这个由许多在结构上是绝对的个体所组成的世界中，一种在结构上可取的、正确的符号使用法，至少必须能够提供一种用单独的名称来给这些绝对的个体命名的可能性。为了达到科学的目的，我们必须使用那些按照数学的符号使用法模式构造出来的词汇，也就是那些按照外延方法构造出来的词汇。我们在构造词汇时必须采取一种行为主义的态度和习惯。当我们进行时，我们必须重视顺序，考虑到何者在先，何者在后，这一点在语义学上是很重要的。"②

可以看出，柯日布斯基之所以强调外延方法，是由于他认为采用这种方法可以显示出个体的独特性，避免个体与个体的混淆。以一支

① 柯日布斯基:《科学和健全精神》，第173页。

② 柯日布斯基:《科学和健全精神》，第219页。

铅笔为例，在他看来，尽管这支铅笔与其他铅笔有某些“相似之处”，可是重要的是这支铅笔具有它的独特性，它不同于其他任何铅笔，它还与世界上其他事物处于一种独特的关系之中。因此，我们应当给它一个独特的名称，例如铅笔$_1$，同时给另一支铅笔以另一个独特的名称，如铅笔$_2$，如此等等。他说：“把这样一种方法习惯地加以使用，这从结构上和语义上说都是极其重要的。我们已经反复地强调指出，我们在对物理对象或情境进行抽象时，扔掉、忽视或者忘却了许多特征，而那些被置之不理的特征通常会引起评价上的错误，结果在生活中造成灾害。如果我们养成这种外延的数学习惯，即对每个独特的个体使用一个特殊的名称，我们就不仅意识到相似之处，而且也意识到不同之处。这种意识是一种有助于我们作出适当的评价、从而防止或消除语义混乱的手段。”① 总之，在他看来，使用内涵定义或内涵方法会造成许多语义混乱，甚至在生活中引起巨大灾害，而使用外延定义或外延方法则能克服这些缺陷，清除这些弊端。

从强调外延而否定内涵这种观点出发，柯日布斯基还提出外延的语义分析法，以便给抽象名词找出所指者。“找出所指者”这个观点首先是美国语言学家奥格登（C. Ogden）和理查兹（Richards）在他们的著作《意义的意义》（1921）中提出来的，它指的是一个人在说话的时候一定要在脑海里想到客体，找到所说的话的所指者。柯日布斯基接受了这个观点，但他是从强调外延而否定内涵的角度来论证这个问题的，他认为只有采用外延方法才能找到所指者。内涵只是人脑的虚构，各人的理解不同，因而内涵方法不仅无助于找出所指者，而且会引起语义上的混乱。柯日布斯基的这个观点与奥格登等人的观点是一致的，无怪乎柯日布斯基的信徒和解释者切斯说：“外延思维或客观思维，比内涵思维或者头脑中的思维明确，这是找出所指者的另一说法。”② “找出所指者”后来成为普通语义学的重要信条，柯日布斯基的追随者声称普通语义学的主要目标可以说就是找出所指者。

① 柯日布斯基：《科学和健全精神》，第381~382页。

② 切斯：《词的威力》，1955年，第131页。

从马克思主义的观点看来，外延和内涵是任何概念都具有的两个不同的、然而不可分割的方面，也是两种从不同角度给概念下定义的方法，这两种方法是相辅相成的。柯日布斯基这样片面地强调外延而否定内涵的作法，肯定是错误的。他之所以采取这种态度，从认识根源上说，是由于他不了解个别和一般、个性和共性之间的对立统一关系。列宁指出："个别一定与一般相联而存在。一般只能在个别中存在，只能通过个别而存在。任何个别（不论怎样）都是一般。任何一般都是个别的（一部分，或一方面，或本质）。任何一般只是大致地包括一切个别事物，任何个别都不能完全地包括在一般之中。"① 个别和一般之间的这种辩证关系，既存在于事物的个性和共性之中，也存在于作为事物的本质规定性的反映的概念的外延和内涵这两个方面之中。外延指的是适合于某一概念的一切个别的对象，它偏重于注意事物的个性，可是这些个别对象之间必然存在着某种共性；内涵指的是反映于概念中的对象的本质属性的总和，它偏重于注意事物的共性，可是这种共性也必然存在于概念所包括的各个个别对象之中。因此，任何片面地强调个别而否定一般，强调个性而否定共性，强调外延而否定内涵的观点，都是错误的。至于柯日布斯基把外延和内涵与心理学中的外向性病态和内向性病态联系起来，甚至与数学家的成就和哲学家的"失败"联系起来的观点，那更是毫无根据的。

三、抽象概念理论

在柯日布斯基的普通语义学理论中，对抽象概念的否定是他的一个重要观点。他把抽象概念分成许多层次，层次较低的抽象概念比较接近现实，层次越高的抽象概念愈加脱离现实，因而愈加空洞，愈加危险。概念的抽象是通过神经中枢系统实现的，神经中枢系统像一个筛子，概念每经过它筛选一次，保存的属性愈来愈少，概念也就变得愈加抽象。

按照柯日布斯基的观点，在他所设想的抽象阶梯中，最低的一个

① 《列宁选集》，人民出版社，第2卷，第713页。

层次是“事件”，它是科学研究的对象。事件是由各种极其复杂的、变动不居的和具有精细结构的过程所组成，它与宇宙中其他事件有着多种多样的联系，它作用于其他事件，也受其他事件的影响。每个事件都有无限众多的特征，因为它代表的是一个永不停息、永不重复的过程，比事件高一个层次的是“客体”。在柯日布斯基的语言系统中，“客体”表示第一次抽象，“一种粗糙的、宏观的抽象”。他说：“我们必须把客体看作从一个事件所具有的无限众多的特征中作出的‘头一次抽象’（它具有有限的特征）。这种看法不仅完全符合于神经系统的功能，而且符合于神经系统的结构。我们的神经系统首先用它的低级中枢把客体记录下来，我们把这些低层次的特殊抽象概念称为客体。”① 与事件相比，客体所具有的特征少了许多，因为事件的特征是无限地众多的，客体的特征虽然也很众多，但毕竟是有限的。柯日布斯基认为，比客体更高一个层次的抽象是“标记”（labels）或语词，它是从客体中抽象出来的第二次抽象，是通过高级神经中枢构造出来的抽象。在这个抽象过程中，又抽去了客体的许多特征，例如，当我们把一支铅笔叫着“铅笔”时，我们就抽去铅笔的许多特征，如它的气味、滋味等等。他说：“显而易见，如果说我们对客体的考察是通过低级神经中枢进行的，那么，客体所具有的特征就多于我们需要归之于标记的特征……标记的重要作用在于它向我们提供意义，标记代表从事件中构成的一种更高一级的抽象，而且标记通常还代表一种语义的反作用。”② 总之，他强调说，标记或语词不是客体，而客体也不是事件，因为标记或语词的特征比客体的特征少了许多，而客体的特征又比事件少了许多。

重要的是，柯日布斯基还认为，在标记或者语词这个层次中还可以抽象出许多层次，其中，距离单一的客体最近的标记或语词，如“椅子”、“茶杯”等等单一客体的名称，与客体的真实情况还比较接近，而那些距离单一客体较远的语词，即那些不同水平的抽象概念，

① 柯日布斯基：《科学和健全精神》，第389页。

② 柯日布斯基：《科学和健全精神》，第389页。

则往往背离或者歪曲客体的真实情况，抽象概念的抽象程度愈高，它也就愈加空洞、愈加不可信赖、愈加危险。他说，我们的头脑之外没有抽象的质，可是语言能够创造出一些好像在头脑之外游荡着的语言鬼魅，它们就是他所说的抽象概念。因此他主张给抽象概念加上引号这种警告符号，以便提醒人们注意这类概念是不可靠的。

对于柯日布斯基的这种抽象概念理论，他的信徒切斯举了下面这个例子加以说明。他说，抽象概念具有各种不同的水平，概念的抽象程度愈高，危险程度也就愈大。例如，我们从“那边桌上的那只苹果”中，能够抽象出“一般的苹果”，从“一般的苹果”中可能抽象山“水果”，从“水果”中又能抽象出“食品”，从“食品”中又能抽象出“经济物质”，从“经济物质”中还能抽象出“经济体系”，如此等等。在这个抽象系列中，“那边桌上的那只苹果”与单一的客体最为接近，比较可以信赖，而“经济体系”这个抽象概念，则距离单一客体十分遥远，因而显得十分模糊空洞，使用起来非常危险，按照柯日布斯基及其信徒们的观点，人类社会中人们的种种烦恼、痛苦、疾病、死亡以至社会冲突和国际战争，都是这种语言鬼魅如“经济体系”、“资本主义”、“资本”、“剥削”等等引起的。

为了避免抽象概念所造成的这种种危害，使用抽象概念时必须谨慎小心，并要找出它的所指者。前面已经提到，“找出所指者”这个观点首先是奥格登和理查兹提出来的，他们在其著作《意义的意义》一书中提出这样一个三角形：

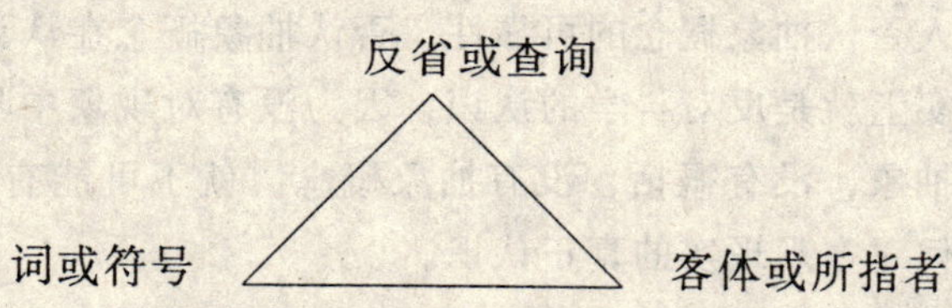

在这个三角形里，事件或自然界中的客体叫做“所指者”；大脑是“查询”的地区；词是“符号”。这个三角形表示从客体到词和从词到客体这两个相反的进程。从客体到词的进程是：某个客体——例如一只狗——向我们发出信号，我们沿逆时针方向前进，查询大脑中记忆的痕迹，而立即说出“狗”这个词。从词到客体的进程，即“找出所指者”的进程是：当一个人说出一个词的时候，要在脑海里记住客体，找到所说的词的所指者。在这里，从客体到大脑再到词的顺序，与从词到大脑到客体的顺序恰恰相反。柯日布斯基提出的“外延语义分析法”，与奥格登等人的观点一致，也是强调要给语词找出所指者。在柯日布斯基及其信徒们看来，凡是不能找出所指者的抽象名词，如“资本”、“剥削”、“资本主义”、“共产主义”等等，不仅是毫无意义的，而且引起严重恶果，统统应当抛弃。

柯日布斯基的这一套关于抽象概念的理论是站不住脚的。因为，抽象概念是人们的认识对于客观事物的概括的、本质的反映，不是对具体事物的描述，因而不可能在现实生活中一一找出其具体的对应物。但是，正如列宁所指出的：“当思维从具体的东西上升到抽象的东西时，它不是离开——如果它是王确的……——真理，而是接近真理。物质的抽象，自然规律的抽象，价值的抽象及其他等等，一句话，一切科学的（正确的、郑重的、不是荒唐的）抽象，都更深刻、更正确、更完全地反映着自然。”① 每个科学的抽象概念都是从真实的现实本身中概括出来的，它们深刻地反映着现实的本质特征，是现实的模型。各门科学所使用的抽象概念，例如物理学中的质量、能量、原子、电子、质子等等概念，政治经济学中的价值、剩余价值、资本、利润等等概念，哲学中的物质、运动、质、量、因果性、必然性、偶然性等等概念，都是这些学科进行科学研究所必不可少的。柯日布斯基等人否认抽象概念的可靠性，否认抽象概念在认识中的意义和作用，事实上就是反对科学的认识，因为没有对现象中具体的和个别的事物的抽象，没有概括，没有抽象概念，就不可能有任何科学，不可能有任何对客观现实的真正认识。

总的来说，从哲学观点上看，柯日布斯基继承了中世纪的唯名论和后来的唯心主义狭隘经验论的传统。中世纪的唯名论者认为，真实

① 列宁：《哲学笔记》，人民出版社 1956 年版，第 155 页。

存在的只有个别，没有一般，一般仅仅是人用来表示个别事物的名词或概念。贝克莱等人站在唯心主义狭隘经验论的立场，不仅否认经验之外的客观存在，而且否认一般性东西的客观存在，甚至否认人们具有任何抽象概括思维的能力。与他们相似，柯日布斯基也否认抽象概念的意义和作用，甚至把抽象概念称为引起种种社会灾害的语言鬼魅，主张给它们加上引号，以示警告，或者干脆废除。这样，他就追随在贝克莱等人之后，更加陷入主观唯心主义的泥坑了。

第六章　逻辑实用主义

前面一章中谈到，20 世纪 30～40 年代逻辑实证主义传到美国后，美国哲学家刘易斯、布里奇曼、莫里斯、柯日布斯基等人，以各自的方式把实用主义和逻辑实证主义或分析哲学结合到一起，形成了“概念论的实用主义”、“操作主义”、“科学的经验主义”、“普通语义学”等流派。50～60 年代，这种结合趋势又有进一步的发展，出现了以蒯因、古德曼等人为代表的“逻辑实用主义”或“实用主义的分析哲学”。粗略说来，这种结合趋势在这两个阶段的主要区别是：在前一阶段中，刘易斯等人的基本立场是实用主义，同时吸取了逻辑实证主义或分析哲学的部分观点；在后一阶段中，蒯因等人的基本立场是逻辑实证主义，同时吸取了实用主义的部分观点。这一变化是与当时美国哲学的发展形势相对应的。30～40 年代，实用主义在美国仍有很大影响，逻辑实证主义刚刚传播到美国，还没有在这块新土地上立足生根。50～60 年代，逻辑实证主义不仅已经在美国牢固地站稳脚跟，而且有了巨大发展，已在美国哲学界取得主导地位。相反，实用主义在逻辑实证主义的排挤下，在哲学界已退到次要地位，尽管它在社会上仍颇有影响。

在逻辑实用主义的形成过程中，蒯因起着特别重大的作用。蒯因原来基本上持逻辑实证主义的立场，40 年代后期他的立场有所转变。他吸取了实用主义的部分观点，转而对逻辑实证主义的某些传统观点提出严重挑战。他的思想对美国分析哲学在 20 世纪 50 年代后的发展发生重大影响，一般把他称为美国逻辑实用主义的创始人。古德曼也被看作美国逻辑实用主义的重要代表，他吸取了刘易斯和卡尔纳普的部分观点，着重研究认识论、科学哲学和语言哲学。他坚持现代唯名论的立场，对归纳逻辑等问题颇有研究，他的影响虽然不及蒯因，但在美国分析哲学家中间也有一定地位。此外，派普（A. Pap 1921～1959）也被看作逻辑实用主义的代表之一，他早年与维也纳学派的某些成员关系密切，后来在纽约市立大学、奥勒冈大学、耶鲁大学等校任教，去世时还不到40岁。他翻译了克拉夫特的《维也纳学派：新实证主义的起源》一书（1953），还撰写了《分析哲学原理》（Elements of Analytic Philosophy，1949）、《分析的认识论》（Analytische Erkenntnistheorie，1955）、《语义学和必然真理》（Semantics and Necessary Truth，1958）、《科学哲学导论》（An Introduction to the Philosophy of Science，1963）等著作，对在美国传播逻辑实证主义起了很大作用。与蒯因等人相似，他也基本上持逻辑实证主义的立场，同时吸取了实用主义的某些观点。

在50年代出名的美国分析哲学家中间，还应在这里提到内格尔和邱奇（A. Church 1903～）。他们两人的年岁比蒯因、古德曼等人大一些，并不属于逻辑实用主义学派。内格尔是一个持自然主义观点的分析哲学家，他接受逻辑实证主义的深刻影响，早在30年代已开始著文介绍维也纳学派在欧洲的发展情况。他着重研究科学哲学，他关于科学说明、科学理论的结构以及理论在认识中的地位等问题的观点，在分析哲学家中间颇受重视。邱奇是一位有成就的数理逻辑学家，他于1927年在普林斯顿大学获得哲学博士学位，1947年在该校任数学教授，1961年任哲学和数学教授，1967年转到洛杉矶加州大学任数学和哲学教授。他是美国科学院院士，英国科学院通讯院士，1973～1974年担任美国哲学协会太平洋分会主席。主要著作有《数理逻辑导论》（Introduction to Mathematical Logic，1956）等。他提出谓词演算的不可判定性定理，对数理逻辑作过重大贡献。

在50～60年代出名的美国分析哲学家中间，这里应当提一下王浩（H. Wang 1921～）、罗尔斯（J. Rawls 1922～）和林斯基（L. Linsky 1922～）等人，他们是比蒯因晚一代的哲学家，有的还是蒯因的门生，但并不属于逻辑实用主义学派，有些人较多地接受逻辑经验主义的影响。王浩是一位华裔美籍的逻辑学家，在数理逻辑方面很有造诣。40年代后期他在哈佛大学攻读哲学博士时是蒯因的门生，毕业后留校协助蒯因讲授数理逻辑。1954～1955年他在牛津大学主持洛克讲座，1956～1961年间在牛津大学讲授数理哲学，1961～1967年间在哈佛大学讲授数理逻辑和应用数学。1967年后在洛克菲勒大学任教。他着重研究数理逻辑，同时也写一些与分析哲学、马克思主义有关的文章。主要著作有《数理逻辑概论》（A Survey of Mathematical Logic，1962）、《从数学到哲学》（From Mathematics to Philosophy，1974）等。罗尔斯目前被看作是在伦理学领域内颇有影响的分析哲学家，他于1950年在普林斯顿取得哲学博士学位，其后相继在普林斯顿、康乃尔、麻省理工学院、哈佛等校任教。他是美国科学院院士，1974年任美国哲学协会东部分会主席。他的主要著作《正义论》（A Theory of Justice，1971）一书，被认为是以分析哲学观点研究伦理学问题的杰出著作。林斯基是一位着重研究语言哲学的分析哲学家，他于1948年获得哲学博士学位，其后在伊利诺斯大学、芝加哥大学等校任教，1976～1977年任美国哲学协会西部分会主席，主要著作有《指称》（Referring，1967）、《名称和摹状词》（Name and Description，1977）等，还编辑了《语义学和语言哲学》（Semantics and the Philosophy of Language，1952）、《指称和模态》（Reference and Modality，1971）等书。

因限于篇幅，本章中只能对蒯因、古德曼和内格尔作较多的评述，对以上其他一些哲学家或数理逻辑学家的观点只好从略了。内格尔虽然不属于逻辑实用主义，但他的自然主义立场最初也是从实用主义演变而来，同时又深受逻辑实证主义的影响，就这一点来说也与蒯因、古德曼等人有所类似，因此一并在这里评述。

第一节　威拉德·范·奥曼·蒯因 (Willard Van Orman Quine 1908～2001)

威拉德·范·奥曼·蒯因，美国哲学家、逻辑学家，20世纪50～60年代美国分析哲学的主要代表，对逻辑哲学、语言哲学和科学哲学都很有研究。在美国分析哲学的发展中，特别是在逻辑实证主义50年代之后的演变中，蒯因起了关键性的作用。他在50年代初对逻辑实证主义的挑战，在英美分析哲学界引起一场持续十多年的论战，这是导致逻辑实证主义在60年代以后逐渐衰落的重要原因之一。美国60年代出版的《哲学百科全书》在有关蒯因的条目中，对他作了这样的评述："蒯因作为哲学家的地位，决不取决于支持他的观点的人有多少。相反，他所取得的成就，表现在由于他坚持对分析性和其他有关概念进行锐利的攻击，也由于他具有一个不合时宜的信念，即认为哲学家应当研究什么是实在的问题，从而引起一场有价值的讨论。"

蒯因1908年6月25日生于美国俄亥俄州的阿克伦郡。1926年入奥伯林学院，攻读数学和数理哲学。1930年毕业后入哈佛大学当研究生，受教于怀特海、刘易斯等人门下。1931年春取得硕士学位，接着又在怀特海的指导下写出了他的博士论文《系列的逻辑：〈数学原理〉的普遍化》(The Logic of Sequence. A Generalization of Principia Mathematica)，这篇论文在1934年修改后出版，书名为《逻辑斯蒂的体系》(A System of Logistic)。

1931年，罗素到哈佛大学讲学，蒯因听了罗素的讲课，对后者十分推崇。他认真阅读了罗素的主要著作《数学原理》、《数理逻辑导论》、《我们关于外部世界的知识》、《论指称》等等，在哲学和逻辑方面深受其思想的影响。蒯因把他的《集合论及其逻辑》一书献给罗素，并在该书扉页上写道："罗素的思想长期以来在这门学科中巍然耸立，他的著作激起我对这门学科的兴趣。"不过，蒯因后来并不完全赞同罗素的观点，他试图在其逻辑体系和集合论方面取得罗素的《数学原理》所取得的那样的成就，而又不采取罗素在类型论上的观点。

1932~1933年间，蒯因赴欧洲留学。在维也纳，他参加了维也纳学派的讨论会，结识了石里克、纽拉特、哈恩、哥德尔和门格尔(在此之前，他已在哈佛认识了费格尔)。在布拉格，他结识了卡尔纳普，听了他的讲课。在华沙，他认识了华沙学派的逻辑学家列斯尼耶夫斯基、卢卡希耶维茨和塔尔斯基，听了他们的讲演。蒯因认为他这次赴欧留学收获丰富，把它看作他个人思想上的一次“文艺复兴”，特别把他在布拉格和华沙停留的那几个月看作他一生在思想上收益最多的一段时期。其中，在哲学思想上，他受卡尔纳普的影响最深，正如在数学和数理逻辑思想方面他受罗素的深刻影响那样，他把自己的主要著作《语词和对象》一书献给卡尔纳普，称后者为“我的老师和朋友”，并说：“我在六年时间内（大约指1933～1939年——引者注）一直是他的门生……甚至在我们之间出现意见分歧的情况下，主题仍然是由他确定；我的思路主要是由在我看来他曾经对之发表过见解的那些问题决定的。”蒯因在欧洲留学期间，主要通过卡尔纳普接受逻辑实证主义的影响，40年代后期他转过头来反驳逻辑实证主义的某些传统观点时，也以卡尔纳普作为他的主要论敌。

1933年，蒯因从欧洲回到哈佛大学。由于获得一笔奖学金，他有三年时间不担任教学任务，专心从事研究和著述，开始了他的哲学创作生涯。在第二次世界大战爆发之前这几年中，他的研究主要在下述三个方面：（一）逻辑体系和集合论；（二）“本体论的承诺”概念；（三）对分析真理或语言真理的初步批判。在逻辑体系方面的研究成果，发表在《数理逻辑的新基础》（New Foundations for Mathematical Logic，1937）、《数理逻辑》（Mathematical Logic，1940）①、《初等逻辑》（Elementary Logic，1941）以及战后出版的《逻辑方法》（Methods of Logic，1950）等著作中，其中有几本是作为教科书写的。他在这些著作中阐述了他关于逻辑体系和集合论的观点。他在本体论方面的研究成果，发表在《从本体论方面对命题演算的评论》（Ontological Remarks on the Propositional Calculus，1934）、《对本体论问题的逻辑探讨》（A Logistical Approach to the Ontological Problem，1939）等论文中，特别是战后发表的著名论文《论有什么》（On What There Is，1948）中。在对分析真理或语言真理的批判方面，他在《约定而

① 《数理逻辑》一书原有若干错误，他的门生、华裔美籍逻辑学家王浩于1949年帮他作了纠正，1961年出了修订版。

成的真理》（Truth by Convention，1936）一文中，初步批判了逻辑实证主义的一个观点，即认为逻辑和数学中的先验知识仅仅是语言真理，它立足于语言惯例之上。1940 年，蒯因、塔尔斯基等人在哈佛讨论卡尔纳普的《语义学导论》一书时，就“分析性”问题与卡尔纳普展开热烈的争论。这场争论持续了许多年，1951 年蒯因写出《经验主义的两个教条》（Two Dogmas of Empiricism）这篇著名论文，猛烈抨击逻辑实证主义关于分析命题和综合命题的区别等传统观点，而成为 20 世纪 50 年代美国分析哲学中最有影响的人物。

第二次世界大战期间，蒯因在美国海军中服役三年多，升至海军少校。1948 年退役，回到哈佛大学任教授。此后，他一直在哈佛任教，曾担任皮尔士讲座哲学教授，直至 1979 年退休。在此之前，他曾到巴西、牛津、东京和巴黎讲学，1956 年至 1957 年，他是普林斯顿高等研究所的成员。

到 50 年代初，蒯因在逻辑方面已写出了好几本著作，于是他把注意力转向哲学方面。1953 年，他出版了《从逻辑的观点看来》一书，收入了《论有什么》、《经验主义的两个教条》等九篇论文，它们主要探讨两类问题：一是关于共相问题，特别是关于“本体论的承诺”这个概念；另一个是关于意义问题，特别是关于分析陈述这个概念。与此同时，他还计划写一本专著，对这个问题作详细的论述和探讨。他在《从逻辑的观点看来》一书 1980 年版的前言中回顾了他当时的设想：“1950 年，在完成了《逻辑方法》和《数理逻辑》的修订本之后，我开始把注意力转向写一本具有比较广泛的哲学性质的著作。”这本著作就是他花了九年时间才写成的《语词和对象》（1960）一书。他在这本书中仔细探讨了意义、同义性、分析性等概念，对逻辑经验主义关于分析命题和综合命题的区分以及证实理论和还原论这几个基本观点，提出了系统的批驳。

60 ~ 70 年代，蒯因又发表了一系列著作，进一步充实和发展他的观点。1963 年出版了《集合论及其逻辑》（Set Theory and Its Logic）这本专著，分 14 章，探讨了类、数以及公理理论等问题。1966 年出版了《逻辑论文选集》（Selected Logic Papers），收集了 1934 ~

1960 年间写的 23 篇数理逻辑论文。同年还出版了《悖论的方式》一书，收入了 21 篇论文，探论了数学的基础、必然真理、逻辑真理、本体论等等范围广阔的问题。1969 年又出版了《本体论的相对性》一书，只收入六篇论文，着重讨论客体、存在、量化以及本体论的相对性等问题。1970 年出版《逻辑哲学》和《信念网》二书，前者是一本专著，分七章，着重讨论意义和真理、语法、逻辑真理等问题。后者是他与 J. S. 乌利安合写的，这本书比较通俗地阐述了蒯因关于科学方法的观点。1974 年又出版了《指称的根基》这本专著，分三编，详细阐述了他的指称理论，进一步发展了他在《语词和对象》等著作提出的观点。1981 年出版了他的最新著作《理论和事物》一书。

蒯因是一个多产的哲学家和逻辑学家，他一生共写了十多本著作，其中有一半属于逻辑方面。粗略说来，1950 年以前，他的著作偏向于逻辑方面；1950 年以后，他的著作偏向于语言哲学、科学哲学以及本体论方面。他一生中还写了大量论文，其中重要论文已收入他的几本论文集中。由于蒯因在美国分析哲学界影响很大，因此评述他的思想的文章也不少，其中重要的有戴维森和欣梯卡编辑的论文集《语词和异议》(1969)，着重评论蒯因的《语词和对象》一书，其后附有蒯因对批评者的答辩；还有 F. W. 沙汗和 C. 斯沃耶尔编辑的论文集《蒯因哲学评论集》(1979)，其后附有蒯因《问题真相》一文，作为答辩。

到 20 世纪 50 年代，蒯因已基本形成他的哲学观点，其后不外是进一步加以充实和发展。总的来说，他的观点基本上是前后一致的，但也有某些变化。例如，在 1947 年以前，他宣称他不相信抽象实体的存在，而到 60 年代他不仅承认抽象实体的存在，而且经常强调抽象实体的作用；又如，在 1948 年，他接受现象主义的论点，而到 60 年代则成为现象主义的反对者；又如，在 1951 年，他认为逻辑规律在与我们的经验不一致的情况下是可以改变的，而到 60 年代则认为逻辑规律是不能改变的。

在英美分析哲学界中间，蒯因通常被看作逻辑实用主义的主要代表。如前所述，蒯因在40年代以前接受逻辑实证主义的深刻影响，40年代以后立场有所转变，开始对逻辑实证主义持怀疑和批判态度，到50年代进一步对逻辑实证主义的某些传统观点提出系统的反驳。但是，他并没有彻底抛弃逻辑实证主义的立场，而是用实用主义观点加以补充，把实用主义和逻辑实证主义结合为一体，形成他的“逻辑实用主义”。他的这种结合主要表现在：（一）在对科学的客观内容的理解上，他与逻辑实证主义者一样，也认为科学问题是语言问题，而不是事实问题，不是关于客观世界的问题，但他比卡尔纳普等人更加否定科学的客观内容，把科学概念系统看作一种从根本上说是根据过去经验来预测未来经验的工具，认为一切科学假设、科学理论都是选择一种方便的语言形式的问题。（二）在对科学知识的看法上，他与逻辑实证主义者一样，也坚持经验论的立场，承认科学既依赖于语言，也依赖于经验。但他认为科学系统中有各种类型的命题，其中只有那些感觉经验命题和物理对象命题具有经验内容。当这样的命题与经验不符合时，人们有选择的自由，可以修改其他部分以便把它们保存下来。这种选择从理论上说是没有任何标准的，在实践中我们遵守保守原则和简化原则，即尽量用熟悉的理论来说明新现象和用最少的规律来说明更多的现象。整个科学都是一种方便的语言形式和方便的概念体系或概念结构。（三）在对本体论的看法上，他与逻辑实证主义者一样，也认为哲学问题是语言问题，哲学任务是采用数理逻辑方法分析科学的概念和命题，而不是探讨存在和意识、物质和精神的关系等根本问题。可是，他主张从语言角度探讨本体论问题，并提出“本体论的承诺”这个概念。他认为本体论也像任何科学理论一样，不应当以是否同实在相符合作为取舍的标准，而应当以是否方便有用的标准。两个对立的系统只要在各自范围内是有用的，就可以同时并存。总之，蒯因的逻辑实用主义尽管在个别问题上也含有不少合理因素（如“整体论”的检验理论等等），但它的基本哲学立场仍是主观唯心主义的。

一、对逻辑实证主义的挑战

前面已经提到，蒯因在美国分析哲学的发展中所起的主要作用，在于他在20世纪50年代初对逻辑实证主义提出挑战，这次挑战首先是在《经验主义的两个教条》（1951）一文中提出的，主要针对逻辑实证主义的两个基本观点，一是关于分析命题和综合命题的区分，二是关于证实理论和还原论。

分析命题和综合命题的区分，是西方哲学的一个传统观点。早在17世纪，莱布尼茨已把真理分为两种：事实真理和理性真理，前者靠充足理由律来保证，后者靠矛盾律来保证。到了18世纪，休谟也把知识分为两种：事实的知识和理性的知识，前者带有偶然性，后者才是必然的，因为否认理性知识会陷于自相矛盾。到了18世纪下半叶，康德在《纯粹理性批判》中第一次详细地叙述了分析判断和综合判断的区分，他认为综合判断是能够提供知识的，它通过两个把主词包摄于其中的概念的联系或综合而给我们提供关于主词的知识。分析判断则不能提供知识，它仅仅对那个把主词包摄于其中的概念进行阐释和分析。到了20世纪，分析命题和综合命题的区分成为分析哲学、特别是逻辑经验主义的主要基石之一。自弗雷格以来，分析哲学家大多认为一切先天知识都是分析的，而每个可以看作是先天的命题之所以是分析的，是因为它的真理性仅仅来自这种命题中所包含的词或符号的定义。他们认为逻辑和数学中的命题就是这种分析命题，因为它们的真理性不需要求助于经验就能得到证明。为了论证分析命题和综合命题的区别，逻辑经验主义者特别对“分析性”概念作过很多研究。

对于分析命题和综合命题的区分，过去一直被逻辑实证主义者看作毋庸置疑的事情，很少有人对之表示怀疑。首先对这个区别提出系统反驳的，正是蒯因。他在《经验主义的两个教条》一文中，把这种区分当作经验主义的一个教条，进行有力的批驳。蒯因认为，分析命题和综合命题的区分是没有根据的。传统哲学中通常把分析命题定义为那样的命题，否认这类命题就会陷于自相矛盾；可是，蒯因指出，“这个定义说明不了什么问题，因为自相矛盾这个概念，就分析性的定义所需要的那种广泛的意义来说，恰恰也和分析性这个概念本身一样，同样需要加以阐明。这两个概念是同一个可疑的钱币的正反两面”①。

按照逻辑实证主义者的观点，如果一个命题按其意义而言是真的，而不论事实如何，那么这个命题便是分析的。因此，分析性概念依赖于意义概念，要阐明分析性概念，首先必须阐明意义概念。但是，按照蒯因的观点，情况恰恰相反，不是分析性概念依赖于意义概念，毋宁说，意义的标准是从分析性中显现出来，并通过分析性得到澄清的。

蒯因认为，既然语言形式之间的关系是分析性的基础，因此重要问题在于弄清楚语言形式之间的关系究竟是怎样的。他说，分析命题的标准形式是“A是A”，在这种语言形式中，主词和宾词显然是同一的；因此，只要一个命题的主词和宾词是同一的，那么这个命题便是分析的。例如，“单身汉是单身汉”是一个分析命题。可是，并非所有的分析命题都具有“A是A”这种形式，例如，“单身汉是没有结婚的人”这个命题也被看作分析命题，却具有“A是B”这种形式。因此，要解释分析性问题，就要找到一条标准，可以凭借它把以“A是B”这种形式出现的隐蔽的分析命题，还原为以“A是A”这种形式出现的明显的分析命题。这条标准要能证明，可以通过用A去替换B而把某些非同一的语言形式（A是B）还原为同一的语言形式（A是A)。这种可以相互替换的词叫同义词。这样一来，分析性问题就变成一个发现和澄清“同义性”标准的问题了。

蒯因进一步指出，哲学家们为了解决这个问题，可能采取三种办法来给分析命题下这样的定义：(一）当且仅当P被定义为Q（P和Q是命题S的主词和谓词)，那么命题S便是分析的。(二）当且仅当P和Q可以相互替换而又不影响命题的真值，那么命题S便是分

① 蒯因：《经验主义的两个教条》，载于《从逻辑的观点看来》，1953年英文版，第20页。

析的。（三）当且仅当命题S根据语义规则是真实的，那么命题S便是分析的。

蒯因详细分析了这三个定义，并一一加以批驳。按照头一个定义，同义性问题也就是定义问题。“单身汉”之所以与“没有结婚的人”同义，就是因为“单身汉”被定义为“没有结婚的人”。但是，人们究竟根据什么把“单身汉”定义为“没有结婚的人”呢？蒯因认为这不外是根据下面二者之一。首先，这或者根据字典，字典上把“单身汉”定义为“没有结婚的人”。但这是求助于某个语言团体的语言习惯，因而是求助于一个经验的事实。字典上的定义根据词的通常用法，于是寻找同义性的标准就变成一种经验的调查了。其次，这或者根据这样一种观点，即认为定义是人们创造的，因而同义性也是人们创造的。例如，人们为了简略的目的引进一些新的符号。在这种场合下，人们不必求助于字典，而且还相信这样创造出来的定义不是依据于原先就有的同义词。然而，蒯因认为，即使承认同义性的某些事例是人们通过定义创造出来的，可是还有大量的同义性事例不是如此创造出来的。甚至即使承认所有的定义都是人们创造的，这也无助于为认识上的同义性提供一条标准。在这两种场合下，“定义都是依据于同义性，而没有解释同义性”①。

按照第二个定义，当且仅当一个命题的主词和谓词可以相互替换而又不影响命题的真值，那么这个命题便是分析的。但是，被定义者和定义者可以相互替换，这正是定义所规定的。如前所述，依靠定义不能证明命题的分析性，因而相互替换性也不能作为同义性的标准。为了弥补这个缺点，有人提出这种相互替换在一切可能世界里都能作到，而不论相互替换的词在现实世界里是怎样被定义的。例如，如果“单身汉”和“没有结婚的人”在一切可能的世界里都可以相互替换，那么“所有而且仅仅单身汉才是没有结婚的人”这个命题便必然是真的。但是，蒯因认为，把必然性仅仅归之于分析命题，这并没

① 蒯因：《经验主义的两个教条》，载于《从逻辑的观点看来》，1953年英文版，第26页。

有多大根据，因为，很难说明，为什么“所有而且仅仅单身汉才是没有结婚的人”这个命题应被看作必然是真的，而“所有而且仅仅生物才是必死的”这个命题却被看作并非必然是真的，而只带有很高的概然性。还有人认为，可以设想那样一种语言，在这种语言中，意义的唯一标准在于词的广延。如果两个词具有相同的广延，那么这两个词在任何场合下都是可以相互替换的。这样一来，同义性因而分析性就取决于检查一下主词和谓词是否具有相同的广延。可是，蒯因认为这个方法也不解决问题，因为要检查两个词的广延是否相同，仍然要求助于字典，即求助于经验的事实，因而无助于证明命题的分析性。他认为这个方法并不能保证“‘单身汉’和‘没有结婚的人’在广延上的一致，是依据于意义，而不是依据于偶然的事实，像‘具有心脏的生物’和‘具有肾的生物’在广延上的一致那样”①。他由此得出结论说：“事实上情况仍然是：广延上的一致不具有为解释分析性所需要的那种认识上的同义性。”②

在第三个定义中，人们试图借助“语义法则”这个概念来解释分析性概念。与前面两个定义不同，这个定义企图在一种特殊的语境中来确定分析性的标准。在这里，分析性被看作语言 L 和命题 S 之间的关系。问题在于使这种关系对于变项 L 和 S 来说普遍地具有意义。如果 L_0 的语义法则表明“L_0 中的什么样的命题而且只有这样的命题才是分析的”，那就可以根据这一法则把 L_0 中的分析命题挑选出来。在这里，分析命题与其他命题的区别，在于分析命题是根据语义法则而成为真的，其他命题则不是如此。有些哲学家争辩说，与“同义性”、“必然性”等概念不同，“语义法则”在某种特殊语境内具有明确的外延意义。但是，蒯因指出，就外延意义而言也有某些困难，因为 L_0 的语义法则只能适用于 L_0，而不适用于其他语言，因此借助语

---

① 蒯因：《经验主义的两个教条》，载于《从逻辑的观点看来》，1953 年英文版，第 31 页。

② 蒯因：《经验主义的两个教条》，载于《从逻辑的观点看来》，1953 年英文版，第 31 页。

义法则确定的分析性也只适用于 L_0。如果有人想找 L_1 或 L_2 中的分析命题，L_0 的语义法则就不起作用。人们必须查看 L_1 的语义法则和 L_2 的语义法则。因此，这种办法不能确定普遍适用于一切语言的标准。蒯因说："在这里其实仍然没有什么进展。我们现在没有求助于'分析的'这个没有得到解释的词，而是求助于'语义法则'这个同样没有得到解释的词……一旦我们试图解释'S 对 L 来说是分析的'普遍适用于变项'L'（甚至把'L'限于人工语言），'按照 L 的语义法则是真的'这种解释就不起作用了。因为'……的语义法则'这个关系词，也和'对于……来说是分析的'一样，同样需要加以阐释。"①

根据以上论证，蒯因最后作出结论说："尽管分析命题和综合命题的区分具有它的先天的合理性，可是分析命题和综合命题之间的界限其实并没有划出来。所谓要划出这样一条分界线的想法，只是经验主义者的一个非经验的教条，一个形而上学的信条。"②

蒯因在《经验主义的两个教条》一文中，以主要篇幅批驳分析命题和综合命题的区分这一教条，然后又批驳它的另一教条，即它的证实理论和还原论。意义的证实理论溯源于休谟、穆勒、马赫等人的经验主义，它是西方经验主义的一个重要观念，其基本内容是：命题的意义取决于从经验上证实或者证伪这个命题的方法，也就是说，只有在从逻辑上说可能有一些观察语句，即记述我们经验的语句，可以为某个命题提供证明或反证的情况下，这个命题才在经验上具有意义。如果一个语句不具有可以观察的结果，又不是分析的，那它在认识上就是没有意义的。

证实理论特别是逻辑实证主义的基本原理之一。石里克在他的著作《普通认识论》（1918）和卡尔纳普在他的著作《世界的逻辑结

① 蒯因：《经验主义的两个教条》，载于《从逻辑的观点看来》，1953 年英文版，第 34 页。

② 蒯因：《经验主义的两个教条》，载于《从逻辑的观点看来》，1953 年英文版，第 37 页。

构》(1928)中，已经提出了这一理论的基本思想。魏斯曼在《真实概念的逻辑分析》(1930)中，又对这一理论作了系统的阐述。按照逻辑实证主义者的观点，任何命题如果具有认识意义，它必须表示一个或者是分析的，或者是经验上可以证实的命题。在他们看来，一个语句在不具有认识意义的情况下，也可能具有“情绪的”、“命令的”等等意义；但它只有在表示一个至少在原则上可以被证明为或者正确或者错误的命题的情况下，才可能具有认识意义。因此，他们把分析命题之外的一切命题分为两大类：一类是有意义的、可能证实的；另一类是没有意义的、不能证实的。

证实理论与还原论有十分密切的关系。还原论的基本含义为：命题和经验之间的关系是一种直接记述的关系；每个有意义的命题都可以翻译为一个或者正确或者错误的关于直接经验的命题；也就是说，每个有意义的命题都相当于一个由若干与直接经验有关的词组成的逻辑结构。卡尔纳普在他们的《世界的逻辑结构》一书中对感觉材料的语言进行了详细阐述，并谈到如何把有意义的语句翻译为感觉材料的语言。在西方的经验主义者中间，卡尔纳普头一个不仅主张可以把科学命题还原为直接经验的命题，而且还为实现这种还原做了许多工作。在他后期的著作中，卡尔纳普放弃了这种彻底的还原论，不再认为可以把关于物质世界的命题翻译成直接经验的命题。但是，正如蒯因所指出的，“还原论这个教条仍然以一种更加微妙、更加精巧的形式，继续影响着经验主义者的思想”①。

蒯因认为，还原论这个教条的残余，表现在这样一个假定之中：每个关于物质世界的、有意义的命题，即使与其他有关命题分离开来，也是能够加以证实或者加以反证的。与此相反，蒯因的看法是：我们关于物质世界的诸命题，在接受感性经验法庭的审判时，不是单独地出现，而是作为一个组合起来的整体。蒯因认为，不论提出什么样的经验检验，都不能单独地证明某个叙述语句是假的，因为对语句

---

① 蒯因:《经验主义的两个教条》，载于《从逻辑的观点看来》，1953年英文版，第40页。

体系中的其他语句作些调整，总是能够抵消这种反证。因此，他认为经验的检验始终只是针对语句的体系，而不是针对孤立的语句；换句话说，他把语句的整个体系、而不是把个别的语句，当作具有经验意义的单位。他由此得出的结论是：“从使用上对一个符号下定义的主意，比洛克和休谟的那种不可能做到的、给逐个名词下定义的经验论，是一种进步。弗雷格开始认识到，对经验论者的批评负责的单位是陈述，而不是名词。但我现在极力主张的是，即使以陈述为单位，我们仍然把我们的格子画得太细了。具有经验意义的单位是整个科学。”① 蒯因的这种观点被称为“整体论”的检验理论；关于这种理论我们在下面还要详细论述。

蒯因对经验主义的这两个教条所提出的挑战，在英美分析哲学家中间激起极大的反响，虽然也有一些分析哲学家不赞同他的观点，但他获得大多数分析哲学家的支持。通过他的挑战所引起一场持续十多年的大论战，有力地动摇了逻辑实证主义的基础，成为导致逻辑实证主义在20世纪60年代后逐渐衰落的重要原因之一，促使分析哲学在美国的发展进入一个新的阶段。他的挑战之所以起这样大的作用，首先，这是由于他所批驳的观点是逻辑实证主义所依据的重要基石。众所周知，分析命题和综合命题的区分，是逻辑实证主义者赖以把形式科学（逻辑和纯数学）跟事实科学或经验科学区分开来的基础，而证实理论和还原论则是逻辑实证主义者赖以把形而上学宣布为无意义而力图加以消灭的依据。蒯因推翻了逻辑实证主义的这些基本观点，就意味着挖掉了逻辑实证主义的主要理论基础。其次，这是因为他的挑战来自逻辑实证主义阵营内部。如前所述，蒯因早期深受罗素和卡尔纳普的影响，基本上持逻辑实证主义的观点。他的批驳之所以有力，正在于他亲自体会到逻辑实证主义在理论上所处的困境，他采用逻辑实证主义者自以为正确的方法，揭露这种困境产生的理论根源，说出了许多分析哲学家或多或少地谈到，但没有如此系统地阐述的见

① 蒯因：《经验主义的两个教条》，载于《从逻辑的观点看来》，1953年英文版，第42页。

解。这种来自内部的打击往往比来自外部的打击有力得多。再次，这也是由于蒯因在提出这种批驳时，采纳了实用主义的许多观点，把实用主义和逻辑实证主义结合到一起，使逻辑实证主义从一种过于狭隘、过于僵硬的经验主义，过渡到一种比较灵活、比较温和的经验主义，即一种实用主义的、约定论的经验主义。在实用主义思想具有深厚根基的美国，这种实用主义化了的逻辑实证主义，自然更加投合美国人的胃口，易于被人们所接受。

不过，蒯因对逻辑实证主义的批驳，是分析哲学内部一个派别对另一个派别的批驳，一种观点对另一种观点的批驳。从其理论的总体上看，他的视野仍然没有超出狭隘经验论的范围，他的方法仍然是逻辑实证主义者一贯采用的逻辑分析方法。他在批驳逻辑实证主义者对分析命题和综合命题的区分时，只是在语言内部或者认识内部寻找根据，而没有站在对主客观关系的正确理解上，从一切认识来源于实践这个方面，对之进行科学的分析。从马克思主义的观点看来，人的一切认识，无论日常经验，或者自然科学知识，以至数学和逻辑的规律和定理，归根结底都是客观世界的反映，都是在人们实践的基础上，从感性认识上升到理性认识所得出的结果。根本不依赖于实践、不反映客观事实的先验分析判断是不存在的，数学和逻辑的规律和定理也是在人类的千万次实践的基础上，从人类的无数经验中抽象得来的。它们以高度概括的形式反映了客观事物固有的规定性及其数量和空间关系，并不是什么完全与经验无关的先验知识。

二、本体论的承诺

在西方哲学中，“本体论”一词指对世界的本原或本性的研究，即关于存在本身的科学。逻辑经验主义者以反对形而上学著称，它一般不讨论任何本体论问题，并且把消灭形而上学当作它的重要任务。与卡尔纳普等逻辑经验主义者不同，蒯因认为哲学应当讨论“有什么”的问题，而讨论本体论问题也就是讨论“有什么”的问题，具体地说，就是讨论物体是否存在，共相是否存在的问题。他在许多篇文章中涉及这个问题，在《论有什么》（1948）一文中特别详细地阐述了他在这个问题上的观点。他在这篇文章中列举了某些哲学家在本体论问题上的观点，一一加以批驳，然后提出他自己的观点。

有些哲学家认为，在与我们使用的单称名词（例如，专有名词）相对应的事物中，有些事物（例如“飞马”）虽然不具有在时空中的现实“存在”（existence)，可是具有另一种形式的存在，即“有”(being)，它使与之对应的单称名词具有一定意义。蒯因不同意这种观点，他用莫先生和微先生这两个假名来代表这类哲学家。他说：“以飞马为例。莫先生争辩说，如果没有飞马，我们使用这个词时就一定没有谈论任何事物；因此，说没有飞马，那是没有意义的废话。他以为这样就能证明我们不能否认有飞马而不陷于矛盾，于是他得出结论说有飞马。”① 蒯因认为这个观点的错误是明显的。另一些哲学家从同一个信念出发，得出一些关于飞马的论点，这些论点不像莫先生的观点那样显然是错误的，因而不能那样容易地加以排除。他说：“设想一个深奥的哲学家名叫微先生，他主张飞马的存在是一种未实现的可能性。当我们说没有飞马时，我们是说——用比较精确的字眼来说——飞马不具有现实性这种特殊的属性。说飞马不是现实的，这在逻辑上相当于说巴特农神殿不是红色的；在这两种情况下，我们都是谈论某种对其存在没有怀疑余地的事物。”②

蒯因不同意这种观点，并提出两条反对意见。其一是这些哲学家滥用了“存在”一词。他说，按照我们通常使用“存在”一词的用法，当我们说飞马不存在，其意思无非是说根本没有飞马这种东西。如果飞马存在，它自然要存在于时空之中。可是，这只是因为“飞马”一词有时空的意义，并不是因为“存在”一词有时空的意义。这些哲学家却违背“存在”这个词的通常用法，一方面承认飞马并不存在，另方面又违背我们说飞马不存在的意义而坚持说有飞马，因为，我们认为“存在”(existence) 是一回事。“潜在”(subsistence) 是另一回事。他说：“微先生是那些在糟塌‘存在’这个古老的字眼

① 蒯因：《论有什么》，载于《从逻辑的观点看来》，第2页。

② 蒯因：《论有什么》，载于《从逻辑的观点看来》，第2~3页。

上联合到一起的哲学家之一。”①

蒯因对这种观点提出的另一条反对意见是：这些哲学家把意义和指称混为一谈。他们认为，如果一个单称名词在被使用时要具有意义，它就必须是某种东西的名称，也就是说，必须有某种东西是这个名称所指称的对象。蒯因认为罗素的摹状词理论早已批驳了这种观点，这个理论清楚地表明，我们可以有意义地使用某些似乎是真的名称而不必设想有如此命名的事物。在他看来，这种分析的好处在于把那些似乎是真的名称（摹状词短语）在上下文中当作一种不完全符号加以解释，这样一来，在谈到摹状词时就不再有肯定或者否定有无所指的困难了。他说：“一旦应用罗素的摹状词理论以分析那些叙述有无的语句，所得结果中就不再包含任何语词去冒充我们不知其有无的事物的名称了。所以，这样的语句可以有意义而其所谈及的事物却不必有。”② 可以看出，蒯因在这点上继承了弗雷格把意义和指称区别开来的观点，即认为一个名词可以具有意义而不一定指称某个对象，换句话说，不要求一定有某个它所命名的或指称的东西。

接着，蒯因谈到共相这个古老的本体论问题：是不是有属性、关系、类、数、函项等等事物。有一些哲学家认为有这一类事物，他们争辩说，既然有红的玫瑰、红的晚霞、红的房子等等，而它们又有某种共同之处，即它们都有红色这种属性，因此，属性这种东西肯定是有的。蒯因不同意这种观点，认为它是“形而上学的一种特征”。他说，我们尽可以承认有红的玫瑰、红的晚霞、红的房子等等，而否认它们具有任何共同的属性，所谓它们具有某种共同之处，这不过是一种通俗而又容易引起误会的说法。在他看来，我们不能把抽象名词看作某种事物的名称，因为我们总可以用一个谓语表达式来取代它，而不认为它本身指称某种特殊的个别事物。他说，“房子”、“玫瑰”、“晚霞”等词分别适用于指房子、玫瑰、晚霞等等单一的事物，“红的”或“红的东西”这些词分别适用于指红房子、红玫瑰、红晚霞

① 蒯因：《论有什么》，载于《从逻辑的观点看来》，第3页。

② 蒯因：《论有什么》，载于《从逻辑的观点看来》，第7页。

等等单一的事物。可是，除此之外，并没有任何个别的事物叫做“红性”（redness）。蒯因也不同意下述观点，即认为既然我们把“红色的”这样的词当作谓语使用，我们就有义务承认它是某种事物（“红色”这种共相）的名称。他认为这个观点仍旧是把名称和意义混为一谈，因为一个普通名词具有意义，这并不取决于它是某个事物的名称。我们可以认为“红的”或“是红的”这些谓词具有意义，但并不把它们每一个当作单一共相事物的名称。最后，他还反对把意义看作一种共相，认为我们可以说某个语句具有意义或者没有意义，而完全不必把意义看作某种抽象实体。他在总结以上这些批驳时说：“直到现在为止，我一直主张我们可以在语句中有意义地使用单称名词，而不必预先假定有一些用这些名词称呼的实体。我进一步主张我们可以使用某些普通名词——例如‘属性’——而不必承认它们是某些抽象实体的名称。我还进一步主张我们可以把某些语词看作有意思的，以及看作相互同义的或者相互异义的，而不必默认有一个被称为意义的实体的领域。”①

蒯因在批驳了以上这些观点之后，提出了他的“本体论的承诺”这个概念。他认为一个人谈论一种事物，这个人就有义务接受某种本体论的论断。例如，当一个人说：“有一张桌子”，这时这个人就作出一种本体论的承诺，即承认桌子的存在。一个人接受一种理论，也就有义务接受一种本体论。我们接受一种本体论，这在原则上相同于我们接受一种科学理论，也就是说，我们接受一个最简单的、可以把原始经验的零乱材料置于其中并加以整理的概念框架。他说：“一旦我们决定采用一个全面的、在最广泛的意义上把科学纳入其中的概念框架，我们也就决定了我们的本体论。”②

蒯因的这种“本体论的承诺”的观点，建立在约定论的基础上。约定论的基本思想是：科学认识是以约定为基础，在建立一门科学的时候，我们实际上就是作出许多约定，而这些约定是根据它们的适用

① 蒯因：《论有什么》，载于《从逻辑的观点看来》，第12页。

② 蒯因：《论有什么》，载于《从逻辑的观点看来》，第16～17页。

性来选出的。蒯因正是本着这种观点，断言我们说某某事物存在，就是约定某某事物存在，就是作出一种本体论的承诺。唯物主义哲学家说物质存在，就是约定物质存在，就是承认物质是本体。唯心主义哲学家说精神存在，就是约定精神存在，就是承认精神是本体。至于物质或精神究竟是否存在，他认为在制定一种理论之前问这个问题没有意义。因为，在制定一种理论之前，没有确定该理论中的概念的意义，概念所指的东西是否存在也就无从谈起。在他看来，任何理论都是虚构的产物，我们在虚构某一理论的同时，也就约定了这一理论中的概念所指事物的存在。如果我们要确定某个概念所指的事物的存在，首先必须确定这个概念在其理论体系中的意义，然后从中推导出一些观察陈述来，看它们是否跟感觉经验相协调。如果它们跟感觉经验相协调，那就说明这个概念所属的理论体系是有效的、可接受的。而一旦接受了某个理论体系，也就承诺了该理论体系中的概念所指事物的存在。反之，则不承认它们的存在。

按照蒯因的观点，本体论问题归根结底是语言问题。我们可以说采用某种科学理论体系是语言问题，同样地，我们也可以说采用某种本体论也是语言问题。我们之所以有义务承认物理对象的存在，是因为我们的语言中有关于物理对象的词在起作用。当我们构造某种理论的时候，我们在一定限度内可以自由地决定在这种理论中采用什么样的术语（例如，采用“原子”这个术语），而当我们作出这种决定后，我们就有义务承认这种实体（例如原子）的存在。与关于原子的语句相比，关于物理对象的语句与感性刺激有更加密切的联系，因此我们更加容易承认物理对象的存在，胜过于承认原子的存在。

这里需要指出，蒯因所说的物理对象并不是唯物主义者所说的客观存在，而是一些根据常识和科学作出的理论假定。他认为物理对象既包括传统哲学中所说的实体，也包括这些实体存在的方式或状态。他说：“物理对象在概念上是作为一种方便的中介物被纳入情境之中，它们不是根据经验的定义，而仅仅作为一种不可简化的假定物，在认识论上可以与荷马史诗中的诸神相比。就我来说，作为一个非专业的物理学家，我相信物理对象的存在而不相信荷马诸神的存在。如果不是这样，我认为那是一种科学上的错误。但是，从认识论的观点看来，物理对象和诸神只是程度上的差别，而不是种类上的区别。这两种实体都是作为文化上的假定物被纳入概念之中。”①

在同样的意义上，蒯因也把抽象实体（类以及类的类等等）看作另一种理论假定。在他看来，为了在科学中便于谈论某些事物，我们纳入量化变项值之内的，不仅有物理对象，而且有类以及类的类之间的关系，还有数、函数以及纯数学的其他对象。他认为对数学基础的研究已经清楚地表明，可以把整门数学归结为逻辑和集合论。从这个意义上说，也可以把数学中所需要的对象归结为一个单一的范畴，即类的范畴，包括类的类，类的类的类，如此等等。他说：“小的和大的物理对象不是唯一的假定物……此外，属于数学内容的抽象实体——最终是类，类的类，如此等等——是同一意旨的另一种假定物。从认识论上说，它们是和物理对象与诸神处于同等地位的神话，既不更好些，也不更坏些，只是它们在促使我们同感觉经验打交道时各自加速进展的程度有所不同而已。”②

在对抽象实体的看法上，蒯因的观点经历了一个发展过程。在20世纪30~40年代，他在本体论上持唯名论的立场。早在1932~1933年间他在维也纳和布拉格留学期间，他已经对唯名论的本体论观点表示赞赏，主张尽量少采用像类这样的抽象概念。1947年，他与古德曼合写了《走向建设性的唯名论的步骤》一文，认真探讨了如何实现唯名论的方案。他们在这篇文章中坦率地宣称：“我们不相信抽象实体。没有一个人认为抽象实体——类、关系、特性等等——存在于时空之中；可是，我们更进一步，我们完全抛弃了它们。”③可是，到了50年代，蒯因放弃了唯名论的方案，而转到柏拉图主义的立场上。在1951年写的《经验主义的两个教条》、《本体论和意识形态》等文章中，已表明他主张一种包括物理对象和类的本体论。

---

① 蒯因：《经验主义的两个教条》，载于《从逻辑的观点看来》，第44页。
② 蒯因：《经验主义的两个教条》，载于《从逻辑的观点看来》，第45页。
③ 载于《符号逻辑杂志》，1947年，第1050页。

在1960年出版的《语词和对象》一书中，详细阐释了他为何把类引入本体论之中。他认为把类引入本体论之中，这与把任何理论对象引入本体论之中没有什么不同。我们之所以假定物理对象，是因为它们简化了我们的日常知识；我们之所以假定分子和原子，是因为它们简化了我们的某些专门科学。同样地，我们之所以假定类，是因为它们作用于其中的那些体系具有说明的能力，而且相对说来也是比较简明的。因此，蒯因除了承认物理对象，也承认类是数学说明所必需的，承认像类这样的抽象实体是数学真理的本体论基础。

总的来说，蒯因在本体论问题上的基本立场是约定论，而这种约定论的观点又是与实用主义的工具论结合在一起的。他认为人们在作出本体论的承诺时，承认某种事物的存在，只不过是约定这种事物的存在。他所承认其存在的“物理对象”和“抽象实体”，都不过是人们为了便于说明问题而作出的理论假定，它们与宗教神话没有本质区别。他否认科学理论的客观内容，认为科学理论只是虚构的产物，把科学理论仅仅看作人们为了便于预测未来经验而主观地创造出来的工具。一个人究竟选用哪一种理论，这完全取决于这个人觉得使用哪种理论较为“方便”、“有用”。他认为本体论问题实质上是语言问题，是为科学选择一种方便的语言形式、一个方便的概念体系或概念结构的问题，而与客观现实的存在无关。他明确表示，与任何科学理论一样，本体论也不应当以是否与客观实在相符合作为取舍的标准，而应当以是否方便、有用作为取舍的标准。他认为在说明世界里有什么时会出现许多种不同的本体论，即不同的概念框架，不能说哪种本体论是唯一正确的，只能说不同的本体论在不同的场合下有不同的用处。以现象主义和物理主义为例，他认为这两种观点各有其优点，前者在认识论上是根本的，后者在物理学中是根本的，这里没有究竟何者正确或错误的问题。所有这些论点表明，蒯因在本体论问题上显然站在主观唯心主义的立场上。

三、意义理论

蒯因与其他分析哲学家一样，也十分强调语言在哲学中的作用，认为本体论问题、科学理论问题等等，实质上都是语言问题。因此，在他的著作中，对语言哲学的研究占很大比重；其中，意义理论尤其是他所注意的中心问题。

在意义问题上，蒯因赞同弗雷格和罗素把名称、指称和意义区别开来的观点，认为无论就单称名词或普通名词而言，在意义和指称之间有很大区别。就单称名词而言，他引证弗雷格关于“晨星”和“暮星”的例子和罗素关于“司各脱”和“《威弗利》的作者”的例子，说明某些名词可以是同一事物的名称，但是有不同的意义。就普通名词而言，他认为普通名词的意义和它的外延（即普通名词所指的某种事物的类）之间也是有区别的，例如，“具有心脏的动物”和“具有肾的动物”这两个普通名词在外延上相同，在意义上则有区别。诚然，就普通名词而言，人们较少把外延和意义混淆起来，像在单称名词的情况下把意义和名称混淆起来那样。可是，在哲学里把内涵（意义）和外延或者把含义和指称混淆起来，确实是很平常的。

蒯因非常强调意义和指称的区别，认为如果把意义和指称区别开，那么语义学这个不严密的学科就分解为两个截然不同的部分：意义理论和指称理论。意义理论的概念，除了意义这个概念之外，主要是同义性、含义（significance)、分析性等等。指称理论的主要概念则为命名、真理、指称、外延以及变项的值。他说：“一旦把意义理论和指称理论截然区别开来，那就容易承认意义理论的首要任务只不过是研究语言形式的同义性和命题的分析性罢了；意义本身作为模糊不清的中介物，就很可以抛开不管了。”① 他在批驳分析命题和综合命题的区别时，对语义形式的同义性和命题的分析性的论述，也是他的意义理论的重要内容。

在蒯因看来，如果把意义和指称混为一谈，就会把意义这个概念看作是一种实体，好像“人”这个词的意义就像某个人的邻居那样可以捉摸，“暮星”这个词的意义就像天上某颗星那样清楚明白。有些人认为，如果谁怀疑和否认意义概念，谁就是把世界想象为那样一

① 蒯因：《经验主义的两个教条》 载于《从逻辑的观点看来》，第22页。

种景象：在那里，只有语言，而没有语言所指称的事物。可是，蒯因反驳说："其实，我们可以承认世界上有许多事物，让我们用单称名词和普通名词以它们各自的方式去指称这些事物，而不必讨论意义这个论题。"①

蒯因反对把意义看作是一种观念，在这点上，他的观点与洛克及其追随者的观点有很大区别。洛克说："词的使用是观念的明显标记，词所代表的观念是词的固有的和直接的意义。"② 在洛克及其追随者看来，思想由意识中的一系列观念组成，而观念只能被观念的持有者所知晓。为了使别人理解自己的观念，必须使用一些大家可以感知的声音或符号，作为观念的代表。因此，对于一个词来说，最重要的是它要与一定的观念保持固定的联系。蒯因不同意把一个词的意义看作词所表示的观念，认为这是把意义看成一种特殊的实体。他说："在现今的语言学家中间，有相当多的人一致认为，'观念'这个观念，语言形式的思想对应物这个观念，对于语言学来说不仅没有价值，而且还糟得多。行为主义者认为，谈论观念甚至对心理学来说也是一件坏事。在我看来，行为主义者的这种看法是正确的。"③ 为了避免把意义看作是一种实体，他宁愿把一个"有意义的"（meaningful）的语句，说成是"有意思的"（significant）。他说："如果我们讨厌使用意义这个概念本身，我们可以直接说某些词或语句是有意思的或没有意思的，是同义的或异义的。要相当清楚地和准确地解释'有意思的'、'同义的'这些形容词（我倾向于借助行为加以解释），这个问题既很重要，又很困难。不过，被称为意义的那个特殊的和不可理解的中介实体所具有的解释价值，肯定无疑地是虚假的。"④

按照蒯因的观点，"意义"这个词包含两个内容：其一是同义

---

① 蒯因：《语言学中的意义问题》，载于《从逻辑的观点看来》，第47页。
② 洛克：《人类理解论》，第3篇，第2章，第1段。
③ 蒯因：《语言学中的意义问题》，载于《从逻辑的观点看来》，第48页。
④ 蒯因：《论有什么》，载于《从逻辑的观点看来》，第12页。

性，其二是有意思的。辞典编纂者的工作是以一种特殊的方式把一种语言形式和另一种语言形式联系到一起，也就是把同义词联系到一起，语法学者的工作则是对各种简短的语言形式分门别类，研究它们的组合规则，详细说明各种可能的“有意思的”语序。他说：“语法学者和词典编纂者都在同等程度上对意义进行研究，语法学者想知道什么样的语言形式是有意思的或具有意义，而词典编纂者则想知道什么样的语言形式是同义的或者在意义上相同。如果说语法学者关于有意思的语序这个概念不应当被看成是依据于原先的意义概念，那我是赞同的。我还认为词典编纂者的同义词概念也有资格得到同样的赞扬。原来的意义问题现在被归结为这样两个问题（其中最好都不要提到意义概念）：一个问题是使有意思的语序这个概念具有意义，另一个问题是使同义性这个概念具有意义。我想要强调的是：辞典编纂者在意义问题上没有垄断权。有意思的语序问题和同义性问题是从意义问题中得出的一对孪生子。”①

在对意义的看法上，蒯因还批驳了所谓“展览馆的神话”的观点。按照这种观点，语言为精神实体提供各种标签，表示它们的“意义”，就像在展览馆里给各种展览品贴上各种标签那样。标签可以更换，而展览品本身并不受更换标签的影响。蒯因反对这种观点，他说：“非批判的语义学是一种展览馆的神话，在那里，展览品是意义，而词是标签。更换语言也就是更换标签。”② 他认为这种观点的错误，不仅在于它把意义看作精神实体，而且甚至在没有把贴上标签的展览品看作精神观念，而是看作柏拉图主义的观念，或者看作具体事物的情况下，它也是错误的。

蒯因认为，如果我们抛弃这种“展览馆的神话”，而对语言的作用作一种以经验为基础的说明，那么就应当承认在语言的使用中，在不同的程度上或不同的形式上，总是存在着某种“不确定性”或

① 蒯因：《语言学中的意义问题》，载于《从逻辑的观点看来》，第 49 页。

② 蒯因：《本体论的相对性》，载于《本体论的相对性和其他论文》，1969 年英文版，第 27 页。

"相对性"。这里所说的"不确定性"，他指的是"彻底翻译的不确定性"；而所谓"彻底翻译"，不是指从一种语言翻译成另一种语言，譬如从法语翻译为英语，而是指一个进行实地调查的语言学家翻译一个从未接触过的民族的语言。他举了这样一个例子：当一只兔子跑过时，土人喊了一声"加瓦盖"（gavagai），语言学家记下"兔子"一词，作为对"加瓦盖"这个音的尝试性翻译。然后他用土人在不同情况下对类似刺激的反应来检验这个翻译，发现他始终不能确定"加瓦盖"这个音所代表的究竟是兔子，还是兔子的某一部分，还是其他什么东西①。

在他看来，不论采取什么技术手段，我们始终不能消除翻译中的这种不确定性。不过，他认为这种不确定性具有重大的哲学意义，它是一种"概念的相对性"或"本体论的相对性"。在说明这种相对性时，他强调说，我们必须把某种特定的语言作为"参考框架"，并依据它来规定词的意义和指称，正如我们利用坐标系规定物体的位置和运动那样，我们不能撇开某个特定的坐标系来确定物体的绝对位置，同样地，也不能撇开某个特定的参考框架来确定词的意义和指称。因此，在理解意义和指称这些概念时，首先必须认识到我们用以表达这些概念的手段，是相对于某个任意地或习惯地选出的参考框架而言的。他说："如果我们询问：'兔子'的确指的是兔子吗？别人就可以反问：从'兔子'的什么意义上说这指的是兔子呢？于是，这就是倒回去询问了。我们需要一种倒回去的背景语言。背景语言使词获得意义，而这种意义是相对于这种背景语言而言的。以任何绝对的方式去询问指称，这类似于询问绝对的位置或者绝对的速度，而不是询问相对于特定参考框架而言的位置或速度。"②

蒯因认为，人们在学习一个词时要做两部分的工作。一部分是要

① 参见蒯因：《本体论的相对性》，载于《本体论的相对性和其他论文》，1969 年英文版，第 30～32 页。

② 蒯因：《本体论的相对性》，载于《本体论的相对性和其他论文》，1969 年英文版，第 48～49 页。

熟悉这个词的声音，并且能够重新发出这种声音。这是语言学的部分，它是通过观察和摹仿别人的行为来完成的。另一部分是语义学的部分，即了解如何使用这个词。这一部分比前一部分复杂，因为学习者不仅要从语音方面熟悉这个词，而且要了解这个词指什么东西。为了掌握词与其对象的关系，学习者不仅要看到这个对象，而且还要看出另一个说出这个词的人也看到这个对象。这就是说，一个人要了解另一个人所说的某个词时，他就要从这另一个人的观点对这个词的对象作出反应。他说："我们之中的每一个人在学习自己的语言时，都是他的邻居的行为的学生。反过来说，在这个人的尝试取得成功或者得到纠正的情况下，他就是他的邻居的行为研究的主体。"①

可以看出，蒯因在对学习语言的看法上是站在经验主义和行为主义的立场上，他强调研究个人在学习语言的过程中在其行为上对语言的或非语言的刺激所作的反应，认为人们都是在公共环境中通过对别人的公开行为的观察和摹仿而学习语言的。在《本体论的相对性》一文中，他一再引用行为主义者杜威的言论，并表示赞同。杜威说："意义……不是一种心理的存在；它主要是行为的特性。"② 蒯因也认为："……除了人们对公开行为的意向中蕴涵的东西之外，既没有意义，也没有意义的相似或不相似。"③ 可见，在这个问题上，他的观点与杜威的观点是完全一致的。

四、"整体论"的经验检验理论

前面谈到，蒯因在批驳逻辑实证主义的证实理论和还原论时，提出了"整体论"的经验检验理论。他对这个理论的提出，也与他对整个科学的看法有关。在他看来，整个科学，或者说，我们的全部知

① 蒯因：《本体论的相对性》，载于《本体论的相对性和其他论文》，1969年英文版，第28页。

② 杜威：《经验与自然》，1925年英文版，第179页。

③ 蒯因：《本体论的相对性》，载于《本体论的相对性和其他论文》，1969年英文版，第29页。

识或信念，从地理的和历史的最偶然的事件到原子物理学甚至纯数学和逻辑的最深刻的规律，都是人工的构造物，它只是在边缘部分与经验紧密相接触。他形象地把整个科学比作一个力场，它的边界条件是经验，离经验最近的是关于感觉经验的命题和物理对象的命题，其次是普遍的和最普遍的自然规律，最后是逻辑规律和本体论命题。这几类命题是根据其不同的普遍性来划分的，越靠近中心的命题是普遍性最强的命题，相反，靠近边界的命题是普遍性最弱的命题。他说：我们觉得关于感觉经验的陈述“较之物理学或逻辑学或本体论的高度理论性的陈述具有更加清楚明晰的经验指称。后一类陈述可以被看作处于整个网络内部比较中心的位置上，其意思不过是说很少有同任何特殊的感觉材料的优先联系闯进来”①。在这个力场的周围同经验的冲突，引起力场内部各部分的重新调整。首先要调整的，是那些离经验最近的关于感觉经验的命题和物理对象的命题，其次是普遍的和最普遍的自然规律，最后才是逻辑规律和本体论命题。这几个部分再调整的速率同它们与经验的距离成反比。

按照蒯因的观点，当一个理论体系与经验发生冲突、而需要对体系的有关部分加以调整时，科学家一般遵守下列两个原则：一是“保守主义原则”，这就是尽可能不打乱总的理论体系，尽量用已经熟悉的原理来说明新的现象；二是“简单性的原则”，这就是希望经过修改后的体系尽可能简单，尽可能用较少的规律来解释较多的现象。蒯因认为，一个假说是否被科学家接受，不仅取决于有关的观察或实验的结果，而且取决于科学家要求保守性和简单性这两个主观条件。

以上这几个部分在与经验相冲突时之所以需要依次调整，是由于这些命题相互之间具有逻辑联系。我们在重新评定某个命题时，也必须重新评定某些与之相关的命题，后面这些命题也许是和头一个命题有逻辑联系的命题，也许是关于逻辑联系自身的命题。不过，整个力场并没有完全被它的边界条件即经验所决定，以致在根据任何单一的

① 蒯因：《经验主义的两个教条》，载于《从逻辑的观点看来》，第44页。

相反经验对哪些命题重新评价上，人们有很大的选择自由。他说："全部科学，即数理科学、自然科学和人文科学，是同样地、不过更加极端地没有被经验所完全决定。这个系统的边缘必须保持与经验相符合；其余部分与它的一切精制的神话和虚构，则以规律的简单性为其目标。"①

从这点出发，蒯因提出"整体论"的经验检验理论。这个理论的基本思想是：经验的检验始终只是针对命题的整个体系，而不是针对孤立的命题；不论提出什么样的经验检验，都不能单独地证明某个命题是假的，因为对命题体系中的其他命题作些调整，总是能够抵消这种反证。他说："在任何情况下，任何陈述都能够被决定是真的，只要我们在系统的其他部分作出足够剧烈的调整。即使一个很靠近边缘的陈述面对着顽强不屈的经验，也能够由于以发生幻觉来辩护，或者由于修改被称为逻辑规律的那一类的某些陈述而被决定是真的。反过来，由于同样原因，没有任何陈述是可以免于修改的。"②

蒯因的这个观点是从比埃尔·杜恒那里继承来的。杜恒在其著作《物理学理论的目的和结构》一书中，提出了不可能对孤立的假说进行经验检验的观点。按照经验主义者的传统观点，对于假说进行经验检验的逻辑结构是这样的：首先是某个有待检验的假说；其次是由某些命题表述的原初条件；最后是由此推出的某些观察结果。如果观察结果没有出现，那就从经验上否定了有关的假说，换句话说，结论的错误证明了作为前提的假说的错误。例如，要检验"地球是平的"这个假说是否正确，其检验的逻辑结构为：

假说：地球是平的；

原初条件：一条船笔直地驶出港口；

结论：因此，这条船到一定时候会立刻全部消失（因为它从地球平面的边缘掉下去了）。

但是，我们实际上看见这条船是逐渐消失的，因此地球是平的这

① 蒯因：《经验主义的两个教条》，载于《从逻辑的观点看来》，第45页。
② 蒯因：《经验主义的两个教条》，载于《从逻辑的观点看来》，第43页。

个假说是错误的。按照杜恒的观点，对于假说进行经验检验的上述逻辑结构是不完善的，比较合理的逻辑结构是：

假说 1，假说 2，…，假说 n

原初条件

因此（“因此”代表为实现这种推理所使用的逻辑规则或数学原理），观察结果。

在这种结构中，如果观察结果最后没有出现，我们不能立即明确地指出其中哪个假说应当被否定。在这里被否定的不是某个孤立的假说，而是一组假说，因此在确定我们应否定的是哪个假说上，我们有很大的活动余地。

蒯因继承了杜恒的这个观点，并大大加以发展。他认为在假说与观察结果发生矛盾的情况下，可以对假说、原初条件、观察结果或者用以推出观察结果的原理，进行否定或修正，从而使假说与观察结果相一致。按照他的观点，当假说与观察结果发生矛盾时，首先，我们可以修正一个或更多个有关的假说。通常，我们根据对这些假说的信任程度，把最不大信任的假说排除掉。其次，他认为可以否定作为原初条件的命题，例如，当某项实验没有达到预期结果时，教师可以否定学生的实验，说这次实验是学生在没有严格遵照操作规则的情况下作出的。在所检验的对象相当复杂的情况下，某些原初条件可能预先要求研究某些作为背景的理论，某些检验工具也涉及某些辅助性的假说，其中任何一项都可能被否定或修正。再次，我们也可以否定或者至少重新解释所观察的结果。在通常情况下，我们可以否定与我们的坚定信念相抵触的观察结果。例如，当我们看到木棍半截插入水中仿佛变弯时，我们宁愿相信我们的光学理论，而否定我们的视觉提供的结果。最后，我们还可以修正或否定我们在推理时所使用的逻辑规则或数学原理。例如，在牛顿的物理学被爱因斯坦的物理学所取代的情况下，在进行这方面的检验时，就可以用非欧几里得几何学取代欧几里得几何学。同样地，在量子力学中进行检验时所使用的逻辑原理，不应是二值逻辑，而应是多值逻辑。总之，按照蒯因的观点，在对假说进行经验检验时，从原则上说，以上四个方面中没有任何一个命题可以免于不被否定。为了使假说与观察结果相一致，其中任何一个命题都可以成为修正或否定的对象。任何命题作为体系的一部分，可以具有一定的经验意义，但整个体系才是经验意义的主要传递手段。这样一来，蒯因就把经验主义关于一切知识都可以用经验加以证实这个基本原则，重新解释为具有经验意义的是我们的整个知识体系，其中各种知识只具有这种意义的一部分，因此应当把知识的体系，而不是孤立的个别命题当作经验检验的单位。

蒯因的这种“整体论”的经验检验理论，在英美分析哲学家中间引起很大反响。有不少分析哲学家支持他的观点，例如，亨普尔从不同的问题出发，得出了与这个观点大致相同的结论。亨普尔认为实证主义关于仅仅利用观察名词就能给科学中的理论名词下明确定义的观点是错误的，因为理论名词必须由理论本身引入科学之中，科学家不是借助观察名词，而是通过理论本身来给理论名词下定义。因此，具有经验意义的单位只能是作为整体的理论，那里包含有为推出观察语句所需要的各种可能的命题。相反，也有一些分析哲学家不同意他的观点，例如，波普尔认为，经验的检验方法能够保证从理论中推演出来的每个单独的命题可以被经验证明是假的，因此，不论引进一些辅助性的假说，或者通过修改一个定义，或者通过否定某种作出反证的经验，都不能够使理论免于被经验所证伪。

蒯因在科学哲学方面的上述观点含有某些合理因素。例如，他认为各门科学与经验保持不同距离，因而修改的速度不同。这种观点与科学的客观实际比较接近。他的“整体论”的经验检验理论强调科学理论的各个陈述必然相互联系、相互制约，这也比较接近现代科学所揭示的客观事物发展的整体性、系统性原则。但是，不能像蒯因那样把他的整体论扩大应用于一切知识领域，因为某些知识领域内表现出来的整体性是有限度的，而不是绝对的。如果把这种整体论观点片面地、无节制地加以夸大，就会犯列宁早已指出的把树木看成森林的错误。蒯因往往过分夸大理论系统在意义的经验检验中的作用，而贬低或者否认理论系统中个别理论所具有的经验意义，否认在意义的经验检验中个别理论的相对独立性。

第二节　内尔逊·古德曼 (Nelson Goodman 1906～)

内尔逊·古德曼，美国哲学家、逻辑学家，通常也被看作逻辑实用主义的代表之一。1906 年 8 月 7 日生于美国马萨诸塞州，1928 年在哈佛大学获理学士学位，1941 年在该校获哲学博士学位，1942～1945 年在美军中服役，1945～1946 年在图夫茨学院任哲学讲师，1946～1951 年在宾夕法尼亚州立大学任副教授，1951 年任教授，1962 年先后在哈佛大学主持怀特海讲座和在牛津大学主持洛克讲座，1964 年在布兰迪斯大学任沃尔夫森（H. A. Wolfson）讲座哲学教授，1977 年退休。他是美国科学院院士，1950～1952 年担任美国符号逻辑协会副主席，1967 年担任美国哲学协会东部分会主席。

古德曼主要研究认识论、科学哲学和语言哲学，特别着重研究归纳逻辑理论和验证理论，研究归纳推理的知识结构问题、理论在结构上或逻辑上的简单性问题、语言系统的结构问题、自然语言的同义性问题、语言系统的适当性和准确性问题等。1940 年写出了他的博士论文《对特质的研究》（A Study of Qualities），这是他对卡尔纳普的《世界的逻辑构造》一书所作的评论性研究。1951 年出版了他的重要著作《现象的结构》，这是他花了近 20 年时间写成的，也是对他的博士论文《刘特质的研究》一文的扩充和发挥，1966 年出版了此书的修订本。与卡尔纳普的《世界的逻辑构造》一书相似，它也着重从现象主义观点探讨世界的构造问题。他想在唯名论的基础上建立一个现象主义体系。他说："这本书的书名反映出这样一个事实：我主要关心的是分析现象以及研究现象主义的体系。"① 1955 年出版了他的另一本重要著作《事实、虚构和预测》，这是他根据 1953 年在伦

① 古德曼：《现象的结构》，1951 年英文版，第 XIV 页。

敦大学主持谢尔曼（Shearman）讲座期间所作的讲演写成的。1968年出版的《艺术语言》（Language of Art）一书，是根据他1962年在牛津大学洛克讲座上的讲演写成的，主要论述符号化的形式问题。他把“图像表现”（pictorical representation）和“语言描述”（verbal description）区别开来，同时也分析了这两者与“例解”（exemplification）和“表达”（expression）之间的关系。1972年出版的《问题和设计》，是一本论文集，收入了他的若干篇重要论文。1978年出版的《世界形成的方式》，是他最近出版的新著，强调指称框架在世界形成中的作用，认为如果有人询问世界是什么，那只能根据这个或者那个指称框架作出回答。如果撇开任何指称框架，那就无法回答这个问题。

就思想渊源而言，古德曼接受实用主义和逻辑实证主义这两方面的影响。在实用主义方面给予他的直接影响的，主要是C.I.刘易斯。古德曼在哈佛大学念书期间，刘易斯是他的老师。古德曼在其头一部代表作《现象的结构》一书的序言中，首先表示对刘易斯的教导的感谢。他说：“当我在哈佛念书期间，我从C.I.刘易斯教授的教学中获益匪浅。”① 他特别从刘易斯的《心灵和世界秩序》一书中接受了“可感性质”（quale）和“特性”（property）这两个概念，认为在对可感性质的解释上，刘易斯提出的“模型论”（pattern theory）优越于从前的“最佳条件论”（optimum theory）。按照“最佳条件论”的观点，如果说某个东西是深红色的，那就是说这个东西在明朗的日光下以及在其他最佳条件下所呈现出来的全部外貌（presentation）都表现出深红色这种特质。按照“模型论”的观点，如果说某个东西是具有某种特性，实际上这就是描述出这个东西在各种条件上呈现出的这一类特性的完整模型。古德曼认为，刘易斯的模型论克服了原来的最佳条件论的困难，尽管它在另一方面也有不足之处。

在逻辑实证主义方面给予他影响最大的是卡尔纳普，特别是卡尔纳普的早期著作《世界的逻辑构造》一书。早在20世纪30年代，

① 古德曼：《现象的结构》，1951年英文版，第Ⅶ页。

古德曼已开始研究卡尔纳普的这本重要著作。前面已经提到，古德曼在 1940 年完成的博士论文《对特质的研究》，就是对卡尔纳普的这本书的阐述和评论。在《现象的结构》一书中，又专门有一章评论卡尔纳普的世界的逻辑构造体系。古德曼特别声明，他对卡尔纳普的这本著作的评论，并不是要否定或者贬低卡尔纳普的成就，而是想指出这本著作还遗留下哪些问题尚待解决，并试图提出他的解决这些问题的办法。他说，即使说卡尔纳普所构造的这个体系还是初步的，而且在许多方面还不很恰当，可是我们毕竟不要忽视这个体系已作出的进展。与卡尔纳普一样，古德曼在构造他的体系时也强调使用现代逻辑手段，也要求论证要简单明白，也认为哲学家的任务就在于排除哲学中的困惑和混乱。

古德曼与蒯因的关系也很密切，特别在 40 年代，他们的观点相当接近，共同撰写了《走向建设性的唯名论的步骤》（1947）等文章。1940～1941 年间，卡尔纳普、罗素、塔尔斯基等人先后在哈佛讲学，古德曼、蒯因经常与他们在一起讨论逻辑问题和哲学问题，特别详细地讨论了卡尔纳普的《语义学导论》一书的手稿，这对他们在思想上的交流和发展有很大影响。由于蒯因和古德曼在某些问题上观点相当接近，都同时接受了实用主义和逻辑实证主义的影响，并把其中某些观点糅合到一起，因此英美分析哲学界往往把他们两人并列为美国逻辑实用主义的主要代表。艾耶尔曾把古德曼和蒯因作过比较，认为他们两人在对逻辑的掌握和把它运用于哲学上颇为相似，但古德曼有他自己的风格和方法，他们的某些观点和兴趣也不相同①。

古德曼的研究范围颇广，涉及认识论、科学哲学、语言哲学等领域，这里不可能一一评述，下面着重阐述他的现代唯名论立场，以及他的归纳理论和结构简单性理论。

一、现代唯名论

在现代西方资产阶级哲学中，共相问题曾引起热烈的争论。争论

① 参见 A. J. 艾耶尔：《二十世纪的哲学》，1982 年英文版，第 253 页。

的焦点在于：在建立逻辑体系或语言体系时，是否可能只限于那些与时空中的具体事物相联系的个体变项，或者还必须有一些具有抽象事物（类、属性、关系、数等等）的意义的变项。现代唯名论者支持前一种观点，柏拉图主义者支持后一种观点。古德曼是现代唯名论者，他在其早期著作《走向建设性的唯名论的步骤》（1947年，与蒯因合写）中，后来在《现象的结构》（1951）、《事实、虚构和预测》（1955）以及《个体的世界》（1956）等著作中，详细阐述了他在这个问题上的观点。

古德曼是现代唯名论者，而不是传统意义上的唯名论者。在强调个别而否定一般这一点上，他与传统的唯名论者是一致的，可是，在否定“类”这个基本概念上，他是运用现代逻辑这种手段加以论证的。他企图创造一种理想的人工语言，在这种语言中只有一种变项，它包括单一的个体以及个体的总和。他用个体的总和来取代类，用个体的演算取代类的演算。有人认为，包括类的演算在内的逻辑是一种纯粹中性的手段，可以把它使用于任何构造体系之中，而不具有本体论的含义。古德曼不同意这种观点，他认为逻辑这种手段只有处于未加解释的场合下才具有这种中立性。如果我们采用一些变项，并把这些变项理解为以某些种类的实体作为它们的值，那么我们就承认存在着那些实体。如果我们采用一些以类为其值的变项，那么也就承认存在着类。古德曼认为研究这个问题是有重要意义的。他说：“像我这样一个持唯名论观点的哲学家不愿意采用那样一种结构，这种结构使他的世界中充满了一大堆幽灵似的、虚妄的柏拉图主义实体。因此，他在构造一个体系时将尽可能避免采用任何类的演算，避免涉及其他任何非个体。”① 又说：“……人们可能反驳说，天地间的事物多过于我的哲学中设想的事物。但我所关心的却是我的哲学中设想的事物不要多过于天地间的事物。”② 在他看来，力或倾向、违反事实的论断、仅仅可能然而并非现实的实体或体验、微中子、天使、魔鬼以及

① 古德曼：《现象的结构》，1951年，第32页。

② 古德曼：《事实、虚构和预测》，第34页。

类，都是不能接受的。而他对类的否定，则构成他的唯名论的核心内容。

古德曼在与蒯因合写的《走向建设性的唯名论的步骤》一文中，鲜明地表达了他们的现代唯名论立场。他们都对类、属性、关系等等抽象概念持否定态度，认为类和属性的理论易于产生种种悖论，如罗素悖论、理查德悖论等等。他们还认为，有些人用以回避这些悖论的方法是很不自然的，因此不如干脆把类、属性等等抽象概念废除掉。他们说："我们不相信抽象实体。没有一个人认为抽象实体——类、关系、属性等等——存在于时空之中，可是，我们更进一步，我们完全抛弃了它们。"① 不过，在这个问题上，他们两人的观点也有一些分歧。例如，蒯因之所以否定类，因为他认为类是抽象实体；古德曼之所以否定类，并不是因为类是抽象实体，而是因为类是"非个体"(nonindividuals)，他认为"非个体"这个概念是难于理解的。此外，蒯因在20世纪50年代后放弃了唯名论的观点，他不仅承认类、属性等等抽象实体的存在，而且经常强调抽象实体的作用。古德曼则始终坚持唯名论的立场，不过，他后来也认为在抽象实体和具体实体之间没有明确区别。他后来要求的只是用个体取代类，用个体之间的重叠关系取代类的成员之间的关系。

按照古德曼的观点，现代唯名论和柏拉图主义之间的根本区别，在于前者只承认个体的存在，后者则承认非个体的存在。他说："唯名论就在于拒绝承认个体之外的任何实体，与它对立的柏拉图主义则至少承认某些非个体。"② 诚然，现代唯名论者没有说存在着的只是个体，可是他们避免承认个体之外还有其他事物存在着。他说，在现代唯名论者的语言中，不包含关于个体之外的任何实体的名称、变项或常项，它可以包含个体的变项、把这种变项连接在一起的量词、真值函项连词、标点符号以及一位或多位的个体谓词，还可以包含个体

① 蒯因和古德曼：《走向建设性的唯名论的步骤》，载于《符号逻辑杂志》，1947年，第1050页。

② 古德曼：《现象的结构》，第33页。

的专名以及摹状词。他把“某某的名字”理解为“仅仅适用于某某的谓词”，把包含某个专名的语句（例如，“休谟是哲学家”）理解为包含有“与某个专名等同的”谓词这样的语句的省略句（例如，“x与休谟等同，x便是一个哲学家”）。他说，我们不能禁止在语言中使用包含着“类”这样的词的语句，可是我们可以引进一些不包含这样的词的谓词来代替它们。因此，在他看来，现代唯名论和柏拉图主义的区别，不在于使用了什么样的个体谓词，而在于究竟认为变项具有什么样的值。现代唯名论者可以使用他所喜欢使用的任何个体谓语，他对这些谓语的选择不受唯名论要求的支配，而受明确性和经济性（economy）这些比较一般的考虑的支配。他非常强调谓词的简单性和假说的经济性；关于这一点，我们将在第三小节中详细论述。

古德曼还强调现代唯名论的这样一个观点：如果说某些实体之间有区别，那么这些实体的内容至少有一部分是不同的；如果两个类具有相同的成员，那么这两个类之间就没有区别。不仅如此，现代唯名论者还认为，既然没有两个不同的类具有相同的内容，因此，一个类（例如，纽约州的各个县这个类），既与那个恰恰包括其全部成员的单一个体（例如，纽约州这整个州）没有区别，也与其他任何其成员恰恰穷尽这同一个整体的类（例如，纽约州的全部幅员这个类）没有区别。这就是说，古德曼之所以反对类这个概念，是因为他认为这个概念只是把某些实体区别开而没有把其内容区别开。例如，有人把法国的各个县和法国的各个省看作两个不同的类，可是，他指出，法国的各个县和法国的各个省都是由相同的领土组成的，因此，这里只有一个实体，它就是法国的各块领土的总和，其中任何一块领土都是一个基本的个体，而个体的总和本身也是一个个体，不论它的各个部分是否在时间和空间上连接在一起。他说：“柏拉图主义者可能通过大胆地提出‘纯形式’这个新的方面来区别这些实体，唯名论者则认为实体之间如果在内容上没有区别，它们就是没有区别的。”①

① 古德曼：《现象的结构》，第33页。

古德曼还把自己的观点称为“超外延主义”（superextensionalism），以区别于古典的外延主义。古典的外延主义认为，如果两个实体（例如，两个类）具有近似的成分，它们便是等同的。他们借助于这条原则来禁止无差别地增加实体的数目。古德曼在限制实体的数目上更进了一步，主张任何两个具有相同的、在系统上终极的成分的实体，都是等同的。例如假定a、b、c、d是一个系统的原子，也就是说，a、b、c、d在这个系统中不可能包含其他任何东西作为它们的成分。在外延系统A中，我们通常区分为（a、c）和（b、d）这两个类，而在外延系统B中，则区分为（a、b）和（c、d）这两个类。按照外延主义的观点，A系统和B系统并不是等同的，因为这两个类的近似成分是不同的，这样一来，所假定的实体便增加了一倍。古德曼对此提出更严格的要求，他认为这里不是有八种不同的实体组成四种原子或四个类，而是只有四种实体，它们是这个系统的终极原子。这样一来，他就把这里假定的实体减少了一半。古德曼在《个体的世界》一文中详细地论证了他的这个观点。

古德曼承认，在日常语言中，有一些陈述通常被认为与类相关联，但他认为可以对这类陈述重新加以表述，使之不涉及类的概念。例如，对于“所有的树都是植物”这个涉及类与类之间的关系的简单陈述，就可以把它改述为“任何一个是树的东西都是植物”，在这里，“是树的”和“是植物”都是个体的谓词，从而避免把它理解为“树这个类包含在植物这个类之中”。对于其他比较复杂的陈述，则可以借助于数理逻辑的符号加以表述。例如，对于“约翰（j）和彼尔（b）以及他们的堂兄弟都属于马斯克拉特团体（M）”这个陈述，就可以用数理逻辑的符号表述为$M_j \cdot M_b \cdot (x)\ (C_{x,j} \vee C_{x,b} \supset M_x)$，如此等等。总之，古德曼竭力主张在描述世界时要采用一种人工语言，在这种语言中，只有一类变项，即单一的个体以及它们的总和。他特别强调要用个体的总和来取代类，用个体的演算取代类的演算。他说：“在我看来，通过这种改述去满足唯名论的要求，这不仅能得出一种更加简洁的本体论，而且在简单性和明晰性方面也有很大收获。”①

与柏拉图主义者不同，现代唯名论者偏爱具体事物而唾弃抽象概念；可是，他们与柏拉图主义者一样也是唯心主义的，因为他们都把作为再现客观现实的手段的逻辑结构变成客观现实的结构。然而，从逻辑体系或语言体系的结构中引出世界的结构，这与从“完美无瑕的存在物“中引出上帝的存在一样 也是没有根据的。诚然无论中世纪的唯名论者，或者现代的唯名论者，就他们肯定个别事物的实在性，强调个别事物先于人的思想、概念而存在这一点而言是有合理因素的，可以说他们在这点上或多或少接近于唯物主义立场。可是，他们否认共相，否认一般概念的客观内容，否认抽象概念的作用，则是完全错误的。因为，个别和一般是对立的统一，正如列宁所指出的：“对立面（个别跟一般相对立）是同一的；个别一定与一般相联系而存在。”② 一般存在于个别之中，个别表现出一般，而且丰富了一般。类、属性、关系等等抽象概念都是从客观现实的事物和现象中经过科学的抽象得出的，它们都具有客观内容，并且在科学认识中起着重大作用，因此不能像古德曼等人那样对它们的存在持否定态度。

二、归纳逻辑理论

古德曼是一位逻辑学家，归纳逻辑理论是他的学说中的一个重要组成部分。在《事实、虚构和预测》等著作中，他详细地探讨了这个问题。在他那里，他是把归纳问题、验证问题和投射问题这三者联系起来加以考察的。具体说来，他首先对有关归纳的哲学问题的性质进行分析；其次，对其中尚未得到解决的问题进行剖析，批判了卡尔纳普和亨普尔的验证理论；最后又提出投射理论，试图通过这种理论解决那些尚未解决的问题。在这里，他把归纳狭义地理解为根据经过考查的事例对未来的事例进行推论，而把投射理解为根据已经考察的

---

① 古德曼：《现象的结构》，第XIV页。

② 列宁：《谈谈辩证法问题》，《列宁全集》，人民出版社，第38卷，第409页。

事例对未经考察的事例进行推论。

前面在阐述赖欣巴赫的归纳推理理论时，我们曾经谈到休谟对归纳推理的合理性的批驳。休谟认为归纳推理的合理性是不能通过理性方法获得证明的，因为不能合理地从“太阳过去每天都出来”推出“太阳明天会出来”或者“太阳明天不会出来”，也就是说，不能引用“将来一定与过去相同”或者所谓“自然的齐一性”来加以证明。古德曼则认为，问题不在于对归纳推理的合理性进行论证或提出辩明，而在于把正确的归纳和不正确的归纳区别开来。因此，在他看来，关键问题在于寻找一组正确的归纳逻辑规则，我们可以借助于它们来作出这种区别。古德曼认为这一点是可以做得到的，因为，正如通过指出某个演绎推理符合于某个特定的演绎逻辑规则就能对这个演绎过程提出辩明。同样地，通过指出某个归纳推理符合于某个特定的归纳逻辑规则，也能对这个归纳推理提出辩明。换句话说，对一组被看作有效的归纳规则提出辩明，类似于对一组被看作有效的演绎规则提出辩明。在演绎逻辑中，演绎推理是通过它们符合于正确的普遍规则而得到辩明的，普遍规则又是通过它们符合于正确推理而得到辩明的。他说：“问题在于规则和个别推理都同样是通过使彼此一致起来而得到辩明的。如果规则产生了我们所不愿意接受的推理，就要对规则加以修正。如果推理违背了我们所不愿意修正的规则，这个推理就要遭到拒绝。辩明过程是一个微妙的过程，其任务在于使规则与已经接受的推理相协调。”① 与此相似，个别的归纳推理也是通过参照推理规则而得到辩明，而归纳规则又是通过参照个别的推理实践而得到辩明。

在这点上，古德曼对休谟关于归纳推理的观点作了某种程度的肯定，也指出这种观点的不足之处。休谟是从因果关系的角度来谈论归纳推理的，他认为人们所具有的因果观念不具有实在性，即不具有客观基础，因果观念的获得完全是人为的，即来自实际感觉经验中对“相似性”事例的观察：人们在看到两个类似的事例按先后顺序重复

① 古德曼：《事实、虚构和预测》，1955 年英文版，第 67 页。

出现或者恒常地会合在一起时，便会由这一个推到那一个，把一个称为原因，把另一个称为结果。例如，当人们在许多事例中观察到火焰与热、雪与冷分别恒常会聚在一起时，就会把火焰与雪分别看作热与冷的原因。至于事物之间是否存在着因果联系，休谟认为这是不可知的，他由此否认归纳推理的合理性。古德曼认为，休谟在对归纳实践进行描述说明方面，以及在解释因果推理的规律并认为这些规律符合于归纳实践等方面，所采取的道路是正确的。可是，休谟对归纳实践的描述却不很精确。休谟认为，被观察到的规律性产生一种预期的习惯，凡是以这种规律性为依据作出的预测都是正当的或者正确的。可是，古德曼认为，休谟的描述不能说明为何"某些规律性确实产生了这样的习惯，某些规律性却没有产生这样的习惯，以某些规律性为依据作出的预测是有效的，而以另一些规律性为依据作出的预测却是无效的……如果以为凡是以过去的规律性为依据作出的预测都是有效的预测，那是毫无根据的"①。因此，古德曼认为应当找到一组归纳逻辑规则，以弥补休谟的缺点。他强调说，问题不在于对归纳作出辩明，而在于对归纳进行适当的调整。如果我们对归纳作出适当调整，这就能够对归纳实践提供支持，正如对演绎进行适当调整也能对演绎实践提供支持一样。因此，关键问题在于找出一组归纳逻辑规则，我们可以依据它们而使我们接受或者拒绝某些科学假设或理论这样的实践成为有效的。

按照古德曼的观点，为了解决这个问题，需要解决科学哲学中其他一些有关的问题，特别是科学理论的验证问题。在《事实、虚构和预测》一书的第一章和第三章中，以及在《对证实的质问》(1946)、《论证实理论的缺陷》(1947)等论文中，古德曼详细探讨了这个问题，并对卡尔纳普和亨普尔的证实理论提出很多批评。在他看来，为了给把真实的"违反事实的条件句"(counterfactual conditional)和虚假的违反事实的条件句区别开来提供一些适当的标准，就要求对"科学规律"下一个适当的定义。这又要求我们把那些通

① 古德曼：《事实、虚构和预测》，1955年英文版，第81～82页。

过事例得到验证的假说与那些没有通过事例得到验证的假说区别开来，从而要求我们制定出适当的验证理论。他认为现在流行的验证理论是有缺陷的，因为它们不能提供任何手段，使我们据以把这种理论运用于其上的假说识别出来。他还认为，现行的验证理论对于那些构成验证事例的标准所作的规定也是不适当的，因为这些规定或者会导致认为任何陈述都能验证任何陈述，或者导致把未定问题当作论据这样的逻辑错误。在他看来，验证理论中最关键的问题，是要给“可验证的假说”这个概念下一个适当的定义。在《事实、虚构和预测》一书最后一章以及在后来写的《投射理论》一文中，他试图借助于“投射理论”（theory of projection）来解决这个问题。

在古德曼的投射理论中，“可投射的”（projectible）这个词是一个核心概念，因此有必要首先弄清楚这个词的意义。在他看来，“可投射的”这一个词是一个意向性的谓语，它与“可愿望的”（desirable）有些相似。如果我们把“可投射的”这个词之外的其他某些意向词投射到某些仔细挑选出来的非意向谓语或明显谓语的外延之上，换句话说，借助于后面这些非意向谓语或明显谓语，就能给这些意向词下适当的定义。这样作能够提供一些重要的模式，根据这些模式就能够弄清楚“可投射的”这个词的意义，同时也能够决定这个词可以应用于哪些假说之上，从而弥补验证理论的上述缺点。他说，当我们采用某个假说，对它的某些事例作了考察，确定了哪些事例是真实的，可是对其他事例尚未进行考察，在这种场合下就可以说这个假说已在事实上被投射了。古德曼还对“可投射性”（projectibility）这个词作了一种说明，这种说明给他提供了一个对可投射的、以过去的投射为根据的假说以及我们的实际语言习惯的其他某些特征进行识别的标准。古德曼对假说的实际投射的考察，也使他对被投射的谓语（即在一个实际地被投射的假说中出现的谓语）的有关含义作出说明，还使他对其投射理论中的另一个重要概念——“保护”（cntrenchment）作出说明。

在古德曼那里，所谓“保护”指的是一个谓语比其他谓语受到更多保护。例如，如果谓语 P 以及与 P 有相同外延的一切谓语，比另一个谓语 Q 以及与 Q 有相同外延的一切谓语实际上更加经常地被投射，那就可以说谓语 P 比谓语 Q 受到更多的保护。古德曼试图用这种理论说明，在两个假说都已同样得到证明的场合下，为何人们宁愿选择那个包含有较多得到保护的谓语的假说，而不选择那个包含有较少得到保护的谓语的假说。在他看来，当我们谈论某些谓语受到保护时，我们实际上就是说某些分类的习惯受到保护；换句话说，谈论谓语受到保护，也就是说这些谓语的外延受到保护。对于“保护”这个概念，古德曼还作了这样的说明：“跟休谟一样，我们在这里也是求助于过去的重复，求助于在明确使用语词中的重复以及求助于所观察的事物的重复特征。与康德有些相似，我们也说归纳的有效性不仅依赖于呈现出来的事物，而且依赖于这种事物是怎样被组织起来的。不过，我们所说的这种组织工作是通过使用语言来完成的，而不是归因于人类认识本性中的任何不可避免的或固定不变的东西。概而言之，我可以说，在回答什么东西把那些作为有效投射的根据的、重复出现的经验特征与那些没有作为有效投射的根据的、重复出现的经验特征区别开来这个问题时，我认为前者指的是那样一些特征，对于这些特征，我们已经采取了一些被我们习惯地投射的谓词。”① 这就是说，那种构成有效投射的东西，因而那种构成可投射的假说的东西，最终取决于我们事实上如何进行分类，即我们的某些分类习惯。古德曼试图以此给“可投射的”下一个适当的定义，从而把可验证的假说与不可验证的假说区别开来，克服归纳逻辑中的一个主要障碍。

三、结构简单性理论

在古德曼对科学哲学的研究中，结构的简单性问题也是他研究的一个重点。在《现象的结构》和《事实、虚构和预测》两书中以及在《对简单性理论的一项改进》（1950）、《对简单性的公理测定》（1955）、《简单性的试验》（1958）以及《安全性、力量和简单性》

① 古德曼：《事实、虚构和预测》，第 96 ~ 97 页。

(1961) 等论文中，他着重探讨了这个问题。

在这个问题上，古德曼的思想发展可以大致分为前后两个阶段：前一阶段指 20 世纪 40 年代后期和 50 年代初期，也就是他撰写《现象的结构》一书那段时期；后一阶段指 50 年代后期，也就是他撰写《事实、虚构和预测》以及《简单性的试验》等文那一段时期。在前一阶段，古德曼对简单性问题的看法比较一般，不是局限于评定科学理论的简单性。当时他感兴趣的是任何构造系统的“原始谓语基础”(primitive predicate basis) 的简单性。所谓“原始谓语”，他指的是那些尚未下定义的谓语；所谓“构造系统”，他指的是那些被构造出来的语言系统或公理系统。古德曼当时致力于研究的，是任何一个构造系统的适当性的标准，而不是特定的科学理论的适当性的标准。对于这种系统的构造者来说，这个问题也就是要在某些原始谓语基础中间作出适当的选择。古德曼认为，在进行这种选择时，重要的是考察所选择的基础要有一种结构上或逻辑上的简单性。

按照古德曼的观点，一般说来，构造一个系统的目的在于以适当的方式把它的谓语相互联结起来，换句话说，也就是把它的基础简约到最小的限度。他认为采用下定义的办法既可以增加系统的贯通性，同时也可以减少那些被看作原始谓语的谓语的数目。因此，追求“经济性”(economy) 的动机，不仅在于求得表面上的简洁，而且在于达到系统化，因为经济化和系统化是相同的。如果减少所需要的最低限度的词汇的数量，换句话说，如果提高词汇使用的经济性，那就能增强系统的条理性。诚然，对于如何衡量原始词 (primitives) 的简单性，这一点还是不很清楚的。仅仅根据原始词的数量来计算，这种作法显然不能令人满意。因为，如果可以以此为根据，那么，在大多数系统中，只要把许多原始谓语组合成一个“多位的” (many places) 的谓语，就能立刻做到最大限度的经济性。有人提出把对原始谓语的“位”(places) 的数量所作的计数当作根据，可是这种作法也不妥当，因为人们可以用机械式的方法把某些包含较少的位的谓语去取代某些包含较多的位的谓语。古德曼认为，较好的办法是以系统的基础在形式上的简单性为根据，这就是说，主要考虑一个原始谓语包含多少个位以及这个原始谓词是否对称等等，而不考虑原始谓语包含多少个词以及它所表示的复杂性等等。至于什么是最经济的基础，他说：“最经济的基础，也如最经济的机器一样，是用最少的东西完成最大的工作量。简单性，与汢量的低消耗相类似，是一个与力不同的因素，同样必须加以考虑。力远远不是与经济成反比例的；在简单性作为常数的场合下，力与经济是直接成正比例的。在两个同样简单的观念中，比较有力的观念也就是比较经济的观念。而且，当我们所关心的是比较系统的某些可以相互替换、相互规定的、因而同样有力的基础时（情况经常是这样），简单性便是经济性的唯一决定因素。”①

按照古德曼的观点，如果用一个基础替换另一个基础，而没有产生真正的经济效果，那么这种替换纯然是机械式的，没有什么意义。在他看来，增加一个原始词达不到经济的目的，而减少一个原始词却往往是经济的；因为，在增加一个原始词的情况下，我们不会损害我们基础的适当性，相反，在减少一个原始词的情况下，我们基础的适当性则往往受到损害。在我们不是增加或减少原始词，而是以某种方式变换我们的基础的场合下，只要这种变换不是机械式的变换，这种变换往往能够提高我们的基础的简单性。他说：“如果某个种类的每个基础始终可以被另一个种类的某个基础所替换，而第二个种类的每个基础并非始终可以被头一个种类的某个基础所替换，那么，在没有相反征兆的情况下，第二个种类的基础就一定比头一个种类的基础具有更加复杂的值。如果某个种类的每个基础始终可以被第二个种类的某个基础所替换，而第二个种类的每个基础始终可以被头一个种类的每个基础所替换，那么，在没有相反征兆的场合下，头一个种类和第二个种类的基础就是有同等复杂的值。”②

在后一阶段，古德曼的注意力则转到研究简单性的测定及其与科学理论的关系。他认为在我们对不同的科学理论和假说系统进行选择

① 古德曼：《现象的结构》，第61页。

② 古德曼：《现象的结构》，第62页。

时，对简单性的考虑起着首要的指导作用。在他看来，如果以为只有在我们找到一个真实的系统之后，才有必要考虑系统的简单性问题，那就想错了，因为我们对简单性的考虑必然是与我们对系统的考虑同时进行的。只有当我们把构造系统所需要的基本的词汇和原理加以简单化的时候，我们才能完成系统化。他说："当基础的简单性达到零而消失时，也就是说，当没有一个词汇或原理是从其他词汇或原理中推演出来时，这个系统也就达到零而消失。系统化和基础的简单化是一回事。"①

对于如何测定谓语基础在结构上的简单性，古德曼提出下列原则："如果与某个特定的基础相似的每个基础都可以被与第二个基础相似的基础所替换，那么头一个基础就不比第二个基础更加复杂。"②当这种替换成为一种纯粹常规的程序时，那么在谓语的基础之间就存在着这种"始终可以被某某替换"的关系。古德曼利用这个原则以及关系理论中的某些成果，获得了一种用以对谓语基础在结构上的简单性进行测定的手段。对简单性的这种测定只能应用于那些至少已经充分形式化以致能够把它们的原始谓语识别出来的理论。由于达到这种形式化阶段的理论并不很多，因此他的这种演算的应用范围受到很大限制。

与此相关，也有必要谈一下古德曼如何衡量定义系统的适当性和正确性问题。对于如何衡量定义系统的适当性和正确性，西方哲学中过去有两种看法。一种看法坚持一个较严的标准，认为"被分析者"和"分析结果"应该是完全同义的。另一种看法则持一个较弱的标准，认为被分析者与分析结果之间应当具有内涵的或外延的同一性。古德曼认为，不仅上述那个严标准难于达到，甚至那个弱标准也不能充分满足。因此，他提出一个新的标准，即所谓"外延的同构性"

---

① 古德曼：《简单性的试验》，载于1958年《科学》杂志，第128卷，第1064页。

② 古德曼：《简单性的试验》，载于1958年《科学》杂志，第128卷，第1066页。

(extensional isomorphism)。在他看来不需要把被分析者和分析结果进行一对一的对比，而只需要把被分析者所属的整个概念系统与分析结果所属的整个概念系统相比较，从后一种比较中就能衡量后面这个新构成的概念系统的适当性和正确性。

如果对“简单性”、“经济性”等等概念作正确的理解，我们在构造或选择任何一个理论体系时是应当考虑到它的简单性或经济性。从这个角度来说，古德曼以现代数理逻辑为手段，从理论和技术方面对理论结构的简单性或经济性的探讨，是有积极意义的。这里需要着重指出的是，我们在探讨理论结构的简单性或经济性时，是以这种理论结构正确地反映了某种客观真理这一点为前提，因为，正如列宁精辟地指出的，“人的思维在正确地反映客观真理的时候才是‘经济的’，而实践、实验、工业是衡量这个正确性的准绳”①。离开这个基本前提，空谈理论结构的简单性或经济性，就会滑到阿芬那留斯主张的“思维经济原则”的错误道路上去。阿芬那留斯在他的著作《哲学——按照费力最小的原则对世界的思维》(1876)中，就竭力鼓吹这个原则。他说，为了“思维经济”，他宣布只有感觉才是存在着的；也为了“思维经济”，他宣布把因果性和实体统统废除掉。显然，这是在“思维经济原则”的幌子下偷运主观唯心主义。因此，我们在探讨任何理论结构的简单性或经济性时，首先应当考虑这种理论结构是否正确地反映了一定的客观真理；在这个基本前提得到满足之后，我们同时也应当努力使理论结构达到简单明确的要求。

第三节 欧内斯特·内格尔
(Ernest Nagal 1901 ~)

欧内斯特·内格尔，美国自然主义哲学家，分析哲学家，着重研究逻辑和科学哲学问题，他的观点通常被称为“科学的自然主义”或“结构的自然主义”。美国《哲学百科全书》在有关他的条目中对

① 《列宁全集》，第2卷，第171页。

他作了这样的介绍："内格尔属于自然主义和逻辑经验主义的传统，他主要以其对科学哲学的贡献而闻名于世。"在库尔茨（P. Kurts）编辑的《二十世纪的美国哲学》一书中，对他作了这样的介绍："欧内斯特·内格尔是一位逻辑学家和杰出的科学哲学家，他接受了实用主义、自然主义、逻辑实证主义和哲学分析的影响。内格尔在他的全部著作中都表现出一种罕见的敏锐的批判，特别在与科学逻辑有关的问题上。"①

内格尔 1901 年 11 月 16 日生于捷克的诺夫梅斯托，1910 年迁居美国，1919 年入美国籍，1923 年在纽约市立学院获学士学位，1925 年在哥伦比亚大学获数学硕士学位，1931 年又在该校获哲学博士学位。他在纽约市立学院任教很短一段时期，从 1931 年起长期在哥伦比亚大学任教，1937 年任助理教授，1939 年任副教授，1946 年任教授，1956～1966 年任杜威讲座哲学教授，1967～1970 年任校级教授，1970 年退休。他是美国科学院院士，英国科学院通讯院士。他在 1939～1945 年间担任《符号逻辑杂志》的编委，1940～1950 年间担任《哲学杂志》的编委，1956～1959 年间担任《科学哲学》杂志的编委。他还在 1946～1947 年间担任美国哲学和科学的方法研究会的主席，在 1947～1949 年间担任美国符号逻辑协会的主席，在 1954 年担任美国哲学协会东部分会的主席。

内格尔在青年时期主要接受实用主义的影响。在哥伦比亚大学念大学阶段，他是柯亨（M. R. Cohen）的门生，在该校念研究生阶段，他是杜威的门生。此外，他还受皮尔士、伍德布里奇（J. E. Woodbridge）以及罗素和桑塔耶那的影响。其中，他与柯亨的关系最为密切。1934 年，他与柯亨合著了《逻辑和科学方法导论》一书，企图从新实在论的观点论证逻辑和科学方法的基本原理。他认为逻辑原理之所以普遍适用，是由于它们与最高的、普遍的本体论特征密切相联。尽管内格尔在 20 世纪 40 年代已在某些重大问题上与柯亨发生很大分歧，但他在 60 年代出版的《科学的结构》一书的序言

① 库尔茨：《二十世纪的美国哲学》，第 543 页。

中，仍然一再表示他感谢柯亨的教导。他说：“我对科学哲学的兴趣首先是由我的老师、已故的莫里斯·R. 柯亨激起的，我对他给予我的思想以引导和他的教导继续不断地给予我以推动，始终怀着感激的心情。”①

20世纪30年代初，内格尔到欧洲留学一年多，开始接触当时正在欧洲蓬勃发展的逻辑实证主义思潮，并接受了它的深刻影响。回国后，他于1936年发表了《对欧洲分析哲学的印象和评价》一文，这是继费格尔于1931年发表的《逻辑实证主义：欧洲哲学中的一种新思潮》一文之后，向美国哲学界详细介绍逻辑实证主义的第二篇文章。内格尔在这篇文章中除了介绍英国的剑桥学派（摩尔、维特根斯坦）和波兰的华沙学派（卢卡希耶维茨、塔尔斯基等）外，还着重介绍了以石里克、卡尔纳普为代表的维也纳学派。他特别详细阐述了卡尔纳普的哲学观点，并在许多问题上表示赞同②。后来，他又与纽曼（J. R. Newman）合著了《哥德尔的证明》（Gödel's Proof）一书，详细评述了哥德尔这位持逻辑实证主义观点的数理逻辑学家的数学思想和哲学思想。关于内格尔是以何种方式接受逻辑实证主义的影响，美国哲学家雷克（A. J. Reck）作过这样的评述：“……内格尔在他自己的哲学中使逻辑实证主义的许多观点与语境论自然主义（contextualistic naturalism）的比较有弹性的框架相适应。内格尔受到柯亨启发，认识到理性的重要，他接受伍德布里奇的影响，把自然理解为某种具有充分特质的和实体的东西，他接受杜威的影响，把经验看作客观的和有结构的；在这个基础上，他把逻辑实证主义变形为一种平衡的和宽容的哲学。因此，较好的方式是采用内格尔在1964年主持卡鲁斯讲座时选用的名字，把这种哲学命名为理性的经验主义。”③

---

① 内格尔：《科学的结构》，196[illegible]年，序言，第10页。

② 参见内格尔：《对欧洲分析哲学的印象和评价》，载于《没有形而上学的逻辑》，1956年英文版，第220~241页。

③ 雷克：《内格尔、兰德尔和布克莱尔》，载于他的《美国的新哲学家》一书，1968年英文版，第126~127页。

40年代之后，内格尔放弃了他在30年代所持的新实在论观点，转向自然主义立场，并尖锐地批判了“实在论”意义的本体论，拒绝把逻辑规律和存在原理联系到一起。1956年出版的《没有形而上学的逻辑》（Logic Without Ontology，与J. R. 约曼合编）和《至高无上的理性》（Sovereign Reason）二书，收入了他在40～50年代从自然主义观点写的一系列论文。在美国的自然主义思潮中，内格尔属于它的中间派。由于他接受了逻辑实证主义的影响，因此他的自然主义观点与R. W. 塞拉斯、兰德尔（J. H. Randall）等自然主义者的观点有所不同。他认为“自然主义”一词代表许多互有区别的学说，而他所信奉的“自然主义是对在实践和批判思考中接触到的世界所作的一种正确的概括性论述，是对人类社会的合理展望”① 在他看来，自然主义有两个基本论点。第一，在现实的自然秩序中，就存在和因果关系而言，都是有结构的物质首先出现。这就是说，事件、性质和过程的实现，以及各个个体的特殊情况，都以在时空中存在着的物体的结构为转移，这种物体的内部结构和外部联系决定着和限制着每一事件的发生与消失。第二，事物及其性质和作用显然是多种多样的，这种情况是宇宙的不可简化的形象，而不是掩盖某种具有更多同质性的“终极实在”或超验实体的虚假现象。事物发生的先后顺序或事物存在的各种依赖关系是偶然的联系，并不表示逻辑上的必然联系具有一种固定的和统一的模型。

60～70年代，内格尔特别致力于科学哲学的研究。他在这段时期发表了几本重要著作，如《科学的结构》（1961）、《意义和知识》（1965）、《科学中的观察和理论》（1971）以及《对目的论的再考察》（Teleology Revisited，1978）等等，都从不同角度探讨了科学哲学中的某些重大问题。其中，《科学的结构》一书是内格尔多年教学和研究的成果，也可以说是他的成名之作。这本书着重讨论科学说明的逻辑问题，在它的头几章中，他着重研究科学哲学的一般理论，在后几章中他研究了各种具体的理论及其特殊问题。在他看来，科学的

① 内格尔：《没有形而上学的逻辑》，1956年英文版，第6页。

逻辑应当研究三部分问题：首先是与科学说明的性质有关的问题，包括科学说明的逻辑结构、科学说明之间的相互关系、科学说明在研究中的功能等等；其次是与科学概念的逻辑结构有关的问题；最后是与各门科学中的知识评价有关的问题。他的《科学的结构》一书主要探讨头一部分的问题，而把其余两部分问题留待其后的著作探讨。

总的来说，内格尔的哲学观点属于自然主义流派，但带有逻辑实证主义的浓厚色彩。他在自然观上动摇于唯物主义和唯心主义之间。一方面，他肯定物质存在的第一性，认为一切精神的事物都依赖于人们机体组织。他否认任何超自然力量的存在，认为没有什么神秘的力量或一种与肉体分离的精神指导着自然事件，在人的机体腐化后也没有什么个人的不朽灵魂。可是另一方面，他又主张彻底的多元论，过分强调偶然因素的作用，认为事物发生的先后次序或事物存在的各种依赖关系都是偶然的，这就导致他反对从决定论的观点去解释社会现象，反对历史发展的必然性观念。这里不准备评述他的自然主义观点，而着重阐述他在科学说明的类型、科学理论的结构以及理论在实践中的地位等问题。

一、科学说明的类型

科学说明问题是从事科学哲学研究的分析哲学家着重探讨的一个中心问题，波普尔、费格尔、亨普尔、布雷思韦特等人都对这个问题作过很多研究。内格尔在《科学的结构》一书的第二、三章中详细探讨了这个问题。内格尔认为，科学研究的一个主要目标就是要对科学现象提出一些系统的、有根据的说明，这种说明既可能针对个别发生的事件或者重复出现的过程，也可能针对某些固定不变的规律性或者统计的规律性。在任何一个特定时期，各门科学对科学说明的着重点是不同的，它们所达到的科学说明的完善程度也是不同的。尽管如此，在任何一门得到公众承认的学科中，都不能不对科学说明进行认真的探讨。因此，了解对科学说明的各种要求，了解科学说明的结构，也就能了解科学研究的普遍特征。

按照内格尔的观点，科学说明主要有四种类型：（一）演绎型，即把需要加以说明的事实看作从用以说明的前提中合乎逻辑地必然得出的结论。（二）或然型，在缺乏充分证据的情况下，或然性说明中用以说明的前提在形式上并没有包含所要解释的事实，尽管这些事实是依赖于这些前提而成为可能。（三）功能型或目的论型，这种说明或者表明一个单位在维护或实现它所属的那个体系的某些特征方面所完成的功能，或者陈述一个行动在实现某个目的方面所起的工具性作用。（四）发生型，它通过描述如何从一个在先的课题中演变出所要研究的课题，来说明后一课题的特征。内格尔对这四种类型的说明，特别是对演绎型的说明，作了详细的阐释，他认为演绎型的说明是科学说明所要达到的理想。

内格尔认为，在自然科学中（当然也不限于自然科学），通常使用的是演绎型的科学说明。这种说明“具有演绎论证的形式结构，在这种结构中，被说明者（explicandum）是从用于说明的前提中合乎逻辑地必然得出的结论。因此，在这种类型的说明中，前提陈述了一个对于被说明者的真理性来说是充分的条件，而且有时是必要的条件，尽管并非始终是后一种情况”①。对于这种说明还可以进一步区分出不同的情况。例如，在对“为什么任何从 1 开始的、连续的奇整数的总和始终是一个整数的平方（如 $1+3+5+7=16=4^2$）”这个问题的说明中，被说明者和前提都是必然真理，也就是说，在对这个问题的说明中，证明的前提本身具有必然的性质，而且全部证明要符合逻辑证明的形式要求。对于“为什么昨天当玻璃杯中灌满冰水时在玻璃杯的外面出现潮湿”这个问题，通常的说明是：玻璃杯的温度在灌满冰水之后就大大低于周围空气的温度，而空气中含有水蒸气，当空气与相当冷的表面接触时，空气中的水蒸气一般就要凝结为液体。这是对过去出现的个别事实的说明，在这种说明中至少包括两个成分，一是一个大致具有规律性质的假定，另一是一个单称的陈述。在这里，无论前提或被说明者都不是必然真理，但前提通常被认为依据于适当的观察证据或实验证据。对于“为什么冰会浮在水面

① 内格尔：《科学的结构》，第 21 页。

上”这个问题，通常的说明是：冰的比重低于水的比重，而按照阿基米德定律，液体浮起浸入其中的物体的力量，等于物体所排开的液体的重量。在这里，被说明者不是过去发生的某个个别事实，而是涉及一个普遍规律；用于说明的前提也是一些关于普遍规律的陈述。内格尔认为，对以上三个问题的说明虽然都属于演绎型，但因各个问题的具体情况不同，对它们的说明也有所不同，需作具体分析。

对于或然性说明，内格尔解释说：“当用于说明的前提中包含一个关于某个类的统计假定，而被说明者是一个关于这个类的个别成员的单称陈述，在这种场合下通常使用或然性的说明。”① 例如，对于“为什么卡修斯会谋杀恺撒”这个问题，通常的说明是，在古代罗马，一个属于上层社会的人往往十分仇恨暴政，因而很可能谋杀那些有机会夺得暴政大权的人，这种情况发生的相对频率或可能性是很高的（超过50%以上）。卡修斯正是那样一个罗马人，而恺撒是一个潜在的暴君，因而卡修斯很可能谋杀恺撒，尽管情况并非必然如此。在这个事例中，被说明的是一个历史上的个别事件，用于说明的前提是一个统计形式的假定，不能从前提中逻辑地演绎出说明者，因而这种说明不具有必然性，而只具有或然性。

至于功能的或目的论的说明，内格尔说：“在许多研究领域中，特别在生物学和人类活动研究中（当然也不仅限于此），科学说明往往采用这样的形式，即指出一个单位在维持和实现它所属的那个系统的某些特征方面所完成的功能，或者陈述一个行动在实现某个目的方面所起的工具性作用。这样的说明通常被称为‘功能的’或‘目的论的’。”② 在他看来，对于在特定时刻发生的某个特定的行动、状态或事件，或者对于某个种类的所有系统的特征，都可以采用功能的或目的论的说明。例如，对于“为什么英国的亨利八世要废除他与卡塞琳的婚约”这个问题，历史学家们往往解释说，这是因为卡塞琳不能为亨利八世生育男孩，亨利八世希望再次结婚，生一男孩作自

① 内格尔：《科学的结构》，第22页。

② 内格尔：《科学的结构》，第23～24页。

己的继承人。在这里，他废除婚约出于明确的目的，这就是目的论的说明。又如，对于“人类为什么有肺”这个问题，也可以作出下面这个功能的说明：人之所以需要肺，是因为肺对人的机体起一种工具性的作用，即把氧气输入人的血液中，使人得以维持其生命。

最后，对于发生型的说明，内格尔解释说：“历史研究往往通过描述某个研究对象如何从早先的某个对象演变过来，来说明这个研究对象为什么具有某些特征。这样的说明通常被称为‘发生的’说明，人们在过去既把它们用于说明有生命的或者没有生命的事物，也把它们用于说明个人的特征或者集体的特征。”① 例如，对于“为什么现在通行的英语中有那么多拉丁词源的词”这个问题，就可以作发生型的说明：为了说明英语中的这种现象，需要谈到历史上诺曼人征服英国的情况，谈到诺曼人在征服英国以前使用的语言，以及在征服英国以后这种语言在英国的发展和演变等等。他说，在这种类型的说明中，需要提到一系列重要事件，通过这一系列事件的发生和演变，就能说明如何从某个较早的事件或事态中演变出目前这个需要说明的事件或事态。因此，这种说明的前提中一定包含有一些陈述一系列事件的单称陈述，同时还或明或隐地包含一些有关这些事件的因果依存性的普遍假定。

由于内格尔认为演绎型的说明是科学说明中最理想的类型，而且自然科学中的绝大部分说明部属于这种类型，因此他特意对这种类型的说明作了细致深入的研究。在他看来，这种类型的说明除了符合其定义上的那个要求外，即除了要从用于说明的前提中合乎逻辑地推演出被说明者这一点外，还必须满足下列三个条件：（一）逻辑的条件，这些条件表明用于说明的前提应满足哪些形式上的要求；（二）认识论的条件，这些条件规定了人们和用于说明的前提之间应当保持一种什么样的认识关系；（三）实体的条件，这些条件规定了用于说明的前提应当具有什么样的内容。在这三者中，内格尔着重研究了演绎型的科学说明应满足的逻辑条件和认识论条件，而对实体条件则谈

① 内格尔：《科学的结构》，第25页。

得很少。

内格尔首先考察对个别事件的演绎说明必须满足的逻辑条件，他以上面举的那个关于玻璃杯的例子来说明这一点。他说，对于为什么昨天当玻璃杯中灌满冰水时在玻璃杯的外面出现潮湿这个问题的演绎说明，可以详述如下：（一）每当任何体积的、含有水蒸气的空气的温度下降到这样一点之下，在这点上，空气中水蒸气的密度大于空气在那种温度下所含的水蒸气的饱和密度，那时，在空气的温度下降到低于这个饱和点的地方，空气中的水蒸气就会凝结为水。（二）昨天在玻璃杯周围的空气里含有水蒸气。（三）当冰水灌入玻璃杯的时候，与玻璃杯直接接触的那部分空气的温度下降了。（四）当这部分空气的温度下降时，其中含有的水蒸气的实际密度大于这个温度下的饱和密度。（五）于是，这部分空气中的水蒸气便凝结为水而附着于玻璃杯的外面，玻璃杯的表面便出现潮湿的情况。在上述说明中，前提中首先至少包含一个在形式上具有普遍性的陈述，这个陈述表明某些特性之间存在着一种固定不变的联系，也就是表明存在着某个普遍的规律。其次，前提中还包含一些关于“原初条件”（initial conditions）的陈述，这些陈述表明在某时某地发生了某些事件或者某一事物具有某些特性等等。我们把前提中包含的普遍规律应用到原初条件陈述中表明的特定情况之上，便能从前提中合乎逻辑地演绎出被说明者。内格尔写道：“因此，一个演绎的科学说明——它的被说明者是某个事件的发生或者某个对象具有某种特性——必须满足两个逻辑条件。前提中至少必须包含有一个普遍规律，这一点对于被说明者赖以被演绎出来是非常重要的；而且，前提中还必须包含有适当数量的原初条件。”①

其次，内格尔考察了对规律的演绎说明所必须满足的逻辑条件。内格尔认为，在自然科学中，特别在高等物理学中，需要加以说明的主要是规律和理论，以及规律之间的相互联系，而不是个别的事件或事实，即使要对个别的事件或事实进行说明，那也只是作为规律或理

---

① 内格尔：《科学的结构》，第32页。

论的应用的例证。因此，对规律的说明是演绎型说明的一个重要方面。内格尔用上面提到的“为什么冰会浮在水面上”的例子来阐述这种类型的说明。他说，对这个问题的演绎说明大致可以陈述如下：（一）液体对一个浸入其中的物体的浮力指向一个与液体表面相垂直的方向，并且等于物体所排开的液体的重量。（二）只有当作用于物体的各种力的向量总和等于零时，物体才处于平衡状态。（三）作用于浸在液体中的物体的那些与液体表面相平行的力的向量总和等于零。（四）每一种力都是两个相互成直角的力的向量总和。（五）水的比重大于冰的比重。（六）因此，如果作用于浸在水中的冰之上的唯一的力是水的浮力和冰自身的重量，冰没有全部浸入水中，水的浮力等于浸入水中的那一部分冰所排开的水的重量，那么浸入水中的冰便处于平衡状态。内格尔指出：“在这种说明中有三点是非常明显的：所有这些前提都是普遍的陈述；这里有一个以上的前提，其中每个前提对于被说明者的演绎来说都是重要的；这些前提无论单独来看或者连接起来看都不是在逻辑上从被说明者中得出的。”① 此外，内格尔还认为，在这种说明中，要求至少有一个前提比被说明的规律“更加普遍”。例如，阿基米德定律就比冰浮在水上这条定律更加普遍，因为前者所谈的是一切液体，而不仅仅是水，同时它所谈的是任何浸在液体中的物体，而不仅仅是冰。不过，他认为要给“更加普遍”这个概念下一个准确的释义却非常困难。

此外，内格尔还考察了演绎型的科学说明所要满足的认识论条件。他说，如果在对某个个别事件所作的演绎说明中，有一个原初条件是假的，那就不能认为这个说明是令人满意的；因此，演绎型的科学说明必须满足某些认识论条件，关于这些条件，他援引亚里士多德的下列观点：在演绎的说明中，（1）前提必须是真实的，（2）必须被人们知道是真实的，（3）而且必须比被说明的对象更加为人们所知晓。对于亚里士多德提出的这三个条件，内格尔分别作了探讨。他说，由于在科学说明的前提中往往包含一些普遍陈述，这些陈述又是

① 内格尔：《科学的结构》，第 34 页。

某些广泛的科学理论的一部分，很难一下确定其真假，因此有些人认为不能把前提必须是真的这一点作为认识论条件之一。尽管如此，内格尔仍然认为前提的真理性无疑是科学说明的一个重要条件。至于前提必须被知道是真的这个条件，内格尔认为这个条件提供了一个把许多不能令人满意的说明排除出去的有效标准，可是它的要求太高了，需要代之以一个较低的标准，即仅仅要求用于说明的前提与已确定的经验事实相一致，并且受到以观察材料之外的其他材料为依据的证据的适当支持。最后，至于亚里士多德提出的科学说明中的前提必须比被说明者更加被人们所知晓这一点，内格尔认为这个条件只适用于对科学规律的说明。按照亚里士多德的观点，第一原理是一切科学说明的最终前提，因为第一原理比任何被说明者都更加为人们所知晓，内格尔认为，在科学说明中，通常的确是用比较熟悉的事物去说明不大熟悉的事物，可是，科学家们也借助于不大熟悉的事物去说明比较熟悉的事物，例如用物理学和化学中关于光的组成的假说去说明为何阳光是白色的等等。

总的来说，内格尔对科学说明的这四种类型的区别，特别对演绎型的科学说明所作的详细论述，对这种类型的科学说明所要满足的逻辑条件和认识论条件的探讨，都是有一定价值的，其中含有不少合理因素，值得我们予以研究。不过，由于他的基本哲学立场经常动摇于唯物主义和唯心主义之间，因此在他的科学说明的理论中也包含一些错误的论点。

二、科学理论的结构

在科学哲学的研究中，科学理论的结构是一个重要问题。内格尔在《科学的结构》一书中详细探讨了这个问题，他是从实验定律和科学理论的区别出发来探讨这个问题的。他所说的“实验定律”，指的是那些对通常借助于感觉器官或观察仪器可以观察到的事物特征或事物之间的关系进行表述的定律。例如，表述水在敞开的容器中加热后会蒸发、铅在摄氏 327 度会熔化等等物理化学现象的定律，这些现象都是可以观察到的。他所说的“科学理论”（或简称“理论”）则指的是那些关于通常不能借助于感觉器官或观察仪器加以观察的事物的特征或者事物之间的关系的假设，例如，关于不同的化学元素由不同种类的原子所组成等等假设，这些假设在科学说明中通常作为前提出现，以说明某些可观察的现象，譬如说用关于水的分子构成的假设来说明为何水加热后会蒸发等等。由于“可观察的”一词是一个比较模糊不清的概念，因此以这个概念为基础作出的上述区分也不是十分精确的；尽管如此，内格尔仍然强调这种区分是有根据的。由此出发，内格尔进一步探讨了科学理论的结构以及科学理论与观察实验对象之间的关系。

关于科学理论的结构，内格尔认为任何科学理论都包含有三种成分，这就是抽象演算、对应规则以及对抽象演算的解释或模型。他说：“为了便于分析，把理论的三种成分进行区分是有帮助的：（一）一种抽象的演算，它是用以说明的体系的逻辑骨架，它隐约地规定了这个体系的基本概念；（二）一组规则，它们通过把这种抽象的演算与具体的观察实验材料联系到一起而赋予抽象的演算以经验的内容；（三）对抽象演算的解释或模型，它借助一些或多或少比较熟悉的概念材料或可见材料，使这个骨架的结构变得有血有肉。”① 不过，他补充说，在实际的科学实践活动中并没有对这三种成分作明确的表述，而且这三种成分也不与理论说明构造过程中的实际阶段相对应，因此不要把这三种成分的上述顺序看作理论在个别科学家头脑中形成的时间顺序。

内格尔首先考察抽象的演算。他说，在表述一种理论时，人们通常把各种或多或少具体的概念与一些非逻辑的语词（如“分子”、“速度”等等）联系起来使用。与“如果—那么”、“每一个”等等逻辑不变词不同，这些非逻辑的语词不属于形式逻辑的词汇，而属于与特定主题有关的词汇。尽管如此，如果我们对那些通常与非逻辑的语词相伴出现的概念或影像暂时不加考虑，我们仍然可以使这些非逻辑的词汇与那些相伴出现的概念或影像分离开来，而仅仅注意这些词

① 内格尔：《科学的结构》，第 90 页。

汇相互之间的逻辑关系。如果我们以这种方式对理论进行仔细的整理，使理论具有演绎系统的形式，那么，理论中的基本假定（fundamental assumptions）所表述的就不外是一些抽象的关系结构，这就是说，理论中的基本假定就构成一组抽象的、未加解释的公设（postulates)。这些公设由以构成的非逻辑语词只具有根据它们在公设中所处的位置而获得的意义。这些公设就“隐约地规定了”理论的基本词汇的意义。这些公设并不是陈运，仅仅是陈述的形式（statement-forms)，可以根据逻辑演绎规则从这些陈述形式中演绎出其他的陈述形式。内格尔举了一些例子来说明理论中的公设如何隐约地规定其中出现的词汇。他说，在欧几里得几何学中，我们用“点”、“线”、“面”等等基本词汇来表述这个体系中的各种公设，这些基本词汇通常用于表示我们所熟悉的某些空间的形状或关系，具有与我们的空间经验有联系的内涵，这种内涵与对公设的演绎无关，可以撇开不予考虑。为了防止这些词汇在意义上的模糊性影响这个体系在证明上的严密性，我们可以用“P”、“L”等等谓语变项来取代“点”、“线”等等易于引起误解的描述谓语。在这种场合下，“点”、“线”等等词汇不外表示任何可以满足这些公设中所陈述的条件的事物。在这种意义上，我们可以说这些公设“隐约地规定了”点、线等词的意义。内格尔还用数理逻辑中类的演算来说明这一点，强调这种抽象演算是理论的一个重要成分。他说：“简而言之，一种层次十分清楚的科学理论中包含有一种抽象的演算，这种演算构成理论的骨架结构。”①

其次，内格尔考察了对应规则。对应规则是把科学理论与实验定律连接起来的桥梁，它把理论概念与观察对象联系起来，这样便可以从理论中推演出观察陈述或实验定律。他说，要使一种理论能够对实验定律作出说明，仅仅像上述那样对理论中的词汇下隐约的定义显然是不够的，还必须指出那些隐约地下了定义的词汇是如何与实验定律中出现的观念发生联系的，这就产生了对应规则的问题。例如，气体动力理论中的假说并没有暗示出这种理论中被隐约地下了定义的词汇

① 内格尔：《科学的结构》，第91页。

表示哪些通过实验又可以确定的东西。如果要把理论用作说明和预测的工具，就必须把理论与某些可观察的材料连接起来。例如，在气体分子运动理论中，要作到这一点就需要借助于“气体的绝对温度就是分子的平均动能”这样一条对应规则。对应规则这个观点不是内格尔首先提出的，老一辈的分析哲学家赖欣巴赫等人早已提出过类似的观点，例如，赖欣巴赫提出“协调的定义”（coordinating definitions），卡尔纳普提出“语义学规则”（semantical rules），布里奇曼提出“操作的定义”（operational definitions）等等，都与内格尔所说的“对应规则”（correspondence rules）大同小异。

内格尔还援引玻尔的原子理论来解释对应规则的作用。他说，可以把玻尔的原子理论用于说明有各种化学元素的线状谱的实验定律。按照这种理论，原子是由一个原子核与若干个电子组成，原子核的比重较大，带有正电荷，电子的比重较小，带有负电荷。电子以原子核为中心，沿着一个近似于椭圆形的轨道移动。各种化学元素不同，围绕着原子核移动的电子的数目也不等。轨道的直径与 h^2n^2 成比例，这里的 h 指的是普朗克常数，n 是一个整数。在轨道上移动的电子所具有的电磁能的大小随轨道直径的长度为转移。只要电子始终在任何一条轨道上移动，它的电磁能是固定不变的，不会产生辐射。可是，当电子从一个能量较高的轨道“跳到”一个能量较低的轨道时，原子就会产生电磁辐射，辐射的波长决定于这些能量之间的差额。我们根据玻尔的这个理论能够解释光谱学的某些实验定律，这个理论曾经是科学家们据以发现某些新定律的指南，尽管后来它已被一些更加完善的理论所取代。在这种理论中，对应规则起着如下的作用。根据光的电磁理论，一个元素的光谱线与电磁波有联系，电磁波的波长又可以根据关于光谱线的位置的实验材料加以计算。另一方面，玻尔的理论又把原子所发射的射线的波长与电子从它的一条轨道跳向另一条轨道这一点联系起来。这样一来，这个理论就把电子的跳跃这个理论概念与光谱线这个实验概念连接到一起了。内格尔写道：“一旦把这种对应以及与此类似的对应引进来，就能够从关于电子在它们的可允许的轨道上变换这种理论假定中推演出关于一个元素的光谱线系的实验定律了。”①

最后，内格尔考察了对抽象演算的解释或模型。他认为模型是科学理论的一个主要成分，不是一种可有可无的辅助工具。在阐述模型的作用时，他又援引上述玻尔的原子理论，认为这个例子既可以用于说明对应规则，也可以用于说明对抽象演算的解释或模型。他说，玻尔的原子理论通常是借助于一些相对说来比较熟悉的概念而得到说明的，因而这种理论中的公设不是表现为陈述的形式，而是表现为陈述，至少它们之中有一部分内容是可以具体地想象的。通过这样一种说明，这种理论中的公设就被嵌入模型或解释之中。内格尔十分重视模型的作用，他认为“模型可以在建立理论的基本假设方面作为指南，也可以在扩充这些假设的应用范围方面给予启发”②。他把模拟大致分为两类，即“实体的”模拟和“形式的”模拟。在实体的模拟中，具有某些熟悉的属性的分子系统被用作模型来建立关于第二个系统的理论。许多原子论的物质理论采用这种类型的模拟，例如，气体分子运动论的基本假设是模拟像弹子这样的宏观弹性球体的运动的已知定律。在这种模拟中，用作模型的系统常常是一组可以想象的宏观物体。在形式的模拟中，在创立一种理论时用作模型的系统是某些熟悉的抽象关系结构，数学家常常用这种形式模型来发展数学中的某些分支，在数理物理学中形式模拟也起着重要作用。此外，模型对于扩大理论的有效应用范围，对于提示在哪些点上可以引进使理论概念与实验概念相对应的规则等方面，也是很有帮助的。另一方面，内格尔也指出，不论模型在科学研究中起多么大的作用，模型并不能取代对应规则。理论可以通过模型来表现，但理论并不因此而自动地与实验概念或观察程序连接起来。因此，我们通过模型来陈述理论，使理论中的每个描述性词汇得到解释　但这一点并不足以使我们得以从理论中推演出任何实验定律。而且　当我们用模型来陈述理论时也带有一定危险性，这就是模型的某些偶然特征可能使我们对理论的实际内

① 内格尔：《科学的结构》，第95页。

② 内格尔：《科学的结构》，第108～109页。

容产生误解。因为，一种理论用不同的理论来陈述，可能得出不同的解释。

在对科学理论概念的看法上，内格尔的观点也有一定特色，与极端形式主义者和逻辑实证主义者的观点有所不同。一方面，他不赞同极端形式主义者所主张的理论概念没有任何意义，只不过是表示演绎过程某些部分的任意符号；另一方面，他也不赞同逻辑实证主义者所主张的理论概念的全部意义来源于那些能够从理论中引出来的经验推断，此外没有别的任何意义。总之，内格尔对科学理论的结构问题，特别对对应规则和模型的作用问题作了较仔细的探讨，提出一些他自己的看法，在西方研究科学哲学的分析哲学家中间有一定影响，值得我们注意。

三、理论在认识中的地位

在西方哲学中，对普遍陈述的认识地位问题，特别是科学理论的认识地位问题，已进行了长期的争论。所谓普遍陈述或科学理论在认识中的地位问题，就是指如何判定普遍陈述或科学理论的真假问题。内格尔认为，这个问题是很复杂的，因为它不仅涉及逻辑和科学事实方面的某些技术性很强的问题，而且涉及许多与知识和意义的性质有关的哲学问题。在西方哲学中，围绕着这个问题出现了三种不同的观点，这就是各种实在论者所持的实在论观点，大多数实用主义者所持的工具论观点，以及大多数实证主义者（包括逻辑实证主义者）所持的描述论观点。内格尔对这三种观点都作了评述，并提出了他的看法。

实在论的观点是一种古老的观点，按照这种观点，理论相对于实在而言，必然或者是真的，或者是假的。我们对某种理论提出它究竟是真是假的问题，也如我们对任何一个有关个别事实的陈述提出同样的问题一样，是有意义的。理论一旦得到经验证据的支持，理论中所假定的对象（例如，原子论中所假定的原子）便必须被看作具有至少与棍子、石头这样一些日常事物同等程度的物理实在性。我们在这里需要指出，由于实在论这个概念包括形形色色的哲学观点，其中有唯心主义的，也有唯物主义的，因此他们所说的“物理实在性”也具有各种不同的含义。内格尔认为，这种观点虽然受到很多人的支持，但它也碰到许多难于克服的困难，首先，理论有时并不是陈述，仅仅具有陈述的形式。因为，如果理论中某些词汇与任何对应规则没有联系，这些词汇事实上是变动不居的，那么，理论在形式上就不能满足陈述的形式需要。其次，有些理论是借助于一些对实际存在的事物没有作出任何表征的概念来表述的，因此不可能要求这样的理论具有事实真理。再次，对于说明某一个现象，有时出现几种相互冲突的理论，例如，液体不可能同时既是间断的粒子，又是连续的介质，可是，某些涉及液体特性的理论在某些场合下采用这一种假定，而在另一些场合下又采用截然相反的假定。这就很难确定究竟哪种理论是真的。最后，在借助于某些常见的模式来解释量子力学时也碰到一些困难。例如，物理学家出于理论上和实验上的考虑，把某些显然互不相容的特征归之于电子，有时把电子理解为具有一些属于波系统的特征，有时又把电子看成是具有一些属于粒子系统的特征。有些物理学家甚至认为，不能把量子理论看作一种关于“客观地存在着的”事物和过程的陈述，这样就更难说量子理论的真假了。总之，内格尔认为，实在论者虽然对这些困难提出了答辩，可是没有解决问题。

与实在论的观点相反，工具论者认为理论无所谓真假，纯然是工具性的。在他们看来，理论是把经验组织起来和把经验规律排列起来的逻辑工具，或者是我们由一类观察陈述（材料）中引出另一类观察陈述（预测）的推论规则。内格尔说，按照工具论的观点，“理论主要是一些用以组织我们的经验和排列实验规则的逻辑工具。尽管某些理论在达到这些目的方面比另一些理论更加有效，可是理论并不是陈述，而属于与陈述不同的另一个语言表达范畴。由于理论的作用在于作为人们据以分析经验材料和作出推论的规则或原则，而不是作为由其中引出事实结论的前提，因此，把理论表征为真的或假的，或者甚至把理论表征为可能真的或可能假的，那都没有用处”①。对于这

① 内格尔：《科学的结构》，第118页。

种观点，内格尔倾向于持赞同态度，认为这种观点的可取之处在于它注意研究理论在科学研究中的实际作用，并克服了其他观点所碰到的某些困难。不过，内格尔承认工具论也有它自己的困难，这主要是：第一，许多科学实验的目的在于发现一些支持或者反对某个理论的证据，如果理论并不是真正的陈述，而只不过是某种逻辑工具或推论规则，根本无所谓真假，那么这些科学实验也就没有任何意义；第二，如果坚持工具论的观点，那就不能不否认理论中所假定的“科学对象”的“物理实在性”，因为，既然使用了“原子”、“电子”等词的理论只不过是一条指导原则或一种逻辑工具，那么提出原子、电子是否真正存在的问题就是毫无意义的了。

内格尔还详细评述了大部分逻辑实证主义者主张的描述论观点，按照这种观点，理论是对于可观察的事件和特性之间的依存关系所作的一种简要表述，可以把理论简化为同它在意义上或逻辑上等值的观察陈述。这种观点起源于 19 世纪的一种颇有影响的观念，即认为科学不能对任何事物作出“说明”，而只能以一种“简单的”或“经济的”方式“描述”事件先后相继或者同时发生的情况。当时，许多科学家持这样的观念，反对物理学和化学中的原子论观念，认为后一种观念对实验事实的系统化没有用处。许多反对古典唯理论的实证主义思想家也持这样的观念，他们力图使科学从那些不能证实的形而上学原则中解脱出来。

内格尔指出，在对描述论的理解中，存在着两种稍微不同的方式。有些人对描述论的论题作了比较激进的理解，他们把现象主义知识论用于说明科学理论，认为感性经验的直接印象和感性内容，是科学理论的原始的和无可怀疑的终极成分。如果要避免那些关于无法观察的对象的假说，就必须借助于这些直接感性材料来给那些指示假设对象的语词下定义。他们认为，从原则上说可以把一切不包含指示直接感性材料的语词的经验陈述翻译为关于直接经验对象相继发生或同时存在的陈述，而又不损害其可证实的意义。例如，正如可以把一个关于国家的陈述（譬如说，“德国在 1870 年入侵法国”）翻译成一组关于某一群人的行为的陈述，同样地，也可以把关于太阳的陈述

(譬如说,“太阳的表面温度为摄氏3000度”)翻译成一组关于感觉内容的陈述。另一些人对描述论作了比较缓和的理解。他们不像前面那些人那样把基本的感性特质看作任何事物的最终成分,而是把人们日常的宏观经验(gross experience)当作分析的出发点,尽管他们也承认以这类经验为根据的判断可能发生错误,需要通过进一步的反思加以修正。他们认为,从原则上说,可以把一切理论陈述翻译成所谓“物理事物语言”的陈述,也就是翻译成关于常识和宏观经验中可观察的事件、事物、特性和关系的陈述,同时又不损害其本来的意义。内格尔说,以上这两种人都认为,‘尽管一种理论的论断就其表面价格而言不能恰当地表征为或者是真的,或者是假的,可是,只要我们能够把这些论断翻译为关于观察对象的陈述,那就可以对理论作出如此的表征。因此,这种观点的拥护者通常认为,就可以把一种理论(例如原子论)说成是真的这种意义上来说,像‘原子’这样的理论名词不过是一组可观察的事件和特征的简单标记,这些理论名词并不表示某些不能观察的物理实在”①。

按照内格尔的观点,描述论者也碰到一些难以解决的困难。首先是在现象主义语言方面的困难,因为实际上并不存在一种具有纯粹感性内容的感觉材料语言,因而无法把理论陈述翻译成这种语言。在他看来,基本的感觉材料并不是我们的一切观念由以组成的原始经验材料。我们通常用以描述我们的直接经验的语言,也是通过社会交往形成的共同语言。其次是在把科学理论的语言翻译为现象主义语言方面的困难。描述论者主张把科学中的每个陈述,特别是每个理论陈述都翻译成用现象主义语言或宏观经验语言表述的陈述,这就要求用观察语言的语词来给科学中的主要词汇下明确的定义,并把那些不能以这种方式下定义的科学词汇排除掉。内格尔认为这一点是做不到的,甚至借助于现代逻辑技术,借助于罗素的不完全符号概念等等,也做不到这一点。

从形式上看来,实在论和工具论似乎处于对立状态,因为实在论

① 内格尔:《科学的结构》,第118页。

者强调理论有真假之别，而工具论者则把理论看作逻辑工具，否认它有真假之别。描述论的立场处于这两者之间，一方面，它认为理论陈述在被翻译成观察陈述之前，还不能说它们究竟是真的还是假的；可是，另一方面，它又认为在理论陈述被翻译成观察陈述之后，则可以判断它们究竟是真的或者是假的。内格尔承认这三种观点之间存在着分歧，但他认为这不是本质的分歧，而只是表示对哪一种“说话方式”（mode of speech）的偏爱。他说：“其实，就那些对理论的认识地位问题作出不同回答的人们而言，他们的分歧既不在于实验研究方面，也不在于形式逻辑方面，还不在于科学程序事实方面。他们之间的分歧部分地在于他们忠于不同的思想传统，部分地在于他们在以哪种恰当的方式使我们的语言适应普遍承认的事实这一点上有各自的偏爱。”① 他认为这三种观点各有自己的合理之处，同时也各有自己的难于克服的困难，至于它们之中究竟谁最正确，这个问题无法回答，没有必要为之争论不休，因为它只具有“术语上的兴趣”。这就是内格尔在这个问题上所持的折衷主义立场。

从马克思主义立场看来，科学理论是有真与假、正确与错误之分的，因为，科学理论应当是对客观事物的本质、规律性的正确反映，一切依据于并且符合于客观事物的本质、规律性的理论，都是正确的理论，相反，一切不是依据于和符合于客观事物的本质、规律性的理论，则是错误的理论。科学理论是在社会实践的基础上产生的，它们正确与否也取决于社会实践的检验，社会实践是检验科学理论的真理性的唯一标准。社会实践是历史地发展着的，人类的认识也是历史地发展着的，因而科学理论也在不断地修正、充实和发展，朝着愈益准确地、愈益深入地反映客观事物的本质和规律性这个方向无止境地前进。决不能以科学理论需要不断修正和发展为理由，否认科学理论所反映的真理的客观性，甚至断言理论无所谓真假之分。唯心主义的实在论者、实用主义的工具论者和实证主义的描述论者，都由于站在唯心主义的立场上，不了解科学理论是客观事物的本质和规律性的正确

① 内格尔：《科学的结构》，第141页。

反映，不了解绝对真理和相对真理之间的辩证统一关系，因而不能正确解决理论在认识中的地位问题。

第七章　日常语言学派的形成

日常语言学派或日常语言哲学是分析哲学的另一个大支派，它在20世纪30～40年代形成于英国，当时英国一部分分析哲学家不同意逻辑实证主义者对自然语言的看法而提出了另一种观点。他们不像维也纳学派、柏林学派那样形成大致固定的团体，持基本相同的观点，而仅仅是在对哲学的性质和任务的看法上持大致相同的观点，在研究方法上也有较多的共同性。粗略说来，日常语言学派和逻辑实证主义的基本分歧在于：逻辑实证主义者认为，自然语言是不精确的，以致引起哲学混乱和导致形而上学的出现，因此有必要构造一种严密精确的理想语言；相反，日常语言学派的哲学家们认为，日常语言本身是完善的，概念混乱之所以产生，其原因不在于日常语言本身，而在于人们违背日常语言的正确用法，因此没有必要构造理想的人工语言，只需要恢复日常语言的正确用法，就能自动地消除概念混乱。在对待形而上学上，逻辑实证主义持全盘否定的态度，日常语言学派的态度则比较缓和，承认形而上学也有积极的一面。逻辑实证主义者大多重视对现代数理逻辑的研究和运用，有的还在数学或物理学方面有相当造诣；与此相反，日常语言学派的哲学家一般不重视现代数理逻辑的研究或运用，也很少对数学和自然科学进行钻研，可是他们对古典学大多很有兴趣，十分注意对词、短语以及句法的研究。

日常语言学派在思想渊源上主要接受摩尔和后期维特根斯坦的影响，其中尤以后者的影响更为强烈。摩尔首先提出哲学应从研究日常语言的用法着手的观点，维特根斯坦在其后期哲学活动中又比较完整地建立了日常语言哲学的理论体系。有人把维特根斯坦看作日常语言哲学的主要创始人，也有人把他看作这个学派的核心人物，尽管他自己从来没有声明他属于这个学派。无论如何，他的后期著作《哲学研究》一书对这个学派的许多思想家都起了不同程度的影响。其中对日常语言学派影响最大的，是维特根斯坦的下述观点。在他看来，经验概念的确模糊不清，但这不是日常语言的缺陷，而是一切经验概念的基本特征。因为，我们的日常语言活动具有它的多样性，各种"语言游戏"千差万别，它们遵循的规则也各不相同，用他的比喻来说，各种词就像工具箱中的各种工具，各有不同的用途。他认为大部分传统哲学问题之所以产生，就是由于哲学家们不了解他们所使用的概念具有多种多样的用途，因而得出错误的结论。这就是说，哲学问题不是产生于在日常语言中概念不具有准确的意义，而是产生于哲学家们对概念的作用持一种根本错误的看法。要解决哲学问题，首先就需要对语言的作用有一个正确理解。只要我们对一个概念的作用有一个正确理解，这个概念就不再是有问题的，因此，我们不需要构造人工语言来弥补日常语言的缺陷。他主张对日常语言进行仔细的研究，相信可以从这种研究中正确了解概念的作用，从而使哲学问题得到"治疗"，对概念的误解消除了，哲学问题自然随之消失。总之，在他看来，哲学的任务在于纠正对语言的错误用法，从而排除哲学混乱以及由此产生的形而上学。

日常语言学派又分为剑桥学派和牛津学派。在 20 世纪上半叶，剑桥大学是英国哲学研究的中心，摩尔、罗素和维特根斯坦先后在这里执教多年。维特根斯坦的信徒拉姆赛和魏斯曼也曾在剑桥任教。魏斯曼在二三十年代是维也纳学派的重要成员，30 年代中叶移居英国。他与维特根斯坦关系密切，是维特根斯坦的追随者和阐释者。他不赞同分析命题和综合命题的严格区分，也不赞同逻辑实证主义的经验证实原则。他提出"语言层次"理论，认为只有属于同一语言层次的命题之间才存在矛盾之类的逻辑关系。他先后在剑桥和牛津任教，也是日常语言学派的一个重要成员。

剑桥学派形成于 20 世纪 30 年代中叶，威斯顿是它的主要代表。威斯顿在 30 年代中叶以前主要接受罗素和维特根斯坦的逻辑原子论的影响，他的早期著作《逻辑构造》就是在这种影响下写出的。在此之后，他主要接受摩尔和后期维特根斯坦的影响，这点在他的后期著作中可以明显地看出来。

自维特根斯坦 1947 年退休后，英国哲学活动的中心逐渐转移到牛津。牛津学派形成于 40 年代，它的影响比剑桥学派大得多，它是日常语言哲学的主要代表，有些哲学家甚至把“牛津学派”和“日常语言学派”这两个词当作同义词使用。它的主要代表人物有赖尔、奥斯汀、斯特劳森等。50 年代是这个学派最兴旺的时期。与剑桥相比，牛津大学设有较多的哲学教席，培养研究生的力量比较雄厚，从国内外吸引较多的研究生到这里学习，这为牛津学派把它的影响传播到美国、澳大利亚等地创造了有利条件。

牛津是一个与剑桥颇不相同的学术环境。在剑桥，在古典哲学家中间，柏拉图的影响最大；在现代哲学家中间，罗素和摩尔的影响都很大。在牛津，在古典哲学家中间，亚里士多德的影响最大，威尔逊（J. C. Wilson）和罗斯（W. D. Ross）等人都对亚里士多德作了很多研究。亚里士多德曾经有这样的看法：哲学困惑之所以产生，其原因不在于常识概念本身，而在于哲学家没有对这些概念作出正确的理解。因此，认真分析这些概念，弄清楚它们之间的细微区别，就能对常识本身有很好的认识，同时也能对实在获得较深的理解。日常语言学派的哲学家们从亚里士多德的这些观点中受到很大启发。而在现代哲学家中间，罗素在牛津几乎没有什么影响，摩尔比他的影响大得多。至于维特根斯坦，虽然他对剑桥学派和牛津学派都有影响，但这两个学派接受其影响的着重点各不相同。形象点说，在牛津，维特根斯坦的思想可以说被嫁接到亚里士多德哲学的树干上。在这里，维特根斯坦关于反对构造理想的人工语言的观点，关于哲学的任务主要是研究自然语言中词和语句的日常用法的观点等等，都被接受下来，可是，维特根斯坦关于哲学问题仅仅产生于违背语言的日常用法的观点、关于对哲学问题的解决只是对语言的日常用法的恢复的观点等等，则只被部分地接受。牛津学派的哲学家们诚然也承认许多哲学问题产生于对语言的滥用，因而对哲学问题的解决类似于对语言疾病的治疗，可是他们不限于此，还进一步研究日常语言本身，分析与认识有关的某些具体词汇的细微区别，认为这种研究能对哲学作出建设性的贡献。

关于日常语言学派，英国哲学家艾耶尔从逻辑实证主义的立场对之作过如下评述："……自第二次世界大战之后，在英国占主导地位的倾向，是要取代那种没有和解精神的实证主义，取代实证主义对形而上学的全盘否定，取代它对科学方法的尊重，以及取代它的这样一种设定：任何哲学问题只要是真正的问题，他们（指逻辑实证主义者——引者注）肯定可以通过逻辑分析，通过一种经验主义哲学方法加以解决。概括性的论断不再受到信任，越来越多的特殊事例被列举出来，并加以仔细的剖析。人们力图阐释问题的各个方面，而不是苦心想出一个解决办法。常识占居统治地位，即使不是作为一个专制君主，至少是作为一个立宪君主。哲学理论要由词的实际使用方法这块试金石来检验。形而上学家不是被看作罪犯，而是被看作病人：形而上学家们之所以说出一些稀奇古怪的言论，这也可能具有充分理由。"① 他认为这种被称为治疗术的方法，在威斯顿的著作中得到很好的表现，赖尔还采取一种更加健全的治疗术。赖尔和威斯顿对于类比和隐喻具有共同的兴趣和才能，他们都喜欢列举一大堆事例，不过赖尔比较不大害怕作出概括性的论断，比较谅解对日常用法的偏离，与目前任何一个持维特根斯坦观点的人相比，他在方法上更加直截了当，而且更加接近于认为每个哲学问题都有一个正确的解决办法。他还认为牛津学派从奥斯汀那里接受的观点，胜过于从赖尔那里接受的观点。这个学派对语言的日常用法的兴趣增强到那样的程度，以致人们可能认为哲学分析已经让位于对语言学的研究。但是，这种倾向并不是在任何人那里都占主导地位。汉普舍尔（S. Hampshire）、斯特劳森和贝尔斯（D. Pears）这样一些哲学家的著作表明，甚至在牛津学派这种研究方式的范围内，在采用何种观点和方法上仍有很大的活动余地。

在20世纪50～60年代比较有名的日常语言学派的哲学家中间，除刚才提到的那些代表人物外，还有不少哲学家在传播和应用日常语

① 艾耶尔：《逻辑实证主义》，导言，1959年英文版，第8～9页。

言学派的观点方面作了不少工作。厄蒙森（J. O. Urmson）和瓦诺克（G. J. Warnock）在60年代初整理出版了奥斯汀的三本著作：《哲学论文集》、《感觉和可感觉的》以及《如何以言行事?》，对传播奥斯汀的观点起了很大作用。厄蒙森在《哲学分析》一书（1956）中，瓦诺克在《1900年以后的英国哲学》一书（1958）中，分别叙述了英国分析哲学的发展。胡纽（A. G. N. Flew）编辑了《逻辑和语言论文集》和《概念分析论文集》，收集了牛津学派许多代表人物的论文，对传播牛津学派的观点也起了很大作用。

有一些分析哲学家致力于把日常语言学派的观点应用到不同的方面。例如，胡纽在《一个人能够亲眼看见他自己的葬礼吗?》（1955）一文中，把赖尔关于精神哲学的观点运用于批驳某些哲学家和神学家关于人的心灵能够脱离肉体而存在的观点。与此相似，加丁涅尔（P. L. Gardiner）在《历史说明的性质》（1952）一文中，把赖尔的这种观点用于批驳科林伍德（R. Collingwood）等人的历史说明的理论。贝尔斯（D. F. Pears）在《共相》（1950）一文中把奥斯汀在哲学逻辑方面的技巧，运用于分析关于共相的一般理论，说明为什么可以把单一的谓词用于描述许多个相同的个别事物。哈特（H. L. A. Hart）在《政治原则》（1956）一文中把奥斯汀的言语行为理论运用于法律哲学，考察责任、惩罚等问题。瓦诺克把斯特劳森关于语句的意义不同于语句被利用于作出一个正确或错误的陈述，而且前者先于后者的观点，批驳逻辑实证主义者把意义和可证实性混为一谈。与此相似，贝林（J. Berlin）也把斯特劳森的这一观点运用于批驳现象论，现象论者认为关于物质对象的范畴陈述与关于感觉材料的假设陈述是相同的，贝林则认为这两种陈述在逻辑上是有区别的。

日常语言学派内部虽然在观点上有许多分歧，不过仍然可以把它的基本观点作如下的概括。

（一）日常语言学派的哲学家，特别是牛津学派的哲学家，十分注意语言分析。在他们的著作中居于显著地位的，往往就是对某些与认识有关的词、短语或语句的细致分析。逻辑经验主义者经常抱怨自然语言的概念模糊不清，不适宜于作为精确思维的手段。日常语言学派的哲学家们则强调自然语言中概念的丰富以及概念之间的细微区别，强调概念能够完成多种多样的功能，可以充分满足使用者的不同需要。他们认为，只要我们弄清概念之间的细微区别，我们就能在需要概念精确时使用精确的概念，而在需要概念模糊一些时就使用模糊的概念。在他们看来，有些哲学家虽然承认概念之间的差别，可是这些哲学家往往对这些差别作了错误的理解，或者大大地加以简化，他们对这些差别的研究是肤浅的，不能揭示出自然语言的丰富内容。

日常语言学派的哲学家们把主要精力用于对日常语言进行十分细致的分析，希望通过弄清楚词或概念之间的细微差别，阐明语词的多种多样的功能，来揭示日常语言的丰富内容。他们往往在一篇文章中着重分析两、三个词的区别，人们一般认为这些词是同义的，他们却力图证明它们之间存在着很大差别，不能交换使用。为了确定这些词所能起的各种作用，他们仔细研究这些词在不同语境中的用法。在这方面，奥斯汀的研究最为突出，例如，在《他人的心》一文中，他仔细分析了“知道”这个词的不同用法。

由于日常语言学派十分强调研究日常语言本身，因此其他流派的哲学家有时指责他们从事的工作不是哲学研究。罗素一直不赞同后期维特根斯坦和日常语言学派的语言分析观点，他说：“我在维特根斯坦的《哲学研究》一书中没有找到任何让我感兴趣的东西，我不明白为什么整整一个学派竟从该书中发现了重要的智慧。”① 据说，甚至维特根斯坦也指责牛津学派的哲学家，说他们“与其说是哲学家，不如说是语言学家”②。对于这种指责，他们反驳说，只要他们的这种研究是有用的，他们就不在乎人们究竟称之为哲学研究，还是语言学研究。他们还表示不怀有维特根斯坦的那种抱负，即认为他的分析方法是真正的哲学方法，它能够帮助我们解决传统的哲学问题。不过，他们强调说，他们对日常语言的研究对解决哲学问题也具有重大

① 罗素：《我的哲学发展》，1959 年英文版，第 217 页。

② 引自加斯金（D. Gasking）和杰克森（A. Jackson）：《路德维希·维特根斯坦》，载于《澳大利亚哲学杂志》，1951 年，第 80 页。

意义，因为要进行有效的哲学研究，就不能不首先了解我们所使用的语言手段。通过这种研究，我们就会发现许多哲学问题产生于对语言概念的误解。因此，奥斯汀宣称，对日常语言的这种研究即使不是哲学研究的最终目标，至少也是哲学研究的起点。

日常语言学派如此强调语言分析，因此他们的观点往往被称为“语言分析”或“日常语言分析”。不过，就他们自己来说，特别就奥斯汀和斯特劳森来说，他们倾向于使用“阐释”（elucidation）一词取代“分析”（analysis）一词，认为“阐释”一词更能说明哲学的任务。他们看来，哲学的任务在于阐释某些语词的逻辑语法，收集有关这些语词的作用的提示，描述这些语词所能完成的各种不同的功能，以及在其中完成这些功能的条件。与后期的维特根斯坦不同，他们不认为这样做的目的仅仅在于消除哲学困惑和思想障碍。可是，另一方面，与后期维特根斯坦一样，他们也认为哲学活动的基本特征就是充分描述语言的实际作用，而不是把这些作用溶解在理想语言的某种不能实现的图式之中。

在语言分析上，日常语言学派与逻辑经验主义之间的主要区别在于：逻辑经验主义者在从事语言分析时，他们强调的是逻辑分析，即以现代数理逻辑为主要研究手段，从逻辑的角度去分析语言的逻辑句法，甚至在他们后期从事语义分析时，也仍然是借助于数理逻辑去进行纯粹语义学的研究；相反，日常语言学派在从事语言分析时，则不把数理逻辑当作研究手段，他们也不是从逻辑的角度，而是从语言学的角度，去研究某些词的用法之间的细微差别。他们还避免从这种语言分析中作出概括性的结论；在这点上，他们的研究比逻辑经验主义者的研究显得更加烦琐。

日常语言学派重视对词的意义的研究，仔细区分了某些与认识有关的词的不同用法，这有助于概念的明确，从而对哲学研究具有一定积极意义。但是，他们把哲学的任务归结为语言分析，则是根本错误的。我们在前面评述逻辑实证主义的类似观点时已经指出，哲学是关于世界观的学说，是人们对于自然界、社会和思维的根本观点的体系。哲学的根本任务是研究物质和意识、存在和思维的关系，探讨自然界、社会和思维的本质、特征和基本规律，以及研究社会存在和社会意识、基础和上层建筑的关系等重大问题。如果把哲学的任务仅仅归结为语言分析，这就否定了哲学作为世界观和方法论的意义。既然日常语言学派也把哲学的任务归结为语言分析，因此，对逻辑实证主义的这个批判也完全适用于日常语言学派。

（二）日常语言学派对待形而上学持比较温和的态度。前面已经谈到，逻辑实证主义对形而上学持全盘否定的态度。与此不同，日常语言学派持比较温和的态度，认为形而上学命题本身虽然荒谬，但带有启发性，哲学家应通过研究荒谬的形而上学命题去了解概念系统的结构。在这方面，威斯顿和斯特劳森的观点最有代表性。

日常语言学派哲学家大多反对逻辑实证主义的“可证实性原则”，认为这条原则不能作为否定形而上学的根据。他们指出，按照逻辑实证主义者的观点，一个有意义的命题，必须或者是重言式命题，或者是经验命题，那么可证实性原则究竟属于其中哪一类命题呢？他们认为，可证实性原则既不属于重言式命题，也不属于经验命题。威斯顿在《形而上学和证实》一文中甚至把这个原则称为一种“形而上学理论”。他们认为，逻辑实证主义者并没有对所有的形而上学命题进行详尽无遗的研究，然后作出形而上学命题都没有认识意义的结论，而是仅仅根据少数传统的事例就作出这样的论断。有一些逻辑实证主义者，例如艾耶尔，认为这条原则是先天的。日常语言学派对此反驳说，按照逻辑实证主义的传统观点，一切先天的命题都不外是带有约定性质的语言规则。如果逻辑实证主义者认为可证实性原则是一条关于“有意义的”这个词的用法的约定规则，那么这条原则的反对者也可以采用另一条约定规则，按照后一条原则，形而上学命题却是有意义的。

日常语言学派大多强调形而上学命题有积极的一面。威斯顿强调说，形而上学命题一方面是错误的，另一方面带有启发性，我们可以从形而上学的矛盾中发现许多隐藏的真理。在他看来，形而上学命题的错误，主要产生于它们往往把一些类似的词使用于不同的事例，或者把不同的词使用于类似的事例，而形而上学之所以具有启发性，则在于它们提醒我们注意日常语言中所掩盖的那些相同之处或不同之处。因此，他呼吁不要把形而上学一脚踢开，而要加以“治疗”，排除形而上学的混乱，并从其混乱中找出有价值的、积极的东西。斯特劳森在肯定形而上学方面比威斯顿更进了一步，他在20世纪50年代还把“描述的形而上学”当作自己的研究主题。他认为过去对日常语言的具体用法进行细致的研究是必要的，但是这种研究所取得的成果是有限的，不能满足我们想了解我们关于世界的思想的结构这样一种形而上学的需要。

“描述的形而上学”的任务就在于描述我们关于世界的思想的结构，发现我们的概念结构的最一般的特征。这种研究能够满足我们的上述那种形而上学需要，它对于人类知识的发展将作出重大贡献。

日常语言学派对形而上学采取比较温和的态度，这反映出逻辑实证主义者在20年代积极倡导的反形而上学的方针，由于碰到很大困难和遭到许多人的反对，已经陷入困境，于是日常语言学派不得不退回一步，承认形而上学也具有积极意义。但是，这并不意味着他们承认哲学是关于世界观的学说，也不意味着他们主张研究物质和意识、存在和思维的关系等根本问题。斯特劳森研究“描述的形而上学”的目的，也仅仅在于描述我们的概念结构的最一般的特征，换句话说，仍然主要是从语言角度考察我们的概念结构。由于他们始终把语言分析看作哲学研究的首要任务，对形而上学的研究和评价也主要是从语言的角度出发，并没有把注意力转向研究客观现实，他们也否认在世界观问题上存在着两条路线的斗争，因此，从根本上说，他们并没有完全脱离反形而上学这个传统立场。就这个意义而言，我们在前面对逻辑实证主义的反形而上学立场的评论，在一定程度上也适用于日常语言学派。

（三）日常语言学派在指称理论和意义理论上提出了一些新观点，并开创了对言语行为理论的研究。这个学派的哲学家大多主张把指称和意义区别开来。赖尔就引用弗雷格关于“晨星”和“暮星”的例子来说明指称和意义是不同的，这两个词代表同一对象，却具有不同的意义。赖尔还反对穆勒把词和摹状短语跟名称等同起来的观点，认为并非所有的词都是名称，它们都具有意义，可是有许多词并不代表事物，也就是说，这些词并不具有指称。斯特劳森也强调指称和意义的区别，不过他是从另一个角度来论证这种区别的。他把语词、语词的使用以及语词的被说出这三者区别开来，认为任何一个语词都有多种多样的用法，就语词本身来说，无所谓指称问题，可是它仍然具有意义；只有当语词在语句中被使用于特定的语境时，才有指称的问题。同样地，他把语句、语句的使用以及语句的被说出这三者区别开来，认为每个语句都可以被使用于不同的语境，就语句本身来说，谈不上它是正确还是错误的问题，可是它仍然具有意义；只有当某个语句被使用于特定的语境时，才出现这个语句是否正确的问题。因此，他认为意义是语词和语句本身的功能，指称是语词的使用的功能，真假对错是语句的使用的功能。

日常语言学派的哲学家大多不同意把意义看作一种抽象实体，强调词的意义在于词的用法；在这点上，他们基本上遵循后期维特根斯坦的观点。赖尔就反对把意义理解为一种柏拉图主义的抽象实体，主张把一个词的意义看作这个词所完成的功能，或者这个词所起的作用。他把词比作棋子，把词的意义比作棋子的下法，词和棋子都是具体之物，可是，正如棋子的下法是抽象的一样，词的意义、即词的用法也是抽象的，而不是什么抽象的实体。赖尔还认为，意义的体现者是词或短语，即不是语句。他强调“词或短语的意义”和“语句的意义”这两者之间的区别，因为了解一个词或短语的意义，就是了解这个词或短语的用法，也就是了解它们在不同的语境中所起的作用，可是，了解一个语句的意义则不是了解如何使语句完成它的作用。与赖尔相似，奥斯汀也反对把词的意义看作一种抽象实体，并认为共相理论是一种没有根据的臆说。斯特劳森也强调词的意义在于词的用法这个基本观点，他说，谈论一个词或一个语句的意义，不是谈论它们在特定场合下的使用，而是谈论在一切场合下正确地把词运用于指称某某事物、或者把语句运用于断定某某事物时所遵循的那些规则、习惯和惯例。日常语言学派在指称理论和意义理论上的这些观点，对以后语言哲学的发展有很大影响，20 世纪 60 年代出名的美国分析哲学家塞拉斯等人，继承和发展了其中一些观点。

对以后语言哲学的发展具有重大影响的，还有奥斯汀提出的言语行为理论。奥斯汀认为语句可以完成三种不同的言语行为：（一）表意行为，这就是使用语句来传达某种思想；（二）以言行事的行为，它表示语句在被说出时带有某种力量；（三）以言取效的行为，它指的是利用说出一个语句来产生一定效果。在他看来，在大多数场合下，表意行为和以言行事的行为这两者是结合在一起的，因为要完成一个以言行事的行为，必须通过完成一个表意行为，可是也有许多表意行为并没有同时起以言行事的行为的作用。至于以言行事的行为和以言取效的行为的区别，则在于前者只是有取得效果的可能性，后者则取得明显的效果。奥斯汀对言语行为理论的研究，标志着分析哲学家对语言哲学的研究已从语义学阶段进展到语用学阶段，在这一点上他比卡尔纳普等人又前进了一大步。他的这种理论在目前西方的语用学研究中具有颇大影响。在70年代出名的美国分析哲学家塞尔等人继承和发展了这种理论。对言语行为理论的研究，目前已成为西方语言哲学中的一个重要方面。

日常语言学派在40～50年代在英国哲学界处于优势地位，但它也受到其他派别的哲学家的批评。在40年代，它已受到普赖斯（H. H. Price）的抨击，他在《清晰是不够的》一文中指出哲学问题不能仅仅依靠语言的清晰来解决。后来，它又受到希思（P. L. Heath）、盖尔勒（E. Gellner）、柯亨（L. J. Cohen）等人的抨击。希思在《诉诸日常语言》一文中指出，日常交往中那些随便的、没有规则的语言习惯从本质上说不能为解释哲学术语提供一个唯一的和权威性的标准。盖尔勒在《词和物》一书中也抨击维特根斯坦和日常语言学派，认为他们的那种语言学的哲学是一种显而易见的琐屑观念，它是绅士们用以消磨时间和浪费才能的一种活动。柯亨指责维特根斯坦、赖尔等人只是采取一种静态的，而不是动态的语言概念。

60年代以后，这个学派逐渐衰落。这一方面是因为到60年代，它的主要代表人物魏斯曼和奥斯汀相继去世，赖尔和威斯顿也年迈退休，另一方面是因为它的后期代表人物斯特劳森和汉普舍尔的研究，转向一个与赖尔、奥斯汀等人的研究不同的方向。赖尔特别是奥斯汀偏重于对日常语言中的某些具体词汇进行细致分析，主张采取一点一滴地逐个解决问题的研究方法，不强调研究的系统性。奥斯汀认为，哲学研究需要从头开始，目前还不能从对日常语言的具体研究中作出概括性的论断。后期的斯特劳森和汉普舍尔等人则比较强调对问题作全面的研究，他们的著作带有较大的系统性和思辨性。斯特劳森的《个体》和汉普舍尔的《思想和行动》(Thought and Action)这两本著作，都表现出一种从零碎而又细致的语言分析转向比较概括而全面的哲学推理的倾向。斯特劳森试图在他的这本书中阐释我们的概念系统的最一般的特征，汉普舍尔试图在他的这本书中说明我们的目标和我们关于周围环境的观念取决于我们的概念系统，它们同时又反过来影响我们的概念系统。他们两人在不同程度上都接受了康德的影响。

60~70年代，由于接受美国分析哲学在同一时期内的发展的影响，英国分析哲学家的注意力也逐渐转向哲学逻辑的研究，即借助于现代数理逻辑的形式化方法去研究语言和推理等问题。不过，他们不是像罗素和逻辑实证主义者那样，把形式的系统化看作整个哲学的目标，企图借此创造一个理想的人工语言系统，而只是把形式的系统化看作一种适宜于解决特定问题的技术。这种新倾向表现在以下一些著作中。普里厄(A. N. Prior)在《过去、现在和未来》(Past, Present and Future)一书中探讨了时态逻辑。卢卡斯(J. R. Lucas)在《概率概念》(The Concept of Probability)一书中，把概率作为真理和谬误的概括重新加以构造。哈雷(R. Harre)在《科学思维的原理》(The Principle of Scientific Thinking)一书中，批评了实证主义的科学哲学理论。柯亨(L. J. Cohen)在《归纳蕴涵》(The Implication of Induction)一书中，根据普遍化的模态逻辑，而不是根据大家熟悉的概率演算，来分析归纳推理。麦基(J. L. Mackie)在《真理、概率和悖论》(Truth, Probability and Paradox)一书中，研究了真理、假言命题、倾向、概率以及逻辑悖论等问题。达米特(M. Dummett)在《弗雷格的语言哲学》(Frege: Philosophy of Language)一书中，对弗雷格关于意义和指称的观点进行了批判的考察和发挥。伊万斯

（G. Evans）和麦克多维尔（J. McDowell）编辑的《真理和意义：语义学论文集》（Truth and Meaning：Essays in Semantics）一书，反映了这段时期里关于真值条件句语义学的范围和价值问题的讨论情况。在以上这些著作中，日常语言学派的观点和研究风格都基本上消失了。

以上我们简略地叙述了英国日常语言学派的形成、发展和衰落的过程，并扼要评述了这个学派的基本观点。下面，我们将分别阐述它的几个主要代表人物威斯顿、赖尔、奥斯汀、斯特劳森的观点。

第一节 约翰·特伦斯·迪芬·威斯顿 (John Terence Diffen Wisdom 1904～)

约翰·特伦斯·迪芬·威斯顿是英国日常语言哲学剑桥学派的主要代表，生于1904年，1924年在剑桥大学取得学士学位后，去苏格兰的圣·安德鲁大学讲授哲学数年，1934年回到剑桥，取得硕士学位，并在剑桥任教。1952年起在剑桥任哲学教授，继承维特根斯坦留下的教授席位，1968年任奥雷根大学哲学教授。

威斯顿早年主要受罗素和摩尔的影响，他在1936年以前出版的著作倾向于逻辑原子论的观点。1931年出版的《解释和分析》一书，是他的头一本著作。他在这本书中着重研究边沁的定义理论，并把边沁的“虚构”概念与罗索的“逻辑构造”概念相比较。1931～1933年间，他以《逻辑构造》为题写了五篇文章，在《心》杂志第40～42卷上发表。1934年出版了《心和物的问题》一书，这是在他的老师摩尔的影响下写出的，它强调分析方法的效用，并使用分析方法探讨了知觉问题以及人的肉体和精神的相互关系问题。1936年发表的《哲学的困惑》（Philosophical Perplexity）一文，反映了他接受维特根斯坦后期思想的影响而在思想上发生的显著变化。此后他没有写什么专著，而写了大量论文，其中大部分收入以下几本论文集中。1952年出版的《他人的心》，收入了1940～1943年间他在《心》杂志发表的八篇关于《他人的心》的论文，以及在1946～1950年间写的四篇关于这个主题和形而上学的论文。1953 年出版的《哲学和心理分析》一书，收入了他在 1932 ~1953 年间发表的《分析是哲学中一种有用的方法吗?》、《哲学的困惑》、《形而上学和证实》、《哲学、形而上学和心理分析》等 15 篇论文和书评，它们主要讨论形而上学问题以及形而上学判断的地位问题。1965 年出版的《悖论和发现》一书，收入了《形而上学的变体》、《维特根斯坦的技巧的特征》、《悖论和发现》等论文。

哲学的性质问题是威斯顿在其著作中探讨的中心问题。他在 1936 年前后两个时期写的著作，反映了他在回答这个问题上发生的变化。从总的趋向上看，这两个时期之间是有显著区别的：在前一时期中他倾向于逻辑原子论的观点，后一时期他倾向于后期维特根斯坦的观点。不过，这两个时期之间也有它的连续性。例如，在对哲学性质问题的看法上，在《逻辑构造》一文中，他认为哲学的目的在于“对于事实的终极结构获得比较清楚的认识”；在《哲学的困惑》一文中，他仍然认为哲学家应当力求“阐明事实的终极结构”。在他后期的著作中，也没有把哲学的任务仅仅归结为对语言本身的考察，或者归纳为澄清日常语言的混乱。他在这些方面与牛津学派是有所不同的。

一、前期哲学思想

在威斯顿的前期思想中，“逻辑构造”是一个核心问题，在 20 世纪头 30 年内，逻辑构造是英国分析哲学研究的主要问题之一。罗素早在 20 世纪初已提出他的“逻辑构造论”。在罗素看来，为了获得比较确定的知识，我们有必要借助于某些比较简单、比较易于理解、比较确定无疑的实体之间的关系，来表述知识。他十分重视奥卡姆的剃刀原则，把奥卡姆关于“实体不应多过所需要的限度”这句名言看作科学哲学的基本原则，主张尽可能废除那些不必要的实体。他说，当某些被设想的实体具有纯粹逻辑的性质时，在大多数情况下可以发现，这些被设想的实体可以用逻辑构造来代替。在这种情况下，要解释一些我们信以为真的关于被设想的实体的命题时，我们可以代之以逻辑构造，而不改变所说的这些命题的细节。这就是说，只要有可能，就用已知实体的逻辑构造来替换对于未知实体的推论。

威斯顿早期接受罗素和维特根斯坦的逻辑原子论的影响，非常重视逻辑构造问题的研究。1931 ~1933 年间，他以《逻辑构造》为题连续发表五篇文章。在其中头三篇文章中，他看重讨论语句与其所表述的事实之间的关系，试图说明不仅在简单句中，而且在复合句中，语句都是它们所描绘的事实的图像。这表明他在那段时期是接受了维特根斯坦的图像说观点。在后两篇文章中，他遵循罗素的“逻辑构造论”的观点，专门讨论逻辑构造问题，研究分析者（例如，关于感觉材料的陈述）如何一方面与它所描绘的事实相联系，另一方面又如何与被分析者（例如，关于某个外界对象的陈述）及其所描绘的事实相联系。与罗素和摩尔的观点相一致，他也认为哲学的任务在于分析，即了解事实的终极构造。哲学的进展并不表现在获得关于新事实的知识，而表现在获得关于事实分析的新知识。

在他的早期著作《解释和分析》一书中，也研究了逻辑构造问题。按照他的观点，当我们说 X 这一类的实体是从 Y 这一类的实体中得出的逻辑构造时，这意味着可以把关于 X 这一类实体的陈述翻译为关于 Y 这一类实体的陈述，Y 这一类实体比 X 这一类实体更加“基本”、更加“终极”。例如，当我们说国家是从它的国民中得出的逻辑构造时，这意味着可以把关于英国或者法国的陈述翻译为关于英国人或法国人的陈述。在这种翻译中，不仅包括主词的更换，而且包括谓词的更换。更换上去的谓词要比更换下来的谓词复杂一些、具体一些；在这个例子里，“英国人”或“法国人”就比“英国”或“法国”复杂一些、具体一些。概括说来，在一切场合下，任何超验的或抽象的实体都是从比较具体的、从感性经验中得知的实体中得出的逻辑构造。

关于逻辑构造与不完全符号的关系，威斯顿举例作了这样的说明：“如果国家是一个逻辑构造，那么在主词—谓词语句中通常使用的‘国家’一词便是一个不完全的符号。而如果在主词—谓词语句中通常使用的‘国家’一词是一个不完全符号，那么国家便是逻辑构造。"① 在这里，他是从摩尔，而不是从罗素使用“不完全符号”这个词的意义上，来使用这个词的。他认为，按照罗素的观点，一切摹状词短语，不论如何使用它们，它们都是不完全符号，因为它们并没有给它们所指称的事实成分命名；而按照摩尔的观点，属于不完全符号的只是那样一些符号，这些符号不是通过描述去命名或者指称某个事实成分，这个事实成分是通过这些符号出现于其中的语句而被指称的②。

威斯顿的逻辑构造论是在罗素和早期维特根斯坦的逻辑原子论的影响下形成的。按照逻辑原子论者的观点，哲学家的任务是要找出陈述中的那些在逻辑和认识论上最基本的“原子陈述”；如果能够把某些包含有 X 这个语词的陈述翻译成一些不包含有 X 这个语词的陈述，那就可以说 X 是一个逻辑构造。威斯顿扩大使用了逻辑构造这个概念，他还认为命题就是从语句中得出的逻辑构造，人是从心理事件和物理事件中得出的逻辑构造，物理对象是从感觉材料中得出的逻辑构造，如此等等。在他看来，采用这种逻辑构造的分析，可以防止作出错误推论，即避免像贝克莱那样作出物质事物是感觉材料的组合那样的推论。他说，我手中拿着一个苹果，如果说这个苹果是由感觉材料组成的，我吃掉这个苹果，也就是吃掉这堆感觉材料，这种推论显然是错误的。可是，按照逻辑构造论的观点，我们说这个苹果是从感觉材料中作出的一种逻辑构造，这不过意味着可以把一个关于苹果的陈述翻译成关于感觉材料的陈述，这样谈论就不会犯推论上的错误了。

与此相关，威斯顿也很重视对分析方法的研究。在《分析是哲学中一种有用的方法吗?》(1934) 一文中，他在论述逻辑构造的同时，也探讨了分析方法。他把分析分为三种：质料的分析、形式的分析和哲学的分析。质料的分析就是给分析的对象下一个定义，例如，“财富是一种有用的、可转让的而且供给有限的东西。”他认为科学的定义属于质料的分析。形式的分析是用一个语句去取代另一个语

① 威斯顿：《解释和分析》，1931 年英文版，，第 62 页。

② 参见威斯顿：《解释和分析》，1931 年英文版，，第 70 页。

句，前一个语句比后一个语句更加清楚地表现出所断定的事物的形式，例如，用“一匹马从他旁边跑过去了，另一匹马也从他旁边跑过去了”这个语句，来代替“两匹马从他旁边跑过去了”这个语句，这就是形式的分析。他认为罗素的摹状词理论属于形式的分析。这两种分析都是“半水平”（semi-level）的分析，哲学分析则是“新水平”的分析。在他看来，哲学分析就是把一个包含有抽象名词（例如“国家”）的语句翻译成一个关于这个抽象名词的来源（例如“个别的国民”）的语句，用他的话来说，这就是用更加终极的东西来取代不太终极的东西。关于“终极的”（ultimate）这个词的含义，他举例作了这样的说明：个人比国家更加终极，感觉材料和心理状态比个人更加终极。因此，哲学分析就在于表明，如何把关于心的陈述还原为关于心理状态的陈述，又如何把关于物质事物的陈述还原为关于感觉材料的陈述。可以看出，威斯顿所说的哲学分析与他的逻辑构造论具有密切联系，也可以说它们是从不同角度讨论同一种变换语句的方法。

二、后期哲学思想

与威斯顿的前期思想相比，他的后期哲学思想更加成熟，更加丰富，也具有更大影响。他的后期思想主要是在维特根斯坦的影响下形成的。维特根斯坦于1929年回到剑桥，不久担任哲学讲师，1939年又接任摩尔留下的哲学教授席位。威斯顿于1934年也回到剑桥；当维特根斯坦在三一学院担任教授期间，他也在三一学院担任哲学教师。这段时期里，他与维特根斯坦接触机会较多，深受后者的影响。他在其著作中多次表示他的观点来自维特根斯坦，不过，他也指出在个别问题上他们之间也有分歧，不能把他的著作看作维特根斯坦思想的转述。

1936年发表的《哲学的困惑》一文，标志着其后期思想的发端，因为它头一次提出了日常语言学派的某些观点。正如这篇论文的标题所表示的，他写这篇文章的目的在于说明传统哲学中的种种混乱和疑难是怎样产生的。他遵循后期维特根斯坦的观点，认为哲学家的任务不在于回答传统的哲学问题，而在于“消除疑难”，这就是要用“治疗”的方法去医治哲学疾病。他说，哲学家的任务不是提出问题以及解决问题的办法，不是制定理论和创立体系，而是设法消除疑难问题，弄清楚哲学混乱产生的原因。这就是说，哲学家的目的不是力图发现某些不可捉摸的事物，而是给人们指出走出迷宫的途径。用他常用的话来说，这意味着我们不需要解决哲学问题，而是要使哲学问题自行消失。

在这篇文章的开头部分，威斯顿指出，哲学陈述的确是语言的，因为它们涉及对语言的一种不寻常的用法。他说，在对问题没有作出明确回答的场合下，需要对语言的用法作出一些规定，哲学陈述就是针对这种需要而提出的一种语言上的建议。不过，威斯顿接着又指出，哲学陈述不仅是语言的，由于哲学陈述在语言的用法上不同寻常，人们在为这种用法作论证的过程中，就会注意到被语言的习惯用法所掩盖的事物。此外，哲学家作出一个哲学陈述，并非仅仅是指出一种语言上的建议，他还有其他目的，这就是要对我们所使用的语言获得更好的了解。他说：“……哲学陈述的目的是很特殊的。这就是要阐明事实的终极结构，也就是阐明不同的存在范畴之间的关系，或者说（我们必须符合目前的潮流），阐明一种语言内部各种不同的亚语言之间的关系。”① 他还认为，既然我们认识到哲学家的目的在于阐明存在范畴之间的关系或者语言范围之间的关系，那我们就易于看出某些关于词的用法的错误陈述，从哲学上来说可能是有用的，甚至是恰当的，只要我们理解它们的错误所在以及它们被用于达到什么目的。他认为有些哲学陈述看起来十分荒谬，但却不能忽视，因为它们虽然使人迷惑，但也具有启发性。他说，哲学陈述既有奇特之处，也有平凡之处，它们促使我们注意到如何把语言运用于揭示被语言的实际用法所掩盖的事物。

按照威斯顿的观点，哲学陈述之所以令人迷惑，首先是由于几乎

① 威斯顿：《哲学的困惑》，载于《哲学和心理分析》，1953 年英文版，第 37 页。

所有的哲学陈述都具有非语言的外貌，其次是由于哲学陈述中往往把一些类似的词使用于不同的事例，仿佛这些不同的事例具有某种类似之处，或者，与此相反，把不同的词使用于类似的事例，从而掩盖了这些事例的类似之处。这两种用法都会引起哲学混乱。另一方面，哲学陈述之所以具有启发性，就在于它们“提出或者促使我们注意到那样一种术语，这种术语能够揭示出日常语言所掩盖的相同之处和不同之处”①。例如有些哲学家认为，任何经验命题都不可能肯定无疑地是真实的。这个哲学命题看起来很荒谬，因为“这只狗是黑色的”这个经验命题就肯定无疑地是真实的。这些哲学家为什么提出上述荒谬的命题呢？威斯顿回答说，这是因为，在他们看来，“这只狗是黑色的”和“三角形内角之和等于180度”这两个命题都是真的；“地球是平的”这个命题在形式上与上述命题相类似，却是假的。“这只狗是黑色的“这个命题，在某个方面更多地类似于“地球是平的”，较少地类似于“三角形内角之和等于180度”。因此，“任何经验命题都不可能肯定无疑地是真实的”这个命题，虽然看起来很荒谬，可是不应把它全部否定，因为它提醒我们注意某种通常遭到忽视的东西，在上述事例中，这就是指这几个命题之间的细微区别。因此，他得出结论说，哲学陈述既有令人迷惑的一面，也有给人启发的一面，或者用他的话来说，既有“激发”（provocation）的一面，也有“镇定”（pacification）的一面。他说：“的确，哲学家们所说的话，即便不是困惑的征兆，也是混乱的征兆。不过，它们又是洞察的征兆，因为它们注意到了人们通常没有注意到的东西。哲学进步包括两个方面：激发和镇定。”②

在这篇文章中，威斯顿还表示在对哲学命题的看法上他与维特根斯坦是有分歧的，他反对维特根斯坦关于传统哲学的命题仅仅是语言

① 威斯顿：《哲学的困惑》，载于《哲学和心理分析》，1953年英文版，第41页。

② 威斯顿：《哲学的困惑》，载于《哲学和心理分析》，1953年英文版，第42页。

混乱的征兆的观点。他说，维特根斯坦“过分地把传统哲学命题仅仅看作语言混乱的征兆。我却希望也把它们看作语言洞察的征兆”①。他也不像维特根斯坦那样认为，只要用明确的词汇去取代模糊的词汇，用准确、严密的语法结构去替换模糊、松散的语法结构，就能消除哲学中的混乱。他也不像牛津学派那样，把语言的日常用法看作解决哲学争端的最高法庭。

在稍后发表的《形而上学和证实》（1938）一文中，威斯顿进一步发挥了他在《哲学的困惑》一文中提出的这些观点，并且把它们应用于批驳逻辑实证主义的“可证实性原则”及其对形而上学的拒斥态度。如前所述，逻辑实证主义者根据他们的可证实性原则，断定形而上学命题完全没有认识意义，由此提出通过对语言的逻辑分析以清除形而上学的口号。与逻辑实证主义者迥然不同，威斯顿在这篇文章中猛烈抨击逻辑实证主义者的这个基本观点，认为可证实性原则本身既不是分析的，也不是重言式的，而是形而上学的。他说：“我们将接受证实原则吗？接受证实原则，这是什么意思呢？当人们摆着一副理直气壮的神态说：‘一个陈述句的意义其实不过是它们的证实方法’，正如同某个人说：‘一件东西的价值其实不过是它的交换能力。’他们是以什么方式使用这些词呢？他们的理论的一般性质是什么呢？回答是：它是一种形而上学的理论。”② 威斯顿承认，形而上学家可能在某些问题上犯错误，可能对某些语词作了不正确的使用，但我们应当耐心地考察他们究竟研究些什么，也许他们的研究中还含有正确的成分。可是，按照证实原则，他们的研究都是没有意义的，全盘加以否定。这样一来，证实原则本身就犯了形而上学的错误。

按照威斯顿的观点，由于事物之间既有相同之处，也有相异之处，而日常语言又往往没有清楚地表明这种情况，因此，形而上学的

---

① 威斯顿：《哲学的困惑》，载于《哲学和心理分析》，1953 年英文版，第 41 页。

② 威斯顿：《形而上学和证实》 载于《心》杂志 1938 年，第 339～340 页。

任务就在于指明这些通常没有被察觉到的相同之处和相异之处，它们既存在于不同的已知事物之间，也存在于不同的知识之间。形而上学要做到这一点，就需要提出一种语法，这种语法能够把日常语言的语法所掩盖的某些特征显示出来。他说：形而上学要提出“一些洞察性的建议，指出如何使用语言才能把语言的现实用法所掩盖的东西揭示出来”①。形而上学在做这项工作的时候，可能提出一些“形而上学悖论”；它们之所以被称为“悖论”，因为它们与我们通常的或习惯的看法相反。不过，他认为我们不应被这种情况所迷惑，而要从这些悖论中找出有价值的东西。

威斯顿反复强调说，哲学命题是用语言来表述的，可是哲学问题并非仅仅是语言问题。从一方面来说，要了解某个哲学命题，就要弄清楚用以表述这个哲学命题的那些词的意义。例如，对于“我们真的知道别人头脑里思考的事情吗?”这个哲学问题，有些哲学家回答说：“我们决不能真正知道别人头脑里思考的事情。”骤然看来，这个回答是荒谬的，除非我们对“知道”这个词作一种与通常意义不同的解释。因此，哲学澄清是通过对语言的考察进行的，这意味着哲学命题是语言的。可是，另一方面，哲学家的工作不同于翻译者的工作。翻译者用语句 A 翻译语句 B，是为了理解语句 B 的意义。哲学家并不希望仅仅用语句 A 来解释语句 B，他还想传达某种洞见，即希望洞察语句 B 所断定的事实的结构。他之所以把语句 A 和语句 B 相比较，是因为他认为语句 A 比较清楚地显示出语句 B 所断定的事实的结构。他说道：“形而上学问题是一些自相矛盾的问题，它们具有自己的特殊性，这就是说，它们涉及问题、讨论、理由和知识的性质。不过，这种特殊性并不妨碍它们实现自己的要求，这就是揭示出它们所涉及的事物的性质，从而间接地揭示出这些事物间接地或者更加间接地涉及的事物的性质，例如，时间和空间、善与恶、事物和人。”②

① 威斯顿：《哲学和心理分析》，1953 年英文版，第 100 页。

② 威斯顿：《形而上学》，载于《他人的心》，第 259 页。

为了理解威斯顿如何排除形而上学的混乱和揭示形而上学的洞见，我们可以探讨一下他如何处理关于他人感觉的知识这个古老的形而上学问题。这是他特别注意的一个重要问题，他在 1940～1943 年间对此发表了八篇文章，收集在《他人的心》一书中。这八篇文章都讨论这样一个总问题："我们是否知道别人在想什么？感觉什么？体验什么？……"并试图对这个总问题提出他的答案。粗略说来，这八篇文章的重点是：第一、二篇文章提出关于别人意识的陈述和关于看不见的电流的陈述这两者之间的异同；第三篇文章把哲学家和普通人对"非常可能"、"我们通过类比知道"等等语句的作用作了比较；第四、五篇文章讨论心灵感应术以及其他某些特殊的认识方式；第六、七篇文章讨论哲学家们根据什么理由排除了对别人的意识获得"直接"认识的可能性；第八篇文章讨论"一个人除了知道他自己在某个时刻的感觉之外，没有任何别的知识"这个陈述的地位。

我们通常认为，如果我们看见某个人发怒，我们就认为我们知道这个人发怒。可是，哲学上的怀疑论者却说，我们并没有真正知道这个人发怒，而且决不可能知道这一点，因为这个人可以假装发怒来欺骗我们，我们决不可能深入到这种行为征兆的后面，通过直接经验去发现别人的内心状态或者意识。在他们看来，我们可以说我们以为这个人发怒，或者说我们认为这个人的表现是在发怒，但是不能说我们知道这个人发怒。相反，实证论者认为，怀疑论者的怀疑是没有根据的，因为我们说我们知道这个人发怒，正是根据这个人的行为来作出这个判断。他们以命题的意义在于命题的证实方法这个原则为依据，强调说这个人发怒的行为就是判断这个人发怒的根据。既然我们关于别人意识的知识只能依据于对别人的行为的观察，因此这种知识就是关于别人行为的知识。

按照威斯顿的观点，怀疑论者和实证论者在这个问题上犯了同样的错误，他们都把我们关于别人意识的知识看成某种与它本身不同的东西。不过，他也认为怀疑论者和实证论者的见解中都各有其合理之处。怀疑论者使我们注意到"知道"这个词的这些用法之间的不同之处；相反，实证论者却使我们注意到这些用法之间的相同之处。我们吸取他们各自的合理之处，便能更加清楚地了解我们关于别人意识的知识，既看到这种知识与其他知识之间的相同之处，也看到它们之间的不同之处。只有这样，我们才能看到这种知识的本来面貌。这就是威斯顿"治疗"形而上学命题的一个事例，这种"治疗"的目的就在于排除形而上学的混乱而揭示出形而上学的洞见。

威斯顿有时把哲学治疗和精神治疗相类比，认为哲学上的疑难在一定意义上类似于精神病理方面的疑难。他说，神经官能症患者的特点，在于怀有不信任自己的心理；与此相似，许多哲学家认为那些长期争论不休的哲学问题是无法解决的，他们对自己在讨论中所使用的哲学词汇表示怀疑。威斯顿还认为，哲学家的行动和感觉"与他们所使用的词相符合的程度，甚至不如神经官能症患者的行动和感觉与他们所使用的词相符合的程度"。他承认需要把讨论中所使用的语言弄得纯洁一些，但他认为这种作法作为一种治疗手段来说是不够的，因为"纯粹从语言角度去解释哲学冲突，这往往不是完全恰当的"①。因此，他主张用精神分析来补充哲学分析。在这点上，他也接受了维特根斯坦的影响，后者说过，哲学家的工作是把那些与哲学问题相联系的困惑感排除掉，对"精神上的痉挛"进行"治疗"。

威斯顿承认，哲学疑难并非纯然出自于精神混乱，哲学本身也不应被仅仅看成是一种治疗法。可是，哲学家的工作并不是向我们指示新的事物，而是以新的方法向我们指示旧的事物，在这点上哲学家的工作与精神分析家的工作有所类似。哲学混乱虽然有其潜在的语言根源，不过哲学家还要在引起哲学混乱的语言根源背后，找出某种深深地隐藏着的、非语言的因素，它们是产生哲学混乱的根本原因。同时，哲学问题的产生也与精神疾病的产生有所类似。例如，如果某个人起初对他是否知道别人的意识有所怀疑，那他后来就会对他是否知道自己的意识也表示怀疑，最后甚至对任何事情都会怀疑。这种怀疑病与一个商人因为苦于还债而出现的精神混乱，有一定相同之处。因此，他说："诚然，哲学决不仅仅是一种精神混乱，这种新的哲学技

① 威斯顿：《哲学和心理分析》，第174、181页。

巧也不仅仅是一种治疗法，这里是有区别的。哲学家们在为他们的学说进行论证和辩驳时，不是向我们指出新的事物，而是以新的方式向我们指出旧的事物。尽管如此，我们在承认哲学和治疗法之间有多大差别之后，也值得指出它们之间的下列联系：（一）哲学讨论把潜在的对立力量揭露出来，这一点类似于作出一个决定，而不是类似于了解在关着的门背后有什么东西，或者了解是否 235×6＝1420；（二）当作出一种论证时，我们往往发现除了潜在的语言根源之外，还有另外一些非语言的、隐藏得更深的根源，它们与语言特征在一起微妙地合作而产生出哲学；（三）因此，纯粹从语言角度去解释哲学冲突，这往往不是完全恰当的；（四）非语言的根源与在我们生活中的其他场合下使我们苦恼的那些根源是一样的，因此，在现象的面纱上写出的谜的确是斯芬克斯（Sphinx）之谜。"①

从马克思主义的观点看来，哲学混乱或哲学疑难之所以产生，总是有其深刻的社会政治根源和认识论根源。逻辑实证主义者和日常语言学派都把哲学问题归结为语言问题，把逻辑分析或语言分析看作排除哲学混乱的灵丹妙药，这显然是错误的。威斯顿虽然属于日常语言学派，但他不像牛津学派那样把语言分析看作清除形而上学混乱的唯一良方，而认为哲学混乱的产生除有其语言根源外，还有其他一些埋藏很深的非语言的根源。在这点上，他比牛津学派或逻辑实证主义者稍胜一筹。不过，他并没有认识到这些非语言的根源究竟为何，也没有认识到应当到社会政治背景和认识发展过程中去探索这些非语言的根源，于是他只好把它们看作斯芬克斯之谜。至于他认为在解决哲学疑难问题上应当用精神分析去补充语言分析，那显然是没有根据的。

第二节　吉尔伯特·赖尔
（Gilbert Ryle 1900～1976）

吉尔伯特·赖尔是牛津学派的创始人，他对日常语言学派的发展

① 威斯顿：《哲学和心理分析》，第 181 页。

有很大影响。对于这一点，英国有个哲学家作过这样的评价："赖尔经常与奥斯汀，特别是维特根斯坦一起被看作语言分析的创始人；这种语言分析不论其影响是好是坏，毕竟确定了过去40年来大多数英语国家中哲学推理的风格和方法。"①

赖尔1900年生于英国的布赖顿，1919～1924年间先后在布赖顿学院和牛津皇后学院求学，1925年起开始在牛津基督教会学院担任哲学导师。第二次世界大战期间，他在1939年到英军中服役，1945年退伍，回到牛津继承了科林伍德（R. G. Collingwood）于1943年去世后留下的席位，被任命为怀恩弗莱特（Waynflate）讲座形而上学哲学教授，直至1968年退休。此外，他于1947年接任摩尔辞去的《心》杂志的编辑职务，这是英国最重要的哲学杂志之一，它对日常语言哲学在英国的传播起了很大作用。

20世纪20～30年代，赖尔先后接受新黑格尔主义、现象学、逻辑原子论和逻辑实证主义的影响。起初，他对意大利哲学，特别是克罗齐（B. Croce）和金蒂雷（G. Gentile）的哲学感兴趣。他后来对现象学感兴趣，阅读了胡塞尔的《逻辑研究》，还阅读了迈农（A. Meinong）、布伦塔诺（F. Brentano）以及弗雷格的著作。他最初发表的文章，是给胡塞尔的追随者波兰哲学家因加尔登（R. Ingarden）和德国哲学家海德格尔（M. Heidegger）的著作写的书评。他也阅读罗素的《数学原理》以及他在逻辑方面的论文，对哲学逻辑很感兴趣，并接受罗素的类型理论和摹状词理论的影响。他还阅读过维特根斯坦的《逻辑哲学论》。其后，他一度接受逻辑实证主义的观点，他的门生艾耶尔后来成为逻辑实证主义在英国的最大代表。到1932年写出《系统地引人误解的表达式》一文后，他的观点逐渐转到日常语言学派的立场上。

赖尔的著作涉及面很广，包括哲学方法论、哲学逻辑、精神哲学以及哲学史等领域。粗略说来，赖尔在他的前期著作中主要探讨哲学

① W. 莱昂：《吉尔伯特·赖尔：赖尔哲学导论》，1980年英文版，第X页。

的性质和方法问题，在其后期著作中主要致力于把一种被他看作正确的哲学推理方法应用于解决身心问题，批驳笛卡儿的二元论。此外，他对意义理论也作了很多研究。他于1949年出版了他的最重要的专著《心的概念》，系统地阐述了他关于心的理论。在他看来，心的性质问题以及身心关系问题，都产生于一种误解，即把心理解为处于肉体之中的一种特殊的实体，它通过“思维”、“意愿”、“想象”等等人们无法观察的心理活动，来指导人的肉体活动。他把这种观点称之为“机器中的幽灵”，并对之作了系统的批驳。奥斯汀和汉普舍尔都对这本书作了很高评价，认为它是20世纪30~40年代英国出版的最重要、最有独创性的哲学著作之一。1962年出版了《两难论法》一书，这是他1953年在剑桥大学三一学院所作的塔纳（Tarner）讲演。他在这本书中强调哲学的任务在于阐释我们在哲学命题中使用的概念，从而消除由于我们使用概念不当而产生的那些相互抵触的哲学论断。1966年出版了《柏拉图的进展》（Plato’s Progress）一书，他在这本书中对柏拉图的各篇对话的年代顺序重新作了审定，提出了一些与传统看法不同的观点。此外，他还写了许多论文，其中主要文章收集在1971年出版的《赖尔论文集》和1979年出版的《论思想》两本论文集中。

一、哲学的性质和方法

20世纪20~30年代，逻辑实证主义兴起后，这一派的哲学家们声称他们在哲学中实现了一次改革，推翻了传统的哲学概念。于是“什么是哲学”这个老问题又被提了出来，许多哲学家都参加了这个问题的讨论。赖尔也十分重视对这个问题的研究，他在许多篇论文中从不同的角度论述了哲学的性质和方法。例如，在1932年发表的著名论文《系统地引人误解的表达式》（Systematically Misleading Expressions）中，在1945年就任教授职务时发表的演说《哲学论证》（Philosophical Argument）中，以及在1953年所作的塔纳讲演《两难论法》中，都比较集中地论述了这个问题。

在《系统地引人误解的表达式》一文中，他首次提出哲学的任务在于从语言形式中发现错误论题和荒谬理论的根源，排除哲学命题中的语言混乱。他认为哲学分析是“哲学的唯一的和全部的职能”，哲学的目标就是“在语言的用法上找出那些反复出现的误解和荒谬的理论的根源”①。他遵循弗雷格和罗素的观点，把语句的句法形式和语句所描述的事实的形式区别开，并说日常语言中有许许多多的语句由于其句法形式而往往引起语言混乱。在他看来，语言混乱之所以产生，是由于人们往往把句法上的异同误认为逻辑上的异同的标志。例如，“鲍德文先生是一个政治家”和“匹克威克先生是一个虚构的人物”这两个语句具有相似的句法形式，于是有些哲学家就认为与前一个语句一样，后一个语句也是对于一个人的描述，仿佛“虚构的”也是人的一种特性。他承认，在日常生活中，我们不会被这样的句法形式引入迷途。可是，有些形而上学家由于过分热衷于寻找“事实的结构”或“存在的范畴”，往往从表面上去看待这些语句的语法结构，于是得出错误的认识。因此，在他看来，当所记录的事实的真实形式被有关的语词掩盖起来或伪装起来，而不能获得应有的表现时，我们就应该研究这种真实形式究竟是什么。我们经常能够用一些新的句法形式来陈述这个事实，从而表现出用其他句法形式不能表现出的东西。他认为这就是哲学分析的含义，也是哲学的唯一的和全部的职能。

赖尔认为，一个语句的语法主词并不一定指称某个事物，在一些关于人的情绪、感觉、思想的语句中，它们的真正的逻辑主语就是人自身，而不是任何虚构的精神实体。他还反对把某些抽象概念看作实体，例如，对于“我刚才有一个想去度假的想法”这个语句，有些哲学家认为其中存在着一种被称为“想法”的实体，它是“想去度假的想法”指称的对象。过去有些哲学家由此提出“共相”概念，把“想法”、“观念”等等都想象为存在着的实体。在他看来，这也是造成语言混乱的一个原因。

总之，按照赖尔的观点，某些词语或表达式之所以经常引起误

① 赖尔：《系统地引人误解的表达式》，载于《赖尔论文集》，第61页。

解，正是因为它们的语法形式不能表现出它们的逻辑形式。他把这样的词语或表达式分为四类：（一）似是而非的本体论陈述，例如，“上帝存在着”、“肉食的牛并不存在”，等等；（二）似是而非的柏拉图主义陈述，例如，“善德是对它自己的酬报”、“不守时是应受到谴责的”，等等；（三）某些特殊的描述性陈述，例如“目前的法国国王是聪明的”等等；（四）似是而非的描述性陈述，例如，“我看见这棵树的顶端”等等。他认为这四类陈述之所以引起误解，是因为它们的语法形式不适宜于表达它们所记录的事实。例如，“肉食的牛并不存在”这个语句，从语法上看像一个主词—谓词的陈述句，因而它是真实的、有意义的；可是，与它所记录的事实相比较，我们就会看出，“肉食的牛”这个短语是没有指称的，也就是说，它所指称的对象并不存在，因此需要把它重新表述为“没有任何东西既是肉食动物，又是牛”。他认为对这种陈述句作这样的重新表述，就能使它表现出这个事实的逻辑形式。一般说来，他认为罗素的摹状词理论是进行这种重新表述的最好方法。通过这种重新表述就能消除传统哲学中的许多争执和混乱。因此，对这些经常引起误解的词语或表达式进行这样的重新表述，是哲学的一项重要任务。

在这篇文章中，赖尔接受后期维特根斯坦的观点，认为哲学的任务在于对日常语言进行分析，排除哲学命题中的语言混乱，与此同时，他也接受罗素和前期维特根斯坦的观点，认为哲学还要揭示出隐藏着的“事实的真实形式”。由此可见，他当时虽然已转到日常语言学派的立场，但另一方面也还保留逻辑原子论的某些观点。

在1937年写的《范畴》（Categories）一文中，他从区分范畴的角度来探讨排除语言混乱的问题。以“……是坏的”这个语句框架或不完全的表达式为例。他说，在这个语句框架的空白处，我们如果填入“琼斯”或“苏格拉底”，那是有意义的；而如果填入“星期六”，那便是荒谬的。他认为这个情况表明“星期六”这个概念和“琼斯”、“苏格拉底”这两个概念属于不同的范畴，可是尚未表明“琼斯”和“苏格拉底”属于同一个范畴，因为在另一个语句框架中，可能填入“琼斯”是有意义的，而填入“苏格拉底”则是荒谬的。又如，虽然“他”和“这本书的作者”都可填入“……读过亚里士多德的著作”这个语句框架中，可是这两个词属于不同的范畴，因为只有“他”可以填入“……从来没有写过一本书”这个语句框架中，如果填入“这本书的作者”，那就自相矛盾了。赖尔认为，在上述这些事例中，显然可以看出，把不同范畴的词填进同一个语句框架，会造成语言混乱。不过，在另一些事例中，这种情况则不是那样明显。例如，当我把“我现在作的这个陈述”填入“……是错误的”这个语句框架时，其自相矛盾之处就不是那样明显，而这种不明显的自相矛盾却正是哲学家所要研究的问题。他认为，一般说来，如两个词语相互替换就会造成荒谬，或者这两个词语出现于其中的命题具有不同的含义或逻辑力量，那么这两个词语就属于不同的范畴。哲学家要仔细区别各种范畴，从其中发现一些意料不到的、隐藏着的自相矛盾。他认为这种区分范畴的工作包含着一种哲学论证，一种哲学推理，而这往往是那些把哲学定义为“分析”的哲学家们所忽视的。可以看出，赖尔的这种范畴论的观点接受了罗素的典型理论的影响，但他强调这种区分范畴的工作包含着一种哲学论证、哲学推理，在这一点上他又与罗素有所不同。

在1945年写的《哲学论证》一文中，赖尔着重论述了哲学家们经常使用的一种方法——哲学论证。他认为哲学论证既不是归纳，也不是证明，它的主要特征是归谬法（reductio ad absurdum）。哲学家从一个或一组命题中推出一个结论，如果这个结论是自相矛盾的或者与原来的命题相矛盾，那就证明这一个或这一组命题是荒谬的。他把这种方法比作筛子的使用，哲学家用这种方法把可能出现的荒谬结论的界限确定下来，从而确定某个或某组命题的应用范围。在他看来，为了从方法上确定哪些言论不是荒谬的，哪些言论是荒谬的，哪种推理是有效的，哪种推理是无效的，我们最好考察一下我们的概念系统的“逻辑上的地理位置”，即不同的概念如何相互联系，它们又起了怎样不同的作用。

赖尔在这篇文章中还提出“逻辑力量”这个概念，认为每个命题都有自己的逻辑力量。在大多数场合下，我们只知道我们所使用的命题的很少一部分逻辑力量，因此只是“局部地把握”这些命题的意义。尽管如此，我们还是能够正确地使用这样一些命题，例如“3×3=9”或者“伦敦在布莱顿的北面”等等。这是因为纵然我们不能陈述这些命题的使用规则，我们毕竟至少知道在通常情况下如何实际地使用它们。在他看来，这种情况正是哲学家从事哲学论证的出发点。

在这篇文章中，赖尔对哲学性质的理解比他在20世纪30年代初期的理解要广泛一些。他现在认为哲学不仅要澄清日常语言的命题，而且要研究和调整各门科学学科及其理论的基础概念框架。他说：“哲学家可能是从研究那些构成某种单一的理论或学科的框架开始的，可是科学家不能停留在这里，他必须力求对所有的理论和学科的范畴作出适当的调整。”① 同时，他还强调说，哲学不是科学的归纳，它的任务不是发现新的事实，可是，“另一方面，哲学论证也不是欧几里得式的证明，即不是从公理或假设中推演出定理。因为，哲学没有公理，它也不能从假设出发来进行推理，否则，就会有另一些可以替换的哲学学说，正如有一些可以替换的几何学那样”②。在这点上，他不同于那些持约定论观点的逻辑经验主义者。

在1953年所作的塔纳讲演《两难论法》中，他试图解决使许多哲学家伤脑筋的两难论法问题。哲学家们往往碰到下述这种令人苦恼的情况：两个对立结论似乎都是遵循完全合理的程序推演出的，然而，只要其中有一个结论哪怕是部分地正确，另一个结论就是完全错误的。在这本书的开头部分，赖尔首先区别开两种不同的理论冲突。一种理论冲突表现为：两个或更多个理论家对同一个问题提出一些相互竞争的解决方案。最简单的情况是：这些方案中只有一个正确，其余都是错误的。不过，通常的情况要复杂一些，其中每个方案都是部分地正确，部分地错误，部分地不完善或模糊不清。在他看来，这种理论冲突的出现没有坏处，相互敌对的方案之间的竞争可以导致得出

① 赖尔：《哲学论证》，载于《赖尔论文集》第2卷，第195页。
② 赖尔：《哲学论证》，载于《赖尔论文集》第2卷，第196~197页。

一个最后战胜其他方案的、比较完善的方案。另一种理论冲突表现为：两个相互竞争的理论不是对同一个问题的解决方案，而是对不同问题的解决方案，尽管如此，这两个方案相互之间似乎是不可和解的。一个人接受其中一个方案，仿佛从逻辑上说就应拒绝另一方案，尽管这两个方案其实是针对完全不同的目的而提出的。在这种冲突中，我们往往发现同一个理论家一方面对两个方案都表示赞许，另一方面又认识到只能支持其中一个而舍弃另一个。这就是说，这两个方案从其各自的推理程序来说都是完美无瑕的，而从它们的相互关系来说则是势不两立的。赖尔声明，他在这本书中所要解决的，只是后一种理论冲突。

赖尔在这本书里举了许多事例，说明以上第二种类型的冲突实际上是虚假的冲突，因为这两种相互冲突的理论的提出并不是针对同一个问题，而是针对不同的问题，因此它们相互之间并没有什么需要和解协调的。譬如说，以科学世界和日常生活世界的关系这个问题为例。一方面，科学家们断言，物体其实是电子在空间中的组合与排列，物体并非“真正地”具有颜色、形状、坚固性等等。另一方面，我们在日常生活中确信，桌子、椅子等等都是真实的东西，它们的确具有颜色、形状、坚固性等等。于是形成一种两难论法，即两种对立理论相互冲突的局面。赖尔试图证明，物理学家的论断与我们在日常生活中的判断其实没有冲突，这种所谓的两难论法其实不过是表示人们在兴趣上的一些区别。物理学家感兴趣的只是我们周围世界中的某些方面，而我们在日常生活中感兴趣的则是另一些方面，两者属于不同的范围，不应发生什么冲突。他说：“在一种关于终极质子的理论中没有必要对椅子和桌子作正确的或错误的描述；而在一种关于椅子和桌子的描述中也没有必要包括对终极质子的正确的或错误的描述。一个对于前者是正确的或者错误的陈述，对于后者来说既不是正确的，也不是错误的。因此，它不可能是一个与后者相对立的陈述。”①

从以上简略考察中可以看出，在对哲学的性质和方法的看法上，

① 赖尔：《两难论法》，1954年英文版，剑桥，第79页。

赖尔是逐步从逻辑原子论的立场转向日常语言学派的立场。他起初倾向于罗素的摹状词理论和类型理论 后来转而接受后期维特根斯坦的观点，强调哲学的任务是对日常语言进行分析，纠正对日常语言的滥用，清除哲学命题中的语言混乱。他说：哲学命题“肯定没有提供关于世界的知识，可是它们在某些重要方面澄清了那些提供了关于世界的知识的命题；它们没有报导任何事实，可是它们纠正了我们在报导事实方面所犯的错误”①。赖尔强调对日常语言的分析，但他不像牛津学派其他人那样把日常语言的用法看作判断关于世界的知识的真实性的试金石，他也不像奥斯汀那样细致入微地分析某些与知识有关的词汇。与奥斯汀，斯特劳森等人相比，他的思想中始终带有逻辑原子论的某些痕迹。

二、身心问题

在赖尔的全部著作中，篇幅最大而且最受哲学界重视的，可以说是他于1949年出版的《心的问题》一书。这本书出版于维特根斯坦的《哲学研究》之前四年，在对哲学任务的看法上，这两本书的观点基本上是一致的。维特根斯坦在《哲学研究》中说，哲学问题的解决，不是通过我们提出新的知识，而是通过把已有的知识重新加以整理。赖尔在这本书的序言中也说：“这本书中所作的哲学论证，不是打算增加我们关于心的知识，而是校正我们已经掌握的知识的逻辑位置。”②

赖尔试图从这种观点出发解决身心问题。他认为在日常生活中，我们都善于使用关于心的各种概念，例如，我们都知道如何确定某个人是聪明的还是愚蠢的，某个人是在开玩笑还是在考虑解决问题。可是，当我们试图发现这些概念所属的范畴，也就是这些概念出现于其中的命题的逻辑力量时，我们却往往陷于困惑不解的状态。为了摆脱这种状态，他认为有必要确定各种各样的心理概念在概念世界中的地

① 赖尔：《哲学中的革命》，第5页。

② 赖尔：《心的概念》，1949年英文版，第7页。

理位置，换句话说，也就是确定它们的应用范围。他说："确定一些概念在逻辑上的地理位置，就是揭示这些概念被使用于其中的命题的逻辑，这就是说，表明这些概念是与其他哪些命题相一致或不相一致，表明从这些概念中能够得出哪些命题，而这些概念又是从哪些命题中得出的。一个概念所属的逻辑类型或范畴，就是那样一组方式，在这组方式中，对这个概念的使用在逻辑上是合法的。"①

在他看来，为了做到这一点，首先必须摧毁一个来自笛卡儿学说的神话，即认为表示心理活动的词语表现出"心"或者"心灵"这样一种奇怪的实体，这种实体不同于肉体，因为它是私人的、不占据空间的，只能通过反思而被认识。赖尔指出，如果哲学家承认像"理智"这样的词并不指称那些服从于力学规律的实体，那他就应得出结论说，这些词必然指称一些服从于非力学的精神规律的实体。但是，赖尔强调说，不论说这些词指称什么样的实体，那都犯了"范畴上的错误"。这是从我们关于心灵的力量和活动的语句的语法形式中，错误地推出在物质事物的日常世界之外还有一个私人的精神事物的世界。他认为这些词并不是任何实体的名称，而仅仅是被用于表述人的意向或倾向。例如，当我们说"某人在发怒"，这就是说这个人有一种想叫喊、摔东西或打人的意向，而不是描述这个人的意识中发生的某个私人的事件。他还认为，一个人对于别人的心理状态的了解，类似于对自己的心理状态的了解，这两者之间只有程度的不同，而没有本质的区别，因此，不能说一个人的心理状态是其他人绝对无法了解的。

赖尔争辩说，如果我们遵循笛卡儿及其追随者的观点，认为人是由两种不同的实体所组成：一种实体是"心"或"精神"，另一种实体是"肉体"，或者用赖尔的话来说，一种是"幽灵"，另一种是"机器"。我们就会碰到一系列无法解决的问题：非物质的精神怎么能够影响物质的肉体的活动呢？"幽灵"如何能够通过"机器"来观察周围的世界呢？我们又如何了解别人的思想感情呢？如此等等。赖

① 赖尔：《心的概念》，第8页。

尔认为，按照笛卡儿的二元论观点，我们就无法回答这些问题。他同时还声明，我们也不能像唯心主义者那样把人归结为“幽灵”，或者像唯物主义者那样把人归结为“机器”。他把笛卡儿的身心二元论称为关于“机器中的幽灵”的神话。

赖尔认为，笛卡儿的神话犯了混淆范畴的错误。他说，笛卡儿主义者把心看作与肉体处于同等地位的实体，把心理活动看作与肉体活动处于同等地位的活动，这种在范畴方面所犯的错误，类似于把牛津大学看作与它所属的各个学院处于同等地位，这就是说，好像一个外国人在参观了牛津大学的各个学院之后，还问牛津究竟在哪里。他说：“这些能在理论上引起人们兴趣的范畴错误，是由那样一些人作出的，他们至少在他们所熟悉的场合下完全有能力使用这些概念，可是，在他们的抽象思维中，仍然易于把这些概念归属于它们并不归属的逻辑类型。”① 至于“范畴错误”究竟是什么，他没有下明确的定义。不过，从他所列举的事例中可以看出，他所说的“范畴错误”主要指的是把一个事物看成隶属于与它本来隶属的范畴不同的另一范畴，或者说，用适合于表述另一类范畴的词来表述这一类范畴的事实，也就是把概念归属于它们所不隶属的逻辑类型。他并没有明确指出究竟有哪些范畴，其中哪些是相同的，哪些是不同的。尽管如此，仍然可以看出，赖尔的范畴理论与罗素的类型理论之间有许多相似之处，赖尔在这点上也受了罗素的影响。

赖尔从心理生活的一些主要方面批驳了“机器中的幽灵”这种神话，证明它是站不住脚的。他的论证可以归结为两个方面：一方面，这个神话不能完成它的解释任务，而且在逻辑上是不连贯的，甚至导致“无限复归”这样的逻辑错误。另一方面，他试图表明，我们不必借助于神话，而借助于对人的行为、意向以及习得技巧等等的观察，也能对心理现象作出满意的解释。例如，对于“约翰是聪明的”这样一个关于约翰的心理状态的论断，我们在判断它正确与否时，不是根据约翰过去和现在内心里发出的状态，而是根据他过去和

① 赖尔：《心的概念》，第17页，

现在的行为是否聪明。因此，他认为肉体和肉体活动的事实，往往可以用作判断关于心理活动的论断正确与否的根据。

在《心的概念》一书中，赖尔在批驳了笛卡儿的身心二元论之后，接着探讨了“知道如何”（knowing how）和“知道什么”（knowing what）的问题。早在1946年发表的一篇文章中，他已探讨了这个问题。哲学家们通常认为，知道如何做某件事情，也就是知道某些原则并把这些原则运用到行动之中。他在这篇文章中却指出，虽然一个厨师可能是从烹调书籍中学会烹调的，可是烹调方法从逻辑上说又是从那些知道如何烹调的厨师们的实践中提炼出来的，正如雄辩术是从那些知道如何雄辩的人们的实践中提炼出来的一样。因此，知道做某件事情或者能够合乎理智地完成某项工作，这从逻辑上说并不依赖于在内心中进行的某种幽灵般的、别人无法看见的理论活动。

赖尔在《心的概念》一书中进一步发展了这个观点，并对他称之为“理智主义的神话”进行批驳。在他看来，支持这个神话的人们把“知道如何”和“知道什么”混为一谈，因为他们认为合乎理智的行动中就包含对规则的遵守或对规范的应用，合乎理智的行动必须以在理智上首先承认这些规则或规范为前提。例如，厨师必须首先学习菜谱，然后才能据以从事烹调，棋手必须首先懂得下棋规则，然后才能下棋。这就是说，一个人在进行一种实际活动之前，首先要在内心里进行某种理论活动。对于这种观点，赖尔反驳说：“诚然，我们在行动之前不仅往往需要思考，而且思考的目的也在于能够恰当地行动。棋手在走某几步之前，可能需要一些时间思考究竟走哪几步棋。可是，如果普遍地说在进行任何合乎理智的行动之前都需要思考某些适当的命题，这看起来是理由不充分的，即使承认所需要的这种思考往往十分短促，可能完全没有被行动者察觉。在我看来，这个理智主义神话是虚假的；当我们说某个行动是合乎理智的，这并不包含思考和执行这样两种活动。”①

赖尔认为这个神话至少有两点是站不住脚的。第一，在许多活动

---

① 赖尔：《心的概念》，第29~30页。

中表现出理智，可是并没有表现出什么规则或规范。例如，一个有理智的人善于讲很有风趣的笑话，可是他不能告诉我们他有什么讲笑话的秘方。一个对棋谱没有进行过仔细研究的人，也可能有时走出几步使高明的棋手也为之赞叹的棋。第二，如果我们认为一定要先有理智的思考，然后才可能有理智的活动，我们就不得不无限地后退。因为，如果认为合乎理智的下棋行动一定要以关于合乎理智的下棋行动的理论活动为前提，那就必须承认这种理论活动又必须以一种关于这种理论活动的理论活动为前提，如此类推地向后倒退，没有终结。他说“……如果对于任何一种被合乎理智地执行的行动来说，必须有一种在先的理论活动首先被完成，而且被合乎理智地完成，那从逻辑上说任何人也不可能突破这个圈子。”①

赖尔认为，“知道如何”指的是一种意向、倾向。所谓“意向”、“倾向”，它们并不是某种特殊实体的名称，而是一组范围不确定的假设命题。例如，当我们说：“玻璃具有一种被打碎的倾向”，这句话不外乎是说：“如果你把玻璃掉在地上，或者用石头击它，或者试图把它搬弯，如此等等，它就会破裂。”因此，当我们说我们具有某种意向或倾向时，这只不过意味着我们的行动遵循一种有规则的模式。赖尔说：“我曾经谈到，我们通常用以描述和解释人们行为的许多词所表示的是意向，而不是事件。说一个人知道某件事情，或者向往某种东西，这并不是说他在某个特定时刻处于做什么事情或经历什么事情的过程中，而是说当需要的时候他能够做某件事情，或者说当处于某种情况下他倾向于做或感觉某件事情。”② 又说：“‘知道’、‘相信’、‘向往’、‘聪明’和‘幽默’这样一些意向词，是一些可以测定的意向词。它们表示做某些事情的能力、倾向或爱好。”③

赖尔还反对关于意志活动的传统观点。长期以来，许多哲学家认为心或心灵包含三个部分，即思想、情感和意志，或者说，心或心灵

① 赖尔:《心的概念》，第 30 页。

② 赖尔:《心的概念》，第 116 页。

③ 赖尔:《心的概念》，第 118 页。

是以三种不同的方式进行活动：即认识的方式、情感的方式和欲求的方式。赖尔反对这样的看法，认为“这个传统的教条不仅不是自明的，而且是如此混乱不清，错误百出，以致我们最好放弃任何重新提出这个教条的念头。应当把它看作一种老掉牙的理论古董”①。他特别反对把意志活动看作是一种具有其存在的状态或过程，认为意志活动根本不是一种过程，因为不能说意志活动始于何时，终于何时，我们既不能加速或延缓意志活动，也不能继续或中断意志活动，意志活动根本不具有过程的特征。并且，意志行为和非意志行为的区别，也不在于意志行为之前先有一个意志活动、非意志行为之前则没有意志活动。在他看来，“意志理论是一种因果假设，人们之所以作出这种假设，是因为他们认为‘什么使肉体活动成为有意志的’这个问题是一个因果问题”②。

在英美哲学界，不少哲学家把赖尔关于心的问题的观点称为行为主义，因为他认为一切表面上关于精神的叙述其实都是关于身体行为或预断身体行为的叙述，并不存在什么只有本人才知道的内心生活，有关每个人的精神生活的问题从原则上说都可以通过长期观察个人的身体行为来加以说明。不过，赖尔否认他持行为主义的立场，强调他并不否认精神生活的实在性，他的分析只不过是想阐明心理生活的性质。莱昂在《吉尔伯特·赖尔》一书中专门有一节评论赖尔的行为主义，认为赖尔的行为主义不同于一般的行为主义，因为它们回答不同的问题。一般的行为主义者要回答的问题是：“什么原因使我们作出某种行为?”赖尔要回答的问题则是：“什么是概念 X 的正确的逻辑形式或范畴?”尽管他们所要回答的问题有所不同，可是他们却对某些关于心的传统概念作出相似的解释。莱昂认为赖尔是一个非正统的行为主义者，因为他用行为的意向来解释某些关于心的概念。

可以承认，赖尔对笛卡儿的身心二元论的批驳，特别是反对把心理解为某种独立于肉体的特殊实体，这种观点具有一些合理因素。不

---

① 赖尔：《心的概念》，第 62 页。

② 赖尔：《心的概念》，第 67 页。

过，他是从行为主义立场出发去解决身心问题的，他没有认识到意识是物质高度发展的产物，是人所特有的对客观现实的反映。意识是存在的反映，又对存在起着巨大的能动作用。应当把身心同一论建立在承认物质第一性和意识第二性的基础上。至于他对“知道如何”和“知道什么”这两者关系的看法，也含有一定合理因素，因为他强调行为的原则是从行动的实践中提炼出来的。不过，他并没有认识到实践是认识的基础，“生活、实践的观点，应该是认识论的首先的和基本的观点”①。他更没有认识到实践是检验真理的唯一标准，“通过实践而发现真理，又通过实践而证实真理和发展真理”②。

三、意义理论

在语言哲学方面，赖尔也写了一些重要论文，如《意义理论》(1957)、《日常语言》(1953)、《使用、用法和意义》(1961)以及他对卡尔纳普的《意义和必然性》一书的评论(1949)等等。

赖尔在《意义理论》一文中概述了意义理论的发展，特别强调穆勒在这个发展中的作用。不过，他并不赞同穆勒的全部观点，在一些问题上他提出了不同的意见。例如，他认为穆勒把词和摹状词短语跟名称混同起来的观点，经过他的追随者加以发展，在哲学中，特别在哲学逻辑中引起许多混乱。穆勒及其追随者认为，所有的词或者几乎所有的词都是名称，语句的任何可能的语法主语都代表某个事物，不论这个主语是由一个词或几个词组成。“菲多”这个专有名词代表菲多这条狗，这个词所代表的事物就是这个词的意义；其他任何作为语法主语的词也是如此。赖尔反驳说，首先，如果每个单独的词都是名称，那么，一个包含有五个词的语句，例如，“Three is a prime number”(“三是一个素数”)，就应当是一个由这五个词所命名的对象所组成的名单，然而事实上并非如此。从另一方面来说，一个名单也不等于一个语句，例如，“柏拉图、亚里士多德、阿奎那、洛克、

① 《列宁选集》，第2卷，第142页。

② 《毛泽东选集》第1卷，第273页。

贝克莱”这个名单，显然不是一个语句。因此，“具有意义”这个概念和“代表”某物这个概念并不等同。赖尔还引证“暮星”和“晨星”的例子来说明这一点，说“暮星”和“晨星”这两个词代表同一对象——金星，但它们却具有不同的意义。其次，有些摹状词短语具有意义，而不代表任何事物。例如，“站到埃维勒斯（Everest）峰顶上的第一个人”这个短语，虽然具有意义，但这个短语并不指某个具体的人。可能有人辩驳说，这个短语所指的人是希莱里（Hillary），因此希莱里是这个短语的意义。赖尔不同意这种辩驳，即使希莱里没有登上埃维勒斯峰，或者希莱里早已死去，可是这个短语始终具有意义，因此希莱里并不是这个短语的意义。最后，赖尔还指出，并非所有的词都是名称，事实上，动词、代名词、前置词、连接词、形容词、副词等等，都不是名称，它们不指称任何事物，有的甚至不能作为语句的语法主词，可是它们都具有意义。因此，赖尔得出的结论是：并非所有的词都是名称，它们都具有意义，可是有许多词并不代表事物。他说，穆勒的这个错误观点捆住了许多哲学家的手脚，“它捆住了迈农的手脚，而他始终未能挣脱出来。它也捆住了弗雷格、摩尔和罗素的手脚，他们后来或早或晚地都看出，不对这个假说作重大修改，它不可避免地把人引向致命的死胡同。维特根斯坦在他的《逻辑哲学论》中承认，这个假说也捆住了他的手脚，不过他在写这本书时不仅已经看出摆脱这个假说的必要性，而且还看出使他自己局部地摆脱出来的途径”①。

赖尔特别反对有些人把意义理解为一种抽象实体，把哲学理论看作一种关于柏拉图主义化的意义的科学。他认为，只要我们不把一个词的意义看作这个词所指称的实体，而把它看作这个词所完成的功能，换句话说，不看作这个词所指称的对象，而看作这个词所起的作用，那就不可能有任何由意义这种抽象实体组成的第三王国。他作了这样的比喻：我们可以把词比作棋子，把词的用法比作棋的下法。棋

① 赖尔：《意义理论》，载于C. E. 卡滕主编的《哲学和日常语言》，1963年英文版，第132页。

子可能是由象牙或木头雕成的，它们是一些实体，可是棋子的下法则不是由任何材料组成的某种抽象的实体。同样地，词由若干音节组成，它们是具体的，而词的意义，即词的用法却是抽象的。他说，词的意义或词的用法并不是什么“抽象的实体”，它不是一种既非物质、又非精神的客体。不过，这并不是因为它或者是物质的客体，或者是精神的客体，而是因为它根本不是一种客体。因此，如果说哲学是关于意义的科学，虽然这话并不会错，却易于引起误解，正如说经济学是关于交换价值的科学易于引起误解一样①。

赖尔还强调指出，意义的体现者是语词或短语，而不是语句。学习一种语言，就是掌握它的词汇和句法；语言被应用于言语之中，言语是人们借助于语言所完成的活动。语句是言语的单位，而不是语言的单位。因此，意义理论主要与词相关，而不是与语句相关。他说，一个语句可以是荒谬的，一个词却不可能是荒谬的，而只能是无意义的；一个人可能说出一些愚蠢的事情，可是词既不可能是愚蠢的，也不可能是不愚蠢的，它只能是有意义的或没有意义的。

赖尔认为在“词或短语的意义”和“语句的意义”这两种说法之间有很大的区别，因为所谓了解一个词或一个短语，就是了解这个词或短语的用法，也就是了解词或短语在各种不同的语句中所起的作用。可是，所谓了解一个语句，则不是了解如何使语句完成它所起的作用。他用下棋这个例子来说明词或短语跟语句的区别。他把词或短语比作棋子，我们知道词或短语的用法，正如我们知道棋子的下法一样。我们可以根据用词规则把词使用于各种不同的语境，正如我们可以根据下棋规则对棋子作各种不同的使用。相反，我们却不能把一个现成的语句到处搬用，因为语句不能起词或短语那样的作用。他说：“如果我了解一个词或一个短语的意义，我就是了解某种类似于一组不成文的规则那样的东西，就是学会如何正确地把这个词或短语使用

① 赖尔：《意义理论》，载于 C. E. 卡滕主编的《哲学和日常语言》，1963年英文版，第 152 页。

于无限地多种多样的、不同的语境。”①

为了说明词和短语与用法有联系，而语句与用法没有联系，赖尔还作了这样一个比喻。语句是由词或短语组成的，正如甜饼是由面粉、糖、盐、豆、咸肉等等材料组成。厨师使用面粉等等原料做甜饼，我们可以评论这个厨师是否正确使用这些原料，却不能说这个厨师是否正确使用这个甜饼。同样地，“我们可以问一个人是否知道如何使用或者如何不致误用某个词，但是，我们不能问他是否知道如何使用某个语句”②。因为，语句是我们所说的事情，无所谓使用正确与否的问题，词和短语是我们用以表述我们所说的事情的工具，因此才有使用正确与否的问题。如果我们对词或短语的使用不正确，我们用它们组成的语句就不能正确表达我们想说的事情。

在意义理论方面，赖尔基本上继承后期维特根斯坦的观点，即强调词的意义在于词的用法，重视词或语句与它们被使用于其中的语境之间的密切联系。不过，赖尔也有一些新的观点，例如，他主张意义的体现者是语词或短语，而不是语句，词和短语与用法有联系，而语句与用法则没有联系等等。他的这些观点，以及他反对把词和摹状词短语跟名称混为一谈，反对把意义理解为某种抽象的实体，这一切对于后来意义理论的发展都具有一定影响。在日常语言学派的哲学家中间，赖尔和斯特劳森在意义理论上的观点最具有代表性，受到英美分析哲学家的较大重视。

第三节　约翰·兰肖·奥斯汀 (John Langshaw Austin 1911～1960)

在战后的牛津学派中，约翰·兰肖·奥斯汀占有非常重要的地

① 赖尔：《日常语言》，载于 C. E. 卡滕主编的《哲学和日常语言》，1963年英文版，第120页。

② 赖尔：《日常语言》，载于 C. E. 卡滕主编的《哲学和日常语言》，1963年英文版，第119页。

位。他虽然不满50岁即去世，著作也不多，但由于他提出了一些新的观点和采用一种新的研究方法，因此对日常语言学派的发展产生过巨大影响。他的门生瓦诺克在20世纪50年代末对他作过这样的评价："在最近十年内完成其主要著作的哲学家中间，没有一个人比奥斯汀教授有更大的影响，或者说有更大的独创性。"① 这个评价显然有些夸大，不过，奥斯汀对日常语言中某些词汇的细致分析，不仅在一般的分析哲学家中间，甚至在牛津学派的日常语言哲学家中间，都是极其突出的。

奥斯汀在1911年3月26日生于英国的兰开斯特，1924年在施鲁斯伯利公学攻读希腊、拉丁古典著作，后入牛津大学巴里奥尔学院学习古典学、语言学和哲学，1935年开始在牛津大学任教。1952年被任命为怀特（White）讲座道德哲学教授，1960年去世。第二次世界大战期间，他在英国情报部队服役，升至陆军中校，两次获得勋章。

奥斯汀对摩尔十分推崇，但不能把他的思想看作剑桥学派的一个支派，因为在对日常语言进行细致分析方面所采用的技巧上，他既接受摩尔的分析方法的影响，也接受牛津大学的一些实在论者如威尔逊和普里查德（H. A. Prichard）等人的影响。与摩尔相似，奥斯汀在古典学和语言学方面的知识胜过在自然科学方面的知识。罗素对奥斯汀没有什么影响。维特根斯坦对他的影响较大，但两人之间也有很多分歧。例如，虽然他们两人都强调研究日常语言的重要性，可是，维特根斯坦之所以强调研究日常语言，只是因为他认为许多传统的哲学问题产生于对日常语言的误解，研究日常语言只是为了消除这些误解。与此不同，奥斯汀则强调研究日常语言本身，研究日常语言用法上的许多细致差别；至于把这种研究成果应用于解决传统的哲学问题，他倾向于认为这是一种副产品。

奥斯汀和赖尔都属于牛津学派，但他们两人之间也有许多分歧。赖尔虽然也强调对日常语言的研究，但他的观点中保留了罗素，早期维特根斯坦和逻辑实证主义者的某些观点。在奥斯汀的著作中，则看

① 瓦诺克：《1900年以后的英国哲学》，1958年英文版，第147页。

不到这些观点的痕迹。赖尔比较愿意从哲学传统中接受某些比较广泛的范畴区别，如事件、过程、意向等等之间的区别。奥斯汀则比他“急进”，他不愿意接受传统的范畴结构，甚至不愿意接受传统的哲学问题，而希望在哲学中找到一个“新的开端”。在他看来，过去的语言哲学家只是根据少数的、常用的例句去研究语言的规则，因此他们的研究带有简单化的倾向。他则主张根据尽量广泛的、多种多样的例句，对语言的规则进行十分细致的研究。他认为日常语言中包含的任何区别都是不能忽视的，主张仔细研究某些英语语词在意义和用法上的细致区别。在其他哲学家看来，这些区别也许不具有哲学意义，不值得加以研究。而在奥斯汀看来，正是由于许多哲学家忽视这些细致区别，才使某些哲学问题长期得不到解决。如果哲学家们暂时抛开传统的哲学问题，专心致志于弄清楚日常语言中那些与哲学有关的基本概念，将会取得更大的成果。他甚至打算编写一部哲学词典，并建议他的同事们在研究某个哲学问题之前，最好先根据词典把有关的词本身弄清楚。

奥斯汀一生中没有写什么专著，也很少向哲学刊物投稿，他的影响主要通过课堂上的讲课和讨论，以及在一些讲座和讨论会上的讲演。1961 年，他的朋友和门生 J. O. 厄蒙森和 C. J. 瓦诺克收集了奥斯汀的十篇文章，出版了《哲学论文集》一书，其中四篇文章是他在几个讨论会上的报告，一篇是在电台上的讲话，其余五篇是在一些学会上的讲演。同一年，厄蒙森根据奥斯汀 1955 年在哈佛大学威廉·詹姆斯讲座上发表的讲演的笔记，整理出版了《如何以言行事?》一书。1962 年，瓦诺克根据奥斯汀 1947 ~ 1959 年间在牛津大学关于知觉理论的讲课的笔记，整理出版了《感觉和可感觉的》一书。

第二次世界大战之前，奥斯汀偏重于研究传统哲学，他花了不少时间研究莱布尼茨的哲学和古希腊哲学，特别是亚里士多德的伦理学说。在这段时期里，他的著作主要是批判性的，没有像战后时期的著作那样提出日常语言学派的观点。《是否有先天概念》一文，可以说代表他早期的文风和观点。战后他的著作进入其成熟时期，上面提到的那三本书都属于后期的著作，影响较大的也是这段时期的著作。

奥斯汀的著作涉及许多问题，但没有构成什么体系。我们在这里准备首先简略叙述他在几篇重要论文中提出的关于语言分析的观点，然后论述他在《感觉和可感觉的》一书中对知觉问题的探讨以及在这个问题上与艾耶尔的论战，最后比较详细地探讨他在《如何以言行事?》一书中提出的言语行为理论。

一、语言分析

奥斯汀在他的一生中一直十分注意对日常语言本身进行细致分析，他认为在语言的日常用法中隐藏着的种种区别比人们想象的复杂得多，哲学家如果不首先仔细分析和了解他所运用的语言这种不可缺少的研究手段，而立即着手研究哲学问题和作出哲学结论，必然会犯种种错误。因此，在他看来，对日常语言的研究即使不是哲学研究的全部目的，至少也是哲学研究的起点。除在《感觉和可感觉的》和《如何以言行事?》这两本书中，他还在下述几篇论文中从不同角度进行了这样的语言分析。

在1940年发表的《词的意义》这篇较早的论文中，奥斯汀提出了他对意义、指称、真理等问题的基本看法。在意义问题上，他的观点与赖尔的观点有些相似，他也反对把词的意义看作一种实体，并认为共相理论是一种没有根据的臆说，因为它认为如果一个词具有某种意义，那就一定有一个作为这种意义的实体。与此相关，他还否认分析命题和综合命题的区分，认为既然意义不是一种具有其各个部分的实体，那就无法确定一个命题的谓词是否是这个命题的主词的意义的一部分。在他看来，无论就日常语言的特征来说，还是就某些特殊情况的出现来说，分析命题和综合命题的区分都是没有根据的。因为，在日常语言中，可以说没有——或者，如果有的话，也极少——明确的规则和惯例，我们可以据以作出这种区分；而在一些特殊场合下，例如就某个刚刚死去的人来说，“或者这个人在家，或者这个人不在家”这个语句中的两种说法都是不正确的，因此分析命题和综合命题的区分在日常语言中是不存在的。此外，他还认为对于“什么是词的意义”这个问题，也不能作出概括的回答，而只能对特定的词的意义问题作出不同的、特定的回答。在指称问题上，他的观点与后来斯特劳森的观点有些相似，他认为“导出”（entailment）不是“蕴涵”（implication）的唯一形式，“形式矛盾”（formal contradiction）也不是“荒谬”（absurdity）的唯一形式。在真理问题上，他的观点却与斯特劳森相反。奥斯汀持符合论的观点，认为命题的真实性取决于命题与有关事实相符合；斯特劳森则认为，我们说某个命题是真的，只不过表示我们赞同这个命题，并不表示它与非语言的世界有什么关系。

奥斯汀在1946年发表的《他人的心》（Other Minds）一文，也引起哲学界的重视，因为他在这篇文章中把“知道”和“允许”加以对比，认为这两个词都是“完成行为词”（performative words）。过去习惯的看法是：“知道”是一种特殊的心理状态的名称，说我知道“S是P”，这意味着我处于一种与“S是P”相关的心理状态中。奥斯汀不同意这种看法，认为它依据于一种“描述的理论”，即依据于词只能被用于“描述”和“陈述”这样一种观点。奥斯汀认为，当我说知道某某时，这并不是描述我的一种心理状态，而是对他所说的话向别人作出一种保证，保证他所知道的事情是真实的，正如当我说我许诺某某事情时，我就是向别人表示我要做某件事情。奥斯汀在这篇文章中提出“知道”和“允许”都是完成行为词，把“知道”看作一种保证等等，这表示他这时已经有了他后来提出的言语行为理论的某些萌芽。

奥斯汀在1956年所作的讲演《“假如”和“能够”》（Ifs and Cans），既表现出他是怎样作出那些十分细致的语法区别，也表现出他对这些区别的哲学意义有些什么看法。在这次讲演中，他批驳摩尔在《伦理学》一书中对“可能有”（could have）一词的分析。他说，摩尔的下述三点分析是错误的。摩尔认为，（一）“可能有”仅仅意味着“如果我选择，就可能有”（could have if I had chosen）；（二）“如果我选择，就可能有”这句话可以改写为“如果我选择，就一定有”（should have if I had chosen）；（三）这些经过改写的陈述中的条件句（if-clause）指的是因果条件。奥斯汀不同意摩尔的这种分析，认为摩尔用“一定”（should）替换“可能”（could）的作法是错误的，因为在“如果我选择，我就能够”（I can if I choose）这个陈述中的“如果”，并不是条件式的“如果”，而可能是约定式的“如果”。他还认为，把“可能有”（could have）看作“如果我选择，就可能有”这样一种设想，是依据于一个错误的假定，即认为“可能有”始终是过去条件式或虚拟式，然而，它也可能是“能够”（can）这个助词的过去直陈式。根据以上论证，奥斯汀断定摩尔的分析是错误的，并且认为他的这种语言分析具有哲学意义。他说，“如果”和“能够”是一些在哲学上经常使用的词，因此弄清楚这些词的用法非常重要，通过进行这种语言上的分析，我们就能弄清楚人们用这些词加以区分的那些现象。从这个意义上说，他认为也可以把“日常语言哲学”称为“语言的现象学”。

奥斯汀在这篇文章中还表示他赞同詹姆士和罗素的下述观点，即一个问题之所以是哲学问题，正是由于它处于某种混乱状态，一旦人们清除了这种混乱状态，它就不再是哲学的一部分，而变成科学问题了。因此，哲学通常是科学的温床。他还设想，哲学即将产生出一种新的语言哲学，正如哲学不久之前曾经产生出数理逻辑一样。他希望自己在这种新的语言哲学的诞生中能够起一个助产士的作用。

在1957年他就任亚里士多德学会主席职位时发表的演说《为辩白辩》（A Plea for Excuse）中，他扼要阐述了他对日常语言研究的目的和方法的看法。他说，如果我们从日常语言的观点来看这篇讲稿所讨论的问题，那就可以看出它在方法论上是很有意义的。首先，词是我们使用的工具，我们应当使用干净的工具，这就是说，要了解我们想说什么或不想说什么，我们必须预先把自己装备起来，防止坠入语言给我们设下的陷阱之中。其次，词不是事物，也不是事实，因此，我们必须把词从世界中抽出来，使它们与世界分离，这样我们才能理解它们的不恰当性和随意性，从而在回过头来观察世界时不致看花了眼。最后，我们所拥有的日常词汇体现了多少代人所发现的各种值得注意的区别，也体现了多少代人所发现的各种值得注意的联系。如果忽视它们，就会给我们带来极大的危害。他由此断定说，对日常语言的研究即使不是哲学研究的终极目的，至少也肯定是哲学研究的必然起点。在这篇讲演中，奥斯汀还再次提出要用“语言的现象学”一词，来取代“语言哲学”、“语言分析哲学”或“日常语言哲学”等概念，一则因为后面这些概念用得过于广泛，容易引起误解，二则因为当我们考察在什么时候应当说什么，在什么情况下应当使用什么词时，我们需要考察的不仅是词，而且还有我们用这些词所谈论的实在。

此外，奥斯汀还认为，过去哲学问题之所以得不到解决，原因在于哲学家们的研究方法过于简单化，他们往往根据少量的、而且是反复引证过的事例，匆促地作出过于广泛的概括，以致他们的结论没有建立在广泛、深入而又细致的研究基础上。在他看来，哲学研究必须从头做起，必须采取他所提倡的方法，即收集数量众多而且范围广阔的事例，逐个进行深入细致的研究，反对匆促草率地作出任何概括性的结论。他承认他所进行的研究只是一个开端，还远远不能从他的研究中作出概括性的结论，更谈不上建立什么包罗万象的哲学体系，而且他也反对建立这样的哲学体系。不过，他强调说，坚持这样的研究方法，一定能够把哲学研究建立在坚实牢固的基础上。

在日常语言学派的哲学家中间，奥斯汀在语言分析上的观点最具有代表性，而且也最为突出。他强调对词的意义的研究，重视研究某些与认识有关的词的不同用法之间的细致区别，这有助于弄清楚词的意义，达到概念明确，从而对哲学研究具有一定积极意义。但是，他把哲学的任务归结为语言分析，把主要精力甚至全部精力用于研究某些细小问题，而拒绝研究物质和意识的关系等根本哲学问题，则是完全错误的。这首先是因为哲学是关于世界观的科学，它的首要任务就是研究物质和意识、存在和思维的关系，探讨自然界、社会和思维的特征和发展规律等等，决不能局限于对语言的分析，更不能局限于对个别词汇的具体用法的细致研究。这还因为奥斯汀所提倡的这种语言分析带有很大的片面性，它只强调分析而忽视综合，只在细小问题上花工夫，而拒绝对问题作出全面、概括和系统的说明，因此这种语言分析的结果往往显得十分烦琐，带有浓厚的学究气息，无怪乎这个学派后期代表人物斯特劳森等人拒绝把这种语言分析作为他们的主要研究方法，而转向对问题进行比较全面、概括和系统的研究。

二、知觉理论

奥斯汀的《感觉和可感觉的》一书主要探讨知觉理论。这是一部论战性的著作，他的主要矛头针对艾耶尔的《经验知识的基础》（1940）一书，同时也部分涉及普赖斯的《知觉》一书和瓦洛克的《贝克莱》一书，他认为这几本书比较集中地表现出关于知觉的一些流行观念。在这本书里，奥斯汀主要批驳两种观念：一种观念认为，感觉材料是我们“直接感知的”东西；另一种观点认为，关于感觉材料的命题是知识的“不可矫正的”基础。

在批驳头一种观念时，奥斯汀着重批驳那些从幻觉中引出来的论据。他说，艾耶尔在论证感觉材料是我们直接感知的东西时，提出了这样的论据：对于不同的观察者来说，或者对于处在不同条件下的同一个观察者来说，同一个物质事物可能呈现出不同的形态。这些形态的出现在一定程度上取决于观察者和观察时的条件。例如，由于光的折射作用，一根手杖在正常情况下看是直的，而当它半截插入水中时看起来却是弯的。艾耶尔由此推论说，既然手杖在被插入水中时不是真的改变了形状，它又不可能既是直的又是弯的，因它这两种形状中必然有一种形状是虚假的。当我们看到水中弯曲的手杖时，我们没有看见真实的物质事物，可是毕竟看见了某种东西，这种东西就是“感觉材料”，感觉材料就是我们在知觉中直接感知的对象。又如，在海市蜃楼之类的幻影中，我们所直接感知的也不是真实的事物，而是感觉材料，我们在看到海市蜃楼时会以为它们好像是真的。再如，我们在镜子里看见自己的身影时，觉得我们自己好像就站在镜子里，我们在这里所直接感知的也是感觉材料。此外，当服用一定药物后会对同一物体得出不同的印象，当手暖或手凉时接触同一物体时会有不同的温度感，当从不同角度去看同一物体时会觉得物体具有不同的形状，如此等等，都会出现我们直接感知的是感觉材料这样的情况。

奥斯汀认为，艾耶尔的这种论证是把“幻觉”（illusion）和“误想”（delusion）混为一谈，好像在幻觉中，也如在误想中一样，我们都看见某种不真实的东西即感觉材料。在奥斯汀看来，艾耶尔的上述论证包含两层意思：（一）在这个论证中所引证的全部事例都属于幻觉；（二）幻觉和误想是同一回事。奥斯汀认为这两层意思都是错误的，因为艾耶尔把幻觉和误想混为一谈。按照奥斯汀的观点，在艾耶尔列举的事例中，有一些属于幻觉，有一些属于误想。他说：“这里最重要的区别在于：‘幻觉’这个词（在一种知觉的语境中）并没有暗示某种完全不真实的东西是凭空想象出来的……而‘误想’一词确实暗示某种完全不真实的、完全不存在的东西。”① 因此，误想就其错误程度来说比幻觉严重，幻觉（如木棍半截插入水中时仿佛变弯等等）是大家都可以看得见的，个人对幻觉的出现不负任何责任，人们也用不着提醒自己去防避它们；相反，误想的出现则与个人有牵连，人们有责任去避免它们，如果某人经常误想，就需要加以治疗。

按照奥斯汀的观点，人们之所以往往把幻觉和误想混淆起来，一是因为这两个词的用法本来就不严密，二是因为人们有时对同一种现象作了不同的解释。例如，对于“看见了鬼”这种说法，有人认为这是由于看见者的头脑不正常，以致把某种影像想象为鬼，因而这是误想；另一些人却认为这是由于人们受了某种影像的欺骗，因而这属于幻觉。至于艾耶尔之所以把幻觉和误想混为一谈，奥斯汀认为这是由于艾耶尔要以此论证他的感觉材料论。奥斯汀说：“在暗示那些提醒我们注意的事例是一些属于幻觉的事例的场合下，这就意味着——就幻觉这个词的日常用法而言——我们在这些事例中的确感知某种东西。可是，这些事例都被称为误想，于是又在另一种含义上暗示，这种东西是想象出来的，并不真实，或者无论如何是‘非物质的’。把这两种含义合在一起，就巧妙地偷偷运进这样一种看法：在所引证的这些事例中，的确有某种东西是我们感知的，可是它是某种非物质的东西。这种情况本身尽管不很明显，可是它肯定被利用来把我们推向

① 奥斯汀：《感觉和可感觉的》，1962 年，牛津，第 23 页。

感觉材料论者要求我们持有的那种立场。"①

在批驳第二个观点，即感觉材料是知识的"不可矫正的"基础时，奥斯汀强调说，没有任何命题就其本性而言是"不可矫正的"、直接可以证实的、能够为自己提供证明的，因而可以作为知识的基础。这个观点是基础论者的基本观点，他们认为有一些命题是"不可矫正的"，因为各种不同的命题就其出现错误的可能性而言是不同的。例如，当我说："它是金星"，如果它虽然是一颗星，然而不是金星，我就说错了；当我说："它是一颗星"，这时即使它不是金星，我也没有说错；当我说："它看起来像一颗星"，这时即使它不是一颗星，我也没有说错，如此等等。因此，从原则上说，总是有一些命题是"不可矫正的"，也就是说，我在说出这种命题时不可能说错，我很少承担说错的风险。按照基础论者的观点，关于感觉材料的语句就属于这种"不可矫正的"命题。

相反，按照奥斯汀的观点，这种理想的、不可矫正的命题是不存在的，任何命题在被说出之后总有遭到修改和否定的可能。因为，除开明确的分析命题，一个命题的正确与否并不仅仅取决于这个命题是什么，或者取决于这个命题意味着什么，而是取决于这个命题被说出时的环境。他说："究竟哪一种语句在被说出时能够为什么语句提供证明，这取决于特定事件的环境。没有任何一种语句就其本身而言是能够提供证明的，正如没有一种语句就其本身而言是令人惊奇的，或者可疑的，或者肯定的，或者不能矫正的，或者真实的。"②

奥斯汀在批驳感觉材料论的过程中，花了很大篇幅去分析"真实的"(real)这个词的意义，因为他认为这个词在有些人用以论证感觉材料论方面起了很大作用。在他看来，"真实的"这个词并不是一个明确的、只有单一含义的词。首先，它是一个"就其实在而言渴望着某种东西"(substantive - hungry)的词，换句话说，它是一个就其实在而言不具有完整的、独立的意义的词。他把"粉红色的"

① 奥斯汀：《感觉和可感觉的》，1962年，牛津，第25页。

② 奥斯汀：《感觉和可感觉的》，1962年，牛津，第111页。

和“真实的”这两个词相比较，认为“这是粉红色的”这个语句的意思明确完整，而“这是真的”这个语句的意思却不够明确完整，还需要补充以对“真的什么?”(a real what)这个问题所作的回答。“这是真的”这个语句只有在“真的什么什么”这种语境中才有意义。其次，它是“一个穿着裤子的词”(a trousered word)，因为它排除了某种东西不是真实的这样的可能性。再次，它还是“一个方面性的词”(a dimension word)，因为它是在一组完成同样功能的词——如“正当的”(proper)、“真正的”(genuine)、“确实的”(authentic)等——中最为一般的词。最后，它还是“一个调节词”(an adjuster word)，这就是说，它可以使我们应付各种意料不到的新情况，而不必创造什么特殊的新词。奥斯汀在这里对“真实的”一词进行这种种细致的分析，其目的在于说明“真实的”这个词是模糊不清的，反驳那种认为我们所感知的不是实在、而是现象的观点。

奥斯汀还强调说，我们在研究知觉理论时要避免对各种语言的实体和非语言的实体作简单化的、草率的概括。他说，普通人并不以为他们所看见的都是物质事物，他们承认自己也看到许多幻象。人们所看到的事物是如此众多，如此多种多样，需要通过科学研究加以区分。如果简单地把知觉的对象断定为物质事物，或者断定为感觉材料，那都是不恰当的。某些哲学家往往忽视日常语言中许多词在用法上的细致差别，而加以简单化的处理，于是得出某些错误的观点，艾耶尔等人主张的感觉材料论就是其中的一个事例。他说：“对于这种理论，我的总的看法是，它是一种典型的学院式的观点。它首先产生于他们固执于一些特殊的词，对于这些词的使用，他们作了过分简单化的理解，没有真正地了解它们，也没有仔细地研究它们或者没有正确地描述它们。其次，这也产生于他们对某些‘事实’作了一知半解的研究。”①

在认识论上，特别是在对意义、辩明和真理的看法上，现代西方哲学家中基本上有两种对立的观点，即“基础论”和“贯通论”。从

① 奥斯汀：《感觉和可感觉的》，1962年，牛津，第3页。

上所述可以看出，奥斯汀在意义问题上反对感觉材料论，在辩明问题上否认关于感觉材料的命题是知识的不可矫正的基础，这表明他站在反对基础论的立场上。可是，在真理问题上他又持符合论的观点，这表明他又转到基础论的立场。我们认为，基础论和贯通论都含有一些合理因素，但各又有其片面性，奥斯汀在知觉理论方面的观点也是如此。例如，他正确地批驳了那种认为我们所感知的只是感觉材料而不是真实事物的观点，但他没有认识到感觉是对客观现实的个别特性的反映，属于认识的感性阶段，它是一切知识的源泉。因此，不能因为批驳感觉材料论而贬低或否认感觉在认识过程中的重要作用。

三、言语行为理论

言语行为理论是奥斯汀对日常语言哲学的主要贡献，他在《完成行为句和记述句》（Performative and Constative 1962）一文和《如何以言行事?》（1962）一书中，详细阐述了这一理论。前者是奥斯汀于1958年为参加在罗扬芒召开的英法联席会议所写的论文，1962年首次发表于巴黎的《分析哲学》杂志。后者是奥斯汀于1955年在美国哈佛大学詹姆士讲座上所作的讲演。

早在1939年，奥斯汀已提出“完成行为式话语”（performatory utterances）或“完成行为句”（performatives）这个概念，并把它与“记述句”（constatives）相比较。他对这个理论的提出，最初是从观察某些语句开始的。他发现有一些语句，即使它们属于直陈式，可是至少在某些语境中很难把它们断定为真的还是假的。例如，“我把这条船命名为伊丽莎白”，这是对船的一种命名活动，而不是关于船的命名活动的陈述。又如，“我答应两点钟来看你”，这是作出一种许诺，而不是关于许诺的陈述。又如，“我保证这些鸡蛋是新鲜的”，这是作出一种保证，而不是关于保证的陈述。他把这样一些语句称为“完成行为句”，表示它们完成了某种行为，而不是关于行为的报导。完成行为句通常包括这样一些内容：作出许诺，表示感谢，表示同情，提出警告，发布命令，作出让步，作出诊断，等等。与此相对立，他把那些包含有真假对错的语句称为“记述句”。他说：“记述句，或者，用哲学家们喜欢使用的名称，陈述句，具有真和假的特性。相反，完成行为句却既无所谓真，也无所谓假，它有它自己的特殊任务，它用于完成一定活动。”① 在他看来，这两者的主要区别是：记述句有真假对错之分，完成行为句则没有这种区分，而仅仅或者是“恰当的”，或者是“不恰当的”。例如，“我把这条船命名为伊丽莎白”这样一个语句，谈的是我自己的行为，不可能是假的；可是，如果我没有给它命名的权利，或者我命名的时机不恰当等等，它就是“不恰当的”。相反，“他把这条船命名为伊丽莎白”这个语句，却是陈述别人行为的记述句，它可真可假，而没有“恰当”或“不恰当”之别。

后来，他逐渐对这种区分产生怀疑。在1946年写的《他人的心》一文中，他曾经认为行为句大都以第一人称开头，上述三个例句都是如此。后来，他发觉语句以第一人称开头并不是行为句的必要特征。因为“我警告旅客们不要穿越铁轨”这个语句，可以改述为“旅客们被警告不要穿越铁轨”，这同样是完成一种警告行为，可是它的主词不是第一人称。不仅如此，完成行为句也不是与语句的真假对错绝对无关，一个完成行为句能否导致“恰当”，这不仅与某个人是否有权利说出这个语句，以及这个语句是否在适当的场合下说出等等有关，而且与这个语句的表述是否正确也有联系。因此，他说：“……我们在开始时曾经假定完成行为句和记述句是对立的，我们现在发现充分的征兆，它们表明，一个语句是否恰当，这似乎是这两类语句的特征，而不仅仅是完成行为句的特征。而且，与某些事实相一致或者保持某种关系（这在不同情况下是不同的），这似乎也是完成行为句的特征（除了它还应当是恰当的这个要求之外），正如它同样是所假定的记述句的特征。”②

在《如何以言行事?》一书中，他放弃了原先对完成行为句和记

① 奥斯汀：《行为句和记述句》，载于C.E.卡滕编辑的《哲学和日常语言》，1963年英文版，第22页。

② 奥斯汀：《如何以言行事?》，1962年英文版，第90~91页。

述句所作的区分，而根据语句所完成的行为来区分语句。他认为语句可以完成三种不同的言语行为：(一)“表意行为”(locutionary act)，这就是使用语句来传达某种思想；(二)“以言行事的行为”(illocutionary act)，它表示语句在被说出时带有某种力量；(三)“以言取效的行为”(perlocutionary act)，它指的是利用说出一个语句来产生一定效果。奥斯汀在这本书里举了许多例句来说明这种区分，例如，他认为下面这三个语句分别属于三种不同的言语行为：(一)他对我说：“你不能那样做。”(二)他抗议我那样做。(三)他阻止我那样做。第一个语句仅仅传达某种思想；第二个语句含有抗议的意思，因此在说出这个语句时带有一定力量；第三个语句还表示它产生了一定效果，即阻止别人做某件事等等。换句话说，在第一个语句中，我只不过利用说出一个语句来表达一个或多或少明确的思想，在第二个语句中，我使用了一个带有一定力量的词(“警告”)来完成某种以言行事的行为，在第三个语句中，我还通过一种以言取效的行为，取得了某种效果或达到了某种目的。

从表面上看，表意行为似乎与记述句相对应，而以言行事的行为似乎与完成行为句相对应。可是，奥斯汀认为，不能把一个语句划为纯粹的完成行为句或者纯粹的记述句。他说，与警告一样，陈述也是完成某种行为，我在作出陈述时完成的行为也会出现各种各样的“不恰当的情况”，陈述不仅可能是真的或者假的，而且也可能是公平的、准确的等等。另一方面，有一些完成行为句，例如，“法官发现某个人的罪行”，“一个没有带表的旅行者估计时间”等等语句，也含有这种“发现”或“估计”是否正确的问题。因此，他认为完成行动句和记述句的区分是必须抛弃的。

按照奥斯汀的观点，在大多数场合下，当一个语句被说出时，表意行为和以言行事的行为这两者往往是结合在一起的；因为，要完成一个以言行事的行为，必须通过完成一个语意行为。例如，要表示“祝贺”这个以言行事的行为，必须说出一个表示祝贺意思的语句，即必须完成一种表意行为。不过，他认为这种情况并不妨碍在表意行为和以言行事的行为之间划一条界限，因为有许多表意行为并没有同时起以言行事的行为的作用，例如，“这只猫躺在席子上”这样的语句，只是陈述一个事实或者表达一个思想，并不含有许诺、警告等等以言行事的行为。

至于以言行事的行为和以言取效的行为之间的区别，奥斯汀强调后者产生了一定效果。他也承认，以言行事的行为也可能产生一定效果，可是这种效果不同于以言取效的行为所产生的效果。例如，“我警告旅客不要穿越铁轨”这个语句所表示的以言行事的行为，也会产生“警告”的效果，即旅客听到这种警告而加以考虑，但并不包含旅客一定接受这种警告而不穿越铁轨等意思。与此不同，“我阻止旅客穿越铁轨”这个表示以言取效的行为的语句，则包含实际达到了使旅客不能穿越铁轨这样的效果。他说“……以言行事的行为与效果也有联系，可是，这完全不同于作为以言取效的行为的特征的那种效果的取得。”①

奥斯汀认为，哲学的使命在于“阐释”（elucidation），而阐释始终是一种言语行为。陈述和描述只不过是两种以言行事的行为，并不具有某些哲学家赋予它们的那种特殊意义。“正确”和“错误”这两个词也不是像某些哲学家所说的那样是某些关系或特质的名称。可是，长期以来，许多哲学家认为，命题或语句的使命仅仅在于“描述”某些事态或者“陈述”某些事实，而命题或语句所作的“描述”或“陈述”，既可能是正确的，也可能是错误的。奥斯汀在《如何以言行事?》一书的最后一章中，对这种看法提出相反的观点。他说：“一、在整个言语环境中完成的全部言语行为，是我们归根结底所阐释的唯一现实的现象。二、陈述、描述只是许多种以言行事的行为中的两种言语行为的名称，它们并没有特殊的地位。三、在以一种被称为正确或错误的特殊方式与事实相联系这个问题上，陈述和描述尤其不具有任何特殊的地位，因为正确或错误……并不是关系、特质等等的名称，而是属于评价方面的名称，这就是说，它们表示这些词与它

---

① 奥斯汀：《如何以言行事?》，1962 年英文版，第 117 页。

们所指称的事实、事件、情况等等是否处于一种满意的状态。”①

奥斯汀提出的这种言语行为理论，对以后语言哲学的发展有相当大的影响。20 世纪 60 年代末至 70 年代初，他的这种理论被美国分析哲学家塞尔等人加以继承和发展，目前成为语言哲学中一个重要的研究课题。甚至可以说，近二三十年英美分析哲学家之所以日益重视对语用学的研究，这也与这种理论的提出和发展密切相关。

第四节　彼得·弗雷德里克·斯特劳森 (Peter Frederick Strawson 1919 ~)

彼得·弗雷德里克·斯特劳森是继奥斯汀之后最著名的牛津学派分析哲学家，他在日常语言哲学方面提出了一些新见解，同时还对“描述的形而上学”作了许多研究。目前他是牛津学派中仍然在世的元老和权威。1980 年为祝贺他的 60 寿辰，英国哲学家斯特纳滕 (Z. V. Straaten) 编辑了《哲学的主题》 (Philosophical Subjects) 一书，编者在该书序言中对斯特劳森作了这样总的评价：“斯特劳森教授是哲学家的哲学家。最近 25 年来的哲学出版物显示出他的著作曾对职业的哲学家们发生了相当大的影响。他在逻辑哲学、逻辑、语言哲学、精神哲学、康德学说、美学和道德哲学领域的著作中所包含的思想财富，引起哲学家们写出一批有趣的文章。他与罗素在摹状词理论上的争论，以及他与蒯因在哲学逻辑方面某些问题上的争论，是其中的两个突出的事例。”

斯特劳森生于 1919 年 11 月 23 日。青年时期先后在芬奇莱的基督学院和牛津的圣约翰学院，学习哲学、政治学和经济学。1940 年取得学士学位后，在英国皇家炮兵部队和皇家电讯机械工程部队中服役。1946 年退伍，到北威尔斯大学院担任助理哲学讲师，1947 年被任命为牛津大学院讲师，1948 年成为大学院的研究员，1966 年被提升为高级讲师，1968 年接任赖尔退休后留下的席位，任怀恩弗莱特

---

① 奥斯汀：《如何以言行事?》，1962 年英文版，第 147 ~ 148 页。

(Waynflate) 讲座形而上学哲学教授，从大学院转到马格达伦学院任教，直至1979年退休。在此期间，他还到美国、加拿大、墨西哥、阿根廷、印度、以色列等国担任访问教授。此外，他于1960年被聘为英国科学院院士，1971年被聘为美国科学院院士，1977年被授予爵士称号。

斯特劳森在1952年出版的《逻辑理论导论》中，研究了日常语言中词的行为和逻辑系统中符号的行为之间的联系和区别，阐释了形式逻辑本身的性质，还探讨了归纳和概率问题。1959年出版了他的重要著作《个体：试论描述的形而上学》一书，这是根据他在1954～1955年间在牛津的讲课稿和1955～1956年间在美国德克大学的讲课稿写成的，着重阐述他关于"描述的形而上学"的观点。1966年出版了他的《感觉的界限》一书，这是他研究康德的《纯粹理性批判》的一本专著。在1974年出版的《逻辑和语法中的主词和谓词》一书中，他进一步探讨了《个体》一书中提出的主词和谓词的关系问题。此外，他还写了大量论文，其中主要部分收集在1971年出版的《逻辑和语言学论文集》和1974年出版的《自由和愤慨》(Freedom and Resentment and other Essays) 两书中。此外，他还编辑了两本论文集，即1967年出版的《哲学逻辑》(Philosophical Logic) 和1968年出版的《思想和行动哲学研究》(Studies in the Philosophy of Thought and Action)。

一、指称、意义和真理

语言哲学是斯特劳森著作中的一个重要方面，他在一系列文章中探讨了指称、意义、真理以及主词和谓词等问题。在他的早期著作中，他特别注意研究罗素及其追随者把现代形式逻辑应用于哲学所产生的种种问题。在这方面，他于1950年发表的《论指称》(On Referring) 一文最为出名，因为这篇文章猛烈抨击罗素的摹状词理论，引起很大争论①。前面在论述罗素的哲学观点时已经谈到，罗素早期

① 关于指称问题，斯特劳森写了许多文章，如《论指称》(1950)，《同一的指称和真值》(1964)，《信息、指称和量化》(1980) 等。

曾经认为，从原则上说，我们不仅可以用名词去指示任何存在于一定时间地点之中的个别事物，而且可以用名词去指示形形色色的抽象事物，还可以用名词去指示那些并不存在的事物。后来，他改变这种观点，认为过去那种看法会导致自相矛盾。以“圆形的方形并不存在”这个命题为例，他认为这是一个有意义的、真实的命题，可是，如果真的有“圆形的方形”那样一种东西，它就一定存在着，我们不能起初假定有这种东西，然后又否认这种东西的存在。为了排除这种矛盾，罗素对这一类包含有不真实的或自相矛盾的事物的符号的命题进行分析，提出他的摹状词理论。

斯特劳森反驳说，罗素的这种观点把指称某个实体和断定这个实体的存在这两者混为一谈。我们在指称某个实体时，我们假定这个实体的存在，而没有断定这个实体的存在，而且也不能从我们关于这个实体的论述中推断出这个实体的存在。他强调必须把“假定”（presupposition）和“导出”（entailment）区别开来。以“法国国王是（is）秃顶的”这个语句为例，我们在说出这句话时，我们用“法国的国王”这个作为主词的名词短语指称某个实体，假定有这个实体，可是没有断定这个实体的存在。

斯特劳森认为罗素的这种混淆，产生于把语句跟语句的使用这两者混为一谈。为了排除这种混乱，他作了如下区分：一方面把语句、语句的使用以及语句的被说出这三者区分开；与此相对应，另方面把语词、语词的使用以及语词的被说出这三者区分开。在他看来，任何一个语句都可以被使用于各种不同的语境，就语句本身来说，谈不上它是正确或者错误的问题，只有当某个语句被使用于特定的语境时，它才变成或者正确或者错误的命题。同样地，任何一个语词也有多种多样的使用，就语词本身来说，也无所谓指称的问题，可是它仍然具有意义，只有当语词在语句中被使用于特定的语境时，才有指称的问题。同一个语词在不同的语境中可能指不同的特定人物，例如，“法国的国王”这个名词短语，既可能指路易十四，也可能指路易十五，还可能指其他的法国国王，这要根据特定的语境来确定。同一个语词在不同的语境中可以被使用于指称不同的特定对象，正如同一个语词在不同的语境中可以被使用于构成具有不同真值的命题。因此，他说："'谈到'（mentioning）或'指称'（referring）并不是语词本身所作的事情，而是人们可以使用语词去作的事情。谈到某物或指称某物是语词的使用的特征，正如'论述'（being about）某物与或真或假是语句的使用的特征。"①

过去，不少哲学家认为，一个词的意义就是它所指的对象，例如，"桌子"这个词的意义就是它所指的桌子。斯特劳森不同意这种观点，而强调意义和指称的区别。他说："意义（至少就一种重要的含义来说）是语句或语词的功能；谈到和指称，正确或错误则是语词的使用或语句的使用的功能。提出一个语词的意义（就我使用这个词的含义来说），就是为了把这个语词使用于指称或者谈到一个特定的人或事物而提出一些一般的指导；提出一个语句的意义，就是为了把这个语句使用于构成某些真的或假的论断而提出一些一般的指导。"② 这就是说，我们在谈论一个语词或语句的意义时，不是谈论这个语词或语句在特定场合下的使用。因此，不能把一个语词的意义与在特定场合下把这个语词用于指称的对象混为一谈，也不能把一个语句的意义与在特定场合下把这个语句用于作出的论断混为一谈。因为，谈论一个语词或语句的意义，不是谈论它在特定场合下的使用，而是谈论在一切场合下正确地把它用于指称或者断定某某事物时所遵循的那些规则、习惯和惯例③。

在斯特劳森看来，罗素在这个问题上犯了两个错误：其一是他忽视一个语句可以有许多种不同的用法；其二是他错误地以为如果一个有意义的语句没有被用于构成一个真的命题，它就必然被用于构成一个假的命题。罗素认为，如果一个单称命题中的主词所指的不是真实

① 斯特劳森：《论指称》，载于《逻辑和语言学论文集》，1971 年英文版，第 8 页。

② 斯特劳森：《论指称》，载于《逻辑和语言学论文集》，1971 年英文版，第 9 页。

③ 斯特劳森：《论指称》，载于《逻辑和语言学论文集》，1971 年英文版，第 9 页。

存在的事物，或者一个全称命题中的主词代表一个空洞的主词类，那么这些命题便是假的。斯特劳森却认为，这样的命题既不是真的，也不是假的，可是它们具有意义。一个语句可能有意义或没有意义，而不一定是真的或假的；一个命题可能是真的或假的，而一定有意义或者没有意义。罗素认为，每个语句必定或者是真的，或者是假的，或者没有意义。斯特劳森反驳说，语句可能是有意义的或没有意义的，可是不能严格地把语句断定为真的或假的。在很多场合下，一个语句在被使用时根本不存在真或假的问题。只要我们认识到这一点，就能看出罗素关于真、假或者无意义的三分法是站不住脚的。

斯特劳森指出，罗素的这种错误产生于他没有把语词或语句本身与语词或语句在特定场合下的使用区别开来，从而把语词的意义与语词在特定场合下被用于指称的对象混为一谈，同时也把语句的意义与语句在特定场合下被用于构成真的或假的论断混为一谈。以“法国国王是（is）秃顶的”这个命题为例。按照罗素的观点，这个命题既不是真的，也不是有意义的，而必然是假的。按照斯特劳森的观点，这里必须把语句和语句的使用区别开来。“法国国王是秃顶的”这个语句无疑是有意义的。当把这个语句作为一个命题应用于特定场合时，在这里被应用于指目前的法国国王，那么这个命题既不是真的，也不是假的，因为它的假定——‘现在有一个法国国王”——是不能成立的。

在斯特劳森的研究中，“真理”问题也占有重要位置。他在这个问题上写了好几篇文章，如《真理》（1949）、《关于真理的一个问题》（1964）、《真理：对奥斯汀观点的再考察》（1965）、《意义和真理》（1969）、《知识和真理》（1976）等等。在真理问题上，他的观点与奥斯汀的观点有一些分歧。例如，在《真理》一文中，他就批驳了奥斯汀关于符合论的观点。奥斯汀抛弃了把“真的”看作语句的谓词这种观点，也否定了把符合关系看作与纯粹惯例关系不同的另一种关系的观点，而提出他自己的一种净化了的符合论，即认为如果说某个陈述是真的，这就是说某个言语事件以某种惯例的方式与世界上它自身之外的某种东西发生关系。斯特劳森则认为，无论奥斯汀对

“真理授予”（truth-conferring）关系中两个项的说明，或者奥斯汀对这种关系本身的说明，都是不能令人满意的。在斯特劳森看来，符合论所需要的不是净化，而是清除。他说，符合论试图借助于陈述（一方面）和事实、事态或状况（另一方面）之间的符合关系来说明真理，这必然是行不通的，因为，在“事实”这样一些概念中已经包含有词与世界的关系。事实不是陈述所命名或指称的某种事物，毋宁说，事实就是一个真的陈述所陈述的对象。

斯特劳森还认为，“真理”这个词既不是描述任何语义学的特性，也不能描述其他任何特性，因为这个词并不是用于描述。事实上，我们往往用这个词表示赞同、承认、许可、保证等等，换句话说，它表示我们接受某种已经说出或者可能说出的事物。在这点上，他的观点与奥斯汀关于完成行为词的观点有些相似，他也把“真的”看作一个完成行为词。他说，如果我们考察“真的”这个词在日常语言中的用法，就会看出这个词不是用于描述某某事物，而是用于完成许多种不同的行为。

按照斯特劳森的观点，奥斯汀在真理问题上的主要错误，在于他认为我们在使用“真的”这个词时断定了我们正确宣布一个命题是真的时所必须具备的条件。斯特劳森认为，如果我们仔细地考察一下“陈述”、“事实”及“真的”这些词，同时也仔细考察各种不同类型的陈述，就会看出这种观点是错误的。他强调说：奥斯汀“在这个问题上的最大混淆，在于没有把阐释某种交流方式的性质，即‘经验信息’（the empirically informative）交流方式的性质这项任务与‘真的’这个词在这种交流方式中的实际功能区别开来”①。

斯特劳森在1956年与普赖斯合写的《保卫一个教条》（In Defense of a Dogma）一文也颇出名，因为他们在这篇文章中批驳美国分析哲学家蒯因在《经验主义的两个教条》（1951）一文中对分析命题和综合命题的区分的攻击，坚持这种区分是有根据的。一般公认的分析命题可分为两类，一类是逻辑真理的命题，蒯因认为逻辑真理的命

① 斯特劳森：《真理》，载于《逻辑和语言学论文集》，第213页。

题严格说来不是分析命题，因为逻辑真理并不具有为任何经验所不能推翻的分析的正确性。另一类是以描述词的同义性为基础的命题，蒯因认为不可能给“同义性”这个概念下准确的定义，以同义性为基础的分析性概念也是不清楚的，因此分析命题和综合命题的区分是没有根据的。与此相反，斯特劳森和普赖斯认为，蒯因提出的那些据以作出这种区分的条件过于严格，而且这种要求也是不合理的，因为，蒯因要求对一组相互规定的词中的某一个词下严格定义，可是他同时又要求不能使用这组词中的另一些词。他们还争辩说，在一些场合下，我们对“真的”这个词的使用可能感到踌躇，正如我们对“分析的”一词的使用可能感到踌躇一样，可是，这种情况并不意味着“真的”这个词是极其模糊不清的，同样地，蒯因的论证也没有表明“分析的”一词是极其模糊不清的。他们强调“分析的”和“综合的”这两个词对于一系列命题来说已经有固定的用法，因此分析命题和综合命题的区分是有根据的。

最后，还应当在这里简略地谈一下斯特劳森在 1963 年发表的《卡尔纳普关于分析哲学中构造系统与自然语言相对立的观点》(Carnap's View on Constructed Systems versus Natural Languages in Analytic Philosophy)一文，因为这篇文章反映出日常语言学派和逻辑实证主义在语言问题上的一个重要分歧。斯特劳森在这篇文章中把这两派作为哲学上的两种澄清方法加以对比，他说，其中一种方法是要构造一个形式系统，这个系统通常以数理逻辑为手段，通过定义和公理来引进这个系统的主要概念。他把这种方法称为“合理的重建”（rational reconstruction)。另一种方法在于力求描述日常生活的概念所表现出的逻辑行为的复杂模式，它不是规定规范词的规范行为，而是描述现实词的现实行为，换句话说，它不是制定规则，而是把惯例记录下来。斯特劳森承认头一种方法显然有某些优点，因为这种方法的使用者清楚地了解所使用的手段的性质和力量，预先知道他们可以用这种手段来做哪些事情。后一种方法的使用者却不能做到这一点。不过，斯特劳森争辩说：“对语词的日常用法的正确观察，可以提供一种对那些建立在错误混同之上的理论进行批驳的手段，它还提供了对可疑概念的实际功能的描述以取代那些错误的理论。最后，它还有助于或者可能有助于诊断出这些错误由以产生的诱因。它之所以能够作到最后这一点，是因为那些诱使哲学家们犯错误的因素一般说来不是私人的幻想；它们在我们的日常思维中有其根源，并且在日常语言中以一种实际上无害而且能看得出的方式表现出自己，这一点不仅表现在日常语言的句法结构中，而且表现在个别的词和短语所包含的那些隐蔽的形象中。"①

总的来说，斯特劳森在指称和意义问题上的观点，基本上继承后期维特根斯坦的看法，即强调词的意义在于词的用法，不过他进一步把语词、语词的使用和语词的被说出这三者区别开来，与此相应又把语句、语句的使用以及语句的被说出这三者区别开来。在这个问题上，他的观点与赖尔的观点有一些相似之处，不过，赖尔对罗素的摹状词理论相当推崇，斯特劳森则对它持否定态度。在真理问题上，他批驳奥斯汀的符合论，而赞同奥斯汀关于完成行为词的观点。在对分析命题和综合命题的区分上，他的观点与卡尔纳普、费格尔等逻辑实证主义者的观点基本上是一致的。在对人工语言的态度上，他承认以数理逻辑为手段构造的形式系统具有其优越性，不过它仍然需要用对日常语言的研究加以补充。在这点上，他与威斯顿、赖尔和奥斯汀等人的观点又有所不同，反映了日常语言学派后期在这个问题上的态度趋向缓和，不像早期那样把人工语言和日常语言截然对立起来。

二、日常语言的逻辑

在斯特劳森的头一部著作《逻辑理论导论》（1952）中，他通过考察日常语言逻辑和形式逻辑之间的关系，研究了日常语言的逻辑特征。他在这本书的序言中说，关于现代的形式逻辑已经出版了许多教科书，发表了许多论文，它们在阐释现代形式逻辑的技术和系统方面有某些卓越之处，可是，它们对于形式逻辑和日常语言的逻辑特征之

---

① 斯特劳森：《卡尔纳普关于分析哲学中构造系统与自然语言相对立的观点》，载于《鲁道夫·卡尔纳普的哲学》，1963年英文版，第517页。

间的关系的阐释，却比较简略，而且往往是错误的。因此，他写这本书时给自己提出两个目标：“一是要找出日常语言中词的行为和逻辑系统中符号的行为之间的某些对比点和接触点，二是要概论式地解释清楚形式逻辑本身的性质。”① 他在实现头一个目标方面所作的工作，显示出某些独创性，受到英美哲学界的好评。

斯特劳森在这个方面的基本思想，在于强调命题演算、谓词演算这样一些逻辑体系，不能充分表现出日常语言的复杂的逻辑特征，它们在表现这些特征方面所达到的程度，没有像人们设想的那样精确，那样完善。例如，“∽”、“·”、“∨”、“⊃”、“≡”等等逻辑连接词，就没有充分地和准确地表现出“不”、“和”、“或者”、“如果……那么……”、“当且仅当”等词的意义。他说：“在这些识别标志中，头两个标志最少引起误解；至少其余几个标志，它们不仅易于引起误解，而且肯定是错的。我们发现普通的连接词在其标准的或主要的用法中不符合与之对应的真值函项常数应遵循的逻辑规则，或者，相反地，我们也发现真值函项常数不符合普通的连接词在其标准的或主要的用法中应遵循的逻辑规则，因此我们有权宣布这样的识别标志肯定是错的。”②

在该书第五、六章对谓词逻辑的讨论中，斯特劳森根据他在《论指称》一文中提出的观点，认为那种以亚里士多德的三段论法为依据而提出的批评是不正确的，因为这种批评没有认识到，用“所有的F都是G”这种形式的语句构成的陈述句，是以主词类的成员的存在为前提。例如，在“约翰所有的孩子都睡觉了”这个陈述句中，如果约翰根本没有孩子，那就谈不上这个语句是否真实的问题。只有我们认识到“所有的F都是G”这种形式的陈述句具有一个存在的前提，才可能对传统的亚里士多德体系作出前后一贯的解释。在他看来，对这一点不理解以及对谓词逻辑和日常语句之间的关系的误解，主要产生于摹状词理论中包含的那些错误思想，即没有看到语句和陈

① 斯特劳森：《逻辑理论导论》，1952年英文版，序言，第3页。

② 斯特劳森：《逻辑理论导论》，1952年英文版，序言，第78页。

述之间的区别，而坚持语句或者是真的，或者是假的，或者没有意义这样的“三分法”，同时也没有看出“假定”（presupposition）和“导出”（entailment）之间的区别。他说：“因为，这种三分法包含一种混淆，即把语句和陈述混为一谈。当然，‘约翰所有的孩子都睡觉了’这个语句并不是没有意义的。它是完全有意义的。可是，如果要问这个语句是真的还是假的，那就没有意义了。我们必须把这个语句可能表达的思想和在不同场合下用这个语句构成的陈述句可能表达的意思区别开来。仅仅对于陈述句来说，才可能出现它是真的还是假的问题……”①

斯特劳森抱怨说，形式逻辑学家把他们的注意力集中到一些相对说来与语境无关的语句上，例如，“所有的鲸鱼都是哺乳动物”，这类语句在日常生活中是较少出现的。由于这个缘故，他们忽视了语句和陈述之间的区别。如果他们注意那些包含有“我”、“圆桌”等等词或短语的语句，他们就会发现在语句和陈述之间是有很大区别的，因为这样的语句在不同的场合下往往构成完全不同的陈述。

在该书第八章中，斯特劳森对形式逻辑和日常语言的逻辑作了对比。他表示自己并不反对构造形式系统，他认为形式系统对于评定数学和物理学中那些与语境关系不大的语句是有用的。可是，形式逻辑需要用日常语言的逻辑加以补充，因为形式逻辑不能表现日常语言的复杂性。他说，“∽”、“·”、“∨”等等逻辑连接词，只不过是从这些连接词的日常用法中选出的一部分，还有其他许多种蕴涵关系没有被形式逻辑学家注意到，他们还往往曲解“如果”、“或者”这些连接词的意义。形式逻辑并没有对我们的概念框架的隐蔽结构进行剖析，而往往为了简化和便于演算，对这种结构作了简单化的处理。形式逻辑学家不能有效地处理那些随时间推移而转换的或者与特定的时间地点紧密相联的陈述。在他看来，借助于日常语言的逻辑就能克服这些缺点，因为日常语言的逻辑首先要研究我们是在什么具体情况下使用某个语词或语句的。他承认日常语言的逻辑不像形式逻辑那样系

① 斯特劳森：《逻辑理论导论》，1952 年英文版，第 174 ~ 175 页。

统严密，可是它是一种能够充分表现日常语言的复杂性的有效手段。

在谈到日常语言的逻辑时，斯特劳森一方面强调日常语言的流动性，另方面强调日常语言逻辑的多方面性。他在谈论日常语言的逻辑时，经常使用“规则”一词，如蕴涵规则、指称规则、类型规则等等。所谓“规则”，他指的是语言在其中被正确地或错误地使用的那些方式。从这个意义上说，“规则”这个词的使用并无不当之处，可是它也可能引起误解，因为我们并不是根据预先研究过的规则去判断我们的语言活动，而是根据我们对自己的语言活动的研究来形成规则。更重要的是，我们的语言活动带有很大的流动性。在日常的语言活动中，我们经常把一些词作新的使用，这种新的用法与词的通常用法有密切联系，但又有差别。换句话说，我们把这些词应用于那样的事态，这些事态与这些词通常应用的事态既有相似之处，又有不相似之处。日常语言的这种流动性是形式逻辑无法充分表现的。

由于日常语言的这种流动性，我们在使用规则一词时也要有一定的灵活性。他说，我们在谈论蕴涵规则时，利用了分析陈述和综合陈述之间的区别，而在谈论类型规则时，我们利用了语言的字面用法和比喻用法之间的区别。可是，我们不要以为这些区别是非常明确的，正如我们不要以为我们的语言规则是十分明确的。我们往往不能对一个词的字面用法和比喻用法作出明确区分，我们有时也不能肯定地说某个语句究竟是分析的还是综合的。他说：“如果我们打算对日常语言的逻辑进行一种现实主义的研究，我们就必须理解我们的规则的这种流动性以及它们所包含的种种区别的不精确性。不过，尽管这些规则使日常语言的研究比形式体系的研究更加复杂而不大严整，可是它们并没有使日常语言的研究无法进行下去。”①

在谈到日常语言的逻辑特征时，斯特劳森强调说，我们不要把简单的演绎关系看作我们要研究的唯一关系。我们必须考虑更多的方面，而不要局限于蕴涵和矛盾这两个方面。我们要使用更多的分析工具，而不局限于形式逻辑所使用的那些分析工具。我们要考虑语言的

① 斯特劳森：《逻辑理论导论》，1952 年英文版，第 231 页。

多种多样的用途，而不局限于研究语言在构成命题方面的用途。与奥斯汀强调细致研究日常语言的具体用法这一观点不同，斯特劳森主张我们在研究语言时，不要局限于研究语言的某些细节，研究语言的种种细微区别，而要研究那些比较广泛、比较概括的问题。他说：在研究日常语言的逻辑时，“我们不能在我们的成果中找到形式逻辑的结构所具有的那种精致性和系统性。尽管如此，日常语言的逻辑确实提供了一个在丰富性、复杂性和吸引力方面无与伦比的知识研究领域”①。

在这本书的最后一章中，斯特劳森还探讨了概率和归纳问题。他赞成使用归纳法，为归纳法的效用作了论证，批驳了对归纳法的怀疑。不过，他认为要证明归纳法是有效的却很困难，这不可避免地会出现循环论证的情况，因为我们在评定归纳法的标准时找不到一个更高一级的标准。他说，如果询问归纳法的标准是否有效，就如同询问法律体系是否合法一样，都是没有意义的。正如法律体系提供了合法性的标准，同样地，归纳法的标准也提供了它的有效性的标准，归纳法的标准构成了我们的合理性概念的一部分。归纳法的标准必然具有合理性，这就是它所提供的全部证明，也是它所需要的全部证明。

在日常语言学派的代表人物中间，重视对形式逻辑和日常语言逻辑进行比较研究的，可以说斯特劳森最为突出，而他对形式逻辑的态度也最为温和。他承认形式逻辑在精确性和系统性方面有其优越之处，可是形式逻辑对语言问题的处理有简单化的倾向，忽视了语词或语句的意义和语境的关系，不能充分表现出日常语言的流动性和复杂性，他的这些观点含有一定合理成分。在日常语言的研究方面，他强调研究那些比较广泛、比较概括的问题，而不要局限于对日常语言的细微区别的研究，这比赖尔、奥斯汀等人前进了一步。不过，他对日常语言的逻辑的研究并没有引起人们的重视，后来他也没有继续着重致力于这方面的研究。

---

① 斯特劳森：《逻辑理论导论》，1952 年英文版，第 232 页。

三、描述的形而上学

到20世纪50年代中期，斯特劳森的兴趣从对日常语言的研究转到研究所谓“描述的形而上学”(descriptive metaphysics)。这种描述的形而上学，一方面不同于通常的概念分析，因为它试图揭示出我们的概念结构的最一般的特征，因而与通常的概念分析相比，它的研究范围大得多，具有较大的普遍性。另一方面，它也不同于所谓“校正的形而上学”(revisionary metaphysics)，因为它的目的在于描述我们关于世界的思想的实际结构，而不在于试图构造一个更好的结构。“校正的形而上学”则试图用一个理想的或者至少改进过的概念系统来取代历史上继承下来的概念系统。他认为笛卡儿、莱布尼茨和贝克莱的学说基本上属于“校正的形而上学”，亚里士多德和康德的学说基本上属于描述的形而上学。

斯特劳森在这方面的研究成果表现在他于1959年出版的《个体：试论描述的形而上学》一书中。他把这种新的研究与过去他对日常语言的研究相比较，认为过去对词的实际用法进行的仔细研究诚然是哲学的一种最好的而且唯一可靠的研究方法，可是，这种研究的范围过于狭窄，不能充分满足形而上学的需要。因为，当我们询问如何使用这个或那个语词时，我们的回答倾向于假定，而不是揭示出我们的思想结构的最一般的特征，后面这一点却正是形而上学家应作的工作。他认为描述的形而上学与哲学分析、逻辑分析或概念分析的区别，“不在于它的目的方面，而在于它的范围和普遍性方面。描述的形而上学的目的在于揭示出我们的概念结构的最一般的特征，它不能仅仅局限于一种比较有限的和局部的概念研究”①。因为这种概念结构不是现成地呈现在语言的表面，而是潜伏在语言的底层，因此需要把我们的研究深入下去，才能找到我们所需要了解的东西。

与逻辑实证主义者迥然不同，斯特劳森对形而上学持尊重的态度。他认为形而上学的某些研究成果是值得赞美的，它们具有经久不

---

① 斯特劳森：《个体：试论描述的形而上学》，1959年英文版，第9页。

衰的哲学价值。他说，形而上学具有悠久而且卓越的历史，因此可能没有什么新的真理有待于描述的形而上学去发现。可是，这并不意味着描述的形而上学的任务已经一劳永逸地完成了，因为即使没有新的真理有待发现，至少还有许多旧的真理有待于重新发现。描述的形而上学的中心主题诚然与以前的主题没有什么不同，可是哲学中的那些批判的和分析的术语却经常在改变，永恒的关系是通过非永恒的术语来描述的，这些非永恒的术语既反映出思想的时代特征，也反映出个别哲学家自己的思想作风。他说："一个哲学家除非用他那个时代的术语去重新思考他的先驱者的思想，他就不能理解他的先驱者。康德、亚里士多德这样一些最伟大的哲学家，比其他哲学家更多地致力于这种重新思考，这一点正是他们的一个特征。"①

这本书分为两个部分。在第一部分"殊相"（particular）中，他着重探讨物质客体和人在一般的殊相之中所占的中心地位。他认为在逻辑主词或指称客体的整个领域内，殊相先于其他一切事物，而在一切殊相的领域内，物质客体和人这两种殊相又是最基本的。这两类最基本的殊相是我们的认识的基础，也是我们的概念系统的结构的基础。它们存在于时空之中，并且是人们可以观察到的。在它们之外，殊相中还包括特殊的事件或过程、特殊的感觉经验或精神状态等等。在第二部分"逻辑主词"（logical subjects）中，他看重探讨一般的殊相概念和逻辑主词的观念之间的关系，也就是说，他着重探讨个别和一般的关系，以及指称和断定、主词和谓词之间的关系。这两部分并不是截然分离，而是具有内在联系，因为前一部分的主题在许多问题上以后一部分的论证为前提，而后一部分在许多问题上又是对前一部分的发挥和阐释。

在第一部分中，斯特劳森首先强调物质客体是一种基本的殊相。他说，要对殊相进行识别，就需要有一个由许多在时间和空间中占有一定位置、能够被人们观察的殊相所组成的统一框架。物质世界就是那样一个框架，在这个框架中，对物质客体的识别不依赖于对其他种

---

① 斯特劳森：《个体：试论描述的形而上学》，1959 年英文版，第 11 页。

类的殊相的识别，相反，如果不依据于物质客体，就不可能对其他种类的殊相进行识别。因此，就对殊相的识别而言，物质客体是一种基本的殊相。对于这一点，他作了详细的解释：“因为，那样一个框架并不是某种与我们所谈论的现实中的客体无关的东西。如果我们询问这个框架是由什么构成的，我们必须看一看这些客体本身，或者看其中某些客体。然而，并不是我们所认识的每一种客体都能够构成那样一个框架。能够构成那种框架的唯一客体，就是那种能够把它自己的基本特征传递于框架的客体。这就是说，这些客体必须在空间上具有三个向度和在时间上具有一定延续性。它们还必须是我们所拥有的观察手段能够观察到的；由于我们的观察手段在能力上十分有限，这些客体从集体上说必须具有足够的多样性、丰富性、稳定性和延续性，这样才能使我们所拥有的那个单一的、统一的概念框架成为可能的和自然的。在我们所认识的各种客体中，只有就其广义而言的物质客体能够满足这些要求。”①

斯特劳森接着说明人（person）是另一种基本的殊相，特别着重探讨了传统的身心问题。在身心问题上，他批评了两种针锋相对的观点。一种是笛卡儿学派的观点，它把意识状态归之于一种精神的实体，这种实体虽然与肉体密切相联，却又完全不同于肉体。另一种观点是现代所谓“没有物主的”理论，即认为严格说来不可能把意识状态归之于任何事物。斯特劳森认为这两种观点都是错误的，各自走向一个极端。他提出的解决方案是，应当把人看作一个原初的概念，同时把意识状态和物质特性都归之于人这同一个实体，心的概念是从人这个原初的概念中推演出来的。他还强调不要把人这个原初的概念理解为由心的概念和肉体的概念组合而成的复合概念。他说：“我用人这个概念所表达的思想是：人是那样一种实体，我们既可以把有关意识状态的谓词，也可以把有关肉体特征、物质状况等等的谓词，同

① 斯特劳森：《个体：试论描述的形而上学》，1959年英文版，第39页。

等地应用于这个单一类型的单一个体。"① 在他看来，如果把人理解为两种主体——一方面是经验的主体，另方面是物质属性的主体——的组合物，那会引起许多无法解决的问题。他还反对把纯粹的个人意识、纯粹的自我看成一个可以用来解释人这个概念的原初概念，认为它至多只是一个非原初的、派生的概念，这就是说，不能用纯粹自我的概念来解释人的概念，而要用人的概念来解释纯粹自我的概念。

在第二部分"逻辑主词"中，斯特劳森试图通过阐明殊相和共相之间的区别与主词和谓词之间的区别这两者的联系，来说明殊相是首要的逻辑主词。他首先指出，殊相和共相之间的区别在传统上是与指称和断定之间的区别，或者主词和谓词之间的区别相联系的。传统上有种观点认为，殊相只能作为主词出现在语句中，而决不能作为谓词出现在语句中；而共相既可以作为主词，又可以作为谓词出现在语句中。因此，殊相（例如，约翰）、共相（例如，结婚）以及共相加殊相（例如，与约翰结婚），都可以借助指称词的使用而被指称，可是只有共相以及共相加殊相（而非单独的殊相）才可以借助断定词的使用而被断定。这就是说，按照传统的观点，就殊相与共相的区别与主词和谓词的区别这两者的关系而言，在殊相和共相之间存在着一种非对称的关系。他说，不论这种传统观点是否正确，它肯定使殊相在各种逻辑主词中占有一个特殊位置。他试图找出这种传统观点的理论基础，进而了解指称和断定之间的基本区别以及这种区别与殊相和共相之间的区别的联系。

斯特劳森认为，在区分主词和谓词方面，传统观点中有两种标准：一种是"语法的"标准，另一种是"范畴的"标准。扼要说来，按照前一种标准，主词和谓词的区别是借助于各种不同的语法符号来确定的，而按照后一种标准，主词和谓词的区别则是借助于殊相和共相之间的区别加以确定。换句话说，按照头一种标准，作为主词的语词把殊相引入命题之中，按照后一种标准，作为谓词的语词把共相引

① 斯特劳森：《个体：试论描述的形而上学》，1959 年英文版，第 101 ~ 102 页。

入命题之中。他说："……按照语法的标准，被断定的事物是由语句中带有断定符号的那一部分引入的，而按照范畴的标准，只有共相或者包含有共相的复合物（而决不是单独的殊相）才能被断定。"① 斯特劳森对这两种标准进行分析和比较，并得出结论说，这两种标准之间的最大区别在于，按照头一种标准，对殊相的识别依据于某些足以识别这个殊相的经验事实，而按照后一种标准，一般说来则不涉及任何经验的事实，因为谓词的意义足以识别由谓词引入命题之中的共相。另一方面，尽管这两个标准之间有很大区别，它们相互之间也有联系，具体说来，在按照头一个标准所断定的内容和按照后一种标准所断定的内容之间，存在着一定的对应关系。

整个说来，《个体：试论描述的形而上学》一书无论在其写作风格和研究方法方面，或者在其总的目标方面，都不同于斯特劳森早期的著作。在他的早期著作中占重要地位的那种对日常语言的分割式的研究，在这本书中已不居于主导地位，只是作为一种辅助手段，为解决重大的传统形而上学问题服务。有人认为，斯特劳森在这本书里主要采用康德的方法，来达到亚里士多德的结论，这话也有一定道理。不过，也要看到这部著作与他的早期著作的联系。其实，在他的一些早期著作中，特别在《论指称》一文和《逻辑理论导论》一书中，他已经提出《个体》一书中的部分观点。但他对描述的形而上学的强调，却是他后期思想的一个重要特征。可以说，在日常语言学派的哲学家中间，正是这本书最有力地重新树立了形而上学，特别是描述的形而上学在哲学中的地位。此外，还需看到，斯特劳森把物质客体和人看作最基本的殊相，强调它们都存在于时空之中，承认时空的客观性，同时在身心问题上批驳了二元论和"没有物主论"，反对用纯粹的自我来解释人，这些观点中都含有不少合理成分，值得我们重视。

---

① 斯特劳森：《个体：试论描述的形而上学》，1959 年英文版，第 178～179 页。

第八章　日常语言学派在美国的影响

20 世纪 60 年代以后，日常语言学派作为一个独立的学派来说已经不复存在，可是这个学派的某些基本观点，特别是后期维特根斯坦关于词的意义在于词的用法的观点、赖尔关于意义理论的观点、奥斯汀关于言语行为理论的观点，以及斯特劳森关于指称理论和形而上学的观点等等，都对后来许多着重研究语言哲学的分析哲学家产生很大影响。这种影响不是局限于英国；从 40 年代起，它的影响逐渐扩散到美国等英语国家。摩尔在第二次世界大战期间在美国讲学。维特根斯坦在 1949 年曾到美国作了三个月的短期访问，奥斯汀在 1955 年曾到哈佛大学主持詹姆斯讲座，斯特劳森多次到美国讲学，并被聘为美国科学院院士。他们通过这些讲学活动以及他们的著作，促进了日常语言哲学在美国的传播。关于后期维特根斯坦和日常语言学派的观点在美国的传播情况，齐硕姆做过这样的介绍：在英国，“在 40 年代和 50 年代初期占主导地位的影响，来自路德维希·维特根斯坦的后期哲学、赖尔、奥斯汀以及其他一些在牛津任教的哲学家的著作。维特根斯坦的《逻辑哲学论》（1922）是 20 世纪最重要的哲学著作之一；他后来提出了一种截然不同的观点，有一段时期他不愿把这种观点公之于世。这些被看作带有革命性的观点，起初是通过他的讲稿而被美国哲学家所知晓，也通过布莱克（M. Black）、拉策罗维茨夫妇（A. Ambrose and M. Lazerowitz）、马尔科姆（N. Malcolm）等人的著作，1953 年以后又通过维特根斯坦本人著作的发表，这些著作以及牛津哲学家的著作引起哲学家们对语言的注意，有助于使许多哲学问题得到明确和澄清。可是，如果我没有弄错的话，它们也使许多哲学家夸大语言事实和哲学的关系”①。

由于布莱克、拉策罗维茨等人在向美国哲学界传播日常语言学派观点的过程中起过重大作用，有必要对他们的情况扼要作些介绍。布莱克（1909～）在20世纪30年代就学于英国剑桥大学，攻读数学和哲学，获得哲学博士学位后在伦敦大学担任讲师，在此期间他接受了维特根斯坦等人的影响。1940年移居美国，在伊利诺斯大学、康乃尔大学等校任教，着重研究语言哲学和数学哲学。他所著的《维特根斯坦的〈逻辑哲学论〉指南》（A Companion to Wittgenstein's Tractatus，1964）一书，是一本研究维特根斯坦前期思想的重要著作。而他在语言哲学方面的著作，如《语言和哲学》（Language and Philosophy，1949）、《模型和隐喻》（Models and Metaphors，1962）等等，则较多地介绍了维特根斯坦的后期思想。他所编辑的《哲学分析》（Philosophical Analysis，1950）一书，还收入了日常语言学派重要代表人物威斯顿、赖尔等人的文章。布莱克自己的观点也倾向于日常语言学派，有些人认为他是50年代日常语言哲学在美国的主要代表之一。拉策罗维茨（1906～）在30年代初在英国剑桥跟随摩尔、维特根斯坦等人学习。维特根斯坦在1934～1935年间向拉策罗维茨和另一个学生斯金涅尔（F. Skinner）口授了《褐皮书》的基本观点。当时维特根斯坦不愿把他的后期思想公之于世，他的门生拉策罗维茨等人却通过他们的听课笔记把他的后期思想间接传播开来。1935年，拉策罗维茨回到美国，先后在密执安大学等校任教，1951年任教授，1975年任美国哲学协会东部分会主席。他偏重于逻辑研究，写了《符号逻辑的基本原理》（1948）、《逻辑：形式推理的理论》（1961）等逻辑著作。通过他的讲课以及后来编辑出版的《摩尔回忆文集》（G. E. Moore-Essays in Retrospect，1970）、《维特根斯坦：哲学和语言》（Wittgenstein，Philosophy and Language，1972）等书，广泛地传播了日常语言学派的这两位创始人的观点。马尔科姆（1911～）20

① 齐硕姆：《认识论》，载于他与帕斯莫尔等人合编的《哲学》，第241页。

世纪30年代末也在英国剑桥学习，深受后期维特根斯坦的影响。1940年回到美国，先后在普林斯顿大学、康乃尔大学、洛杉矶加州大学等校任教。他着重研究认识论，写了《梦幻》(1959)、《知识和确定性》(1963)、《思想和知识》(1977)等著作。他所著的《路德维希·维特根斯坦回忆录》(Ludung Wittgenstein: A Memoir)、《心的问题：从笛卡儿到维特根斯坦》(Problem of Mind: from Descartes to Wittgenstein, 1971)等书，较集中地传播了维特根斯坦的思想。总之，40~50年代，布莱克、拉策罗维茨、马尔科姆等人在向美国哲学界传播后期维特根斯坦和日常语言学派的观点方面，都起了巨大作用。在维特根斯坦后期思想的代表作《哲学研究》1953年出版，以及日常语言学派代表人物赖尔、奥斯汀等人的著作相继出版后，这种思潮在美国的传播就更为广泛了。

在60~70年代出名的美国分析哲学家中间，塞拉斯、齐硕姆和塞尔等人在继承和发展后期维特根斯坦和日常语言学派的观点方面，表现得最为突出。他们接受这种思潮的影响的方式各不相同，塞拉斯和塞尔主要通过他们在牛津大学的学习生活，齐硕姆则主要通过阅读赖尔、奥斯汀等人的著作。塞拉斯着重继承和发展后期维特根斯坦关于词的意义在于词的用法的观点，强调语词和语境之间的密切联系。齐硕姆着重继承和发展赖尔、奥斯汀等人的语义分析方法，塞尔则着重继承和发展奥斯汀的言语行为理论。下面，我们将对齐硕姆和塞尔的观点分别作些阐述，对塞拉斯的观点将在第十章中阐述。

第一节　罗德里克·齐硕姆
(Roderick M. Chisholm 1916~)

罗德里克·齐硕姆是美国20世纪60年代开始出名的一个分析哲学家。他着重研究认识论问题，提出一种把感知、认识和相信结合为一体的理论，并坚持经验知识的基础论观点。

齐硕姆于1916年11月27日生于美国马萨诸塞州北亚特利博市。1938年在布朗大学获学士学位，1940年在哈佛大学获硕士学位，

1942 年在该校获哲学博士学位，接着去美国海军中服役，1946 年退役后在巴勒斯基金会担任教职。1947 年转到宾夕法尼亚大学担任助理教授，同年又转到布朗大学担任副教授，1953 年升任教授，1951 ~1954 年担任该校哲学系主任。他还先后到哈佛大学、普林斯顿大学、芝加哥大学等校担任访问教授。1961 年他主持美国哲学协会卡鲁斯讲座，同年还在牛津主持华莱士（N. Wallace）讲座。由子他对奥地利著名哲学家布伦塔诺和迈农作过很多研究，翻译了布伦塔诺的两部著作，参加《迈农全集》的编辑工作，因此在 1972 年获得奥地利格拉茨市卡尔·弗兰殊斯大学授予的荣誉哲学博士学位。

此外，齐硕姆自 1958 年起被选为美国科学院院士，1968 年被选为美国哲学协会东部分会主席，1972 ~1973 年被选为美国形而上学协会主席，1970 年起担任弗朗茨·布伦塔诺基金会执行董事，1972 年担任美国哲学研究会主席。他还担任《哲学和现象学研究》、《美国哲学季刊》、《元哲学》和《西南哲学杂志》的编委。

齐硕姆从 20 世纪 40 年代起开始从事哲学创作活动。1957 年出版了他的头一部著作《感知：哲学研究》，着重讨论感知及其对象、证明和相信等问题。1964 年出版了《人的自由和自我》（Human Freedom and Self）一书，这是他的一本重要的伦理学著作。1966 年出版了《认识论》一书，这是一本通俗扼要地阐述认识论基本观点的著作，曾先后被翻译为中文、意大利文、丹麦文、日文等六种文字。同年还与帕斯莫尔（Passmore）、费格尔等人合著了《哲学》（Philosophy）一书，其中他写了“认识论”一章。1973 年出版的《标准问题》一书，是他在这一年为马奎特大学纪念圣·托马斯·阿奎那所作的讲演。1976 年出版的《人和对象：形而上学研究》一书，是他的一本重要的形而上学著作。1979 年出版的《第一人称：试论指称和意向》，是一本着重研究指称和意向问题的专著，他根据对第一人称语句的分析，说明客观的指称和意向如何可能的问题。此外，他在 1960 年还编辑了《实在论和现象学的背景》（Realism and the Background of Phenomenology）一书，收入了布伦塔诺、胡塞尔、罗素、摩尔以及美国新实在论者的 12 篇文章，并写了长篇导论。1973

年与斯瓦茨（R. J. Swartz）合编了《经验知识》（Empirical Knowledge）一书。1982年又出版了《认知的基础》一书。

1975年，为庆贺齐硕姆60寿辰，莱勒（K. Lehrer）编辑了《分析与形而上学》（Analysis and Metaphysics）一书，收入了16篇论文，分别评述齐硕姆在认识论、形而上学和伦理学方面的观点。1979年，索萨（E. Sosa）又编辑了一本论文集《罗德里克·M. 齐硕姆哲学论集》（Essays on the Philosophy of Roderick M. Chisholm），书后附有齐硕姆的长篇答辩。

齐硕姆在哲学思想上接受多方面的影响，他接受过布伦塔诺、胡塞尔和迈农的影响，但主要接受后期维特根斯坦和日常语言学派的影响。齐硕姆在后一方面所接受的影响，主要表现在与奥斯汀等人一样，他也非常重视对某些与认识有关的词汇（如“可接受的”、“明显的”等等）进行细致分析；同时也表现在与斯特劳森等人一样，他也非常重视对形而上学的研究。

对于逻辑实证主义，齐硕姆持较多的批判态度。他承认逻辑实证主义有建设性的一面，这主要指它对数理逻辑的应用，对概率逻辑的研究以及对科学语言的分析，不过，他更加强调逻辑实证主义的破坏性方面，这就是它“试图取消传统的哲学问题，认为这些问题产生于一些‘没有意义的’或‘莫明其妙的’命题”①。他反对逻辑实证主义的反形而上学立场，并在知识的基础和证明的标准等问题上批驳了逻辑实证主义的贯通论观点。

齐硕姆的研究主要涉及认识论、形而上学和伦理学三个方面，这里着重探讨他的认识论观点。

一、感知问题

“感知”（Perceiving）是齐硕姆的头一部著作的书名，也是他在认识论方面所研究的头一个中心问题。他认为在感知问题上存在着许

① 齐硕姆:《认识论》，载于他与帕斯莫尔等人合写的《哲学》，第240页。

多疑难，而这些疑难的产生是由于我们不了解我们在谈论感知时所使用的某些词相互之间的关系。在他看来，处理这些问题有两种方法：一种方法是首先仔细考察人们谈论感知时所采用的各种方式，然后说明我们的哲学问题之所以产生，是由于不能前后一贯地和明确地使用我们的语言。另一种方法是首先提出一些用以恰当地谈论感知的方式，然后说明我们如何通过只限于使用这些方式去避免那些由于不恰当地使用日常语言而产生的哲学问题。他认为这两种方法都可以使用，但他偏重于采用第二种方式。

齐硕姆认为，我们在表述关于感知的哲学问题时，往往使用一些"非物理主义的"（non-physicalistic）语词。他主张尽量少用这类语词，可以通过某些定义来避免使用它们；如果能够做到这一点，由这些词的使用所引起的哲学问题就会获得很好的解决。不过，他认为为了恰当地说明感知问题，至少需要使用三类语词：（一）认识论的语词（epistemic terms）。如"知道"、"明显的"、"不合理的"、"可能的"等等；（二）某些能够完成我们通常用"显现"（appear）一词所完成的种种功能的语词；（三）意向的语词（intentional terms），它们可以完成我们通常用"相信"（believe）一词所完成的种种功能。

齐硕姆对认识的语词下了不同的定义。首先，他对"感知"（perceive）这个词进行分析，把"某个主体S感知到某物x具有某种特征f"这个语句的意思分析为：有x，它是f，并以某种方式显现给S，S把x看作f，而且S对x是f这个命题拥有适当的证据。在他看来，这个命题经过适当修改，还可以用来给"看见"、"听到"等词下定义。有了这些定义，就可以避免使用"感知"、"看见"、"听到"等词。不过，为了使用以上定义，首先需要对"显现"、"看作"、"适当的证据"等词作些说明。

按照齐硕姆的观点，"适当的证据"、"可接受的"、"不合理的"、"可有可无的"、"肯定的"、"可能的"、"不可能的"等词，是我们用来对命题、假说、信念等作出认识论评价的词。这些词经常被用于评价性的语句中，如"我们没有适当的证据去相信获得的特征是非遗传的"、"托勒密的天文学是不合理的"、"这个被告可能是无辜的”等等。齐硕姆对这些词分别下了定义，例如，对于“不合理的”（unreasonable）这个词，他下了这样的定义：“S 接受命题 h 是不合理的”这句话的意思是“非 h 比 h 更加值得 S 去相信”。对于“适当的证据”（adequate evidence）这个词，他下了这样的定义：“S 对于 h 拥有适当的证据”这句话的意思是“S 接受非 h 是不合理的”。对于“可接受的”（acceptable）这个词，他下了这样的定义：“h 对 S 来说是可接受的”这句话的意思是“说 S 接受 h 是不合理的，那是错误的”。对于“无可无不可的”（indifferent）这个词，他下了这样的定义：“h 对于 S 来说是无可无不可的”这句话的意思是：“（1）说 S 对于 h 拥有适当的证据，这是错误的；而且（2）说 S 对于非 h 拥有适当的证据，这也是错误的。”对于“知道”（know）这个词，他下了这样的实义：“S 知道 h 是真的”这句话的意思是：“（1）S 接受了 h；（2）S 对于 h 拥有适当的证据；而且（3）h 是真的。”对于“肯定的”（certain）这个词，他下了这样的定义：“S 对于 h 是真的是肯定的”，这句话的意思是：“（1）S 知道 h 是真的；而且（2）没有一个比 h 更加值得 S 相信的假设。”① 我们之所以详细列举齐硕姆对这些词所下的定义，是因为从其中可以看出他在对这些与认识有关的词的分析上，怎样接受奥斯汀等人的日常语言分析方法的影响。

齐硕姆在这本书中还分析了“显现词”（appear words）的用法。他认为“显现”（appear）、“似乎”（seem）、“看起来”（look）、“听起来”（sound）、“闻起来”（smell）等等显现词具有不同的用法。如果我说这条船“显现为在移动”或者“看起来在移动”，那就意味着我相信或者倾向于相信这条船在移动。当以这种方式使用显现词时，“x 对 S 显现为如此这般”这样的句子意味着主体 S 相信或者倾向于相信 x 是如此这般。他把显现词的这种用法称为“认识论的用法”（epistemic use）。有时，“x 对 S 显现为如此这般”这样的句子并不意味着 S 相信或者倾向于相信 x 是如此这般，例如，当我们说，“木棍插入水中看起来好像是弯的”、“平行的铁轨在远方看起来好像聚合

① 参见齐硕姆：《感知：哲学研究》，1957 年英文版，第 3～21 页。

到一起”、“嘈杂的闹声在远处听起来很微弱”等等。齐硕姆把这种用法称为“比较的用法”(comparative use)。在这种用法中，我们可以说事物显现给我们的方式，不仅依赖于事物的性质，而且依赖于我们在感知事物时所处的条件。只要改变我们的观察方式，事物就会以不同的方式显现给我们。他认为这两种用法是密切相连的，如果我们不知道某物是如此这般，我们在特定场合下就不能肯定这一事物是否显现为如此这般。

齐硕姆在分析“知道”和“相信”这两个词的区别时，还明确地把他的观点与奥斯汀的观点相比较。在他看来，就“相信”这个词的日常用法而言，可以说“S相信h是真的”蕴涵着“S并不知道h是真的”。在这种用法中，“S相信h是真的”这句话意味着S接受了h，可是并不知道h是真的。如果这样地解释“相信”一词，我们就不能说“相信”蕴涵着“知道”。可是，在对“相信”的另一种用法中，“我相信”则蕴涵着“我知道”，或者至少蕴涵着“我拥有适当的证据”。例如，当某个人说：“他的政策，我相信，是不会成功的”，这种括号式或插入式的表达方式就表示这个人知道或者拥有适当的证据以致能断定“他的政策不会成功”。不过，齐硕姆指出，即使在我们认为“相信”或“接受”蕴涵着“知道”的情况下，我们也一定不要以为“知道”是“相信”或“接受”的一个种类。因为，我们可以说某人是坚定地，或者不情愿地，或者迟疑不决地“相信”，而不能说某人是坚定地，或者不情愿地，或者迟疑不决地“知道”。谈到这里，齐硕姆引证了奥斯汀在《他人的心》一文(1946)中提出的观点，与自己的观点相对照。他说：“奥斯汀教授曾经指出，虽然我们可以这样问：‘你如何知道?’和‘你为何相信?’可是我们不能这样问：‘你为何知道?’和‘你如何相信?’就‘相信’这个词目前的这种意义而言，‘知道’和‘相信’之间的关系，并不类似于隼和鸟或者硬毛猎狗和狗之间的关系；它比较类似于到达和旅行之间的关系。到达蕴涵着旅行，因为一个人除非通过旅行就不能到达，可是到达不是旅行的一个种类。”①

① 齐硕姆：《感知：哲学研究》，第18页。

齐硕姆后来在《认识论》一书中还发展了奥斯汀关于“完成行为式话语”的观点。他引证了奥斯汀在《他人的心》一文中对这一观点的阐述，说明某些词（如“允许”、“请求”等等）在“我允许……”“我请求……”这样的日常话语中，不是表示描述，而是表示完成某种行为。不过，他认为奥斯汀没有给“完成行为词”下一个明确的定义，他试图在这方面作些补充。在他看来，几乎所有的词都可以说在某一方面起着完成行为词的作用，因为每个词几乎都不是局限于描述和报导。他把完成行为词作了广义和狭义两种解释，认为“请求”、“允许”、“命令”、“保证”等等属于狭义的，即严格意义的完成行为词，一个语句中只要含有这样的词，它就能完成“请求”、“允许”等等行为，而“想要”（want）、“知道”等词则只是广义的或松散意义的行为词，因为一个以“我想要”开头的语句不能起“我请求”那样的作用，我们只能说有“请求”的行为，而不能说有“想要”的行为。可是，人们在日常话语中往往用“我想要”来完成“我请求”那样的作用，因此可以把它划入广义的完成行为词之列。同样地，“我知道”也不是严格的完成行为词，因为它不能起“我保证”那样的作用，可是，在日常话语中人们在说“我知道”时往往含有“我保证”的意思，因此也可以把它划入广义的完成行为词之列。在他看来，属于广义的完成行为词的“我知道”、“我想要”等等，既可以起描述词的作用，也可以起完成行为词的作用①。

齐硕姆在《感知》一书中还多次引证赖尔的言论与自己的观点相比较。例如，在谈到回忆时，他就作了这样的比较。在他看来，如果一个人认为他感知某个东西具有某些可感知的特性，那么这个人就有适当的证据相信这个东西具有这些特性。而且，如果一个人认为他回忆起曾把某个东西看作具有某些特性，那么这个人就有适当的证据去相信这个东西具有这些特性。谈到这里，齐硕姆特别声明这不是否认赖尔在《心的概念》一书中提出的观点，他说：“这样说并不是否认吉尔伯特·赖尔的下述原理，即虽然‘回忆’是一个‘理解性’

---

① 参见齐硕姆：《认识论》，1966 年英文版，第 15 ~ 17 页。

(got it) 的动词，可是它不是一个关于发现、解决或者证明的动词'(引自《心的概念》第278页)。我们在回忆时或者认为我们在回忆时所拥有的是一种适当的证据。可是，我们不能这样地推论：由于我们回忆起如何如何，我们就拥有适当的证据去断定如何如何。"①

相对说来，齐硕姆对逻辑实证主义者的观点则不像对待日常语言学派那样持肯定的态度，他在《感知》一书中谈到石里克、卡尔纳普、艾耶尔等人的观点时，大多不甚赞同。例如，在论述现象论时，他引证艾耶尔的观点，并提出不同的看法。他说，艾耶尔在为现象论作辩护时曾说过这样的话："一旦我们同意使用感觉材料的术语，那么用以代替现象论的理论就只能是铁幕式的知觉理论，即认为物理对象十分肯定地在那里，可是我们决不能达到它们，因为我们所能观察的一切就是感觉材料。的确，我们至少可以表明这种理论是站不住脚的。"② 对于艾耶尔的这个观点，齐硕姆反驳说，如果艾耶尔把"观察"看成"感知"的同义语，那么他的论证就是齐硕姆所说的"感觉材料的谬论"的一个事例，因而"我们所能观察的一切就是感觉材料"这个命题是错误的。如果艾耶尔把"观察"看作"感觉"(sense) 的同义语，那么，即使现在可以说一个人所能观察的一切或者一个人所能感觉的一切，就是感觉材料，可是，这个命题已经不再意味着这个人"决不能达到"物理对象，因为我们可以说这个人通过感知物理对象而达到物理对象。总之，与艾耶尔赞成现象论的立场相反，齐硕姆是反对现象论的。

与日常语言学派一样，齐硕姆也认为许多哲学命题违背日常语言的用法，以致造成混乱，如果加以正确表述，就能消除这些混乱。他说："一、许多显然重要的哲学陈述'违背'了日常语言，因为这些陈述对日常语言作了错误的使用。二、这些陈述是令人迷惑的，如对

① 齐硕姆：《认识论》，1966年英文版，第91页。

② 艾耶尔：《哲学论文集》，1954年英文版，第143页。

它们作正确的表述，它们往往似乎是相对说来并不重要……”① 因此，与奥斯汀等人一样，齐硕姆也非常重视对某些与认识有关的词进行细致分析，并且继承了奥斯汀等人的语言分析方法。在这方面，齐硕姆接受日常语言学派的影响是十分明显的，他明确表示他继承和发展了奥斯汀、赖尔等人的观点。

二、“感觉材料的谬误”

上一节中我们曾提到齐硕姆对艾耶尔早期所持的现象论观点的批驳。现象论是西方认识论中的一种主观唯心主义观点，它认为人类认识的范围只限于事物的现象，事物自身是不能认识的。现象论者所说的现象，既包括物理的现象，即一切现实的、可以感知的对象，也包括心理的现象，即一切反思的对象。他们有的承认现象的背后存在着物自身，然而它是不可知的（如休谟、康德等），另一些人则完全否认物自身的存在。卡尔纳普、艾耶尔等逻辑实证主义者早期都持现象论的观点。日常语言学派的赖尔等人则反对现象论的观点，齐硕姆在这个问题上也倾向于赖尔等人的立场。

赖尔在《心的概念》一书中曾批驳现象论者所持的“感觉材料论”。齐硕姆在《感知》一书中提到赖尔对“感觉材料论”的批驳，并且阐述了他对“感觉材料的谬误”的看法。对于什么是“感觉材料的谬误”，他举例作了这样的说明。如果某人看见一条船，那么这条船就以某种方式显现给他。因此，从（1）“他看见一条船”这个陈述句中，可以推出（2）“一条船以某种方式显现给他”，还可以把（2）改述为（3）“一条船向他呈现出一种现象”。可是，如果从（1）、（2）或（3）中推出（4）“他看见一种现象”，那便犯了“感觉材料的谬误”，因为从（1）、（2）或（3）中不可能推出（4）。齐硕姆认为，如果犯了这种感觉材料的谬误，还可能推出（5）“他没有看见船”这样一个与（1）截然相反的，更加荒谬的结论。

① 齐硕姆：《哲学和日常语言》引自 R. 罗蒂编辑的论文集《语言学的转折》，1967 年英文版，第 175 页。

齐硕姆批驳了某些哲学家和心理学家对感觉材料论的辩护。这些人认为，对现象的感觉是对物质事物进行感知的一个必不可少的条件，这就是说，除非物质事物以现象的形态向人们呈现出来，人们就不可能感知物质事物。而且，与外界物质事物的状态不同，对现象的感觉只能是人们的生理过程和心理过程所产生的结果。他们根据这些理由，认为上述第（4）个和第（5）个命题是正确的。对于这种辩护，齐硕姆反驳说："可是，即使我们把对这些事实的描述以及与它们相关的细节都加到（1）、（2）和（3）这几个命题之上，我们仍然得不出为建立（4）或（5）所需要的前提。"①

在后来写的《认识论》一书中，齐硕姆更加详细地阐述和批驳了"感觉材料的谬误"。首先，他谈到这种谬误产生的背景。他说，当一个人看见一个外界事物（例如，一棵树）时，他的知觉是一个复杂的生理学—心理学过程的结果。从这个事物反射过来的光线刺激这个人眼中的杆状细胞和锥状细胞，于是进一步在大脑里引起反应，而产生视觉。通过其他感官产生知觉的方式，也与此类似。在这种情况下，感觉（有时也称为"感觉印象"、"现象"，"观念"或"感觉材料"）的存在似乎依赖于感知主体的状态；或者，更恰当一点说，当我们感知某一事物时，这个事物显现给我们的方式部分地依赖于我们自己的生理状态和心理状态。这种情况在哲学上引起一些令人迷惑的认识论问题。

齐硕姆认为，某些哲学家从这个情况中引出一些错误的看法。其中有些人把某一现象的真理和关于显现出这一现象的事物的真理混为一谈，从这一事物显现为白色这一点依赖于感知者的状况这个事实中，错误地推出这个事物是白色的这一点也依赖于感知者的状况。另一些人从另一方面作出错误的结论，他们以为关于显现给我们的事物的真理也适用于这些事物所呈现出的现象。这就是说，如果我们感知某个物质事物，我们便看见了它的视觉现象，听到了它的听觉现象，摸到了它的触觉现象。齐硕姆认为这是对知觉的性质作了错误理解。

① 齐硕姆：《感知：哲学研究》，第153页。

他说，当一个事物作为刺激物作用于我们的感官，从而使它显现给我们时，我们便感知这一事物。可是，现象并不是作用于我们感官的刺激物，它们本身不是我们感知的对象。我们并没有看见、听到或摸到事物的现象。

齐硕姆指出，还有一些人从一个物质事物显现为白色这个事实中，错误地推出这个事物呈现出一种白色的现象，并进而认为某些事物和某些现象在颜色上是相似的。有些人认为，当一个人感知一棵树时，这个人的脑海里就会出现一个非常小的物质事物，它具有这棵树所具有的种种特征。还有些哲学家说，现象能够“描绘”或者“复制”被显现的事物。齐硕姆认为所有这些看法都是错误的。他说：“……显而易见，从‘某物显现为F’中推出‘某物呈现出一种现象，这种现象是F’这样的推论，一般说来是无效的。因为，有那样一些形容词，如果用这些形容词来替换F，那么‘某物呈现为F’是正确的，而‘某物呈现出一种现象，这种现象是F’却是错误的。”①例如，从“这个人呈现为患结核病”这个句子中，不能推出“这个人呈现出一种现象，这种现象是结核病”。又如，从“这本书显得很破旧，看起来有两百多年了”这个语句中，不能推出“这本书呈现出一种现象，这种现象十分破旧，看起来有两百多年了”。此外，齐硕姆还认为，现象和物质事物具有相同的颜色这种说法也是错误的。如果我们说某个事物是白色的，那就是说这个事物在适当条件下被一个正常的观察者所观察时，会显现为白色，而不是说这个事物的现象是白色的，也不是说这个事物和现象都是白色的。

为了避免“感觉材料的谬误”，齐硕姆提出一种“副词理论”。在他看来，如果我们说“某物的现象是白色的”，这就是把一种特性归于一个实体。可是，如果我们说“某物显现为白色”，把“白色”当作副词使用，表示事物显现的方式，那就能避免“白色的现象”这种表述方式所引起的种种疑难。他说：这样一来，“我们就不需要询问现象是否与我们所感知的外界物质事物的某些部分相一致，不需

① 齐硕姆：《认识论》，1966年英文版，第94~95页。

要询问我们所感觉到的白色的现象是否与我们所看到的物体的白色表面相一致"①。

齐硕姆对"感觉材料的谬误"的批驳，具有一定合理成分，因为显然不能像感觉材料论者所说的那样，我们所能感知的只是现象，只是感觉材料，而不能感知物质事物本身。如果接受感觉材料论者的这种观点，那就把感觉材料或现象看作感知者与外界事物之间的鸿沟，外界事物就变成不可感知的"自在之物"。可是，齐硕姆在批驳感觉材料论者的错误时，又走到另一极端，犯了把本质和现象割裂开来的错误，好像现象并不是物质事物的本质的表现。事实上，本质和现象是紧密相连的，本质是事物的内部联系，现象是本质在各方面的外部表现。本质和现象是统一的，但又不是直接相结合。我们在认识事物的过程中，要透过现象揭示本质，因为人们认识事物的过程就是"从现象到本质，从不甚深刻的本质到更深刻的本质的深化的无限过程"②。

三、基础论的认识论

在认识论上，特别是在对意义、辩明（justification）和真理的看法上，现代西方哲学中基本上存在着两种相互对立的观点，即"基础论"（foundationalism）和"贯通论"（coherentism）。这两种观点的基本分歧在于：前者认为经验知识必然有一个基础，它由一些能够自我辩明的、不是通过推理获得的信念所组成，后者则认为，一切信念都是通过推理获得的，因此经验知识既不需要有那样的基础，也不可能有那样的基础。齐硕姆是基础论的坚决拥护者，他用比喻的方式对这种观点作了如下的阐述。他说，首先，一个人在任何时候所拥有的知识，都是一个结构或一个建筑物，这个结构或建筑物的各个部分、各个层次是相互联结、相互支持的，可是整个结构或建筑物是建立在它的基础之上。其次，一个人的知识的基础至少部分说来就是他对

① 齐硕姆:《认识论》，1966 年英文版，第 96 页。

② 《列宁全集》第 38 卷，第 239 页。

"所与"（the given）的领悟，也就是对"感性"、"感性印象"、"现象"、"感觉"、"感觉材料"等等的领悟。对于这种观点，齐硕姆还以另一种方式作了如下的表述："第一个论题，即我们的知识是一个具有自己基础的建筑物或结构，可以改述为'我们认为自己有理由相信我们已知道的每一个命题，部分说来是通过某个自我辩明的命题而得到辩明的'。第二个论题，即某些现象（'所与'）是我们的知识的基础，可以改述为'有一些关于现象的命题是自我辩明的。"① 齐硕姆赞成这种观点，并认为这种观点受到西方哲学中经验主义传统的支持。

齐硕姆在肯定墓础论的同时，也批驳了贯通论的观点，特别是批驳逻辑实证主义者和绝对唯心主义者在这个问题上的观点。某些逻辑实证主义者主张一种"有限的贯通论"，他们认为，由于只能把一个陈述句与另一个陈述句相比较，而不能把陈述与"实在"或"事实"相比较，因此符合论关于陈述"符合于"实在或事实的观点是不能成立的。逻辑实证主义者承认，仅仅贯通性（或一致性）还不能成为真理的条件，因为由一些错误命题组成的体系可能在其体系内部是相互一致的。他们认为一个由真实陈述组成的体系与一个前后一致的神话故事的区别就在于，与后者不同，前者是与"科学的记录陈述"相一致，即与科学的观察陈述相一致。只有当某个观察陈述事实上被科学家们所采纳，才能认为这个观察陈述是真实的，随着科学的发展，某些观察陈述也可能被抛弃，因而观察陈述的采用带有约定的性质。齐硕姆认为，逻辑实证主义者的这个观点是错误的，因为它没有把"证明的标准"和"真理的条件"区别开来。他说："一般说来，真理的条件和证明的标准是不一致的。为了表述信念或陈述的真理条件，我们仅仅需要对信念或陈述作出断定；而为了表述任何信念或陈述——除开那些'自我辩明的'信念或陈述——的证明标准，我们通常还必须对其他许多信念或陈述作出断定。"② 在他看来，哲学中

① 齐硕姆：《认识论》，载于《哲学》，第267页。

② 齐硕姆：《认识论》，载于《哲学》，第338页。

所使用的“真理的标准”一词是含义不清的，它有时被用于指真理的条件，有时又被用于指证明的标准。

齐硕姆还认为，绝对唯心主义者布兰萨德（B. Blanshard）在《思想的本性》（1940）一书中提出的有关这个问题的观点，也是一种贯通论。不过，与逻辑实证主义者的贯通论不同，布兰萨德的贯通论部分地依据于指称理论，部分地依据于证明理论。布兰萨德遵循罗伊斯的见解，认为应当从目的论的观点去理解观念和对象之间的关系。观念既相同于对象，又不同于对象。观念之所以相同于对象，是因为对象是观念所设置的对象；而观念之所以不同于对象，是因为作为观念的目的的对象还没有完全实现。与此同时，布兰萨德还把证明理论作为他的真理的依据，他首先提出“什么是对真理的检验”这个问题，然后考察各种可能的办法，最后得出贯通是真理的唯一标准这样的结论。齐硕姆认为布兰萨德的这种观点是错误的，因为“他似乎认为贯通是证明的充分条件……同时他又似乎认为，如果我们发现一些必要的和充分的条件，以致可以说某个命题是有证据的，那我们也就在事实上发现了一些必要的和充分的条件，以致可以说这个命题是真实的”①。

按照逻辑实证主义者的观点，如果一个命题是那样一个命题体系的成员，这个体系在其内部是前后一贯的，而且这个体系事实上已被人类，特别是被我们文化界中的科学家们所采纳，那么这个命题便是真的②。按照布兰萨德的观点，如果一个命题是那样一个命题体系的成分，这个体系在其内部是前后一贯的，而且前后一贯地包括一切真实的和可能的命题，那么这个命题便是真实的③。对于以上两种观点，齐硕姆作了这样的评论：“不论贯通论对于回答某些真理问题具有什么价值，它对于我们目前讨论的认识论问题都没有作出任何说

① 齐硕姆：《认识论》，载于《哲学》，第343页。

② 参见亨普尔：《论逻辑实证主义者的真理理论》，载于《分析》杂志，1935年第2期，第49～59页。

③ 参见布兰萨德：《思想的本性》，第276页。

明。如果我们接受了贯通论，我们可能对于我们认为自己已经知道为真的命题 a 仍然要问：‘根据什么理由我认为自己知道 a 是那样一个命题体系的成分，这个体系前后一贯地包含一切真实的和可能的命题，或者说，a 是那样一个命题体系的成分，这个体系已在事实上被人类、被我们文化界的科学家们所采纳。’当我们问这样一个问题时，我们又再次碰到那种进退两难的局面。”①

按照齐硕姆的观点，说某个人知道某个命题，这意味着已具备下述三个条件：（一）这个命题是真的；（二）这个人相信这个命题；（三）这个命题对于这个人来说已被证明是正确的。这三个条件不仅是知识的必要条件，而且总合起来还构成知识的充分条件。因此，如果某个人相信某个命题是真实的。而这种信念又被证明为有根据的，那就可以说这个人知道这个命题。其他许多哲学家，如 C. I. 刘易斯、A. J. 艾耶尔等人，也持与此类似的观点；这种观点通常被称为对知识的“传统分析”。1963 年，美国哲学家格梯尔（E. Gettier）在《获得辩明的、真实的信念就是知识吗?》一文中，对这种观点提出一些相反的事例，说明上述三个条件不是知识的充分条件，这一挑战在英美分析哲学家中间引起一场关于什么是知识的论战。1970 年，齐硕姆发表了《论经验证据的性质》（On the Nature of Empirical Evidence）一文，对以前在《认识论》一文中提出的基础论观点，作了一些补充和修正。

齐硕姆首先对那些作为知识的基础的基本命题作了如下的补充和修正。他说，对于处于任何一个特定时刻的任何一个人来说，有一些命题可以说是基本的，或者是直接地明显的。在这些命题中，有一些是经验的，有一些是先验的。属于经验方面的基本命题对于那个人来说是“自我呈现的”（self-presenting），这就是说，只要它是真实的，它就是明显的。对于这类命题，齐硕姆下了这样一个定义：命题 h 对于主体 S 在时间 t 来说是自我呈现的，这等于说，（一）h 在 t 是真实的；（二）如果 h 在 t 是真实的，那么 h 对在 t 来说必然是明显的。

① 齐硕姆：《认识论》，载于《哲学》，第 269 ~ 270 页。

属于先验方面的基本命题是那些不以经验为转移的命题，如果你理解这类命题，你就能看出它是真实的，它对于处于特定时刻的任何一个人来说是“公理性的”（axiomatic）。对于这类命题，齐硕姆下了这样一个定义：命题 h 对于主体 S 来说是公理性的，这等于说，（一）S 接受了 h；（二）h 必然是真实的；（三）如果 S 接受 h，那么 h 对于 S 来说必然是明显的。齐硕姆还把以上对经验的和先验的基本命题所下的定义综合到一起，对一般的基本命题下了这样的定义：h 对于 S 来说是基本的，这等于说，或者 h 对于 S 来说是自我呈现的，或者 h 对于 S 来说是先验的①。

其次，对于知识的传统定义，齐硕姆也作了如下的修正和补充。按照知识的传统定义，如果说主体 S 在时刻 t 知道命题 h 是真实的，那就等于说，h 是真实的，S 在 t 时刻相信 h 是真实的，而且 h 对于在 t 时刻的 S 来说是明显的。可是，格梯尔指出，如果有一些命题既是明显的，又是错误的，那么知识的这个传统定义就是不恰当的。为了回避格梯尔所指出的这个缺点，齐硕姆对知识的传统定义作了这样的修改：如果说 h 被 S 所知道，那就是说，h 被 S 所接受，h 是真实的，而且 h 对于 S 来说是毫无缺陷地明显的。至于如何理解“h 对于 S 来说是毫无缺陷地明显的”这句话，齐硕姆解释说，这句话的意思是：或者 h 对于 S 来说是确定的，或者 h 对于 S 来说是明显的，而且 h 被这样一组命题所蕴涵，其中每个命题都具有一个对 S 而言的基础，而这个基础又不是对 S 而言的任何错误命题的基础。按照齐硕姆的观点，知识的传统定义经过这样的修改，就不包含格梯尔所指出的那种缺点了。

从马克思主义的观点看来，基础论和贯通论都含有一些合理成分，同时也有各自的错误。马克思主义认为，社会实践，即人类能动地改造自然和社会的全部活动，是一切知识的基础。正如列宁所指出

① 参见齐硕姆《论经验证据的性质》，载于 G.S. 派帕斯和斯万编辑的《知识和辩明论文集》，第 259～261 页。

的，“生活、实践的观点，应该是认识论的首先的和基本的观点”①。马克思主义也承认知识有它的基础，但马克思主义对知识“基础”的理解完全不同于基础论者的观点，即不是把知识的基础理解为某种自我辩明的、不是通过推理获得的信念，而是把社会实践看作一切知识的基础。另一方面，马克思主义也主张命题之间应具有逻辑连贯性，要避免逻辑矛盾。可是，马克思主义不是把命题之间的无矛盾性看作检验真理的标准，像贯通论者所主张的那样。马克思主义认为，社会实践才是检验真理的唯一标准，因为，真理是对客观事物及其规律的正确反映，真理与谬误的区别在于是否正确地反映客观实际。“判断认识或理论之是否真理，不是依主观上觉得如何而定，而是依客观上社会实践的结果如何而定。”② 只有站在辩证唯物主义认识论的立场上，才能对知识的基础、真理的标准等问题作出正确的解决，避免犯基础论者或贯通论者所犯的那些错误。

第二节　约翰·塞尔（John R. Searle 1932 ~）

约翰·塞尔是20世纪70年代开始出名的美国年青一代的分析哲学家，着重研究语言哲学，他继承奥斯汀的观点而提出的言语行为理论，在英美分析哲学家中间颇受重视。塞尔生于1932年，1955年取得学士学位后，去英国牛津大学研究分析哲学，受教于奥斯汀、斯特劳森等人门下，深受日常语言学派的影响。1959年取得哲学博士学位，回美国加州大学伯克利分校任教，后任哲学教授，1973 ~1975年间担任该校哲学系主任，目前仍在该校任教。他还先后在密执安大学、华盛顿大学、纽约州立大学担任过访问教授，也是美国科学院院士。

塞尔主要研究言语行为理论。1969年发表的头一部著作《言语行为：语言哲学方面的一篇论文》，第一次比较系统地阐述了他的言

① 《列宁选集》，人民出版社，第2卷，第142页。

② 《毛泽东选集》第1卷，第261页。

语行为理论。这本书是根据他于1959年在牛津大学写的关于感觉和指称的博士论文写成的，他在该书前言中首先表示此书的写出要感谢他在牛津的老师奥斯汀和斯特劳森。他把言语行为看作交流的一个基本概念，并根据对言语行为的分析探讨了语词和意义、指称和摹状词、共相和专名等问题。1979年出版了另一本重要著作《词语和意义：言语行为理论研究》，这本书可以说是他的上述著作的续篇，他在这本书中进一步补充和发展了他在上述著作中提出的言语行为理论，并把它应用于更加广泛的领域，如隐喻、虚构、指称和间接言语行为等等。他还对言语行为的类型进行分类，对语句的意义和语句被说出时的语境之间的关系作了进一步的探讨。1982年出版了他的新著《意向性》（Intentionality）。与此相关，他还编辑了两本论文集，一本是1971年出版的《语言哲学》（Philosophy of Language），另一本是1980年出版的《言语行为理论和语用学》。此外，在1971年还出版了《校园里的战斗》（The Campus War）一书，表述他对20世纪60年代末在美国大学里兴起的新左派运动的态度。

按照塞尔的观点，语言哲学研究语词的指称、语词和语句的意义以及陈述的真假等问题。他特别把语言哲学（philosophy of language）和“语言学的哲学”（linguistic philosophy）区别开来，认为语言学的哲学试图通过研究特定语言中的特定的词或其他成分的日常用法，而去解决某些特定的问题；语言哲学则试图对语言的某些普遍的特征，如指称、意义、真理、必然性等等，作一些在哲学上有启发意义的描述，它仅仅偶尔涉及特定语言的特定成分，它的主要研究对象始终是一般语言的普遍特征。

塞尔认为，在现代语言哲学的研究中，有些人着重研究词语在语言环境中的用法，另一些人则着重研究语句的意义。这两种人的方法看起来是不一致的，然而如果不是把它们看作两种不同的理论，而是看作两种不同的研究方法，它们却是相互补充的。他说，头一类人可能提出这样一个典型的问题：“说话者在说出某些词语时完成了哪些不同的言语行为？”后一类人则可能提出这样一个典型的问题：“语句的各种成分的意义如何决定整个语句的意义？”在他看来，尽管这两类人所提出来的问题各不相同，但一种完整的语言哲学却必须对这两个问题都作出回答。他十分强调把这两种研究结合到一起，因为这两个问题是相互关联的，对于每一种可能的言语行为来说，总有一个可能的语句或一组语句，在特定环境中把这个语句或这组语句原原本本地说出来，就是完成了那种言语行为。他说："因此，情况不是存在着这样两种截然不同的语义学研究：一种只研究语句的意义，另一种只研究言语行为的完成。因为，我们对一个语句的了解，部分地在于当我们在一定环境中原原本本地说出具有这种意义的语句时，我们也就完成了特定的言语行为，同样地，我们对一种言语行为的了解，也部分地在于总有一个语句或一些语句，当我们在一定环境中说出这个语句或这些语句时，由于这个语句或这些语句具有自己的意义，因而我们也就完成了那种言语行为。"①

总的来说，塞尔在语言哲学的研究中明显地接受了日常语言学派的影响。在言语行为理论上，他显然是直接继承和发展了奥斯汀的观点，在意义理论和指称理论上，他也倾向于日常语言学派的观点，强调语词和语言环境之间的密切联系。他主要是从语言行为的角度去考察语词的指称和语句的意义，也就是说，他把言语行为理论跟意义理论和指称理论联系起来加以研究。这与罗素和逻辑实证主义者对意义和指称问题的研究方法是颇不相同的。不过，他也并不完全反对逻辑实证主义者在这个问题上的观点，而是认为它与日常语言学派的观点是相互补充的。下面，我们将对塞尔在言语行为理论、意义理论和指称理论上的观点作些阐述。

一、言语行为理论

言语行为理论是塞尔的语言哲学的核心思想。所谓"言语行为"（speech acts），他有时又称作"语言行为"（language acts 或 linguistic acts）。他说，典型的言语环境包括说话者、听话者和话语的被说出。

---

① 塞尔：《言语行为：语言哲学方面的一篇论文》，1969 年英文版，第 17 ~18 页。

说话者在说出话语时，要完成各种不同的行为，例如，他要移动口腔和发出声音，他的话语中要提到一定的人或物，他的话语对听者又能起提示、告知、激动等不同的作用。他认为任何一个言语行为至少包含这样三个部分：首先是说出一些词或语句，他称之为完成“说出的行为”，其次是对某些事物进行指称和断定，他称之为完成“命题的行为”，最后是表示陈述、提问、允许、命令等等意思，他称之为“以言行事的行为”。他说：“说出的行为仅仅在于说出一系列词。以言行事的行为和命题行为的特征则在于它们是特定的语境中，特定的条件下并且具有特定的意向而说出某些语句的。”① 在说话者完成的各种言语行为中，最重要的是以言行事的行为，如陈述、提问、命令、请求、警告、祝贺等等。因此，他把对以言行事的言语行为的研究，看作他的言语行为理论的中心内容。

塞尔认为，语言交流的一个重要特征在于它具有意向性。我们之所以把人们发出的某种声音或在纸上画出的某个符号看作语言交流的事例，是因为人们发出这种声音和画出这个符号时具有一定意向，即希望通过这种声音或符号把某种信息传递给某人。我们不会把任何自然物，例如一块石头或一棵树，看作语言交流的事例，因为它们不具有意向，我们不会想到通过它们去传递某种信息，除非我们对它们作了特定的加工。这就是说，一个声音或符号要成为语言交流的事例，它就必须是语言行为的产物。

按照塞尔的观点，语言交流的最小单位不是指号、语词或语句，而是被完成的某种言语行为。说话者通过说出一个或数个语句来完成一种或数种言语行为，可是不要把言语行为本身与用以完成言语行为而说出的话语混为一谈。他说：“我们之所以把主要精力用于研究言语行为，这只是因为一切语言交流都包含有言语行为。语言交流的单位，并不像通常认为的那样是指号、词或语句，甚至也不是指号、词或语句的标记，而是在言语行为的完成中构造出或者说出这些指号、词或语句。把某些标记看作一个信息，就是把它看作一个构造出来的

① 塞尔：《言语行为》，第 24～25 页。

或说出来的标记。更加精确地说，言语行为就是在一定条件下构造出或者说出一个语句标记，而言语行为……就是语言交流的基本的或最小的单位。"①

塞尔在语言行为上的观点，主要接受英国牛津学派的著名代表奥斯汀的影响。如前所述，奥斯汀在《如何以言行事》一书中，详细阐述了他的言语行为理论。他根据语句所完成的行为来区分语句，认为语句可以完成三种不同的行为：（一）"表意行为"，这就是使用语句来传达某种思想，比如有人告诉我们：乔治来了。（二）"以言行事的行为"，它表示语句在被说出时带有某种力量。例如，某人警告我们：乔治来了。（三）"以言取效的行为"，它指的是利用说出一个语句来产生一定效果。例如，某人实际上没有告诉我们乔治来了，但他仍然能够使我们注意到乔治来了。奥斯汀认为任何一个语句的说出都包含"表意行为"和"以言行事的行为"这两者，并认为陈述和描绘只不过是两种不同的以言行事的行为。

塞尔继承和发展了奥斯汀的观点，他也把言语行为分为三种：（一）"命题行为"（propositional acts）。在这里，他没有用奥斯汀的"表意行为"这个词，而代之以"命题行为"。（二）"以言行事的行为"。（三）"以言取效的行为"。他举了下面五个例句来说明"命题行为"和"以言行事的行为"的区别：

（一）约翰将离开这个房间吗？

（二）约翰将离开这个房间。

（三）约翰，离开这个房间！

（四）但愿约翰离开这个房间。

（五）如果约翰离开这个房间，我也就离开。

塞尔认为这五个语句表示五种以言行事的行为。第一句表示疑问，第二句表示陈述，第三句表示命令，第四句表示愿望，第五句表示假定。可是，这五个语句含有一个共同的内容，这就是约翰将离开这个房间，每个语句中都提到约翰这个人，并提到离开房间这个活

① 塞尔：《言语行为》，第16页。

动。塞尔把这种共同的内容称为“命题”，命题所完成的行为叫做“命题行为”。他认为命题不同于断定和陈述，断定和陈述是以言行事的行为，命题本身则不是。

在塞尔看来，并非所有的以言行事的行为都含有命题内容，例如“万岁”这样一个以言行事的行为没有命题内容。但是，在绝大多数完成以言行事的行为的语句中，都包含有一个标志命题的成分和一个标志以言行事的成分。例如，在“我答应我要来”这个语句中，后一部分“我要来”标志命题成分，前一部分“我答应”标志以言行事的成分，即标志这个语句具有怎样的以言行事的力量，或者说，说话者在说出这个语句时完成了什么样的以言行事的行为。他说：“作为以言行事的行为的特征的文法形式是一个完全的语句（它也可能是只有一个词的语句)。作为命题行为的特征的文法形式，则是语句的若干部分：语法上的谓词表示断定的行为，专有名词、代名词以及其他种类的名词性短语，则表示指称。这就是说，人们不能仅仅指称和断定，而不作出论断，或者提出问题，或者完成其他的以言行事的行为。在语言学中与这一点相对应的是：用于说出某一事情的是语句，而不是词。”① 以塞尔为代表的言语行为理论家们很注意以言行事的行为与命题行为的区别，并认为以言行事的行为具有一个典型的逻辑形式：F（P)，在这里，P是以言行事的行为所含有的命题内容，而这种命题内容是与一定的以言行事的力量（F）相伴出现的。在他看来，用作以言行事的标志有：语调，语序，重音，标点符号，语词的语气，以及许多所谓“完成行为式动词”（performative verbs)，例如，陈述、断定、描绘、提问、警告、评论、命令、请求、批驳、道歉、批准、欢迎、允许、懊悔等等。

至于“以言取效的行为”，塞尔认为这种言语行为涉及我们的语言在听话者身上产生的效果。例如，通过言语行为使人信服、使人烦恼、使人高兴、使人害怕等等行为，都属于“以言取效的言语行为”。他说：“与以言取效的行为这个概念相联系的是这样一个概念，

① 塞尔：《言语行为》，第25页。

即这种以言取效的行为在听话者的行动、思想或信念等等上产生某种后果或影响。例如，通过论证我可以说服别人或使别人相信，通过警告我可以使别人感到害怕或震惊，通过请求我可以使别人做某种事情，通过告知我可以使别人确信（受到启发、熏陶、感悟或理解）。以上这些加重点的词都表示以言取效的行为。"① 当然，以言行事的言语行为往往也以获得一定效果为目的，早期的行为主义语言学家对这两者不作严格区分，以塞尔为代表的言语行为理论家们则强调把这两种言语行为区别开来，认为以言行事的行为本身并不保证取得预期的效果，因而不同于以言取效的行为。

为了回答以言行事的行为究竟有多少种，塞尔还探讨了这种言语行为的分类问题。奥斯汀曾经把以言行事的行为分为五个基本类型：（一）"断定词"（verdictives），如"认为"、"评价"、"估计"、"计算"等词；（二）"阐释词"（expositives），如"说明"、"描述"、"陈述"等词；（三）"行使词"（exercitives），如"命令"、"指挥"、"推荐"、"请求"等词；（四）"行为词"（behavitives），如"感谢"、"道歉"、"批评"、"祝贺"等词；（五）"承诺词"（commissives），如"允许"、"答应"、"保证"、"发誓"等词。塞尔认为奥斯汀的这个分类是在这个方面所作的一个有价值的尝试，可以作为这种分类的基础。不过，他认为这个分类也有一些缺点。首先，奥斯汀所作的这个分类，其实不是对以言行事的行为的分类，而是对英语中以言行事的动词的分类。在奥斯汀看来，对这类动词的分类也就是对以言行事的行为的分类。塞尔不同意这种观点，他把这两者区别开来，认为以言行事的言语是一般语言的一部分，以言行事的动词则是特定语言（例如英语或法语）的一部分。其次，塞尔认为，奥斯汀的上述名单中有一些动词并不是以言行事的动词，如"同情"、"看作"、"打算"等等。再次，奥斯汀没有一个或一组前后一致的原则作为他的分类的基础。由于以上最后两个缺点，奥斯汀所分的五种类型之间往往相互交错重叠，在一个类型内部也包含有一些截然不同的动词。他

① 塞尔：《言语行为》，第25页。

说："总之，奥斯汀的分类（至少）有六个相互关联的困难，按其愈来愈重要的次序排列，它们是：始终把动词和行为混淆起来；并不是所有这些动词都是以言行事的动词；在各个类型之间有过多的重叠；在各个类型内部也有过多的异质成分；在各个类型内列举的动词中有许多不符合该类型的定义；而且，最重要的是，这种分类缺乏始终一贯的原则。"①

按照塞尔的观点，至少可以从12个方面对以言行事的行为进行分类，其中头三个方面最为重要，这就是：（一）在行为的目的方面的区别。他认为以言行事的行为都有一定的目的，例如，发出命令的目的是要听者去做某件事，进行描述的目的是要表现出某件事是怎样的，作出许诺的目的是表示说话者要承担某件事情，如此等等。他认为行为目的方面的这些区别可以作为分类的根据。他还认为以言行事的行为的目的，并不等同于以言行事的行为的力量，而只是后者的一部分。以言行事的行为的力量这个概念是由好几种因素所组成，而以言行事的行为的目的这个概念却只是由一种因素所组成。例如，请求和命令这两种以言行事的行为，其目的是一样的，都是企图使听者去做某些事情，可是，这两种以言行事的行为的力量却显然是不同的。

（二）在词和世界之间适应方向上的区别。在塞尔看来，有一些以言行事的言语是要使词去适应世界，或者严格一点说，是要使它的命题内容去适应世界，例如，断定、陈述就属于这个类型。另一些以言行事的言语则是要使世界去适应词，例如，允许、请求等等属于这个类型。塞尔援引英国哲学家伊·安斯康（E. Anscombe）所举的一个例子来说明这个问题。假定有一个人根据手里拿着一张菜单去买菜，另有一个侦探把这个人所买的每一种菜都记录下来。这两个人的菜单的内容完全一样，可是这两张菜单的作用却完全不同。买菜者根据他的菜单去买菜，这可以说是使世界去适应词，也就是使他的行动去适应菜单，相反，侦探把那个人所买的各种菜记录下来，这可以说是使词去适应世界，也就是用他手中的菜单去适应买菜者的行动。这

① 塞尔：《词语和意义》，第11～12页。

两个人回家后，如果买菜者想起他把猪排误买成牛排，他必须回到店中去买猪排，而如果侦探想起他把猪排错误地写成牛排，他则不必回到店中，只需要把“牛排”这两个字改写成“猪排”就行了。这个例子表明，在词和世界之间存在着两种正好相反的适应方向。一个是用世界去适应词，另一个是用词去适应世界。塞尔把这种区分称为词和世界之间适应方向的区别，并认为这种区别可以作为对以言行事的言语行为进行分类的根据。

（三）在所表现的心理状态方面的区别。一个人在完成任何一种以言行事的行为时，总是处于一定的心理状态。例如，当一个人陈述、解释或断定某件事时，他就表现出他对这件事的某种信念；当一个人答应、保证、发誓去做某件事时，他就表现出去做这件事的意向；当一个人请求或者命令另一个人去做某件事时，他就表现出一种要求另一个人去做某件事的愿望或需要；当一个人对做了某件事表示歉意时，他就表现出一种对做这件事的懊悔心情，如此等等。总之，一个人在完成任何一个具有一定命题内容的、以言行事的行为时，这个人就表现出某种状态、态度等等。即使他不是真诚地表现出某种信念、意向或愿望，他毕竟在完成言语行为时表现出某种信念、意向或愿望。塞尔认为人们在完成以言行事的行为时所表现出的心理状态方面的这些区别，也可以作为对以言行事的行为进行分类的根据。按照塞尔的观点，以上这三种区别是可以用作对以言行事的行为进行分类的最重要的根据。

与此相关，塞尔否定了维特根斯坦等人关于语言游戏或语言用法无限地多种多样的观点，认为这种错误观点的产生是由于不了解用以把一种语言游戏与另一种语言游戏区别开来，把语言的一种用法与语言的另一种用法区别开来的标准。如果我们把以言行事的行为的目的当作我们划分语言用法的基本概念，我们就能看出语言的用法是有限的，语言游戏的种类也是有限的。

塞尔在继承奥斯汀的观点的基础上发展起来的这种言语行为理论，在英美分析哲学家中间颇受重视，成为西方语言哲学中，特别是语用学中的一种重要理论。对于言语行为理论与语用学的关系，有些人认为语用学主要研究言语行为理论，研究说话者说出一个语句时怀有的意图，一个语句与它被说出时的语境的关系，以及语言的使用惯例等等。另一些人认为语用学包括言语为理论的研究和索引词的研究，前者指的是确定言语行为和言语后果的类型，后者指的是确定语境的特征，了解这些特征有助于我们确定一个语句所表达的是什么样的命题。对于最近二三十年内发展起来的语用学这门学科，对于奥斯汀、塞尔等人提出的言语行为理论，我们有必要从马克思主义观点进行研究。

二、意义理论

在塞尔那里，意义理论是与言语行为理论紧密相连的，因为他认为通过说出一个语句完成一种语言行为，一般说来也就是这个语句的意义功能得到实现。他说，诚然，一个语句的意义并不是在一切场合下都能单独地决定在说出这个语句时所完成的言语行为，因为说话者想说出的意思可能比他实际说出的话更多一些，可是，从原则上说，他总是能够说出他恰恰想说出的意思。因此，如果说话者是在适当的语境中说出某一句话或某一组话，那么一个人所完成的或可能完成的每一个言语行为通常都是由这一句话或这一组话的意义单独地决定的。他说："由于这个缘故，对语句意义的研究与对言语行为的研究，这两者从原则上说是无法区分的。如果正确地加以理解，可以说它们是同样的研究。由于每个有意义的语句借助于它所具有的意义可以被用于完成一个特定的言语行为（或者一系列言语行为），又由于每个可能的言语行为从原则上说都可以在一个语句或若干语句中——假定这些语句是在适当的语境中被说出来——得到准确的表述，因此，对语句意义的研究和对言语行为的研究并不是两种独立的研究，而是从两种不同的观点进行的同一种研究。"①

言语行为是通过发出一些声音或写出一些符号来完成的。但是，并非发出任何声音或画出任何符号都能完成言语行为，因为仅仅发出

① 塞尔：《言语行为》，第18页。

某些声音或画出某些符号与完成一定言语行为这两者是有重要区别的，这一重要区别在于，为完成一定言语行为所发出的声音或画出的符号必须具有一定意义，不具有任何意义的声音或符号是不能完成任何言语行为的。为了回答为何某些声音或符号具有意义这个问题，塞尔引证了英国分析哲学家保罗·格赖斯的观点，并加以修正和补充。格赖斯在他的《意义》一文（载《哲学评论》1957 年 7 月号）中分析“非自然的意义”① 这个概念时，把“意义”和“意向”这两个概念联系起来加以考察，认为说话者 S 借助于说出 X 来意谓某一事物，这就是表示 S 企图借助于说出 X 来在听者 H 身上产生某种效果，使听者 H 承认 S 的意图。塞尔认为格赖斯的这种看法虽然不很明确，但可以作为说明意义概念的一个恰当的出发点，因为，首先，它表现出意义概念和意图概念之间的密切联系，其次，它也抓住语言交往的一个重要内容，这就是我在说话时企图把某些思想传递给听者，并通过说话使听者认识到我的意图正是把这些思想传递给他。

不过，塞尔认为格赖斯的这种看法也有不足之处。他说：“不论对意义的这种分析多么有价值，但我认为它在某些重要方面是有缺点的。首先，它没有把一个人打算在他的听者身上产生的不同种类的效果（以言取效的行为的效果和以言行事的行为的效果）区别开，也没有表明这些不同的效果与意义概念相联系的方式。其次，它没有说明在何等程度上意义是一个关于规则或惯例的问题。这就是说，对意义的这种解释没有说明一个人通过他的话语所表达的意思和他的话语在这种语言中实际具有的意思这两者之间的联系。”②

按照塞尔的观点，意义不仅与意图有关，它还与惯例有关。塞尔举了下面这个例子来说明这一点。假设第二次世界大战期间有一个美国军官被意大利军队俘虏。他想冒充德国军官来获得释放，但他不懂

① 按照格赖斯的观点，“非自然的意义”不同于“自然的意义”，前者与人的意图有联系，后者（如“乌云意谓着下雨”等等）则与人的意图没有联系。

② 塞尔：《什么是言语行为》，载于他编辑的《语言哲学》1971 年英文版，第 45 页。

德语，只会读一句德文诗，于是他读了这句诗，希望对方也不懂德语，把这句诗理解为“我是一个德国军官”。在这个例子中，这个美国军官读出这句德文诗的意图是希望对方把这句诗理解为“我是一个德国军官”，但这句诗按其原义而言，或者说按语言的惯例而言，则表示另外的意思。因此，他强调说，当我们分析以言行事的行为时，必须同时抓住意图和惯例这两个方面，特别是要注意研究这两者之间的关系。这就是说，要注意一个说话者在完成一种以言行事的行为时，怎样企图通过使听者承认他想产生某种效果的意图来产生这种效果；不仅如此，如果他使用一些词，他还企图借助下述事实来获得这种承认：他所说出的这些词的使用规则把这些词的说出与这种效果的产生联系到一起。总之，塞尔认为，只要把意图和惯例这两者结合起来，就能弥补格赖斯的上述见解的缺点。

在塞尔看来，理解一个语句就是知道它的意义，一个语句的意义是由一些规则规定的，这些规则既规定说出这个语句的条件，也规定这个语句的说出意味着什么。说出一个语句，这表示：（一）意图使听者知道（认识或理解）某些规定或某种事态；（二）意图通过使听者理解上述意图而使听者知道（认识或理解）这种事态；（三）意图借助于听者所具有的关于支配所说的这句话的那些规则的知识而使听者理解上述意图。在这种场合下，这个语句就为打算在听者身上产生某种以言行事的行为的效果这种意图的实现提供了一种惯例手段。如果说话者说出这个语句，他就能实现上述三种意图。听话者对所说的话的了解只不过是这些意图的实现。如果听话者理解这个语句，也就是知道它的意义，知道那些支配这个语句的各种成分的规则，这些意图一般说来也就能够得到实现。

塞尔还以“您好”这个短语为例来说明上述观点。他说，一个人在说出“您好”这句话时，理解“您好”这个语句就是知道它的意义。“您好”这个语句的意义是由一些语义学规则决定的，这些规则既规定了说出这句话的条件，也规定了说出这句话意味着什么。这就是说，这些规则规定了在某些条件下说出“您好”这句话，就表示说话者对听话者的祝贺。说出“您好”这句话，就是：（一）意图使听话者认识到他受到祝贺；（二）意图通过使听话者理解别人祝贺他的意图而使听话者认识到他受到祝贺；（三）意图通过听话者认识到“您好”这句话的意义而使听话者理解别人祝贺他的意图。因此，“您好”这句话为向别人祝贺提供了一种惯例手段。如果说话者说出“您好”这句话，他就具有上述三种意图。而从听话者来说，他对所说的这句话的了解，就在于他理解了这些意图。如果听话者理解了“您好”这句话，这也就是理解了它的意义，认识到在一定条件下说出这句话就表示祝贺，在这种场合下，这些意图也就得到了实现。

与此相关，塞尔还强调语句的意义与语句被说出时的语境的联系。在《词语和意义》一书中，他对那种认为语句的字面意义与语句被说出时的语境无关的观点提出反驳。按照这种观点，每个语句都具有它的字面意义，语句的字面意义完全取决于它由以组成的各个词的意义以及这些词据以组合起来的句法规则，而不受语句被说出时的语境的影响。持这种观点的人们认为，应当把一个语句的字面意义与某个说话者在说出这个语句而完成某种言语行为时想表达的意思截然区别开来，因为说话者在说出一个语句时想表达的意思，往往以多种方式不同于语句的字面意义。例如，在比喻的场合下，说话者在说出一个语句时想表达的是一个比语句的字面意义深一层的意思；在讽刺的场合下，他想表达的是一种与语句的字面意义恰恰相反的意思；如此等等。只有在有限的事例中，一个语句的字面意义和说话者在说出这个语句时所想表达的意思才是完全一致的。这些人还认为，严格说来，“语句的字面意义”这个短语中的“字面的”一词是多余的，因为其他种类的意义，例如比喻的意义、讽刺的意义、间接言语行为的意义等等，其实并不是语句本身的特性，而毋宁是说话者的特性，或者是语句的说出方式所具有的特性。

塞尔认为，上述看法中有一部分观点，例如强调语句的意义和语句被说出时的意义之间的区别等等，是正确的。可是，它关于语句的字面意义不依语境为转移这样一个基本观点却是错误的。塞尔写道：“我毋宁说，在很多场合下，语句的字面意义这个概念的应用只是相对于一组作为背景的假设而言，而且，这些作为背景的假设不能，也不可能在语句的语义结构中得到理解，就像语句的成真条件的前提以及成真条件中那些依赖于索引词的因素是在语句的语义结构中得到理解那样。"①

塞尔以"猫在席上"这个简单的陈述句为例，说明语句的字面意义这个概念的应用始终只是相对于一组作为背景的假设而言。例如，他说，假定猫和席子都被挂在半空中，猫仅仅轻微地接触着席面，事实上并没有站在或者躺在席上，在这种场合下是否仍能说这是"猫在席上"呢？他企图用这个例子表明，甚至像"猫在席上"这样一个简单的、似乎毫不含糊的陈述句，其意义也不是完全不依赖于说出这个语句时的背景。塞尔由此断定，语句的字面意义这个概念的应用只是相对于一组作为背景的假设而言。语句的成真条件将随着一组作为背景的假设的变化而变化。如果某些作为背景的假设不存在，那么这个语句就不具有确定的成真条件。

从上所述可以看出，塞尔在意义理论上也受后期维特根斯坦和日常语言学派的影响。他强调意义与语境的密切关系，否认语句具有独立的、不以语境为转移的字面意义。他强调意义理论和言语行为理论之间的密切关系，认为这两者只不过是从两种不同的观点进行的同一种研究。在这些观点上，他与逻辑实证主义者颇不相同，因为逻辑实证主义者一般说来偏重于从语句的形式方面研究语句的意义，而他则强调意义与语境的关系，认为语句的意义与说话者的意图和词的使用惯例密切相关。塞尔在继承日常语言学派思想的基础上提出的这种意义理论，目前在英美语言哲学家中间也有一定影响。

三、指称理论

按照塞尔的观点，指称也是一种言语行为，因为指称和断定是命题行为的两个重要内容。他认为作为特定指称的语词有四种：（一）专有名词，如"苏格拉底"、"英格兰"等等。（二）单称的复合名词短语，如"世界上最高的山"、"目前的法国国王"等等。他继承

① 塞尔：《词语和意义》，1979 年英文版，第 120 页。

罗素的看法把这类词称为“限定摹状词”。他认为这类词中还可能包括另一个限定指称词，如“与那个喝醉了酒的男子结婚的女人”这个摹状词中，就包含有另一个限定摹状词，“约翰的兄弟”这个摹状词中就包含有一个专有名词。在这种场合下，塞尔把整个语词的指称称为第一级的指称，而把其中某一部分的指称称为第二级的指称。（三）代名词，如“您”、“这个”等等。（四）称号，如“首相”、“教皇”等等。这一类语词一方面与限定摹状词有联系，另一方面与专有名词有联系。

关于指称的原则，塞尔认为在西方语言哲学中得到普遍承认的有这样两条原则：一条原则，凡是指称的对象都一定是存在着的。在这里，“存在”（to exist）一词是没有时间性的，既可以指过去的存在，也可以指现在和未来的存在。他把这条原则称为“存在的原则”（the axiom of existence）。另一条原则是：如果一个谓词对于某个对象来说是正确的，那它对于任何一个与这个对象相同的事物来说也是正确的，而不论用什么语词去指称那个对象。他把这条原则称为“同一的原则”（the axiom of identity）。

可是，这两条原则都引起一些争论。以“金山并不存在”为例。按照头一条原则，这个命题既然把金山当作一个限定摹状词的指称，它就应当是存在着的。可是，这个命题却否认它的存在，这就自相矛盾了。为了解决这个矛盾，罗素提出他的摹状词理论，认为在存在语句中作为主语的语词不能被用于指称，因此不能把存在的原则应用于这个语句。塞尔认为罗素的这种观点实际上否定了任何限定摹状词可以用于指称，他倾向于赞同斯特劳森在《论指称》和纪齐（P. T. Geach）在《罗素的摹状词理论》等文中对罗素的批评。

按照塞尔的观点，应当把虚构人物的存在和真实人物的存在区别开来。与真实人物不同，虚构人物不存在于现实世界之中，可是它们确实存在于寓言、神话、小说等等之中，不能因为它们不存在于现实世界之中就进一步否定它们在寓言、神话、小说等等之中的存在。因此，在关于现实世界的言谈中，代表虚构人物的语词是没有指称的，可是在关于虚构世界的言谈中，它们却是有指称的。例如，当有人提出“罗密欧”与“朱丽叶”时，我们就明白这两个专名指的是莎士比亚戏剧中的两个重要人物。根据这一点，塞尔认为，“存在的原则在下述这个范围内是有效的：在关于真实世界的言谈中，我们只能指称那些实际存在着的事物；而在关于虚构事物的言谈中，我们能够指称那些在虚构中存在着的事物（如果虚构故事中也谈到真实世界的事物，那也可以指称这些事物。”①

除以上两条原则外，塞尔还提出他的第三条原则，即所谓“识别的原则”（the axiom of identification）。这条原则是：如果说话者指称一个对象，那他就能够（或者在被请求时能够）向听者把这个对象从其他各种对象中识别出来。这就是说，一个语词在被说出时若要能够具有确定的指称，它就必须满足以下条件；要么这个语词在被说出后能够向听者传递一个关于某一个，而且仅仅一个对象的真实描述，或者报导一个关于这个对象的事实，要么即使这个语词在被说出后不能传递这样的描述或报导这样的事实，说话者也一定要能够用另一个语词来替换它，而在说出这另一个语词时就能够传递这样的描述或者报导这样的事实。说话者要作到传递这样的描述或报导这样的事实，只有三个办法：一是所说出的这个语词一定包含有对于某个唯一的对象来说是真实的谓词；二是这个语词在一定语境中被说出来，一定能够为这个唯一的对象提供一些用实物、动作或索引词等等表示的观念；三是这个语词说出后一定能够提供一种由索引词标记和摹状词组成的混合物，它足以使人们把这个唯一的对象识别出来。如果这个语词被说出后不能做到其中任何一点，那么，只要在说话者被请求时作到其中任何一点，这个语词也能够完成它的指称职能。塞尔声明他的这个原则是根据弗雷格关于每个指称词都一定具有意义这一点发展而成的。

塞尔还谈到了指称的规则，即一个语词要实现其指称的职能所必须具备的条件。他说，假定某个人（S）在一定的语境（C）中，在另一个人（H）面前说出某一个语词（R），那么，S 要成功地完成

① 塞尔：《言语行为》，第 79 页。

指称的言语行为，就必须具备下述七个条件：（一）具有说出话语和听见话语的正常条件；（二）R是作为所说出的某个语句（T）的一部分而被说出的；（三）说出T是为了完成一种以言行事的行为；（四）存在着某个对象X，R或者包含有关于X的识别性描述，或者S能够用一个关于X的识别性描述加以补充；（五）S意图通过说出R来向H指出或者识别出X；（六）S意图通过说出R来使H识别出X，其办法是使H认识到S的意图是识别出X，他意图通过H了解那些支配R的规则和H对C的认识来使H认识到这一点；（七）那些支配R的语义学规则这样规定：如果上述六个条件都已具备，就能在T和C中把R正确地说出来。

塞尔还认为，要用任何一个语词R去作单称的、特定的指称，必须遵守以下三条语义学规则：（一）R只能在语句的语境中被说出，说出这个语句就能完成某种以言行事的行为。这条规则体现了上述第二个和第三个条件。（二）R只是在这样的场合下被说出：存在着对象X，而R或者包含有关于X的识别性描述，或者S能够用一个关于X的识别性描述来补充R，而且，S意图通过说出R向H指出X或者识别出X。这条规则体现了上述第四个和第五个条件。（三）R的说出被看作向H识别出或指出X。塞尔认为，在这三条规则中，只有在符合第一条规则的情况下才能应用第二条规则；只有在符合第一、二条规则的情况下才能应用第三条规则。

可以看出，在指称问题上，塞尔的观点也倾向于日常语言学派，因为他主要是从言语行为理论的观点来考察这个问题，他不赞同罗素的摹状词理论，而赞同斯特劳森等人对罗素的这个理论的批评。塞尔把虚构人物的存在和真实人物的存在区别开来，认为虚构人物不存在于现实世界中，可是存在于虚构世界中，而不像罗素等人那样否认虚构人物的存在，这种观点含有一定合理成分。他用识别的原则来补充存在的原则和同一的原则，并详细探讨了一个语词要实现其指称的职能必须具备的条件，这也可以说是对指称理论的一种发展。指称理论是语言哲学中的一个重要问题，目前在英美分析哲学家中间也是意见分歧，各持己见，塞尔的观点也算一家之言。对于这种理论，我们也有必要从马克思主义的观点出发进行研究，提出马克思主义的指称理论。

第九章　从批判理性主义到历史社会学派

科学哲学是分析哲学家的一个三要研究领域。半个多世纪以来，科学哲学中的基本发展线索是：20 世纪 30～50 年代占主导地位的是逻辑实证主义，40～60 年代与之抗衡的是批判理性主义，60 年代后占主导地位的是历史社会学派，70 年代又出现了新历史社会学派。

我们在前面已经分别阐述了石里克、卡尔纳普、赖欣巴赫、费格尔、亨普尔等逻辑实证主义者以及蒯因、内格尔等人关于科学哲学的一些观点。概括说来，逻辑实证主义者大多把科学哲学看作经验科学的知识论，主张用“科学的逻辑”取代传统的认识论。他们认为，科学发展的途径是经验不断地被归纳为理论，而理论又不断地被经验所证实。对科学理论的哲学分析包括两个方面：一是对科学理论的发现情况进行分析，这是一种心理分析，它涉及个别科学家的思维过程，很难有统一的规范；另一种是对科学理论的证明情况进行分析，这是一种逻辑分析，它研究科学理论的前提、基本假设、概念、定义、公设以及推理等等。他们认为后一种分析比前一种分析重要得多，因此他们把对科学语言进行逻辑分析看作他们的首要任务。他们还认为，科学哲学的中心问题是科学知识的结构问题，这不是指个别科学理论的逻辑结构，而是指一般的理论或任何可能的理论的逻辑结构。因此，他们撇开科学理论的具体内容，仅仅对一般科学理论的逻辑结构进行静态的逻辑分析。与此相关，他们把“科学的逻辑”看作“元科学”，并且认为这种元科学研究所获得的成果，可以毫无例外地应用于一切时代的科学，因为科学哲学的研究同具体的科学理论无关，不受具体科学理论的兴衰的影响，具体科学理论的兴衰同它们的内容有关，而他们只研究科学命题的形式，并不研究它们的内容。

他们采用形式化的方法，把科学理论当作逻辑系统加以处理，既不考察科学理论的具体内容，也不考察科学理论的历史发展。他们试图用逻辑方法研究出科学理论的理想模式，然后按照这个理想模式来改造、重建各门科学的理论。简略说来，他们在元科学及其方法论上坚持逻辑主义，在科学理论和科学方法论上坚持基础主义和归纳主义。

30～50年代，逻辑实证主义者对元科学的许多概念进行了细致的逻辑分析，取得了若干成果。可是，他们的基础主义和归纳主义的方法论不能说明人们获得知识的方法及其过程，他们的研究同科学发展的实际历史完全脱节，而且他们的逻辑分析也碰到许多困难。因此，他们的科学哲学观点首先受到批判理性主义的批驳，后来又受到历史社会学派的批驳。

批判理性主义在20世纪30年代产生于奥地利，比逻辑实证主义的形成稍晚一些。卡尔·波普尔是这个学派的创始人和主要代表。波普尔把他的学说称为“批判理性主义”，是因为他主张用批判的态度去接受康德的“先验理性主义”。康德提出理性为自然立法的观点，认为我们的理性不是从自然中引出规律，而是把它的规律强加于自然。波普尔继承了这个观点，他强调理论先于观察，理论不是产生于观察，而是我们的理性所创造的，是我们的主观活动的结果。不过，与康德不同，他认为先天知识未必是正确的，对于先天理性必须采取批判态度。

批判理性主义与逻辑实证主义的关系非常密切，它们相互影响，具有某些共同特征，但在某些重大问题上双方的观点是截然不同的，甚至是针锋相对的。粗略说来，这两者的主要分歧在于：逻辑实证主义认为科学哲学是“经验科学的知识论”，批判理性主义则认为科学哲学是“科学发现的逻辑”；前者主张科学哲学应当研究科学知识的逻辑结构，后者则主张科学哲学应当研究科学知识的发展和增长；前者认为科学哲学要以分析元科学概念作为自己的任务，后者却强调科学哲学家要以建立方法论的规范作为自己的任务；前者持归纳主义立场，后者则持反归纳主义立场；前者提出科学理论的证实原则，后者则提出科学理论的证伪原则，前者把证实原则看作有意义的命题和无意义的命题之间的分界标准，后者则把证伪原则看作科学与非科学之间的分界标准，如此等等。

20世纪50～60年代，批判理性主义在英美科学哲学界有很大影响，使逻辑实证主义受到很大冲击。在现代科学哲学的发展中，批判理性主义也是一个重要阶段。到60年代，批判理性主义开始出现危机，它首先遭到波普尔的门生巴特利的反对，后来又受到当时兴起的“历史社会学派”的猛烈攻击，于是逐渐衰落。到70年代，随着波普尔退休，离开伦敦经济学院，这个学派实际上已经消失。1975年在专门讨论波普尔的科学方法论的国际会议上，波普尔过去的门生J. 瓦特金斯、J. 沃拉尔、丘·扎哈尔等人只能维护他的个别观点，已不能维护他的整个学说。

历史社会学派或历史学派在50年代末至60年代初形成于英美。它既反对逻辑实证主义，反对后者撇开科学发展的实际历史而孤立地对科学理论的逻辑结构进行静态的逻辑分析，同时也反对批判理性主义，反对后者把证伪主义方法论看作科学发展的合理重建，反对后者对科学理论的发展未作社会历史的分析。不过相对说来，它与批判理性主义的观点比较接近，它们都强调要从动态方面研究科学发展的模式，因此西方有人认为它是从批判理性主义中演变而成的。

60年代后，历史社会学派得到很大发展，取代了逻辑实证主义和批判理性主义在科学哲学中的地位，成为当前西方科学哲学中最有影响的流派。这个学派强调科学哲学的研究要以科学史家和社会学家所搜集的有关科学生活的观察资料为基础，阐明科学理论的历史发展，进行动态分析，总结科学发展的规律。它的主要代表人物，在美国有库恩、费耶阿本德、汉申、劳丹、图尔明（S. Toulmin）等，在英国有拉卡托斯等人。库恩是这个学派的主要创始人，影响很大，我们将在下面作比较详细的评述。这里对其他几个代表人物分别作一些简略介绍。

拉卡托斯（I. Lakatos 1922～1974）是这个学派在英国的主要代表。他出生于匈牙利，1944年在德布勒森大学毕业。纳粹德国占领匈牙利期间，他参加地下抵抗运动。战后他加入共产党，任教育部高级官员，1949 年去莫斯科大学学习，1950 年回国后被捕，入狱三年，1956 年匈牙利事变后逃到维也纳，不久迁居英国，在剑桥开始其学术生涯。1960 年到伦敦经济学院任教，成为波普尔的学生和同事。1972 年他接替波普尔任科学方法、逻辑和哲学系主任，兼任《英国科学哲学杂志》的主编。他一生写的重要论文大部分收入 1978 年出版的《科学研究纲领方法论》（The Methodology of Scientific Research Programmes）和《数学、科学和认识论》（Mathematics，Science，and Epistemology）这两本论文集中。拉卡托斯力图修改和补充波普尔的观点，并效仿库恩的“范式论”提出他的“研究纲领”理论。在他看来，研究纲领具有不同的层次，一门具体科学可以构成一个研究纲领，整个科学也可以看作一个大的研究纲领。每个研究纲领包括“硬核”和“保护带”这两个主要部分：硬核由它的最基本的假设、原理和理论构成，放弃整个硬核就意味着放弃整个研究纲领；保护带由围绕在硬核周围的许多辅助性假设构成，当研究纲领与某些事实不一致时，科学家不要急于抛弃研究纲领，而是通过调整辅助性假设来求得一致。拉卡托斯同意库恩关于科学家不断扩展自己的理论而不是证伪自己的理论的看法，但不同意库恩关于在一个时期只有一个占统治地位的范式的观点。他认为科学是通过各种不同的研究纲领的竞争而得到发展的。如果一个研究纲领证明了比它的竞争者更多的事实或现象，它便战胜了它的竞争者，后者便遭到淘汰。不过，一个纲领要取得对另一个纲领的胜利，需要经历相当长的时间。科学发展的过程就是先进的研究纲领通过竞争取代落后的研究纲领的过程。

费耶阿本德（P. K. Feyerabend 1924 ~）是美国著名的科学哲学家。他出生于奥地利，1947 年在维也纳大学攻读历史、物理学和天文学，1951 年获哲学博士学位后，去伦敦大学从事研究，接着在维也纳科学与艺术学院和英国布里斯托尔大学任讲师。1958 年迁居美国，在伯克利加州大学任哲学副教授、教授，20 世纪 60 年代末在伦敦大学、西柏林自由大学和耶鲁大学任教，70 年代初又回到伯克利加州大学任教，同时兼任苏黎世联邦技术学院教授。主要著作有：《反对方法：无政府主义认识论纲要》（Against Method，Outline of an

Anachistic Theory of Knowledge)，1975 年；《自由社会中的科学》(Science in a Free Society)，1978 年《实在论、理性主义和科学方法》(Realism，Rationalism，and Scientific Method)，1981 年；《经验论问题》(Problem of Empiricism)，1981 年等。与库恩一样，他也批驳逻辑实证主义和批判理性主义，认为逻辑实证主义完全脱离科学的实际发展进程而孤立地研究科学知识的逻辑结构是错误的，批判理性主义妄图确立一种适用于一切时代的规范也是错误的，因为不可能有任何独立于科学史的“知识的逻辑”或“发现的逻辑”。他甚至提出可以用对科学家的具体研究和对科学发展史的研究来代替科学哲学，在这点上他比库恩更进了一步。费耶阿本德在方法论上主张理论的多元论，认为经验论者所主张的理论一元论的观点容易把一个理论变成教条式的形而上学系统，理论多元论才是客观知识的本质特征，因为任何一个理论只有在与其他理论相比较后才能确定其优劣。他还主张无政府主义的认识论，认为没有混乱，就没有知识，不经常排除理性，就没有进步。对于科学理论的发展来说，“无条理”、“混乱”比方法论规则起着更加重要的作用。偏见、怪论、激情、幻想等等非理性因素，往往成为科学发展的动力。他反对普遍的标准、普遍的规律等等，认为科学应当按照固定普遍规律发展的想法，不仅是不现实的，而且妨碍科学的发展。

汉申 (N. R. Hanson) 也是这个学派的一个重要代表，他先后在耶鲁大学、印第安纳大学等校担任科学史和科学哲学教授，著有《发现的模式》(Patterns of Discovery，1958) 等著作。他提出“感觉中渗透着理论”这个重要论点，认为感觉过程中渗透着各种主观因素，包括感觉主体的世界观、理论观点、文化修养、个人经历以及心理特点等等。不同的主观因素可能使不同的人对同一个感觉对象产生不同的感觉。例如，两个人同时观察一张云室照片，有微观理论修养的物理学家能够从其中看出基本粒子的活动情况，而另一个没有这种修养的人只能看见一些散乱的光点。汉申利用这个论点反驳逻辑实证主义关于理论与观察之间存在着严格区分的观点，因为观察报告是观察者根据其概念结构和期望写出的，因而渗透有理论，没有任何完全脱离理论而完全中立的观察语言，理论和观察之间没有严格区别。

劳丹和图尔明是这个学派中比较年轻的代表人物，目前在美国科学哲学界也颇有名气。劳丹（1941 ~）是匹茨堡大学科学史和科学哲学系主任，他在其著作《进步及其问题》（1977）中提出了“研究传统”这个新概念，并认为这种科学进步模式既吸收了库恩的“范式”和拉卡托斯的“研究纲领”这两种模式的精华，同时又克服了这两者的不足。劳丹的这种科学进步模式目前已引起英美科学哲学界人士的注意。

到 70 年代，美国出现了以夏皮尔、萨普（F. Suppe）等人为代表的“马里兰学派”，他们的观点基本上相同于库恩等人的历史社会学派，但又有所发展，因此有人称之为“新历史社会学派”或“新历史学派”。他们认为，逻辑实证主义者不注意科学的历史发展，只研究科学知识的逻辑结构，陷入了绝对主义，历史社会学派重视科学史的研究是正确的，可是又走向另一极端，否认科学理论交替的合理性，陷入了相对主义。他们提出既要反对逻辑实证主义的绝对主义，也要反对历史社会学派的相对主义。他们强调研究科学发展的合理性问题和科学的进步问题，认为这是科学哲学应当研究的主要问题。

夏皮尔（D. Shapere 1928 ~）是这个学派的主要代表。他于 1957 年在哈佛大学获哲学博士学位，先后在俄亥俄州立大学、芝加哥大学、伊利诺斯大学、马里兰大学任教，主要讲授科学史和科学哲学。主要著作有《自然科学的哲学问题》（Philosophical Problems of Natural Science，1965）、《伽利略哲学研究》（Galileo. A Philosophical Study，1974）等等。夏皮尔一方面反对逻辑实证主义的“预设主义”科学观，否认科学中有某些不随科学知识的发展而改变的科学方法、推理规则和元科学概念等等，认为这一切都随科学内容的发展而变化。另一方面，他又反对历史社会学派的相对主义科学观，不赞同那种认为对科学理论的选择没有合理根据、一切取决于心理因素或社会因素的观点。他承认各个时期对于科学理论的合理性存在着不同的标准，可是这些不同的标准之间并不是“不可通约的”，而是有一条推理链条把它们连结起来，通过这条链条可以说明这些标准的合理发展。夏皮尔强调科学哲学要研究整个科学的推理过程，因为科学理论的评价或辩明要通过推理，科学理论的发现和认识过程也要通过推理。他不赞同逻辑实证主义者把统一的推理过程分为发现范围和辩明范围，仿佛只有在评价或辩明范围内才有推理的观点，也不赞同历史社会学派用社会的或心理的因素取代科学推理的作法。在理论和观察的关系问题上，他既反对逻辑实证主义者把理论和观察、理论语言和观察语言截然分开的作法，也反对历史社会学派根据观察时要以背景知识为前提而怀疑科学检验的客观性。他承认一切知识都以观察为基础，也承认观察要以背景知识为前提，但他认为观察要以背景知识为前提这种情况并不影响科学检验的客观性，不会妨碍科学知识的发展和增长。

从逻辑实证主义到新历史社会学派的发展，经历了半个多世纪的历程。科学哲学是一个范围广阔的研究领域，在这个领域内从事研究的，有许多是分析哲学家，但也有其他流派的科学哲学家。他们的科学哲学理论中存在着这样或那样的错误和缺点，但也含有许多合理因素，值得我们分析研究，去其糟粕，取其精华。这一章里不可能对科学哲学的发展和问题作全面、系统的论述，只能着重对批判理性主义的创始人波普尔和历史社会学派的主要代表库恩作些评述。

第一节　卡尔·莱蒙德·波普尔
（Karl Raimund Popper 1902 ~ ）

卡尔·莱蒙德·波普尔，是英国著名的科学哲学家和社会哲学家，“批判理性主义”或“理性批判主义”的创立者。他关于科学方法论的思想对西方科学哲学的发展发生过巨大影响，构成西方科学哲学发展过程中的一个重要阶段。美国科学哲学家普特南说：“卡尔·波普尔爵士是这样一位哲学家，他的著作实质上影响和激励着在科学哲学领域内从事研究的每一个人。”① 英国科学哲学家拉卡托斯

① 普特南：《“验证”理论》，载于 P. A. 希尔普编辑的《卡尔·波普尔的哲学》，1974 年英文版，第 221 页。

甚至说："波普尔的思想代表20世纪哲学中最重要的发展。"①

波普尔1902年7月28日生于奥地利维也纳市的一个犹太血统的知识分子家庭，其父是律师。他在青少年时期，对数学、物理学、哲学以及音乐等都深感兴趣。1918年进入维也纳大学学习哲学、心理学、数学、物理学、医学等课程，1928年取得哲学博士学位，其论文题目是《思维心理学的方法问题》。1929年，以一篇关于几何学公理、定义和公设的论文，取得担任中学数学和物理学教师的资格，自此在维也纳中学任教。1932年，他写成了《知识论的两个基本问题》(Die beiden Grundprobleme der Erkenntnistheorie）一书（两卷)。1934年，此书经过大量删节，改名为《研究的逻辑》（Logik der Forschung)出版，未经删节的原著于1979年出版。《研究的逻辑》一书是波普尔的成名之作，受到西方哲学界的高度重视。1935～1936年间，他两次应邀去英国讲学。1937年，鉴于希特勒上台后排斥犹太人，奥地利面临被德国吞并的危险，他迁居新西兰，在坎特伯雷大学任讲师，转向研究社会政治和历史问题。1944年，他出版了《历史决定论的贫乏》（The Poverty of Historicism）一书，1945年又出版了《开放社会及其敌人》（The Open Society and Its Enemies）一书。后面这部书分为两卷，上卷的副标题是"柏拉图的魅力"，下卷的副标题是："预言的高潮：黑格尔、马克思及其后果。"这两部著作集中反映了他的社会政治和历史观点，它们符合西方资产阶级的利益，受到他们的高度赞扬，被译成好几种文字，多次再版。1946年，波普尔受聘于英国伦敦大学，任伦敦经济学院讲师，从此定居英国。1948年，他被提升为伦敦大学逻辑与科学方法教授，不久又被任命为哲学、逻辑与科学方法系的主任。1950年，他应邀赴美国哈佛大学讲学，讲演的总题目是"自然和社会研究"。20世纪50～60年代，波普尔继续研究科学方法论问题。1952年，他写了《跋：二十年后》(Postscript：After Twenty Years）一文，概述了自1934年发表《研究

① 拉卡托斯：《波普尔论分界和归纳》，载于P. A. 希尔普编辑的《卡尔·波普尔的哲学》，1974年英文版，第241页。

的逻辑》以来他在科学哲学方面的一些新观点，此文到1959年才发表。1959年，他出版了《研究的逻辑》一书的英译本，改名为《科学发现的逻辑》。1963年，出版了他的另一部重要著作《猜测与反驳：科学知识的成长》，收入了他多年来发表的若干篇重要论文。1965年，他因写《开放社会及其敌人》一书获得英国政府授予的爵士称号。1970年退休后，波普尔致力于研究客观知识等问题，提出了关于“三个世界”的理论。这些观点集中表现在1972年出版的《客观知识：进化论观点》、1974年出版的论文集《哲学和物理学：一些捍卫物理科学的客观性的论文》(Philosophy and Physics: Essays in Defence of the Objectivity of Physical Science)以及1977年与澳大利亚神经生理学家艾克里斯(J. C. Eccles)合著的《自我及其大脑》(The Self and Its Brain)这三本书中。1974年，P. A. 希尔普为他编辑了《卡尔·波普尔的哲学》一书(两卷)，他为此书写了长篇的自传和答辩。1976年，这篇自传以《无止境的探索》(Unended Quest)为书名出版了单行本。1982年，巴特莱(W. W. Bartley)把波普尔在50年代写的《科学发现的逻辑跋》(Postseript to the Logic of Scientific Discovery)一稿分成三卷出版，其书目分别为：《实在论和科学的目标》(Realism and the Aim of Science)、《开放的宇宙：对非决定论的论证》(The Open Universe. An Argument for Indeterminism)和《量子理论和物理学中的分裂》(Quantum Theory and the Schism in Physics)。

在波普尔的青少年时期，对他的思想发展给予直接影响的，是马克思主义的革命学说、爱因斯坦的相对论和弗洛伊德的心理分析学说。1918年第一次世界大战结束时，波普尔正在中学念书，不久进入维也纳大学当旁听生。当时，奥匈帝国因战败而瓦解，奥地利爆发了资产阶级民主革命。在那段时期里，奥地利有三大政党，即主张“社会主义”的社会民主党、反对社会主义的罗马天主教党以及极右的德意志国家主义党，此外还有一个人数较少的奥地利共产党。波普尔参加了奥地利中学生协会，后来又参加了奥地利大学生协会，听过社会民主党人和共产党人的一些报告。起初，他倾向于社会民主党，对共产党持怀疑态度。1919年春，在革命浪潮的推动下，他一度转向共产党，可是，到同年夏，在反动当局屠杀革命群众的白色恐怖下，他的思想右转，他不指责反动当局的残酷镇压，反而抱怨共产党人行动轻率。从此他离开了马克思主义，走向反对共产主义的道路，并在40年代写出了《历史决定论的贫乏》和《开放社会及其敌人》这两部露骨的反马克思主义著作。他反对历史决定论，否认社会发展的规律性；他反对社会革命，主张社会改良主义；他把社会主义社会污蔑为"提倡盲从"和"抹杀个性"的"封闭社会"，而把资本主义社会吹捧为"崇高理性"和"民主自由"的"开放社会"，如此等等。整个说来，波普尔的社会政治思想是他的学说中的糟粕。

爱因斯坦的相对论对波普尔的影响更为强烈。波普尔很早就对数学和物理学感兴趣。进大学后，他选修了数学和理论物理学等课程，而在理论物理学中，他对爱因斯坦的相对论最感兴趣。他怀着极大热情聆听了爱因斯坦在维也纳大学的讲课，爱因斯坦成为他最崇拜的科学家。波普尔在晚年仍反复强调爱因斯坦对他的科学观的影响，他说："爱因斯坦对我的思想影响是极大的，甚至可以说我做的工作主要不过是把蕴涵在他的工作中的某些论点加以明确化而已。"① 波普尔的批判理性主义在某些方面确实是以爱因斯坦的相对论思想为基础，不过他是按照他自己的哲学观点来解释相对论的。

波普尔也接受过弗洛伊德的心理分析学说以及与此类似的阿德勒（A. Adler）的"个体心理学"的影响。他认真阅读过弗洛伊德的主要著作，还在阿德勒设立的维也纳工人区儿童诊疗所做过一些工作，与阿德勒本人有过接触。波普尔的哲学博士论文也是探讨思维心理学问题的。不过，波普尔后来根据他的批判理性主义理论，抛弃了弗洛伊德和阿德勒的观点。此外，康德和罗素也对他有一定影响。

20世纪20～30年代，波普尔与维也纳学派有过十分密切的联系，甚至有人把他也看作是逻辑实证主义者，但这样说是不恰当的。诚然，波普尔与维也纳学派的许多成员，如哈恩、费格尔、魏斯曼、

---

① 转引自怀特劳（G. J. Whitrow）：《爱因斯坦对我的科学观的影响——波普尔访问记》，载《自然科学哲学问题》，1980年第3期，第15页。

卡尔纳普、克拉夫特、哥德尔、门格尔、齐泽尔等人，都有程度不同的私人交往。他与石里克没有私人接触，但他对石里克十分尊重，特别赞赏石里克早期所持的实在论观点，他说："虽然我不认为石里克的《认识论》一书解决了他打算解决的全部问题，可是我非常赞赏这本书的清晰，它的某些论证的新颖，特别是它的那种毫不妥协的实在论。"① 波普尔没有参加过在石里克家中召开的小组讨论会，但他参加了在克拉夫特、齐泽尔、门格尔等人家中举行的讨论会，并在会上发表了他的观点。哈恩是他的数学老师，他对哈恩的讲课深感兴趣。他对卡尔纳普也很尊重，甚至认为卡尔纳普的《语言的逻辑句法》一书"标志着我自己的哲学思想革命的开端"②。他与费格尔的交往颇深，他是在费格尔的启发和鼓励下撰写《研究的逻辑》一书的。1931 年或 1932 年，维也纳小组的部分成员，包括石里克、弗兰克、哈恩和纽纳特，阅读了他的《研究的逻辑》一书的初稿，并决定加以删节后在他们主编的《科学世界观丛书》中发表。1935～1936 年间，波普尔出席了这个学派发起和组织的几次国际会议。1974 年，波普尔在回忆 20 年代末至 30 年代那段时期的情景时写道："维也纳小组的一些成员，特别是那些认为我的思想与他们自己的思想并非格格不入，而且认为应当把我纳入小组的人，可能把我看作一个与小组很接近的成员，例如，克拉夫特和费格尔就是这样想的，可能卡尔纳普、亨普尔和魏斯曼也是如此。可是，事实上，我从来没有想到我与维也纳小组是如此接近。"③ 克拉夫特在回忆当时的情景时也说："波普尔从来不属于维也纳小组，他从来没有参加过小组的会议，可是又不能认为他与小组没有联系。……波普尔与维也纳小组的发展处于一种密切的、不可分割的联系之中，而小组对他的思想也具

① 波普尔：《对批评者的答辩》，载于 P. A. 希尔普编辑的《卡尔·波普尔的哲学》，第 974 页。

② 波普尔：《反驳与猜测》，1963 年英文版，第 271 页。

③ 波普尔：《对批评者的答辩》，载于 P. A. 希尔普编辑的《卡尔·波普尔的哲学》，第 974 页。

有重大意义。”① 总之，波普尔不是维也纳学派的成员，但他与这个学派有过密切联系，与其中部分成员在思想上相互有所影响，进行过热烈的争论，他的思想正是在这种争论中发展起来的。

在思想观点上，波普尔与维也纳学派之间既有相同之处，也有相异之处。他们之间的相同之处主要在于：首先，他们都承认逻辑和数学的有效性是独立于经验的，逻辑和数学中都不包含关于实在的描述性陈述，它们只是规定了我们的语言规则或程序规则。其次，他们都承认关于实在的知识有其经验的基础，他们都继承了经验论的传统；不过，波普尔反对杜恒的工具论和彭加勒的约定论，不赞成维也纳小组所主张的那种彻底的经验论，而强调知识中的理性成分。他们之间的相异之处在于：维也纳学派坚持归纳主义，波普尔则坚持反归纳主义；前者主张证实原则，后者则主张证伪原则；前者把命题有无意义看作科学和形而上学的分界线，后者则把命题能否被证伪看作科学和伪科学的分界线；前者对形而上学持断然否定态度，后者则主张一种“形而上学的实在论”；前者不注意研究本体论问题，后者在后期则着重致力于研究本体论，提出“突现进化论”的观点；前者不重视对社会政治和历史问题的研究，后者则把社会政治和历史理论看作他的思想的一个非常重要的方面，前者对科学理论进行静态的逻辑分析，后者则强调从动态方面研究科学知识的发展和增长，如此等等。

20 世纪 50 年代后，波普尔除继续研究科学方法论和社会历史理论外，还着重研究本体论问题，其成果在他这段时期里出版的几本著作中得到充分表现。他强调知识的客观性，反对主观主义。他从“形而上学的实在论”的立场出发，承认外部世界的客观存在，认为人的感官直接感受的物质世界是客观存在着的，而且人的感官不能直接感受的不同层次的微观世界也是客观存在着的。他批驳了物理学中马赫等人的主观主义，也批驳了哲学中卡尔纳普、费格尔等人的“还原论”，反对那种把精神现象等同于或归结为物理现象的观点。

---

① V. 克拉夫特：《波普尔和维也纳小组》，载于 P. A. 希尔普编辑的《卡尔·波普尔的哲学》，第 185 页。

他对达尔文的进化论评价很高，并在此基础上提出了他的“突现进化论”，认为在宇宙的发展过程中，通过突现的进化，依次出现了重原子核、有机分子、生命、意识以及人类精神产物等等。他还提出关于“三个世界”的理论，认为可以把宇宙现象分为三个基本层次或三个世界，即：1. 物理世界；2. 精神世界；3. 客观精神世界。世界1指的是客观世界的一切物质客体及其各种现象；世界2指的是人的一切主观的精神活动；世界3指的是那些体现出人的意识的文化产物，如科学理论、文学、艺术、语言、神话等等。他强调这三个世界都是实在的，它们之间直接或间接地相互发生作用。

整个说来，波普尔的哲学思想中既有精华，也有糟粕。在他的科学方法论和本体论中，含有不少合理因素，值得我们研究和吸取。对于他的社会历史理论中的错误观点，也应给予分析批判。关于波普尔的哲学思想，特别是关于他的三个世界的理论，我国哲学界已进行深入研究，发表了专著和大量论文。这里不准备探讨和评述他的本体论思想和社会历史理论，只想从分析哲学历史发展的角度，简略阐述他的反归纳主义、证伪原则、分界标准以及科学发展理论，考察它们在科学哲学发展中的地位和作用。

一、反归纳主义、证伪原则与分界标准

在波普尔的批判理性主义理论中，反归纳主义、证伪原则以及科学和伪科学的分界标准这三个核心问题是紧密相连的。反归纳主义是证伪原则由以提出的出发点，而证伪原则又是用以划分科学和伪科学的依据。在这三个问题上，波普尔的观点与逻辑实证主义者的观点恰恰是对立的。

波普尔的反归纳主义是针对逻辑实证主义者的归纳主义提出来的。逻辑实证主义者大多持归纳主义的立场，认为科学知识仅仅来自对经验的归纳，经验科学的特征在于它们都采用归纳法，科学发现的逻辑与归纳逻辑是一致的，演绎法只是同语反复，不能通过它来获得新的经验知识。波普尔反对这种归纳主义观点，认为这种观点中包含有一个无法解决的问题，即无法证明归纳推理的有效性，这也就是休

谟早已提出的"归纳问题"。所谓归纳推理，就是从单称陈述中归纳出全称陈述，也就是从若干观察实验结果的陈述中归纳出假说或理论，例如，从"这块石蕊试纸在浸入这种酸性液体中时变成红色"这一类单称陈述中，归纳出"酸能使石蕊试纸变红"这个全称陈述。波普尔认为，问题恰恰在于不能从单称陈述中归纳出全称陈述，因为有限不能证明无限，例如，尽管我们看见成千上万只天鹅都是白色的，却不能由此归纳出"所有的天鹅都是白色的"。他强调说，科学原理或科学定律必须具有普遍的有效性，科学命题不是单称陈述，而是全称陈述，这种具有普遍有效性的全称陈述是不可能从表述个别知识的单称陈述中归纳得出的。他说："从逻辑的观点看来，无论从多少个单称陈述中都不可能推出全称陈述；因为，用这种方法得出的结论总是可能错误的。不论我们已经看到多少个白天鹅的事例，这仍不能证明所有的天鹅都是白色的这个结论是正确的。"①

波普尔还批驳了逻辑实证主义者为给归纳主义作辩护而提出的"归纳原则"，也就是批驳那种认为可以从过去推知未来的观点。逻辑实证主义者认为，自然规律是固定不变的，既然过去太阳每天总是从东方升起，因此明天太阳也将从东方升起。从过去可以推知未来这个基本论点，也是归纳主义的前提。逻辑实证主义者十分强调归纳原则，赖欣巴赫说："这个原则决定了科学理论的真理性。从科学中排除掉这个原则，这就意味着使科学失去对其理论的真假作出决断的能力。"② 与此相反，波普尔却认为这种观点是错误的，"自然的齐一性原则"（principle of the uniformity of nature）是一种形而上学观点，由此引出的"归纳原则"也是一种形而上学观点。用归纳原则来为归纳主义作辩护，这在逻辑上犯了循环论证的错误，因为从过去能够推知未来这个论据本身尚有待于证明。波普尔写道："因此，如果我们试图把我们对自然的齐一性、对理论的可证实性这种形而上学信念，运用到一种以归纳逻辑为基础的认识论上，我们就只有在无限的

① 波普尔：《科学发现的逻辑》，1968 年英文版，第 27 页。

② 引自赖欣巴赫的文章，载于《认识》杂志 1930 年第 1 期，第 186 页。

后退和先天主义之间作出选择了。”①

波普尔也批驳了某些逻辑实证主义者所主张的概率的意义理论，按照这种理论，归纳推理虽然不是严格有效的，但也能够达到一定程度的“可靠性”或“可能性”。赖欣巴赫把命题分为两类，一类是已经获得证实的命题，如关于过去和现在的事实的命题；另一类是尚未获得证实的问题，如关于未来的事实的命题。对于已经获得证实的命题，可以断定它们的真值；对于尚未获得证实的命题，则不能准确地断定它们的真值，只能说它们具有一定的权重。归纳推理是一种或然推理，用归纳法不能推出未来知识的必然性，但可以推出未来知识的或然性。例如，虽然不能从“过去太阳每天从东方升起”中推出“明天太阳也一定从东方升起”，可是可以推出“明天太阳很可能也从东方升起”。过去重复的经验愈多，今后发生的可能性也愈大。波普尔不同意这种观点，他说：“一般说来，与归纳逻辑相似，关于假说的或然性理论似乎也是由于把心理学问题和逻辑问题混淆起来而产生的。”② 在他看来，知识心理学涉及经验事实，知识逻辑学则研究逻辑关系，两者截然不同。归纳问题是逻辑问题或认识论问题，而不是心理学问题。我们主观的信任感的确具有不同的强度，这些不同的强度部分取决于有关的假说过去经受检验的程度。但这是心理学问题，而不是逻辑问题或认识论问题。因此，把假说的或然性与事件的或然性混为一谈是完全错误的。

波普尔对归纳主义的批驳含有一定合理因素，因为归纳主义者片面强调归纳法，而忽视或否定演绎法的作用，必然碰到波普尔指出的那些无法克服的困难。可是，波普尔站在反归纳主义的立场上，片面强调演绎法，而忽视或否定归纳法的作用，这也同样是错误的。从马克思主义观点看来，归纳和演绎是两种相辅相成、不可割裂的研究方法，它们处于辩证统一的关系之中。归纳法是从个别中归纳出一般，而演绎法则从一般中演绎出个别，个别和一般之间存在着辩证统一的

① 波普尔：《科学发现的逻辑》，第254页。

② 波普尔：《科学发现的逻辑》，第255页。

关系，一般寓于个别之中，个别也表现出一般，因此必须把归纳法和演绎法辩证地结合起来使用。恩格斯指出："归纳和演绎，正如分析和综合一样，是必然相互联系着的。不应当牺牲一个而把另一个捧到天上去，应当把每一个都用到该用的地方，而要想做到这点，就只有注意它们的相互联系，它们的相互补充。"① 归纳主义和反归纳主义的根本错误，恰恰在于把这两种不可分割的研究方法割裂开来，夸大一方而抛弃另一方。

从反归纳主义的立场出发，波普尔进一步提出了他那著名的"证伪原则"，而这个原则也是与逻辑实证主义者所主张的证实原则相对立的。逻辑实证主义者坚持他们的经验证实原则，认为命题的意义取决于有没有用经验去证实命题的方法，只有当一个命题可以还原为一个表示观察或知觉的基本命题时，这个命题才具有意义。波普尔不同意这种观点，认为我们能够用经验加以证实的，仅仅是那些表述个别经验事实的单称命题，如"那只天鹅是白色的"、"这朵花是红色的"等等。至于科学理论则无法证实，因为科学理论中的命题不是表述个别经验事实的单称命题，而是具有普遍有效性的全称命题，它们是不可能通过有限次数的经验观察加以证实的。

在阐释这个论点时，波普尔对全称陈述进行仔细的分析，把它分为两大类：严格的或纯粹的全称陈述与数目的全称陈述。严格的全称陈述（strict universal statement）指的是那些在数量上无限的全称陈述，如"一切物体都运动着"、"凡人皆有死"等等，它们无论在时间或空间方面都是无限地普遍有效的。数目的全称陈述（numerically universal statement）则指的是那些在数量上有限的全称陈述，如"现在所有生活在地球上的人都不高于八英尺"等等，这类陈述从形式上看是全称的，因为它们包含"所有的"这样的全称量词，但它们在空间和时间上都是有限的，如上述例句中的时间只限于现在，空间只限于地球。因此，这类陈述在空间和时间上都不具有严格的全称陈

① 恩格斯：《自然辩证法》，《马克思恩格斯选集》人民出版社，第3卷，第548页。

述所具有的那种无限的普遍有效性。波普尔认为，数目的全称陈述实质上是许多个单称陈述的集合，因此是可以证实的，相反，严格的全称陈述由于在空间和时间方面都具有无限的普遍有效性，因此不可能通过有限的经验观察加以证实。他说："我们不能搜遍全世界，以求确定某种东西现在不存在，过去不存在，将来也不存在。正是由于这个缘故，严格的全称陈述是不能证实的。"①

波普尔指出，科学理论在空间和时间方面都必须具有无限的普遍有效性，因此它们既不可能是表述个别经验事实的单称陈述，也不可能是由若干单称陈述集合而成的那种数目的全称陈述，而只能是严格的全称陈述。他说："自然科学的理论，特别是我们称之为自然规律的那种理论，具有严格的全称陈述这种逻辑形式。"② 由于严格的全称陈述是不能依靠经验来证实的，因此科学理论也是不能依靠经验来证实的。然而，科学理论却能够通过经验加以证伪。这就是说，科学理论作为严格的全称陈述，虽然不能被任何有限数量的经验事实所证实，但是可以被个别的经验事实所证伪，即被个别的经验事实所否定。例如，"所有的天鹅都是白色的"这个严格的全称陈述，虽然不能依靠我们看见过千万只白色的天鹅而加以证实，可是，只要我们发现一只黑色的天鹅，就能够立刻推翻这个全称陈述。他由此断定：科学理论只能证伪，不能证实。他说："我的建议建立在证实和证伪之间的非对称关系之上，这种非对称关系是从全称陈述的逻辑形式中产生出来的。因为，全称陈述决不能从单称陈述中推演出来，但可以被单称陈述所证伪。因此，借助于纯粹演绎的推理（即借助于古典逻辑中的 modus tollens〔否定后件的推理〕），就可能从单称陈述的真推出全称陈述的假。"③

所谓"否定后件的推理"，指的是从一个结论被证明为假，推出这个结论由以得出的前提为假。这是一种演绎推理的方法，波普尔的

① 波普尔：《科学发现的逻辑》，第70页。
② 波普尔：《科学发现的逻辑》，第68～69页。
③ 波普尔：《科学发现的逻辑》，第41页。

证伪原则正是建立在这种演绎推理的基础上。前面说过，演绎推理是从一般推出个别，也就是从全称陈述中推出单称陈述，其前提和结论的联系是必然的。根据演绎推理，可以从作为前提的全称陈述的真中推出作为结论的单称陈述的真，例如，如果“所有的天鹅都是白色的”这个前提是真的，那就可以推出“那只天鹅必然是白色的”这个结论也是真的。相反，如果经验证明这个结论是假的（如果发现有一只天鹅是黑色的），那也可以推出它的前提是假的。上述推理的后一部分，就是波普尔主张的“证伪的演绎推理方法”。他说：“这里所谈到的这种证伪的推理方法，即从结论被证伪中引出这个结论由以得出的那个体系被证伪的方法，也就是古典逻辑中的否定后件的推理。”① 他用$[(t\rightarrow p)\cdot\bar{p}]\rightarrow\bar{t}$ 这个公式来表示这种证伪的演绎推理方法的逻辑结构。在这个公式里，“t”表示全称陈述，“p”表示单称陈述，“→”表示演绎关系，“-”表示否定。这个公式的意思是：如果 p 是从 t 中推演出来的，而且如果 p 是假的，那么 t 也是假的。在他看来，证伪原则大大优越于证实原则，因为按照证实原则只能证实个别的经验事实命题，而按照证伪原则却能够否定整个科学原理或科学定律、甚至否定整个科学体系。

波普尔的证伪原则含有一定合理因素，因为他认识到科学理论具有相对性的一面，科学理论受到历史条件的限制，不可能一劳永逸地尽善尽美，往往可能被证伪；他重视否定事例的发现对于推动科学发展的作用，不承认有什么理论是绝对正确、不可动摇的，这有助于启发人们去深入研究我们平常认为不成问题的问题，防止把知识凝固化。他对证实原则的批驳也有中肯之处，揭露了证实原则在理论上碰到的某些无法克服的困难。可是，与逻辑实证主义者的证实原则一样，波普尔的证伪原则也具有它的错误和片面性。首先，与证实原则一样，证伪原则也是把感性经验看作检验真理的标准，而没有看到社会实践才是检验真理的标准。以主观感性经验去衡量科学命题的真

---

① 波普尔：《科学发现的逻辑》，第 76 页。

伪，就不可能保证对科学命题的真理性的判断始终是正确的。其次，波普尔认为科学理论绝对无法证实，却能一次性地证伪，这种看法犯了形而上学绝对化的错误。事实上，如果把社会实践看作检验真理的标准，那么科学理论是能够证实的；相反，如果把感性经验看作检验真理的标准，那么科学理论并不是在任何场合下都可以被一次性地证伪。再次，波普尔的证伪理论带有约定论的色彩，因为他认为严格的全称陈述不能用经验证实，只是一种约定，而且用以证伪全称陈述的单称陈述或基本陈述的真伪，也是一种约定。他甚至认为整个科学大厦都建立在约定的基础上，科学基础中没有任何绝对的东西。这是他片面强调知识的相对性，没有认识到相对真理和绝对真理之间的辩证关系所产生的结果。

最后，我们考察一下波普尔根据他的证伪原则而提出的科学与非科学的分界标准。在这点上，波普尔的观点与逻辑实证主义者的观点也有重大分歧。逻辑实证主义根据他们的证实原则，把分析命题之外的命题分成相互排斥的两类：一类是有意义的命题，它们是能够被经验所证实的；另一类是没有意义的命题，它们是不能被经验证实的。只有在有意义的命题的范围内，才有或真或假的问题；没有意义的命题则无所谓真假。经验科学的命题属于前一类，形而上学的命题属于后一类。总之，他们把证实原则看作把有意义的命题和无意义的命题划分开来的标准，并根据这个标准进而把经验科学和形而上学划分开。波普尔不赞同这个观点，认为这个分界标准是不适当的，甚至是错误的。他说："我之所以反对归纳逻辑，主要理由恰恰就是归纳逻辑不能为理论体系的经验的、非形而上学的性质提供一个适当的、可资区别的标记，或者，换句话说，它不能提供一个适当的分界标准。"① 他又说："那样一种归纳方法概念，也如同可证实性的标准一样，意味着一种错误的分界。"②

与逻辑实证主义者不同，波普尔把证伪原则看作科学与非科学之

① 波普尔：《科学发现的逻辑》，第 34 页。

② 波普尔：《猜测与反驳》，1968 年英文版，第 53 页。

间的分界标准。他强调说，科学理论不能用经验证实，只能用经验证伪；科学与非科学之间的分界线不在于它们能否被经验所证实，而在于它们能否被经验所证伪，因此，科学与非科学之间的分界标准只能是证伪原则，而不可能是证实原则。波普尔把任何一种理论的可证伪性或可反驳性看作理论的科学性的标准，一种理论只要是可证伪的、可反驳的，它就是科学的，反之，只要是不可证伪的、不可反驳的，它就是非科学的。这里所说的“可证伪”或“可反驳”，指的是在逻辑上或事实上有可能被经验所证伪，而不是指在逻辑上或事实上已经被经验证伪。他还认为，理论的可证伪性愈大，它的科学性也就愈高，反之，理论的可证伪性愈小，它的科学性也就愈低。他说：“总而言之，理论的科学性的标准，就是理论的可证伪性，或可反驳性，或可检验性。”①

分界标准问题在波普尔的科学哲学思想中占有重要的位置。从青年时期起，他就一直关心这样一个问题：什么样的理论才能称为科学？或者说，有没有一种用以判断理论的科学性的标准。后来，他把证伪原则看作这样的标准，并以这个标准为依据把科学与非科学划分开来。在他看来，属于科学一方的，是各种在逻辑上或事实上有可能被经验所证伪或反驳的理论，其中包括经验科学中的各门学科；属于非科学一方的，是那些不可能在逻辑上或事实上被经验证伪或反驳的命题、理论、学说等等，其中既包括宗教、神话以及那些貌似科学而实非科学的伪科学（如占星术等等），也包括形而上学（即传统的哲学理论），还包括逻辑和数学，因为他认为逻辑（如重言式命题）和数学（如2+2=4）不同于经验真理，而属于永真的逻辑真理，不可能被经验所证伪，因而也属于非科学的范围。他说：“我所说的分界问题，指的是要找到一个标准，这个标准使我们能够把经验科学（一方面）和数学、逻辑以及‘形而上学’体系（另一方面）区分开来。”②

① 波普尔：《猜测与反驳》，1968年英文版，第37页。

② 波普尔：《猜测与反驳》，1968年英文版，第34页。

从分界标准问题上，也可以看出逻辑实证主义者和波普尔对待意义问题持不同的态度。逻辑实证主义者一向重视意义问题，因此他们以证实原则为依据，把分析命题之外的命题分为有意义的和无意义的两大类，进而把科学和形而上学划分开来。波普尔则一向对意义问题不感兴趣，并且认为意义问题和分界问题没有联系，逻辑实证主义者的作法是把这两个截然不同的问题混为一谈了。在他看来，逻辑实证主义者把形而上学命题看作没有意义，从而把形而上学与科学划分开来的作法，是没有根据的，因为形而上学命题并非没有意义。例如，他认为形而上学对科学研究具有启发意义和指导意义，因为科学理论是一种建立在形而上学信仰之上的猜测，没有形而上学的信仰，也就没有猜测，没有科学理论。他说："我倾向于认为，如果没有一种对某些纯粹思辨的、有时甚至是非常模糊的观念的信仰，科学发现便是不可能的；从科学的观点看来，这种信仰完全得不到保证，就这一点来说，这种信仰是'形而上学的'。"① 他还认为，形而上学与科学理论的区分并不是绝对的，历史上有许多形而上学见解（如古代的原子论）现在已经转化为科学理论，科学理论是从形而上学中演化出来的。

波普尔把证伪原则加以绝对化，并且把这种绝对化了的证伪原则当作科学与非科学的分界标准，这就不能不犯某些错误。首先，他把证伪原则加以绝对化这个作法本身就是错误的，因为任何真理都具有相对性和绝对性这两个方面。就真理的相对性而言，它是可以证伪的，而就真理的绝对性而言，它则不可能被证伪。波普尔片面强调真理的相对性，把证伪原则加以绝对化，这就否定了真理的绝对性，否认相对真理和绝对真理之间存在着辩证统一的关系。其次，证伪原则不可能是科学与非科学之间的分界标准，因为，并非所有能被经验证伪的理论都是科学理论，例如，地心说、燃素说、热素说等等错误的理论已被证伪，然而它们严格说来并不是科学。相反，逻辑和数学的逻辑上永真的真理不能被经验证伪，但这并不妨碍它们的确是科学。

① 波普尔：《科学发现的逻辑》，第38页。

再次，如果把证伪原则当作科学与非科学的分界标准，那就不可避免地造成许多混乱。例如，把哥白尼的日心说和托勒密的地心说不加区别地划入科学之列，把逻辑、数学等基础科学与占星术、神话等宗教迷信不加区别地划入非科学之列，把唯物主义和唯心主义、辩证法和形而上学这些针锋相对的哲学观点不加区别地划入非科学之列，如此等等。

二、科学发展理论

在波普尔的批判理性主义中，科学发展理论占有十分重要的地位。波普尔始终强调要用批判的观点来考察科学的发展过程，要把批判的精神贯彻到科学发展的进程之中。批判是任何科学发展的主要动力，科学只有通过批判才能发展。科学的方法就是批判的方法，而批判的观点也就是理性的观点。他要求科学家敢于批判自己，敢于推翻自己的理论，同时又敢于批判别人，敢于批判任何权威，因为知识领域中不存在任何不能批判的东西。

这种批判精神在波普尔主张的“试错法”中得到鲜明的表现。试错法的基本精神就是“从错误中学习”，就是“尝试与排除错误”，就是“猜测与反驳”，就是“大胆尝试，严格检验”。试错法包含两个基本思想：一是任何知识都是推测性的，不是绝对无误的，一切有待于严格的检验；二是检验的目的在于提出反驳，加以证伪，推翻原来的推测。因此，试错法包括两个步骤：首先是猜想、推测或假设，接着是批判、反驳或证伪。他说：“可以把这种方法简述如下：科学家在碰到某个问题时，尝试地提出某种解决办法，即某种理论。科学如果把这种理论接受下来，那也只是权宜之计；这种科学方法的最主要的特征就在于科学家将不遗余力地批判和检验有关的理论。批判和检验是同时进行的；科学家从许多不同的方面对理论进行批判，以求找出理论中的可反驳之处。对理论的检验则在于使这些可反驳之处接受尽可能严格的审查。当然，这种方法又是试错法的一个变种。理论被试探性地提出来，然后加以试验。如果检验的结果表明理论是错误的，那就把它排除。试错法从实质上说就是排错法。”①

波普尔从这种试错法的观点考察科学发展的进程，提出科学知识增长的“四段图式”。他说，认识论的中心问题一直是知识如何增长的问题；而要研究这个问题，最好的办法是研究科学知识的增长过程。在他看来，科学知识增加的过程要经历四个阶段：首先是某个科学问题的出现，引起科学家们对之进行思考；其次是科学家们针对这个问题提出各种大胆的、试探性的猜测，即假设或理论；再次是各种不同的理论之间展开激烈的竞争和批判，接受观察和实验的严格检验，通过检验排除错误的理论，筛选出逼真度最高的新理论，最后是随着科学技术的进一步发展，新理论又被证伪，而出现新的问题，于是开始另一个新的循环，向更高水平发展。在科学知识的增长过程中，这四个阶段循环往复，没有穷尽。波普尔用下面这个“四段图式”来表示这个无限地循环往复的过程：

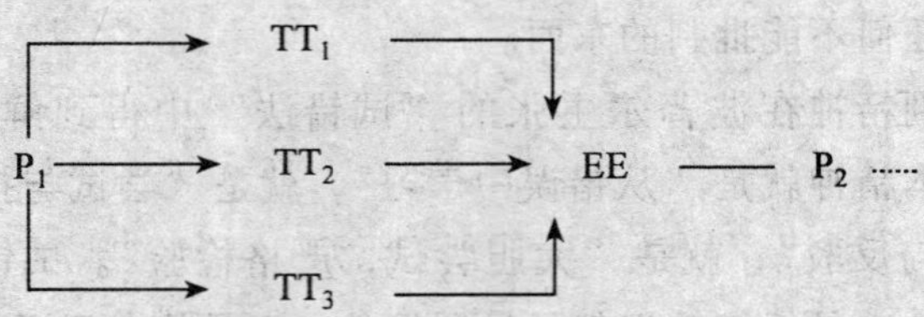

在这个图式中，“P_1”表示问题，“TT_1”至“TT_n”表示各种不同的理论，“EE”表示通过严格的检验排除掉错误的理论，“P_2”表示随着科学技术的发展出现的新问题。下面，我们将分别阐述波普尔关于这四个阶段的观点。

关于第一个阶段，波普尔强调说，科学开始于问题，而不是开始于观察。逻辑实证主义者站在归纳主义立场上，主张科学开始于观察，认为我们要了解自然界，就必须观察自然界，通过观察得出关于特定时间地点条件下发生的事件的单称陈述，然后从大量的单称陈述中概括出带有规律性的全称陈述，从而形成科学理论。波普尔不同意

① 波普尔：《猜测和反驳》，第313页。

这种观点，强调理论先于观察，因为观察本身总是要以理论为指导，这表现在观察的目标要根据一定的理论来选择，观察的材料要依靠一定的理论加以理解，观察的结果也要按照一定的理论加以表述，如此等等。至于理论和观察何者在先的问题，是否像鸡与蛋何者在先的问题一样，是一个无限后推、无法解答的问题，波普尔对此作了否定的回答，他说，诚然，我们所选择的任何特定的假设都以这个假设打算解释的观察为前提，可是这些观察反过来又以采用一定的参考框架、期望框架或理论框架为前提。如果这些观察是有意义的，如果它们产生了对之进行解释的需要，从而促使某种假设被发明出来，这正是因为这些观察在原来的理论框架内不能得到解释。他认为在这个问题上没有无限后推、无法解答的危险，当我们向前追根问底地探索时，终将发现我们具有一些无意识的、生而俱有的预期，例如，婴儿刚刚出生时可能没有观察，但已具有对母亲喂奶的预期，这是一种先天的本能。就整个人类来说，前科学时期的原始人没有科学理论，但他们已有神话，神话对于原始人的观察具有指导意义，因此神话是一种原始的理论，是科学理论的萌芽。他说："因此，我们生来就有一些预期，就有一种先于一切观察经验的'知识'，这种知识虽然不是先天地有效，但就心理学或发生学而言却是先天的。"① 这种先天的、先于一切观察经验的"知识"，就是科学产生和发展的基础。总之，在他看来，理论先于观察，科学不是开始于观察，像逻辑实证主义者以及一般说来经验论者所主张的那样。

波普尔强调理论先于观察，否认科学开始于观察，那么科学是否开始于理论呢？波普尔对此也作了否定回答：科学不是开始于理论，而是开始于问题。诚然，从历史上来考察，理论可能先于问题，因为理论从本质上说是一种先天的、与生俱来的预期。但是，从科学的发展上来考察，则只能说科学开始于问题，因为理论是一种对自然界的普遍规律的猜测，而猜测总是从问题开始的。每当我们的预期不能实现从而使我们感到失望的时候，或者每当我们的理论碰到困难、发生

① 波普尔：《猜测和反驳》，第47页。

矛盾的时候，问题就涌现出来。这些问题既可能出现在理论的内部，也可能出现在不同的理论之间，还可能出现在理论与观察的不一致。问题的出现促进我们去学习、去实验、去观察，从而推动我们的知识向前发展。因此，问题的出现是科学发展的出发点，我们从事任何科学研究都是为了解决一定问题，科学理论就是对问题的一种解释，没有需要解释的问题，自然也就不会出现用以解释问题的科学理论。他说："一个科学问题产生一种解释（理论）的需要，这看来是一条规则。"①

关于第二个阶段，波普尔首先强调科学理论是一种大胆的猜测，而不是正确无误的认识。在他看来，科学理论是一些具有普遍性和无限性的全称陈述，人们接触的却只是个别的、有限的事物，无法获得这种具有普遍性和无限的知识，因此，科学理论不可能是对客观实在的正确无误的认识，而只能是一种大胆的猜测，一种在先天预期的推动下对自然界的普遍性所作的一种理智的猜测。正是由于科学理论仅仅是一种大胆的猜测，而不是一种正确无误的知识，因此它们具有尝试性、暂时性和不确定性的特征，不论它们曾经取得多么大的成就，它们总是可能被证伪，总是可能被科学的发展所推翻。科学史表明，牛顿的力学理论虽然取得巨大成就，但已被爱因斯坦的相对论所推翻；爱因斯坦的相对论将来也一定会被科学的发展所推翻，因为它也只不过是一种大胆的猜测，并不是对物理世界的准确无误的认识。波普尔写道："科学理论是一些真正的猜测，是一些含有关于这个世界的大量信息的猜测，这些猜测尽管是不能证实的，即不能被证明是真的，可是它们能够承受严格的、批判的检验。它们是一些旨在发现真理的认真尝试。在这方面，科学假设恰恰相似于哥德巴赫（Goldbach）在数论中的那个著名猜测。哥德巴赫认为这个猜测可能是正确的，而且事实上它也可能是正确的，尽管我们并不知道，而且也许决不能知道它是否正确。"②

---

① 波普尔：《历史决定论的贫乏》，1961年英文版，第122页。

② 波普尔：《猜测和反驳》，第115页。

其次，波普尔认为，理论的提出依赖于某种突如其来的、神奇莫测的“灵感”。这涉及知识的来源问题。在哲学史上，经院哲学家把知识的来源归之于上帝和少数宗教权威，否认个人有独立获得知识的可能性；与此相反，经验论者和唯理论者则承认个人有独立获得知识的可能性，经验论者强调知识来源于经验，唯理论者则强调知识来源于理性。波普尔不赞同经院哲学家的观点，而倾向于经验论者和唯理论者的看法，不过，他认为无论经验或者理性都不是知识的唯一来源。在他看来，知识的来源是多方面的，既来自于经验，也来自于理性，还来自于历史传统，而理论的提出则直接依赖于一种突如其来的灵感。他说：“我认为我们应当做的事情，是放弃知识具有终极来源的观念，承认一切知识都是来自人自身，知识是与我们的错误、我们的偏见、我们的梦想以及我们的希望交错在一起的，我们所能做的一切就是探索真理，尽管真理是我们的能力所不能及的。我们可以承认我们的探索经常受到灵感的启发……”① 波普尔认为，灵感是非理性的，我们无法用理性解释灵感的产生过程，它的到来是不可预测的、无规律可循的。他把灵感与柏格森的“创造性直觉”等同起来，他说：“我的观点可以表述如下：每一个发现中都包含有一种‘非理性的因素’，或者说，包含有柏格森所说的那种‘创造性直觉’。”②

关于第三个阶段，波普尔提出了“可证伪度”、“验证”、“逼真度”等概念。上面谈到，在第三个阶段中，各种不同的理论之间展开激烈的竞争，并接受观察和实验的严格检验，通过检验排除错误的理论，筛选出逼真度最高的新理论。各种理论在竞赛中根据什么标准来判断谁优谁劣呢？波普尔回答说：根据各种理论的不同的“可证伪度”，即它们可以被证伪的程度。一个理论的普遍性愈高，它所提供的信息量愈大，它的可证伪度就愈高，反之也是如此。例如，把“所有天体的运行轨道是环形的”和“所有行星的运行轨道是环形的”这两个科学陈述加以比较，就能看出前一个陈述的普遍性较大，

① 波普尔：《猜测和反驳》，第 29～30 页。
② 波普尔：《科学发现的逻辑》，第 32 页。

提供的信息量较大，它的可证伪度也较高。同时，一个理论所提供的信息的内容愈精确，它的可证伪度也就愈高，反之也是如此。例如，把“所有天体的运行轨道是环形的”和“所有天体的运行轨道是椭圆形的”这两个科学陈述加以比较，也能看出后一个陈述提供的信息的内容比较精确，它的可证伪度也较高。波普尔由此断定，可证伪度较高的理论比较优越，因为它们的普遍性较高，提供的信息量较大，而且信息的内容也比较精确。他说：“正如我们所看到的，一个理论的普遍性和精确性的程度，是随它的可证伪度的增加而增加的。因此，我们也许可以把理论的严密性程度和它的可证伪度看成是一回事……”①

按照波普尔的观点，一个理论的可证伪度是判断这个理论是否进步的理论标准，但它只表明理论的“潜在进步性”。至于这个理论是否真正进步，尚有待于经验的实际检验，因此经验的检验是判断一个理论是否进步的事实标准。如果某个理论在观察、实验以及生产中的应用中经受住了检验，那么这个理论就得到了“验证”。“验证”(Bewährung，英译名为 Corroboration) 是波普尔的证伪理论中的一个重要概念，他强调这个概念完全不同于逻辑实证主义的“证实”(Verification) 概念。因为，对一个理论的证实，就是表明这个理论是真的，而且是永远正确的，可是，对一个理论的验证，则仅仅表明这个理论暂时经受住了经验的检验，以后还可能被证伪，它并不表示这个理论肯定是真的，更不表示它是永远正确的。换句话说，“证实”不仅是对理论的过去的评价，也是对理论的现在和将来的评价，而“验证”只是对理论的过去的评价，即承认到目前为止，理论经受住了检验，但将来仍可能被证伪。波普尔在 20 世纪 30 年代提出“验证”这个概念，卡尔纳普接受了这个概念，但把它译为“Confirmation”。波普尔不喜欢这个译名，因为卡尔纳普把“验证度”与“概率”联系起来，而波普尔是不赞同赖欣巴赫等的概率理论的②。

---

① 波普尔：《科学发现的逻辑》，第 141 页。

② 参见波普尔：《科学发现的逻辑》，第 251～252 页脚注。

至于“逼真度”这个概念，则与波普尔的真理观有联系。波普尔是实在论者，他承认外界世界的存在，承认客观真理，坚持真理在于与客观事实相符合。但是，他又反对唯物主义的反映论，认为科学不能认识客观真理，只能探索真理，即对真理作出探索性的猜测，并通过不断的猜测而逐步逼近真理，这就产生了“逼真度”这个概念。在他看来，任何理论都是真实内容和虚假内容的统一，这是因为：一方面，任何理论只不过是一种猜测，不可能完全正确，而含有一定的虚假内容，因此将被经验所证伪；另一方面，任何理论只要接受了经验的检验，就说明它具有一定的真实内容。一种理论所包含的真实内容愈多，虚假内容愈少，它就愈更逼近于真理。波普尔把理论所具有的逼近真理的性质称为“逼真性”，而把理论逼近真理的程度称为“逼真度”。他说：“假设理论 1 和理论 2 的真实内容和虚假内容是可以比较的，那么，只要出现下面两者之中的任何一种情况：（一）理论 2 的真实内容（而不是虚假内容）超过了理论 1 的真实内容，（二）理论 1 的虚假内容（而不是真实内容）超过了理论 2 的虚假内容，就可以说理论 2 更加近似于真理，或者说更加符合于事实。”①由此出发，波普尔还用下列公式把逼真度定义如下：

$$Vs(a) = Ct_T(a) - Ct_F(a)$$

在这里，“a”表示某种理论，“$V_S(a)$”表示这种理论的逼真度，“$Ct_T(a)$”表示这种理论所包含的真实内容的量度，“$Ct_F(a)$”表示这种理论所包含的虚假内容的量度。因此，当一个理论所包含的虚假内容的量不变而真实内容的量增加时，或者当它所包含的真实内容的量不变而虚假内容的量减少时，这个理论的逼真度就会提高。一个理论的逼真度较高，它就能在竞争中排挤或取代逼真度较低的理论。科学发展的历史就是各种理论通过竞争使其逼真度不断提高的历史。不过，波普尔认为，科学的最大逼真度只是一个遥远而不可达到的理想。

最后，关于第四个阶段，波普尔强调在竞争中取得胜利的新理论

① 波普尔：《猜测和反驳》，第 233 页。

将随着科学技术的发展而被证伪，于是涌现出新的问题。为了解决新问题，科学家们又提出各种不同的、大胆的猜测或理论，在这些猜测或理论之间展开激烈的竞争，通过观察和实验的检验，又筛选出逼真度更高的新理论。可是，随着科学技术的发展，这种新理论又被证伪，出现了另一些新问题，于是又开始了另一个循环，如此无穷无尽。他认为全部科学史就是科学问题的发展史，就是从较浅显的问题不断向较深入的问题发展的历史。他说："因此，我们可以说，一个理论对于科学知识的增长所能作出的最持久的贡献，就在于它所提出的新问题，这样一来，我们就被引向这样一种观点，即认为科学和知识增长都始终是从问题开始，并以问题为终点，这些问题愈来愈深入，而且在提出新问题方面也具有愈来愈加广阔富饶的基础。"①

总的来说，波普尔提出的这种科学发展理论，从动态方面研究科学的发展过程，这对科学哲学的发展是一个重大贡献。逻辑实证主义者过去只是对科学作静态的逻辑分析，把科学的发展仅仅看作科学知识在数量的增加和积累，而没有从动态方面研究科学发展的规律性。从波普尔开始以至后来的历史社会学派和新历史社会学派，都注意从动态方面去探索科学发展的规律性，应该说这是一个重大进展。波普尔的科学发展理论中含有一些辩证思想，它重视否定性证据在认识发展中的积极作用，这一点也是有合理因素的。可是，波普尔的科学发展理论也具有形而上学的片面性，这主要表现在它片面夸大科学发展过程中证伪、否定和变革这一方面，而抹煞科学理论发展过程中的相对稳定性和继承关系这另一方面。在他看来，对某个科学理论的证伪，就是对它的彻底否定和淘汰，没有任何继承关系。从马克思主义观点看来，对某种科学理论的批判和反驳，并不是对这种理论的彻底否定和简单抛弃，而是否定其错误成分，保留其正确成分，科学理论的发展是一个承前启后、继往开来的过程。波普尔否认科学理论的相对稳定性，把科学发展理解为一个不断革命的过程，其中只有质变，没有量变，这种看法也是错误的。事实上，科学理论的演变是一个从

① 波普尔：《猜测和反驳》，第222页。

形成、巩固、发展到变革的过程，是一个从量变到质变的过程。

对于波普尔围绕着科学发展理论提出的一些观点，也应作具体分析。就“科学开始于问题”这个观点而言，诚然，在科学实践中时刻出现新问题，旧的问题解决了，又出现新的问题，科学发展在这方面表现为问题不断地被提出、分析和解决的过程，可是，不能简单地说科学开始于问题，因为这没有说明问题又来自哪里。从马克思主义观点看来，一切知识来源于实践，科学理论也是如此，科学中的问题来自于科学实践，归根结底来自于社会实践。就“科学理论是一种大胆的猜测”这个观点而言，可以说它也含有合理因素，因为它部分地说明了猜测或假设在科学发展中的重要作用。可是，这种观点基本上是错误的。首先，它把猜测或假设与理论混为一谈，猜测或假设只是科学理论的前身，因为它们还没有被科学实践所证实，只有当它们经受住科学实践的严格检验时，它们才能上升为理论。尽管科学理论中往往也含有假设成分，但不能把科学理论与猜测或假设等同起来。其次，波普尔片面强调灵感、直觉等等在理论形成中的作用，而没有看到灵感、直觉等等也以实践为基础。从马克思主义观点看来，灵感、直觉等等是认识过程中的一种飞跃，它与认识过程中的其他环节一样，不能离开整个认识过程而独立地起作用。它们不是思维主体的自由创造，不是某种神秘的、非理性的东西，而是接受实践的制约，它们也是在社会和个人的社会发展成果的基础上产生的。波普尔关于逼真度的观点也含有一些唯物主义和辩证法的因素，因为他承认外部世界的存在，承认真理在于与客观事实相符合，承认真理的客观性，他也认识到理论发展的无限性，每一阶段中对真理的认识的相对性，认为通过逐步清除错误可以向客观真理不断逼近等等。他在这个问题上的根本错误，在于反对能动的反映论，把真理与客观事实的符合理解为一种猜测性的符合，对真理的认识也只是一大胆的猜测，而没有认识到认识过程中反驳和继承、否定和肯定、相对真理和绝对真理之间的辩证统一关系。总之，波普尔的科学发展理论，也与他的反归纳主义、证伪原则、分界标准以及三个世界理论等等相似，虽然含有许多错误论点，但也含有不少合理因素，需要进行具体分析，区别对待。

第二节　托马斯·萨谬耳·库恩
（Thomas Samual Kuhn 1922～）

托马斯·萨谬耳·库恩，美国科学史家，科学哲学家，科学哲学中历史学派或历史社会学派的创始人。R. 罗蒂在《今日的美国哲学》一文中把他称为当代美国分析哲学的一个重要代表。对于他在西方科学哲学界的影响，苏联哲学家波鲁斯作过这样的评价："由著名的美国历史学家和方法论专家库恩发展的科学演变概念首先使我们感到兴趣的是它的哲学方面，即它的认识论基础，我们认为后者对现代公认的反实证主义的方法论观点的形成有着重要影响。"①

库恩在1922年7月18日生于美国俄亥俄州辛辛那提市，1943年在哈佛大学物理系获得理学士学位，1946年获得硕士学位，1949年获得哲学博士学位。1951～1956年在哈佛大学任助理教授，讲授普通教育和科学史，1958～1964年在伯克利加州大学任教，1961年升任教授，讲授科学史，1964～1968年在普林斯顿任科学史教授，1968～1979年任派恩（M. T. Pyne）讲座科学史教授，1979年以后在麻省理工学院任哲学和科学史教授，1980年起还参加了该院的"科学、技术和社会计划"的工作。他是美国科学院院士，1968～1970年任美国科学史学会主席。他的主要著作有：《哥白尼革命》（The Copernican Revolution，1957）；《科学革命的结构》（1962）；《量子物理学的历史资料》（Sources for History of Quantum Physics，1967）；《必要的张力》（1977）；《黑体理论和量子不连续性》（Black-Body Theory and the Quantum Discontinuity，1978）等等。其中，《科学革命的结构》一书是他的成名之作，影响很大，被译成好几种文字出版，受到西方科学哲学界的高度重视，引起了热烈讨论。

---

① B. H. 波普斯：《论库恩的〈科学革命的结构〉和科学发展的辩证法》，载苏联《哲学问题》杂志，1977年第2期。

库恩在研究生阶段攻读理论物理学，后来转向科学史的研究，并长期担任这方面的教学工作，同时也对科学哲学问题深感兴趣。在这个发展过程中对他的思想发生过影响的，在科学史方面有柯依列（A. Koyre）、弗莱克（L. Fleck）等人，在哲学方面有洛夫焦伊（A. O. Lovejoy）、蒯因等人，他特别接受了蒯因的“整体论”思想，在心理学方面有皮亚杰（J. Piaget）以及某些格式塔心理学家。

库恩在科学哲学发展中的作用，主要表现在他与费耶阿本德、汉森等人创建了历史社会学派。如前所述，20世纪40～50年代，在美国科学哲学中占主导地位的是逻辑实证主义，尽管它在这个阶段的后期已受到波普尔倡导的批判理性主义的严重挑战。60年代初，库恩等人打出历史主义旗号，既反对逻辑实证主义，也反对批判理性主义。库恩等人一方面反对逻辑实证主义的逻辑主义和归纳主义，认为科学的发展不是一个逐渐积累知识的过程，科学理论不是来自对经验事实的归纳，反对不联系科学史的发展而单纯对科学命题进行静态的逻辑分析。另一方面，他们也反对批判理性主义的证伪原则，认为如果把证伪主义方法论看作科学发展的合理重建，这不仅不符合于科学发展的实际历史，而且可能阻碍科学理论的正常发展。他们也不像波普尔那样认为科学的发展是一个不断否定、不断革命的过程。他们赞成从动态方面研究科学发展的模式，可是他们批评波普尔等人仅仅重视理性分析而忽视社会历史分析。他们强调要把科学哲学的研究与科学史的研究结合起来，从科学发展的历史事实中研究科学发展的动态模式。诚然，在历史社会学派内部，在一些具体问题上也是意见分歧，争论激烈，但他们一般都主张要从科学发展史的角度去研究科学发展的动态模式。

在历史社会学派的形成过程中，库恩起着特别重要的作用。他所提出的“范式论”，他所设想的“科学发展的动态模式”，在西方科学哲学界引起很大反响，奠定了历史社会学派的理论基础。他特别强调科学家应当具有强烈的历史感，要根据各个时代的历史背景去考察当时的科学成就，否则就会作出错误的理解。例如，就亚里士多德的物理学来说，如果只从现时代的科学水平来衡量，它当然显得非常落后，错误很多，可是，从当时的知识水平和社会文化背景来看，这种理论的产生是合情合理的，它能够解释当时的各种物理现象，它在推动科学发展方面起过很大作用。总之，他强调要根据科学发展的历史事实去研究科学发展的动态模式。他不满意当时逻辑实证主义者撇开科学史孤立研究科学命题的逻辑结构的作法；不过，他说："……我坚信如果在准备科学哲学著作时能够让历史发挥更大的作用，就会改进这种现状。"① 他所说的科学史，指的是这个领域内有关科学概念、方法、技术进步的核心部分。他所说的科学哲学，指的是对科学理论的结构、理论实体的地位以及使科学家得以创造出可靠知识的条件等问题的研究。他说："正是对于科学哲学的这一部分，而且很可能仅仅是这一部分，才必须涉及科学观念和科学方面的历史。"②

库恩提出的范式论和科学发展的动态模式，以及他关于要结合科学史去研究科学哲学问题等观点，含有许多合理因素，值得我们认真加以探讨。在这方面，国内许多学者已经作了大量工作，翻译出版了《科学革命的结构》和《必要的张力》这两本主要著作，发表了许多文章，提出了许多有启发性的见解。这里不准备对库恩的科学哲学思想作全面、系统、深入的评述，只打算对范式论和科学发展的动态模式这两个基本观点作一些粗浅的评介。

一、范式论

在库恩的科学哲学思想中，"范式"（paradigms）是一个基本概念，可以说范式论是他的整个科学哲学理论的核心，我们有必要首先对它作些剖析。库恩在1959年写的《必要的张力》一文中已首次引进"范式"这个概念，这篇文章最初发表在一个会议论文集中，反响不大。在1962年出版的《科学革命的结构》一书中，库恩对这个

① 库恩：《科学史和科学哲学的关系》，载于他的《必要的张力》，福建人民出版社1981年版，第12页。

② 库恩：《科学史和科学哲学的关系》，载于他的《必要的张力》，福建人民出版社1981年版，第12页。

概念作了许多发挥，才引起人们的注意。可是，库恩并没有对它下明确的定义，也没有对它作出前后一贯的解释。有位评论者对这个概念作了一个不完全的统计，发现在《科学革命的结构》这本只有172页的书中竟对“范式”一词作了21种不同的解释，如“一种具体科学的成就”、“一组特定的信念和预想”等等。由于这个概念含义模糊，引起很大争论，库恩也因此受到不少批评。1974年，库恩为此特意写了《再论范式》一文，进一步补充和澄清他在这个问题上的观点。

“paradigms”一词来自希腊文，表示“共同显示”的意思，由此引出范式、规范、模式、模型、范例等等含义。在语法中，这个词表示词形变化的规则，如名词变格、动词人称变化等等。库恩在谈到这个词的用法时说：“按既定的用法，范式就是一个公认的模型或模式，这一方面的意义我找不到更合适的用语，只能借用‘范式’这个词。但是立即可以看出，借用这个词所能表示的‘模型’和‘模式’的意义，并不完全是通常用来定义‘范式’的意思。”① 例如，在语法中，“ama，amas，amat”（拉丁文动词“爱”的第一、第二、第三人称）是一种范式，因为它显示了用来组成大量其他拉丁文动词的模式，如构成“laudo，laudas，laudat”（拉丁文动词“称赞”的第一、第二、第三人称）等等。在这种典型的应用中，范式只有在容许那些原则上可以取而代之的事例重复出现的情况下才有作用，而在科学中，范式又是某种很少重复出现的东西。因此，需要在更严格的条件下对范式一词的意义进一步加以分析和具体化。

库恩也谈到维特根斯坦在他的后期哲学中对“范式”一词的使用。他是在讨论范式的优先性时提到这一点的，他说：“‘直接检查范式’这个短语可能意味着什么呢？近年来路德维希·维特根斯坦对这一类问题提出了部分答案，尽管是在一种十分不同的上下文中提出的。”② 维特根斯坦是从“家族相似”这种意义上理解范式一词

① 库恩：《科学革命的结构》，上海科学技术出版社1980年版，第19页。

② 库恩：《科学革命的结构》，第37页。

的。所谓“家族相似”，指的是家族成员之间由于血缘关系而在身材、面貌、眼珠颜色、走路姿态以及性格等等方面的相似之处，这种相似只是部分相似或大体相似，而不是在各方面都完全相似。维特根斯坦用这个词来说明语言的本质、语言游戏的本质等等。维特根斯坦认为，讨论游戏、椅子或树叶所共有的某些属性，虽然有助于我们学会使用相应的词，但是实际上并不存在一组既可以用于某个类的所有成分，同时也可以用于它的个别成分的特征。尽管如此，当我们碰上一种前所未见的活动，我们仍然会用“游戏”这个词来表示它，因为这时我们所看到的活动同以前学会用这个词来称呼的许多活动，很像是一个家族。库恩在概括维特根斯坦的这一观点时写道：“简言之，对维特根斯坦来说，游戏、椅子、树叶都是自然界的不同家族，每一个家族都有一张重迭、交叉的相像的网。这张网充分说明，我们已成功地识别了有关的对象或活动。”① 看起来，库恩在提出“范式”概念上也受到维特根斯坦的这一思想的启发。

在《科学革命的结构》一书中，库恩偏重于把“范式”和“常规科学”这两个概念联系起来考察。所谓“常规科学”，他指的是那些坚定地把一种或许多种已获得的科学成就作为基础的科学研究。这些科学成就为某一学科提出了一整套规定，提出了一些典型的问题及其解答。它们在许多科学经典名著之中得到了明确的表述，例如，亚里士多德的《物理学》，牛顿的《原理》和《光学》，拉瓦锡的《化学》等等，都在一定时期内为以后几代科学工作者大致规定了在某一研究领域内应当研究什么问题、采用哪些方法等等。库恩认为这类著作具有两个特点：一是这些著作的成就足以把一批坚定的拥护者吸引过来，使他们不再去进行科学活动中各种形式的竞争；二是这种成就又足以为一批重新组合起来的科学工作者留下一大堆有待解决的问题。库恩说：“凡是具备这两个特点的科学成就，此后我就称之为‘范式’。这是一个同‘常规科学’密切有关的术语。我采用这个术语是想说明，在科学实际活动中某些被公认的范例（examples）——

① 库恩：《科学革命的结构》，第38页。

包括定律、理论、应用以及仪器设备统统在内的范例——为某一种科学研究传统的出现提供了模型。"① 一个新手学习了这种范式，就能使他为参加他以后将要工作于其中的那个科学共同体准备好了条件。他在那个科学共同体中所遇到的人，也是从同一模型中学到专业基础的，因此在他们以后的活动中就不大会在基本原则方面出现重大分歧。库恩认为，根据共同规范进行研究的人们，受到同样的科学实践规则和标准的制约。这种制约以及由此所造成的表面上的一致，正是常规科学的前提，也是某一种研究传统形成和延续的起源。

在《再论范式》一文中，库恩对范式的含义作了进一步的阐释，他特别把"范式"和"科学共同体"这两个概念联系起来考察。诚然，在《科学革命的结构》一书中，他已经提出"科学共同体"这个概念。他在谈论常规科学时谈到，常规科学是指严格根据一种或许多种已获得的科学成就而进行的科学研究，某一科学共同体承认这些成就在一定时期内是进一步开展活动的基础。他说："在这本书里，'范式'一词无论实际上还是逻辑上，都很接近于'科学共同体'这个词。一种范式是，也仅仅是一个科学共同体成员所共有的东西。反过来说，也正是由于他们掌握了共有的范式才组成了这个科学共同体，尽管这些成员在其他方面并无任何共同之处。"② 在他看来，要把"范式"这个词完全弄清楚，首先必须认识科学共同体的独立存在。

按照库恩的观点，科学共同体是由一些学有专长的实际工作者所组成。他们被他们所受教育和训练中的共同因素结合到一起，他们自己认为，而且也被别人认为他们搜索一些共同的目标，培养自己的接班人等等。在共同体内部，意见交流比较充分，专业上的看法比较一致，阅读大致相同的文献，利用大致相同的资料。总而言之，库恩所说的科学共同体，就是指在科学发展的一定历史时期内，某个科学领域中接受共同的基本理论、持有大致相同的基本观点、使用共同的研

① 库恩:《科学革命的结构》，第 8 页。

② 库恩:《再论范式》，载于他的《必要的张力》，第 291 页。

究方法的科学家集团。不言而喻，科学家集团有大有小，因此科学共同体可以分为若干层次。最高的层次是由全体自然科学家组成的共同体，低一层次的是由各个主要专业的科学家组成的共同体，例如由物理学家、化学家、天文学家等等分别组成的集团。在物理学家共同体内部还可再分为由固体物理学家、高能物理学家等等分别组成的集团，在化学家共同体内部还可再分为由有机化学家、无机化学家等等分别组成的集团。按照这种方式还可以再细分下去，形成许多小型的科学共同体。其中，每个共同体都持有自己的范式，在一些基本理论上也可能与相邻的共同体持有某些共同的范式。

库恩到后期还特别强调“专业母体”（disciplinary matrix）这个概念。对于究竟什么共同因素决定共同体内部专业交流充分、专业见解一致这样一个问题，库恩在《科学革命的结构》一书中说这是“一种范式”或“一组范式”。在《再论范式》一文中，库恩用“范式”表示这个意思，并且认为如果用“专业母体”来表示，那会把这个意思表达得更明确一些。他说：“正是在典型事例的意义上，我最初才选用了‘范式’这个词。但不幸，《科学革命的结构》一书的大多数读者都没有看出这个词的主要作用，以及我是怎样在接近于现在的‘专业母体’意义上使用‘范式’一词的。”① 因此，他后来偏重于用“专业母体”一词来表示范式的含义。“专业”是指一个专门学科的实际工作者共同掌握的那种东西，“母体”是由各种各样条理化的因素所组成，而每一因素又需要加以进一步的说明。专业母体是一定专业的科学工作者共同掌握的一个有待于进一步发展的基础。这种专业母体的组成，包括大部或全部的集团规定，也就是包括《科学革命的结构》一书中所说的范式、范式成分或合乎范式的东西。

库恩用“科学共同体”、“专业母体”等等概念来说明“范式”一词的含义。根据他的阐述，可以看出“范式”就是某个科学家集团在某个专业或学科中所持有的共同信念，这些信念规定了他们的主要理论、基本观点和研究方法，为他们提供了共同的理论模型和理论

① 库恩：《再论范式》，载于他的《必要的张力》，第302页注。

框架，形成了该学科的理论传统，并规定了该学科的发展方向。范式是该科学共同体的行动纲领。总而言之，范式包括一个科学共同体的全部规定，它代表这个科学共同体成员所共同具有的信念、价值、技术手段等等的总和。库恩在《科学革命的结构》一书中，从科学史上列举了一些关于范式的例子。例如，在关于光的理论方面，18 世纪牛顿在《光学》中认为光是物质粒子，于是为这个领域提供了一个范式；19 世纪初杨（Young）和弗雷斯内尔（Fresnel）在他们的光学著作中提出光是一种横波运动，于是在这个领域内又提供了另一种范式；现在，物理学家认为光是光子，也就是某种波动性和粒子性的量子力学实体，这又在这个领域内提供了一种新的范式。这些范式在科学发展的一定时期内分别成为这个领域内科学共同体的共同信念。库恩还认为新旧范式之间是不可比的或不可通约的，因为不同范式的支持者研究的问题不同，科学标准不同，对传统概念等等的使用方式也不同，他们是在不同的世界里工作的，他们之间没有共同语言。

库恩还把范式看作任何一门科学得以成为科学的必要条件或成熟标志，也就是把范式看作科学与非科学的分界标准。他强调说，任何一门学科只有在具有共同范式的情况下，才可以称为科学，否则就不能称为科学。一门学科在不具有共同范式的情况下，仍处于前范式时期或前科学时期，在这个时期里，这门学科的研究工作者没有共同的信念，各人有各人的观点，意见分歧，争论不休。经过长期的争论，他们逐渐形成一个共同的信念，出现一个共同的范式，于是进入范式时期或科学时期，这门学科这时才成为一门科学。库恩认为，各门自然科学大多已或早或晚地进入范式时期或科学时期。从科学史上看，最早进入范式时期的是天文学，托勒密的地心说是天文学中的头一个范式。其次进入范式时期的是力学，亚里士多德的力学理论是力学中的头一个范式。再次是化学，炼金术理论是化学中的头一个范式。至于社会科学，无论是经济学、社会学或政治学等等，至今仍没有任何一个学科进入范式时期，因为其中每一个学科都没有形成共同的信念，而是各持己见，莫衷一是。因此，在他看来，社会科学中的各个学科都不能严格地算为科学。库恩把是否具有共同的范式看作划分科学与非科学的标准，这种观点既不同于逻辑实证主义，也不同于批判理性主义。逻辑实证主义者把证实原则看作划分科学与非科学的标准，认为只有直接或间接地获得经验证实的命题才算科学命题；相反，批判理性主义者则强调证伪原则，认为只有能被证伪的命题才算科学命题。

库恩的范式论强调范式的集体性，认为范式是科学共同体的共同信念，是科学共同体的公共财富。他说："……科学尽管是由个人进行的，科学知识本质上却是集团产物，如不考虑创造这种知识的集团特殊性，那就既无法理解科学知识的特有效能，也无法理解它的发展方式。"① 把科学借以发展的形态从个别人的理论扩大到科学共同体共有的范式，强调范式的集体性，库恩在这点上接受了蒯因的"整体论"思想的影响。从马克思主义观点看来，这种范式论含有一定合理成分，因为，世界是一个普遍联系、相互制约的统一整体，任何一个事物都具有各种错综复杂的内部联系和外部联系，这些联系构成事物的客观结构。这种客观结构反映到人们的头脑中，就在认识的发展过程中逐渐形成一定的知识框架或理论框架。人们在观察事物时，总是根据一定的框架去分析和整理各种杂乱的自然现象和社会现象。随着人类知识的增长和科学的发展，这些框架或者得到充实和修正，或者被更加完善、更加符合现实的框架所取代。库恩所说的"范式"属于科学中的理论框架，它们是各个领域内科学家们在探索自然界的过程中取得的科学成果。从这个方面说，库恩的范式论是有积极意义的。

可是，另一方面，库恩又对范式作了一些唯心主义的解释。在他看来，范式只不过是科学共同体的共同信念，这就是说，某个共同体中的科学家们由于接受相同的教育，接受某些共同的基本理论，并且根据这些理论取得了某些科学成就，于是在心理上形成一种共同的信念，把这些理论看作解决该学科疑难问题的钥匙。库恩把范式理解为信念，理解为某种纯粹主观的东西，心理的东西，它往往产生于个人

① 库恩：《必要的张力》，前言，第 XⅡ页。

的灵机一动，在深更半夜突然涌现在人的脑海里。他显然没有认识到范式是事物的客观结构在人们头脑中的反映，是科学家们在认识自然界的过程中获得的成果，它们具有客观的物质内容。库恩有时甚至把范式作为一种信念与宗教信念相类比，认为这种信念使科学家们产生“一种狂热而虔诚”的想法，“想把自然界强迫纳入专业教育所规定的思想框框里”①。由于库恩不是把范式看作反映客观世界的知识体系，而是看作科学家集团的主观信念，因此他认为关于范式的产生和变化的原因，不应到对客观世界的认识中去寻找，而应当像寻找宗教信仰的产生和变化的原因那样，到社会心理和社会历史中去寻找。其次，在实用主义的影响下，库恩还对范式作了工具主义的解释。他说，范式是一些解决科学中疑难问题、适应社会需要的工具。当一种工具不适应需要时，科学共同体就要更换新的工具。各种工具各有不同的用途，不能说一种工具比另一种工具更重要，同样地，也不能说一种范式比另一种范式更进步。他认为，在亚里士多德力学被牛顿力学所取代、牛顿力学后来又被爱因斯坦力学所取代这一过程中，不能说牛顿力学比亚里士多德力学进步，也不能说爱因斯坦力学比牛顿力学进步。他甚至于说：“科学家并没有发现自然界的真理，他们也没有愈来愈接近于真理。如一位批评者所说，除非我们干脆把通向真理的通路定义为科学家工作的必然结果，否则我们就无法承认我们在向着这个目标前进。”② 在这里，库恩显然接受了实用主义真理论的影响，否认客观真理的存在，陷入相对主义的泥坑。

二、科学发展的动态模式

在范式论的基础上，库恩提出了科学发展的动态模式。在他看来，科学发展一般要经历以下几个时期：一门学科在没有形成统一的范式以前，处于前科学时期；在形成统一的范式之后，进入常规科学时期；常规科学发展到一定阶段，进入反常和危机时期；为了克服危

① 库恩：《科学革命的结构》，第 4 页。

② 库恩：《必要的张力》，第 284 ~ 285 页。

机而寻求新的范式，于是进入科学革命时期；在新的范式形成之后，又进入新的常规时期；以后又会出现新的反常现象和新的危机，导致新的科学革命，于是又进入另一个新的常规时期，如此循环发展下去。总之，他认为科学的发展是一个积累和飞跃、进化与革命、肯定与否定相互交替的过程。他的这种观点既不同于逻辑实证主义的观点，也不同于批判理性主义的观点。逻辑实证主义者从归纳主义立场出发，把科学的发展看成一个连续不断地积累知识的过程，在这个过程中只有一点一滴的进步，没有飞跃、没有革命。相反，批判理性主义者则把科学的发展看成一个不断否定、不断革命的过程，在这个过程中，没有量的进化，只有科学原理不断地被证伪。与逻辑实证主义和批判理性主义的科学发展观相比较，库恩提出的科学发展动态模式是一个很大的进步。

常规科学时期的主要标志是科学共同体中形成了一个众所公认的范式。他说："有了一种范式，有了范式所容许的那种更深奥的研究，这是任何一个科学部门达到成熟的标志。"① 一门学科在形成范式之前，科学家们对同一些现象会作出全然不同的描述和说明，观点上往往有很大分歧。在形成范式之后，这些分歧大部分消失，而且可以说是一劳永逸地消失了。当某个科学家接受了某个范式时，他的研究工作就不需要从起码的原则开始，以证明每个引进的概念都有根据。他可以把这一类工作留给教科书的作者们去作，他自己则从教科书达不到的地方开始研究，从而可以把注意力高度地集中到科学界所关心的最微妙、最深奥的自然现象中去。接受同一个范式的科学家们对他们的范式坚信不疑，他们组成专门的学会，创办专门的期刊，宣传自己的观点，并把他们的范式编入教科书之中。在大多数科学家接受了同一范式的情况下，拒绝接受这个范式的科学家就会陷于孤立，他们或者不得不表示接收，或者不得不依附到别的集团那里去。

按照库恩的观点，常规科学是一种高度积累性的事业，它追求的目标就是科学知识稳步地不断扩大和日益精确化，而不在于获得新颖

① 库恩:《科学革命的结构》，第 9 页。

的事实或理论。他说："常规科学的目的绝不是引起新类型的现象；凡不适合这个框框的现象，实际上往往根本就看不到。科学家的目标按常规并不是发明新理论，他们也往往不能容忍别人的这种发明。相反，常规科学研究总是为了深入分析范式所已经提供的现象和理论。"①

库恩认为，由于常规科学的目标在于发展范式，而不在于否定范式，因此它的任务在于解决"疑难"（puzzle），而不在于解决"问题"（problem）。在常规科学时期，科学家们对范式坚信不疑，每当发现观察结果与范式不一致时，或者每当运用范式不能获得预期结果时，科学家们不会怀疑范式本身，而仅仅怀疑自己运用范式的能力，因此他们不是检查范式本身，而只是检查和审核自己在设计、计算以及使用仪器等方面是否有差错。在这点上，库恩的观点与波普尔的观点是截然不同的。他说："……我说科学家是难题的解决者，而卡尔爵士（按：指波普尔）却说是问题的解决者。"② 波普尔认为，科学只能发端于问题，科学家应当对理论始终抱批判的态度，任何时候都应该努力发现理论中的问题，一旦发现了问题，就应当抛弃旧理论而代之以新理论。在库恩看来，解决问题，抛弃旧理论，或者说抛弃范式，这是与常规科学这个概念相矛盾的。在常规科学时期，有现实精神的科学家们宁愿致力于根据大家承认的范式去解决某些深奥的难题，而不愿把精力投入某些前途渺茫莫测的问题上。他强调常规科学的任务就在于解决难题，即为了获得预期的结果而努力解决许多复杂的仪器上、观念上和数学上的难题。科学家应当力求证明自己是解难题的能手，而难题所提出的挑战又是不断推动他前进的重要力量。

但是，随着科学的发展，在科学研究中出现越来越多的反常现象，即观察结果不符合于按照范式所预期的现象。在常规科学时期，科学家们起初对这些反常现象并不介意，不会因此而动摇对范式的坚定信念。可是，当这类反常现象的事例愈来愈多，出现的次数愈来愈

① 库恩：《科学革命的结构》，第 20 页。

② 参见库恩：《必要的张力》，第 268 页注。

频繁，这就不能不引起科学家们重视，产生对范式的怀疑。这时，科学家们失去共同的信念，出现严重的意见分歧，形成不同的派别，多数人主张抛弃旧范式，寻求新范式，于是常规科学出现危机，这预示了非常规科学时期或革命时期的到来。库恩写道：在危机时期，“要求大规模地破坏范式，要求对常规科学的问题和技巧进行重大变革，因而新理论涌现之前一般都有一个专业显著地不稳定的时期。不出人们所料，这种不稳定来源于常规科学长期解不开它所应当解开的难题。现有规则的失败，正是寻求新的规则的前奏”①。

库恩概述了科学史上的三次大危机。一次是天文学上的大危机，即托勒密体系在16世纪发生的危机。在古代，托勒密体系在预言恒星和行星位置变化方面取得了值得赞美的成功，可是，随着时间的推移，它的混乱性比它的精确性提高得要快得多，这里校正了一个差误，那里又冒出一个差误。到16世纪初，欧洲愈来愈多的、优秀的天文学家都认识到，天文学中的这个范式已不能应用于它自己的传统问题了。这样的认识正是哥白尼放弃托勒密范式而另找新范式的必要前提。另一次是化学上的大危机，即18世纪以拉瓦锡提出氧燃烧理论为前导的危机。在此以前，燃素说在化学中占居主导地位，后来实验的结果得出了各种各样气体的样品和属性，它们使燃素说愈来愈难以对付。到18世纪，化学家们又发现愈来愈多的焙烧引起增重的实例，从而使燃素说这种旧范式失去其独一无二的地位，引起各种不同学派的相互竞争，这也是危机的另一典型结果。还有一次是物理学中的危机，即19世纪末为相对论的涌现开辟道路而出现的危机。麦克斯韦的电磁理论来源于牛顿理论，但到后来它却对旧范式造成一次危机。库恩在概述这三次危机之后说：“这三个事例几乎都十分典型。在每个事例中，新理论都只能在常规解题活动已宣布失败以后才涌现。而且，除了在哥白尼一例中科学以外的因素起了特别巨大的作用，旧理论的破产以及各种理论的骤然激增作为一个信号，不会超过

① 库恩：《科学革命的结构》，第56页。

新理论发表前一二十年。新理论就像是对危机的直接回答。"①

继危机时期之后到来的是科学革命时期。库恩认为，科学革命的实质就是新范式取代了旧范式，科学革命时期就是从旧范式向新范式过渡的时期。他说："从一种处在危机中的范式过渡到一种新的范式，由此而涌现出常规科学的一种新传统，这远不是一个积累的过程，不是靠对旧范式的分析和延伸而达到的。不如说它是这个领域按新原理的一种重建，是对这个领域某些最基本的理论概括的改造，以及它的许多范式方法和应用的重建。"② 新建立的范式最初往往是粗糙的、幼稚的，但它给人们开拓了一个新的视野。库恩特别强调旧范式与新范式是根本对立的和互不相容的。他说："从一次科学革命中出现的常规科学的传统，同以前已经过时的传统不仅是不相容的，而且事实上常常是不能相提并论的。"③ 不抛弃旧范式，就不能建立新范式，抛弃旧范式和接受新范式是一个同时发动的过程。因此，他认为科学革命不仅是一种破坏，而且是一种建设，是破坏与建设的统一。

在科学史上，科学革命的显著事例有：在天文学中是哥白尼革命，在化学中是拉瓦锡革命，在物理学中先有牛顿革命，后又有爱因斯坦革命。这些历史事件，至少就物理科学而言，比大多数其他事件更能说明科学革命的内容和实质。库恩认为，每一次科学革命都迫使科学界推翻一种盛极一时的科学理论，以支持另一种与之不相容的理论。每一次革命都必然会改变科学所要探讨的问题，也会改变同行们据以确定什么是可以采纳的或怎样才算是合理解决问题的标准。每一次革命都彻底改变了科学的面貌，以至于最后我们甚至可以说，科学家们在其中进行科学研究的世界也根本改变了。库恩认为，科学革命是世界观的改变。当范式改变时，这个世界本身也同它们一起改变。科学家们在新范式的指引下利用新工具观察新领域，更为重要的是，

① 库恩：《科学革命的结构》，第 62 页。

② 库恩：《科学革命的结构》，第 70 页。

③ 库恩：《科学革命的结构》，第 85 页。

科学家们在科学革命时期用熟悉的工具观察他们以前观察过的领域时看到了与以前不同的新事物。范式的改变使科学家们用不同的方式观察他们所研究的世界。因此，库恩写道："在一次革命以后，科学家是在一个不同的世界里工作。"①

按照库恩的观点，在科学革命过程中，新范式战胜了旧范式，旧范式最终被新范式所取代，这标志着科学革命时期的结束，而进入另一个新的常规科学时期，新范式便成为该学科中科学家们的共同信念。可是，当发展到一定阶段时，新范式中又出现反常现象，引起新的危机，于是再一次爆发科学革命，实现从新范式到更新的范式的转变。科学的发展就是通过这样几个发展阶段循环往复而不断前进。他认为常规科学和科学革命这两个阶段是相互补充的，常规科学时期主要是量的积累和进化过程，科学革命时期则是质的飞跃过程。这两个过程交替出现，促使科学的不断向前发展。这就是库恩所描绘的科学发展的动态模式。

在《必要的张力》一文中，库恩用"收敛式思维"（convergent thinking）和"发散式思维"（divergent thinking）这两个概念，来说明常规科学和科学革命的关系。他认为，在常规科学中占主要地位的是收敛式的思维，常规研究是一种高度收敛的活动，它的基础牢固地建立在从科学教育中获得的一致意见之上，这种一致意见又在以后的专业研究生活中得到加强。诚然，这种收敛式的或者说受一致意见制约的研究工作最终将因科学革命的爆发而告终，可是，科学研究只有牢固地扎根于当时的科学传统之中，才能打破旧传统，建立新传统。收敛式研究的持续时期正是这一转换所必不可少的准备。因此，他说："我认为没有收敛式思维，科学就不可能达到今天的状况，取得今天的地位。"② 另一方面，发散式思维也同样是科学研究所必需的，思想活跃、思想开放是发散式思维的基本特征。他说："如果不是大量科学家具有高度思想活跃和思想开放的性格，就不会有科学革命，

① 库恩：《科学革命的结构》，第 111 页。

② 库恩：《必要的张力》，第 225 页。

也很少有科学进步。"① 他认为科学中大多数新发现和新理论并不仅仅是在数量上对现有科学知识的补充。为吸收这些发现和理论，科学家们必须经常调整他们以前所信赖的智力装置和操作装置，抛弃他们以前的信念和实践中的某些因素，找出其他许多信念和实践的新意义以及它们之间的新关系。接受新事物就必须重新估计、重新组织旧事物，因而科学发现和科学发明本质上都是革命性的。这就是需要那种思想活跃、思想开放的发散式思维，在科学革命时期尤其是如此。因此，收敛式思维和发散式思维都是科学发展所必不可少的，这两种型式的思维又是相互对立的，它们不可避免地处于矛盾之中，它们之间保持一种"必要的张力"。他说："这两种思维型式既然不可避免地处于矛盾之中，可知维持一种往往难以维持的张力的能力，正是从事这种最好的科学研究所必需的首要条件之一。"②

总的来说，库恩所描绘的这幅科学发展的动态模式是有许多合理因素的，他把科学发展中进化与革命、量变与质变、肯定与否定这两种对立的因素统一起来，克服了逻辑实证主义和批判理性主义在科学发展观上的片面性，比较符合于科学发展的历史过程，也比较接近于马克思主义的辩证发展观点。库恩提出这个动态模式后，受到西方科学哲学界的高度重视。在历史社会学派内部，不少人相继提出另一些与此大同小异的动态模式，如拉卡托斯提出"科学研究纲领"、劳丹提出"研究传统"等等。对于库恩的动态模式中包含的合理因素，我们应当认真探讨，把它们发掘出来。另一方面，我们也需要指出他的理论中的错误。首先，由于他把范式仅仅理解为人们的信念，理解为某种主观的东西，而没有认识到范式是事物的客观结构在人们头脑中的反映，具有客观的物质内容，因此，他也把范式的更替理解为主观的心理信念的更替，而没有认识到这是人们对物质世界的认识日益深化必然引起的结果。科学发展要经历这些阶段，这是由科学发展的客观规律决定的，而不以科学家们的个人意志为转移，尽管科学家们

---

① 库恩:《必要的张力》，第 224 页。

② 库恩:《必要的张力》，第 223 页。

的个人努力对于科学的发展也起着巨大作用。其次，库恩对常规科学时期和科学革命时期的划分，对收敛式思维和发散式思维相互关系的理解，带有一定程度的机械性。因为，在他看来，仿佛在常规科学时期，科学家应采取收敛式思维，已建立起来的范式不会受到其他理论的挑战，只有到科学革命时期才会改变这种情况。这种观点不仅不符合科学发展的历史事实，而且从理论上说把收敛式思维和发散式思维截然割裂开来也是错误的，科学家任何时候都既需要尊重传统，也需要思想开放，既要勇于坚持真理，也要敢于纠正错误，这二者是统一的。

第十章　科学实在论的兴起

与批判理性主义和历史社会学派等不同，科学实在论目前还没有形成为一个或多或少比较固定的学派，毋宁说它只是一些科学哲学家在对理论实体的看法上所持的一种大体相同的观点。科学实在论的出现也不是最近二三十年的事，西方有人认为罗素和卡尔纳普在他们活动的晚期已经有这样的观点，波普尔和蒯因在这方面的观点表现得更为明显。不过，从20世纪60年代起，经过塞拉斯、克里普克、普特南、夏皮尔、斯马特等人的倡导，科学实在论才在西方科学哲学中成为一种引人注意的思潮。

从科学哲学方面来看，科学实在论的核心思想在于承认理论实体（原子、电子、光子等等）的存在。在这个问题上，西方哲学界中存在着反实在论和实在论这两种对立的观点。反实在论者大多从经验论的立场出发，把可观察性当作实在性的标准，认为原子、质子、电子、光子、力场、遗传码等等理论实体都是不能观察的，因而是不存在的。它们只是一些理论虚构、逻辑构造或者理论假定。他们承认确实有电现象和遗传现象等等，但认为我们之所以构造出那些关于微小状态、过程或对象的理论，只不过是为了预测和产生我们所感兴趣的情况。电子和遗传码等等只是一些理论虚构，关于电子和遗传码等等的理论也只不过是一些演算工具。有些反实在论者虽然没有明确否认理论实体的存在，但他们表示我们没有理由假定这些理论实体的存在，也不需要假定它们的存在。持这种反实在论观点的有不同流派的哲学家，既有实证主义者和老一代的逻辑实证主义者，也有实用主义者和历史社会学派的某些科学哲学家。

与这种观点相反，实在论者（或者，确切一点说，科学实在论者）认为，原子、分子、电子等等理论实体尽管是不能直接观察的，象我们观察宏观物体那样，但不能由此否认它们的存在，可观察性并不是实在性的标准。某些理论对象只要产生一定的效果，即使它们本身是无法直接观察的，我们也不能不承认它们是实在的。他们强调说，正确的科学理论所描述的对象、过程或状态都是真实地存在的，微观世界中的许多不能观察的实体，同日常生活环境中的宏观物体一样真实。他们还争辩说，如果我们一方面承认某些科学理论能够说明某些自然现象，能够作出正确的预测，可是另一方面又否认这些科学理论中所描述的理论实体的存在，那显然是自相矛盾的。

与理论实体的存在问题相联系，还有科学知识与日常知识的关系问题。在后面这个问题上也有两种观点。一种观点认为，科学知识和日常知识是两种截然不同的知识，人们要获得科学知识，必须通过对科学进行深入、系统的钻研，至于日常知识，任何人只要作些通常的观察就能获得。因此，持这种观点的人们认为，科学知识是人工的，日常知识是自然的，科学知识是变动不居的，日常知识是比较稳定的，科学知识是思辨的，日常知识是明显的，如此等等。另一种观点不同意这样的看法，认为科学知识和日常知识之间，或者说，理论知识和非理论知识之间并没有严格的界线。严格说来，一切知识都是理论的，并没有什么非理论的知识。所谓理论知识和非理论知识之间的区别，其实不过是新形成的理论和陈旧的理论之间的区别。有一些科学实在论者持后一种观点，不过，也有一些科学实在论者并不否认理论知识和日常知识之间的区别，而是强调理论知识优越于日常知识，因为理论知识能够提供比日常知识深刻得多的关于世界的知识，下面介绍的塞拉斯可说是这种观点的代表。

科学实在论者大都强调科学理论的认识作用，承认世界的可知性。他们认为，随着科学的发展，我们将创造出愈益完善的认识条件，制订出愈益正确的科学理论，从而获得对世界的愈益深刻的认识。即使我们目前的某些科学理论还不完善，但它们毕竟含有某些正确的认识；我们对原有的科学理论不断加以充实和修正，并用先进的科学理论取代落后的科学理论，我们便能日益向真理靠拢。在真理问题上，科学实在论者的观点并不一致，有的人持符合论的立场，有的人主张语言和世界之间有一种特殊关系，如塞拉斯认为这种关系是摹写或描绘，有的人认为真理是“理想化的辩明”和“合理的接受性”等等。

最近一二十年来，科学实在论得到相当大的发展。因为，随着科学技术的发展，许多理论实体的存在都得到充分证实。例如，20 世纪 60 年代国外科学家已经采用高度的电子显微镜拍出原子的图片，在这种场合下，那种否认原子的存在的反实在论，就不得不让位于承认原子的存在的科学实在论。因此，随着科学技术的发展，反实在论的地盘愈来愈小，科学实在论的地盘愈来愈大。科学实在论的这种发展趋势是值得我们注意的。

科学实在论是一种新兴的思潮，还没有形成比较固定的形态，还没有一个比较系统、比较完整的理论纲领。目前持这种观点的哲学家在某些方面又有许多分歧，因此很难作出概括性的评述。下面主要介绍塞拉斯和普特南这两个代表人物的观点，也许可以从其中看出科学实在论这种思潮的一些基本论点。

第一节　威尔弗利德·塞拉斯
（Wilflid Sellars 1912～）

威尔弗利德·塞拉斯是 20 世纪 60 年代美国分析哲学最重要的代表，“科学实在论”的主要倡导者。他的研究范围很广，流览一下他所写的大量论文的题目，就可以看出这一点。美国有些哲学家把他的研究归纳为四个方面：（一）本体论方面，这包括对呈现于思维意识之前的各种要素进行分析和使之系统化；（二）逻辑方面，这包括把思维意识的各个基本单位之间的错综复杂关系加以系统化和模型化；（三）元心理学方面，这指的是对思维和有关行动的构成进行研究；（四）形而上学方面，这指的是对意识的内容进行分析，以确定终极实在与意识内容的不同方面之间的关系。

塞拉斯 1912 年 5 月 20 日生于美国密执安州的安阿伯市。其父罗·伍·塞拉斯（Roy Wood Sellars 1880～1973）也是美国的著名哲学家，早期是批判实在论的创始人之一，后期是自然主义左翼的杰出代表①。塞拉斯在30年代初开始接受其父的哲学影响，继承了其父的批判实在论和进化自然主义的基本观点。他说："一个眼光敏锐的哲学研究者，如果他很熟悉作为父亲的塞拉斯的著作，同时又偶然看到作为儿子的塞拉斯的著作，如果他没有被后者为了适应新环境而在术语和着重点方面所作的一些表面改变所迷惑，他就会很快看出父子两人在观点上的基本一致。由于他们所使用的术语、方法和论战风格各不相同，这种一致性显然有些模糊，但它毕竟是一种一致性。如果说批判实在论、进化自然主义以及它们所包含的全部内容，是我从父亲那里继承下来的一部分遗产，那么，这是多么自然，同时，从某种意义上说，又是多么真实。"②

塞拉斯于1929年中学毕业后随其母亲去巴黎念数学，并开始对哲学感兴趣。当时，在巴黎的一部分青年知识分子中间，流行阅览马克思主义的哲学著作，塞拉斯在这段时期里也读过马克思、恩格斯和列宁的一部分著作，但他没有朝着这个方向继续走下去。

1931年，塞拉斯回到美国，进入密执安大学学习数学、经济学和哲学，还参加过一些社会政治活动，如到工厂演说，支持诺曼·托马斯(N. Thomas)的竞选等等。在学校里，他在朗福德(C. H. Langford)的指导下研究洛克、贝克莱和休谟，在帕克(D. Parker)的指导下研究麦克塔加特关于时间的非真实性的著作。他对时间问题深感兴趣，认为这个问题像身心问题一样是任何一个哲学体系的主要基础之一。当时他对这个问题写了一篇论文，到60年代又写了《时间和世界秩序》(1962)，《形而上学和人的概念》（1969）等文。在这段时期里，他还研究过剑桥的分析哲学家，认为他们——特别是摩尔——在进行细致严密的分析方面很有成就，可是他不赞同他们通过这种分析所得出

① 关于罗·伍·塞拉斯的哲学观点，可参看我写的《罗·塞拉斯及其唯物主义的自然主义哲学》，载于《哲学研究》1981年第5期。

② 塞拉斯：《物理的实在论》，载于《哲学的视野》，1967年，第185页。

的结论。他承认现代逻辑可以发挥很大的作用，不过他认为用逻辑形式来表述哲学概念，这种作法是不大可行的。

1933 年，塞拉斯毕业于密执安大学，到巴法罗大学担任助教，在那里遇见了在该校任教的法伯（M. Farber），后者是美国现象学运动的倡导者之一。通过法伯的推荐，塞拉斯头一次仔细阅读了康德的《纯粹理性批判》和胡塞尔的著作。法伯一方面很尊重胡塞尔的哲学体系的结构，另一方面又对这种结构作了自然主义的解释，这一点给予塞拉斯以深刻的印象。

1933 年冬，塞拉斯获得一笔赴牛津进修的助学金。由于当时对研究生学习不大重视，他决定到牛津奥里尔学院重读哲学、政治学和经济学的学士学位，其中以哲学为主。在牛津，他受教于普里查德门下，并通过他而接受威尔逊的影响。此外，他发现莱德（T. Reid）的观点对他也很有吸引力。他还在普赖斯（H. H. Price）的指导下，再次研究康德的《纯粹理性批判》，开始形成后来写的《科学和形而上学》（1967）一书的观点。1936 年，他通过毕业考试，并开始在威尔登（T. D. Weldon）的指导下，写一篇关于康德的论文。这一年，他还参加了由奥斯汀和贝林（J. Berlin）主持的讨论 C. I. 刘易斯的《心灵与世界秩序》一书的研究班。他在牛津那段时期，正是日常语言学派、首先是剑桥学派开始形成的阶段，这对他后来思想的发展有一定影响。

1937 年秋，塞拉斯回到美国，转到哈佛大学学习，跟随 C. I. 刘易斯学习认识论，追随蒯因学习逻辑实证主义等课程。对于逻辑实证主义，塞拉斯倾向于持不赞同的态度。蒯因的课程着重讲述卡尔纳普的《世界的逻辑构造》和《语言的逻辑句法》二书。塞拉斯持反对现象主义的观点，对《世界的逻辑构造》一书中所采取的技术手段并不欣赏。至于《语言的逻辑句法》一书，他认为卡尔纳普对句法的分析相当严密，可是卡尔纳普把问题本身弄颠倒了。

1938 年秋，塞拉斯去衣阿华大学哲学系开始他的教学生涯。在那里，他主要讲授哲学史，有时也讲授知识论、形而上学和道德哲学。在讲授哲学史的过程中，他广泛而仔细地阅读了许多哲学原著，这为他后来写出大量的哲学史论文打下了坚实的基础。在衣阿华大学，他结识了费格尔，1947～1958 年间他们又同在明尼苏达大学任教，两人相处很好，1949 年他们合编了《哲学分析读物》(Readings in Philosophical Analysis)，1972 年，他们又合编了《哲学分析新读物》(New Readings in Philosophical Analysis)，进一步充实了前一读物的内容。这两本书汇集了弗雷格以来主要的分析哲学家关于哲学分析的重要论文数十篇，是研究分析哲学的重要文献资料。此外，塞拉斯还协助费格尔在明尼苏达大学创办科学哲学研究中心，从事科学统一的活动，充当费格尔的有力助手。

1943 年，塞拉斯到美国海军中服役，接受短期训练后，被派到大西洋舰队反潜艇部队中工作，直至 1945 年退役。

1947 年，塞拉斯到明尼苏达大学任哲学副教授，1951 年升为教授。1958 年，他转到耶鲁大学担任哲学教授和研究生导师。1963 年，他转到匹兹堡大学任哲学教授，直到 1982 年退休。此外，在 1965～1966 年间，他在牛津大学主持洛克讲座，1974 年在芝加哥大学主持杜威讲座，1978 年在美国哲学协会主持卡鲁斯(P. Carus)讲座，1979 年在耶鲁主持卡西勒(E. Cassirer)讲座。1970 年他担任美国哲学协会东部分会主席，1977 年担任美国形而上学学会主席。他是美国科学院院士，是《一元论者》等杂志的编委。总之，60～70 年代是他著述最多，声望最高的时期。

塞拉斯从 1947 年开始从事著述活动，到 1982 年写出了论文一百余篇，其中主要部分收集在下列几本论文集中。1963 年出版了他的头一本论文集《科学、知觉和实在》，收入了他写的 11 篇论文。1967 年出版了他的第二本论文集《哲学的视野》，收入了他写的 16 篇论文，这本论文集在 1977 年又分成两本再版，头一本偏重于哲学史，第二本偏重于形而上学和认识论。1974 年出版了他的第三本论文集《哲学和哲学史论文集》，收集了他写的 18 篇论文。1980 年出版了他的第四本论文集《纯粹的语用学和可能世界》，收入了他早年写的论文 9 篇。此外，他在几个讲座上所作的讲演，也分别以专著的形式发表。1967 年出版的《科学和形而上学》，是他于 1965～1966

年间在牛津洛克讲座上所作的讲演。这一年还出版了《伦理理论的形式和内容》(Form and Content in Ethical Theory),这是他在林德莱(Lindlay)讲座上所作的讲演。1978年出版的《自然主义和本体论》,这是他于1973~1974年间在杜威讲座上所作的讲演。在编辑文集方面,除上面提到的他与费格尔合编的两本关于哲学分析的文集外,还在1952年与霍斯伯斯(J. Hospers)合编了《伦理理论读物》(Readings in Ethical Theory)一书,收入了20世纪英美哲学家关于伦理理论的重要文章,着重评论摩尔在1903年出版的《伦理学原理》一书。

塞拉斯的哲学观点通常被称为"科学实在论",这主要是因为他强调理论实体的存在,强调理论框架优越于观察框架。在他看来,日常知识的对象仅仅存在于日常知识的框架之内,它们只是康德所说的那种"现象",其实并不是真正存在着。科学理论中假设的理论实体才是真正存在着,随着科学的发展,它们将被证明是世界的最终成分。相对于科学知识而言,日常知识在本体论和认识论上是第二位的,仅仅在方法论上是第一位的。他说,日常知识或观察框架将被科学知识或理论框架所取代,或者,用他的另一套术语来说,"明显的影像"将被"科学的影像"所取代。塞拉斯的"科学实在论"对后来美国的某些分析哲学家如普特南等等颇有影响。关于他的这个观点,我们将在下面第一、二小节中详细阐述。至于他在认识论方面的观点,即他对于感觉、知觉和思维以及意义、辩明和真理的看法,我们将在下面第三、四小节中阐述。

一、明显的影像和科学的影像

明显的影像和科学的影像之间的关系问题,是塞拉斯的科学实在论的中心问题。在他的著名论文《哲学和人的科学影像》(Philosophy and Scientific lmage of Man)一文中,他对这两者的关系作了详细而又系统的阐述。在《现象主义》、《理论语言》、《经验主义和精神哲学》等论文中,他把这两者的关系表述为日常知识和科学知识之间的关系,或者观察框架和理论框架之间的关系。这两者之间的关系问题一直是分析哲学家注意的一个中心。正统的逻辑实证主义者认为，观察语言和理论语言之间存在着实质的区别。近二三十年有许多分析哲学家不同意这个观点，有人认为观察和理论是不可分的，观察中就包含有理论成分，有人认为观察和理论之间的区别只是相对的和实用的，如此等等。塞拉斯是从科学实在论的角度来探讨这个问题，他所注意的是观察框架和理论框架——或者说，日常知识和科学知识——在本体论、认识论和方法论方面的相互关系。

按照塞拉斯的观点，哲学家在世界上所看到的，不是一幅错综复杂的、具有许多个方面的图画，而是两幅实质上同样错综复杂的图画，他把这两幅图画分别称为“世界中的人”（man-in-the-world）的“明显的影像”（manifest image）和“科学的影像”（scientific image）。他说，他把它们称为“影像”，这并不意味着他否认它们的实在性，而是采用胡塞尔的方法把它们“括在括符之内”，把它们从对世界进行体验的方式变为从哲学上加以反思和评价的对象。而且，他采用“影像”这个含糊的词也是有用意的，一方面，它可以提醒我们注意物（例如一棵树）和它的投影（例如，树在墙上的影子）之间的关系。从这个意义上说，影像与它的对象一样是存在着的，尽管影像的存在依赖于它的对象的存在。另一方面，影像毕竟是某种想象的东西，在这个意义上，我们可以说影像是不真实的。“影像”这个词的这种含糊性，使他可以用它来表示哲学家们所看到的，是世界中的人在人类理智上的两种投影：一种是明显的影像，另一种是科学的影像。与科学上的“不产生摩擦的物体”、“理想的气体”等等理想化的东西一样，这两种影像也是理想化的东西。科学家用科学上的理想化的东西来说明物理系统的发展，哲学家则用这两种影像来说明哲学观念的发展机制。

对于世界中的人的明显的影像，塞拉斯用两种相互补充的方式加以理解。一种方式是把它理解为这样一种框架，借助于这种框架，人开始意识到他自己是世界中的人，用存在主义的术语来说，人头一次与他自己相遭遇。以这种方式来理解明显的影像，就能看出“任何可以被正当地称为概念思维的活动，都只能在概念思维的框架内发生，我们借助于这个框架来对它进行批评、支持或驳斥，简言之，进行评价”①。从这种观点看来，概念思维是不可能借助于任何比概念更低的手段来加以分析，这就是说，不能把概念思维归结为感觉、知觉、心象等等。另一种方式是把明显的影像理解为对“原初的”影像的提炼，这种提炼又分为“经验的提炼”和“范畴的提炼”。

塞拉斯看来，“人”（person）是明显的影像的主要对象。在他称之为世界中的人的“原始的”影像这种结构中，一切对象都是人，对象的不同种类也就是人由以形成的不同方式。这就是说，人是用神人同形同性论的观点来描述和解释他周围的整个世界。后来，随着历史的发展，一些基本的实体开始非人化。例如，原始人把树也看作人，后来，他们不再把树看作人，不再把树看作成为人的一种方式，这时他们不仅改变了他们关于树的信念，而且也改变了本来与树相关的那些范畴。从这种观点看来，“原始的影像”被提炼为明显的影像，就是人之外的影像逐渐非人化的过程，同时也是人们把他们的经验系统化为若干概念的过程。

塞拉斯把明显的影像看作一种理想的类型或结构，它可以使他把古典哲学传统跟英国的日常语言哲学和欧洲大陆的现象学联系起来。他争辩说，不仅古代哲学和中世纪哲学中的那些思辨体系是围绕着明显的影像建立起来的，而且近代和现代的某些骤然看来似乎与古典体系毫无共同之点的体系也是如此，因为它们都试图利用明显的影像这个框架来理解理论科学的成就，并把理论科学的范畴隶属于它的范畴之下。他说：“我把现代欧洲大陆思潮中的主要流派包括进去，这也许是意料中的事情。可是，我把现代英美哲学中那些强调分析‘常识’和‘日常用法’的流派也包括进去，这可能有些出乎意外。不过，近几年来，它们之间的亲密关系变得日益明显……因为，在我看来，所有这些哲学都可以看作对世界中的人的明显影像所作的一些或

① 塞拉斯：《哲学和人的科学影像》，载于《科学、知觉和实在》，1983年英文版，第6页。

多或少恰当的说明……”① 他在另一个地方又说：“在我看来，可以正确地说，现代英美哲学中的所谓‘分析’传统，特别是接受后期维特根斯坦的影响的那个传统，对明显的影像作了越来越恰当的处理，而且越来越成功地把它隔离在某种与它的纯粹形式相类似的东西之中，从而表明那些企图用科学影像的片断一点一滴地加以替换的作法是愚蠢的。”②

所谓“科学的影像”，塞拉斯指的是从假设性的理论结构的成果中得出的影像。与明显的影像一样，科学的影像也是某种理想化的东西，而且它比明显的影像更加如此，因为它还处于形成过程之中。在他看来，有多少门与人有关的科学，就有多少个关于人的理论影像。对于理论物理学家来说，人的理论影像是一个由物质粒子、力和场组成的旋涡。对于生物化学家、生理学家、社会科学家、行为主义心理学家等等来说，人又具有一些各不相同的理论影像。因此，科学的影像这个概念是许多个形形色色的影像的组合，其中每个影像都是把某种概念框架应用到人身上所得出的结合，从这个意义上，可以说科学的影像是某种理想化的东西。从方法论的观点看来，每种科学理论都是在大家都可以接近的、由可感知的事物组成的世界这个范围内，人们在不同的领域并通过不同的程序构造出来的结构，因此科学的影像是从许多种理论影像中构造出来的，其中每个影像都获得明显的影像的支持。这就是说，每个理论影像都是在明显的影像所提供的基础上构成的，科学的影像是明显的影像的产物。

按照塞拉斯的观点，明显的影像和科学的影像之间的区别，不在于明显的影像是关于世界中的人的一种非科学的概念，而科学的影像则是关于人的一种科学的概念。毋宁说，这两者的区别在于，前者局限于我们在把观察手段使用于那些可感知的或可反思的事件时能够知

① 塞拉斯：《哲学和人的科学影像》，载于《科学、知觉和实在》，1963年英文版，第7～8页。

② 塞拉斯：《哲学和人的科学影像》，载于《科学、知觉和实在》，1963年英文版，第15页。

道些什么，后者则需要假设一些不可感知的对象或事件，以便对可感知的事物之间的关系作出更加恰当的解释。换句话说，这两者的区别在于，在明显的思维方式中，为了解释可感知的实体的行为，并不需要预先假定某些不可感知的实体以及与其相关的原则，相反，科学的思维方式则正是借助于某些假设性的、不可感知的实体，来解释那些可观察的事物。因此，这两种影像或两种框架是相互竞争的和相互对立的，他说："我们所说的对立存在于两种理想的构造物之间：一种是对'原初影像'所作的关系的提炼和范畴的提炼，我把这种提炼称为明显的影像；另一种是从假设性的理论结构的成果中推演得出的，我把它称为科学的影像。"①

在明显的影像和科学的影像的关系问题上，有人认为明显的影像在本体论方面占有优先地位，因为，没有与明显的影像一道使用的那些观察手段，科学中使用的那些假设性的理论就不可能得到发展。塞拉斯不同意这种观点，他认为上述理由只不过说明明显的影像在方法论方面，而不是在本体论方面占有优先地位。换句话说，这一点仅仅表示科学的影像在方法论方面依赖于明显的影像，然而这并不表示科学的影像在实体方面，亦即在本体论方面依赖于明显的影像。从本体论方面来说，科学的影像却处于优先地位，因为理论科学中所假设的那些实体将被证明是世界的最终成分，或者至少可以说，随着理论科学的发展，我们就可能更好地理解什么是世界的最终成分这个问题。而且明显的影像虽然是科学的影像的基础，从实用的角度来看也是有用的，可是，它只是实在的一种不准确的类似。只有在科学的影像中，才能找到与实在的一种从原则上说准确的类似，它是关于世界中的人的一种比较完善的影像。因此，从认识论上来说，也是科学的影像占有优先地位。

总之，从塞拉斯的科学实在论的观点看来，明显的影像和科学的影像的关系问题，或者说，观察框架和理论框架的关系问题，日常知

① 塞拉斯：《哲学和人的科学影像》，载于《科学、知觉和实在》，1963年英文版，第19页。

识和科学知识的关系问题，可以概括为：相对于科学知识而言，日常知识在本体论和认识论方面是第二位的，而在方法论方面是第一位的。具体说来，塞拉斯认为，就本体论而言，日常知识的对象存在于日常知识的框架之内；可是，日常知识的对象并不是真正存在着，它们只不过是康德所说的“现象”，而日常知识框架的对象在科学上的对应物则是真正存在着的。就认识论而言，日常知识框架中那些关于日常知识对象的命题既可以是真的，也可以是假的，日常知识框架的原则在这个框架的范围内是真的；可是，日常知识只是实在的一种不准确的类似，它将被科学知识所取代，后者是实在的一种从原则上说准确的类似。就方法论而言，科学知识在方法论上依赖于日常知识，相对于科学知识的框架而言，日常知识的框架在方法论上是第一位的。可是，在将来的适当条件下，日常知识的框架将被科学知识的框架所取代。

粗略说来，塞拉斯所说的明显的影像和科学的影像之间的关系，或者说，日常知识和科学知识、观察框架和理论框架之间的关系，在一定程度上类似于我们所说的感性认识和理性认识之间的关系。塞拉斯承认明显的影像是科学的影像的基础，认为相对于科学知识而言，日常知识在方法论上是第一位的。他还认为明显的影像是有用的，它是对实在的一种不准确的类似，不过科学的影像才是对实在的一种从原则上说准确的类似。这种观点在一定的意义上是正确的，因为我们认为理性认识依赖于感性认识，否则就成为无源之水，无本之木。感性认识只反映事物和现象的外部联系，理性认识才反映事物和现象的本质和内部联系，因此，理性认识比感性认识更为深入，更为全面。可是，塞拉斯又站在唯心主义唯理论的立场上，认为日常知识的对象并不是真正存在着，只不过是康德所说的那种“现象”，真正存在着的只是这些对象在科学上的对应物，即科学理论中所假定的各种理论实体。这种看法不仅表现出夸大理性认识而贬低感性认识的片面性，而且陷入否认外部世界中物质事物的客观存在这种主观唯心主义的泥坑之中。从马克思主义观点看来，理性认识依赖于感性认识，感性认识有待于发展到理性认识，二者性质不同，但又相互联系，二者不可缺一。就常识与理论的关系来说，情况也大致如此。科学理论是系统化了的理性认识，它比常识更加深入全面地反映客观事物的本质，可是它并没有取代常识或者否定常识在日常生活中的作用。

二、“所与”与理论实体

在上一节中，我们已经谈到，按照塞拉斯的观点，在明显的影像和科学的影像的相互关系中，也就是说，在日常知识和科学知识、观察框架和理论框架的相互关系中，前者只在方法论上占有优先地位，后者却在本体论和认识论上占有优先地位。与这种观点紧密相连，塞拉斯激烈批驳“关于所与的神话”，否认“所与”（the given）作为认识基础的作用，而强调“理论实体”在本体论和认识论方面的重大意义。这一点也是为了论证他的科学实在论所必需的。

有些哲学家认为，观察框架在认识中具有一种作为基础的作用，因为观察框架是我们关于世界的全部知识所依据的经验的贮存场所。在塞拉斯看来，这种观点是错误的，只不过是一种神话，因为，按照贯通（coherence）规则，观察词汇并不指称任何事物，这就是说，观察词汇的意义并不是现实世界的正确描述，它们将被更加恰当的理论词汇所取代。当前的观察框架并不是我们可借以与现实世界发生直接经验接触的唯一框架，从原则上说，它可能被理论的、科学的框架所取代。塞拉斯把他所批驳的这种观点称为“关于所与的神话”，并把这种神话的主要形式表述为：“关于所与的神话所采取的一种形式是这样一种看法：有而且必定有一个关于单一事实的结构，而且，（一）其中每个事实不仅不需要通过推论就能知道确系如此，而且不以其他任何关于单一事实或者普遍真理的知识为前提；（二）关于这个结构所属的种种事实的知识是不需要通过推理就能获得的，这种知识构成了关于世界中一切个别的或普遍的实际要求的最高法庭。这里重要的是要指出，我把属于这个层次的事实的知识不仅表征为它是不需要通过推理就能获得的，而且表述为它不以关于其他任何个别的或者普遍的事实的知识为前提。”①

① 塞拉斯：《经验主义和精神哲学》，载于《科学、知觉和实在》，第 164 页。

持“所与”观点的哲学家们认为，人们具有一种用以领悟直接经验或心理状态的天赋技能。他们承认，我们必须通过学习才能知道某些类型的经验是某些对象的符号，我们还必须通过学习才能知道如何报导我们感官所作出的发现，因为报导必须以掌握某种语言为前提，而这种掌握语言的技巧显然是需要通过学习才能获得。但是，他们不承认我们了解自己的直接经验本身的能力也是通过学习获得的。塞拉斯认为这一点也是关于所与的神话的一个基本观点。

直接的实在论者认为，我们认识周围事物的能力不是后天获得的。塞拉斯认为这种观点也是关于所与的神话的一种形式，它与这种神话的传统观点的不同之处仅仅在于传统观点承认我们关于周围事物的知识是通过学习获得的，只有关于我们自身经验的知识才不是获得的。塞拉斯对这两种观点都持否定态度，他强调说，不论认识我们的直接经验的能力，或者认识我们周围的物质事物的能力，都是通过学习获得的。

概括说来，按照塞拉斯的观点，关于所与的神话包括以下三个基本论点：（一）在认知者和认识对象之间（不论认知对象是什么），存在着一种直接的认识论联系；（二）这种知识提供了一个不需要通过推理就能断定的基础，一切认识活动都可以可靠地建立在这个基础之上；（三）不论认知的对象如何，认知的对象总是存在着的。他说，这些论点既出现在有关直接经验的对象的理论中，也出现在关于那些不通过语言而被给予的感觉材料、感觉、思想的理论以及关于日常知识的对象的理论中，还出现在对于感觉材料理论的语言表述中，以及关于意义和真理的相互关系的理论中。塞拉斯对这些论点一一加以批驳，特别着重批驳了被看作我们一切知识的基础的那种自我辩明的知识。他认为事实上根本不存在任何能够自我辩明的、自我鉴定的知识，因为观察命题在认识上的权威性也是从其他有关事实的知识中获得的。

塞拉斯强调说，他之所以拒绝关于所与的神话，主要因为他认为观察框架将被理论框架所取代，即被一种其中没有观察谓词的框架所取代。他说：“我们否认关于所与的神话，并不意味着我们有义务接受这样一种观点，即认为经验知识就其目前的构成形态而言没有一个由观察谓词组成的作为基础的底层。毋宁说，我们有义务接受下述观点：经验知识具有一个作为基础的底层，可是这个底层从原则上说仍然可以被另一个严格说来没有观察谓词的概念结构所代替。我只是从这种意义上拒绝关于观察谓词的所与性的教条。"① 塞拉斯承认没有比日常语言中的观察框架更加基本的层次，他认为强调指出这一点具有重大意义：一方面，这能够防止人们引进一种比宏观的物理对象更加基本的所谓感觉材料的层次，并把这个层次看作不可改变的，作为基础的所与；另一方面，这也表明观察框架虽然是一个可以取代的概念结构，但它毕竟是一切知识的出发点。因此，观察框架在本体论上的不适当性并不影响它在方法论上的适当性。

塞拉斯在批驳关于所与的神话的同时，又强调理论实体的存在及其认识论上的意义。讨论理论实体是否存在，也就是讨论科学理论的名词是否具有指称，或者，就塞拉斯对指称的理解而言，这个问题也就是指是否有任何实体能满足科学理论的名词所要求的种种标准。塞拉斯以分子这个理论实体为例来说明这一点。他说，为了确定分子是否存在，我们就需要了解是否有任何事物能够满足"分子"这个理论名词所要求的种种标准。用数理逻辑的符号来标志，那就是（1）：（EX）X 是 P_1，P_2，…，P_n。在这里，P_1，P_2，…，P_n 指的是 X 要成为分子所必须满足的标准。可是，为了知道（1）是真的，我们需要知道什么呢？假设（1）是某种理论（例如，动力学理论）中的一个命题。按照这种理论，如果我们知道某个观察命题是真的，譬如说，我们知道现在这个房间里存在着一种正在爆炸的气体这个命题是真的，我们就有权利说某种理论实体存在着，在这个例子里我们就有权利说有一组分子存在着，这种气体就是由这些分子所组成，它们正在迅速地从一个共同的中心向四周扩散。这就是说，如果我们知道有某种气体存在着，同时也知道那种断定这种气体由分子所组成的动力学理论是正确的，那我就知道分子存在着。概括说来，要知道某种理

① 塞拉斯：《哲学的视野》，第 353 页。

论实体存在着，我们需要知道下述三点：（一）某些关于存在的观察命题是真的；（二）有某种理论说明，如果这些观察命题是真的，那么这种理论实体就存在着；（三）上述这种理论是一种正确的理论，也就是说，它适用于解释所观察的这种现象。

这里的关键问题是：要有一种正确的理论能够解释所观察的现象，如此才能说这种理论中所说的理论实体是存在着的。对于如何确定某种理论能够解释所观察的现象，有两种不同的观点。一种是逻辑实证主义者的观点，他们认为，个别事实是通过用演绎方法把它归摄于经验概括之下的办法直接加以说明，经验概括本身也是观察框架的一部分，这是第一层的说明。然后，经验概括又是通过用演绎方法把它归摄于理论规律之下的办法加以说明，这是第二层的说明。从这种观点看来，某种理论是正确的这个事实，并没有为接受这种理论的理论谓词所描述的那些理论实体的存在提供任何基础，因为这种理论的正确性只不过在于它具有一种能力，通过把经验概括归摄于更高层次的前提之下，而把观察框架的经验概括组织起来。塞拉斯不赞同这种观点，而提出另一种观点，即认为所观察的现象不是借助于经验概括，而是借助于理论直接加以解释。他不赞同逻辑实证主义的那种“层次论”的观点，即认为理论直接解释的是经验概括，然后再由经验概括去解释所观察的现象。他认为这种观点只不过是用解释某些现象符合于经验概括这个事实的办法来解释这些现象。在他看来，知道某种理论是正确的,这就能使我们由此断定这种理论所假定的理论实体的存在,因为,如果没有那种实体,我们就不能解释所观察的现象。根据这一点,他还认为恰恰是所假定的这些理论实体是世界的最终构成成分,而日常感性经验中的物理对象并不是真正存在着。他说：“……作为一个哲学家,我可以说处于空间和时间中的物理对象的世界并不是真实的,也就是说,并没有那样一些事物。或者,用比较不太离奇的话来说,就描述和解释世界这个方面而言,科学是一切事物的尺度,其中既包括那些存在着的事物,也包括那些不存在的事物。”①

① 塞拉斯：《哲学的视野》，第 173 页。

根据塞拉斯对观察框架和理论框架之间关系的解释，特别是他关于可以用理论语言重新规定观察词汇的论点，我们可以理解他所说的观察框架的对象并不是真正存在着这句话究竟是什么意思。在他看来，既然我们能够用一个更好的理论框架来取代观察框架，我们就没有充分理由说观察框架的基本实体是存在着的。我们可以承认观察框架在方法论上的优先地位，可是我们却应当说只有那些能够满足某种适当的科学理论的存在命题的实体才是真正存在着的。由此进一步可以推出，除非科学达到尽善尽美的程度，我们就不能彻底认识世界的最终成分。塞拉斯继承皮尔士的观点，认为随着科学的不断发展，我们可能更加接近于认识世界的最终成分，这就是说，一种更加丰富、更加适当的科学理论中所假定的理论实体，比那些比较贫乏、比较不适当的科学理论中所假定的理论实体，更加接近于符合世界的最终成分。这一点也是塞拉斯的科学实在论的一个核心思想。

塞拉斯肯定理论实体（原子、电子、质子等等）的存在，并且认为随着科学的发展，更加充实、更加适当的科学理论所假定的那些理论实体，将比目前科学中所假定的理论实体，更加接近于符合世界的最终成分，这个观点是正确的，符合科学的发展进程。可是，塞拉斯认为观察框架中的物理对象并不是真正存在着，只是康德所说的“现象”，这却是错误的，因为，即使观察框架在将来可能被更加完善的理论框架所取代，但不能由此否定观察框架中的物理对象的客观存在，何况观察框架在日常生活以至理论思维中都是不可缺少的。马克思主义认为，科学理论是客观事物的本质和规律性的正确反映，它是在社会实践的基础上产生，并受到社会实践的检验和证明。随着科学的发展，我们可以用更加完善的科学理论来更好地说明它所反映的客观世界，而不能把科学理论与它所反映的客观世界割裂开来，也不能把科学理论中所假定的理论实体和日常经验中所承认的物理对象对立起来，仅仅肯定理论实体的存在，而否定物理对象的存在（或者如塞拉斯所说的“真正存在”），因为那样一来就滑到唯心主义的立场上去了。

三、感觉、知觉和思维

除本体论问题外，认识论问题也是塞拉斯特别注意的一个中心。在认识论问题上，他一方面详细分析了感觉和知觉之间以及知觉和思维之间的联系和区别，并着重探讨了思维的意向性问题，另一方面，他又详细阐述了他在意义、辨明和真理问题上的观点。我们在这一节里首先阐述他在前一方面的观点，把他在后一方面的观点放在下一节里研究。

人们通常认为认识开始于感觉，塞拉斯却认为这种常识性的说法可能把人引入迷途。在他看来，现象论者和表象论者的知觉理论和概念形成理论都已陷入哲学困境。他认为感觉既不是认识的直接对象，也不是某种始发的知识。感觉本身与其说属于认识领域，不如说属于因果领域。我们的感觉是我们关于世界的知觉认识的中介物和指引者，可是这种知觉认识并不是从颜色、声音等等第一级的知识项目中推导出来，也不是由这些项目所构成，这就是说，我们关于对象的知识是直接的。素朴的实在论者把我们关于物理世界的知识理解为直接的和不通过中介物的，表象论者把它理解为间接的和通过中介物的，塞拉斯则试图走一条介乎两者之间的道路，他认为我们关于物理世界的知识既是直接的，又是通过中介物的。因为，知觉知识本身是以感觉为中介物，但它并不是关于感觉的直接知识。塞拉斯在这个问题上接受了他父亲 R. W. 塞拉斯的早期思想的影响。他的父亲曾经提出一种“直接而又通过中介物的”知识理论，以便既有别于新实在论者的那种完全不通过中介物的知识理论，也有别于那些持表象论立场的批判实在论者的观点。

塞拉斯认为，感觉是感知者的一种状态，它通常是由外界原因引起的，它就其本性而言还不属于认识领域。他说：“我的论点是：感觉仅仅就下述意义而言才是一种认识能力：感觉使认识成为可能，它是认识的一个重要组成部分，可是仅仅它自身还不是认识。它是意向体系的一个必要条件，可是它自身并不属于这个体系。”① 这就是说，

① 塞拉斯：《存在和所知》，载于《科学、知觉和实在》，第 46 页。

感觉就其自身而言还不是认识，但这并不意味着感觉着的机体的这种不属于认识的状态是某种与认识无关的东西，相反，这种状态不仅在因果关系方面是认识的必要条件，而且还是那些比较复杂的、真正属于认识领域的状态的重要组成部分。在他看来，感知经验的事例才是认识的基本单位，这种基本认识的对象就是通常的物理对象。他说，物理对象是真实地和直接地被感知的，没有任何视觉的认识形式比看见某个物理对象（例如，看见某个东西是红色的和三角形的）更加基本，我们的基本感知经验就是关于特定事物的经验。

按照塞拉斯的观点，知觉是一种比较复杂的状态，知觉的主要特征在于它不仅仅是感觉，它还包含有概念成分，因为它把感觉的提示统摄于一般概念之下，把个体看作特定种类中的一个事例，并确定这一个体与其他个体之间的联系和区别。不仅如此，塞拉斯还指出，在对个体的基本知觉中，还不仅涉及有限的类概念，而且涉及整个概念框架，因为要掌握任何一个概念，就必须掌握整个概念框架。他说："一个人除非掌握了概念的整个体系，就不能感知任何事实，哪怕是最简单的事实。"① 从这个意义上说，掌握一个概念也就是掌握所有的概念；具有知觉的能力也就是具有思维的能力。

塞拉斯仔细分析了知觉和思维之间的关系。在他看来，一方面，知觉和思维是不可分的，知觉中就包含有思维。他说，有些人把知觉和思维分割开来，这是错误的，因为，从本质上说，知觉中也包含有思维。例如，看见某个东西是红色的和三角形的，这也意味着想到这个东西是红色的和三角形的。而且，即使是对个别物质事物的知觉，这种知觉仍然要以对一般物质事物的知识为前提。知觉经验中既包含关于个别事实的知识，也包含关于普遍真理的知识，因为关于个别事实的知识与关于普遍真理的知识这两者是不可分的。另一方面，他又认为知觉和思维不是等同的，看见某个东西是红色的和三角形的，与想到某个东西是红色的和三角形的，这显然不是一回事。它们的不同之处在于知觉具有描述性这一重要内容，而思维则具有意向性这一重

① 塞拉斯：《存在和所知》，载于《科学、知觉和实在》，第 314 页。

要内容。

对于思维本身，塞拉斯试图按照行为主义的语言模式加以解释。他说："按照这个模式，'思维某物如何如何'这句话的意思是：当一个人想到某物如何如何时，这句话从原初的意义上说表示这个人说某物如何如何，而从派生的意义上说则表示那个人在那一瞬间倾向于说某物如何如何。"① 例如，按照这个模式，"琼斯想到这个三角形是红色的"，就变成"琼斯说这个三角形是红色的"，或者变成"琼斯在那一瞬间倾向于说这个三角形是红色的"。因此，从后一种意义上说，思维表示人们在那一瞬间有一种说出某物如何如何的倾向。

在塞拉斯看来，"思维某物如何如何"，就其头一种意义而言，就等于率直地和自发地说出事物如何如何。他认为对思维作这样的理解，既可以把发出一些与语词或语句相似的声音排除出去，也可以把那些比较复杂的言语行为排除出去。他说，"思维某物如何如何"，这是对一定环境的自发反应，例如，当我看见一个红色的三角形时，我就会自发地想到这是一个红色的三角形，因此，就上述第一种意义来说，学会思考也就是学会如何用语言对一定环境自发地作出反应。

可能有人反驳塞拉斯的这种观点，强调我们在思维某物如何如何时，事实上并没有说出某物如何如何。在这种场合下，塞拉斯则强调就第二种意义而言的思维，即把思维理解为在那一瞬间有说出某物如何如何的倾向。他说，任何人要学会一种语言，他就需要学会通过语言对不同的环境作出不同的反应这样一种倾向，同时还需要以极大的速度从一种反应转向另一种反应。在他看来，根据第二种意义对思维的理解，我们不仅能够解释人们在没有说出某物如何如何时是怎样思维的，而且能够理解人们如何高速度地从一个念头转向另一个念头。

按照塞拉斯的观点，思维的最显著的特征在于它具有意向性。在现代西方哲学界，有人把意向性看作一种不可还原的所与，另一些人则认为意向性也是可以还原的。人们通常认为，如果要对意向性范畴进行还原，我们就必须表明在一个局限于对物质现象进行描述和解释

① 塞拉斯：《存在和所知》，载于《科学、知觉和实在》，第319页。

的框架中能够对有关思维的一切作出说明。那些主张不可能对意向性进行还原的人们认为这一点是做不到的，持相反观点的人则试图实现这一点。塞拉斯认为，这两种人的看法都过于简单化。他承认不可能把意向性范畴适当地改组为或者解释为为描述和解释物理现象所需要的那种有限的经验话语。可是，如果我们一旦认识到经验话语并不是唯一的一种合法的、人们可借以相互了解的语言形式，而是存在着多种多样的语言形式，那我们就能看出解决这个问题的新途径，就会看出语义学的话语可以作为理解意向性的基础。由于借助于语义学的话语完全可以说明意向性范畴，因此意向性范畴是可以还原的。塞拉斯还试图在这个问题上把古典哲学的传统观点和现代语言哲学的观点结合到一起。一方面，他坚持思维具有意向性这个传统观点，另一方面他又认为思维与说出来的话语不是等同的。他既承认我们思想的形式结构与说出来的话语有其相似之处，同时又认为思想的内容是一个“非逻辑的”（nonlogical）概念。

概括说来，我们可以把塞拉斯对于思想和语言的关系以及这两者与非语言的外部世界的关系的看法，归纳为以下三点：（一）思想和“原始感觉”（raw feels）是截然不同的，因为前者具有意向性，后者则不具有。（二）可以借助于与说出来的话语相关的语义学范畴来解释思想的意向性，因为思想和说出来的话语虽然不等同，然而是相似的。（三）除了思想和语言在语言方面或者在概念方面具有相似之处外，在我们用以作出经验陈述的语言与非语言的外部世界的事物之间，也存在着另一种完全不同的相似之处。塞拉斯把前一种相似之处称为“意谓”（signifying），而把后一种相似之处称为“描绘”（picturing）。关于最后这一点，我们将在下一节中阐述。

在对感觉的看法上，塞拉斯虽然承认感觉是感知者的一种状态，通常是由外界原因引起的，但他又否认感觉是认识的开端，认为感觉本身不属于认识领域，而仅仅属于因果领域。这种观点是错误的，因为，从马克思主义的观点看来，感觉是对客观现实个别特性（如声音、颜色、气味等等）的反映，它是由来自物质世界的一定刺激直接作用于机体的一定感觉器官所引起的。感觉属于认识的感性阶段，它是一切知识的源泉。在对知觉的看法上，塞拉斯认识到知觉是一种比感觉复杂的状态，它已不仅仅是感觉，而且包含有概念成分。这种观点中含有合理成分，比较接近于我们的观点，因为我们认为知觉是机体对客观事物表面现象或外部联系的综合反映，它是感觉和思维之间的一个重要环节，它对感觉材料进行加工，为思维准备材料。至于塞拉斯对思维的看法，则与马克思主义的观点相距甚远，他完全没有认识到思维是人脑对客观事物的一种间接的和概括的反映，而只是从行为主义的语言模式观点来解释思维及其意向性，并认为思想和语言这两者与外部世界的事物之间只存在着所谓“描绘”的关系，根本否认思想是人脑对外界世界中客观事物的概括反映，语言则是思想的物质外壳。

四、意义、辩明和真理

前面已经谈到，在西方认识论中有两种对立的观点，即“基础论”的观点和“贯通论”的观点。它们之间的基本分歧在于：前者认为经验知识必然有一个基础，它由一些能够自我辩明的、不是通过推理获得的信念所组成；后者则认为，一切信念都是通过推理获得的，因此经验知识既不需要有那样的基础，也不可能有那样的基础。塞拉斯在这个问题上的立场，大致说来处于这两者之间。他说：“人们似乎被迫要在下述两幅图画之中挑选一幅：其中一幅画的是一只象站在一只龟之上（可是龟又是由什么支撑着呢?），另一幅画的是一条黑格尔的知识之蛇把它的尾巴含在它的嘴里（可是它是从何处开始的呢?）。然而，这两幅图画中任何一幅都画得不好。”① 塞拉斯试图把这两种观点的合理成分结合到一起，而排除它们的不合理成分。具体说来，他在其整体论的意义理论上倾向于贯通论的观点，在其符合论的真理理论上倾向于基础论的观点，而他在辩明（justification）问题上的立场，既可以说是一种缓和了的基础论，也可以说一种缓和

---

① 塞拉斯：《经验主义和精神哲学》，载于《科学、知觉和实在》，第170页。

了的贯通论。

在意义问题上，塞拉斯显然倾向于贯通论的观点。就一般的意义理论而言，他赞成所谓“分类的说明”，而反对所谓“关系的说明”。就概念的形成这个专门问题而言，他主张“整体论的说明”，而反对“原子论的说明”。

在一般的意义理论方面，传统的经验主义者提出所谓“关系的说明”，即认为语词的意义表示一个词和一个非语言的实体之间的关系。他们用 XRY 这个符号来代表这种关系，其中 X 表示一个特定的词，Y 表示一个特定的、非语言的实体，R 则表示这两者之间的关系。学会使用一个词，譬如说使用“红”这个词，就是把这个词与从前对红色的感知联系到一起。用这种方法可以一点一滴地建立起一个经验的意义系统。这就是说，概念归根结底就是通过用实物或动作下定义的办法来形成的。塞拉斯不赞成传统经验主义者的这种意义理论和概念形成理论，他认为意义不是表示一个词与某种外界事物的关系，而是表示一个语言项目与另一个语言项目之间的关系。在“某某意味着某某”这种句型中，“意味着”（mean）这个词并不表示某个词与某种事物之间的关系。如果把意义理解为词与非语言的事物之间的关系，就会使我们必须承认这个词的意义所表示的那种非语言的事物的存在，而这一点在他看来是错误的。

在意义问题上，塞拉斯继承了维特根斯坦关于词的意义在于词的用法这个重要观点。与维特根斯坦一样，他也认为阐明一个词的意义就是阐明这个词在语言中的作用，这就是说，一个词所具有的意义，主要是这个词在一定规则的支配下所起的作用。说某个词是有意义的，至少部分说来就是以一种本质的方式把这个词与某些规则联系到一起，从原则上说，通过阐释那些支配这个词在语言中起作用的有关规则，就可以了解这个词的意义，也就是了解这个词在语言中的作用。

从这种观点出发，塞拉斯认为，“某某意味着某某”这种句型基本上是一种翻译的程式，这既包括从一种语言翻译成另一种语言，也包括从某种语言中的一个词翻译成该种语言中的另一个词。它所表示的不外是被翻译的词和译出的词在语言中具有同样的“用法”，或者，更准确一点说，起着同样的“作用”。在他看来，“某某意味着某某”这个语义的陈述句的主要功能就在于表明，某个语词在某种语言中所起的作用，相同于我们已知道其用法的另一个语词在我们的语言中所起的作用。因此，这种翻译程式并没有把一个语言的项目和一个非语言的项目联系到一起，它所涉及的两个项目都是语言的。以“‘Rot’（德文的‘红’）意味着 red（英文的‘红’）”这个句子为例，他说：“‘某某意谓着某某’这种翻译程式是一种语言手段，我们可以用它传达这样的知识，即一个被提及的词（在这个例句中即‘Rot’这个词），在某个语言团体中（在这个例句中指的是德语民族），与‘red’这个词起同样的作用……”① 因此，他强调说，陈述一个词的意义就是从词的功能方面对词进行分类，这就是他所主张的“分类的说明”。

按照塞拉斯的观点，意义表示语言项目之间的关系，而不表示词和外界事物之间的关系，那么塞拉斯如何使语言与外界事物发生联系呢？在这个问题上，塞拉斯求助于“图像”或“描绘”这个概念，认为图像或描绘作为事实真理的一种特性，表示语言和外界事物之间的关系。关于这一点，我们将在下面谈到他在真理问题上的观点时详细论述。

与反对“关系的说明”相关联，塞拉斯也不赞成传统的概念形成理论，按照这种理论，概念是通过抽象过程一点一滴地从经验中吸取得来的。他认为概念不是一点一滴地从经验中吸取得来，甚至也不是从任何来源中一点一滴地得来的。在他看来，只有当我们掌握了某个概念所属的整个概念系统，才可以说我们掌握了这一概念。例如，小孩子所以能从成年人那里学习某种语言，就是因为成年人已掌握了有关的整个语言系统。一个小孩只有经过长期训练，从成年人那里不仅知道——譬如说——什么是红色，而且知道其他各种颜色，掌握了

① 塞拉斯：《经验主义和精神哲学》，载于《科学、知觉和实在》，第 163 页。

有关颜色的整个概念系统，这个小孩才算真正掌握红色这个概念。因此，学习语言的过程就是通过训练而被逐渐地引进某个语言系统之中的过程。而且，这种理论还以进行训练的团体（不是学习者个人）已经掌握了这个语言系统为前提，语言团体（例如，说英语的民族）是进行某种语言训练（例如，英语）的最小单位。他说："作为自我感知的整体的语言团体，是概念活动赖以得到理解的最小单位。"①这就是塞拉斯在概念形成理论方面所作的"整体论的说明"，他认为这种说明优越于"原子论的说明"，即那种认为概念是通过抽象一点一滴地从经验中吸取得来的观点。诚然，塞拉斯也承认，他的这种概念形成理论只适用于说明人们如何学习语言或形成概念，而不能说明语言或概念活动的历史起源。

在辩明问题上，塞拉斯的观点既不属于基础论，也不属于贯通论，而是处于两者之间。他对基础论者的辩明观点的反对态度，主要表现在他否认有任何自我辩明的信念可以作为经验知识的基础。他对贯通论者的辩明观点的反对态度，则主要表现在他否认一切知识都是通过推理得出的这个基本观点，他举出一些事例，说明某些知觉陈述和反思陈述就不是通过推理得出的。在他看来，基础论者或贯通论者在辩明问题上的观点尽管都含有一些合理成分，但都同样受到"关于所与的神话"的影响。基础论者虽然正确地指出并非一切知识都是通过推理得出的，可是由此得出某些知识事例是自我辩明的这个错误结论。相反，贯通论者虽然正确地认为没有一种知识是自我辩明的，可是又由此得出所有的知识都是通过推理得出的这个错误结论。他认为基础论者和贯通论者关于任何从逻辑上说以其他知识为前提的知识都必定是通过推理得出的这个观点本身，就是"关于所与的神话"的一种表现。他试图提出一种辩明理论，在这种理论中起重要作用的是一种不是通过推理得出，然而也不是自我辩明的知识。

基础论者认为，如果没有一种能够自我辩明的信念作为经验知识的基础，而接受贯通论者关于一切知识都是通过推理得出的观点，我

① 塞拉斯：《哲学和哲学史论文集》，第100页。

们就会陷于无穷尽地向后倒退去寻找推理的依据这样一种困境。塞拉斯不赞同这样的看法，不过，他在批驳这种看法时，不是把命题区分为自我辩明的和靠其他事物来辩明的，而是把命题区分为通过推理获得的和不是通过推理获得的。他认为这是两种截然不同的区分。基础论者在强调有些知识事例是自我辩明的，因而可以成为经验知识的基础这个基本论点时，对于如何表征这种知识事例的特性提出两种可供选择的方案：（一）这些知识事例是一些比信念更加基本的知识；（二）这些知识事例是一些自我辩明的信念。塞拉斯对这两个方案都持否定态度。首先，他援引关于知识的古典定义为依据来否定第一个方案。他说："把知识解释为'得到辩明的、真实的信念'这样一个定义，虽然隐含着许多陷阱（近几年来这些陷阱已经引起人们注意），仍然是一些正统的或者古典的说明，在我看来，这个定义基本上是适当的。"① 按照他的观点，既然应当把知识定义为一种得到辩明的、真实的信念，也就是说，知识只是信念的一种特殊情况，那就不可能有任何比信念更加基本的知识事例，于是基础论者提出的第一个方案便被否定了。其次，他又根据整体论的意义理论来否定第二个方案。他说，他愿意接受对"基本信念"所作的弱意的说明，即认为相对于一个特殊的概念框架而言，可以说这种信念是不通过推理就能得到保证的。但是，他不愿意接受对"基本信念"所作的强意的说明，即认为这种信念是自我辩明的。在他看来，这种观点仍然依据于那种错误的原子论的信念概念，他说，个人的信念如果脱离它们所属的系统，就既不可能是有意义的，也不可能得到辩明。塞拉斯以这些理由否定了基础论者提出的两个方案，从而也就否定了基础论者关于有些知识事例是自我辩明的，可以作为经验知识的基础这个基本论点。

另一方面，塞拉斯也不同意贯通论者关于一切知识都是通过推理得出的这个基本论点，认为如果有某些知识事例是通过推理获得的，那么为了获得一个由以进行推理的出发点，就必须有一些知识事例不

① 塞拉斯：《知识的结构》，载于《行动、知识和实在》，第 332 页。

是通过推理获得的。可是，他赞成贯通论者关于没有任何知识是自我辩明的这个观点。他说，我们的日常知识的概念框架中包含有一些构成原则，我们根据这些原则使我们的具体信念得到辩明，可是这些原则本身并不是自我辩明的，它们之所以得到辩明，既是由于它们与日常知识的概念框架中的其他成分相一致，也是由于这个概念框架本身相对来说是适当的。这就是说，虽然这些原则在对我们的具体信念的辩明中起着重大作用，可是它们并不是在具体情境中这些信念由以推导出来的前提。

总的来说，塞拉斯在辩明问题上的观点可以说是基础论和贯通论的混合物，可以把它的基本内容表述如下：在我们的日常知识的概念框架中，有一些关于知觉和反思的基本信念，它们在形式上不是通过推理获得的，而是依靠特殊的、具体的情境来保证的。这些基本信念虽然不是通过推理获得的，可是它们也不是自我辩明的或自我保证的，因为它们之所以得到辩明，基本上是由于得到我们的概念框架中某些构成原则的保证。塞拉斯认为，他的这种看法"调和了下述两种观点之间的冲突：一种观点强调那种依据于解释的贯通性而获得的保证，另一种观点强调某些经验陈述具有一种不是通过推理得到的保证"①。

在真理问题上，塞拉斯的观点倾向于基础论或符合论，不过，与大多数符合论者相比，他对符合（correspondance）的看法要复杂一些。他认为在对真理的说明中，要把与真理的意义直接相关的问题跟那些与真理的特性或真理的标准相关的问题区别开来。对于真理的意义，他接受语义学的说明，认为这种说明带有普遍性，既适用于经验的真理，也适用于数学的真理或道德的真理。他还认为接受这种说明的人可以在符合论者、贯通论者以及实用主义者在真理问题上的争论中持中立态度。当然，这并不意味着他认为在这几种真理之间没有区别，也不意味着他认为在上述争论中没有真正分歧，他的意思是这些

① 塞拉斯：《所与性和解释的贯通性》，载于《哲学杂志》，1973 年，第 70 页。

区别和分歧都应当在真理定义这个领域之外的其他领域内得到适当解决。

塞拉斯对真理的意义作了语义学的说明，他说："'真的'这个词意味着它在语义学上是可断定的（assertible），而且真理的多样性是与语义学规则的多样性相对应的。"① 按照这种说明，真理问题仅仅是一个语言问题。可是，把真理解释为在语义学上的可断定性，这必然引起"由谁断定"的问题。塞拉斯认为，通常对这个问题的回答是"被我们所断定"，真理纯然是在我们的概念框架中从语义学观点所作的一种断定。对真理作这样的理解，又引出两个相关的概念：相对真理和理想真理。除了真理的一般定义以及与其相关的相对真理和理想真理这两个概念之外，还有一些特殊的概念，如数学真理、道德真理以及事实真理等等，其中每种真理都有它各自的特性。数学真理包含贯通性概念和可证明性概念。道德真理的特性一直是哲学争论的对象。至于事实真理，它与塞拉斯的符合概念的关系最为密切，因为事实真理的关键就在于揭露世界的构成。

按照塞拉斯的观点，正如意义仅仅在表面上表现为词和世界之间的关系，实际上并非如此，同样地，真理也只是在表面上表现为词和世界之间的关系，实际上也并非如此。既然意义和真理都不是表示语言和外部世界之间的真实关系，那么塞拉斯如何使语言与外部世界产生联系呢？在这个问题上，塞拉斯提出"图像"（picture）或"描绘"（picturing）这个概念，认为图像或描绘作为事实真理的一种特性，表示语言和外部世界之间的关系。他说，无论语义学的真理，或者作为遵照语言规则对词的使用的意义，都不表示语言和外部世界之间的关系；与此相反，作为图像或描绘的真理则构成语言和外部世界之间的实际关系，因为图像本身就表示语言对象和非语言对象之间的关系。图像的关系是一种属于自然方面的关系，因此图像是一种自然的语言对象，而且图像和自然对象之间的关系由以构成的那些特性都是经验的。

---

① 塞拉斯：《科学和形而上学》，第 101 页。

塞拉斯说："一个语言项目借助于某个概念结构所特有的语义学一致性而对一个非语言的项目进行描述这样一个陈述，从一种重要的意义来说，就是一种对象语言（object-language）的陈述。因为，尽管这种陈述提到了语言学的对象，可是它把这些对象当作因果方面的项目，也就是说，当作自然事物方面的项目，并且直接谈到它们在这个方面的作用，其方式截然不同于逻辑语义学的那些元语言的陈述，在后面这种陈述中起主要作用的是一些抽象的单称名词。"① 这就是说，在概念的图像和它所描绘的对象之间的关系，是世界上两种对象之间的实际关系，也就是自然的语言对象和非语言对象之间的关系。他强调说，描绘是对象之间的一种复杂的实际关系，必须把这种关系与意义、指称和真理的那种虚假的关系区别开。

在塞拉斯看来，真理作为一种语义学的可断定性是绝对的，因为，不论一个陈述是否与一个概念系统的规则相一致，它总是被断定了。正是由于这个事实，真理作为一种科学的可断定性是相对于某个概念框架而言的，因此它是一个不独立的框架。但是，真理作为图像或描绘而言则有程度的差别，因为它可能是适合的，也可能是不大适合的，描绘的各种规则便是图像的正确性的尺度，这些规则本身允许图像可能是适合的，可能不太适合，从这种意义上说，真理作为图像来说则是一个独立的框架。一组特定的描绘规则可以成为一个框架的组成部分；相对于这一组规则来说，一个陈述可能是绝对真实的，也可能是绝对错误的。

塞拉斯认为，图像可能适当，也可能不太适当这样一种看法，把我们引向这样一个观点，即一个科学框架可能被另一个更好的科学框架所代替，最后可能出现一个理想地适当的图像框架。这是因为图像论中包含有一种认识上的因果关系。他说，知识产生于认知者和认知对象的相互作用，这一点就为了解认知者如何可能借助于事物对人的认识器官的因果影响而认识事物提供了一个本体论的基础。在塞拉斯关于作为图像而言的真理理论中，这种因果关系至少包含下述三点：

---

① 塞拉斯：《科学和形而上学》，第137页。

(一) 具有一定结构的物理对象在一定环境中作用于具有一定结构的感觉器官;(二) 具有一定结构的感觉器官在一定环境中反作用于物理对象;(三) 在一定环境中物理对象和感觉器官之间存在着规律性的相互作用。因此,他认为图像的规则是由物理学规律、生理学规律和心理学规律所组成,这些规律支配着物理对象和感觉器官之间的相互作用。

从上所述可以看出,在意义问题上,塞拉斯继承了维特根斯坦关于词的意义在于词的用法这个重要观点,他也认为陈述一个词的意义就是从词的功能方面对词进行分类,并用"某某意味着某某"这种翻译程式加以说明,说这种程式表明某种语言中的某一个词与另一种语言(或同一种语言)中的另一个词起着相同的作用。在辩明问题上,他采取基础论和贯通论之间的中间立场,并企图把这两者在辩明问题上的观点结合起来。在真理问题上,他也追随在维特根斯坦之后,强调"图像"或"描绘"概念,用它来实现语言和外部世界之间的联系。我们在评述维特根斯坦的"图像论"时已经指出,他的图像论完全不同于马克思主义的反映论。就塞拉斯提出的关于图像或描绘的观点而言,情况也是如此。马克思主义的反映论强调人类的感觉、概念以至全部认识都是客观世界的反映,这是一个能动的反映过程,不是一种直观的、消极的反映,不是一种照相式的图像或描绘。塞拉斯虽然谈到物理对象对感觉器官的刺激以及感觉器官对物理对象的反作用,可是他又强调语义学的真理定义,把真理问题仅仅看作一个语言问题,认为真理只是表面上表现为词和外部世界之间的关系,实际上并非如此,这就根本否认了真理是对客观事物及其规律的正确反映。

第二节 希拉里·普特南

(Hilary Putnam 1926~)

希拉里·普特南是20世纪70年代出名的美国逻辑学家和科学哲学家,"科学实在论"的代表之一。他在洛杉矶加州大学获哲学博士学位后，在西北大学和普林斯顿大学任教，1961 年在麻省理工学院任科学哲学教授，1965 年任哈佛大学哲学教授，1976 年在该校任皮尔逊（W. B. Pearson）现代数学和数理逻辑讲座教授，后一度担任系主任，目前仍在该校任教。他于 1976 年在牛津大学主持洛克讲座，讲演题目为“意义和知识”，1979 年又在牛津大学主持斯宾塞（H. Spencer）讲座，讲演题目是“哲学家和人类理解”。他是美国科学院院士和英国科学院通讯院士。

普特南在数理逻辑、科学哲学、语言哲学和精神哲学等方面发表了大量论文，其中主要部分收进他的三部论文集中。1975 年出版了他的头两部论文集：一本是偏重于探讨数学哲学和科学哲学问题的《数学、物质和方法》；一本是偏重于探讨语言哲学和精神哲学问题的《心、语言和实在》。1983 年出版的第三部论文集《实在论和理性》一书，则偏重于探讨指称、意义、真理和实在等问题。其他著作有：《逻辑哲学》（Philosophy of Logic，1971）；《意义和道德科学》（1977）；《理性、真理和历史》（1981）。《意义和道德科学》一书分为四个部分，其中第一部分“意义和知识”是他于 1976 年在牛津大学主持洛克讲座所作的六次讲演，其余三部分是三篇论文，讨论理性和科学、语言和指称以及实在论等问题。《理性、真理和历史》一书是一本专著，讨论指称问题、身心问题、合理性问题以及事实和价值、理性和历史等问题。

在青年时期，普特南在科学哲学方面受教于赖欣巴赫，在逻辑方面受教于蒯因。蒯因对他的影响是比较大的，他曾说过：“蒯因的思想对我的著作的影响是长远的。”① 他也曾受到古德曼的某些观点的启发，他在《理性、真理和历史》一书的序言中写道：“近几年来，古德曼和我都觉察出我们的观点中有某种会聚（convergence）。在此书的第一稿写出之后，我有机会阅读了他的《世界形成的方式》一书，并和他讨论了某些有关的问题，这在我的思想发展的某些阶段上

① 普特南：《意义和道德科学》，序言，第Ⅸ页。

是很有价值的。"① 此外,在数理逻辑方面,普特南曾受到克雷塞尔(G. Kreisel)和戴维斯(M. Davis)的启发和鼓励。

普特南在20世纪50~60年代,偏重于研究现代数学和数理逻辑问题,60~70年代,转向研究科学哲学和语言哲学问题,最近几年来他对指称、意义、真理和实在等问题深感兴趣。此外,他对伦理学和社会科学的基础问题也感兴趣。简略说来,普特南在科学哲学方面持实在论的观点,在语言哲学方面主张直接指称理论,在精神哲学方面持机能主义观点。

普特南在其著作中经常讨论实在问题,并且承认自己持实在论的观点。他说:"一个彻底的实在论者不仅对通常意义的物质对象的存在应持实在论的态度,而且对于数学必然性和数学可能性的客观性(或者,在同等意义下,对于数学客体的存在),对于那些既不是物质对象又不是数学对象的实体,特别是场和物理量,也应持实在论的态度。"② 他强调成熟科学的名词是有指称的,前后相继的科学理论具有共同的指称。他的这些观点在西方被称为"科学实在论",但他自己有时避免使用这个名称,他说:"我现在所说的'实在论',往往被它的支持者称为'科学实在论'。我在这里避免使用这个名称,因为'科学实在论者'作为一个标记带有某种意识形态的腔调,这种腔调多多少少使人想起19世纪的唯物主义,或者粗鲁一点说,使人想起乡村里的无神论。"③ 他在另一本书中谈到实在论时也声明:"为防止误会起见,让我声明我所说的实在论并不指唯物主义。"④ 看起来,普特南不愿意称自己的观点是"科学实在论",往往是出于对唯物主义和无神论的偏见。

在真理问题上,普特南在20世纪70年代中期以前持符合论的观点,认为语言和世界之间存在着符合或对应的关系。70年代中期之

① 普特南:《理性、真理和历史》,序言,第Ⅻ页。

② 普特南:《数学、物质和方法》,序言,第Ⅶ~Ⅷ页。

③ 普特南:《意义和道德科学》,第19~20页。

④ 普特南:《数学、物质和方法》,序言,第Ⅶ页。

后，他的观点有显著变化，不再把真理看作“判断与其对象相符合”，而把真理看作一种“理想的辩明”。与此相关，他把原来那种认为指称处于理论或描述系统之外的观点，称为“形而上学的实在论”，而把后来这种认为指称内在于理论或描述系统的观点，称为“内在的实在论”。在近几年的著作中，他对形而上学的实在论提出许多批评，另一方面，他对内在的实在论作了许多论证，声明他现在主张的就是这种内在的实在论。

普特南的研究范围较广，这里不准备探讨他在数学哲学和精神哲学方面的观点，而只探讨他在科学哲学和语言哲学方面的一些观点。在指称问题上，他的科学实在论的观点表现得最为明显，而且含有较多的合理因素。在真理问题上，他也提出了一些新的看法，值得我们注意。下面，我们对他在这两个问题上的观点作些简略的评述。

一、指称与实在

指称理论是普特南的一个重要的研究对象，早在20世纪60年代他已开始对这个问题进行研究，70~80年代特别深入地研究了这个问题，写出了《指称和理解》(1978)、《指称和真理》(1983)等一系列文章。

在指称问题上，普特南的观点与罗素等人的传统观点是相对立的。按照罗素的观点，我们有两种知识，即通过亲知获得的知识和通过摹状词获得的知识。通过亲知获得的知识只限于感觉材料，感觉材料是人们可以直接地领悟和命名的，只有在这种场合下，我们才能确知一个名称所指的对象是什么。罗素把我们通过亲知所知道的感觉材料的名称，称为“逻辑上的专名”。通过摹状词获得的知识与此大不相同，例如，对于亚里士多德这个人，我们不具有亲知的知识，可是，通过一系列摹状词，譬如说，亚里士多德是“古希腊的一个著名哲学家”、“柏拉图的学生”、“亚历山大大帝的老师”、“第一本《形而上学》的作者”等等，我们便能够知道“亚里士多德”这个名称指的是谁。因此，罗素认为，像“亚里士多德”这样的专名实质上是一些简化的或伪装的摹状词。由此出发，罗素把名词分为两类，即基本名词（basic terms）和被定义的名词（defined terms）。基本名词所指称的是那些我们具有亲知知识的对象。被定义的名词则与一系列有关的摹状词同义。例如，“黄金”这个普通名词就与“沉重的、黄色的、贵重的、不朽的金属”等等摹状词同义，这些摹状词的总和成为“黄金”这个类的一切成员所具备的必要而且充分的条件。罗素的这种观点长期以来在分析哲学家中间受到许多人的支持，成为一种很有影响的指称理论。

60～70年代，克里普克（S. Kripke）、普特南等人反对罗素等人的传统观点，提出一种新的指称理论。他们认为，名称，特别是自然物的名称，并不像罗素等人认为的那样具有内涵或意义，因而它们的指称不是通过与这些名称相联系的概念或摹状词而被确定下来的。克里普克认为这是通过一条命名的因果链条把名称与其指称联系到一起①，普特南也持与此类似的观点。早在1962年，普特南在《梦幻与“深层语法”》一文中，已表示他反对把普通名词（椅子、石头等等）看作与构成某个类的成员应具备的一组必要而且充分的条件是同义的。在他看来，某些种属的词，例如“马”、“树’、“黄金”等等，它们的外延并不是通过事先规定的一组“标准”而被固定下来的。这些种属服从于某些客观规律，究竟哪些事物应归属于哪个种属，这取决于有关的客观规律。由于我们对这些客观规律没有透彻的了解，因此我们宁愿不对这些种属的外延作明确的规定，不要以为根据“马”、“树”等词一定与某一组必要而且充分的条件同义，便能够把它们的外延明确地固定下来。

到70年代，在《语义学是可能的吗?》、《“意义”的意义》等文中，普特南继续探讨这个问题，特别着重考察关于“自然种属的词”（natural kind words）这个概念。所谓自然种属的词，他指的是自然物、自然种属、物理量等等的名称，例如“黄金”、“柠檬”等等。按照罗素等人的观点，“柠檬”这个词的意义是通过把一系列特性（黄色的、厚皮的、酸味的等等）组合到一起而获得的，换句话说，

---

① 关于克里普克的指称理论，我们将在第十一章中阐述。

某种水果如果具有这些特性，我们便可以称之为“柠檬”，这种水果便是“柠檬”这个词的指称。“柠檬”这个词的内涵或意义规定了这个词的外延，也就是规定了它的指称。与此不同，按照普特南的观点，对这类词的使用取决于我们掌握一些范例或规范，人们一致认为它们是某个种属的自然物的模式。例如，我们之所以把某种水果称为“柠檬”，是因为这种水果符合于我们所掌握的这种水果的范例或规范，而不是因为它符合于我们预先规定的某些标准（例如，它是黄色的、厚皮的、酸味的等等）。他强调说，自然种属的词的外延（例如“黄金”这个词的外延），不是由一组“语义学规则”或其他原理化规范决定的，这些规范可以决定某些对象是黄金的范例，但不能决定这个词的充分外延。

普特南还提出“本质属性”这个概念。在他看来，在一个自然种属的所有成员中，都有一种本质的属性；一个表示这些成员的词的意义，就在于这个词与这种本质属性具有密切联系。他说：“随着时间的推移，由于生活条件的变化，自然种属的特征也可能发生变化，但只要它的‘本质’没有多大变化，我们仍然可以继续使用某同一个词。”① 这就是说，不论一个对象发生什么变化，只要它具有某个种属的范例所具有的那种本质属性，我们仍然可以把这个对象归之于那个种属。例如，如果“马”这个词所代表的动物具有马这种动物的本质属性，那么，即使这种动物的其他属性有所变化，只要这种本质属性不变，这个词的意义也就不变。

普特南还探讨了自然种属的本质属性如何确定的问题，他以水为例来说明这一点。在“水”这个词的日常用法中，人们往往指着一杯水或一池水说：“这就是水。”他认为这是给“水”这个词下“操作定义”(operational definition)或“实指定义”(ostensive definition)。在科学中，人们则根据水的化学成分（H_2O）来给“水”下定义，把任何具有 H_2O 这种化学成分的液体称为“水”。普特南认为这个定义抓住了水的本质属性。他说，设想在另一个与地球十分相似的天体

① 普特南：《“意义”的意义》，载于《心、语言和实在》，第232页。

上，那里的水看起来与地球上的水一模一样，也就是能够满足我们对水所下的操作定义或实指定义，可是它的化学成分不同于地球上的水。在这种场合下，那个天体上所说的“水”就不是我们地球上所说的水，因为它不具有 H_2O 这种作为本质属性的化学成分。他说：“一旦我们已经发现在现实世界中的水是 H_2O，那就不会有一个可能的世界，那里的水不是 H_2O。特别是，如果一个‘逻辑上可能的’陈述是一个在某个‘逻辑上可能的世界’里有效的陈述，那么，水不是 H_2O 则不是逻辑上可能的。”①

普特南认为，一般说来，那些通过其存在而不是通过什么“标准”而被给予的事物，能够帮助我们把关于它们的词的指称确定下来。就现实事物而言，不论它们的摹状词是什么，只要它们在我们获得和使用某些词中起着一定的因果作用，它们就能帮助我们确定这些词的指称是什么。如果一个词与某些存在着的事物处于某种“适当的关系”之中，那么这个词就指称这些事物。所谓“适当的关系”，就专名来说这指的是某种因果的联系，就通名来说这指的是与某些本质属性相符合。换句话说，就专名而言，存在着的事物就是起初曾用这个名称“命名”（baptize）的人或物，就通名而言，存在着的事物也就是实际的范例或规范。

普特南还认为就科学名词而言也是如此，科学名词（“原子”、“电子”等等）与我们用以界说这些科学名词的摹状词并不是同义的。我们在确定科学名词的指称时，不是根据我们关于这些名词所指的对象的知识或信念，而是根据我们和这些对象之间历史地、社会地形成的传递链条。以“电子”这个科学名词为例，他认为世界上并没有任何东西完全符合于玻尔关于电子的描述，也就是说，我们不是根据玻尔关于电子的描述来确定“电子”这个科学名词的指称。我们现在之所以把那种与玻尔所说的“电子”大致相似的东西称为电子，就是由于有一条历史的、社会的传递链条把不同的研究者与这个名词所指的对象连到一起。因此，尽管我们和玻尔对电子的理论描述

① 普特南：《“意义”的意义》，载于《心、语言和实在》，第233页。

不同，但这个名词所指的对象却是相同的。

谈到这里，我们涉及普特南在指称问题上的另一个重要观点，这就是他强调成熟的科学理论中的名词是有指称的。普特南承认分子、电子等等理论实体的存在，认为如果不是如此，我们就不能运用包含有这些理论实体的科学理论去说明自然现象。他说："一种科学理论被另一种科学理论所取代，例如牛顿的万有引力论被爱因斯坦的相对论所取代，对这种现象的自然说明就在于：关于某种理论对象（例如引力场或时空的米制结构）的一种部分正确和部分错误的说明，被另一种关于这些对象的更好的说明所取代。但是，如果这些对象事实上并不存在，那么，说一种关于遥远的引力活动的理论能够成功地预言某种现象，那就是一个奇迹了……"①

普特南关于成熟的科学理论中的名词具有指称的观点，又是与他关于科学知识会聚的观点紧密相联的。所谓科学知识的会聚，他指的是前后相继的科学理论具有共同的指称。他在这个问题上坚持两条原则：（1）成熟科学中的名词是有指称的；（2）成熟科学中的理论定律是接近于真实的。在这点上，普特南的观点既不同于逻辑实证主义，也不同于历史社会学派。逻辑实证主义者大多认为，科学中一种出现较晚的理论（T_2）如果比某种出现较早的理论（T_1）优越，那么 T_2 必须包含 T_1 中的某些观察语句，可是 T_2 不一定包含 T_1 的理论定律在某些情况下的近似的真理。这就是说，在逻辑实证主义者看来，只有观察事实是会聚的，科学理论则不会聚。普特南不同意这种观点，他强调科学理论是会聚的。他说，假定 T_1 是物理学中已被接受下来的一种理论，科学家们寻找一种用来取代 T_1 的 T_2。如果我们相信上述两条原则，我们就知道 T_1 的定律是接近于真实的，因此 T_2 必须具有这样的特性，即当我们从 T_2 的观点来看，T_1 的定律接近于真实，否则 T_2 便不可能是真实的。这就是说，在他看来，T_2 包含了 T_1 的理论定律在某些情况下近似的真理，T_1 和 T_2 中的科学知识是会聚的。普特南还认为，如果我们承认科学知识的会聚，我们就能说明

① 普特南：《意义与道德科学》，第 19 页。

为什么我们可以从 T_2 的观点把指称配给 T_1 的名词，例如，“我们可以从相对论的观点把指称赋予牛顿理论中的‘引力场’(虽然不能赋予‘以太’或‘燃素’)，可以从目前分子物理学的观点把指称赋予门德尔(Mendal)的‘基因’，可以从量子力学的观点把指称赋予道尔顿(Dalton)的‘原子’”①。在他看来，“指称”和“真理”这两个概念在认识论中起着因果解释的作用，我们可以把它们当作用以说明科学家的研究活动和科学成就的前提。

普特南关于科学知识会聚的观点，也不同于历史社会学派库恩、费耶阿本德等人的看法，因为后面这些人都否认科学知识的会聚。例如，库恩认为，在不同的范式中，同一个名词具有不同的指称。费耶阿本德认为，科学名词的引进者或使用者通常把某些定律看作关于某个指称的必然真理，把这些定律或者以这些定律为依据而对指称所作的理论描述看作这个指称的定义。他说，如果我们断定没有任何对象符合于这个理论描述，那我们就应当说没有那样的事物。如果没有任何对象确切符合于玻尔和卢瑟福对电子的理论描述，那就应当说没有玻尔和卢瑟福所说的那种“电子”。而且，如果在两种理论中对于电子的理论描述不同，那么“电子”一词在两种理论中就具有不同的意义。普特南对此反驳说，如果玻尔和卢瑟福 20 世纪初在他们的理论中所说的“电子”并不是我们现在所说的电子，那它就不指称我们目前理论中所指称的任何对象，或者说，不指称从我们目前理论的观点看来所承认的任何对象。因为，玻尔和卢瑟福理论中所指的唯一对象就是电子，如果它不指称任何电子，它也就不指称任何对象。在那种场合下，我们除了利用自己的理论之外，就不能利用前辈科学家的任何理论，然而这是违背科学发展的历史和科学家的研究活动的。他说，如果从晚些年代的科学的观点看来，早些年代的科学所假定的一切理论实体(分子、基因、电子等等)统统都不存在，那么，从将来科学的观点看来，今天的科学所假定的理论实体也不存在。由此可见，这种否认科学知识会聚的观点显然是错误的。

---

① 普特南:《意义与知识》，载于《意义与道德科学》，第 22 页。

普特南还强调说，科学名词与有关的理论描述并不是同义的。人们通常借助于理论描述去说明他们使用的某个科学名词的指称。当某个理论描述不能很好说明某个科学名词的指称时，人们可以对这个理论描述进行适当的修改。例如，如果没有什么对象确切地符合于玻尔和卢瑟福理论中对电子的描述，可是有些粒子与他们所作的理论描述大致相似，譬如说，有同样的质量、同样的电荷等等，我们仍然可以认为他们所说的电子就是这样的粒子。普特南写道："我们应当承认玻尔所指的就是我们称之为'电子'的那种东西。我们只是说，对于玻尔曾经称之为'电子'的那同一种实体，我们现在有了另一种理论；玻尔的那个科学名词是有指称的。"① 总之，在他看来，如果上述两条原则是错误的，如果没有科学知识的会聚，如果科学理论中所包含的科学名词没有指称，那些科学理论也就没有真假对错可言，在那种情况下，科学理论还有什么价值?

普特南从科学实在论的观点出发提出的这种指称理论，含有不少合理因素。首先，他强调"本质属性"在确定指称中的重要作用，这一点是有积极意义的。从马克思主义观点看来，在事物所具有的各种属性中，有本质属性和非本质属性的区别。本质属性是事物的内在联系，由事物的内在矛盾构成，是事物中的一贯的、稳定的和持久的因素。本质属性规定了事物的根本性质，只要某一事物的本质属性不变，即使它的非本质属性有所变化，这一事物仍然保持它的本质规定性不变。普特南虽然没有达到这样明确的认识，但他强调本质属性在确定指称中的重要作用，这种观点仍是可贵的。其次，他强调成熟的科学理论中的科学名词是指称的，前后相继的科学理论中的科学名词具有共同的指称，这种观点也具有积极意义，因为它表明普特南承认分子、原子、电子等等理论实体的客观存在，而不像西方某些哲学家那样仅仅把它们看作理论假定。从马克思主义观点看来，分子、原子、电子等等科学名词并不是科学家凭空创造出来的，而是反映了一定的客观物质存在。普特南的这个观点含有一定的唯物主义因素。再

① 普特南：《意义与知识》，载于《意义与道德科学》，第24页。

次，他认为成熟的科学理论是接近于真实的，较早的科学理论被较晚的科学理论所取代，正是由于后者更加接近于真实。这种观点中也含有合理因素，表明他对从相对真理走向绝对真理这个理论有了一定认识，尽管他没有使用这些概念或明确表达这样的思想。另一方面，普特南的思想中也有许多错误，如对唯物主义和无神论的偏见、对直接指称理论的片面强调等等。

二、辩明与合理性

在普特南的科学哲学中，辩明问题和合理性问题占着非常重要的地位，因为他认为真理就是一种理想的辩明或者一种合理的可接受性。因此，要阐明他的真理观，就必须探讨他所提出的“理想化的辩明”（idealized justification）和“合理的可接受性”（rational acceptibility）这两个概念。

普特南认为，在真理问题上，19 世纪末至 20 世纪初有两种基本观点。一种是“符合论”的观点，即认为真理是命题与事态的某种符合，这种观点可以举罗素为代表，他认为一个命题的真假取决于它与它所描述的事态符合或不符合，如果某一命题符合于它所描述的事态，这个命题便是真的，否则就是假的。我们对某一命题的理解就在于我们知道什么事态与这一命题相符合。另一种是“证实论”（verificationism）的观点，它把真理理解为在理想的考察条件下被证实的东西。普特南举出皮尔士的真理观作为这种观点的代表。20 世纪头二三十年，有些经验论哲学家对上述两种观点都不赞成，并把“真理”概念当作一个形而上学概念加以拒斥，例如，杜威就用“有保证的可断定性”（warranted assertibility）取代“真理”一词，维也纳小组的某些成员也采取与此类似的态度。到 20 世纪 30 年代中叶，塔尔斯基（A. Tarski）提出他的“语义学的真理概念”，认为在把对象语言和元语言区分开来的基础上，可以在形式化的语言中仅仅使用对象语言概念和纯数学概念来给“真的”下一定义。在任何情况下，只要真理定义满足一定的“等值条件”（equivalence condition），这个定义就是正确的。所谓等值条件，塔尔斯基指的是说任何一个语句是真的，就是说它必须等于这个语句本身，例如，说“雪是白的”这个语句是真的，就是说事实上雪是白的。普特南把塔尔斯基的这种真理观称为“去掉引号的真理观”（disquotational theory of truth）。后来，卡尔纳普、亨普尔等人大致接受了塔尔斯基的这种观点。戴维森（D. Davidson）又进一步发展了这一观点①。

如前所述，普特南在真理问题上的观点有一个转变过程。在70年代中期以前，他基本上持罗素等人的符合论观点。他在当时写的《语言和实在》一文中说：“随着语言的发展，语言的某些部分和世界的某些方面之间的因果联系和非因果联系变得愈益错综复杂，愈益多种多样……这种联系的本质在于语言和思想的确日益符合于实在，至少在某种程度上是如此。”② 70年代中期以后，他逐渐改变这种观点，把它当作“形而上学的实在论”加以批驳，而转到“经验的实在论”或“内在的实在论”的立场上。他在后来所写的《指称和真理》一文说：“我的结论是，形而上学的实在论，即那种认为真理甚至超出理想化的辩明的观点，是不连贯的。另一方面，把真理与时间性的（tensed）辩明等同起来的看法（时间性的辩明与理想化的辩明是对立的），就是放弃这样一条原则，即某些在目前得到辩明的陈述在将来可能被发现为不是真的。我认为这条原则是我们的经验主义世界观的一个核心部分。因此，我重新提出康德关于形而上学实在论和经验实在论之间的区别，并且拒绝形而上学实在论，而肯定经验实在论，即‘内在的’实在论。”③

20世纪70年代中期以后，普特南在真理问题上的观点既不同罗素等人的符合论，也不同于塔尔斯基等人的真理论，而与达米特（M. Dummett）的观点比较接近，但又有所区别。普特南在80年代初回忆当时他的思想变化时曾这样说：“在我正在努力解决刚才谈到的那些问题（指真理论问题——引者注）的那几年里，我首先从达米

① 关于塔尔斯基和戴维森的真理观，我们将在第十一章中阐述。

② 普特南：《语言和实在》，载于《心、语言和实在》，第290页。

③ 普特南：《指称和真理》，载于《实在论和理性》，第85页。

特的著作中看到一些明显的迹象，它们表明可以找到一种前后一贯的真理理论，用以取代符合论或纯粹的去掉引号论。”① 他所说的就是达米特提出的真理就是辩明这样一种观点。达米特认为，一个人对他的本民族语言的知识在于他隐约地知道那种语言的语句在什么条件下是可以断定的（assertible）；这就是说，知道一个语句在什么条件下是可以断定的，也就是知道一个语句在什么条件下可以得到辩明，说一个语句是真的，就是说它得到了辩明。普特南赞同达米特关于真理就是辩明的观点，但他不同意达米特的下述两点看法：（一）人们能够详细地说明什么是自然语言中各种语句得到辩明的条件；（二）甚至在经验语句中也能作出一种完全确定的辩明。普特南认为达米特的这种说法容易引起误解，需要作一些修改，因此他提出真理是一种理想化的辩明。他说：“我的观点是把真理与辩明等同起来，不过我所说的辩明是理想化的辩明，而不是指根据现有证据作出的辩明。我把这种观点称为‘内在的实在论’。”②

普特南强调说，真理不仅是一种辩明，而且是一种“理想化的辩明”或“辩明的理想化”（idealization of justification）。他说：“在我看来，真理就是一种理想化的辩明（真的东西就是在最佳条件下得到辩明的东西，在那里，最佳条件通过许多种错综复杂的方式随特定的论断、语境和兴趣为转移）。”③ 他认为如果一个陈述在对许多种陈述来说都很理想的认识条件下得到辩明，那么这个陈述便是真的。普特南引用物理学中的“完全无摩擦的平面”这个概念为例，来说明这种理想化的辩明。他说，完全无摩擦的平面是达不到的，同样地，对许多种陈述来说都很理想的认识条件也是达不到的，不过，谈论“完全无摩擦的平面”仍是有意义的，因为我们能够在接近于达到这样的平面方面逐步达到很高的水平，同样地，我们也能在获得对许多种陈述来说都很理想的认识条件方面达到很高的水平。

---

① 普特南：《指称和真理》，载于《实在论和理性》，第XⅧ页。

② 普特南：《指称和真理》，载于《实在论和理性》，第XⅧ页。

③ 普特南：《指称和真理》，载于《实在论和理性》，第280页。

普特南认为，真理是理想化的辩明这种真理观包括两个基本论点：“第一，真理不依赖于此时此地的辩明，可是并不是不依赖于辩明的一切可能性。断定一个陈述是真的，就是说它是可以得到辩明的。第二，真理被看作是稳定的或‘会聚的’；如果一个陈述或者对它的否定都能得到辩明，那么，即使有关的条件是理想的，像人们期望作到的那样，也不能认为这个陈述具有真值。”① 因此，普特南反对达米特关于辩明条件固定不变的观点，而强调辩明条件将随着我们知识的变化而变化。他说，我们不仅发现某些曾被我们看作是得到辩明的陈述是错的，而且我们甚至可能发现某些现在被我们看作能够起辩明作用的程序其实是不能起辩明作用的，同时发现另一些不同的辩明程序更好一些。正如在指称理论中，某种东西已通过目前对黄金的检验而被看作是黄金，可能发现它其实并不是黄金，同样地，在真理理论中，一个目前得到辩明的陈述也可能被发现为其实不是真的，而那种使我们相信这个陈述得到辩明的检验，可能被发现为是一种坏的检验。总之，普特南强调真理不依赖于此时此地的辩明，真理不是等同于辩明，而是一种理想化的辩明；随着人类知识的发展，我们能够获得更加理想的认识条件，而作出更高水平的辩明。

现在，我们探讨普特南在真理观上的另一个重要概念，即“合理的可接受性”问题。他认为真理概念与合理性概念有着密切联系，合理的可接受性可以成为真理性的标准。他说：“真理概念与合理性概念之间有着十分密切的联系，粗略说来，用以判断什么是事实的唯一标准就是接受的合理性。”② 不过，他认为合理的可接受性与真理之间的关系是两个不同的概念之间的关系，一个在一定时刻被合理地接受下来的陈述可能不是真实的。

普特南认为，在现代西方哲学中，对合理性有两种对立的观点：一种是逻辑实证主义者的观点，另一种是历史社会学派库恩、费耶阿本德等人的观点。逻辑实证主义者往往把合理性与可证实性联系起来

① 普特南：《指称和真理》，载于《实在论和理性》，第85页。

② 普特南：《理性、真理和历史》，序言，第X页。

考察，他们认为一个命题只有在可以批判地证实的条件下，才是可以合理地接受的。他说，逻辑实证主义诞生时正逢数理逻辑通过弗雷格、罗素等人的研究得到了迅速发展，于是他们以为以数理逻辑为手段，把演绎逻辑和归纳逻辑结合到一起，不仅可以对科学的合理性，而且可以对所有的合理性进行描述，或者进行“合理的重建”。在他们看来，有一些原理化的规范，我们可以据以确定什么是可以合理地接受的，什么是不可以合理地接受的。普特南把逻辑实证主义者的这种观点称为“批判的合理性概念”，并对之进行批驳。他认为并不存在任何固定不变的规范，我们可以据以确定什么是合理的或者什么是不合理的。他也不承认一个命题只有在可以批判地证实的情况下才是可以合理地接受的。他说：“简单说来，如果说只有那些能够被批判地证实的陈述才是可以合理地接受的这句话是对的，那么这句话本身就不是可以批判地证实的，因而也不是可以合理地接受的。”①

历史社会学派的库恩、费耶阿本德等人则对“合理性”这个概念持断然否定的态度。库恩认为，不同的范式之间是不能比较的，一种范式被另一种范式所取代，这里没有什么合理性可言。费耶阿本德也认为，不同的文化或者不同的历史时期将形成不同的合理性范式，它们是无法比较的。一般说来，他们都认为科学中没有什么合理的辩明。普特南把库恩等人的这种观点称为“极端的相对主义”，并着重批驳了他们关于不同范式之间没有通约性的看法，认为这种看法与逻辑实证主义关于意义和证实的观点一样，也是“自我否定的”。他说，如果事实真的像库恩等人所说的那样，科学家生活在不同的世界中，科学家在另一种文化中使用的科学名词，例如17世纪科学家们使用的“温度”一词，或者20世纪初科学家们使用的“电子”一词，在其意义和指称方面不同于我们现在所使用的“温度”、“电子”等词，那么我们就不能理解前辈科学家的著作，也不能理解他们的思想，甚至不能翻译其他任何语言。普特南写道：“如果有人首先告诉我们伽利略有一些‘不能通约的’概念，然后又对这些概念进行详

① 普特南：《理性、真理和历史》，第111页。

细的描述，那么这种作法就是前后矛盾的。"①

普特南既不同意逻辑实证主义的观点，认为不能用一组固定不变的"规范"或"准则"来给"合理性"下定义，因为我们对世界的看法以及对我们自身的看法，都随时间的推移而发生变化；他也不同意历史社会学派的观点，认为他们对合理性的看法是相对主义的、主观主义的。他认为这两种观点各有其片面性，它们之间的对立是不必要的。他说："因此，我赞同主观主义哲学家的这样一种观点，即没有什么固定不变的、非历史的规范，我们可以据以对什么是合理的下一定义。但是，我也不从我们关于理性的观念在历史中不断变化这个事实中得出结论说，理性本身可以演变为任何事物，我也不像法国某些哲学家那样把文化相对主义和'结构主义'结合为某种幻想的混合物。在我看来，或者把合理性看作依据于某些非历史的、固定不变的规范，或者主张文化相对主义，这样一种两分法目前已经过时了。"②

从马克思主义观点看来，真理是对客观事物及其规律的正确反映，真理与谬误的区别在于认识是否正确地反映了客观实际。普特南在真理问题上完全没有谈到这个基本内容，这是他的真理观的最大缺点。不过，在他关于理想化的辩明的观点中也含有一些合理因素，这就是他强调随着人类知识的发展，我们能够获得更加理想的认识条件，作出更高水平的辩明，这表现出他是从发展的观点来考察这个问题。在合理性问题上，他对逻辑实证主义和历史社会学派的批驳也有合理之处，因为事实上并没有什么固定不变的规范可以作为判断合理性的依据，而对这个问题持文化相对主义的态度显然也是错误的。至于他从形而上学实在论向内在实在论转变，则不能说是一种进展。诚然，罗素等人主张的符合论不同于马克思主义的反映论，因为它不承认人的认识所正确反映的是不依人们意志为转移的某种客观实际，而且他们所说的"符合"也不等同于马克思主义所说的"反映"。不

① 普特南：《理性、真理和历史》，第115页。

② 普特南：《理性、真理和历史》，第X页。

过，他们认为一个命题的真假取决于它与它所描述的事态符合或不符合，这一点仍有一定积极意义。普特南把这种符合论作为形而上学实在论加以批驳，仿佛承认经验之外的某种实在并主张真理在于认识与这种实在相符合就是“形而上学”，这样一来他就向唯心主义方向退却了。

第十一章　语言哲学中的新发展

到20世纪60年代，日常语言学派、逻辑实证主义和批判理性主义，作为独立的学派来说都已先后衰落，尽管它们的部分代表人物仍在英美哲学舞台上活动，尽管它们的许多观点仍对以后分析哲学的发展有很大影响。最近二三十年在美国分析哲学界有影响的人物，起初是蒯因、古德曼、内格尔、塞拉斯、齐硕姆等老一代的哲学家，后来则是戴维森，库恩、费耶阿来德、乔姆斯基、塞尔、克里普克、罗蒂以及罗尔斯（J. Rawls）这一批中年和青年的分析哲学家。他们主要从事科学哲学和语言哲学的研究。我们在前面两章中已经概述了60年代后科学哲学的发展，介绍了从历史社会学派到新历史社会学派的发展以及科学实在论的兴起。在这一章中，我们着重介绍60年代后语言哲学的发展。

在语言哲学方面，60年代后出现了几种值得注意的发展，这就是以戴维森为代表的对真理论的意义论的研究，以乔姆斯基等人为代表的转换生成语法学派的形成，塞尔等人所倡导的对言语行为理论的研究，以及以克里普克等人为代表的模态逻辑语义学的兴起。

戴维森在60年代中叶，在塔尔斯基的真理论的基础上，提出了他的真理论的意义论，后来在70年代又进一步加以修正和补充，目前已成为西方语言哲学中的一种重要理论，被称为“戴维森的纲领”。我们在下面第一节中将对这种理论作比较详细的阐述。

转换生成语法学派的形成也是在20世纪60年代，它的主要创始人是乔姆斯基。50年代，乔姆斯基在结构语言学的基础上，经过一定改造，提出了转换生成语法理论，这种理论受到一些语言学家和哲学家的赞同，逐渐形成转换生成语法学派。关于乔姆斯基提出的转换生成语法及其哲学基础，我们将在下面第二节中详细阐述，这里想简单介绍这个学派的其他一些成员。首先应当提出的是福多尔(J. A. Fodor)和卡茨(J. J. Katz)，他们两人都在普林斯顿取得哲学博士学位，后又同在麻省理工学院任教，与乔姆斯基颇为熟悉，是他的转换生成语法的积极支持者。他们二人在1964年主编的《语言的结构》(The Structure of Language)一书，收入了乔姆斯基以及与这个学派关系密切的哈里斯(Z. S. Harris)、哈勒(W. Halle)和他们两人的许多重要论文，着重阐述转换生成语法理论以及与之有关的语言哲学观点。卡茨还著有《语言哲学》(The Philosophy of Language, 1966)、《语言的作为基础的实在以及它的哲学意义》(The Underlying Reality of Language and Its Philosophical Import, 1972)等书。

至于塞尔等人所倡导的言语行为理论，我们在第八章中已作过阐述。这里需要指出的是，言语行为理论虽然是在40~50年代首先由英国分析哲学家奥斯汀提出来的，但这种理论引起英美哲学界和语言学界的广泛注意，还是在70年代，塞尔在这一发展过程中起着重要的作用。目前，言语行为理论已成为语用学研究的主要内容，许多分析哲学家都强调要从言语行为的角度去考察语词的指称和语句的意义等语言哲学问题。

最近20年来，模态逻辑在西方获得迅速发展。蒯因以前的分析哲学家着重研究谓词逻辑，不注意把偶然判断和必然判断区别开来。60年代后，许多分析哲学家都认识到仅仅依靠谓词逻辑是不够的，需要用内涵逻辑补充外延逻辑，用模态逻辑补充谓词逻辑。不仅如此，他们还把模态逻辑应用于语义分析，形成了模态逻辑语义学。在这个发展过程中起重大作用的，是美国年青一代的分析哲学家克里普克，他提出一种“历史的、因果的命名理论”，以反对传统的摹状词理论，同时又提出先验偶然判断和后验必然判断的观点，以反对传统上把先验判断和必然判断等同起来的观点。关于他的这些观点，我们将在下面第三节中详细阐述。

在60~70年代出名的美国分析哲学家中间，与克里普克的观点多少有些一致的哲学家，除了上一章中提到的普特南外，这里也应简单介绍一下唐纳兰（K. S. Donnellan 1931 ~），他也是70年代后开始出名的一个分析哲学家，着重研究语言哲学。1961年在康乃尔大学获得哲学博士学位，1958~1970年间一直在康乃尔大学任教，从助理教授升至教授，1970年后转到洛杉矶加州大学任哲学教授。他长期兼任《哲学杂志》的编委，发表了大量论文。在命名和指称问题上，他也持一种与克里普克的“因果的命名理论”大致相同的观点，还提出限定摹状词的两种使用。

此外，在语言哲学方面，还应在这里提到两个在70年代后在美国颇受重视的分析哲学家。一个是欣梯卡（K. J. Hintikka 1929 ~），他原籍芬兰，1956~1959年间在哈佛作研究工作，其后轮流在芬兰和美国任教。他是美国科学院院士，1975~1976年担任美国哲学协会太平洋分会主席。他是一个多产的哲学家和逻辑学家，写了十多本著作和二百多篇论文，其中主要有：《逻辑、语言游戏和信息》（Logic, Language-game and Information 1973）；《分析方法》（The Method of Analysis 1974）；《意向性的意向》（The Intentions of Intentionality 1975）；《问题的语义学和语义学的问题》（The Semantics of Questions and the Questions of Semantics 1976）；《盖然性的思维》（Probabilitic Thinking 1981）等等。另一个是路易斯（D. K. Lewis 1941 ~），他是一个比克里普克更年青的分析哲学家，1967年才在哈佛取得哲学博士学位，先在洛杉矶加州大学任助理教授，1970年转到普林斯顿大学，1973年升任教授。他在1969年出版的《惯例：哲学研究》（Convention：A Philosophical Study）和1973年出版的《违反事实的条件句》（Counterfactuals）两本书，使他受到美国分析哲学界的注意。

最后，我们还将考察60年代后逐渐增长的一种对分析哲学不满和对抗的趋势。60年代以来，美国分析哲学作为一种思潮来说受到种种来自其阵营外部和内部的势力的冲击。从外部来说，它受到欧洲大陆学派的抨击。60年代后，欧洲大陆学派在美国获得相当大的发展。首先是现象学、存在主义、新托马斯主义在美国的迅速传播，其次是结构主义和解释学的兴起和流传。此外，实用主义在一定程度上得到了复兴。这些与分析哲学相对立的学派，都不仅已在美国站稳脚跟，而且还有一定势力。据粗略估计，目前美国哲学教学科研人员中，大约有70%的人持分析哲学的观点，30%的人持其他流派的观点。这些流派对分析哲学持敌视态度，各自从本学派的立场抨击分析哲学。同时也有一些哲学家试图分别把现象学、解释学或实用主义与分析哲学结合起来。从内部来说，60年代以后，有一些比较年青的分析哲学家，因为不满意分析哲学的基本理论和研究方法，甚至改变立场，脱离这个阵营，转过矛头对之进行抨击。在这方面，罗蒂是一个重要代表，我们在下面第四节里将对他的观点作些介绍。

第一节　唐纳德·赫伯特·戴维森 (Donald Herbert Davidson 1917 ~)

唐纳德·赫伯特·戴维森，美国20世纪60年代开始出名的分析哲学家，着重研究语言哲学，以提出真理论的意义论而著称。美国哲学家弗伦奇（P. A. French）等人对他作过这样的评价："唐纳德·戴维森是另一位这样的哲学家，他近来在语言哲学中（以及在行动理论和形而上学中）开拓了一个很有意义的新领域。戴维森关于语言哲学的观点对美国的其他哲学家，特别是对英国的许多哲学家发生了很大影响。人们现在确实在议论'戴维森纲领'，有许多哲学家在'戴维森纲领'的范围内进行大量的重要研究，但也有许多哲学家对这个纲领提出批评。"①

戴维森1917年3月6日生于马萨诸塞州普林菲尔德市。1939年在哈佛大学取得文学士学位，1941年取得文学硕士学位，1949年取得哲学博士学位。1947～1950年在昆斯学院任哲学讲师，1651～1967年在斯坦福大学从助理教授升至教授，1967～1970年在普林斯顿大学任哲学教授（其中1967～1970年任系主任），1970～1976年在洛克菲勒大学任哲学教授，1976年以后一直在芝加哥大学任教。此外，他于1970年在牛津大学主持洛克讲座，还在70年代担任《哲

① 弗伦奇等人编辑的《当前语言哲学中的若干观点》，1979年英文版，第5页。

学》(Philosophia)、《理论语言学》(Theoretical Linguistics)、《认识》(Erkenntnis) 等杂志的编委。他的头一本著作是1959年出版的《决策论》，这本书是他与苏佩斯（P. Suppes）合著的。1970年，他与欣梯卡合编了《词与异议》(Words and Objections) 一书，收集了18篇讨论蒯因哲学的论文，并附有蒯因本人的答辩，这是一本研究蒯因哲学的重要参考资料，其中也有戴维森写的文章。1970年，他与哈曼(G. Harman) 编辑了《自然语言的语义学》一书，收入了一些著名的哲学家、逻辑学家和语言学家写的20多篇关于自然语言语义学的论文，他们把形式的语义方法应用到自然语言这样的结构中。1975年，他又与哈曼合编了《语法的逻辑》(The Logic of Grammar) 一书。1980年出版了他的一本论文集《论行动和事件》。1984年，出版了他的另一本论文集《对真理和解释的探讨》。

戴维森在哈佛当研究生期间受教于蒯因等人门下，他在哲学思想上、特别在“整体论”的经验检验理论等观点上，深受蒯因的影响。前面已经谈到，蒯因继承和发展了杜恒等人的观点，提出一种“整体论”的经验检验理论，认为具有经验意义的单位不是孤立的词，也不是孤立的语句，而是语句的整个体系。戴维森接受了蒯因的整体论观点，把它作为他自己的意义理论的一个组成部分。他说：“如果按照我所提出的那种方式从真理论中引出形而上学结论，那么对语言的看法必须是整体论的。”① 这就是说，在他看来，必须把语言看作一个整体，这个整体所具有的特性不是它的各个部分所具有的种种功能的简单总和。诚然，蒯因并不认为他的整体论具有戴维森心目中的那种形而上学意义，并且认为构造一种系统化语言的目的在于改进自然语言，而不在于找到一种对自然语言进行研究的手段。可以说，蒯因的形而上学附属于他的逻辑，而不是附属于自然语言。相反，戴维森则把逻辑看作一种用以考察自然语言本身的手段。

戴维森还在更大程度上接受了塔尔斯基的真理论的影响。他在语

① 戴维森：《形而上学中的真理方法》，载于P.A.弗伦奇等人编辑的《当前语言哲学中的若干观点》，第294页。

言哲学方面的重大贡献正在于他在塔尔斯基的真理论的基础上，提出一种真理论的意义论。前面已经谈到，普特南把塔尔斯基和戴维森所主张的真理论称为“去掉引号的真理论”，因为他们的真理论的主要特色就是“去掉引号”（disquotation）。这种理论在英美语言哲学界深受重视，目前已成为语言哲学中的重要理论之一。关于这种理论，我们在下面将要详细阐述。

除语言哲学外，戴维森在精神哲学方面也作过研究，并在身心问题上提出一种“变异的一元论”（anomalous monism）。在现代西方哲学中，在身心问题上基本上有两种观点，即一元论和二元论之别，或者说，身心同一论和身心平行论之别。按照身心平行论的观点，身和心是两个不同的、平行的实体。戴维森不同意这种观点，其主要论据是否认心理—物理规律的存在，认为与物理事件有因果联系的心理事件，它本身也是物理事件，因此一切事件都是物理的。在戴维森于1970年发表的《心理事件》一文中，比较集中地阐述了他在这个问题上的观点。

我们在这一节里不准备全面阐述戴维森的哲学思想，只着重阐述他在塔尔斯基的真理论的基础上所提出的意义论，同时也简略阐述他在解释理论方面的一些观点。

一、真理论和意义论

戴维森在意义理论上继承了弗雷格、维特根斯坦、卡尔纳普、塔尔斯基等人的传统观点，按照这个观点，通过陈述一个语句的成真条件，就能给出这个语句的意义。如前所述，弗雷格把意义和指称区别开来，认为一个语句所表达的思想是语句的意义，语句的真值是语句的指称。维特根斯坦进一步提出，了解一个语句的意义，就是了解在什么情况下这个语句是真的。卡尔纳普也说：“了解一个语句的意义，就是了解在什么可能的场合下这个语句是真的，而在哪些场合下它则是假的。”① 后来对这个观点作出重大发展的是塔尔斯基，他在

① 卡尔纳普：《意义和必然性》，1956年英文版，第10页。

《形式化语言中的真理概念》一文中首次提出他的语义学的真理论。这篇文章在1933年以波兰文发表，1936年译为德文，1955年译为英文，影响很大。卡尔纳普接受了它的深刻影响，他原来对语义学持消极态度，1935年在巴黎会议上听到塔尔斯基宣读这篇论文后，他在这个问题上的观点有很大变化，转而积极从事语义学的研究。后来，塔尔斯基在1944年发表的《语义学的真理概念和语义学的基础》一文中，又对他的这个思想作了充分的发挥。

塔尔斯基继承上述那个传统观点，他也认为一个语句的真实性就在于它与现实相一致或者相符合。他说："如果一个语句指谓一个存在着的事态，那它就是真的。"① 他给自己提出的任务就是要以现代数理逻辑为手段，给这个传统的真理概念下一个适当的、无矛盾的定义。他认为要给真理下一个普遍适用于一切自然语言的定义，就会碰到所谓"说谎者的悖论"：当克利坦的埃皮米尼德宣称所有的克利坦人都是谎言者时，如果这句话是真的，那他所说的这句话便是假的。塔尔斯基认为，诸如此类的悖论之所以出现，是由于"语义的封闭性"；为了排除这种封闭性，需要区分开语言的不同层次。因此，他把"对象语言"（object language）和"元语言"（metalanguage）区分开。对象语言是用来谈论外界对象的性质及其相互关系的语言，它的词汇主要包括指称外界对象的名称以及指称外界对象的性质和关系的谓词，它是第一层次的语言。元语言是用来谈论对象语言的语言，它的词汇包括指称对象语言的名称以及指称对象性质的谓词（"真"或"假"），它是比对象语言高一个层次的语言。例如，当我们说：雪是白色的；我们用的是对象语言，所叙述的对象是一种客观实在；而当我们说："雪是白色的"是真的；这时我们用的是元语言，指对象语言中的一句话（"雪是白色的"）是真的。塔尔斯基还认为，对象语言和元语言的上述区分，只具有相对的意义。如果我们关心的真理概念，不属于原来的对象语言，而属于它的元语言，那么这种元语

① 塔尔斯基：《语义学的真理概念和语义学的基础》，载于林斯基编辑的《语义学与语言哲学》一书。

言就变成我们所研究的新的对象语言；为了判定这种语言的真假，我们还必须用更高一个层次的元语言。例如，如果我们想了解“雪是白色的”是真的这句话的真假，我们便把它看作对象语言，而把“‘雪是白色的’是真的”是真的这句话看作更高一个层次的元语言。这样一来，就形成一个开放性的、多层次的语言系统，从而克服了语义的封闭性，排除了上述那样的悖论。

对象语言和元语言的区分是塔尔斯基的真理论的基本出发点。在这种区分的基础上，他试图给真理下一个内容适当而且形式正确的定义，为此他提出下面这个“惯例 T”（convention T）：

（T） x 是真的，当且仅当 p。

在这里，“p”可以用对象语言中的任何语句来替换，“x”可以用“p”的名称来替换。例如，我们可以用上述例句把它替换为：

“雪是白色的”是真的，当且仅当雪是白色的。

惯例 T 是一个等式，等式的左边是元语言部分，等式的右边是对象语言部分，给对象语言部分加上引号就成“p”的名称。元语言在本质上比对象语言丰富，对象语言在这个等式中作为一个部分包括在元语言之中。塔尔斯基认为，一个内容适当而且形式正确的真理定义应当具有惯例 T 这种形式，这种形式表明，对象语言中的任何一句话“x”的成真条件，是客观存在的 p，换句话说，p 是 x 的成真条件。在上述例句中，雪是白色的（p）是“雪是白色的”的成真条件。

塔尔斯基认为这个真理定义适用于形式语言，而不完全适用于自然语言，因为自然语言不能充分满足这个定义要在形式上正确这样的条件。所谓形式语言，他指的是卡尔纳普在《语言的逻辑句法》一书中所谈论的那种语言，它有自己的形成规则和变形规则等等。在他看来，虽然对象语言中有无限多的语句，但任何一种语言所用的辞汇都是有限的，由这些词汇组成的基本语句也应当是有限的。元语言也是如此，尽管它有无限多的语句，但它的基本语句还是有限的，只要我们把元语言形式化，其中的公理就是基本语句。我们利用演绎规则，可以从公理中推出无限多的定理，推出“x 是真的，当且仅当 p”这样的定理。只要我们能够做到这一点，我们就能完全明白“x

是真的”这个概念了。他还认为，一个语句的真假是相对于特定的语言而言。如果在某种特殊语言中，“雪是黑色的”这句话的意思完全等同于我们语言中“雪是白色的”这句话的意思，那么“雪是黑色的”相对于那种特殊的语言来说也可以说是真的。因为，说某个语句 S 是真的，就是说 S 在语言 L 中是真的。

塔尔斯基是分两个步骤来提出他的真理定义的：首先，他给“在对象语言中得到满足”下一定义；然后，他用“在对象语言中得到满足”来给“在对象语言中为真”下定义。这就是说，他通过“满足”来给“真”下定义，因此，“满足”（satisfaction）是他的真理理论中的一个重要概念。在他看来，满足表示一个对象序列与一个语句函项的关系。可以给“满足”下这样的定义：当且仅当 a 被包括在 b 之中时，a 和 b 这两个类便满足了“x 包括在 y 之中”这个语句函项。语句函项是一个包含有几个自由变元的语句，上述例句中有 x 和 y 两个自由变元，在“x 是白的”这个语句中只有 x 一个自由变元。当我们用一定的对象来取代 x，即赋予 x 以一定的值，我们便把这个语句函项变为一个语句，并使这个语句具有一定的真值，即它或真或假。如果这样得出的语句是真的，我们便说这个对象满足了这个语句函项，否则就没有满足。例如，“雪”这个对象满足了“x 是白的”这个语句函项，而“煤”这个对象则不能满足这个语句函项。塔尔斯基用递归方法来给“满足”下定义，他首先提出最简单的语句函项得到满足的条件，然后提出复合的语句函项得到满足的条件。

塔尔斯基在他的真理论中把“真的”当作形式化语言中语句的谓语。他认为任何一种语言中都有一些有限数量的“没有下定义的”或“原始的”谓语。为简便起见，我们假定语言 L 中有两个原始谓语（primitive predicates）：“是月亮”和“是蓝色的”。我们的“p”表示谓语，并以“是真的”（to be true of）取代“指的是”（refer to），那就可以把 p 指的是 x（P refers to x）改变为 p 对 x 来说是真的（P is true of x）。在塔尔斯基看来，我们用这种方式可以说明“p 指的是 x”这个语句与“真的”这个词的关系。现在我们把上面假设的两个原始谓词代入，如果 p 代表“是月亮”这个谓语，那就可以得出：

当且仅当 x 是月亮，“是月亮”便指的是 x。

如果 p 代表“是蓝色的”这个谓语，那就可以得出：

当且仅当 x 是蓝色的，“是蓝色的”便指的是 x。

他还认为，以元语言表达的下面这个论断：

“是月亮”指的是 x

便等同于下面这个以对象语言表述的论断：

x 是月亮。

于是，我们得出：如果 p 是一个原始谓语，而且 p 指的是 x，那么 p 就原始地指称 x。塔尔斯基认为，对于任何一种特殊的形式化语言，一旦我们获得那种语言的原始谓词的名单，我们就能对原始的指称下同样的定义。这样一来，他就通过把“真的”当作形式化语言中语句的谓语，而避免在他的真理论中使用“指称”等等语义学概念。

由于塔尔斯基的真理论在现代西方语言哲学中有很大的影响，而且它是戴维森的真理论的意义论的基础，因此我们在这里作较多的阐述。下面我们转到戴维森如何在此基础上提出他的真理论的意义论。

戴维森在 20 世纪 60 年代开始对这个问题进行研究，他先后在《意义理论和可学习的语言》（1964）、《真理和意义》（1967）、《自然语言的语义学》（1970）等文章中陈述了自己的观点，后来在 1973～1974 年间又对他的观点作了一些修正和补充。戴维森认为，我们在探讨语言是怎样成为有意义的这个问题时，应当考虑下列两个情况：其一是每个语句的意义都由组成这个语句的各个部分所决定；其二是一个语句的意义不是完全独立于别的语句，因为各个语句之间都有直接或间接的联系，从而使语言具有意义，成为我们思考问题和交流思想的工具。换句话说，一个人懂得一种语言，就表明这个人了解这种语言中任何一个语句和其他语句之间的直接或间接的联系，同时也了解组成语句的各个部分怎样决定这个语句的意义。他还认为，一个人如果有了这种知识，他就有能力说明语句在什么情况下是真的。因此，他认为真理和意义这两个概念是密切相联的，真理论和意义论这两种理论也是密切相联的。

为了论证真理论和意义论的密切联系，戴维森还进一步论证说：真理论所使用的语言是一种就其语句关系和句子结构而言都清楚明白的语言，并且反映了对象语言的语句关系和句子结构。一个掌握了真理论的人，能够从公理中推出定理，这就说明他懂得“‘……’是真的”这个概念。如果这个人又知道真理论反映的元语言的语句关系和句子结构，他就有能力认识元语言，懂得元语言，并且利用元语言翻译对象语言，从而掌握对象语言。在他看来，意义论所要说明的正是这些知识，所以真理论和意义论这两者在形式上是相似的。只要把真理论稍加改动，它就成为意义论了。改动的办法是把“x”是真的，当且仅当p这个公式改为“x”的意思是p。他说：“举个例子来说，某个能够解释英语的人知道，当且仅当雪是白色的，那么“雪是白色的”这句话的说出便是真的。这个人还知道这个事实是按照一种翻译理论引出的，这就是说，这不是一个关于那个英语句子的偶然事实，而是一个对这个句子作出解释的事实。一旦弄清楚了这一点，我认为我们不妨以一种更加熟悉的方式把这个解释者在这种场合下所知道的内容重述为：他知道雪是白色的，在英语中就意味着雪是白色的。”①

戴维森的观点是把塔尔斯基的真理论颠倒过来。他不是把“真的”看作一个其意义尚待解释的词，也不是把对象语言看作已经得到理解，而是把对象语言看作尚未得到解释，把“真的”一词看作已经得到理解。这样一来，他就把塔尔斯基所说的任何一种语言的真理定义看作那种语言的意义论。在他看来，一种语言的意义理论隐约说来就是这种语言的真理定义，塔尔斯基所阐述的那种明确的形式也就是形式化的意义理论的理想形式。他还认为，如果一种语言的意义理论恰恰也就是这种语言的真理定义，那就可以把一个说话者对他本民族语言的理解描述为对真理定义的一种隐约的认识。理解一种自然语言或者一种形式化语言，就是隐约地了解这种语言的一种递归的

---

① 戴维森：《对福斯特的答复》，载于G. 伊万斯和J·麦克道威尔编辑的《真理和意义》，1976年英文版，第37页。

(recursive) 真理定义。

戴维森的真理观与塔尔斯基的真理观基本上是一致的，不过也有所不同。首先，在塔尔斯基那里，真理定义（惯例T）表示对于一种语言来说给真理下明确定义所需要的条件，并且假定我们满足了定义的形式要求，有关的双重条件句的限定成为我们作出准确定义的标准。在戴维森那里，惯例T所检验的不是定义的适当性，而是真理论的适当性，是那样一组公理的适当性，这组公理借助于真理以及某些有关的语义特征来限定双重条件句。其次，在塔尔斯基那里，真理定义只应用于对象语言，在这种语言中，每个语句可能被用于陈述的内容并不随说话环境的改变而改变。在戴维森那里，这个限制被取消了。真理变成语句（s）、可能说出这一语句的人（p）以及说出这一语句的时间（T）这三者之间的关系。他把那个双重条件句改述为"（p）（t）（s在t中对p来说是真的，当且仅当……）"这种形式的全称量化语句，在这个语句里，填入空白的词并不是对S本身的翻译，而是对在时间t中与p相关的S的翻译。

按照戴维森的观点，一种适当的意义理论必须满足下列四个条件：（一）它必须使我们能够给我们所研究的自然语言L中的每个语句提供意义；（二）它必须表明L中的语句是如何在语义学上从L的有限数量的词中、按照L的组合这些词的规则组合而成的；（三）它必须表明，这种意义理论对L中的语句如何意味这一点的证明，是立足于与L中的语句本身同样数量的概念之上的；（四）它必须是可以经验地检验的。戴维森认为，他在塔尔斯基的真理论的基础上提出的这种意义理论能够满足上列四个条件。因为，在他看来，一种适当的意义理论应当提供的东西，恰恰是给语句的谓语下一个适当的真理定义，也就是说，语句的意义是通过陈述语句的成真条件来提供的。这里需要指出，戴维森不是把塔尔斯基的"当且仅当……，……便是真的"（……is true iff……）仅仅看作"意味着……"（means that）的一个比较清楚明白的代替词，因为这两者并不是同义的。在"is true iff"之后出现的语词是真理函项，而在"means that"之后出现的则不是。戴维森在这里不过是用一个比较清楚的关于真理和成真条件的外延概念来取代意义这个比较模糊的概念。他说："如果一种意义理论给所研究的语言中的每个语句 S 提供了一个相配的语句（以取代'S 意味着 P'中的 P)，这个语句以某种尚待弄清楚的方式'提供了 S 的意义'，那么这种意义理论就算完成了它的任务。如果对象语言包括在元语言之中，或者对'S'的翻译包含在元语言之中，那么一个显然可以作为这个相配语句的语句恰恰就是'S'这个语句本身。"①

1973～1974 年间，戴维森关于意义论的观点有所转变，因为他的上述观点在 70 年代初受到福斯特（J. A. Foster）等哲学家的批驳，他自己也认识到其中有些不妥之处。在 1976 年出版的《真理和意义》这本论文集中，他写了一篇文章答复福斯特对他的批驳，并且扼要地陈述了他改变了的观点。这时他特别强调要对真理论作一些形式的限制和经验的限制。形式的限制在于使一种充分发展的真理论在形式上得到保证。经验的限制在于保证理论的准确性。在这里，主要的要求在于使说话者的真理要求和理论要求之间达到最大限度的一致。戴维森认为，如果一种真理论符合于某些形式的限制和经验的限制，那么，对于一个知道它符合于这些限制的人来说，它就可以作为一种意义论。他还认为，他在观点上的这些改变并不表示他放弃塔尔斯基的真理论。他说："在观点上作这些改变，这并不是放弃真理论（惯例 T)，而是以新的方式对它作出解释。与塔尔斯基一样，我也要求有一种能够满足惯例 T 的理论，不过，塔尔斯基为了说明真理概念而假定翻译概念，我则想通过假定对真理概念的局部解释来说明翻译概念。"②

戴维森在塔尔斯基的真理论的基础上提出这种意义论后，在西方分析哲学家中间受到高度重视，有些人认为它是意义理论中的一个值

---

① 戴维森：《真理和意义》，载于《综合》杂志，1967 年，第 17 卷，第 309 页。

② 戴维森：《对福斯特的答复》，载于 C. 伊万斯和 J. 麦克道威尔编辑的《真理和意义》，1976 年英文版，第 35 页。

得注意的纲领，但也有人对它提出批评，英国哲学家达米特（M. Dummett）是它的批评者之一。他站在反实在论的立场上，反对塔尔斯基和戴维森的这种从符合论立场提出的真理论和意义论。在他看来，符合论的核心思想在于认为世界由一些不以心灵为转移的对象和事实构成，只有当有什么事实使一个语句成为真实的时候，这个语句才可能是真实的。我们对一个语句的理解就在于把握与这个语句相对应的事态是什么。达米特不同意这种观点；简略说来，他对这种观点的反驳是这样的。戴维森认为，对某个人的言语的理解就在于了解有关语言的真理论。达米特反问道：对真理论本身的这种了解又是什么呢？如果说这种了解在于心灵有意识或无意识地思考着真理论由以构成的那些陈述、命题或判断，那么心灵又是如何思考那些陈述、命题或判断呢？也许，心灵借助于词或者其他心理表象（思想标记）来思考它们；也许，心灵在思考它们时不借助任何心理表象。达米特认为，如果是前一种情况，那么什么是心灵对它自己的心理表象的理解呢？如果像戴维森等人那样认为这种理解就在于了解心理表象的成真条件，那么这种回答会导致无穷的倒退。如果是后一种情况，那就是把思想标记或心理表象与一种未加概念化的实在相比较。达米特认为把对成真条件的了解看作先于对相应标记的理解，这种看法是荒谬的。总之，在达米特看来，塔尔斯基的真理论和戴维森的意义论，在对理解问题作出说明方面都起不了什么作用，因此他提出他的那种非实在论的真理观，即把真理理解为辩明。关于这一点，我们在前面阐述普特南的真理观时已简明地谈到了。

从马克思主义观点看来，真理是对客观事物及其规律的正确反映。真理与谬误的区别在于是否正确地反映了客观实际。塔尔斯基和戴维森的真理论建立在符合论的基础上，这种符合论不同于马克思主义的反映论，但与达米特等人的非实在论的真理观相比，塔尔斯基等人的真理论中仍含有较多的合理因素，例如他们认为一个语句的真实性取决于它是否与存在着的事态相一致等等。至于他们试图借助于现代数理逻辑来给真理下一个内容适当、形式正确的定义，这种尝试本身也是值得我们注意的。

二、解释理论

戴维森的解释理论是与他的意义理论紧密相连的，因为解释理论所要解释的就是话语的意义。在他看来，解释理论是由语言学家、心理学家和哲学家协力完成的一项工作，它的研究主题是一个或许多个说话者的语言行为，它告诉我们这个说话者或者这些说话者的话语的意思是什么。戴维森在《信念与意义的基础》（1974）一文中，比较集中地探讨了这个问题。

在他看来，在对说话者的话语的解释中，意义和信念（beliefs）起着相互连接和相互补充的作用。他企图通过强调下述两个方面之间的联系（一方面是我们据以把某些信念归之于说话者的理由，另一方面是我们据以把意义归之于说话者的话语的理由），来解释信念和意义的某些特征。他认为一种彻底的解释理论应当提供某种语言的全部语句的意义，而且它可以被一个不了解这种语言的人所拥有的证据所证实。由于这种证据不可能包括与说话者的信念和意向有关的详细资料，因此这种理论必须同时解释说话者的话语与说明说话者的信念。

戴维森认为，这个问题的主要麻烦产生于信念和意义用以共同地说明话语的那种方式。说话者之所以认为某个语句在某种场合下是真的，这部分地根据他通过那句话的说出想表达的某种意思，部分地根据他的某种信念。然而，如果我们不知道说话者的话语的意义，我们就不能由此推出他的信念；反之，如果我们不知道说话者的信念，我们也就不能推出他的话语的意义。于是形成一个循环；为了突破这个循环，西方哲学家提出一些办法。其中的一个办法是寻找关于某些话语意味着什么的证据，而这种证据是不以信念为转移的，也就是说，它不依赖于说话者的意向、愿望、懊悔、赞同、约定等等，因为所有这一切都含有信念的成分。这些人认为有可能在不用知道说话者的信念的情况下去确定解释理论的正确性，可是戴维森认为要作到这一点是很不容易的。另一个办法是从说话者或解释者关于意向、愿望和信念等等的详细资料中引出解释理论。戴维森认为米德、杜威、维特根斯坦和格赖斯等哲学家采取这样的办法，他们根据意向、用途、目的、功能等等非语言的东西来给语言的意义下定义或作出说明。他认为这个办法比前一个办法好些，但也不能适应目前的需要。

因为，在他看来，目前的任务是要了解为解释理论的适当性提供的那种证据的性质。他认为如果这种证据要能回答我们所提出的问题，这种证据必须是可以用非语义学的、非语言学的词汇来描述的。它还必须是这样一种证据，即我们可以想象一个刚刚从事工作的研究者可以拥有这样的证据，而不掌握这种证据所支持的那种理论。他认为详细了解一个人的意向和信念，是与了解这个人的话语分不开的。既然如此，给说话者的信念和意向列一张清单，并不能成为用以解释这个人的言语行为的那种真理论的证据。他说："既然我们在不了解一个说话者相信的是什么时就不能指望对这个人的语言活动作出解释，我们也不能把关于一个人所意指的是什么的理论，建立在事先发现的这个人的信念和意向的基础上，因此我得出的结论是，在彻底翻译中，在着手解释话语时，我们必须同时提出一种信念理论和一种意义理论。"①

戴维森还把解释理论和决策论联系起来加以考察，认为这两者之间不仅有相似之处，而且有一定联系。一种彻底的决策论必须把解释理论包括在自身之中，而不把解释理论当作它的前提。他引用拉姆赛的下面这个例子来说明这两者的联系。假定有两种赌博方式。一种方式是：如果某个事件 E 发生，某个人 S 就可以获得 11 元；如果 E 不发生，S 便得不到什么钱。与此相反，另一种方式是，如果 E 发生，S 得不到什么钱；如果 E 不发生，S 便可以得到 11 元。S 对于这两种赌博方式的选择取决于他对于 E 是否发生所作的判断。如果他认为 E 很可能发生，他便宁愿选择头一种方式；如果他认为 E 很可能不发生，他便宁愿选择后一种方式。戴维森认为，这个例子有助于解决如何把主观的或然性与主观的效益分开的问题，因为，一旦我们找到了

① 戴维森：《信念与意义的基础》 载于《综合》杂志，1974 年，第 314 期，第 312 页。

E这样的事件，我们就能大致估计其他的值，从而确定一切事件的主观或然性。在上述这个决策论事例中，证据的基础在于对那两种不同的赌博方式究竟偏好哪一种。他认为这种偏好类似于解释理论中人们倾向于认为哪一种看法是真的。决策论中的实际选择是与解释中的实际说出相对应的。对特定偏好行为的解释包含有对各种值的比较和对或然性的估计。对一种解释的支持不是来自于对当事人的态度和信念有什么新看法，而是来自于对所要解释的那种偏好行为进行更多的观察。简单说来，为了解释一种特定的选择或偏好，我们便观察其他的选择或偏好。这些其他的选择或偏好将对我们据以对原来的选择或偏好作出解释的那种理论给予支持。他说："总而言之，我的论点是我们应当把意义和信念看作同一种理论的两个相互衔接的结构，正如我们认为主观的值和或然性是决策论的两个相互衔接的结构一样。"①

戴维森强调意义概念和信念概念是解释理论中的基本概念，这些概念使解释理论不同于物理科学以及其他非心理的科学，因为它们基本上不能还原为物理学的、神经学的或者行为主义的概念。他认为这种不可还原性不是产生于意义或翻译的不确定性，而是产生于我们在构造关于意义和信念的理论中必须采取的那些方法，它们保证这些概念是不可还原的。

戴维森把他的解释理论的中心思想概括如下："某些行为的或倾向的事实必然是意义和信念的一个向量(vector)，我们可以用一些不对解释作出假定、然而解释理论可以引作依据的方式来描述这些事实。其结果是，要解释一个特定的话语，就必须构造一种对潜在地无限众多的话语作出解释的理论。因此，对特定话语所作的解释的证据，必须是对说话者或说话团体的全部话语作出解释的证据。意义、命题和信念对象等等之所以在解释语言行为中具有合法的地位，这只是因为我们

① 戴维森：《信念与意义的基础》，载于《综合》杂志，1974年，第314期，第314页。

可以表明它们在构造一种适当的理论中起着有益的作用。"①

戴维森表示他关于解释理论的基本思想来自于蒯因，不过也有若干区别。其中的一个区别涉及这种理论应当采取的形式，蒯因主张制定一种翻译手册，这种手册用解释者的语言为说话者的语句提出一个相应的语句，戴维森则不强调这个方面。他说："我以自己的方式陈述我的看法，但我认为蒯因与我之间的区别更多地在于各人强调的重点不同，而不在于实质方面。蒯因的论述大部分集中在否定人们对于分析性、同义性和意义等等概念的有用性和可理解性所持的那种错误的信任，我则力图强调这个问题的积极方面。与我们中的其他人一样，蒯因也想提出一种解释理论。他之所以对意义提出责难，其目的在于使人们不要从一个错误的起点出发，而他对这种责难所作的论证则为一种可以接受的理论提供了基础。"②

戴维森还承认，他的这种解释理论采取了塔尔斯基的真理论的形式，但作了一些变动。其中主要的变动是，塔尔斯基的惯例 T 要求这样一种真理论，这种真理论对某些谓语（例如："是真的"）提出一些条件，以便可以从其中引出某种形式的全部语句。这方面的熟悉形式是：当且仅当雪是白色的，"雪是白色的"才是真的。戴维森认为，对于塔尔斯基所讨论的形式化语言来说，可以根据 T 型语句的句法来了解这种语句；即使在对象语言和元语言不同的情况下，这一点仍是确实的。但是，在彻底的翻译中，从句法方面来检验 T 型语句的真理性，则没有多大价值，因为那样一种检验预先假定了人们对希望获得的那种对象语言有所理解。句法检验只是把同义性或翻译的关系加以形式化，在塔尔斯基那里这种关系是不成问题的。而在戴维森那里，则希望通过对真理概念的预先把握这样一个假定，来获得对意义或翻译的理解。他说："因此，我们所需要的是对 T 型语句的可

① 戴维森：《信念与意义的基础》，载于《综合》杂志，1974 年，第 314 期，第 316 页。

② 戴维森：《信念与意义的基础》，载于《综合》杂志，1974 年，第 314 期，第 317 页。

接受性作出判断的方式，这种方式不是句法的，不利用翻译、意义或同义性等概念，而是认为可接受的T型语句事实上将作出解释。"①

戴维森的解释理论是在蒯因的意义理论和塔尔斯基的真理论的基础上提出的，同时作了一些变动和发展。他强调意义和信念之间的密切联系，强调决策论和解释理论之间的联系，这些论点是比较新颖的。不过，他的这种理论影响不大，远远不像他的真理论的意义论那样受到西方分析哲学界的重视。

第二节　阿夫兰·诺姆·乔姆斯基 (Avram Noam Chomsky 1928～)

阿夫兰·诺姆·乔姆斯基，美国语言学家、哲学家、政治评论家，"转换生成语法"的创始人。转换生成语法是对结构语言学的一个重大发展和变革，因此有人把乔姆斯基划入结构语言学家之列。但他本人不承认自己是结构语言学家，美国哲学界一般都把他看作分析哲学家，这是因为他的转换生成语法是在分析哲学和数理逻辑方法的基础上建立起来的。乔姆斯基虽然主要研究语言学，但他对数学和数理逻辑深感兴趣，他把语言学研究与数学、数理逻辑的研究结合起来，在语言学研究中提出转换生成语法这种新理论，并且形成了语言学中的一个新学派，即转换生成语法学派。英国哲学家胡纽(A. G. N. Flew)对此作了这样的评价："乔姆斯基对语法的研究使人们对语言的科学研究发生了一次革命。"②

乔姆斯基1928年12月7日生于美国宾夕法尼亚州。其父是俄国移民，希伯来语言学者，编辑过中世纪希伯来语语法，乔姆斯基从他父亲那里学习了历史语言学的一些原则。他1945年进入宾夕法尼亚大学攻读语言学、哲学和数学，受教于结构语言学家哈里斯

① 戴维森:《信念与意义的基础》，载于《综合》杂志，1974年，第314期，第318页。

② 胡纽:《哲学词典》，"乔姆斯基"条目。

(Z. Harris) 和分析哲学家古德曼等人门下，1955年以论文《转换分析》在该校获得哲学博士学位。1951年经古德曼推荐，去哈佛作了几年研究工作，在此期间写出了《句法结构》一书。1955年转入麻省理工学院，担任现代语言和语言学助理教授，1958年任副教授，1961年任教授，1966年在该校任华德（F. P. Ward）讲座语言学教授，1976年任该学院院级教授。此外，他在牛津大学主持过洛克讲座，在伦敦大学主持过谢尔曼（Shearman）讲座，在洛杉矶和伯克利加州大学担任过访问教授，在普林斯顿高级研究所和哈佛认识研究中心当过研究员。他是美国科学院院士、英国科学院通讯院士。

乔姆斯基是在他的头一部重要著作《句法结构》于1957年出版后开始引起语言学界和哲学界的注意的，他在这本篇幅不算大的著作中系统而扼要地陈述了他的转换生成语法的基本内容。到20世纪60年代，他连续发表了好几本著作，如《当前语言学理论中的争端》(Current lssues in Linguistic Theory，1964)、《句法理论的若干问题》(1965)、《笛卡儿主义的语言学》(1966)、《语言和心灵》(Language and Mind，1968) 等等，充实和发展了他的语言学观点，树立了他在美国语言学界和哲学界中的声誉和地位。在《句法理论的若干问题》一书中，他修正和补充了《句法结构》一书中的观点，使其语法理论获得相当完整的形态。在《笛卡儿主义的语言学》一书中，他着重阐述了他的语言学理论的唯理论哲学基础，解释了他的生成语法和语言哲学观点跟笛卡儿等唯理论哲学家的观点之间的关系。《语言和心灵》一书是根据1967年他在伯克利加州大学所作的三次讲演写成的，探讨了语言研究对心理研究的意义。70~80年代，他又发表了《生成语法的语义学研究》(1972)、《语言理论的逻辑结构》(1975)、《语言论》(Reflections on Language，1975)、《语言和责任》(Language and Responsibility，1979) 以及《规则和表达》(1980) 等著作，进一步阐发了他的语言学理论。其中，《语言论》一书表达了他的语言哲学观点，探讨了人的认识能力，语言的一般特征以及语言研究中的若干问题。《规则和表达》这部新著是根据他在1976~1979年间的讲稿写成的，探讨了身心问题，结构、能力和惯例问题，语法知识以及语言能力的生物学基础问题等。

乔姆斯基的语言学理论发源于结构语言学。这种语言学的基本原则是瑞士语言学家索绪尔（F. de Saussure 1857 ~ 1913）首先提出来的，但他本人还不算是结构语言学家。后来，这些基本原则在捷克的布拉格学派、丹麦的哥本哈根学派和美国的描写语言学派中得到充分发展，形成了结构语言学。美国的描写语言学派把语言理论仅仅看作描写以前未记录过的语言的源泉。他们认为，每一种语言都有自己独特的语法结构，语言学家的任务就是为每一种语言找到合适的描写范畴。这一种观点可以举布龙菲尔德（L. Bloomfield 1887 ~ 1949）为代表。乔姆斯基在大学期间的老师哈里斯是布龙菲尔德的追随者，他在《结构语言学的方法》（1951）一书中充分阐发了布龙菲尔德的观点。乔姆斯基的观点是在美国描写语言学派的传统中形成的，他在50年代初发表的文章与哈里斯的观点颇为接近，但自从他于1957年发表《句法结构》一书后，就越来越离开这个传统。他所提出的转换生成语法理论与这个传统有很大区别，这主要是他放弃了美国描写语言学派的经验论立场而转到唯理论立场，从对经验的语言行为的研究转向对人们的语言能力的研究。从思想渊源来说，乔姆斯基既接受了索绪尔提出的结构主义方法，同时也接受了笛卡儿、洪保德（W. V. Humboldt 1767 ~ 1835）的唯理论的语言学观点。在乔姆斯基思想发展的初期，直接给予他较大影响的在语言学方面是美国结构语言学家哈里斯和哈勒（M. Halle），在哲学方面是古德曼和蒯因。关于这一点，乔姆斯基在他的头一本著作《句法结构》一书的前言中作过这样的自述："在从事这项研究的整个时期里，我经常与措利希、S. 哈里斯进行长时间的讨论，受益匪浅。因此，本书中包含有他的许多思想和意见……在这个研究过程中，我也受到古德曼和蒯因的著作的强烈影响，这一点也许表现得不那么明显。我还与莫里斯·哈勒详细地讨论过这本书的大部分章节，并且从他的评论和意见中得到很多教益。"①

① 乔姆斯基:《句法结构》，1964 年英文版，第 6 页。

乔姆斯基的转换生成语法理论所研究的不是语言的运用，而是语言能力，他认为这两者并不是一致的，语言运用不是语言能力的直接表现。他强调语言能力的天赋性和内在性，强调语言的创造性和生成性，认为普遍语法、理性语法和逻辑语法是相通的。他认为句法研究的目的在于弄清楚人类心灵的某些最普遍的、最形式化的特征，使语法具有生成性、简单性、明晰性、形式化和递归性等特性。关于句法结构，他提出了短语结构规则、转换规则和形态音位规则，力求从他的理论出发把语法、语义、语音这三者结合到一起。他认为语言具有表层结构和深层结构这两个层次，传统的结构语言学只研究语言的表层结构，而忽略了它的深层结构。他认为人类的心灵中先验地具有一种创造和理解语言的深层结构的能力，这种能力在无意识中支配着人的语言行为，人们才能不自觉地按照语言的深层结构，生成各种语句，互相交流思想。乔姆斯基的这种转换生成语法理论，尽管包含有唯心主义和形而上学的缺点，但它也包含许多合理成分，因而对语言学、哲学、心理学以至计算机语言、通讯、逻辑、教育等方面都产生了不同的影响。

此外，也需要简略谈一下乔姆斯基的社会政治思想。与大多数分析哲学家不同，乔姆斯基除以主要精力从事语言学和哲学的研究外，还十分关心美国的社会政治现实，写了许多政治性的评论著作，如《美国政府和新官僚》（1969）、《对亚洲的战争》（1969）、《反革命的暴力》（1973）、《为了国家》（1973）、《中东和平》（1974）、《帝国主义危机和第三次世界大战》（1976）、《人类权利的政治经济学》（1979）等等。他从资产阶级民主主义立场出发，批评美国政府的世界霸权政策，谴责美国侵略越南，反对种族歧视。他对60年代末在美国掀起的学生运动作了很高评价，但也指出这次运动没有广泛的社会基础，没有得到劳动者阶级的积极支持，因而以失败告终。在那段时期里，他在青年学生中间颇有声望。

对于乔姆斯基的转换生成语法，我国语言学界和哲学界已有一些同志作过深入研究，他的重要论著已有一部分翻译出版。在这里我们不准备全面评述乔姆斯基的语言学理论、哲学思想和社会政治思想，而仅仅着重阐述他的转换生成语法的基本内容及其唯理论的哲学基础。

一、转换生成语法

乔姆斯基的转换生成语法是一种新型的语言理论。在他看来，在现代语言学中出现了三种“语言描写的模式”或三种生成语法，这就是“有限状态的语法”（finite state grammar）、“短语结构的语法”（phrase-structure grammar）和“转换生成语法”（transformational generative grammar）。有限状态的语法以及与之相关的数学通讯模型，在20世纪50年代曾得到许多语言学家和行为主义心理学家的支持；短语结构的语法则主要受到结构语言学家的支持。

关于有限状态的语法，乔姆斯基说，设想有一台机器，当我们转动它的时候，它能从一种状态变换为另一种状态：最初是起始状态，其次是若干个有限的中间状态，最后是终结状态。机器每转换一个状态，就产生一个词，机器转换许多次就产生一系列词，这个词的系列就是语句。他说：“我们把可以用这种机器产生的任何语言称为有限状态的语言，而把这个机器本身称为有限状态的语法。有限状态的语法可以用‘状态图’加以图示。”① 例如，下面这个图就表示这个机器产生了“The man comes”和“The men come”这两个语句。

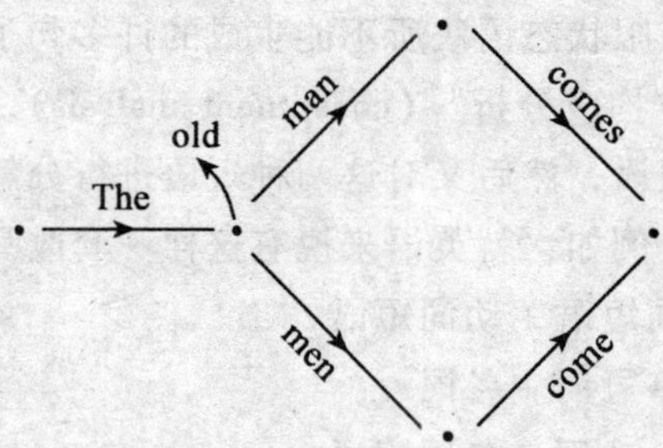

① 乔姆斯基：《句法结构》，1965年英文版，第19页。

如果在上面这个图中增加一些封闭的“回路”(loop),还可以产生许多新的语句,如“The old man comes”、“The old and old man comes”等等。我们沿着这个图中画的箭头从左到右前进,便能造出许许多多的语句。图中的每个圆点代表机器的某个状态,从一个圆点到另一个圆点可以选择不同的路线,还可以增加无限多的封闭的回路,从而造出许多不同的语句。总之,这种语法用数目有限的递归规则对有限的词汇进行操作而生成无穷数目的句子集。它的基本要点是:句子是由“自左至右”所选择的系列的词所生成,也就是说,在第一个或者最左边的一个成分被选定之后,以后的每次选择都由前面已经出现的成分所决定。在数学上,把以这种方式创造语言的机器称为“马尔科夫有限状态过程”(Finite State Markov Processes)。乔姆斯基认为,这种语法的优点是形式非常简单,因此它受到不少人的支持,而且它对一些与通讯理论有关的学科也是有用的,可是对于英语的句法研究来说,它是不恰当的,因为它不能造出英语中所有合乎语法的语句,不是描写自然语言的一个令人满意的模式。他说:“……不可能直接借助于状态图这样的装置来陈述语句的形态结构;至少对于语法的目的来说,上述马尔科夫的语言过程概念是不能接受的。”①

关于“短语结构的语法”,乔姆斯基认为这种语法比有限状态的语法前进了一步,因为它能够生成有限状态语法所能生成的任何句子集,还能够生成有限状态语法所不能生成的许多句子集。这种语法的基本原则是进行“构成分析”(constituent analysis),即将语句分解为名词短语和动词短语,然后又对这两种短语进行分解,形成一套短语结构的改写规则。例如,就英语来说有这样一套改写规则:

1. 句子→名词短语+动词短语
2. 名词短语→冠词+名词
3. 动词短语→动词+名词短语
4. 冠词→the

① 乔姆斯基:《句法结构》,1965年英文版,第21页。

5. 名词→man，ball 等等。

6. 动词→hit 等等。

（上面的箭号→表示“可以改写为”）按照这一套规则可以推导出许多句子，例如推导出下面这个句子（The man hit the ball）：

名词短语 + 动词短语	根据规则 1
冠词 + 名词 + 动词短语	根据规则 2
冠词 + 名词 + 动词 + 名词短语	根据规则 3
The + 名词 + 动词 + 名词短语	根据规则 4
The + man + 动词 + 名词短语	根据规则 5
The + man + hit + 名词短语	根据规则 6
The + man + hit + the + 名词	根据规则 4
The + man + hit + the + ball	根据规则 5①

在这个推导式（derivation）中，从起始词符列，经过几个中间词符列而达到终端词符列，生成了“The man hit the ball”这个句子。

乔姆斯基认为，结构语言学家所主张的这种短语结构语法有许多优点，但也有它自己难以克服的困难和缺点。首先，它不能应用于某些自然语言，其次，这种理论应用起来非常臃肿，这就是说，根据这种语法，对某些英语句子只能用十分复杂的、特殊的，而且令人费解的方式来描写。因此，他说：“我们能够提出许多证据，证明上述这种语法以及作为它的基础的那种语言理论基本上是不恰当的。”②

按照乔姆斯基的观点，他所倡导的“转换生成语法”吸取了短语结构语法的某些精华，同时又克服了它的缺点。乔姆斯基在 1951 年写的硕士论文《现代希伯来语的形态音位学》（Morpho-phonemics of Modern Hebrew）中首次提出这种语法的雏形，在 1955 年写的《语法理论的逻辑结构》中进一步充实了这种语法，在 1957 年写的《句法结构》一书中对这种语法作了比较系统的说明，在 1965 年写的《句法理论的若干问题》一书中则使这种语法达到其成熟和完整的形

① 乔姆斯基：《句法结构》，1965 年英文版，第 26～27 页。

② 乔姆斯基：《句法结构》，1965 年英文版，第 34 页。

态。关于什么是"生成语法",乔姆斯基下过这样的定义:"一种语言的语法旨在描述理想的说话者—听话者的固有能力。而且,如果这种语法十分清楚明白,换句话说,如果它不是依赖于进行理解的读者的智力,而且对读者的贡献作了清楚明白的分析,我们就可以把这种语法(或多或少有点啰嗦地)称为生成语法。"① 又说:"……所谓生成语法,我指的只不过是一个规则系统,它以一种相当清楚明确的方式对语句进行结构的描述。显然,每一个说某种语言的人都掌握一种生成语法,这种语法表现出他对这种语言的认识。但这并不是说他意识到这种语法的规则,甚至也不是说他能够意识到它们,或者他关于这种语言的直觉知识必然是准确的。"② 在他看来,生成语法所涉及的大部分是一些心理过程,这些过程远远超出实际的或者潜在的意识水平。

对于转换生成语法的具体内容,乔姆斯基作过这样的概括:"概括说来,可以把我们现在提出的这种语法形式叙述如下:语法包括句法部分、语义部分和语音部分。后两部分纯然是解释性的,它们在语句结构反复生成中不起任何作用。句法部分由基础和转换部分组成。基础又由范畴部分和词汇表组成。基础生成深层结构。深层结构进入语义部分,获得语义的解释。深层结构通过转换规则被转换为表层结构;然后表层结构通过语音部分的规则获得语音的解释。因此,语法结构符号获得语义的解释;符号和语义解释之间的联系是以句法部分的循环规则为中介的。"③ 这段话包含许多重要内容,我们将在下面对其中的主要内容作些补充说明。

首先,关于生成语法的任务和它的三个组成部分。乔姆斯基强调说,生成语法的任务是研究语言能力,而不是研究语言运用。语言能力指的是说某种语言的人内在地具有的关于这种语言的知识,而语言运用则指的是这个人具体地运用这种语言的行动。一般说来,语言能

① 乔姆斯基:《句法理论的若干问题》,1976 年英文版,第 4 页。

② 乔姆斯基:《句法理论的若干问题》,1976 年英文版,第 8 页。

③ 乔姆斯基:《句法理论的若干问题》,1976 年英文版,第 141 页。

力和语言运用这两者并不是经常符合的，语言运用并不是语言能力的直接表现。只有在理想条件下，语言运用才是语言能力的直接表现。乔姆斯基把语言能力和语言运用截然区别开来，并把语言能力看作转换生成语法的主要研究对象，这一观点与他的唯理论哲学观是密切相连的，我们在下一节中将详细探讨这一方面。

按照乔姆斯基的观点，生成语法是一个规则系统，这个系统能够重复生成出无限众多的结构。我们可以把这个规则系统分为三个主要部分，即句法部分、语义部分和语音部分。在这三个部分中，句法部分最为重要，我们将在下面详细解释它的组成。语音部分规定了按照句法规则生成的语句的语音形式，这就是说，它把句法部分所生成的结构与用语音表达的符号联系起来。语义部分决定了对语句的语义解释，这就是说，它把句法部分所生成的结构与某种语义的解释联系起来。因此，语音部分和语义部分都纯然是解释性的，它们都利用了句法部分所提供的那些与词及其固有特性以及在特定语句中词与词之间的相互关系有关的种种信息。对于每个语句来说，句法部分必须说明它的深层结构和表层结构。深层结构决定了语句的语义解释，表层结构决定了语句的语音解释。深层结构是通过语义部分得到解释的，表层结构则通过语音部分得到解释。

其次，关于句法部分的基础和转换部分。乔姆斯基认为，句法部分包括基础和转换部分这两者。句法部分的基础指的是一个规则系统，这个系统生成了一组受到严格限制的“基础词符列”（basic strings），其中每个词符列都与一个“基础短语标记”（base phrase-marker）相关联。这些基础短语标记是深层结构由以构成的基本单位。基础词符列还不是语句，还没有对它应用转换规则。基础包括短语结构规则和词符词汇插入规则这两个部分。关于短语结构规则，乔姆斯基吸取了短语结构语法的某些观点，加以进一步发展，提出如下规则：

1. 语句→名词短语 + 动词短语
2. 动词短语→动词 + 名词短语

3. 名词短语→{名词短语（单数）
名词短语（复数）}

4. 名词短语（单数）→冠词 + 名词

5. 名词短语（复数）→冠词 + 名词 + s

6. 冠词→the

7. 名词→man，ball 等等

8. 动词→助动词 + 动词

9. 动词→hit，take，walk，read 等等

10. 助动词→C（M）（have + en）（be + ing）

11. 情态动词（M）→will，can，may，shall，must 等等①。

关于词符词汇插入规则，乔姆斯基指的是一个像词典那样的词符总表，上面标明每个词的语音结构和语义解释，这个词在形成一个深层结构时所处的位置，以及这个词在转换时分析出来的不同意义。

在句法部分中，除上述基础部分外，还包括转换部分，即一系列转换规则。转换就是对词符列进行结构分析，并且使词符列产生结构上的变化。在《句法结构》一书中，乔姆斯基在列举了上述短语结构规则之后，紧接着又列举了转换结构规则和普遍化转换规则，还提出形态音位结构规则（rules of morpho-phonemic structure）②。这样一来，他就提出了三套规则：短语结构规则；转换规则（包括简单转换规则和普遍化转换规则）；形态音位规则。他说："因此，我们认为语法有三重结构。语法包含一系列可以从其中把短语结构重新构造出来的规则，还包含一系列把形态的词符列变为音位的词符列的形态音位规则。还有一系列转换规则把以上两个系列的规则连接起来，把具有短语结构的词符列变成一个可以把形态音位规则应用于其上的新词符列。"③ 我们可以用下面这个图来说明《句法结构》一书中所述的转换语法：

① 参见乔姆斯基:《句法结构》，第 111 页。

② 参见乔姆斯基:《句法结构》，第 111～114 页。

③ 参见乔姆斯基:《句法结构》，第 107 页。

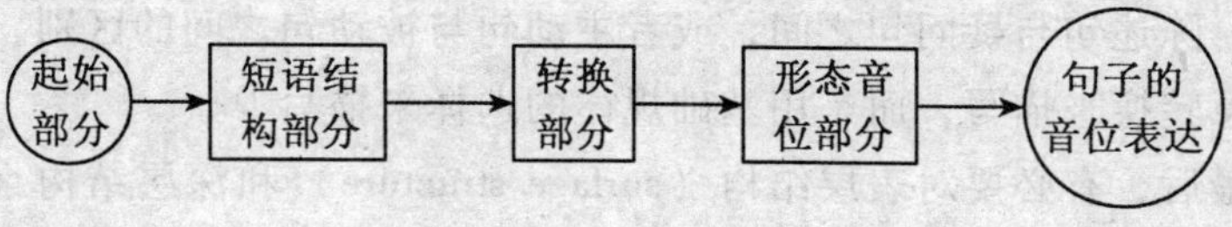

这种语法的输入为起始部分，起始部分通过第一个方框内的短语结构规则生成一套基础语符列。第二个方框的转换部分包括一些随意的或强制的转换规则，这些规则把单个的或成对的基础词符列作为其“输入”，并通过不断变换这些词符以及与其有关的短语标记，生成用一系列词和语素形式表达的该语言的所有语句。然后，第三个方框的规则把这些语句中的每个语句从由词和语素组成的词符列的句法表达，转换成由音位组成的词符列的语音表达①。

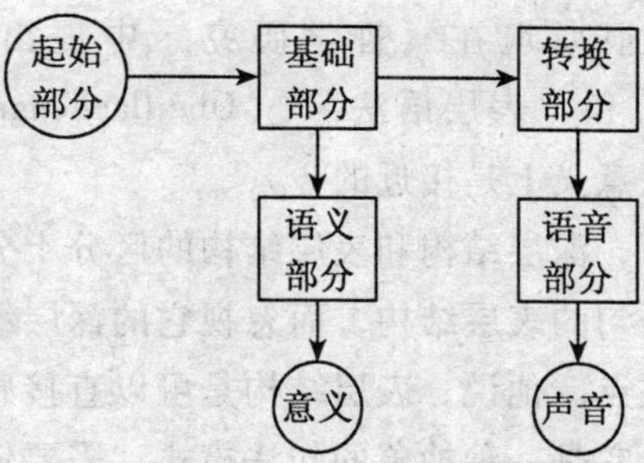

后来，在《句法理论的若干问题》一书中，乔姆斯基进一步发展了上述观点，认为语义学也应当是语言的语法分析的一个必不可少的部分，他把一种语言的语法看作一种规则系统，这些规则把这个系统所生成的每个句子的意义与该句子用声音这种媒介表达的物质形式联系起来。于是，上面第一个图就改变为第二个图，在这个图中，由语法的基础部分（大致相当于第一个图中的短语结构部分），而不是

① 参见J·莱昂斯:《乔姆斯基评传》，华东师范大学出版社，1981年版，第63～64页。

由转换部分，来解释与语义有关的选择以及构成递归结构的可能性。而且，陈述句与疑问句之间，或者主动句与被动句之间的区别，不再用随意转换来描写，而是用基础规律的选择来描写①。

最后，有必要对表层结构（surface structure）和深层结构（deep structure）这两个概念作些说明，因为它们是乔姆斯基提出的两个新概念，并且在他的转换生成语法中起着重要作用。上面谈到，乔姆斯基认为，句法部分包括基础和转换部分，基础生成深层结构，转换部分把深层结构转换为表层结构。语句的深层结构通过语义部分获得语义的解释，语句的表层结构则进入语音部分而获得语音的解释。语法的最终结果就是把语义的解释和语音的解释联系起来。乔姆斯基声明，他的这两个概念与洪保德提出的语句的“内在形式”（inner form）和“外在形式”（outer form）这两个概念十分相似，不过他宁愿采用深层结构和表层结构概念，以避免语境解释的问题。他还把这两个概念与维特根斯坦在《哲学研究》中提出的“深层语法”（Tiefengrammatik）和“表层语法”（Oberflächengramatik）相类比，认为这两对概念在意义上是接近的②。

乔姆斯基认为，深层结构和表层结构的区分十分重要，过去的结构语言学只研究语句的表层结构，而忽视它的深层结构，这是这种语言学的一个重大缺点。他说，表层结构是可以直接感知的，深层结构则不能直接感知，它是一种抽象的句法模式，需要依靠间接材料，才能表现其存在。例如，主动句 John hits the ball 和被动句 The ball is hit by John 这两个句子在字面上表现出的是不同的表层结构，而它们所表达的共同意思则是它们的深层结构。深层结构要通过转换为表层结构，才能被我们直接感知。他又说，各种民族语言各有不同的表层结构，但具有共同的深层结构。正是因为它们具有共同的深层结构，我们才能把一种民族语言翻译成另一种民族语言。不同民族语言的翻译

① 参见 J. 莱昂斯：《乔姆斯基评传》，华东师范大学出版社，1981 年版，第 68 页。

② 参见乔姆斯基：《句法理论的若干问题》，第 198 ~ 199 页。

过程，就是把一种民族语言的表层结构转换成共同的深层结构，然后再从共同的深层结构转换成另一种民族语言的表层结构。至于为什么各种民族语言具有共同的深层结构这个问题，乔姆斯基作了先验论的解释，认为这是因为在人类的心灵中先验地具有一种创造和理解语言的深层结构的能力或机制，这种能力或机制在无意识中支配着人们的言语行为，人们才能不自觉地按照语言的深层结构生成各种语句，达到交流思想的目的。

前面已经提到，乔姆斯基的转换生成语法是在数学和数理逻辑的基础上发展起来的。语言与逻辑本来就有非常密切的联系，亚里士多德的形式逻辑是主谓词逻辑，它用主谓词的语言关系来说明逻辑思维的形式。近一百年来，随着数理逻辑的蓬勃发展，许多语言学家利用数理逻辑这个有力手段来从事语言研究，使语言理论获得很大发展。乔姆斯基也借助于数理逻辑来说明语言的创造性和生成性，建立了转换生成语法。他试图根据这种语法的一系列规则，采用数理逻辑的推导方法，从有限的语言材料中推出无限众多的语句。他的这种尝试取得了一定成就，对语言学的研究具有积极意义。可是，乔姆斯基所创建的这种语法只强调研究语言的形式方面，而不重视研究语言的内容方面，它在一定程度上把语言的内容和形式这两个方面割裂开来，试图用形式化的方法来说明语言的创造性和生成性。从马克思主义的观点看来，语言的内容和形式这两个方面处于辩证统一的关系之中，不可分割，而且，就说明语言的创造性这一点而言，语言的内容方面更应受到重视。因为，语言是表达思想的物质手段，随着社会实践的发展，人的思想也在发展，语言的内容也在不断丰富和发展。现代语言中的词汇就比 19 世纪丰富得多，而语言形式的变化相对说来则比较缓慢。乔姆斯基在方法论上的这个缺点，是与他在哲学上的唯心主义观点不可分的。我们在下面考察他的转换生成语法的唯理论哲学基础时，还会谈到这一点。

二、转换生成语法的唯理论哲学基础

乔姆斯基的转换生成语法建立在唯理论的哲学基础上，因为，在他看来，人类之所以能够生成无限众多的新句子，是因为人类具有一种天赋的、内在的语言能力。他说："语言能力最突出之处就是我们所谓的'语言的创造性'，说话者能够造出许多新句子，虽然这些新句子表面上与大家'熟悉'的句子并不相同，然而别人却一听就懂。"① 他强调语言的创造性和生成性，认为一个人在学习语言的过程中，并不需要在熟悉了一个句子之后才能说出一个句子，而是在熟悉了一些原始的语言经验材料之后，就可以举一反三，自己造出无限多的句子。在这种观点上，乔姆斯基继承了笛卡儿、莱布尼茨以及洪保德等人的唯理论哲学传统。

早在17世纪，笛卡儿已从他的天赋观念论中提出一种机械论的语言观。他认为语言是一系列符号的总和，是比较完善的观念的代替物。观念是天赋的、内在的，语言是天赋能力的产物。观念是清楚明白的，具有普遍性，语言也是清楚明白的，具有普遍性。因此，笛卡儿认为存在着一种"普遍的语言"，与此相对应，还应存在着一种对各种语言都适用的"普遍的语法"。莱布尼茨提出与此类似的观点，他也强调观念的天赋性，认为人们具有天赋观念，就像有纹路的大理石早已规定了潜在的海克立斯的形象一样。大理石的纹路被显露出来要靠人工的琢磨，但不能因为这一点而否认纹路早已存在于大理石之中。同样地，知识的获得虽然要通过学习，但观念和真理却是天赋的，早已存在于人的心灵中。莱布尼茨反对把天赋知识和习得知识截然区分开来，认为观念和天赋真理是习得的，但这并不是说，我们习得的一切都不是天赋的。后来，洪保德把笛卡儿、莱布尼茨等人的唯理论哲学观点运用到语言学研究中，提出他的"语言形式"理论。关于这一点，乔姆斯基作了这样的介绍："洪保德把唯理论的这个观点运用到语言习得的特殊事例中，并得出结论说：一个人不能真正地教语言，而只能提供一些条件，在这些条件下，语言就在人们的脑海里以它自己的方式自行发展。因此，语言的形式、语言的语法图式在

---

① 乔姆斯基：《生成语法的基本假设和研究目标》，载于《现代英语研究》，1979年，第1期，第48页。

很大程度上是早已给定的；诚然，如果没有适当的经验使语言形成过程运转起来，这种形式或图式就不会得到利用。与莱布尼茨一样，洪保德也反复重申柏拉图主义的这样一个观点：对于个人来说，学习主要是一种‘再生’（Wieder-erzeugung），也就是从心灵内在地固有的东西中引出某种东西。”① 在洪保德看来，语言形式是一种固定不变的因素，它是句子的基础，也是语言活动的基础，它赋予新的语言活动以生命和意义。只有通过考察各个语言因素与语言形式之间的关系，才能确定各个语言因素的意义和作用。洪保德把语言形式看作用以说明语言的性质的基础，看作用以解决语言使用和语言习得这些重要问题的根据。乔姆斯基对洪保德的语言形式理论评价很高，认为这是他对语言学最有创造性、最有成就的贡献。

乔姆斯基的转换生成语法，在哲学上主要依据于笛卡儿、莱布尼茨等人的天赋观念论，他强调人类具有天赋的语言能力，强调语言的创造性和生成性。在语言学上，乔姆斯基继承和发展了洪保德的语言形式理论，他强调语言形式是天赋的语法图式，这个图式以高度精确的方式规定了语法的实质特点。因此，我们可以说他的转换生成语法是在洪保德的语言形式理论的基础上发展起来的，是笛卡儿、莱布尼茨等人的天赋观念论在语言学中的具体表现。

哲学史上唯理论和经验论之间的激烈争论，在现代语言学中也有其反映。按照唯理论的观点，理性是人类知识的唯一源泉，我们对于外部世界的感知和理解，依赖于某些先天的、即不是从经验中得来的观念。按照经验论的观点，一切知识都来自经验，没有任何天赋的、先天的知识。乔姆斯基认为，现代语言学的发展提供了许多有利于唯理论而不利于经验论的证据，我们只要考察一下儿童学习语言的过程，就能看出人类具有一种天赋的语言生成能力。他说，所有儿童，不论其种族和血统如何，都天赋地具有一种学会各种语言的能力。儿童无论生活在哪种语言的环境中，总能迅速地学会该环境中通行的语言，他们不仅能够重述他们听见过的语句，而且能够根据这种语言的

① 乔姆斯基：《句法理论的若干问题》，第51页。

语法创造出许多他们没有听见过的语句。对于这种语言现象，经验论者作不出令人满意的回答，因为儿童只凭他们的个人经验是不可能理解和创造出无限众多的新句子的。诚然，经验论者也承认人类具有一定的禀赋，可是，乔姆斯基认为，为了解释上述语言现象，必须承认人类具有一种比经验论者所承认的简单禀赋丰富得多的天赋能力。人们在认识事物之前，头脑里已经对事物有了某种先天的认识或天赋的图式，经验只起了把这种先天的认识激发起来的作用。他说："近几年来，部分地由于对语言的研究，使许多长期沉睡的争论又复苏起来。关于所谓'天赋假设'，人们已经进行了很多讨论。这种假设认为，语言能力是人类普遍具有的一种精神能力，这种能力在唯理论方面起着两种基本的作用：它既提供了一个对语言材料进行初步分析所需要的感觉系统，又提供了一个很精细地确定某种语法的图式。每种语法都是关于某种特定语言的理论，它详细规定了无数句子的形式特征和语义特征。这些句子各有其特殊的结构，它们构成这种语法所生成的语言。这样地生成的语言就是那些可以用通常方法'学会'的语言。天赋语言能力受到适当激发，就会构造一套语法；人们就能知道那套被构造出来的语法所生成的那种语言。"①

乔姆斯基站在唯理论的立场上，用这种观点来对抗语言学理论中的经验论观点。他说："这种观点是与目前流行的经验论观念截然对立的，按照这种观念，语言基本上是一种偶然的构造，这种构造可以根据'条件反应的作用'来教授（像斯金涅尔和蒯因主张的那样），或者通过训练和明晰的讲解来教授（像维特根斯坦主张的那样），或者通过基本的'材料处理程序'来构造（像现代语言学家们典型地主张的那样），可是，不管怎样，这种构造在其结构上并不依赖于任何天赋的精神能力。"② 总之，经验论者认为语言在其结构上不受先天的或天赋的智力的支配。乔姆斯基认为，经验论的这种观点是不能成立的，它不能解释语言的创造性和生成性这种语言现象。他特别批

① 乔姆斯基：《语言论》，1975 年英文版，第 12～13 页。

② 乔姆斯基：《句法理论的若干问题》，第 51 页。

驳了华生（J. B. Watson）和斯金涅尔等人主张的行为主义。按照这种行为主义观点，心理学家不需要通过假设心理或者其他不能观察到的东西的存在去解释人类的那些在传统上被称为“精神的”或“理性的”活动和能力。任何有机体的行为都要用有机体对环境的刺激作出的反应来进行描写和解释。乔姆斯基在他于1959年给斯金涅尔的《言语行为》一书所写的长篇书评中，批驳了斯金涅尔用他的“刺激与反应”的心理学理论来解释“言语行为”的作法。他说，行为主义者用科学术语和统计资料装扮起来的、貌似坚固的全副甲胄至多不外是一种烟幕，以掩盖他们自己无法解释的一个事实，即语言决不是一套“习惯”，而且语言跟动物交际截然不同。他反对把语言的作用看成是一种语言习惯，也反对说学习语言就是熟悉某些句子。他说：“斯金涅尔近几年来所宣传的这种观点，是与科学或者任何理性研究漠不相干的。它之所以广为流传，是由于某些与科学无关的原因。”①

乔姆斯基还站在唯理论的立场上，强调普遍语法的存在及其意义。对于“普遍语法”，他下过这样的定义：“让我们把‘普遍语法’定义为一个关于原理、条件和规则的系统，这些原理、条件和规则之所以成为人类的各种语言的要素或特性，并不是仅仅由于偶然性，而是由于必然性；诚然，我指的是生物学的必然性，而不是指逻辑的必然性。因此，可以认为普遍语法表达了‘人类语言的本质’。在不同的人们中间，普遍语法是固定不变的。普遍语法规定了如果人们有成效地进行语言学习，那么从语言学习中应当得到些什么知识。”② 在他看来，从语言学习得到的知识中，必须包括关于普遍语法的特性的知识，尽管它也可能包括关于其他偶然特性的知识。人类的各种语言可以在某些偶然特性方面有所不同，但都必须符合于普遍语法。普遍语法规定了各种语言都必须满足的某些抽象特性。

乔姆斯基认为，对于普遍语法和特殊语法之间的联系和区别问

① 乔姆斯基：《语言论》，第229页。

② 乔姆斯基：《语言论》，第29页。

题，传统的语言学家们早已进行过探讨。他援引比蒂（J. Beattie）在《语言理论》（1788）一书中所写的一段话，来说明普遍语法和特殊语法之间的关系。比蒂认为，各人具有不同的特点，但也有共同之处；与此相似，各种语言也各自具有不同的特点，但也有某些共同的特质。各种语言的特点在它们各自的语法和词典中得到了说明。各种语言所共有的特质，或者说，它们所必须具有的特质，则是科学研究的对象，有些人把这种特质称为普遍的或哲学的语法。乔姆斯基认为，在传统的语言学中，语言学家们把语言的创造性看作各种语言共同具有的一种特质，这种特质给人们提供了一种用以表达无限众多的思想，并且对各种新情况作出适当反应的手段。他们认为必须用普遍语法来补充特殊语法的不足之处，普遍语法提供了语言使用的创造性方面，表达了深层的规律性，这些规律性是普遍的，因而被特殊语法所忽略。特殊语法偏重于讨论那些不规则的、例外的情况，它们只有在获得普遍语法的补充后，才能对说话者和听话者的语言能力作出充分的说明。乔姆斯基还认为，现代的许多语言学家没有充分理解用普遍语法补充特殊语法的必要性，他们拒绝研究普遍语法，拒绝研究语言使用中的创造性方面，从而不能克服结构主义语法在描述上的根本缺点。

乔姆斯基还用儿童学习语言的过程来证明普遍语法的必然存在。他说，儿童具有独特的学习语言的本领，他们在一种语言环境中学会一种语言之后，到另一种语言环境中又能迅速地学会另一种语言。这说明各种不同的语言虽然有各自的特殊语法，但同时又有共同的普遍语法。人类具有一种天赋的语言能力，能够通过掌握普遍语法来适应不同语言体系的要求。在他那里，普遍语法与天赋语言能力是紧密相连的，人们的天赋语言能力主要表现在无需求助于经验就能掌握普遍语法。乔姆斯基把普遍语法和特殊语法区别开来，强调普遍语法的意义，这实质上也就是强调天赋语言能力的作用。

从哲学史上看，笛卡儿、莱布尼茨等人主张唯理论，强调思维的能动性，认为理性认识比感性认识能够更深刻地反映事物的本质，可是他们不懂得理性认识必然要以感性认识为基础，结果把理性看作某种主观自生的东西，这就陷入了唯心主义泥坑。他们所主张的天赋观念论，也是这种唯心主义观点的表现。乔姆斯基继承了笛卡儿等人的唯理论传统，特别发展了天赋观念论这种唯心主义学说，强调天赋语言能力的意义和作用，用天赋语言能力来说明语言的创造性和生成性。他反对把学习语言看作“熟悉某些语句”这样的看法，反对把使用语言看作一种语言习惯，否认语言能力的经验基础，把语法规则与经验材料割裂开来。诚然语言能力具有一定的生理基础，可是，语言能力并不是某种天赋的神秘之物，而是人们在社会生活中逐渐培养起来的。一个完全脱离人类社会而在兽群中成长起来的儿童，就不具有人类的语言能力；他只有在人类社会中生活过一段时期之后，才能逐渐学会人类的语言。任何人掌握一种语言，都要经历一个学习的过程，要说“熟悉某些语句”在语言学习过程不起任何作用，那是不符合事实的。语法也是在长期使用语言的过程中形成并逐步完善的，许多新的词汇、新的习惯语法经过长期使用而被人们所熟悉，逐渐固定下来，成为大家接受或遵循的东西。语言图式来自经验的概括，也就是说，语言的一般规律是从大量的语言行为中概括出来的。乔姆斯基所强调的普遍语法，是一种脱离个别语言的虚构的语法，他实质上把语言规律和逻辑规律混同起来，用数理逻辑的规律代替语言规律。乔姆斯基的转换生成语法由于建立在唯心主义唯理论的基础上，片面夸大理性的作用而忽视经验的意义，强调形式而忽视内容，强调一般而忽视个别，因此，它的某些结论是片面的、错误的。

第三节　索尔·克里普克
(Saul Kripke 1941 ~)

索尔·克里普克，美国著名的逻辑学家和哲学家，模态逻辑语义学的创始人之一，20 世纪 70 年代后出名的美国年轻一代分析哲学家的重要代表。他少年时期已显得颇有才华，16 岁读中学时写的一篇关于模态逻辑和直觉主义逻辑语义学的论文，曾引起美国逻辑学界的注意。大学时期在哈佛大学学习，受教于蒯因等人门下。曾先后在哈佛大学、哥伦比亚大学、康乃尔大学、伯克利加州大学、洛克菲勒大学、普林斯顿大学任教，1977年在普林斯顿任哲学教授，不久升任麦科什（McCosh）讲座的哲学教授。他主持过牛津大学的洛克讲座，担任过美国的《哲学逻辑杂志》和《符号逻辑杂志》以及以色列的《哲学》杂志的编委。

50年代末至60年代中叶，克里普克偏重于逻辑学，特别是模态逻辑的研究，写了下列重要论文：《模态逻辑是一个完全性定理》(1959)，《关于模态逻辑的语义学研究》(1962)，《模态逻辑的语义分析：（一）标准模态命题演算》(1963)，《模态逻辑的语义分析：（二）非标准模态命题演算》(1965)，《一元模态量化理论的不可判定性》(1962)等等。这些论文树立了他在模态逻辑语义学方面的重要地位，使他成为模态逻辑语义学的创始人之一。蒯因以前的分析哲学家着重研究谓词逻辑，这种逻辑中不涉及可能性和必然性等模态概念。他们认为谓词逻辑已能满足科学研究和日常生活的需要，因为科学家和普通人所要陈述的一切不外是在特定情况下发出的种种事件，在有关这些独立的、特殊的事件的陈述中，没有偶然概括和本质概括的区别，没有偶然如此和必然如此的区别。可是，到60年代，许多分析哲学家认识到仅仅依靠谓词逻辑是不够的，需要补充以模态逻辑，以便把科学理论中的偶然性概括和规律性概括区别开，因此模态逻辑在60年代中期以后获得了迅速发展。

从60年代末到80年代初，克里普克的研究逐渐转向哲学方面。他在模态逻辑语义学研究的基础上，提出了许多引人注目的新观点，这些新观点在下列论文和著作中得到充分阐述：《同一性和必然性》(1971)；《命名和必然性》(1972)；《真理论概要》(1975)；《说话者的指称和语义学的指称》(1977)；《维特根斯坦论规则和私人语言》(1982)。其中，《命名和必然性》一书是他的头一本重要著作，也是他的成名之作。60年代初，他在模态逻辑的研究中已开始酝酿这本书的观点；60年代后期，这些观点已经基本形成。1970年，他在普林斯顿大学作了三次讲演，详细阐述了这些观点。1972年，这些讲稿首先在哈曼（G. Harman）和戴维森主编的《自然语言的语义学》一书中发表，同年又出版了单行本，1980 年再版。克里普克在这本书中提出一种“历史的、因果的命名理论”，以反对弗雷格、罗素、维特根斯坦等人主张的摹状词理论，同时又提出先验偶然判断和后验必然判断的观点，以反对康德以来对先验判断和必然判断不加区分的传统观点。这本书出版后，这些新观点在英美分析哲学界引起很大反响，掀起一场持续十多年的论战。

《维特根斯坦论规则和私人语言》是克里普克的最新著作。他在这本书中探讨了维特根斯坦的后期哲学思想，特别是分析了维特根斯坦关于规则和私人语言的观点。在英美分析哲学家中间，维特根斯坦提出的关于私人语言的论证近来引起不少争论。克里普克认为，分析一下维特根斯坦的规则概念，这有助于理解和说明维特根斯坦对于私人语言的论证。在他看来，维特根斯坦在这个问题上提出一种怀疑论的悖论，同时又对这个问题提出一种怀疑论的解决办法，这一解决办法对于维特根斯坦的语言哲学具有深远的影响，并且构成他后期的精神哲学和数学哲学的基础。

克里普克在当前英美分析哲学界的影响，部分来自他对模态逻辑语义学的研究，部分来自他在命名和指称、先验性和必然性以及真理等等问题上提出的一些新观点。在这里，我们不准备全面论述他的逻辑思想和哲学思想，而仅仅评述他在上述这几个问题上提出的一些新观点。

一、名字和指称

在现代西方语言哲学的研究中，名字和指称的关系是一个中心问题。名字包括专名和通名，专名指的是专有名词，如人名、地名等等。通名指的是普通名词，如椅子、树木、黄金等等。每个名字具有一定意义，名字的意义包括它的外延和内涵，或者它的指称和含义。概括说来，在名字和指称的关系问题上，英美分析哲学中有两个重要的理论：一个是由弗雷格和罗素提出，后来维特根斯坦、丘齐、塞尔等人加以修改补充的“摹状词理论”；另一个是由克里普克、普特南、唐纳兰等人主张的“历史的因果理论”。在这两种理论的分歧中，关键问题在于解释名字是如何命名的。持前一种理论的人们认为，专名和通名都具有各自的内涵或含义，它们实质上是一些简化的或伪装的限定摹状词，或者至少与这些限定摹状词是同义的。例如，“亚里士多德”这个专名就是下面这组限定摹状词的缩写：“古希腊的著名哲学家”；“柏拉图的门生”；“亚历山大大帝的老师”；“第一本《形而上学》的作者”等等。命名的活动就是在思想上把一组限定摹状词或一组特性与一个名字联系到一起，也就是说，它依据于命名的对象具有这一组特性。例如，“椅子”这个通名与这样一些特性有联系：这个被如此命名的对象是一个物质的物体，一件人工制造出来的东西，一件可以搬动的家具，它有一个后背，如此等等。这些特性组合到一起，就构成“椅子”这个名称的意义。人们在给椅子命名时，就是根据所命名的对象具有这些特性，也就是说，根据他们对这个名称的意义的了解。持后一种理论的人们认为，命名的活动依据于这个名字与某种命名活动的因果联系，也就是说，我们在给事物命名时，所依据的并不是我们对名字的意义的了解，而是我们对某些有关的历史事件及其因果影响的了解。换句话说，按照前一种理论，名字之所以能够被用于给对象命名，是因为名字具有各自的意义，这种意义规定了它们指称的条件。按照后一种理论，名字并不具有上面所说的那种意义；尽管如此，它们依据于某些命名活动及其因果影响，仍然具有明确的指称条件。通过近十多年来的争论，后一种理论在英美分析哲学家中间占了一定地位，打破了原来前一种理论占据主导地位的局面。对于这次论战取得胜利，克里普克的著作起了很大的作用。

在我们详细阐述这两种理论的分歧之前，有必要首先谈一下克里普克的一些有关的概念，例如名称、限定摹状词、指示词、指称等等。克里普克说：“所谓名称，我指的是专有名词，如一个人、一座城市、一个国家等等的名字。”① 至于限定摹状词，按照现代逻辑学家们的理解，如果有一个人而且只有一个人杀死恺撒，那么这个人就

① 克里普克：《命名和必然性》，1980年英文版，第24页。

是“杀死恺撒的人”这个限定摹状词的指称。克里普克认为，在“模式语境”（model context）中，可以把专名和限定摹状词区别开来，因为限定摹状词在这种语境中具有“范围的特征”（scope distinction），专名则不具有这个特征。例如，“亚里士多德”这个专名和“亚历山大大帝的老师”这个限定摹状词是不相等的，我们可以说亚历山大大帝的老师可能没有真正教过亚历山大大帝，但不能说亚里士多德可能不是亚里士多德。克里普克写道：“我们是这样使用‘名称’这个词的：它并不包含诸如此类的限定摹状词，而仅仅包含日常语言中被称为‘专名’的那种东西。如果要给名称和摹状词取一个共同的名字，我们可以称之为‘指示词’（designator）。”①

克里普克还进一步把指示词分为两种：“固定的指示词”（rigid designator）和“非固定的指示词”（non-rigid designator）。他说：“如果某个指示词在一切可能的世界里都指示同一个对象，我们就称之为固定的指示词；如果不是如此，我们就称之为非固定的或偶然的指示词。当然，我们并不要求这些对象存在于一切可能的世界之中……当我们认为某种特性对于某个对象来说是本质的，我们通常表示在这个对象可能存在着的一切场合下，这一点对这个对象来说都是正确的。我们可以把一个关于必然存在物的固定指示词称为强意的固定指示词。”② 换句话说：“如果一个指示词在某个对象存在着的场合下都指示这个对象，那么这个指示词就是固定地指示着这个对象。此外，如果这个对象是一个必然的存在物，那就可以把这个指示词称为强意的固定指示词。”③ 例如，“尼克松”这个专名是一个固定的指示词，“1970 年的美国总统”这个限定摹状词却不是固定的指示词，“1970 年的美国总统”可能不是尼克松（而是汉弗莱），“尼克松”却不可能不是尼克松。在克里普克看来，把专名看作固定的指示词，这就使我们不必探讨专名的所谓“意义”，因为专名具有它们各自的固定指

① 克里普克：《命名和必然性》，1980 年英文版，第 24 页。

② 克里普克：《命名的必然性》，1980 年英文版，第 48 页。

③ 克里普克：《命名的必然性》，1980 年英文版，第 49 页。

称，但它们并不具有某种规定其指称的意义。

下面我们考察克里普克如何批驳弗雷格和罗素等人关于名字和指称的关系的传统理论。在《命名和必然性》一书中，克里普克首先把穆勒和弗雷格的观点加以对比，然后对弗雷格等人的观点加以批驳。穆勒在《逻辑体系》中提出单称名词具有外延而不具有内涵、普通名词既具有外延又具有内涵的观点。他所说的名字，既包括专名，也包括限定摹状词，还包括"牛"、"树"等等普通名词。在他看来，单称名词如果是专名，则不具有内涵，如果是限定摹状词，则具有内涵。他以"达特矛斯"（Dartmouth）这个地名为例，说明这类专名只具有外延，而不具有内涵。他说，人们之所以把英国的某个地方称为达特矛斯，因为它位于达特（Dart）河的河口。可是，即使后来达特河改了道，这个地方不再处于这条河的河口，我们仍然可以称之为"达特矛斯"。至于普通名词（通名），穆勒认为它们都具有内涵，如"人类"这个通名便是若干特性的组合，这些特性构成人之所以为人的必要条件和充分条件，同时这些特性也是"人类"这个通名的内涵。

穆勒的上述观点受到弗雷格和罗素的批驳，他们认为穆勒在这个问题上的主要错误在于没有认识到单称名词只不过是一种简化的或伪装的限定摹状词。例如，罗素认为，"苏格拉底"这个专名只不过是一个伪装的摹状词；弗雷格也认为"亚里士多德"这个专名的含义相同于"亚历山大大帝的老师"这个限定摹状词的含义。因此，按照他们的观点，单称名词无论是专名或限定摹状词都具有内涵，摹状词给名字提供了它的"含义"（sense），专名则不外是简化的或伪装的摹状词。克里普克不同意弗雷格对穆勒观点的这种批驳，他认为弗雷格在把摹状词看作名字的"含义"时，是在两种不同的意义上理解和使用"含义"一词的：弗雷格有时把指示词的含义看作指示词的意义，有时又把它看作用以规定指示词所指的对象的方式。弗雷格把这两者等同起来，认为它们都是由限定摹状词提供的。克里普克承认，摹状词既可以用作指示词的同义词，也可以用以规定指示词所指的对象，但他强调必须把这两者区别开来。他说："弗雷格所说的

‘含义’通常被理解为意义，我们应当仔细地把意义和‘指称的规定者’区别开来。”①

按照克里普克的观点，弗雷格和罗素的理论碰到一个难于克服的困难，这就是人们可能对同一个专名的意义作出不同的解释，例如，对于“亚里士多德”这个专名，某个人可能把它的意义说成是“柏拉图的门生”，另一个人可能把它的意义说成是“亚历山大大帝的老师”。不仅如此，甚至就某一个人而言，即使他可能对亚里士多德了解很多，但他仍然觉得很难找出一个限定摹状词来代替“亚里士多德”这个专名。因为，举出亚里士多德的任何一个特征，都只不过是举出亚里士多德的某种偶然的特性罢了。弗雷格认为这是日常语言的缺陷。为了摆脱这个困难，维特根斯坦提出所谓“摹状词家族”的理论，按照这种理论，以上所说的那种不能以一个限定摹状词去代替某个专名的情况，并不是日常语言的缺陷，因为专名所指的对象并不是由单个的摹状词决定，而是由一组摹状词决定。一个事物如果符合全部或大多数摹状词的要求，那它就是这个名字所指的对象。克里普克认为，从日常语言分析的角度来看，维特根斯坦的观点比弗雷格和罗素的观点合理一些，但它也未能克服这个困难。

但是，总的来说，克里普克认为，弗雷格、罗素以及维特根斯坦等人关于名字和指称的观点是错误的，因为他们把名字的含义与一个限定摹状词或一组限定摹状词的含义混为一谈。按照克里普克的观点，一个名字指称某个对象，这不取决于这个对象具有某种独特的识别标记，或者取决于这个对象符合于某些独特的特性，或者取决于名字的说出者知道或者相信这个对象具有这些特性。即使在某些特殊场合下，例如在对某一对象命名的场合下，有时是根据某个摹状词或者某种独特的标记来给这一对象命名的。可是，在这种命名活动中，这种独特的识别标记不是作为命名对象的同义词，也不是作为命名对象的缩写词，而只不过是借此把所指称的对象固定下来，也就是说，根据对象的某些偶然特征来把指称的对象固定下来。在此之后，即使情

① 克里普克：《命名和必然性》，1980 年英文版，第 59 页。

况发生变化，在对象不具有这些偶然特征的情况下，我们仍然可以用标志这个对象的这个名字去指称这个对象。因此，在他看来，弗雷格等人的基本错误，在于他们不了解专名是“固定的指示词”，它在一切可能的世界里都指称同一对象。例如，“亚里士多德”这个专名，即使在亚里士多德这个对象不符合通常归之于他的那些特性的情况下，也仍然指的是亚里士多德。

克里普克认为他自己的观点既不同于穆勒的观点，也不同于弗雷格和罗素的观点。他说：“弗雷格和罗素所代表的现代逻辑传统，在单称名词问题上反对穆勒的观点，而在普通名词问题上赞同穆勒的观点。因此，所有的词，无论单称名词或者普通名词，都具有内涵，或者具有弗雷格所说的那种含义。稍晚一些的理论家在追随弗雷格和罗素的观点时，作了一些修改，这就是用由‘一组’特性所提供的意义概念来取代过去由一个特定的特性组合提供的意义概念，我的观点与弗雷格和罗素的观点截然相反，而（或多或少）赞同穆勒关于单称名词的观念，可是不同意他关于普通名词的观点。”①

与弗雷格和罗素的理论相对立，克里普克提出他的“命名的因果理论”，按照这种理论，专名是借助于某些与这个名字有关的历史事实而去指称某个特定对象的。例如，人们获得各自的名字，部分地通过各人的血缘关系，部分地通过一定的命名活动。“丘吉尔”这个专名之所以被应用到丘吉尔的头上，并不是由于丘吉尔这个人体现了“丘吉尔”这个专名的“含义”由以构成的那些特性，而是由于丘吉尔出生后就被他的父母取了这个名字，其他人认识他后也用这个名字称呼他，如此等等。克里普克认为，在这种场合下，已经建立起一条“传递的链条”，“丘吉尔”这个名字就沿着这条链条一环一环地传递下去。站在这条链条另一端的任何一个人，他可以用“丘吉尔”这个名字去称呼丘吉尔，而不必知道丘吉尔的种种特性。也许，他只知道丘吉尔是一个政治家；尽管如此，只要他是站在这条传递的链条上，他就能够用“丘吉尔”这个名字去称呼丘吉尔。在这里，“丘吉

① 克里普克：《命名和必然性》，1980年英文版，第134~135页。

尔”这个名字之所以指的是丘吉尔，并不是这个名字的“含义”在起作用，而是由于这个名字具有它的起源和历史。克里普克强调说：重要的问题不是名字的说出者如何考虑他是怎样知道这个名字所指的对象，而是这条实际的“传递的链条”的建立。他说：“当一个名字沿着链条一环一环地传递过去时，这个名字的接受者知道了这个名字，他用这个名字所指称的对象就会相同于他由以知道这个名字的人所指称的对象。如果我听见‘拿破仑’这个名字，而认为它是我的爱畜小土猪的名字，我就没有满足这个条件。”① 克里普克承认，他的这种理论不能排除人们可能用同一名字去指称不同的人或不同对象这样一种可能性。他解释说，这种情况的出现是由于不同的命名活动和这个名字沿着不同的传递链条传递下去所产生的结果。

按照克里普克的观点，与专名一样，通名也是固定的指示词，它在一切可能的世界里都指称相同的对象。与专名一样，我们也必须记住一个通名的指称被确定的方式和它的含义之间的区别，不应把一个通名如何确定其指称的方式看作这个通名的同义词。关于通名是否具有含义，克里普克没有作明确的说明；但他指出通常把属性的组合看作通名的内涵的观点是错误的，因为通名一般说来并不表达属性。与专名一样，通名一旦被确定下来之后，也可以沿着传递的链条一环一环地传递下去，它们指称的对象也是由一条历史的、因果的传递链条决定的。克里普克在讨论通名问题时，还特别涉及“先验性”和“必然性”这两个概念的区别。他说，一个通名的含义是这个通名所具有的“必然属性”，而人用以辨认一类对象的属性则是他赋予这个通名的“先验属性”。关于必然性和先验性这两个概念，我们在下一节中将着重阐述。

关于如何给事物命名，克里普克认为可以采取两种方式：或者通过用实物或动作来表示，或者借助摹状词来规定名字所指的对象。在谈到后一种方式时，克里普克特别强调他的观点与摹状论者的观点的区别。他说：“……所用的摹状词与借助于它所引入的名字并不是同

① 克里普克：《命名和必然性》，1980年英文版，第96页。

义的，只不过借助于它来规定名字所指的对象罢了。在这点上，我们的观点不同于通常的摹状词论者的观点。"① 这就是说，当我们用某个限定摹状词，或者用某种独特地起识别作用的特性，去规定某个名字所指的对象时，那种特性所起的作用在大多数场合下，并不是作为这个名字的同义语，只不过作为规定所指对象的手段。人们在规定名字所指的对象时，也可能根据对象的某些偶然的特性。因此，即使对象不具有某种独特地起识别作用的特性，我们仍然可以用某个名字去指称这个对象。

克里普克的这种观点与斯特劳森的下述观点有些相似，但又有重大区别。斯特劳森在其著作《论个本》一书中曾经提到一个人的指称对象可以从另一个人的指称对象中推演出来。他说："一个指称对象可以从另一个指称对象那里取得它作为真正起识别作用的指称对象的凭据，后者又可以从另一个指称对象那里取得它的凭据。不过，这种复归并不是无限的。"② 克里普克承认，斯特劳森的上述观点与他的观点有些相似，但他强调它们之间的本质区别。因为，斯特劳森虽然激烈批评弗雷格和罗素（特别是后者）的观点，但他仍然支持维特根斯坦等人主张的名字的指称对象由一组摹状词决定的观点。因此，斯特劳森是在坚持摹状词理论的前提下提出上述观点的，也就是说，他试图使上述观点去适应传统的摹状词理论。按照斯特劳森的观点，一个人在谈到某个名字的指称对象时，必须知道他是从哪里得知的，只有这样，他才能说：我所说的"哥德尔"，指的就是约翰称之为"哥德尔"的那个人。如果他记不清他是从哪里得知的，他就不能提出这个摹状词。相反，按照克里普克的观点，这个人却没有必要知道他是从哪里得知的。这个人可以记不起他从哪里听见别人谈起哥德尔，也可能即使他记得好像从哪里听到，但是他记错了。克里普克说："问题在于，斯特劳森试图使专递链条的观点去适应摹状词理论，他就必须依据于名字的说出者怎样得知他所说的名字的指称对

① 克里普克：《命名和必然性》，1980年英文版，第96页。

② 斯特劳森：《论个体》，1959年英文版，第182页注释。

象。如果名字的说出者忘记了他是怎样得知的，斯特劳森所用的摹状词对他来说就没有用处。如果那个人记错了，斯特劳森的模式就可能导致错误的结论。按照我们的观点，重要的问题不在于名字的说出者怎样得知他所说的某个名字的指称对象，而是那条实际存在着的传递链条。"①

克里普克等人主张的这种历史的或因果的命名理论，是对弗雷格、罗素、维特根斯坦等人主张的摹状词理论的严重挑战，它在西方语言哲学界引起激烈争论。就专名而言，他们的这种理论含有一定合理因素，大致符合于人名、地名等等专名通常的形成过程。例如，"丘吉尔"、"北京"、"《论语》"这样的人名，地名、书名的形成通常与历史上一定的命名活动有某种联系。可是，就通名而言，他的这种理论则显得论据很不充分。首先，关于通名是否有含义的问题，他没有作明确的说明，不像对专名的含义问题讲得那样清楚。他否认属性的组合是名字的内涵这个传统观点，其论据也欠充分。事实上，目前在日常生活和科学研究中，人们仍然大多持这个传统观点。其次，把历史的、因果的命名理论应用到通名之上，也显得十分勉强，因为，与专名不同，通名的形成通常需要经历一个充实和发展的过程，不是由个别的命名活动一劳永逸地固定下来的。通名是用概念来表示的，概念是一种反映对象的本质属性的思维形式，人们通过社会实践，从对象的许多属性中，撇开非本质属性，抽出本质属性加以概括而成。概念不是永恒不变的，而是随着社会实践和人类知识的发展而发展。克里普克的通名理论，不能说明概念的这个形成和发展过程，因而也不能说明通名的本质和形成过程。不过，他的这种命名理论毕竟提出了一些新的观点，值得我们重视。

二、先验性和必然性

在真理问题上，哲学家们经常使用"先验的"、"必然的"、"分析的"等范畴。康德以来的传统观点认为，先验命题和必然命题是

① 克里普克：《命名和必然性》，1980 年英文版，第 93 页。

紧密相联的，这就是说，一切先验的知识都是必然命题，一切必然的知识都是先验地知道的。过去的哲学家很少把先验命题和必然命题区分开来，克里普克则强调要把这两者严格区分开来。克里普克的观点之所以在最近十多年来引起英美分析哲学界的重视，部分地也是由于他在这个问题上对传统观点提出了严重挑战。

克里普克在 1971 年发表的《同一性和必然性》一文中，首先提出存在着后验的必然命题；后来在《命名和必然性》一书中又补充说，还存在着先验的偶然命题。在这个问题上，他始终强调“先验的”和“必然的”这两个概念不可交替使用，必须把“先验判断”和“必然判断”区别开来。因为，“先验判断”和“必然判断”并不是两个外延相同的概念，“先验的”是一个认识论概念，“必然的”却是一个形而上学概念。当我们说一个论断先验地有效，这涉及这个论断的认识论性质；而当我们说它必然地有效，这则涉及它的形而上学性质。换句话说，说某个人是先验地，即不依赖于经验而知道某件事情或根据先验的证据而相信它是真的，这是一个关于如何认识的问题。当人们说关于这个世界的某个事实必然是如此，不可能不是如此，这就不是认识论问题，而是形而上学问题。因此，在他看来，决不能把“先验的”和“必然的”这两个概念混为一谈，先验判断和必然判断并不是不可分的，应当承认既可能有偶然的先验判断，也可能有必然的后验判断；这就是说，必然判断可以通过后验的方式发现，偶然判断也可能是先验地得知的。

首先，让我们考察一下克里普克对“先验的”、“必然的”、“分析的”这几个基本概念的看法。关于“先验的”这个概念，康德以来的传统观点是：先验知识是那些可以（can）不依赖于任何经验而被认知的知识。有些哲学家对这个定义作了一些修改：先验知识是那些一定（must）不依赖于任何经验而被认知的知识，这就是说，如果某些知识属于先验知识，它们就不可能是通过经验而被认知的。克里普克认为后面这些哲学家的观点是错误的，因为某些可以先验地被认知的知识，也可能被少数人通过经验而获得。例如，一个利用计算机进行工作的人知道，计算机能够回答什么样的数是素数的问题。在这种场合下，如果我们根据自己对物理学的规律、计算机的结构等等的了解，而相信某个数是素数，那么我们相信这一点就不是根据纯粹先验的证据，而是根据后验的证据。当然，另一些人也可能根据必要的计算而相信这一点。因此，克里普克认为，不能把先验知识看成是一种一定不依据于经验而被认知的知识，“‘可以先验地被认知’并不意味着‘一定先验地被认知’。”①

关于“必然的”这个概念，人们通常把它看作一个认识论概念，因此认为可以把它与“先验的”一词交替使用。克里普克则强调说，“必然的”一词不是认识论概念，而是形而上学概念。因为，假设有人提出这样一个问题：世界是否可能不同于它现在这个样子？如果回答“不可能”，那么关于世界的这个事实就是一个必然的事实；如果回答“可能”，那么关于世界的这个事实就是一个偶然的事实。在这里，仅仅涉及必然性和偶然性的问题，而根本不涉及如何认识的问题。这就是说，“必然的”这个词是一个形而上学概念，而不是认识概念。他说：“……无论如何，‘先验的’和‘必然的’这两个词涉及两个不同的领域，两个不同的范围：认识论和形而上学。”② 又说：“当把‘必然的’和‘先验的’这两个词应用到陈述上时，它们显然不是同义的……它们事实上甚至不具有相同的外延。”③

至于“分析的”这个概念，克里普克首先引证了康德的有关论述。康德认为，一切分析判断完全依据于矛盾律，它们就其本性而言是先验的。因为，在肯定的分析判断中，它的谓词已经包含在它的主词概念之中，否认这类判断就会陷于自相矛盾。分析哲学家大多接受康德的这个观点，他们通常用“单身汉是没有结婚的人”这个例句来说明分析命题是那些依据其意义而成为真的命题。克里普克赞同分析哲学家的这一观点，不过他特别强调分析命题既是必然的，又是先验的。他说：“无论如何，让我们作出这样一个规定：从某种意义上

① 克里普克：《命名和必然性》，1980年英文版，第35页。

② 克里普克：《命名和必然性》，1980年英文版，第36页。

③ 克里普克：《命名和必然性》，1980年英文版，第38页。

说，一个分析陈述就是一个依靠其意义而成为真的陈述，也就是一个依靠其意义而在所有可能的世界里都是真的陈述。因此，一个在分析上是真的陈述，就既是必然的，又是先验的。”①

其次，我们考察一下克里普克对同一命题的看法，因为这个问题与必然性和偶然性问题有密切联系。近十几年来，西方哲学家对同一命题进行了不少研究。他们一般都认为可以用摹状词来构造偶然的同一命题，例如，如果“发明双焦点望远镜的人是美国第一任邮政总长”这个命题是真的，那么这是一个偶然的同一命题。许多哲学家还探讨了由名字组成的同一命题，例如，“长庚星（Hesperus）就是启明星（Phosphorus）”、“西赛罗（Cicero）就是图利（Tully）”等等。也有一些哲学家探讨了科学理论中的同一命题，如“热是分子的运动”、“声音是空气中声波的震动”等等；有人认为这属于偶然的同一命题，因为热既可能是分子的运动，也可能不是分子的运动。还有些哲学家研究由某些心理学概念组成的同一命题，如“疼痛是大脑或身体的某种物质状态，或者是中枢神经的某种刺激”等等。

克里普克着重研究了由两个名字组成的同一命题，他在《同一性和必然性》一文中详细阐述了他对这个问题的看法。在他看来，如果组成同一命题的两个名字都是固定的指示词，而这个同一命题又是真的，那么这个同一命题就必然是真的。他对这个观点作了如下的论证。假定 a 和 b 是两个固定的指示词，它们在一个可能的世界，即这个现实世界里指称同一对象，而且 a = b 是真的。由此可以推论：既然 a 和 b 都是固定的指示词，它们在一切可能的世界里都指称同一个对象，也就是说，a = b 在一切可能的世界里都是真的，因此，“a 存在着和 b 存在着就蕴含了 a = b”这个命题在一切可能的世界里都是真的，因而这是一个必然真理。克里普克声明，这就是他所说的就不严格的意义来说“a = b 是一个必然真理”这句话的全部意义。他认为这个声明很重要，因为从严格的意义来说 a = b 不是一个必然真理。

① 克里普克：《命名和必然性》，1980 年英文版，第 39 页。

按照克里普克的观点，对于“长庚星就是启明星”这个同一命题，我们可以说，如果长庚星和启明星是同一个星辰，那么在其他可能的世界中它们都不可能指两个不同的星辰。“长庚星就是启明星”这个同一命题是必然真理，它在其他一切可能的世界中都是真的。相反，“早晨在那里看见的那颗星就是傍晚在这里看见的这颗星”这个命题却是一个偶然真理，因为在一些可能的世界中启明星在早晨是看不见的。因此，不能把这个表示偶然真理的同一命题与“长庚星就是启明星”这个表示必然真理的同一命题混为一谈。他强调说，由两个名字组成的同一命题，如果它是真的，它就必然是真的，即使它不是被先验地认知的。他认为某些哲学家之所以在这个问题上感到迷惑，是由于他们把我们先验地认知的真理和那些必然的真理混为一谈。在《命名和必然性》一书中，克里普克谈到了美国分析哲学家蒯因和马库斯（R. B. Marcus）在长庚星和启明星问题上的争论，表示他赞同马库斯的观点而反对蒯因的观点①。

最后，我们考察一下克里普克如何论证他关于后验必然命题和先验偶然命题的论断。在《同一性和必然性》一文中，克里普克结合对本质属性的讨论提出了他对后验必然命题的论证。他说，假定这个读经台事实上是用木头做的，有人提出是否这个读经台起初是用冰做的，譬如说，是用泰晤士河的水冰冻而成的？我们倾向于认为它不是如此，尽管事实上也有可能是人们通过一定程序用泰晤士河的水冻结成一个读经台，并且把它恰恰放到这里。如果有人这样做了，那他自然做了一件不同的东西。克里普克说：“如果 P 指的是这个读经台不是冰做的这样一个命题，人们通过哲学分析先验地知道下述这种形式的条件句：‘如果 P，那就必然 P’，例如‘如果这张桌子不是冰做的，它就必然不是冰做的’。另一方面，我们通过经验调查知道，这个条件句的前项是真的，即这张桌子不是冰做的，我们通过‘取式’（modus ponens）得出：

① 克里普克：《命名和必然性》，1980 年英文版，第 100～105 页。

$$\begin{array}{l} P \supset \Box P \\ P \\ \hline \Box P \end{array}$$

这里得出的结论是：这张桌子必然不是冰做的。这个结论是后验地知道，因为它所依据的一个前提是后验的。”①

在《命名和必然性》一书中，克里普克把维特根斯坦关于标准公尺的言论当作例子，来论证先验偶然命题的存在。维特根斯坦说过：“只有一件东西，人们既不能说它是一公尺长，也不能说它不是一公尺长，这件东西就是巴黎的那根标准的公尺。”② 克里普克问道：“标准公尺在时间 t_0 时是一公尺长”这样一个命题是否是必然真理？对于这个问题，他的回答是：即使我们承认，根据定义，标准公尺在时间 t_0 时是一公尺长，这个命题也不是必然真理。因为，这个定义并没有说“一公尺”这个短语与“尺子（S）在 t_0 时的长度”这个短语是同义的，毋宁说，我们是通过规定“一公尺”是某个长度的严格指示词（这个长度事实上就是 S 在 t_0 时的长度）来确定“一公尺”的指称。因此，这一点并没有使“S 在 t_0 时是一公尺长”这个命题成为必然真理。克里普克接着又说，对于那个根据 S 在 t_0 时的长度而规定公尺制的人来说，“S 在 t_0 时是一公尺长”这个命题是先验地知道的，他说：“因为，如果他使用 S 这根尺子来规定‘一公尺’这个词的指称，那么，作为这样一种‘定义’的结果（这个定义不是简略的或同义的定义），他就不需要通过进一步的调查而自动地知道 S 是一公尺长。”③ 克里普克由此断定，S 这根尺子在 t_0 时是一公尺长这个命题，既是偶然的，又是先验地知道的。换句话说，在他看来，首先，至少对于给公尺下定义的那个人来说，这个命题是一个先验的真理，其次，这个命题是偶然的，而不是必然的，因为 S 这根尺子的长度可能不同于目前那样的长度。如果这两点都是对的，那

---

① 克里普克：《同一性和必然性》，载于《同一性和个别化》，第 153 页。

② 维特根斯坦：《哲学研究》，第 25 页。

③ 克里普克：《命名和必然性》，1980 年英文版，第 56 页。

就应当承认先验偶然真理的存在，而不能认为一切先验的真理都是必然的。

克里普克关于先验性和必然性的观点，否定了把先验判断和必然判断等同起来的传统作法，这一点是具有积极意义的。康德主义者认为先验性和必然性不可分离，只承认先验分析判断、先验综合判断和后验综合判断，而不承认有后验分析判断，即不承认通过经验可以获得必然的知识。逻辑实证主义者对分析命题和综合命题作了截然区分，认为只有分析命题才是必然的，综合命题则有待于经验的检验和证实，他们也不承认经验科学中存在着必然真理。克里普克提出先验偶然真理和后验必然真理的论点，否定了康德主义者和逻辑实证主义者的观点，强调通过经验获得的真理也可能是必然的，承认经验科学中也存在着必然真理。在这点上，克里普克比康德主义者和逻辑实证主义者进了一步。可是，克里普克没有认识到一切认识都来源于实践，认识从实践中产生，并随着实践的发展而发展，所谓“天赋的”、“先天的”、“先验的”知识是不存在的，被唯心主义哲学家看作先验知识的典范的数学知识和逻辑知识，也不是从人们头脑中凭空杜撰出来的，而是来自对社会实践的高度概括。同时，克里普克也没有认识到，偶然性和必然性并不是绝对对立的，而是处于相互联系、相互依赖并在一定条件下相互转化这种辩证统一的关系之中。偶然性中包含有必然性，而必然性也要通过偶然性表现出来。偶然性是必然性的补充和表现形式，绝对脱离必然性的偶然性是没有的。

三、真理问题

克里普克在 1975 年发表的《真理论概要》一文中，扼要地阐述了他的真理观。他在这篇文章中一开始就提出下面这个古老的悖论：如果克里坦人（Cretan）的一个先知说：“克里坦人总是说谎”，那个先知所说的这句话，只有在它是假的情况下，才是真的。克里普克认为，要解释清楚真理概念，首先必须解决这个悖论。因为，在他看来，“我们通常关于真和假的许多——也可能是大部分——论断，在经验事实极其不利的场合下，就倾向于表现出自相矛盾的特征。”①

为了说明这个问题，克里普克举出美国水门事件为例。他说，如果与这个事件有关的琼斯说：

(1) 尼克松关于水门事件的大部分陈述都是假的。

在这个普通的陈述句里，显然没有什么内在地固有的错误，这句话的真值可以通过列举出尼克松关于水门事件的陈述，并且逐个加以验证而得到确定。假如，我们验证的结果，尼克松的有关陈述中有一半是真的，有一半是假的，而对他的下面这个陈述则无法确定其真假：

(2) 琼斯关于水门事件所说的每一件事都是真的。

假设 (1) 是琼斯关于水门事件所说的唯一的一句话，或者假设琼斯关于水门事件所说的话，除了 (1) 之外都是真的，那就很容易看出 (1) 和 (2) 是自相矛盾的。只有当它们都是假的时，它们才是真的。

克里普克认为，从 (1) 这个例句中可以看出，我们不可能从这类语句本身中找出一些内在地固有的标准，它们可以帮助我们把那些会导致悖论的语句排除掉。这类语句无论在句法或语义方面都不包含任何可以保证它们不会导致悖论的特征。根据上一段所作的假设，(1) 会导致悖论。至于这些假设能否成立，这不取决于 (1) 这个句子的句法特征或语义特征，而是取决于与尼克松的话语有关的经验事实。克里普克说：“一般说来，如果一个像 (1) 那样的语句断定某个种类 (C) 的全部（或大部，或某些等等）语句是真的，那么，如果能够确定 C 这个种类中的语句的真值，那也就能够确定这个语句的真值。如果这些语句中有一些语句包含有真这个概念，那么，这些语句的真值又必须通过考查其他语句才能确定，如此类推下去。如果这个考察过程终结时不再碰到任何包含真这个概念的语句，我们就能确定起初那个语句的真值，我们说起初的那个语句是有根据的；如果

① 克里普克：《真理论概要》，载于《哲学杂志》1957 年，第 691 页。

不是如此，我们就说那个语句是没有根据的。"①

克里普克引证了塔尔斯基对这个问题的观点，并把那一类观点称为"正统的观点"（Corthodox approach）。所谓正统的观点，他指的是那些主张在古典量化理论范围内完全根据变项域（range of variables）来规定全部谓词的观点。塔尔斯基提出一个语言的阶梯：假定 L_0 代表一种通过通常的一级谓词演算、由一组完全规定了的原始谓词构成的形式语言，这样一种语言不可能包含它自己的真理谓词，而要有一种原语言 L_1，它包含 L_0 所需要的真理谓词 T_1（X）。这个过程可以重复进行，于是得出 L_0，L_1，L_2……L_n 这样一个语言系列，其中每一种语言都包含有前一种语言的真理谓词。这就是说，这种语言不可能包含它自己的真理谓词，只有高一级的语言才能给低一级的语言规定一个真理谓词。持这种观点的人们认为，通常的真理概念是模糊不清的，它在特定场合下的层次取决于这个概念被说出时的语境和说出者的意图。各个不同的真理谓词具有各自的层次。其程序为：首先，我们说出各种不同的话语，例如"雪是白色的"，这些话语本身不包含真理概念。其次，我们用谓词"真实的$_1$"加之于这些语句，从而使它们具有真值。然后，我们还可以把谓词"真实的$_2$"加之于那些包含有"真实的$_1$"这个词的语句，如此类推下去，即沿着塔尔斯基所提出的语言阶梯逐级上升。

在克里普克看来，塔尔斯基的这种观点是不符合事实的。首先，说话者通常并不知道所说的话语的层次。如果一定要说话者预先给某句话——譬如说，（4）尼克松关于水门事件所说的全部话语都是假的——指定一个层次，他可能不知道要挑选多高的层次。如果他挑选一个太低的层次，那他所说的（4）就不能达到目的。克里普克认为，（4）的层次不应仅仅取决于（4）的形式，也不能预先由说话者指定，而应取决于与尼克松所说的话有关的经验事实。如果尼克松的话语的层次较高，那么（4）的层次也要较高一些。这就是说，从一

① 克里普克：《真理论概要》，载于《哲学杂志》1957 年，第 693～694 页。

定意义上讲，应当允许一个陈述去寻找它自己的、与它打算说的话相应的层次，它并没有一个预先确定了的固定层次，像塔尔斯基的阶梯所规定的那样。

克里普克还进一步提出一些假定，以批驳塔尔斯基的观点。他说，假定那个秘书说：

（4）尼克松关于水门事件所说的全部话语都是假的。

而尼克松反过来却说：

（5）秘书关于水门事件所说的每句话都是假的。

在这种场合下，当秘书说（4）时，他想把尼克松所说的（5）也包括在（4）的范围之内，而尼克松在说（5）时也想把秘书所说的（4）包括在（5）的范围之内。按照上述那种正统的观点，一个处于一定层次的话语只能谈论下面层次的话语或真或假，同一层次的话语则不能互相谈论对方的真假，而且，只有较高层次的话语才能谈论较低层次的话语的真假，不能颠倒过来。但在克里普克看来，我们可以赋予（4）或（5）以明确的真值。如果那个秘书对于水门事件至少说过一句真话，那么，不论人们对（4）作出什么评价，我们可以确定尼克松的（5）是假的。如果尼克松关于水门事件所说的其他所有的话都是假的，那么秘书所说的（4）便是真的。如果尼克松关于水门事件所说的话中有一句是真的，那么秘书所说的（4）便是假的。要注意的是：在后一种场合下，我们可以对（4）作出判断，而不需要对（5）作出评定；而在前一种场合下，要评定（4）是真的，这取决于预先评定（5）是假的。克里普克认为，按照正统的观点，这一切是难于说明的。

克里普克不满意塔尔斯基的解决方案，而提出他自己的方案，他是在斯特劳森观点的启发下提出自己的方案的。斯特劳森认为，“目前的法国国王是秃顶的”这句话虽然不能构成一个陈述句，但它仍然是有意义的，因为它为构造一个陈述句提供了方向或条件。克里普克由此认为，我们可以把一个语句看作提出一个陈述，表达一个命题。一个语句的意义在于：在一定环境中，它具有一定的真值（表示一个命题）；而不在于它总是表示一个命题。像（1）那样的语句始终是有意义的，可是在不同的环境中，它可能没有“作出一个陈述”或“表示一个命题”。

克里普克举出下面这个例子来说明他的方案。假定某个人不了解“真的”这个词的意义，要我们对他作出解释。我们可以说，在我们可以肯定或者否定某个语句的情况下，我们便可以肯定或者否定这个语句的真假。这个人可能由此理解当我们把真值归之于

(6)“雪是白色的”

时，这意味着什么，可是他仍然不知道如何把真值归之于那些包含有“真的”这个词本身的语句。不过，克里普克认为，通过下述方式可以使这个人理解这一点。假定下面这个语句：

(7) 1971 年 10 月 7 日《纽约日报》刊登的某些语句是真的。这个语句是一个包含有“真的”这个概念的典型语句。如果（7）不够清楚，还可以把它改说成：

(8)（7）是真的。

如果这个人愿意肯定“雪是白色的”这句话，那么，按照上述规则，他也会肯定“（6）是真的”。假定（6）是 1971 年 10 月 7 日《纽约日报》上刊登的一个语句，那他也会肯定（7）这个语句。通过这种方式，这个人就能确定更多的包含有真这个概念的语句的真值。当然，不能说用这种方式可以确定全部包含有真这个概念的陈述句，然而可以确定其中的绝大部分。克里普克认为，根据这种情况，“可以把‘有根据的’语句表征为那些在这个过程中最终获得真值的语句”①。

从马克思主义的观点看来，真理是对客观事物及其规律的正确反映，凡是正确反映客观事物及其规律的语句、命题或理论，都是真的，反之就是假的。我们用以检验真理的唯一标准就是社会实践，它是我们用以判断我们的知识的真理性的尺度，是我们据以确定我们的感觉、表象、概念、命题等等是否符合于客观实际的手段。以克里普克所举的关于水门事件的那些语句为例，如果琼斯所说的“尼克松

① 克里普克：《真理论概要》，载于《哲学杂志》1957 年，第 701 页。

关于水门事件所说的全部话语都是假的”不符合当时的客观事实，也就是说，如果事实证明，尼克松关于水门事件所说的话是真的，或者哪怕其中有一句是真的，那么琼斯所说的这句话便是假的。同样地，尼克松所说的“琼斯关于水门事件所说的每句话都是假的”这句话究竟是真是假，也要看它是否符合于客观事实而定。从形式上看，这两句话针锋相对，似乎很难确定谁对谁错；但只要与客观事实相对照，就能判明谁真谁假。在这点上，有决定性发言权的只能是客观事实，而不是其他。塔尔斯基、克里普克等人不从这点出发，而从逻辑语义学的观点对这些语句进行细致分析，结果花了很多精力，仍不能把真理的标准问题讲清楚。克里普克虽然也说一个语句的真理性并不取决于这个语句的句法特征或语义特征，而取决于与这个语句有关的经验事实，但他并没有沿着这个方向继续研究下去，而是转向纯粹的逻辑语义学分析。事实上，他始终没有认识到社会实践是检验一切真理的唯一标准。

第四节　里查德·麦凯·罗蒂
（Richard Mckay Rorty 1931～2006）

里查德·麦凯·罗蒂，20世纪70年代出名的美国分析哲学家，后来转向对分析哲学采取较严峻的批判态度，有人把他看作分析哲学的背叛者。罗蒂在1931年10月4日生于纽约市，1949年在芝加哥大学获学士学位，1952年获硕士学位，1956年在耶鲁大学获哲学博士学位。1955～1967年在耶鲁大学任讲师，1958～1960年在韦尔斯莱学院任讲师，1960～1961年在该学院任助理教授，1961年转到普林斯顿大学任教，1970年在该校升任哲学教授，后任斯图亚特讲座哲学教授。1982年离开普林斯顿（据说因他抨击分析哲学而受排挤），目前在弗吉尼亚大学任凯南（Kenan）讲座人文科学教授。他曾于1979年担任美国哲学协会东部分会的主席，1985年来我国讲学和访问。

罗蒂于60年代初开始从事哲学写作，发表了若干论文。1967年编辑了《语言转向》一书，收入了有关哲学方法的30多篇论文，并写了长篇导论，分析语言哲学在元哲学方面碰到的困难。这本文集是语言哲学研究的重要参考资料，全书分四大部分。第一部分着重阐述哲学问题就是语言问题这个论题的正统表述，收入了石里克、卡尔纳普、赖尔、威斯顿等著名分析哲学家的有关论文。第二部分着重讨论理想语言哲学的元哲学问题，收入了蒯因、伯格曼、布莱克、齐硕姆、柯比（I. Copi）等人的文章。第三部分着重讨论日常语言哲学的元哲学问题，收入了厄姆森、瓦诺克、汉普舍尔、麦克斯韦尔（G. Maxwell）等人的文章。第四部分讨论语言哲学的重新概括、重新构造以及未来的前景等问题，收入了斯特劳森、夏皮尔、卡茨、巴希尔（Y. Bar-Hillel）等人的文章。从罗蒂为这本文集所写的长篇导论中，可以看出当时他对分析哲学的基本态度。

1979年出版了罗蒂的头一部专著《哲学和自然之镜》一书，这是他的成名之作，在美国分析哲学界颇受重视。罗蒂在这本书中把“系统哲学”（systematic philosophy）和“启发性哲学”（edifying philosophy）加以对比，认为笛卡儿、洛克、康德、罗素、胡塞尔等人是前一种哲学的代表，维特根斯坦、海德格尔和杜威是后一种哲学的代表。按照前一种哲学的观点，心灵好似一面反映着实在的镜子，认识论研究这种反映的准确性，哲学则研究用以获得这种认识的策略。后一种哲学否认这种观点，认为在思想或语言与外部世界之间并不存在对应或符合的关系。罗蒂赞同后一种哲学的观点，认为一旦抛弃了对应论或符合论的看法，也就不会把哲学的任务看作是给其他文化领域充当纯粹理性的审判法庭了。

罗蒂于1982年出版了他的第二本著作《实用主义的后果》，这是一本论文集，收入了他在1972～1980年内所写的12篇论文。他为这本论文集写了长篇导论，题目是“实用主义和哲学”。他把现代西方哲学看作实用主义和表象主义（Representationalism）之间的斗争。他试图考察美国实用主义哲学家对现代欧洲思想发展的贡献，并分析从实用主义的真理论中能够引出一些什么样的结论。他考察了詹姆斯、杜威、维特根斯坦、戴维森、内格尔、海德格尔、德里达

(J. Derrida) 和富科 (M. Foucault) 等人的思想,认为在实用主义的哲学观点、解释学的社会科学观点以及现代文学评论中,充分表现出一种“后哲学的文化” (post-philosophical culture),在这种文化中,哲学所起的作用与分析哲学家的理解大不相同。

罗蒂在芝加哥大学学习时,受教于卡尔纳普、哈特肖恩(C. Hartshorn) 和麦基恩 (R. Mckeon) 门下。在耶鲁大学时期,他受教于亨普尔、韦斯 (P. Weiss) 和布伦博 (R. Brumbaugh) 门下。从卡尔纳普和亨普尔那里,他接受了逻辑实证主义的影响。他跟哈特肖恩和韦斯研究思辨形而上学,同时跟麦基恩从事比较性的哲学史研究。他说:“从麦基恩和布伦博那里,我学会了把哲学史不是看作对同一些问题的一系列不同解决办法,而是看作一系列截然不同的问题。从卡尔纳普和亨普尔那里,我学会了如何以形式的说话方式重新陈述问题的办法,把伪问题揭露出来。从哈特肖恩和韦斯那里,我学会了如何把那些伪问题翻译成怀特海和黑格尔的词汇而把它们显示出来。”①

在 20 世纪 50 年代,罗蒂的兴趣主要在历史和形而上学方面。60 年代,他的兴趣转向分析哲学。他说:“我攻读了当时风行的牛津哲学家们(奥斯汀、赖尔、斯特劳森)的著作。在这以前,我读过逻辑实证主义哲学家的著作,但不怎么喜欢。在我第一次读维特根斯坦的《哲学研究》时,给我的印象就大不相同。这样,我就从一个旧派的哲学家变成一个新派的分析哲学家。”② 后来,他又从蒯因和塞拉斯那里接受影响,对于这一点,他作过这样的自述:“稍后一段时期,我开始阅读塞拉斯的著作。在我看来,塞拉斯对‘所与神话’的抨击似乎使近代大部分哲学所依据的假说受到怀疑。再后一些,我开始认真考虑蒯因对语言和事实之间的区别所持的怀疑态度,并试图

① 罗蒂:《哲学和自然之镜》,序言,第XⅢ页。

② 引自 W. 哈德逊等:《美国哲学家罗蒂答记者问》,载于英国《激进哲学》杂志,1982 年第 32 期。

把蒯因的观点和塞拉斯的观点结合到一起。"① 到70年代，罗蒂对分析哲学的态度发生巨大变化，从怀疑、不满发展到反感。在《哲学和自然之镜》(1979) 一书中，他采用麦基恩的比较研究方法，试图从广阔的历史观点，探讨比分析哲学的研究更加广泛的哲学问题。这本书被看作对分析哲学的一次严重挑战。到80年代，罗蒂转向对杜威和海德格尔的研究，除已出版《实用主义的结论》(1982) 一书外，目前正在撰写一本关于海德格尔的专著。

罗蒂是在分析哲学的传统中成长起来的，后来却转向对分析哲学持严峻的批判态度。正由于他是从分析哲学阵营中分化出来的，他熟悉分析哲学家普遍使用的词汇和方法，了解分析哲学面临的困难和问题，因此，当他转过身来对分析哲学反戈一击时，往往能够击中要害，显得颇有说服力，从而受到分析哲学阵营内部和外部哲学家们的重视。我们在这里不准备全面评述罗蒂的哲学思想，仅想着重考察在60年代后期和70年代末至80年代初这两段时期里，他是怎样看待分析哲学的，希望从这里反映出一部分分析哲学家在最近十多年中产生的对分析哲学的不满情绪。

一、语言哲学的困难和哲学发展的前景

罗蒂在他为《语言转向》一书所写的长篇导论中，相当详细地阐述了当时他对语言哲学，也就是分析哲学的看法，他常常把"语言哲学"和"分析哲学"这两个概念交替使用②。他说："这本书的目的是想提供一些材料，来反映最近的一次哲学革命，即语言哲学(linguistic philosophy) 革命。所谓语言哲学，我指的是这样一种观点，它认为哲学问题是一些或者通过改造语言，或者通过对我们目前

① 罗蒂：《哲学和自然之镜》，序言，第XⅢ页。

② 与罗蒂不同，我把分析哲学理解为一种哲学思潮，而把语言哲学理解为一个研究领域，在这个领域内从事研究的主要是分析哲学家，但不限于分析哲学家。

使用的语言有更多的了解而可以得到解决或得到排除的问题。"① 罗蒂认为，这种观点的支持者把这种观点看作20世纪最重要的哲学发现，而它的反对者则把这种观点看成是我们心灵脆弱的征兆，或者是对理性自身的背叛，或者是一种自欺的企图。

罗蒂在这篇导论中着重讨论语言哲学所碰到的一些元哲学的困难。他认为，要对语言哲学在方法论上所完成的革命作出评价，必须首先回答这样两个问题：（一）语言哲学家们关于哲学本性和哲学方法的陈述是否的确是没有前提的，也就是说，这些陈述的真理性是否不依赖于任何实质性的哲学论题？（二）语言哲学家们对于哲学的成就是否的确拥有相当清楚明白、因而被一致接受的标准？分析哲学家对这两个问题作了各种不同的回答，罗蒂对这些回答进行了细致的分析。

罗蒂首先分析逻辑实证主义者对头一个问题所作的肯定回答。他引证艾耶尔的这样一段话："哲学命题就其性质而言不是事实的，而是语言的，这就是说，哲学命题不是描述物理对象或者甚至心理对象的行为，它们表示一些定义，或者表示定义的形式结论。因此，我们可以说哲学是逻辑的一个部门。"② 他认为艾耶尔的这种观点来自卡尔纳普，后者早已提出哲学是逻辑的一个部门，并且认为哲学家们之所以提出一些稀奇古怪的论题，是因为他们不了解语言的逻辑结构。罗蒂评论说，在20世纪30年代中叶，卡尔纳普和艾耶尔都没有认识到，对于"是否有一些具有意义然而不能用任何标准方式加以证实的语句"这样一个问题，"逻辑"是无法回答的。事实上并没有一种在哲学上中立的"逻辑"，逻辑实证主义的反对者当时就看出这一点，卡尔纳普和艾耶尔后来也认识到这一点。罗蒂由此断定说："《语言、真理和逻辑》与《语言的逻辑句法》的'逻辑'远远不是没有前提的。"③

---

① 罗蒂编：《语言转向》，1967年英文版，导论，第8页。

② 艾耶尔：《语言、真理和逻辑》，第57页。

③ 罗蒂：《语言转向》，第6页。

罗蒂接着分析日常语言学派对这个问题所作的回答。按照这个学派的观点，日常语言本身是完善的，哲学问题之所以产生，不是由于日常语言不清楚，而是由于哲学家们没有正确地使用日常语言。对于日常语言学派的这个基本观点，罗蒂也提出这样的问题：是否它以任何实质性的哲学论题为前提呢？罗蒂对这个问题的回答是肯定的，并且认为这是一个颇多争论的前提，这就是：日常语言加上科学就足以描述和说明任何存在着的事物。如果有人不同意这个前提，这个学派的哲学家们则把回答这个问题的责任推给反对者。他们说，如果你认为有一些问题是常识和科学不能回答的，那么，你的责任就不仅仅是提出这些问题，而是说明如何能够回答它们。如果你认为有一些事物是常识和科学所不能描述和解释的，就请你告诉我们你是怎样知道你对它们作了准确的描述或者正确的解释。如果你作不到这一点，我们就坚持认为你提出的是一些很不恰当的问题。罗蒂认为，理想语言哲学和日常语言哲学所要达到的目的是一样的，只是各自采取的手段不同。这两个学派都没有以它们的反对者所说的那些实质性的哲学论题为前提。不过，它们也有自己的前提，这就是：我们不应当提出什么问题，除非我们能够提出一些能够令人满意地回答这些问题的标准。

对于第二个问题，即语言哲学家们对于哲学的成就是否的确拥有相当清楚明白、因而被一致接受的标准这个问题，罗蒂作了这样的分析。就逻辑实证主义来说，罗蒂认为，如果那些需要取得一致意见的主题已获得充分详细的规定，那就可以说他们对于确定哲学的成就具有一些相当清楚明白的标准。例如，逻辑实证主义者强调归纳逻辑的作用，认为用一种仅仅使用描述谓词的语言和一些逻辑手段，就能把归纳逻辑的规则陈述出来。罗蒂认为，尽管逻辑实证主义者的这个想法没有实现，可是他们用以确定哲学成就的标准毕竟是清楚的。不过，对于如何确定对哲学问题的排除这项哲学成就，他们却没有明确的标准。就日常语言学派来说，情况也大致如此。对于那些明确规定的问题，他们可能取得一致的意见，具有明确的标准。可是，对于某些根本性的哲学问题，却缺乏这样的标准。因此，罗蒂说："这些情况表明，语言哲学家对于用以确定哲学成就的标准取得一致意见的程度，是与他们取得的成就与传统哲学问题的相关程度成反比例的。”①

总的来说，按照罗蒂的观点，尽管分析哲学家所提出的元哲学方案是令人怀疑的，可是，罗素、卡尔纳普、维特根斯坦、赖尔、奥斯汀以及其他许多分析哲学家，毕竟迫使那些主张提出传统哲学问题的人们不得不承认他们再也不能按照传统的表述方式来提出那些问题。这些分析哲学家对于他们所批评的哲学家在滥用语言、概念混乱以及提出的问题没有意义等方面，诚然没有像他们自己所希望的那样提出强有力的、决定性的证明，可是，这一点并不重要，因为哲学讨论就其性质而言至多不过是把证明的责任推到论敌的一方。罗蒂说：“过去三十多年来，语言哲学已经作到了使从巴门尼德开始经过笛卡儿和休谟到布拉德雷和怀特海的整个哲学传统处于守势。它是通过仔细地和透彻地考察传统哲学家们如何使用语言表述他们的问题来做到这一点的。这个成就足以使这个时期被纳入哲学史上伟大时期之列。”②

罗蒂最后还探讨了哲学发展的前景。在他看来，在传统的哲学问题消失之后，哲学的发展至少有以下六种可能性：

（一）由于把语言哲学的各个分支连接起来的那个唯一的实质性哲学论题是一种方法论的唯名论，因此，只要抛弃了这个论题，就会展现出新的视野。他认为，如果有一种方法能够对传统哲学问题作出一致同意的回答，而这种方法既不把关于事物本性的问题还原为经验的问题，也不把这些问题还原为语言的问题，那么语言学的这种转向就可能走向一个死胡同。他说，现代许多哲学家认为现象学已经提供了那样一种方法。

（二）第二种可能性是既抛弃那种方法论的唯名论，同时也否定那种认为需要有一些一致同意的标准的想法。哲学不再是一门论证性的学科，而日益与诗歌接近。罗蒂认为海德格尔的后期著作是一种以崭新的方式从事哲学研究的尝试，它既把传统哲学问题当作虚妄的问题抛弃掉，同时又坚持有一些问题尚待解决，不能把这些问题简单地

---

① 罗蒂:《语言转向》，第 25 页。

② 罗蒂:《语言转向》，第 33 页。

归结为语言问题。这些问题是不可言说的，因而对这些问题的解决不会有一致同意的标准。

（三）第三种可能性是保留方法论的唯名论，而抛弃那种认为对哲学论题的真理性需要有一致同意的明确标准的想法。哲学家们可以致力于构造理想语言，这就等于回到从前那个建立体系的哲学传统，唯一不同的是，所建立的体系不再是对事物本性或人类意识的描述，而是一种关于如何言说的建议。在这种场合下哲学的“创造性的”或“建设性的”功能就保存下来。

（四）第四种可能性是哲学达到终极，出现了一种后哲学的文化，它与后宗教的文化大致相似。我们可以把哲学看作一种文化疾病，我们刚刚把它治好，正如现代弗洛伊德主义者把宗教看作一种已经逐渐治好的文化疾病一样。在那种情况下，我们对于世界观的需要将由艺术和科学来满足。

（五）第五种可能性是经验的语言学对陈述的真理性的必要条件和充分条件将提出一些新的表述，同时也对词的意义提出一些新的说明。即使这些表述和说明仅仅适用于我们目前的语言实践，可是，有了这些新的表述和说明，至少可以满足某些促使人们进行哲学思考的本能。这样一来，语言哲学就不是一种追求某种外在目标的词典学，而变成一种追求它自身的目标的词典学。

（六）最后一种可能性是语言哲学可能超出它的那种单纯批判性的功能，而转向另一种活动，在这种活动中，它不是从有关语言行为的事实中推出传统哲学问题的消失，而是寻找语言自身的可能性的必要条件，正如康德致力于发现经验的可能性的必要条件那样。斯特劳森曾经谈到这种发展的可能性，他说，他所倡导的“描述的形而上学”就是要表明我们思想中的那些基本范畴是怎样连接在一起的，这些范畴又是怎样与存在、同一、统一这些形式概念相联系的。

罗蒂在概括这六种可能性时说：“可以把从第一到第六这几种观点分别与胡塞尔、海德格尔、魏斯曼、维特根斯坦、奥斯汀和斯特劳森这六个名字联系起来。这并不是说其中任何一个人都毫无条件、毫无保留地持其中某种观点，而是说那些倾向于其中某种观点的人们往往从这六个哲学家中间举出一个人作为他们所选择的那种哲学观点或哲学方案的典范。"① 在这篇导论中，罗蒂对头两种观点，即胡塞尔和海德格尔的观点，没有进行详细探讨，而着重分析后四种观点。在他看来，后四种观点都坚持方法论的唯名论立场，其中第三、四两种观点有某些共同的基础，第五、六两种又具有另一些共同的基础。第三、四两种观点都反对这样一种看法，即认为有一些哲学真理有待于通过论证加以发现和证明。魏斯曼和维特根斯坦认为，哲学除具有批判的和辩证的功能外，至多只是一种建议，而不是一种发现。这就是说，哲学的目标应当是提出更好的论说方式，而不是发现特殊的哲学真理。罗蒂认为，这种观点是理想语言学派的传统观点；与之对立的是日常语言学派的观点，后者认为有一些特殊的哲学真理尚待我们去发现。他把第五、六两种观点看作日常语言学派的主要代表，并且认为奥斯汀和斯特劳森的观点在60年代是英语国家中广泛流传的观点。按照奥斯汀的观点，过去的哲学家急于建立自己的体系，没有对应当考察的事实进行详细的考察，结果使他们的体系建立在很不坚实的基础上。他提出要像亚里士多德那样去研究哲学，不要试图回答过去哲学家们所提出的全部问题，而要抛弃其中许多问题，因为它们的表述是不恰当的。按照斯特劳森的观点，我们不要局限于只研究那些对我们的语言行为作出说明的理论，我们还能够提出一种关于语言本身的理论，即关于任何可能的语言的理论。罗蒂认为，斯特劳森的《论个体》和汉普舍尔（S. Hampshire）的《思想和行动》两书表述了这种观点。

罗蒂最后说，概括讲来，在哲学发展的前景这个问题上，基本上是两种观点的对立，即改革和描述的对立，或者说哲学作为一种建议与哲学作为一种发现这两者之间的对立。上述第二、三、四种观点属于一方，第一、五、六种观点属于另一方，当然这样的划分并不是很严格的。他说，一旦把语言的转向肯定下来，把方法论的唯名论观点坚持下来，哲学家们自然会认为哲学的任务在于通过改革我们的语言

① 罗蒂:《语言转向》，第35页。

去改变我们的意识，而不在于仅仅描述我们的意识。相反，另一些哲学家则坚决认为哲学可能成为一门科学，在这门科学中，成功与否的主要标准在于是否对事实作了准确的描述。罗蒂认为，自古希腊以来，哲学始终处于两种力量相互拉扯的状态，一种力量要拉向艺术，另一种力量要拉向科学。语言的转向并没有使这种紧张状态缓和下来，不过它使我们更加清楚地认识到这种情况。他说，他编辑《语言转向》这本文集的目的，就在于通过这些关于元哲学的讨论，加深人们对哲学的这种紧张状态的认识。

从上所述可以看出，在60年代后期，罗蒂对分析哲学基本上仍持支持态度。过去，无论逻辑实证主义者或者日常语言学派，都把分析哲学的兴起看作哲学史上的一种伟大的转向，一次彻底的革命。罗蒂继承了这种传统观点，也大谈语言的转向，并把分析哲学处于优势的这段时期吹捧为哲学史上的一个伟大时期。不过，罗蒂在当时已看出分析哲学在元哲学方面所碰到的许多困难，已经对分析哲学的发展前景产生一些怀疑情绪。对于分析哲学内部的两大派别，罗蒂对逻辑实证主义持较多的批判态度，而偏向于日常语言学派。他的这种态度与60年代分析哲学在美国的发展形势是相适应的。当时，逻辑实证主义遭到蒯因、库恩等人的猛烈抨击，许多传统观念发生动摇，声望大大降低，而日常语言哲学刚刚流传到美国，经过塞拉斯、齐硕姆等人的传播，在美国分析哲学界颇有影响。当然，我们也不能把罗蒂划入日常语言学派之列。

二、分析哲学与欧洲大陆哲学

如上所述，罗蒂在20世纪60年代虽然基本上站在分析哲学的立场上，但已开始对它产生某种怀疑和批判的情绪。到70年代末和80年代初，这种怀疑和批判的情绪急剧增长，进而对分析哲学提出相当严峻的批评，这种倾向在他的著作《哲学和自然之镜》与《实用主义的后果》中获得明显的表现。

罗蒂明确表示，他写《哲学和自然之镜》这本书的目的，是从一种反笛卡儿主义、反康德主义的观点，考察哲学，特别是分析哲学近年来的发展，以打消读者的这样三种传统信念：一是把“心灵”看作某种应当对之有一种“哲学”观念的东西；二是把“知识”看作某种应当具有“理论”和“基础”的东西；三是把“哲学”看作一门讨论某些永恒问题的学科。他说，自笛卡儿和康德以来，哲学家都把哲学看作其他各个文化领域的基础，因为哲学能够校正其他各个文化领域的知识要求。哲学通过对作为知识主体的人的研究，以及对心理过程或表象活动的研究，能够了解知识的基础。知识就是准确地表象心灵之外的事物；了解知识的本性和可能性就是了解心灵如何构造那些表象的方式。罗蒂站在反笛卡儿主义、反康德主义的立场上，反对这些传统观念，特别反对把心灵看成一面镜子，这面镜子通过各种各样的表象反映出心灵之外的事物。他说：“如果不把心灵看作一面镜子，那就不会把知识看作一种准确的表象。如果没有后面这种看法，笛卡儿和康德所共有的一个策略，即通过不断检查、修理和擦亮这面镜子而获得更加准确的表象这个策略也就失去其意义。如果脑子里没有这个策略，最近人们提出的下述主张，即哲学可以由‘概念分析’，或者‘现象学分析’，或者‘对意义的解释’或者‘对我们的语言逻辑的考察’，或者‘对意识的构造活动的结构的考察’所组成这样一个看法，也就失去其意义。”①

罗蒂还明确表示，他写这本书时大部分采用分析哲学家所使用的词汇，也经常引用分析哲学家所讨论的问题，这是因为他是在分析哲学传统中成长起来的，他接受了塞拉斯、蒯因、戴维森、赖尔、马尔科姆、库恩和普特南这些分析哲学家的影响。他说：“与我最崇拜的那些哲学家的著作相似②，这本书也是治疗性的，而不是建设性的。不过，我所提供的这种治疗却恰恰寄生在某些分析哲学家的建设性努力之上。现在我试图对这些分析哲学家的参考框架（frame of reference）提出怀疑。因此，我对这个传统所作的详细批判，大部分

① 罗蒂：《哲学和自然之镜》，第12页。

② 下面将要谈到，罗蒂所说的他最崇拜的哲学家指的是维特根斯坦、海德格尔和杜威。

是我从塞拉斯、蒯因、戴维森、赖尔、马尔科姆、库恩、普特南这样一些系统哲学家那里借用来的。"①

与《语言学的转向》一书中的观点不同，罗蒂现在不再强调分析哲学的兴起具有"革命"性质。他说，从现在他所采取的观点看来，分析哲学与其他哲学派别之间的区别并不重要，这只不过是风格和传统上的区别，而不是方法或基本原则上的区别。与胡塞尔的现象学一样，分析哲学也只不过是企图把哲学置于康德所希望的那个位置上，即认为哲学凭借它对其他文化领域的"基础"所具有的特殊知识，能够对其他文化领域的知识要求作出判断。因此，他认为分析哲学也是康德哲学的一个变种，它与其他变种的区别主要在于它认为表象是语言的，而不是心理的，它认为那种能够显示出"知识的基础"的学科是语言哲学，而不是"先验批判"或心理学。分析哲学对语言的强调，并没有改变笛卡儿哲学或康德哲学的问题范围，因而也没有给予哲学一个新的面貌。

罗蒂着重考察了 20 世纪 50 年代以后分析哲学的演变。在他看来，50 年代以前，分析哲学基本上遵循康德哲学的观点，认为存在着两种表象，即直觉和概念，知识的产生有赖于这两者的结合。因此，分析哲学家一向强调这样两种区分：一种是所与之物和心灵补充之物之间的区分，另一种是偶然真理和必然真理之间的区分。过去也有个别分析哲学家对这两种区分提出过怀疑，例如，纽拉特对卡尔纳普的现象主义提出过怀疑，但是，只是到 50 年代初期，随着维特根斯坦的《哲学研究》的出版，奥斯汀对"感性杂多的本体论"的嘲笑，特别是蒯因的《经验主义的两个教条》和塞拉斯的《经验主义和精神哲学》这两篇文章的发表，有关这两种区分的传统观点才受到严重挑战。罗蒂特别详细地阐述了蒯因和塞拉斯对分析哲学的康德主义基础的批判，蒯因从行为主义角度批判偶然真理和必然真理的区分，塞拉斯则从行为主义角度批判"所与的整个框架"。罗蒂写道："要描述蒯因和塞拉斯对逻辑经验主义的抨击的共同特征，最简单的

① 罗蒂：《哲学和自然之镜》，第 7 页。

办法是指出这两个人都对逻辑经验主义赋予某些论断——那些关于某些有特权的表象的报导——的那种认识上的特权，从行为主义立场提出疑问。”① 他把蒯因和塞拉斯所持的这种行为主义立场称为“认识论的行为主义”，即主张从社会行为的观点，而不是根据内在表象来说明认识的权威性。在罗蒂看来，杜威和维特根斯坦也持这种认识论的行为主义观点。

到70年代后期，罗蒂不再赞扬分析哲学的那些权威人物，而宣称维特根斯坦、海德格尔和杜威是他最崇拜的哲学家，他对这三个人推崇备至，认为他们是20世纪最重要的哲学家。他说，这三个人在他们的早期活动中也曾试图找出一条使哲学成为“基础性”学科的新途径：维特根斯坦试图构造一种新的表象理论，海德格尔试图构造一组新的哲学范畴，杜威试图构造一种新的自然主义化了的黑格尔历史观。可是，他们后来都放弃了这种企图，从康德关于哲学是一门“基础性”学科的观点中解脱出来。他们都抛弃了这样一种观点，即认为知识是一种准确的表象，它通过一些特殊的心理过程而成为可能，并且可以借助于一般的表象理论而得到理解。他们也抛弃了“知识的基础”这个概念，并认为哲学不需要回答笛卡儿提出的那个怀疑论的认识论问题。他们也抛弃了笛卡儿、洛克和康德所共有的那个“心灵”概念，不再认为心灵是某种处于内在空间的东西，它包含许多使认识赖以成为可能的种种因素或过程。但这并不是说，这三个人试图提出另外一种“认识论”或“精神哲学”，而是说他们把认识论和形而上学搁置起来，不加研究，认为它们是不可能的。他们对传统哲学的否定态度，类似于17世纪哲学家们对经院哲学的否定态度。他们的后期著作是治疗性的而不是建设性的，是启发性的而不是系统性的。罗蒂说：“维特根斯坦、海德格尔和杜威把我们引进了‘革命’哲学——就库恩所说的‘革命’科学的意义而言——的时期。”②

到80年代初，罗蒂对分析哲学的不满情绪更加增长，对分析哲

① 罗蒂：《哲学和自然之镜》，第173页。

② 罗蒂：《哲学和自然之镜》，第6页。

学的批评更加尖锐，同时更加强调分析哲学应当与欧洲大陆哲学相结合，组成一种“后哲学的文化”。这个观点在《实用主义的后果》一书以及这个时期发表的其他论文中获得明显的表现。

罗蒂认为，分析哲学在最近30年来的发展，并没有取得早期分析哲学家所希望取得的那些成就，美国分析哲学家们至今仍然没有对他们应研究的问题和应采用的方法取得一致意见。分析哲学家最初提出要把哲学从思辨引向科学，使哲学从一门以历史为基础的学科变成一门以逻辑分析为中心的学科。可是，“逻辑分析”这个概念本身，在后期维特根斯坦和日常语言学派的著作中，已经受到猛烈的攻击。罗蒂认为，50～60年代，分析哲学发展到它的极盛时期，其后则转向衰落。他说：“在我看来，在蒯因那里，然后在维特根斯坦、塞拉斯和戴维森那里，分析哲学已经达到了它的顶峰，这就是说，分析哲学在这个时候超越了它自身，并且取消了它自身。这些思想家成功地而且正确地抹掉了语义学和语用学、分析和综合、语言和经验以及理论和观察之间的区别。戴维森对图形和内容（scheme/content）之间的区别的抨击，概括和综合了维特根斯坦对他自己的《逻辑哲学论》的嘲笑，蒯因对卡尔纳普的批评，以及塞拉斯对经验主义的‘所与神话’的抨击。”①

在罗蒂看来，当前分析哲学家的形象已经不再是“科学的”哲学家，而是善于辩论的律师。诚然，分析哲学家们仍然想把哲学从人文科学中划分出来，纳入科学之列。他们坚持说，分析哲学家与人文科学家之间有着巨大的区别，这种区别不在于分析哲学家研究某些明确的问题，像赖欣巴赫曾经设想的那样，而在于他们拥有一种与数学家和物理学家相同，而与文学家或历史学家不同的特殊才能，这就是所谓“哲学的能力”。这种哲学能力不是表现在他们能够实际地解决某些重大哲学问题，而是表现在他们善于找出任何论证的毛病，即使某些论证不是对哲学问题的论证。罗蒂把目前按照分析哲学传统训练出来的哲学家，看作律师那样的人物，他们不是继承某个哲学传统，

① 罗蒂：《实用主义的后果》，第XⅧ页。

或者参与解决某些重大的哲学问题，而是像律师那样查阅档案材料，力图在档案中发现破绽，找出驳倒对方的论据。他们的哲学“成就”取决于进行这种论证的能力。罗蒂写道：“因此，分析哲学家应当能够对任何观点提出尽可能完善的论证，不论这种观点本身多么荒谬。最理想的哲学能力就在于从各种可能的论断相互之间的推论关系中看出这些论断的整个范围，从而能够提出任何论证或者批驳任何论证。”① 这就是说，分析哲学家一向引以自豪的语言分析方法已蜕变为一种只是用以提出论证或进行反证的诡辩术了。

对于分析哲学家和其他学派哲学家之间相互轻视、相互排挤的分裂局面，罗蒂也表示非常不满。分析哲学家一向自命为从事“科学的”哲学研究，而把其他流派的哲学贬低为“思辨的”形而上学。相反，其他流派的哲学家也瞧不起分析哲学，认为它已失去传统哲学的“价值”。于是，在现代西方哲学中，长期存在着英美分析哲学和欧洲大陆学派（存在主义、结构主义、新托马斯主义、解释学等等）相互轻视的对峙局面。在分析哲学取得主导地位的美国哲学界，情况也是如此，欧洲大陆学派一向处于受排挤的地位。在美国大多数哲学系中，对杜威、怀特海这些在前一时期曾是中心人物的著作的研究，已不再是主要的课程。60 年代以后，欧洲大陆学派在美国有很大发展，尽管如此，由于美国大部分哲学系由分析哲学家把持，因此，对黑格尔、尼采、海德格尔、德里达、富科等人的研究，仍然未能在哲学系课程中占有重要地位，相反，这些人的观点在历史系、政治系、比较文学系等等部门中，却受到重视和欢迎。罗蒂说：“我听说有些分析哲学家对比较文学系讲授尼采和德里达而侵犯他们的哲学领地，感到非常愤怒，可是，如果建议他们自己开设尼采和德里达的课程，他们还会加倍愤怒。另一方面，我也听见某些欧洲大陆哲学的崇拜者说，他们对那些搞分析哲学的同事老是喋喋不休地侈谈‘逻辑’，浪费学生的光阴，耗尽学生的精力，感到十分讨厌。”② 罗蒂对这种对

① 罗蒂：《实用主义的后果》，第 219 页。
② 罗蒂：《实用主义的后果》，第 225 页。

峙局面非常反感，认为双方的指责都没有根据，而且这种相互轻视、相互排挤的态度也不利于学生的教育。他说，在一个完备的大学里，既应当给学生们提供加达默尔或克里普克、德里达或塞尔的著作，也应当给学生开设讲授双方观点的课程。

罗蒂承认，要在分析哲学和欧洲大陆哲学这两大派之间架设一座桥梁，是非常困难的，因为双方没有共同的研究对象。不过，从他把维特根斯坦、杜威和海德格尔并列为现代西方三个最伟大的哲学家，从他后来把主要精力转向对杜威和海德格尔进行研究，可以看出他怀有把这两大派结合起来的意图，并为实现这个意图而积极行动。在他看来，笛卡儿、康德以来的西方认识论传统在于追求知识的确定性，把真理看作准确的表象，罗素以来的分析哲学继承了这个传统，詹姆斯、杜威以及海德格尔则主张抛弃这个传统。他支持后一种观点，并认为在即将形成的“后哲学文化”中，将不再把科学、诗歌和哲学严格区分开来，哲学将不再是一门处于主导地位的、把其他活动领域的成果加以综合和整理的学科。

在实用主义者中间，罗蒂对皮尔士评价最低，而对詹姆斯，特别是杜威评价甚高，这种看法与分析哲学家所作的评价恰恰相反。分析哲学家对皮尔士评价很高，认为他对现代形式逻辑和指称理论作出重大贡献。罗蒂承认，皮尔士受到赞扬，部分是因为他提出各种逻辑概念和技术问题（例如，违反事实的条件句），这些概念和问题被逻辑经验主义者接受下来。此外，皮尔士受到这种“不配享有的崇敬”，主要是由于他提出关于指号的一般理论，这一点似乎表明他很早看出语言的重要性。但是，罗蒂说，不论皮尔士有什么天才，他可从来没有说明他提出关于指号的一般理论究竟为了什么，也没有说明这种理论究竟是怎样的，也没有说明这种理论与逻辑或认识论究竟有什么关系。罗蒂甚至认为：“皮尔士对实用主义的贡献，仅仅在于他给实用主义取了一个名字，并鼓励詹姆斯从事实用主义的研究。”① 相反，他对詹姆斯和杜威评价很高，他说：“我认为杜威和詹姆斯是理解我

① 罗蒂：《实用主义的后果》，第161页。

们所处的现代世界的最好向导。"① 罗蒂十分强调分析哲学的"实用主义化",他认为"在分析哲学内部有一种辩证的因素,它在美国哲学家蒯因和塞拉斯那里充分发挥出来,因而导致分析哲学转向杜威和美国实用主义者。当然,蒯因和塞拉斯不喜欢我对他们的著作这样理解,他们不愿意分析哲学回到杜威那里去。"②

按照罗蒂的观点,分析哲学通过实用主义化所达到的结果,与欧洲大陆哲学通过尼采和海德格尔批判康德哲学传统所达到的结果是一致的。分析哲学被实用主义化之后,满足了逻辑经验主义者的某些愿望,但并不是像他们预期的那样,因为这并没有把哲学引向"科学",而是把哲学置诸一边。罗蒂说:"因此,这种后实证主义的分析哲学,在开始批判柏拉图主义和最后批判哲学本身这一点上,类似于从尼采到海德格尔,再到德里达这个传统。这两个传统现在都处于对自己的地位产生怀疑的时期里。这两个传统都生活在下述两方面之间:一方面是被遗弃的过去,另方面是隐约可见的、后哲学的未来。"③

可以看出,到80年代初,罗蒂已在很大程度上背离分析哲学的传统立场,并对分析哲学采取相当严峻的批判态度。不论罗蒂对现代西方哲学发展前景的展望是否有根据,也不论他对维特根斯坦、杜威和海德格尔等人的评价是否恰当,但他对目前美国分析哲学发展情况的评述,对分析哲学的某些缺点的批评,对美国哲学界两大派对峙局面的介绍,基本上是正确的或符合事实的。由于分析哲学本身在理论和方法方面都存在着某些严重的错误和缺点,因此它不仅受到其他流派的抨击,而且引起阵营内部一部分哲学家的不满。罗蒂的上述批评正反映出这种不满情绪,这种不满情绪将来会导致什么结果,值得我们注意。

---

① 引自W. 哈德逊等:《美国哲学家罗蒂答记者问》,载于英国《激进哲学》,1982年第32期。

② 引自W. 哈德逊等:《美国哲学家罗蒂答记者问》,载于英国《激进哲学》,1982年第32期。

③ 罗蒂:《实用主义的后果》,第XXI页。

式。这就是说，自然科学是一种在哲学发展史上起推动作用的革命力量，哲学必然要随着自然科学的发展而发展。自然科学的重大研究成果一方面为哲学的发展提供了丰富的资料，同时也向哲学工作者提出了许多新的研究课题。在自然科学取得蓬勃发展的现时代，我们哲学工作者应当密切注意自然科学的新进展，经常研究科学技术革命所提出的哲学问题，以最新的科学技术成就来充实自己的理论，从哲学上对它们作出新的概括，从而丰富和发展马克思主义。自然科学家也要认真学习马克思主义，自觉地以辩证唯物主义思想指导自己的科研工作，以便取得更大的科学成就。马克思主义经典作家一向重视哲学和自然科学的结合，呼吁哲学家和自然科学家在研究工作中要建立紧密的联盟。列宁在20世纪初就指出："战斗唯物主义为了完成应当进行的工作，除了同那些不是共产党的彻底唯物主义者结成联盟以外，同样重要甚至更重要的是同现代自然科学家结成联盟。"①

很大一部分分析哲学家或者同时又是数学家、物理学家，或者是在数学、物理学等领域内有很高修养的哲学家。他们从不同的哲学观点出发研究自然科学的发展所提出的新问题。由于他们不是站在辩证唯物主义的立场上来研究这些问题，因此他们对这些问题所作出的哲学概括有的是片面的或错误的。尽管如此，我们也不应忽视他们在科学哲学领域内所取得的成就。例如，卡尔纳普等人对元科学和科学的区分，对逻辑问题和对象问题的区分，对观察实验在检验科学理论中的作用的强调，赖欣巴赫等人对频率问题的研究，亨普尔等人对科学说明的分析，蒯因对整体论检验理论的发展，波普尔对证伪理论的提出，库恩等人对科学发展动态模式的研究，塞拉斯和普特南等人对科学实在论的阐述，如此等等，都含有不少合理因素，可以说他们对科学哲学的发展都作出了或大或小的贡献。对于这一切，我们不应漠然视之，更不应全盘否定，而应当用马克思主义观点进行具体分析，吸取其中含有的积极成分，而批驳其错误思想。

扼要说来，分析哲学家在科学哲学领域内的主要错误，首先在于

① 列宁：《论战斗唯物主义的意义》，《列宁选集》，第4卷，第608页。

他们的许多哲学结论带有程度不等的约定论色彩。约定论的基本思想是：科学认识是以约定为基础，在建立一门科学的时候，我们实际上就是作出许多约定，而这些约定是根据它们的适用性作出来的。在逻辑实证主义者的“宽容原则”中就表现出这种约定论观点，他们认为，逻辑规则和语法规则都是人们随意制定的，不受任何客观条件的限制，每个人都可以自由地选择他的语言规则，从而也可以按照他所愿意的方式选择他的逻辑。这就是说，在他们看来，对于语言形式，我们在各个方面都有完全的自由，不论对句子的形成规则或者变形规则，我们都可以随意选择。自然科学理论可以建立在任何公理系统、任何句法规则或者语言形式的基础上。约定论观点在批判理性主义中也有明显的表现。波普尔认为，科学理论是严格的普遍陈述这样一个论断，并没有客观的科学根据，只是一种约定。因为，严格的普遍陈述是一种在时空方面无限有效的陈述，而无限有效与否却是一个无法用经验确认的问题，只能是一种约定。他还认为通过经验对单称陈述的证伪而对科学理论的证伪，也是一种约定。后来，在逻辑实用主义的某些观点中，这种约定论观点表现得更加明显。蒯因在论证他的“本体论的承诺”这个概念时，就把约定论作为他的论证的依据。在他看来，我们说某某事物存在，就是约定某某事物存在，就是作出一种本体论的承诺。唯物主义哲学家说物质存在，就是约定物质存在，就是承认物质是本体。唯心主义哲学家说精神存在，就是约定精神存在，就是承认精神是本体。至于物质或精神究竟是否存在，他认为在制定一种理论之前问这个问题没有意义。任何理论都是虚构的产物，我们在虚构某一理论时，也就约定了这一理论中的概念所指事物的存在。在一定的限度内，我们可以自由地决定在这种理论中采用什么样的术语（例如，采用“原子”这个概念），而当我们作出这种决定后，我们就有义务承认这个实体（例如原子）的存在。

在这个问题上，这些分析哲学家继承了法国物理学家彭加勒的观点，他是约定论的主要创始人。按照他的观点，科学理论的基本原理不是现实的客观规律的反映，只不过是约定、协议的产物。几何学公理只是一些假设，我们从一系列可能的假设中所作的选择，是由经验事实决定的，可是这种选择是自由的，它仅仅受到一种限制，即必须使从基本假设中推演出来的命题没有任何矛盾。他还认为时间这个范畴也具有相对的、约定的性质，旧物理学的时间概念和相对论的时间概念都是物理学家之间协议的结果。他说："我们之所以采纳某个协议，这是因为我们觉得它是方便的。我们说没有任何东西迫使我们拒绝这个协议。现在，某些物理学家想要采纳一个新的协议。这并不意味着他们不得不这样做；他们认为这个新协议更加方便一些，只不过如此而已。不持有这样想法的人，完全可以合法地保留原来的协议，从而不违反自己的旧习惯。"①

可以承认，在语言系统、逻辑系统以及科学方法论等中，确实存在着某些约定因素。例如，在自然语言中历史地形成了某些语言规则，在人工语言中，约定成分更多一些。在逻辑系统中，前提、定义和公理带有约定性，逻辑学家在一定范围内可以自由选择他的逻辑系统的前提、定义或公理。在科学方法论中，假说也带有约定性，对于同一个经验事实，可以允许有几个解释系统并存。在等价描述、同构关系等理论中也带有某些约定因素。这些约定因素之所以存在，主要由于人类的认识在一定的历史条件下具有相对性，不可能一下子达到绝对准确无误的水平，不同的人对同一对象可能作出不同的理解和解释，人们在这些理解和解释之间有一定的选择余地。但是，相对真理中含有绝对真理的颗粒，约定因素不是来自于随心所欲，更不是来自于胡思乱想，而是有其或大或小的客观基础。例如，科学假说带有约定性，可是这种约定性的存在不是表示科学家们可以毫无根据地随意约定任何假说，而只是表明在一定历史条件下，科学家们还不能对某种现象作出十分清楚准确的说明，只能提出一些近似正确、尚待检验和修正的假说，不同的科学家由于观点不同可能对同一现象提出几种不同的假说。科学家们在赞同或采纳这种或那种假说上，存在着一定的约定成分。可是，假说决不是毫无客观根据的随意约定。任何假说的提出都以一定的相关事实作为支持它的经验证据，也以一定的相关

① 彭加勒：《最近的一些想法》，第31页。

原理作为论证它的理论前提。假说是从科学知识的土壤中生长出来的，它是人类认识逐步接近客观真理的一种方式。因此，如果把诸如此类的约定因素无限夸大，否认它们具有任何客观基础，或者认为它们不反映任何客观内容，把约定因素看作纯然是主观随意的，那就会犯约定论的错误。因为，约定论的根本错误，就在于否认具有真理性的科学理论是客观现实及其规律在人们意识中的正确反映，也就是说，否认科学理论的客观内容，而把它们仅仅看作人们为了方便、适用而作出的一些约定或协议。

这个评论适用于上面提到的分析哲学家的那些带有不同程度的约定论色彩的哲学论题。例如，就卡尔纳普提出的“宽容原则”而言，我们认为，逻辑规律和语言规则虽然是人们制定出来的，但它们并不是人们自由选择和随意约定的产物，而是客观现实及其规律在人们意识中的反映，具有不以人们的意识为转移的客观内容。逻辑规律是在人类实践的基础上对于客观事物的最一般的关系和规律性的反映，语言规则也是在社会实践的基础上人类思维长期抽象化的结果。在这方面，语言规则与几何学定理颇为相似。几何学定理是把具体对象加以抽象化，把各种对象看成没有具体性的物体，并在决定它们之间的相互关系的时候，不当成某些具体对象间的具体关系，而当成一般没有任何具体性的物体间的相互关系。语言规则的形成过程大致也是如此，它们也是从具体的语言实践中抽象得出的。斯大林说：“文法是人类思维长期抽象化工作的结果，是人类思维所获得的巨大成功的指标。”① 波普尔关于严格的普遍陈述和基本陈述的观点也是错误的。从马克思主义观点看来，基本陈述和普遍陈述都是具有不以人们意识为转移的客观内容，都是客观事物或其规律性在人们头脑中的反映，而不是人们随意约定或协商的产物。至于蒯因的本体论学说中的约定论思想，其错误尤其明显。在他看来，任何理论都只不过是为了“方便”而虚构出来的产物，“物质”、“精神”、“原子”等概念也是

① 斯大林：《马克思主义和语言学问题》，人民出版社1957年版，第21页。

约定的产物，不具有任何客观内容。这显然是一种主观唯心主义观点。与此相反，马克思主义认为，科学理论虽然是由人们制定出来的，但它们具有客观内容，因为它们是对客观事物的本质、规律性的正确反映，是应人们的生产斗争或阶级斗争的需要而产生的，根本不是什么仅仅为了“方便”而虚构出来的东西。在科学理论中使用的各种概念，如“物质”、“精神”、“原子”等等，虽然也是人们制定的，可是它们也具有客观内容，因为它们是客观事物的本质属性的反映。例如，“物质”这个概念是一个标志客观实在的哲学范畴，它具有明确的客观内容。列宁指出：“物质是标志客观实在的哲学范畴，这种客观实在是人通过感觉感知的，它不依赖于我们的感觉而存在，为我们的感觉所复写、摄影、反映。”① “精神”、“原子”等等概念也是如此，都是客观事物的一定本质属性的反映。总而言之，分析哲学家的这些约定论观点都是站不住脚的。

分析哲学家在科学哲学领域内的另一个主要错误是许多人持有或多或少的相对主义思想，它是与约定论这种错误思想紧密相联的。相对主义的基本内容是：世界万物都是相对的，对任何事物的认识也总是相对的，它把事物的发展和变化加以绝对化和永恒化，否认事物的相对稳定性和质的规定性。相对主义观点在操作主义的真理观中获得相当明显的表现。布里奇曼认为，科学家选择或者确定一个物理概念，不是根据这个物理概念正确地反映了一定的物理实在，而是根据这个物理概念对于解释某种物理现象来说较为“方便”，较为“简单”。他认为恒定化学量概念被原子概念所取代，超距作用概念被场概念所取代，并不是因为后面两个概念比较准确地反映了原子和场的客观存在，而是因为它们使用起来比较简单和方便。换句话说，他把这两对对立的概念同样地看成是真理，否认它们之间的原则区别，认为科学家们可以从这两对对立的概念中随意挑选，因为它们都是对同一系列操作的不同解释，它们之间的区别仅仅在于某种解释在某种场合下相对说来比较简单、方便和适用。

---

① 《列宁选集》，第 2 卷，第 128 页。

相对主义观点在普通语义学的基本原理中也有其表现。按照它的“非全原理”，语言与它所表述的事物是不可能完全一致的，因为，事件、事物等具有无限地众多的特征，无论你说多少，始终不能把它们说完全，不可能把全部特征都表述出来。按照它的“非同一性原理”，任何个体、客体、事件等在时间的过程中都不可能是同一的，而且事物与表示事物的词也不是同一的。因为，事物和现象都是千差万别的，是某种绝对单一的东西，它们之间没有共同之点，所以没有事物的类名。这是否认事物具有质的规定性和稳定性，否认概念（类名）是事物的本质规定性的反映，这也是相对主义观点的表现。

相对主义在逻辑实用主义那里也获得明显的表现。蒯因认为，一个人究竟选择哪一种理论，完全取决于这个人觉得使用哪一种理论较为“方便”和“有用”，而与是否与客观实在相符合无关。他认为本体论问题实质上是语言问题，是为科学选择一种方便的语言形式、一个方便的概念体系或结构的问题。在说明世界上有什么时会出现许多种不同的本体论，不能说哪种本体论是唯一正确的，只能说不同的本体论在不同的场合下有不同的用途。

相对主义在历史社会学派那里也获得明显的表现。库恩等人认为，不同的文化或不同的历史时期，会形成不同的范式，各种范式之间是不能比较的、“无法通约的”。一种范式被另一种范式所取代，这里并没有任何合理性可言。例如，牛顿力学观念被爱因斯坦的相对论所取代，这并不表示爱因斯坦的相对论比牛顿力学观念更加先进，更加正确，因为这两者根本不能比较。他们的这种观点在西方被称为“文化相对主义”。

从马克思主义观点看来，相对主义是形而上学的一种表现形式。与辩证法一样，相对主义反对把一切事物看成是僵死的、凝固的和永恒不变的，甚至它也不否认事物的质变和飞跃，因此它与辩证法有相似之处。可是，从根本上讲，相对主义属于形而上学范畴，与辩证法是相对立的，它只是片面地、歪曲地利用辩证法的若干组成部分。列宁指出：“马克思和恩格斯的唯物主义辩证法无疑地包含着相对主义，可是它并不归结为相对主义，这就是说，它不是在否定客观真理的意义上，而是在我们的知识向客观真理接近的界限受历史条件制约的意义上，承认我们一切知识的相对性。”①

唯物辩证法与相对主义的主要区别在于，首先，虽然这两者都反对绝对的静止，都强调事物的发展、变化和运动。可是，唯物辩证法认为事物的静止和运动、稳定和变化之间存在着对立统一关系，承认在事物的发展和运动中又存在着相对静止和相对稳定。与此相反，相对主义则只承认事物的运动、发展和变化，而完全否认事物的相对静止和相对稳定，否认在事物的静止和运动、稳定和变化之间的对立统一关系。其次，在真理问题上，唯物辩证法认为，真理是对客观事物及其规律的正确反映，它包含有不以人的意识为转移的客观内容，这是真理的绝对性；同时，对任何一个具体事物的认识又是在一定历史条件下实现的，它不可避免地受到历史条件的制约，它只能是对客观世界中某一侧面的近似的认识，而不可能穷尽一切，这是真理的相对性。任何客观真理都是相对真理和绝对真理的辩证统一。与此相反，相对主义则夸大真理的相对性，而抹杀真理的绝对性，否认绝对真理的存在，从而也否认客观真理的存在。再次，在世界的可知性问题上，唯物辩证法坚信世界是可知的，绝对真理寓于相对真理之中，相对真理中包含有绝对真理的颗粒，绝对真理是由发展中的相对真理的总和所构成。与此相反，相对主义由于夸大真理的相对性而抹杀真理的绝对性，从而怀疑人的认识能力，走向不可知论。列宁指出，作为认识论基础的相对主义，必然会导致怀疑论、不可知论和诡辩术。

用唯物辩证法的观点来观察分析哲学家的上述相对主义言论，其错误立即一目了然。布里奇曼认为，“恒定化学量”和“原子”等概念都是对同一系列操作的不同解释，我们可以根据简单、方便、适用的原则随意挑选。这是用相对主义抹杀真理和谬误之间的区别，否认科学家们之所以用“原子”概念取代“恒定化学量”概念，是因为前一概念比较正确地反映了原子的客观存在。当我们选择科学概念时，诚然也要考虑简单、方便、适用等原则，然而，我们首先应当考

① 《列宁选集》，第2卷，第136页。

虑的是所挑选的科学概念是否正确地反映了客观实在，只有在科学概念正确地反映了客观实在这个基本前提下，我们才可以考虑简单、方便、适用等次要的因素。科学概念的绝对性表现在它们包含有对客观实在的正确反映，科学概念的相对性则表现在它们还需要不断充实和修正，这一点正表明人类认识是一个从相对真理走向绝对真理的过程。布里奇曼夸大科学概念的相对性而否定科学概念的绝对性，用相对主义来解释科学概念的更迭和发展。至于柯日布斯基等人主张的"非全原理"和"非同一性原理"，那显然是用片面强调事物的变动性和差异性来否认事物的质的稳定性。马克思主义认为，世界万物之所以千差万别，是因为每一事物都各自具有特殊的质和量的规定性，世界万物之所以千变万化，是因为每一事物总是处于从量变到质变循环发展的过程中。但在事物的每个发展阶段中，事物的质又具有相对的稳定性。当事物的运动处于相对静止状态的时候，事物的质又具有相对的稳定性。当事物的运动处于相对静止状态的时候，事物只有数量的变化，而没有性质的变化。物质表现为各种不同的形态，表明物质的绝对运动中存在着相对静止和暂时平衡状态。恩格斯指出："物体相对静止的可能性，暂时的平衡状态的可能性，是物质分化的根本条件，因而也是生命的根本条件。"① 柯日布斯基等人否认相对静止，否认事物的质的稳定性，把事物看成瞬息万变、不可捉摸的东西，结果陷入相对主义泥坑。

总之，约定论和相对主义的核心思想都是否认知识的客观性，否认客观真理。马克思主义认为，物质世界是人们认识的唯一来源，真理是客观事物及其规律在人们意识中的正确反映。具有真理性的认识之所以是客观的，正是因为这种知识所反映的内容，不依任何个人、集团或阶级的意识为转移。人们由于各自的立场、观点和方法不同，观察同一对象时可能得出不同的甚至相反的结论。但是，关于同一对象的真理只能是一个，只有符合客观事物及其规律的认识才是真理。约定论把真理看作人们之间约定、协议的产物，这显然是否认真理的

① 《马克思恩格斯全集》，第3卷，第563页。

客观性，否认真理是客观事物及其规律在人们意识中的正确反映。相对主义虽然不像约定论那样露骨地否认客观真理，但它夸大真理的相对性，完全抹杀真理的绝对性，这实质上也是否认客观真理的存在，以真理的相对性为借口否认真理的客观性。在认识论上，无论约定论或相对主义，都是主观唯心主义的真理观，都把真理看作某种主观的、有条件的、相对的东西，都抹杀了真理和谬误之间的原则界限。

第三节　哲学和语言

分析哲学家普遍重视语言在哲学中的作用，他们把全部哲学问题归结为语言问题，把语言分析看作哲学的首要任务，甚至唯一任务。罗素明确提出哲学的任务主要就是逻辑分析，可以把一切真正的哲学问题归结为逻辑问题。他认为哲学不仅应当成为对日常语言的逻辑批判，而且应当成为理论自然科学语言和传统哲学语言的逻辑批判。维特根斯坦强调全部哲学的内容就是语言批判，哲学的目的是对思想进行逻辑阐明，哲学不是理论，而是活动。后来，逻辑实证主义和日常语言学派从不同角度继承和发展了分析哲学创始人的这些基本观点。逻辑实证主义者强调逻辑分析，认为哲学应当被关于科学的逻辑所代替，也就是被对于各门科学的概念和语句的逻辑分析所代替。哲学不是知识的体系，即不研究对于世界的认识，而是一个活动的体系，即从事对语言的逻辑分析活动。日常语言学派则强调概念分析，认为概念混乱之所以产生，在于人们违背日常语言的正确用法，因此他们主张哲学的任务就是进行概念分析或语言分析，弄清楚某些与认识有关的词、短语或语句之间的细微区别。20 世纪 60 年代以后成长起来而不属于这两大派的分析哲学家，从逻辑实证主义那里继承了以数理逻辑为主要研究手段的逻辑分析方法，从日常语言学派那里继承了概念分析或语言分析方法，并把这两种方法结合起来加以使用，从事以自然语言为研究对象的语言分析。最近二三十年来，他们用模态逻辑补充谓词逻辑，用内涵逻辑补充外延逻辑，用语义学和语用学的研究，补充语形学的研究。语言哲学成为分析哲学家的一个非常重要的研究领域。总之，无论逻辑实证主义者或日常语言学派，以及不属于这两大派的其他分析哲学家，都普遍重视语言在哲学中的作用，都把语言看作哲学研究的主要的甚至唯一的对象。

分析哲学家重视语言在哲学中的作用，重视对语言的研究，这一点是有合理因素的。因为，语言是人类最重要的交际工具，它与思维具有直接的联系，语言是思维的直接现实。人们利用语言来达到交流思想、相互了解的目的。如果没有语言，人们相互之间就不可能进行思想交流，不可能在生产物质财富的斗争中协调行动，不可能在社会生产活动中取得成果，也就不可能有社会生产本身的存在。总之，语言是人类交际的工具，是社会生存和发展的工具，也是人类赖以区别于其他动物的本质特征之一。

就语言和哲学的关系这个问题而言，尤其应当指出，语言与思维密切相联，它是思维的工具，是思想的直接现实，语言是以语音为物质外壳、以词汇为建筑材料、以语法为结构规则而构成的体系。语言把人的思维活动的结果、认识活动的结果，用词和语句记录下来，固定下来。不论人的头脑中产生什么样的思想，不论这些思想在什么时候产生，它们无论如何只有在语言材料的基础上、在语言的词汇和语句的基础上才能产生和存在。心理学的研究表明，一个人从出生、成熟、衰老直至死亡的过程中，思维的发展要经历三个阶段：（一）具体动作思维；（二）直观形象思维；（三）抽象逻辑思维。我们通常所说的思维，一般指抽象逻辑思维，它是人脑对客观事物的本质属性和事物之间的规律联系的反映过程。这种思维必须以语言为物质外壳，这不仅指思维过程的结果，即思想的交流离不开语言，而且指思维活动的产生和进行也离不开语言。抽象逻辑思维的个体发展是和语言的掌握与运用不可分的。儿童从咿呀学语到基本上正确使用本族语言的过程，与儿童的抽象逻辑思维能力逐渐发展的过程是相对应的。马克思说，语言与意识同古①。抽象逻辑思维是意识的核心，是心理发展的最高阶段，我们也可以说语言与抽象逻辑思维同古。哲学是一

① 《马克思恩格斯全集》，第3卷，第34页。

种高水平的抽象逻辑思维；哲学的全部概念和命题、推理和证明等等，都需要通过语言来表述，因此，重视语言在哲学中的作用，强调语言和哲学的密切关系，在哲学研究中适当注意对哲学语言的分析，这一切都是正确的和必要的。马克思主义经典作家一向注意对语言学的研究，例如，斯大林在《马克思主义和语言学问题》一书中就从马克思主义观点仔细探讨了语言学中的许多重大问题，并强调要重视对作为语言学的一个重要部门的语义学进行研究。他说："语义学是语言学的重要部分之一。词和语句的涵义在研究语言上有着重大的意义。因此，应当保证语义学在语言学中应有的地位。"①

分析哲学家注意语言研究，把分析哲学命题和科学命题的语言放到重要地位，力求使概念和命题明确、推理严密，这种作法一般说来是可取的，而且他们在这个方面确已取得一些有价值的成果。例如，他们对于语形学、语义学和语用学这三个部门的区分，对言语行为理论的研究，对元语言和对象语言的区分，对事实命题和价值命题的区分，对认识意义和情感意义的区分等观点，都含有许多合理因素，其中有些理论已被语言学界所接受。对于这一切，我们是应当重视的。

分析哲学家在哲学和语言的关系问题上的根本错误，在于片面夸大语言在哲学中的作用，把全部哲学问题归结为语言问题，把语言看作哲学研究的主要对象以至唯一对象。诚然，哲学需要借助于语言来表述它的概念和命题，哲学需要通过语言才能进行它的证明和推理，语言确实在哲学研究中起着十分重要的、不可或缺的作用。可是，哲学不是语言学，不能把语言作为它的主要的或者唯一的研究对象，不能把全部哲学问题仅仅归结为语言问题。下面，我们对分析哲学家的这个根本错误作些具体分析。

首先，如果像分析哲学家那样把语言看作哲学的主要的或者唯一的研究对象，那就否认哲学作为世界观的学说的重大意义。马克思主义认为，哲学是一种世界观，是人们对于世界的本质和各种关系的总

① 斯大林：《马克思主义和语言学问题》，人民出版社 1955 年版，第 31 页。

的看法，它通过理论论证和逻辑分析来系统地回答关于世界的最一般的问题，它是一种理论化、系统化的世界观。哲学不同于任何一门具体科学，具体科学虽然各自也有一套理论体系，但它们不是从总体上把握世界的普遍规律，而是一些研究客观世界中个别领域的特殊规律的科学。具体科学对于人们的世界观的形成也发生一定影响，但是它们本身不能起世界观的作用，尤其不能取代作为一种理论的、系统的世界观的哲学。就语言学这门具体科学而言，情况也是如此。语言学是一门以语言为研究对象、研究语言发展的内部规律的科学，而不是对世界的本质和各种关系的总的看法。分析哲学家把语言看作哲学的主要的甚至唯一的研究对象，这就是把作为一种世界观的哲学归结为作为一门具体科学的语言学，把哲学要研究世界的最一般规律这项任务归结为仅仅研究语言这个特殊领域的特殊规律，从而否定了哲学作为世界观的重大意义，否认了哲学在世界观和方法论上对各门具体科学的指导意义。

其次，分析哲学家把全部哲学问题归结为语言问题，这实质上就是否认哲学基本问题的存在。从马克思主义的观点看来，思维和存在的关系问题是哲学的基本问题。恩格斯说："全部哲学，特别是近代哲学的重大的基本问题，是思维和存在的关系问题。"① 思维和存在的关系问题包括两个方面：第一方面指的是物质和精神哪一个是本原，哪一个是派生的，换句话说，哪一个是第一性的，哪一个是第二性的；第二方面指的是我们的思想对于周围世界的关系是怎样的，我们的思维能否认识世界，我们的感觉、表象和概念能否正确地反映世界，也就是说，这涉及世界的可知性、认识的本质和来源、能力和作用等一系列问题。在解决这两方面的问题上，就出现了唯物主义和唯心主义的对立，可知论和不可知论的对立。除思维和存在的关系这个基本问题外，哲学还必须解决发展观的问题，即世界是否运动、变化和发展以及世界如何运动、变化和发展等问题。在解决后面这些问题上，又出现了辩证法和形而上学这两种对立的发展观。马克思主义认

① 《马克思恩格斯选集》，第4卷，第219页。

为，这些基本问题正是哲学应当解决的首要问题。诚然，随着知识的发展，对哲学基本问题的表述可以改动，但不能否认哲学基本问题的存在。分析哲学家却把哲学基本问题当作没有认识意义的“形而上学问题”一笔勾销，置之不理，而声称语言问题就是哲学家应当研究的全部问题，这就否定了哲学基本问题的存在，抹煞了唯物主义和唯心主义、可知论和不可知论、辩证法和形而上学之间的对立和斗争。

再次，分析哲学家把全部哲学问题归结为语言问题，认为通过语言分析可以澄清、解决或者排除一切哲学问题，这就否定了任何一种哲学观点由以产生的社会政治根源和认识论根源。按照马克思主义的观点，哲学与政治思想、科学、道德、艺术等一样，也是社会意识的一种形式。社会意识是社会存在的反映，社会存在决定社会意识，社会意识的内容，不管它是正确的还是错误的，都是社会存在的某种反映，都可以从社会存在中找到它的来源。社会历史条件不同，生产发展的水平不同，社会意识的内容也就不同。在阶级社会里，哲学具有阶级性，是一定阶级的世界观，为一定的阶级服务。因此，对于任何一个哲学流派或哲学家，都可以而且必须对之进行社会政治的分析，找出它由以产生的社会政治根源。不过，由于各个哲学流派内部情况复杂，哲学家的阶级立场、政治态度与其哲学立场有时并不一致，例如，罗素和萨特尔在哲学上持某些唯心主义观点，而在政治上却有许多进步的表现。因此，在进行社会政治分析时，要作具体分析，防止简单化。除社会政治原因外，任何一个哲学观点的产生还有其认识论根源。人类认识是一个非常复杂的、充满矛盾的过程，它随着社会历史条件的发展而不断发展。随着自然科学的每一重大发现，唯物主义都要改变自己的形式。如果对自然科学某个重大发现作出片面的、歪曲的、错误的解释，这就往往成为产生某种形式的唯心主义的认识论根源。列宁指出：“直线性和片面性，死板和僵化，主观主义和主观盲目性就是唯心主义的认识论根源。”① 对于任何一种哲学观点，我

---

① 《列宁选集》，第 2 卷，第 715 页。

们既要具体分析它的社会政治根源，也要具体分析它的认识论根源。诚然，有一些唯心主义哲学家为了“论证”他们的观点，往往故意违背语言的正确用法，曲解哲学语言的原意，或者故弄玄虚地炮制一些离奇古怪的哲学术语。但是，语言的滥用或误用无论如何只是一个次要问题，哲学思想的社会政治根源和认识论根源才是根本问题。事实上，在两条哲学路线的斗争中，唯心主义和形而上学之所以陷入迷途，许多荒谬的哲学命题之所以出现，都有其深刻的社会政治根源和认识论根源。如果像分析哲学家那样认为哲学谬误的产生仅仅是由于误用或滥用语言，可以通过语言分析加以澄清或排除，那就否认哲学谬误的产生具有其深刻的社会政治根源和认识论根源。

最后，还应指出，分析哲学家虽然重视对语言的研究，可是他们没有把语言看作一种社会现象，而往往脱离社会现实孤立地研究语言。马克思主义认为，语言是一种社会现象，从社会存在之日起，就有语言存在，语言随着社会的产生而产生，随着社会的发展而发展。首先是语言的词汇在不断丰富，其次是它的语法结构也在不断改进。离开了人类社会，也就无所谓语言。人的语言是与人的意识相伴出现的，都是社会发展的产物。语言是思想的直接现实，是实践的、现实的意识，因此，对语言的研究不能完全脱离对社会现实的研究，也不能完全脱离对语言所表达思想实际的研究。可是，分析哲学家在从事语言分析时，往往忽视这一点。他们或者局限于对句法进行逻辑分析，或者局限于对词汇进行语言分析。无论逻辑分析或语言分析，实质上都是一种撇开语言所表达的思想实际的形式分析。因此，他们对语言的研究在很大程度上脱离对社会现实的研究，甚至脱离对语言所表达的思想实际的研究，在某种意义上把语言看作一个独立的特殊王国。马克思指出：“正像哲学家们把思想变成某种独立的力量那样，他们也一定要把语言变成某种独立的特殊的王国。”但是，“无论思想或语言都不能独立组成特殊的王国，它们只是现实生活的表现”①。

① 《马克思恩格斯全集》，第3卷，第525页。

第四节 分析方法

分析哲学家普遍重视分析方法，逻辑原子论者和逻辑实证主义者强调逻辑分析方法，日常语言学派强调语言分析方法，操作主义者强调操作分析方法。各个支派之间在运用这种分析方法研究什么对象上有所不同，在采用这种分析方法时以什么为研究手段上也有所不同，可是，在强调要对研究对象进行分析这一点上则是一致的。

一般说来，分析方法，无论是逻辑分析方法、语言分析方法或操作分析方法，就它们作为一种研究方法来说，都能在不同方面或大或小地起积极的作用。特别应当指出，大多数分析哲学家在运用分析方法时都把数理逻辑当作主要的研究手段，他们十分重视对数理逻辑的研究，其中不少人，如弗雷格、罗素、卡尔纳普、塔尔斯基、哥德尔等人，对数理逻辑的发展曾作过重大贡献，对于这一点我们是应当充分肯定的。数理逻辑是一门边缘性学科，它既用数学方法研究思维过程中的逻辑规律，也系统地研究数学中的逻辑方法。应当承认，数理逻辑在研究人类思维的形式结构和量的规定性方面，远比传统的形式逻辑精确细致。数理逻辑方法以至一般说来数学方法，的确是理论思维的一种重要形式，是科学研究的一个有效手段。在采用这些方法时，我们用一系列符号来表达问题的陈述、推理等过程，或者说，用一套形式化的语言来表示各种量的变化和关系，以及在量与量之间进行推导和演算。因此，采用这些方法可以大大简化和加速思维的进程，进行严密的逻辑推理和逻辑证明，提高人们的抽象思维能力。总之，数理逻辑方法是自然科学和社会科学的一个重要研究手段。近来，随着计算机的广泛应用，这种方法还被应用到社会生活的各个方面。分析哲学家把数理逻辑当作逻辑分析的主要手段，这是无可非议的。问题在于分析哲学家是怎样看待和使用这种手段和由此引出什么样的哲学结论。我们在评论分析哲学时，应当把分析哲学家对数理逻辑及其逻辑分析技术的应用，与他们通过这种应用得出的哲学结论区别开来。粗略说来，前一方面大多具有科学价值，可以吸取和利用，后一方面则往往是错误的。

分析哲学家在看待和运用语言分析方法上的头一个错误，在于把这种方法加以绝对化，往往把它夸大为哲学研究所能采用的唯一方法。各门科学既有某些共同的研究方法，也有各自特有的研究方法。各种研究方法具有不同的适用范围，处于不同的层次。哲学不仅是对自然科学和社会科学中各门科学的知识的概括和总结，也是对各种跨学科的知识的概括和总结。哲学是关于世界观的学说，是关于自然界、社会和思维领域内最普遍的运动规律的科学，这个性质决定了它是最抽象，又是最具体的科学，前者是就它的高度概括而言，后者是就它的指导意义而言。按照马克思主义的观点，唯物辩证法是哲学应当采用而且必须采用的基本研究方法，因为它正确地反映了世界的发展规律，是我们用以理解自然界、社会和思维的一般规律的最适当的方法。这种研究方法是最高层次的研究方法，它不仅适用于社会科学、思维科学，也适用于自然科学。诚然，唯物辩证法不能取代专门学科各自特有的具体研究方法，但它能从世界观方面对专门学科的研究起指导作用。各个专门学科的研究方法只适用于较小的研究范围，例如动物学的研究方法只适用于动物学，经济学的研究方法只适用于经济学，如此等等。某些一般性的科学方法，特别是那些跨学科的研究方法，如数学方法、数理逻辑方法、控制论方法、信息论方法等等，则具有较高的概括性和较大的适用范围。各门具体学科以某种特定的物质运动形式为研究对象，而数理逻辑、控制论等则以多种物质运动形式的某一特定方面为研究对象。不过，由于这些跨学科的研究方法也只是从一些特殊的方面而不是从整体上研究世界，因此它们也不是与哲学方法处于同一个层次上，不能取代哲学方法。在哲学研究中采用数理逻辑等一般性的科学方法，例如用逻辑分析方法来分析哲学命题等等，能够起积极的作用，取得某些方面的成果，可是决不能像分析哲学家那样把以数理逻辑为研究手段的分析方法，看作哲学研究所能采用的唯一方法，否认唯物辩证法在哲学研究和自然科学研究中的巨大作用。

分析哲学家在运用语言分析方法上的第二个错误，在于他们把语言的内容和语言的形式割裂开来。在逻辑实证主义者那里，这一点就表现为把科学研究的内容和科学语言的形式割裂开来。他们认为这种作法是有根据的，因为前者涉及所研究的具体对象以及它们的性质和关系，这是对象问题，后者则仅仅涉及科学语言的语句以及它们的相互关系，这是逻辑问题。例如，在动物学领域内，考察动物的特性、动物之间的相互关系以及动物与其他生物之间的关系等等，这属于对象问题，而考察动物学中的语句以及它们之间的关系，考察动物学中的概念、假说和理论的逻辑性质等等，则属于逻辑问题。他们强调说，这是两种性质截然不同的问题，对象问题是各门自然科学的研究对象，与哲学无关，哲学不研究对象问题，只研究逻辑问题，即自然科学语言的逻辑句法。哲学就是科学的逻辑，而科学的逻辑不外就是科学语言的逻辑句法。在研究科学语言的逻辑句法时，他们仅仅注意语言的形式，而完全不涉及语言的内容，因此他们认为这是一种关于语言的形式理论，这种理论完全不涉及词和语句的意义，而仅仅注意语词的组合形式。他们说，这种形式理论是以数理逻辑为典范建立起来的，可以把它应用于一切科学领域。

前面曾经提到，对象问题和逻辑问题的区分含有一定的合理因素，因为对象问题确实不同于逻辑问题。对于这两类问题，哲学和自然科学各有不同的侧重。因此，在一定范围内，在一定阶段中，把对象问题和逻辑问题区别开来，把科学研究的内容和科学语言的形式区别开来，是可以允许的，这有利于在一定时间内着重研究其中某个方面。可是，如果把这种区别加以绝对化，以致认为哲学应当完全不考虑具体对象以及它们的性质和关系，仅仅研究科学语言的逻辑句法，那就错了。事实上，对象问题中也包含有哲学问题，自然科学家在研究对象问题时，也不能不考虑逻辑方面的问题，不能不接受哲学作为一种世界观的指导作用。哲学家在研究科学哲学问题时，也不能只对科学语言的逻辑句法进行逻辑分析，而完全不考虑科学语言所表述的物质对象及其活动规律。把对象问题和逻辑问题的区分加以绝对化，这实质上就是把科学研究的内容和科学语言的形式这两个方面截然割裂开来，或者，一般说来，把内容和形式截然割裂开来。

马克思主义认为，任何事物都是内容和形式的统一。内容是事物内部各种要素的总和，是事物存在和发展的基础；形式则是构成内容的各种要素的结构，或者是内容的外部表现方式。相对说来，内容是比较活跃的、易变的，形式对于内容来说则比较稳定，比较不活跃。内容的发展和变化决定了形式的发展和变化。不过，形式也不是消极的、被动的，它具有相对独立性，对于内容也能起巨大的反作用。总之，形式是由内容决定的，形式必须适合于内容。在内容和形式的相互关系中，内容经常处于主导地位，就语言来说也是如此，语词（包括语音和文字）和语句属于语言的形式，语言所表达的意义，即语言所反映的客观现实，是语言的内容。这两者是紧密相连的，其中，语言的内容处于主导地位，语言的形式要随语言的内容的变化而变化。因此，我们在分析任何事物时，其中包括在分析语言时，首先应当注意内容，如果只注意形式而忽视内容，就会犯形式主义的错误。许多分析哲学家在运用语言分析方法时，往往犯了这种形式主义的错误。他们片面强调形式的作用，而忽视对内容的研究。有些人夸大内容和形式的区别，夸大科学研究的内容和科学语言的形式的区别，甚至把这两者割裂开来。在他们那里，科学语言结果变成一些没有客观内容的符号，科学命题的真理性不是取决于科学命题是否与客观现实相符合，而是取决于这些符号的结合方式，即人们对这些符号的使用是否符合于语法规则。认识论不再研究主观认识与客观现实的关系，而局限于研究语言的形式。由于持这种形式主义的观点，他们过分热衷于哲学研究中纯技术性的方面，特别是与数理逻辑的使用有关的方面，因而往往只注意那些适合于作形式化处理的哲学问题，而对其他许多意义重大，然而不适合于作形式化处理的哲学问题漠不关心，结果与哲学基本问题脱节，与现实生活脱节，与广大群众普遍关心的社会政治、伦理教育等问题脱节，流于纯粹学院式的研究。

分析哲学家在运用语言分析方法上的第三个错误，在于他们片面强调分析，忽视综合，并且把这两者割裂开来。由于他们片面强调分析，要求把分析进行得十分细致，以致他们的研究题材愈来愈狭窄，他们的研究方式愈来愈烦琐，往往为分析一两个词或语句的意义，花了很大精力，长期争论不休，而对许多重大哲学问题置之不理。由于他们忽视综合，以致他们的研究成果往往显得十分琐碎，只是在一些枝微末节的小问题上花功夫，而缺乏对认识对象作出一个全面的、概括的、综合的说明。

从马克思主义观点看来，分析和综合是抽象思维中的两种相互补充的基本方法。分析是把整体分解为部分，把复杂的事物分解为简单要素而分别加以研究的一种思维方法。反之，综合则是在思想上把对象的各个部分、各个方面和各种因素联结起来考虑的一种思维方法。在研究任何一个对象时，既要分析对象的各个方面，又要综合地把握对象的统一的整体。分析和综合是同一方法的两个不可分割的环节，它们处于辩证统一的关系之中。这种辩证统一的关系，首先表现为分析与综合是相互依存和相互渗透的。综合必须以分析为基础，没有分析，认识就不能深入，对总体的认识只能是抽象的、空洞的。另一方面，只有分析而没有综合，认识就会囿于枝节之见，不能统观全局。其次，这种辩证统一关系还表现在分析和综合的相互转化上。人的认识是一个由现象到本质不断深化的过程，在这个过程中，从现象到本质的飞跃主要通过采用分析方法。在对事物的本质有了认识之后，就要用对本质的认识去说明原有的现象，这就是提出假说、建立理论的过程，这个过程中主要采用综合方法。随着认识的发展，当新的事实与原有理论发生矛盾时，认识又需要在新的层次上转入分析。因此，人的认识就是在这种分析——综合——再分析——再综合的过程中不断进行的。整个认识过程就是分析和综合辩证统一的过程。恩格斯说："思维既要把相互联系的要素联合为一个统一体，同样也把意识的对象分解为它们的要素，没有分析就没有综合。"① 分析哲学家恰恰没有认识到分析与综合之间的这种辩证统一的关系。

① 恩格斯：《反杜林论》，人民出版社 1970 年版，第 39 页。

第五节　证实、证伪与效用

在检验真理的标准问题上，分析哲学与马克思主义是根本对立的。马克思主义主张社会实践是检验真理的唯一标准。分析哲学家站在经验论的立场上，大多把感性经验看作检验真理的标准，认为只有被直接观察、经验到的知识才是真的，超出人的感觉经验之外的命题便是无意义的。在这个问题上，分析哲学内部也有一些分歧：逻辑实证主义者强调证实原则，批判理性主义者强调证伪原则，逻辑实用主义者则把效用看作检验命题的真理性的标准。

经验证实原则是逻辑实证主义的意义理论的根本原则。按照这个原则，只有当一个命题可以还原为一个表示观察或知觉的基本命题时，或者说，只有当一个命题的真值得自这些观察语句的真值时，这个命题才具有意义。他们说，命题的意义在于命题的证实方法。这就是说，除了那些表述分析命题的语句之外，一个语句要具有认识意义，它就必须表述一种至少从原则上可以参照经验的观察而表明其或对或错的陈述。

与逻辑实证主义者的证实原则相对立，批判理性主义者提出了他们的"证伪原则"。与逻辑实证主义者一样，批判理性主义者也是站在经验论的立场上，认为要考察某个理论是否正确，只能把它与观察实验所提供的经验事实比较，看它们是否一致。但是，他们认为观察和实验所提供的经验事实只能证明一个理论是假，而不能证明一个理论是真。他们说，单称陈述是能够通过经验加以证实或证伪的，全称陈述则不能通过经验得到证实，因为，全称陈述具有普遍的有效性，我们不能用具体的、有限的经验事实来证实全称陈述所具有的这种普遍的、无限的有效性。全称陈述虽然不能被大量的经验事实所肯定，却能被个别的经验事实所否定。科学理论属于全称陈述，因此科学理论只能证伪，而不能证实。

逻辑实用主义者用实用主义的真理观，修改和补充逻辑实证主义的真理观。与逻辑实证主义者一样，他也认为科学问题是语言问题，而不是事实问题，即不是关于客观世界的问题。但他比逻辑实证主义者更加否定科学的客观内容，把科学概念系统看作一种从根本上说是根据过去经验来预测未来经验的工具，并且认为一切科学假设、科学理论只不过是选择一种方便的语言形式。在这种观点指导下，他们认为检验科学理论的真理性的标准，不应该是经验的证实，而应该是经验的"效用"。换句话说，科学理论的真理性，不取决于它是否能够为经验观察所证实，而取决于它在经验中是否有用。凡是有用的就是真的，无用的或有害的便是假的。

在真理的标准问题上，无论是逻辑实证主义者或批判理性主义者，也无论是逻辑实用主义者，都站在主观唯心主义真理论的立场上，否认真理在于思想、命题或理论与客观实际相符合，否认实践是检验真理的唯一标准。与此相对立，马克思主义主张客观的真理论，认为只有符合于客观实际的知识才是真实的知识，检验真理的唯一标准只能是实践。马克思说："人的思维是否具有客观的真理性，这并不是一个理论问题，而是一个实践的问题。"① 毛泽东同志也说："判定认识或理论之是否真理，不是依主观上觉得如何而定，而是依客观上社会实践的结果如何而定，真理的标准只能是社会的实践。"② 真理之所以只能靠社会实践来检验，这是由真理和实践的特性决定的。真理是客观事物及其规律在人的头脑中的正确反映，认识符合于客观实际就是真理，否则就是谬误。真理的这种特性决定了在意识范围之内不可能解决认识是否符合意识之外的客观事物的问题，也就是说，认识本身不可能成为检验它自己是否正确的标准。另一方面，客观事物本身也不能直接回答人们的认识是否正确的问题，因为客观事物不能自动地与主观认识相对照。只有实践才能把主观认识与客观事物联系起来，加以对照和比较，使精神见之于物质，主观见之于客观。换句话说，当人们在实践中获得关于客观事物的规律性的认识后，用这种认识去指导实践，如果能达到预期的目的，那就证明这种

① 《马克思恩格斯选集》，第 1 卷，第 16 页。

② 《毛泽东选集》，第 1 卷，第 261 页。

认识符合于客观事物的规律性，因而这种认识是正确的，具有真理性。

在哲学史上，经验论者把经验看作检验真理的标准，认为知识与经验相符合便是真理，否则就是谬误，唯理论者则把理性看作检验真理的标准，认为知识与理性相符合便是真理，否则就是谬误。事实上，这两种观点都是错误的。因为，真理是认识与客观现实相符合，检验真理的标准必须既具有现实性的特征，又具有普遍性的特征。感性经验与客观现实直接相联系，具有现实性的特征，但它不具有普遍性的特征，它不能把握事物的内在联系和普遍规律。理性思维具有普遍性的特征，它能够把握事物的内在联系和普遍规律，但它不具有现实性的特征，它与客观现实没有直接联系。只有实践既具有现实性的特征，又具有普遍性的特征，它克服了感性经验和理性思维的片面性，并在改造客观世界的过程中把这两方面结合起来。列宁说，实践高于（理论的）认识，因为实践不仅有普遍性的优点，并且有直接的现实性的优点①。

逻辑实证主义者和批判理性主义者都继承了经验论的传统，因此，尽管他们提出的证实原则和证伪原则是相互对立的，但他们在把经验看作检验真理的标准这一点上，却是一致的。他们都认为，要检验某个理论的真理性，就只能把它与观察实验所提供的经验事实相比较，看它们是否一致。如果一致，便是真的。可是，由于他们对经验这个概念作了主观唯心主义的解释，把它主要理解为个人的感性经验，因此他们便碰到某些无法克服的理论困难。首先，个人的感性经验总是主观的，不同的人对同一个对象的感性经验往往不同，甚至同一个人在不同条件下对同一个对象的感性经验也有差异，如何能够把个人的感性经验当作检验真理的标准，用它去判断一个命题的真假呢？其次，个人的感性经验总是个人的，它不具有普遍性，不具有真理标准所必须具有的那些客观根据，如何能够根据个人的感性经验去判断普遍命题（科学命题）的真理性呢？再次，个人的感性经验属

① 《列宁全集》，第38卷，第230页。

于认识过程中的低级阶段，它只把握事物的现象和外部联系，如何能够根据它去判断那些反映事物的本质和内部联系的科学命题的真理性呢？最后，还应指出，如果把感性经验看作检验真理的标准，根据个人的感性经验去判断一切知识，那就是把知识局限在感性经验的狭窄范围内，限制人的理性认识能力，给科学认识划了一条不可逾越的界线，从而走向不可知论。分析哲学家大多不承认人们有越出经验范围，获得关于外界客观规律的认识的可能性，有些人甚至发表了一些露骨的不可知论言论，例如，逻辑实证主义的重要代表哈恩（H. Hann）说过："透过为观察所揭示的感性世界而深入到'真正存在的世界'是不可能的。"①

诚然，如果对经验这个概念作唯物主义的理解，如果不把证实原则或证伪原则加以绝对化，不把它们看作用以判断命题或理论的真理性的基本原则，只把它们看作两种不同的、然而又相互补充的研究方法，那么这两个原则在一定范围内仍是可以起积极作用的。可是，逻辑实证主义者和批判理性主义者却把这两条原则加以绝对化，仿佛任何理论都可以根据这两条原则完全加以证实或证伪。与此相反，马克思主义在把实践看作检验真理的标准时，特别强调指出实践标准既是绝对的，又是相对的。实践标准之所以是绝对的，是因为认识是否正确，必须用实践来检验，而且只能用实践来检验。实践标准之所以是相对的，是由于实践是具体的、历史的，每个历史阶段的实践所证实的某种认识的正确性，是有一定限度的，超出这个限度就未必正确。列宁指出："实践标准实质上决不能完全地证实或驳倒人类的任何表象。这个标准也是这样的'不确定'，以便不至于使人的知识变成'绝对'，同时它又是这样的确定，以便同唯心主义和不可知论的一切变种进行无情的斗争。"②

至于逻辑实用主义者把效用看作检验真理的标准，其错误尤其明

① 哈恩：《逻辑、数学和自然知识》，引自艾耶尔主编的《逻辑实证主义》，第159页。

② 《列宁选集》，第2卷，第142页。

显。他们的这个观点丝毫也不新颖，只不过是继承和发展了实用主义的真理观。实用主义的创始人皮尔士早就提出，一个观念的意义就在于其效用，一个能产生有用的效果的观念便是真理。詹姆斯更加明确地宣称有用便是真理，他说："'它是有用的，因为它是真的'，或者说'它是真的，因为它是有用的'，这两句话的意义是一样的。"①在他看来，真理是经验和经验之间、观念和观念之间的一种联系，不过，并非任何这样的联系都是真理，只有当这种联系能给人带来利益、效用时它才是真理。因此，真理就是对确定或满足人们的兴趣、信念、信仰有用的东西。杜威用工具主义发展了实用主义的真理观。在他看来，认识不是消极地、直观地记录事实，而是一种应付环境的行动。思想、概念、学说等都是人们为了达到某种预期的目的而设计的工具。工具本身无所谓真假，只能是有用或无用。如果它们对于达到预期的目的有效或有用，便是真理。他说："真理就是效用"；"效用是衡量一个观念或假设的真理性的尺度"②。总之，这些实用主义者都把效用看作检验真理的标准。

马克思主义并不否认真理的效用性，它认为真理对于人类的实践确实是有效用的，人们掌握了真理，就能用它来指导自己的实践，改造客观世界，取得为人类服务的效果。但是，某个理论之所以是真理，全在于它正确地反映了客观事物的本质和规律，正是因为这个缘故，它才是有效用的。因此，理论对于实践的效用从属于理论的真理性。换句话说，任何一种真理性的认识，其所以是真理，其所以对人们的活动具有指导作用，是由于它是在社会实践中产生并且被社会实践检验为正确的；离开了客观的社会实践，就既无所谓真理，也无所谓真理的效用。真理的效用仅仅是真理的一种属性，而不是真理的标准。真理是有用的，但是有用的东西并不一定都是真理。迷信和谎言可能对某个人或某个集团有用，但它们并不是真理。列宁指出："认识只有在它反映不以人为转移的客观真理时，才能成为对人类有机体

① 詹姆斯：《实用主义》，1943 年英文版，第 204 页。

② 杜威：《哲学的改造》，商务印书馆 1962 年版，第 78、85 页。

有用的认识，成为对人的实践、生命的保存、种的保存有用的认识。在唯物主义者看来，人类实践的‘成功’证明着我们的表象和我们所感知的事物的客观本性的符合。在唯我论者看来，‘成功’是我在实践中所需要的一切，而实践是可以同认识论分开来考察的。"① 詹姆斯、杜威、蒯因等人把“真理”和“效用”等同起来，这就否认了真理是客观事物的正确反映，否认了科学的规律和理论是客观实在的反映，为某些人把一切对自己有利的荒谬见解宣布为真理打开了方便之门。

概括说来，逻辑实证主义者和批判理性主义者把个人的感性经验看作检验真理的标准，逻辑实用主义者把效用看作检验真理的标准，这都是否认真理的客观性，否认真理是对客观事物及其规律的正确反映，简言之，否认客观真理的存在。一般说来，唯心主义者对客观真理的否定，是与他们对客观世界的否定紧密相联的：既然他们否认存在于意识之外并不以意识为转移的客观世界，他们自然也就不承认客观真理的存在，不承认真理是客观世界在人们意识中、在科学原理中的正确反映。因此，检验真理的标准问题或真理的客观性问题，历来是哲学上两大阵营热烈争论的一个重大问题。分析哲学家在这个问题上的观点，表明他们在哲学上两大阵营的斗争中站在哪一边。

① 《列宁选集》，第2卷，第139页。

参考书目**

马克思主义经典著作

马克思 恩格斯:《德意志意识形态》,写于1845~1846年。

恩格斯:《路德维希·费尔巴哈和德国古典哲学的终结》,1885年。

《自然辩证法》,写于1873~1886年。

《反杜林论》,写于1876~1878年。

列 宁:《唯物主义和经验批判主义》,1908年。

《哲学笔记》,1929~1930年。

斯大林:《马克思主义和语言学问题》,1955年。

毛泽东:《实践论》,1937年。

《矛盾论》,1937年。

第二章 分析哲学的创立

弗雷格(Gottlob Frege 1848~1925)

**关于这份参考书目,有下列几点说明:

一、本书目主要包括本书评述的主要哲学家的主要著作,西方哲学界对这些哲学家的研究性著作都未列入。

二、本书撰写过程中参阅了这个书目中的大部分著作,但不以此为限。

三、为便于读者借到这些外文著作,在每本外文书的后面注明它在北京的藏书单位。凡注△符号者为中国社会科学院哲学研究所藏书;注○符号者为国家图书馆藏书;注□符号者为中国科学院图书馆藏书;注*符号者为北京大学图书馆藏书。因时间有限,对其他藏书单位未作调查。中文著作和中译本易于寻找,一律不再注明藏书单位。

Begriffsschrift, eine der arithmetischen nachgebildete Formelsprache des reinen Denkens, 1879

Die Grundlagen der Arithmetik. Eine logisch-mathematische Untersuchung über den Begriff der Zohl. 1884△

"Funktion und Begriff", 1891△

"Uber Begriff und Gegenstand", 1892△

"Uber Sinn und Bedeutung", 1892△

Grundgesetze der Arithmetik Begriffsschritlich abgeleitet, 2 Vols. 1893—1903 △

罗素（Bertrand Arthur William Russell 1872—1970）

Principles of Mathematics, 1903

Principia Mathematica, 3 Vols. written with A. N. Whitehead, 1910—1913 △, *

Introduction to Mathematical Philosophy, 1919△

（中译本：《数理哲学导论》，商务印书馆，1982）

Problem of Philosophy, 1912△, ○, *

（中译本：《哲学问题》，商务印书馆，1959）

Our Knowledge of the External World, 1914△, □

The Analysis of Mind, 1921△, ○, *

（中译本：《心的分析》，商务印书馆，1963）

The Analysis of Matter, 1927△

An Inquiry into Meaning and Truth, 1940△, ○

Human Knowledge, Its Scope and Limits, 1948 △, ○

（中译本：《人类的知识：其范围与限度》，商务印书馆，1983）

Logic and Knowledge, Essays 1901—1950 △, ○, *

"On Denoting", 1905 △

"Mathematical Logic as Based on the Theory of Types", 1908 △

"The Philosophy of Logical Atomism", 1918 △

"Logical Atomism", 1924 △

摩尔（George Edward Moore 1873—1958）

Principia Ethica 1903 △，○

Ethics，1912 △，○，□

Philosophical Studies，1922 △，○，＊

Some Main Problems of Philosophy，1953 △，○

Philosophical Papers，1959

维特根斯坦（Ludwig Josef Johann Wittgenstein 1889—1951）

Tractatus Logico-philosophicus，1922 △，○，□，＊
（中译本：《逻辑哲学论》，商务印书馆，1962）

Philosophical Investigations 1953 △，○，＊

Remarks on the Foundations of Mathematics，1956

The Blue and Brown Books，Preliminary Studies for the Philosophical Investigations，1958 △，○

Notebooks 1914—1915，1961 ○

Philosophische Bemerkungen，1964 ○，△

Philosophical Grammar，1974 ○

第三章　逻辑实证主义的兴起

概论

O. Neurath，R. Carnap，and H. Hahn：Wissenschatliche Weltauffassung，Erkenntnis. Vol. 1，1930 △

V. Kraft：The Vienna Circle. The Origin of Neo-Positivism，1953 △，○，□，＊

H. Reichenbach：The Rise of Scientific Philosophy，1951 △，○
（中译本：《科学哲学的兴起》，商务印书馆，1983）

A. J. Ayer：Logical Positivism，1959 △

洪谦：《逻辑经验主义》，上下册，商务印书馆，1982～1984

石里克（Moritz Schlick 1882—1936）

General Theory of Knowledge，1974 △，○，＊

Fragen der Ethik，1930 △，○，＊

Philosophical Papers，edited by H. Malder and Barbara F. B. Van de Velde-Schlick，V，1-11，1979 △，○

纽拉特（Otto Neurath 1882—1940）

Empirische Soziologie. Der wissenschaftliche Gehalt der Geschichte und Nationalokonomie，1931 ○

Foundations of the Social Science，1944 ○

Philosophical Papers. 1913—1945，1983 ○，＊

克拉夫特（Victor Kraft 1880—1975）

Die Grundformen der wissenschaftliche Methoden，1925，1973 △

Die Grundlagen einer Wissenschatlichen Wertlehre，1937，1951 ○，□，＊，△

Einfuhrung in die Philosophie，1950 ○，△

Erkenntnislehre，1960 ○，＊，△

艾耶尔（Alfred Jules Ayer 1910—）

Language，Truth and Logic，1936 △，○，□，＊

（中译本：《语言、真理和逻辑》，上海译文出版社，1981）

The Foundations of Empirical Knowledge，1940 □，○，＊，△

The Problem of Knowledge，1956 ○，＊，△

The Central Questions of Philosophy，1973 △，○，＊

第四章　逻辑实证主义在美国的发展

卡尔纳普（Rudolf Carnap 1891—1970）

Der Logische Aufbau der Welt，1928 ○，△，＊

Logische Syntax der Sprache，1934 ○，△，＊

Testability and Meaning, 1937 △
Introduction to Semantics, 1942 △
Meaning and Necessity, 1947 ○, △, *
Logical Foundations of Probability, 1950 △

赖欣巴赫(Hans Reichenbach 1891—1953)
Wahrscheinlichkeitslehre. 1935 △
Experience and Prediction, 1938 ○, *, △
Philosophical Foundations of Quantum Mechanics 1944, △
Nomological Statements and Admissible Operations, 1954 ○, △
Modern Philosophy of Science 1958

费格尔(Herbert Feigl 1903—)
Theorie und Erfahrung in der Physick. 1929
The 'Mental' and the 'Physical', 1958 ○, △
Inquiries and Provocations, 1981 ○, △, *

亨普尔(Carl Gustav Hempel 1905—)
Der Typusbegriff im Lighte der neuen Logik, 1936
Fundamentals of Concept Formation in Empirical Science, 1952
Aspests of Scientific Explanation, 1965 △
Philosophy of Natural Science, 1966 △

第五章　实用主义与分析哲学的结合

刘易斯(Clarence Irving Lewis 1883—1964)
Mind and the World Order, 1929 △, ○, *
An Analysis of Knowledge and Valuation, 1946 △, ○, *
Values and Imperatives 1969 ○

布里奇曼(Percy Williams Bridgman 1882—1961)

Logic of Mordern Physics, 1927 △
The Nature of Physical Theory, 1936 △
Reflections of a Physicist, 1950 △
The Nature of Some of Our Physical Concept, 1952 △
The Way Things Are, 1959 △

莫里斯（Charles William Morris 1901—）
Logical Positivism, Pragmatism, and Scientific Empiricism, 1937 ○, *
Foundations of the Theory of Signs, 1938 △
Signs, Language, and Behavior, 1946 ○, *
Signification and Significance, 1964 △, *

柯日布斯基（Alfred Habdank Skarbek Korzybski 1879—1950）
Science and Sanity: An Introduction to Non-Aristotelian Systems and General Semantics, 1931 △, ○

第六章 逻辑实用主义

蒯因（Willard Van Orman Quine 1908—）
From a Logical Point of View, 1953, ○, △, *
Word and Object, 1960, ○, △
The Ways of Paradox and Other Essays, 1966
Ontological Relativity and Other Essays, 1969 △
Philosophy of Logic, 1970 △, *
The Web of Belief, 1970 *
The Roots of Reference, 1974 △, ○
Theories and Things, 1981 ○

古德曼（Nelson Goodman 1906—）
The Structure of Appearance, 1951 △, ○, *
Fact, Fiction, and Forecast, 1955 ○

Problem and Projects, 1972
Ways of Worldmaking, 1978

内格尔 (Ernest Nagal 1901—)
An Introduction to Logic and Scientific Method, with M. R. Cohen. 1934 △, ○, *
The Structure of Science, 1961 △
Meaning and Knowledge, 1965
Observation and Theory in Seience 1971

第七章　日常语言学派的形成

概论
J. O. Urmson. Philosophical Analysis. 1956 △
G. J. Warnock. English Philosophy Since 1900. 1958 △
A. G. Flew. Essays in Conceptional Analysis. △
A. G. Flew. Logic and Lauguage. 2 Vols. 1965

威斯顿 (John Terence Diffen Wisdom 1904—)
Interpretation and Analysis, 1931 △, ○, *
"Logical Constructions", 1931—1933
Problems of Mind and Matter, 1934 △, ○, *
Other Minds. 1952 △, ○
Philosophy and Psycho-analysis, 1953 △, ○
Paradox and Discovery. 1965 *

赖尔 (Gilbert Ryle 1900—1976)
The Concept of Mind, 1949 △, ○, *
Dilemmas, 1954 △, ○, *
G. Ryle: Collected Papers, 2 Vol. s. 1971
On Thinking, 1979 △, *

奥斯汀（John Langshaw Austin 1911—1960）

Philosophical Papers, 1961 *

Sense and Sensibilia, 1962 △, *

How to Do Things with Words, 1962 △, ○

斯特劳森（Peter Frederick Strawson 1919—）

Introduction to Logical Theory, 1952 ○

Individuals: An Essay in Descriptive Metaphysics, 1959 ○

Logico-Linguistic Papers, 1971 △

Subject and Predicate in Logic and Grammar, 1974

The Bounds of sense, 1975 □

第八章　日常语言学派在美国的影响

齐硕姆（Roderick M. Chisholm 1916—）

Perceiving: A Philosophical Study, 1957 ○

Theory of Knowledge, 1966 △

The Problem of Criterion, 1973 ○, △

Person and Object: A Metaphysical Study, 1976 ○

The First Person: An Essay on Reference and Intentionality 1979 ○, *, △

The Foundations of Knowing, 1982 ○

塞尔（John R. Searle 1932—）

Speech Acts: An Essay in the Philosophy of Language, 1970, ○, *

Expression and Meaning, Studies in the Theory of Speech Acts △, *

Intentionality, 1982

第九章　从批判理性主义到历史社会学派

波普尔（Karl Raimund Popper 1902—）

The Logic of Scientific Discovery, 1959 △

Conjectures and Refutations, The Growth of Scientific Knowledge, 1963 △, ○

Objective Knowledge: A Evolutionary Approach, 1974 △, ○, *

库恩 (Thomas Samual Kuhn 1922—)

The Structure of Scientific Revolution, 1962 △

(中译本:《科学革命的结构》, 1980)

Essential Tension, 1977 △

(中译本:《必要的张力》, 1981)

第十章 科学实在论的兴起

塞拉斯 (Wilflid Sellars 1912—)

Science, Perception and Reality 1963 △, ○, *

Philosophical Perspectives, 1967

Essays in Philosophy and Its History, 1974 ○, □

Pure Pragmatics and Possible Worlds, 1980

Science and Metaphysics, 1967 △

Naturalism and Ontology, 1978 △

普特南 (Hilary Putnam 1926—)

Mathematics, Matter, and Method, 1975 *, △

Mind, Language, and Reality, 1975 *, △

Realism and Reason, 1983 △, *

Meaning and the Moral Sciences, 1977 △, ○, *

Reason, Truth and History, 1981 △, ○, *

第十一章 语言哲学中的新发展

戴维森 (Donald Herbert Davidson 1917—)

Decision Making, 1959, with P. Suppes

Essays on Action and Events, 1980 △
Inquiries into Truth and Interpretation, 1984 △

乔姆斯基（Avram Noam Chomsky 1928—）
Syntactic Structures, 1957 △, ○, □, *
Aspects of the Theory of Syntax, 1965 △, *
Cartesian Linguistics, 1966 ○, *
Studies on Semantics in Generative Grammar 1972 □
Logicel Structure of Linguistic Theory, 1975 ○, □
Rules and Representation, 1980 △

克里普克（Saul Kripke 1941—）
"Identity and Necessity", 1971 △
Naming and Necessity, 1972 △, ○, *
"Outline of a Theory of Truth", 1975 △
"Speaker's Reference and Semantic Reference", 1977 △
Wittgenstein on Rules and Private Language, 1982 △, *

罗蒂（Richard Mckay Rorty 1931—）
The Linguistic Turn, 1967 △, ○
Philosophy and the Mirror of Nature, 1979 △, ○, *
Consequences of Pragmatism, 1982 ○

国内学者的有关著作

金岳霖:《知识论》，商务印书馆，1983 年。
洪谦:《维也纳学派哲学》，商务印书馆，1945 年。
杜任之:《现代西方著名哲学家述评》，三联书店，1980～1983 年（两集）
贺麟:《现代西方哲学讲演集》，上海人民出版社，1983 年。
江天骥:《逻辑经验主义的认识论》，上海人民出版社，1958 年。

江天骥:《当代西方科学哲学》,中国社会科学出版社,1984 年。
舒炜光:《维特根斯坦哲学述评》,三联书店,1982 年。
夏基松:《波普哲学述评》,黑龙江人民出版社,1982 年。
邱仁宗:《科学方法和科学动力学》,知识出版社,1983 年。
刘放桐:《现代西方哲学》,人民出版社,1981 年。
夏基松:《当代西方哲学》,黑龙江人民出版社,1983 年。
葛力:《现代外国哲学》,山西人民出版社,1984 年。
王守昌、车铭洲:《现代西方哲学概论》,商务印书馆,1983 年。
王克千、欧力同:《现代西方哲学流派》,中国青年出版社,1983 年。

《涂纪亮哲学论著选》再版编后记

《涂纪亮哲学论著选》共6卷。我们在编辑加工时，只对其进行了必要校改，而其他方面，比如译名、注释的体例及一些特定的表述方式等等，都一仍其旧，以尽可能地尊重这些具有很高学术价值的著述之原貌。特此说明。

责任编辑